Michael Hofmann und Lutz von Rosenstiel (Hrsg.)

# Funktionale Management-lehre

Mit Beiträgen von
J. Baetge, M. Hofmann, F. R. Hrubi
H. Kasper, H. Laux / F. Liermann, F. Malik / S. Helsing
K. Sandner, N. Thom, L. von Rosenstiel

Mit 100 Abbildungen

Springer-Verlag
Berlin Heidelberg New York
London Paris Tokyo

Professsor Dr. Michael Hofmann, Interdisziplinäre Abteilung für Wirtschafts- und Verwaltungsführung, Wirtschaftsuniversität Wien, Augasse 2-6, A-1090 Wien

Professor Dr. Lutz von Rosenstiel, Institut für Psychologie, Ludwig-Maximilians-Universität München, Leopoldstraße 13, D-8000 München

ISBN-13:978-3-540-18773-8 e-ISBN-13:978-3-642-83329-8
DOI: 10.1007/978-3-642-83329-8

CIP-Kurztitelaufnahme der Deutschen Bibliothek

**Funktionale Managementlehre**
Michael Hofmann u. Lutz von Rosenstiel (Hrsg.)
Mit Beitr. von J. Baetge . . . –
Berlin; Heidelberg; New York; London; Paris; Tokyo: Springer, 1988
ISBN-13:978-3-540-18773-8

NE: Hofmann, Michael (Hrsg.); Baetge, Jörg (Mitverf.)



2142/7130 - 543210

# Inhaltsverzeichnis

Einführende Bemerkungen und allgemeine
Orientierungen für das Studium des Buches . . . . . . . 1

Einführende und grundsätzliche Überlegungen zum
funktionalen Management
M. Hofmann . . . . . . . . . . . . . . . . . . . . . 7

Strukturen der Führung von Mitarbeitern. Steuerung
und Kontrolle beruflicher Arbeit
K. Sandner . . . . . . . . . . . . . . . . . . . . . 38

Kommunikationsmanagement
F. R. Hrubi . . . . . . . . . . . . . . . . . . . . . 59

Entscheidungsmanagement
H. Laux und F. Liermann . . . . . . . . . . . . . . . 95

Planungsmanagement
F. Malik und S. Helsing . . . . . . . . . . . . . . . 166

Motivationsmanagement
L. von Rosenstiel . . . . . . . . . . . . . . . . . . 214

Arbeitsmotivation als Aufgabe des Managements
Psychoanalytische Orientierung zum Verständnis der
Arbeitsmotivation
M. Hofmann . . . . . . . . . . . . . . . . . . . . . 265

Organisationsmanagement
Bewertung und Auswahl einer effizienten
Organisationsform für Unternehmungen
N. Thom . . . . . . . . . . . . . . . . . . . . . . . 322

Die Prozeßorientierung in der Organisationstheorie
– Ein Beitrag zum Organisationsmanagement
H. Kasper . . . . . . . . . . . . . . . . . . . . . . 353

Kontrollmanagement
J. Baetge . . . . . . . . . . . . . . . . . . . . . . . 383

Sachverzeichnis . . . . . . . . . . . . . . . . . . . . 433

# Einführende Bemerkungen und allgemeine Orientierungen für das Studium des Buches:

Wenn bisher ein Studierender der Wirtschafts-, Sozial- oder Verhaltenswissenschaften bzw. ein anderer am Gegenstandsbereich Interessierter sich mit dem Management auseinandersetzen wollte, so wurde er in der Regel auf Bücher verwiesen, die sich entweder nur mit einer Managementfunktion oder aber nur mit einer Betrachtungsperspektive von Management auseinandersetzten. Das ist im hier vorliegenden Werk anders.

Der Komplexität dieses Gegenstandes versuchten wir dadurch gerecht zu werden, daß in einer fachübergreifenden Weise Autoren,

- die ihrer Herkunft nach als Betriebswirte, Psychologen und Philosophen ausgewiesen sind,
- aus drei verschiedenen mitteleuropäischen Staaten kommen und
- ganz unterschiedliche wissenschaftstheoretische Positionen beziehen,

aus ihren jeweiligen Perspektiven zentrale Funktionen des Managements darstellen.

Dies hat zur Folge, daß die zugrundeliegenden Menschen- und Organisationsbilder durchaus unterschiedlich sind und damit den Ansatz des Buches als einen pluralistischen kennzeichnen. Das macht die Lektüre gewiß nicht leichter. Dies aber akzeptieren wir, denn es war die Absicht, daß nach der Lektüre dieses Buches Fragen auf einem hohen Niveau gestellt werden und nicht simplifizierte und daher realitätsferne Antworten gegeben werden.

Schaut man nun auf die Details, dann ist es die Hauptaufgabe des vorliegenden Bandes, die wichtigsten Einzelleistungen (Funktionen) des Managements:

- Kommunikations- und Informations-Management,
- Entscheidungs-Management,
- Planungs- und Zielsetzungs-Management (Strategisches Management),
- Motivations-Management,
- Organisations-Management und
- Kontroll-Management

zu beschreiben und dem Leser in einer angemessen komplexen, aber doch gut nachvollziehbaren Form näher zu bringen.

Als systematischer Rahmen des Buches war den Autoren die funktionale Gliederung im Sinne des Managementprozesses als kybernetisches Feedbacksystem vorgegeben. Was die Gestaltung der Beiträge betrifft, so war sie den Autoren freigestellt. Die Aufarbeitung des Stoffes reflektiert somit die individuelle Sichtweise und Schwerpunktsetzung der jeweiligen Verfasser. Der Leser kann daher auch die Abschnitte des Buches als in sich abgeschlossene Einheiten betrachten, womit der Zugang zum Buch nicht in einer chronologischen Vorgehensweise gefunden zu werden braucht.

Der Aufbau des Bandes und die Inhalte der einzelnen Kapitel kann in prägnanter Form folgendermaßen zusammengefaßt werden:

Im Kapitel *„Einführende und grundsätzliche Überlegungen zum funktionalen Management"* wird von *Michael Hofmann* auf die Entwicklung des Begriffes Management im anglo-amerikanischen und im deutschen Sprachraum eingegangen und die Bedeutung von Fayol für die Managementlehre herausgearbeitet. In der Folge werden definitorische Bestimmungen – Management, Führung, Betrieb und Wirtschaft – erarbeitet und eine wissenschaftliche Standortbestimmung der Managementlehre vorgenommen. Abschließend geht Hofmann auf die Rangfolge der Managementfunktionen ein und stellt den Managementprozeß als kybernetisches Feedbacksystem dar.

*Karl Sandner* rekonstruiert in seinem Beitrag *„Strukturen der Führung von Mitarbeitern"* die verschiedenen betriebswirtschaftlichen Ansätze zur Steuerung und Kontrolle beruflicher Arbeit, wobei seine Ausführungen der historischen Entwicklung folgen.

Beginnend bei der Vorindustrialisierung, dem Scientific-Management, der Arbeitspsychologie bis herauf zu den organisationskulturellen Ansätzen – um nur einige behandelte Entwicklungsphasen zu nennen – erörtert Sandner die Frage, unter welchen Gesichtspunkten die einzelnen Theorien Mitarbeiter-Verhalten, Arbeitsprozesse und -strukturen gesteuert und kontrolliert sehen wollen, damit die Leistungspotentiale gefördert werden und die sozialökonomische Ordnungskonstellation aufrechterhalten bleibt.

Als Conclusio gelangt Sandner zu dem Ergebnis, daß all die empfohlenen Steuerungs- und Kontrollstrategien zum integralen Bestandteil der gegenwärtigen Führungssysteme gehören und daß damit vermehrt die Tendenz gegeben ist, immer umfassendere Bereiche des Individuums abzudecken.

Grundvoraussetzung jeglicher Managementleistung ist das Kommunikations- und Informationsmanagement. Jede weitere Managementleistung ist auf zuvorgehende Kommunikationsleistungen angewiesen. Der Beitrag von *Franz Hrubi* *„Kommunikationsmanagement"* untersucht die wichtigsten Kommunikationskonzepte unter dem Gesichtspunkt einer möglichen Verwertbarkeit für die Managementtheorie. Hrubi geht es nicht darum, Ratschläge für effektives Kommunizieren im Management zu erteilen bzw. Pathologien der Kommunikation herauszuarbeiten.

Hrubi reflektiert über das geradezu babylonische „Begriffswirrwarr" innerhalb der Kommunikationstheorien und nimmt kritisch Stellung zur Gleichsetzung zwischen dem Kommunikations- und Informationsbegriff. Im Anschluß daran entwickelt er verschiedene Bausteine einer Wissenschaft von der Kommunikation und erörtert folgende Themen: mathematisch-naturwissenschaftliche Grundlagen und soziale Dimension von Kommunikation, interpersonales Geschehen und Bedingungen zwischenmenschlicher Verständigung.

Hrubi skizziert danach ein einfaches Modell menschlicher Kommunikation, das auf die spezifische Situation der Kommunikation im Management ausgerichtet ist.

Im Abschlußteil geht Hrubi kurz auf rechnergestützte betriebliche Informations- und Kommunikationssysteme ein und diskutiert in diesem Zusammenhang insbesondere die damit verbundenen Chancen und Risiken.

Erst aus der Gewinnung von Informationsalternativen kann zweitens Entscheidungsmanagement einsetzen, innerhalb welchem die Planungsentscheidung, die betriebliche Zielsetzung den nächsten Rang einnimmt. Im Kapitel *„Entscheidungsmanagment"* werden von *Helmut Laux* und *Felix Liermann* die Strukturierung von Individualentscheidungen und die Steuerung von Entscheidungen in einem hierarchischen System thematisiert. Auch ihr Beitrag wurde in erster Linie unter einem konzeptionellen Gesichtspunkt verfaßt und zielt nicht auf eine Formulierung von Handlungsempfehlungen ab. Was die sozialpsychologischen Phänomene in Entscheidungssituationen betrifft und die damit verbundenen Störungen und Pathologien, verweisen wir wieder auf den geplanten Band „Syndromatische Managementlehre".

Im Zusammenhang mit der Strukturierung von Individualentscheidungen zeigen die beiden Autoren auf, daß das Grundmodell der Entscheidungstheorie zusammen mit dem Bernoulli-Prinzip flexibel genug ist, jede beliebige Entscheidungssituation bei Risiko abzubilden. Der nächste Abschnitt ist dann den Entscheidungsdeterminanten bei der Steuerung von Entscheidungen gewidmet.

Der zweite Teil der Arbeit befaßt sich dann mit der Steuerung von Mitarbeiter-Entscheidungen in einer Hierarchie. Zunächst definieren Laux und Liermann die Grundtypen von Entscheidungen, die von Mitarbeitern getroffen werden. Dann werden die Determinanten der nachgeordneten (Individual-)Entscheidungen als Zielkomponenten der Steuerung herausgestellt. Im Anschluß daran definierten die beiden Autoren die Basisvariablen der Steuerung und damit das Instrumentarium für das Entscheidungsmanagement. Da der Entscheidung über Steuerungsmaßnahmen auf der Grundlage formaler Modelle Grenzen gesetzt sind, werden in der Folge Möglichkeiten der Vereinfachung und der Einsatz von Effizienzkriterien zur Beurteilung von Steuerungsmaßnahmen erläutert. Im Abschlußteil werden bekannte „Management by . . ."-Konzeptionen aus der Sicht des Entscheidungsmanagements beschrieben.

*Fredmund Malik* arbeitet in seinem Beitrag *„Planungsmanagement"* den zentralen Stellenwert und die Bedeutung der Planung im Rahmen der Unternehmensführung heraus. Hauptaugenmerk richtet er dabei auf das *Strategische Management*, das die Entwicklung aller Unternehmensbereiche zum Ziel hat und daher an oberster Stelle in der Rangordnung des von ihm entwickelten Planungssystems rangiert. Weitere Elemente in diesem Planungssystem sind „Planungsorganisation" und „operative Planung". Malik beschreibt und erläutert in der Folge die einzelnen Elemente dieses Planungssystems und geht auf ihre Wechselwirkung ein.

Er betont die mögliche Irreführung der Strategischen Planung durch operative Größen und entwickelt in Anlehnung an Gälweiler ein Modell eines integrierten strategischen Steuerungssystems. Danach stellt er die wesentlichen Schritte strategischer Planung dar und behandelt die wichtigsten strategischen Instrumente (Erfahrungskurve, Portfolio-Analyse, Substitutionszeitkurve, PIMS).

Unter Planungsorganisation subsumiert Malik die Zuordnung der verschiedenen Planungsfunktionen zu den einzelnen organisatorischen Einheiten sowie die Festlegung des Planungsablaufes. Er formuliert in diesem Zusammenhang die wichtigsten Prinzipien und stellt die provokative These auf, daß es eigentlich keine „gute Organisation" gibt, da jede organisatorische Tätigkeit den theoretisch möglichen Spielraum einengt. Deshalb kann es für Malik niemals eine „beste Organisationsform" geben, sondern höchstens eine suboptimale.

Unter operativer Planung versteht er die Umsetzung der strategischen Planung in konkrete Aktionen. Malik geht es hier vor allem darum, operative Planung als integralen Bestandteil des strategischen Planungssystems zu beschreiben. Weitere Punkte in seiner Darlegung sind die Wichtigkeit der Operationalität von Planungsergebnissen und die Umsetzung der strategischen Pläne in die Pläne der einzelnen Funktionsbereiche.

Erst nach der Klarstellung des strategischen Horizonts und der betrieblichen Zielsetzungen ist Motivationsmanagement, die Aktivierung der relevanten Arbeitsmotive der Mitarbeiter, möglich. *Lutz von Rosenstiel* erläutert in seinem Beitrag *„Motivationsmanagement"* zunächst die verschiedenen Determinanten des menschlichen Verhaltens: persönliches Wollen, individuelles Können, soziales Dürfen und situative Ermöglichungen. Nach einer Klärung der Begriffe Motiv und Motivation entwickelt er ein Paradigma motivierten Handelns am Beispiel des Verhaltens in Organisationen. Hauptteil der Arbeit ist eine systematische Darstellung der Inhalts- (wonach strebt der Mensch = Ziel) und der Prozeßtheorien (was geht im Menschen vor, wenn er ein bestimmtes Ziel erreichen möchte = Weg) der Motivation, die jeweils auch einer kritischen Würdigung unterzogen werden. Im Anschluß daran werden gemischte Ansätze vorgestellt, die gleichermaßen Ziel und Weg zu fassen suchen. Das letzte Kapitel beschäftigt sich mit Motivations-Management im eigentlichen Sinn des Wortes, in dem auf anwendungsorientierte Forschungsergebnisse eingegangen wird, welche die Frage beantworten, wie Geführte zu motivieren sind. Neben verschiedenen Diagnosemethoden des motivationalen Istzustandes von Mitarbeitern geht Rosenstiel auf Beeinflussungsstrategien zur motivationalen Sollerreichung ein.

Der Beitrag von *Michael Hofmann „Arbeitsmotivation als Aufgabe des Managements"* beschäftigt sich mit psychoanalytischen Orientierungen zum Verständnis der Arbeitsmotivation. Er beginnt mit einer Erörterung des Wesens, der Bedeutung und des Begriffs der Arbeit als zentralem Produktionsfaktor in der Wirtschaft und geht auf die Frage ein, woher der Mensch aus psychoanalytischer Sicht die Motivation zur Arbeitsleistung bezieht. Durch eine Einbeziehung des Unbewußten, der psychoanalytischen Triebtheorie, der Sublimierungs- und Verdrängungskonzepte sowie der spezifischen Abwehrmechanismen wird ein besseres Verständnis der Arbeitsmotivation erreicht. Hofmann stellt in der Folge die psychoanalytische Entwicklungstheorie dar und stellt Zusammenhänge zwischen dem Reifungsprozeß der Persönlichkeit und der Arbeitsmotivation her, indem er das Identitätskonzept als Kern einer ichpsychologischen Theorie der Arbeitsmotivation darstellt. Im Anschluß daran greift Hofmann den Zusammenhang zwischen psychischem Streß und der Arbeitsmotivation auf und bietet einige Schlußfolgerungen zum Motivationsmanagement als Führungsleistung in der Gegenwart.

Ein sinnvolles Organisationsmanagement dient als Grundlage der Realisierung der betrieblichen Zielsetzungen. *Norbert Thom* versucht in seinem Beitrag *„Organisationsmanagement"* die Frage zu beantworten, wie das Management effiziente aufbauorganisatorische Lösungen für die gesamte Unternehmung zu finden imstande ist.

Nachdem er einleitend die sachlich-logische und politische Dimension organisatorischer Gestaltungsprozesse erläutert, geht Thom auf die drei wichtigsten Organisationsformen – funktionale, divisionale und Matrix-Organisationen – ein und erläutert ihre generellen Vor- und Nachteile.

Im Zentrum seiner Ausführungen steht eine vertiefte Behandlung von Methoden zur Bewertung und Auswahl der verschiedenen Organisationsformen. Thom präsentiert in diesem Zusammenhang eine Scoring-Methode zur Effizienzbewertung, die sich an die Nutzwertanalyse anlehnt.

Während der Beitrag von Norbert Thom „Organisationen" als relativ stabile Gebilde betrachtet und davon abgeleitet Empfehlungen für den Aufbau effizienter Organisationsstrukturen erteilt, geht *Helmut Kasper „Die Prozeßorientierung in der Organisationstheorie"* auf Forschungsansätze ein, die sich verstärkt mit Prozessen (vorwiegend „Lernen") in und von Organisationen auseinandersetzen. Zunächst stellt er die Konzepte von Hedberg/Nystrom/Starbuck und deren Auffassung von Organisationen als „Zelte und Paläste" sowie Weick's „Modelle des Organisierens" vor. Im Anschluß daran erläutert er Konsequenzen aus der Prozeßperspektive für das Organisationsmanagement und gelangt zu dem Schluß, daß das lineare Denken zugunsten des Akzeptierens von Ambivalenzen zurückgestellt werden soll. In weiterer Folge zeigt Kasper auf, daß Organisationen nicht ausschließlich vom Management plan-, gestalt- und steuerbar seien, sondern daß deren Prozesse – im Sinne einer „Selbstorganisation" – von selbst passieren können, ohne daß sie von einem Regisseur (Manager) gesteuert oder inszeniert werden müssen.

Der genetische Prozeß der „Betriebswerdung" mündet schließlich in das Kontrollmanagement als Inbegriff jener Managementleistung, die rückgekoppelt über das Kommunikationsmanagement einen stetigen Prozeß der Optimierung und Realitätsanpassung der Managementleistung in Gang hält. *Jörg Baetge* geht in seinem Beitrag *„Kontrollmanagement"* zunächst auf die grundlegende Funktion betrieblicher Überwachungssysteme ein und nimmt eine Klärung der Begriffe „Überwachung", „Kontrolle" und „Prüfung" vor. Danach untersucht er die Auswirkungen betrieblicher Kontrolle bis hin zu ihren verhaltenswissenschaftlichen Konsequenzen. Baetge unterscheidet in der Folge zwischen Objektüberwachung und Dispositionsüberwachung.

Objektüberwachung hat die Aufbau- und Ablauforganisation der Unternehmung als Grundlage, wodurch die Überwachungsvorgänge formal strukturiert werden können. Im Zusammenhang mit der Funktionszuordnung geht Baetge näher auf die Vor- und Nachteile zwischen Selbst- und Fremdüberwachung ein. Im Anschluß daran stellt er eine quantitative Analysemethode vor, mit deren Hilfe die Korrekturwirkung von Überwachungsvorgängen abgebildet werden kann, was an mehreren Beispielen exemplifiziert wird.

Im Rahmen der Dispositionsüberwachung geht Baetge dann näher auf den Begriff Controlling ein und analysiert die Funktion von Steuerung und Regelung. Wesentlicher Aspekt dieser Funktion ist die Miteinbeziehung des Zeitverhaltens der Systemelemente. Der Einsatz von Steuerung und Regelung wird dann am Beispiel der Abstimmung von Produktion und Lagerhaltung ausführlich dargestellt.

Die Herausgeber hoffen, daß mit dem hier vorliegenden Versuch, interdisziplinär und pluralistisch die Management-Funktionen darzustellen, eine fachübergreifende Diskussion dieses komplexen Themas in Gang kommt.

Daß dieses Buch in der vorliegenden Form erscheinen kann, geht wesentlich auf die konstruktive Mitarbeit von Herrn Dr. Johannes Steyrer zurück, der sich im Inhaltlichen und Organisatorischen um das Gesamtkonzept sehr verdient gemacht hat, aber auch auf die kritische und konstruktive Mitarbeit von Dr. Werner A. Müller, Springer Verlag. Beiden wollen wir hiermit danken.

Michael Hofmann
Lutz v. Rosenstiel

# Einführende und grundsätzliche Überlegungen zum funktionalen Management

M. Hofmann

**Inhalt**


**1 Zur Entwicklung des Managementbegriffes** . . . . . 7

1.1 Vorbemerkung . . . . . 7

1.2 Begriff und Wesen der Managementaufgabe . . . . . 10

1.2.1 Management im anglo-amerikanischen Sprachraum . . . . . 10

1.2.2 H. Fayol: Management im französischen Sprachraum . . . . . 14

1.2.3 Die Entwicklung der Managementlehre im deutschen Sprachraum . . . . . 20

**2 Zum wissenschaftlichen Standort der Managementlehre** . . . . . 23

2.1 Definition der Grundbegriffe . . . . . 23

2.1.1 Management . . . . . 24

2.1.2 Führung . . . . . 25

2.1.3 Betrieb . . . . . 27

2.1.4 Wirtschaft . . . . . 28

2.2 Wissenschaftliche Standortbestimmung von Managementlehre und Betriebswirtschaftslehre . . . . . 30

2.3 Zur Rangfrage der Managementfunktionen . . . . . 32

**3 Das System der Managementlehre** . . . . . 33

**Literatur** . . . . . 36


## 1 Zur Entwicklung des Managementbegriffes

### 1.1 Vorbemerkung

Wenn wir uns in diesem Buch – im Rahmen einer weitergefaßten „Allgemeinen Managementlehre" – zunächst nur mit den wesentlichsten Managementfunktionen beschäftigen, so erhebt sich die Frage, was wir unter Management überhaupt verstehen, welche Entwicklung dieser Begriff genommen hat, welche wesentlichsten Teilinhalte (= Leistungen) man dem Management zuschreibt und in welchem Verhältnis diese Teilaufgaben untereinander und zum Ganzen (System) der Führung eines Betriebes stehen, weiters welche Ziele man durch Einsatz von Management erreichen will und schließlich – aber nicht zuletzt – die Frage, welche menschliche Qualitäten (human resources) für das Gelingen eines Managementprozesses wesentlich sind, welche Prozesse und Strukturen dabei zu berücksichtigen sind.

Management – ein fester Begriff in der englischen Sprache – hat vor allem erst nach dem Zweiten Weltkrieg auch in die deutsche Sprache Eingang gefunden.

Etymologische Ableitungen des englischen Verbs „to manage" erscheinen besonders in der Interpretation von Braverman (1977, S. 61) sinnvoll: demnach wird der Begriff der „Führung" in einem ursprünglichen Sinn angesprochen, wenn die lateinischen Worte manus agere (wörtlich „an der Hand führen") mit der Aufgabe der Disziplinierung, der Verantwortung, andere (auf ein bestimmtes Ziel hin) zu leiten und anzuleiten (Training) in Verbindung gebracht wird. Zwei meiner Meinung nach ganz besonders wichtige Teilaspekte des Management werden schon hier erkennbar: der Begriff der „Führung", ein schwieriges, schillerndes, vorbelastetes Begriffsgebilde und der ebenfalls nicht einfach zu verstehende Begriff der „Verantwortung".

Weitere Aspekte, die in diesem Zusammenhang zu diskutieren wären, sind Fragen der

I *Zielsetzung,* der allgemeinen Aufgabe ( = Leistung) der Managementtätigkeit sowie Objekt- und Methodenfragen der Managementlehre (Begriffs- oder Wesensaspekt);

II *Teilinhalte* (speziellen Aufgaben) und logischen Gliederung der Funktionen des Managements; was leistet Management im einzelnen? (Funktionsaspekt und Funktionsrang);

III des *Prozesses,* der Entwicklung und des Ablaufes von Managementaktivitäten in der Zeit (Prozeßaspekt);

IV *Strukturen* (Organisationsformen), die den Rahmen und die Kompetenzabgrenzungen für Managementtätigkeiten abgeben (Strukturaspekt);

V *personalen Ressourcen,* die für gelingendes Management Voraussetzung sind (personaler Aspekt);

VI des *Systems,* der integralen ganzheitlichen Verknüpfung aller obengenannten fünf Aspekte (Systemaspekt, Ganzheitsaspekt);

VII *managementspezifischen Probleme* (Syndrome), die in Ausübung der Managementleistung mehr oder weniger zwangsläufig anfallen und deren Bewältigung zur „hohen Kunst" des Managers gehört (Syndromaspekt);

VIII *Managementtechniken,* die als Instrumente funktionsspezifisch eingesetzt werden können (Instrumentalaspekt);

IX *Beratung,* die Umsetzung einer allgemeinen Managementlehre in eine angewandte Beratungslehre.

Die Hauptaufgabe dieser hier vorgelegten „Einführung in die Funktionale Managementlehre" besteht darin, die wesentlichen Teilinhalte (Einzelleistungen) des Managements darzulegen. Die vertiefte Behandlung der anderen sieben Aspekte – insbesondere des syndromatischen Aspektes – ist weiteren Veröffentlichungen vorbehalten. Lediglich der erste Aspekt einer allgemeinen Begriffsbehandlung, gewisse „Mindestvoraussetzungen" zum Verständnis von Begriff und Wesen des Managements werden in dieser Einleitung auch Erwähnung finden müssen.

Mit den genannten neun Aspekten treffen wir auch den Schwerpunkt der heutigen Managementdiskussion, allerdings mit einigen erheblichen Ausnahmen: nur sehr zögernd nämlich – wenn überhaupt – wird die Frage der „Vorränge" oder logischen Gliederung der Managementfunktionen aufgegriffen und als Konsequenz davon bleiben Systemuntersuchungen meist an einer bloß formalen Oberfläche. Natürlich wird die „wechselseitige Abhängigkeit" und Verflechtung der Managementfunktionen gesehen[1] und einmal als Phasenfolge diskutiert (Pack 1973, S. 25) oder nach ihrem Rang in Kategorien eingeteilt (Hofmann 1987, S. 46 ff). Doch ist uns eine Gesamtdarstellung im Sinne einer ganzheitlich-systematischen Zusammenschau der wechselseitig verbundenen Teilaspekte der Managementaktivität in einer operationalen, annehmbaren Vereinfachung nicht bekannt.[2]

Die Gesamtdarstellungen der Unternehmung bzw. des Managements[3] oder der Organisation (Koreimann 1982, S. 58, Kuhn 1982, S. 889) als System sind bestenfalls „Supersysteme" bzw. Verallgemeinerungen auf einer höheren Ebene als der der Managementleistung, Anwendungen der Allgemeinen Systemtheorie (General Systems Theory) im Sinne L. v. Bertalanffys auf die Unternehmung als Ganzes. Auch die Energontheorie von H. Hass (1970) ist in diesem Zusammenhang erwähnenswert. Hingegen sind „Systeme" des Managements wie etwa das „Reenergizing System" von Koontz, O'Donell (1976, S. 26) oder L. Packs Management-Box (1973, Sp. 4085) wohl wenig operational. Diese grafisch komplexen Schaubilder haben sicher ihren didaktischen Wert, stellen aber eher eine Art Memory (oder Prüfliste) für alle (oder möglichst viele) am Managementprozeß beteiligten Einflüsse und Variablen dar, als daß damit das eigentliche Wesen der Managementleistung in einer überschaubaren Klarheit logisch einsichtig zum Ausdruck käme. Auch der syndromatische Aspekt und ebenfalls der Beratungsaspekt finden bislang weder eine befriedigende systematische, noch eine wenigstens inhaltlich umfassendere Darstellung.

Um keine falschen Erwartungen aufkommen zu lassen: in diesem Band der „Einführung in die Funktionale Managementlehre" wollen wir – wie schon gesagt – zunächst nur die definitorische und funktionale Seite der Betriebsführung aufgreifen, also Teilaspekt I und II vertiefen.

---

1 Dies ist eine wesentliche Sichtweise des Systemansatzes, siehe beispielsweise Gunnar Baugut/Siegried Krüger, 1976, S. 40, Koontz H./O'Donell C., 1976, H. Hicks/C. R. Gullet 1981, S. 11, D. Hahn 1971, S. 163 ff. In bemerkenswerter – später nie mehr so aufgegriffener – Weise nimmt schon H. Fayol zur Rangfrage Stellung; dort bringt er Managementfunktionen unter dem Gesichtspunkt der verhältnismäßigen Bedeutung der verschiedenen Befähigungen, die die Eignung des Personals eines Unternehmens ausmachen, in eine hierarchische Ordnung.

2 Der „Systemische Ansatz" z. B. der neueren St. Gallener Schule, so verdienstvoll und weiterführend er auch ist, erscheint aber doch der objektfremden Begründung systemischer Zusammenhänge aus naturwissenschaftlichen Bereichen „per analogam" noch zu sehr verhaftet.

3 Z. B. die Kontingenzansätze von Luthans oder Carlisle (siehe bei Staehle 1985, S. 86 ff., ebendort auch Dierkes/Kopman, S. 365) oder D. Hahn 1971, S. 164, detaillierte Darstellung der Prozesse der Unternehmensführung.

Bevor wir allerdings Begriff und Wesen der Managementaufgabe dogmenkritisch betrachten können, müssen wir eine sprachliche Schwierigkeit klarstellen. Wie steht es um die Differenzierung bzw. Gleichstellung der Worte FÜHRUNG, BETRIEBSFÜHRUNG, UNTERNEHMENSFÜHRUNG, UNTERNEHMENSLEITUNG, LEITUNG an sich u. a. m.? Da wir im vorliegenden Zusammenhang weder eine etymologische Auseinandersetzung, noch überhaupt ein vertieftes Eingehen auf diese Frage verantworten wollen, schließen wir uns der Auffassung von Pack (1973, Sp. 4079) an, der die Lehre von der Unternehmensführung mit der Managementlehre gleichsetzt. Im vorliegenden Zusammenhang ist auch eine feinere Unterscheidung zwischen dem Betriebs- bzw. Unternehmungsbegriff nicht nötig, wenngleich eine solche Differenzierung – etwa unter dem Gesichtspunkt systembezogener Tatbestände (vgl. Gutenberg 1971) – in anderen Zusammenhängen durchaus sinnvoll ist. Eine Gleichsetzung der Worte Unternehmensführung und Management finden wir auch bei Mellerowicz (1963, S. 37) und bei Gutenberg (1962, S. 20), bei letzterem mit der sehr sinnvollen Einschränkung, man müsse bei dem angloamerikanischen Begriff Management gewisse Akzente mitdenken, die ihm einen gewissen Charakter geben, und zwar insbesondere in Richtung Experimentierfreudigkeit, Dynamik, Flexibilität im Denken, Rücksichtslosigkeit (insbes. bei der Anstellung und Entlassung von Personal), Offenheit, unbürokratisches Verhalten usw. (vgl. Rühli 1973, S. 29). Der Auffassung Rühlis (1973, S. 30), die Begriffe Führung, Leitung und Management gleichzusetzen, können wir uns andererseits nicht anschließen.

## 1.2 Begriff und Wesen der Managementaufgabe

Bevor wir versuchen, eine eigene Definition der Managementaufgabe zu entwickeln, gehört es zur Selbstverständlichkeit wissenschaftlicher Denkarbeit, sich umzusehen, zu welchen Begriffsbildungen andere Wissenschaftler schon gekommen sind.

Da die Entwicklung der Managementlehre – zumindest auf breiterer Basis – zum großen Teil Verdienst der Nordamerikaner ist, werden wir zunächst die wichtigsten Definitionen aus diesem Raum anführen.

### 1.2.1 Management im anglo-amerikanischen Sprachraum

Management wird im anglo-amerikanischen Sprachraum als Begriff – wenngleich auch dort nicht eindeutig – mit einer Selbstverständlichkeit gebraucht wie etwa im deutschsprachigen Raum der Begriff Betriebswirtschaft.

Das Wort und der Begriff MANAGEMENT haben erst relativ spät – nach dem 2. Weltkrieg – in der deutschen Sprache und einschlägigen Wissenschaft (vor allem der Betriebswirtschaftslehre) Eingang gefunden. Im wesentlichen deckt sich aber der Begriff Management mit dem deutschsprachigen Ausdruck „Betriebsführung". Es soll aber nicht unerwähnt bleiben, daß sich kulturspezifisch im Wort Management noch eine Nuancierung in Richtung „unternehmerisches Handeln" befindet, die unseren Vorstellungen von Betriebsführung nicht anhaftet.

Im folgenden wollen wir uns weitgehend Staehle anschließen, der Management im englischen Sprachraum vor allem als funktionale und institutionale Aussage geortet hat (Staehle 1985, S. 40 ff).

*Im funktionalen Sinn* wird Management abgehandelt als Deskription spezieller Aufgaben oder Prozesse, die innerhalb oder zwischen Organisationen ablaufen. Diese Funktionen oder Tätigkeiten gehen letztlich alle auf die funktionale Gliederung der Unternehmung durch Fayol (1929, S. 34 ff) zurück, der unter „operations administratives" folgende Elemente der Verwaltung unterschied:

Vorschau und Planung,
Organisation,
Leitung,
Koordination und
Kontrolle.

Diese funktionale Sicht erfährt hinsichtlich ihres Objektbereiches noch eine weitere Untergliederung, je nachdem, ob einzelne Funktionen, Ziele, Ressourcen oder Systeme bzw. Prozesse definitorisch angesprochen sind.

Zur besseren, übersichtlichen Einprägung hier Staehles Darstellung (Staehle 1985, S. 41).

Definition des Objektbereiches von Management nach W. Staehle:

---

- Managementfunktionen sind Planung, Organisation, Personalausstattung, Leitung, Führung und Kontrolle (*Koontz/O'Donnell* 1976)
- Management sind Funktionen, die Manager ausüben, wie Entscheiden, Organisieren, Planen, Kontrollieren, Führen (*Haynes/Massie/Wallace)* 1975)
- Management ist verantwortungsvolle Kombination von vier wesentlichen Elementen: Planung, Motivation, Koordination, Kontrolle (*Brech* 1963)

---

- Management heißt Planung, Organisation, Leitung und Kontrolle der Aktivitäten einer Unternehmung im Hinblick auf eine effiziente und ökonomische Zielerreichung (*Rogers* 1975)
- Management ist ein eindeutig identifizierbarer Prozeß, bestehend aus den Phasen Planung, Organisation, Durchführung, Kontrolle, der über den Einsatz von Menschen zur Formulierung und Erreichung von Zielen führt (*Terry* 1977 sowie Abb. 1.2)

---

- Management ist ein Prozeß, bei dem Menschen in Organisationen versuchen, durch effiziente Nutzung von Ressourcen bestimmte Ziele zu erreichen (*Tosil/Carroll* 1976).
- Management ist eine Aktivität, die bestimmte Funktionen der effizienten Beschaffung, Allokation und Nutzung menschlicher Leistungen und physikalischer Ressourcen zur Erreichung von Zielen beinhaltet (*Wren* 1972).

- Management ist ein Prozeß, innerhalb dessen die Elemente eines Systems integriert, koordiniert und genutzt werden mit dem Zweck, die Ziele der Organisation möglichst effektiv und effizient zu erreichen. Grundlegende Elemente des Managementprozesses sind: Planung, Organisation, Personalausstattung, Leitung und Kontrolle (*Carlisle* 1976).

- Management ist ein Prozeß, mit dessen Hilfe bislang ungeordnete Ressourcen (Menschen, Maschinen, Material, Kapital, Zeit, Raum) zur Zielerreichung in ein System integriert werden. Es ist die wichtigste Kraft in Organisationen, um die Aktivitäten der Subsysteme zu koordinieren und mit der Umwelt in Beziehung zu bringen (*Kast/Rosenzweig* 1974).

Frei nach Staehle (1985, S. 43) lassen sich aus der Fülle der in der angelsächsischen Literatur dargebotenen Definitionen in fast allen Ansätzen implizit folgende Merkmale erkennen, die Management enthält:

- den Tatbestand der Notwendigkeit planmäßiger, arbeitsteiliger Zielerreichung, also die betriebliche Sozial-Struktur, die individuelle, soziale und gesellschaftliche Ziele verfolgt;
- die sinnvolle Beschaffung, Kombination, Koordination und Nutzung von Ressourcen für die Betriebszielerreichung;
- planvolle Strukturierung und Prozeß-(Ablauf-)Entwicklung der Arbeits-, Kommunikations- und Entscheidungsprozesse sowohl betriebsintern, als auch über die Systemgrenzen hinaus: d. h. organisatorische Gestaltung;[4]
- Organisation als sozio-technisches System bietet den Rahmen, innerhalb dessen Management als Institution seine Funktionen durchführen kann;
- schließlich weist der anglo-amerikanische Sprachgebrauch noch eine Schwierigkeit auf, die sich teilweise auf die unterschiedliche Übersetzung des Fayol'schen Begriffes „operations administratives" zurückführen läßt: nämlich eine widersprüchliche Verwendung der beiden Begriffe MANAGEMENT und ADMINISTRATION. Fayol (siehe Näheres weiter unten) unterschied bekanntlich zwischen Management der Gesamtunternehmung (auf ein Ziel hin) – bei ihm mit „gouverner" bezeichnet – und „administrer", einer der sechs Teilfunktionen des Managements.

In der angelsächsischen Literatur finden sich heute drei unterschiedliche Verwendungen dieser beiden Worte:

[4] Die hier nach Aussagen Staehles vorgebrachten Merkmale zeigen in der Gleichsetzung von Arbeits- mit Kommunikations-, Entscheidungs- etc. Prozessen eine logisch unhaltbare Position, da selbstverständlich Arbeit nur der Überbegriff für alle diese managementmäßigen und sonstigen betrieblichen Handlungsprozesse sein kann. Gemeint kann wohl nur sein: Arbeit im Sinne bloß ausführender, repetitiver, insbesondere körperlicher Aktivitäten, obgleich auch dieser Kommunikations- und Entscheidungsprozesse u. a. m. logisch nicht entgegengesetzt werden können, weil sie unabdingbar auch in den einfachsten Ausführungshandlungen mit enthalten sind (vgl. auch M. Hofmann 1968).

1) eine synonyme Verwendung,
2) Administration als Teilfunktion der Managementaufgabe im Sinne von „Durchführung“ und „Ausführung“ von beschlossenen Maßnahmen und entschiedenen Plänen,
3) Management im Sinne privatwirtschaftlicher Unternehmensführung, und Administration im Sinne von Betriebsführung öffentlicher bzw. nonprofit Betriebe[5]

*Im institutionellen Sinne* wird Management im englischen Sprachraum überall dann definiert, wenn dezidiert „Personenbezüge“ – einzelne Menschen oder Gruppierungen betreffend – in der Definition angesprochen werden. Beispielsweise (Staehle 1985, S. 44)

- „Manager sind diejenigen Personen, die die Aufgaben und Funktionen des Managements *auf allen Ebenen und in jeder Art von Betrieb* (Hervorhebung durch den Verfasser) wahrnehmen“ (Koontz/O'Donnell 1976) oder
- „Das Management ist eine bestimmte *Gruppe von Mitarbeitern, die die Aktivitäten anderer in Richtung auf gemeinsame Ziele* leiten“ (Haynes/Massie/Wallace 1975) oder
- „Das Management ist eine *Gruppe von Angestellten* in einer Organisation, die *Entscheidungen* hinsichtlich der *Allokation von Ressourcen* treffen und implementieren“ (Tosi/Carroll 1976).

Die Aussagen im institutionellen Sinn zeigen deutlich, daß:

- eine rein personelle-hierarchische Definition ohne funktionale Bestimmung sinnlos ist. Daher finden wir auch hier zusätzlich zumindest formal (Koontz/O'Donnell), zumeist aber materiell Aufgabenbeschreibungen (z. B. Stellen von Zielen, was Entscheidung inkludiert sowie Hinleiten zur Zielerreichung und Entscheidungen hinsichtlich Ressourcen-Allokation etc. bei Haynes et al. und Tosi/Carroll);
- Manager auf allen Ebenen einer Organisation und
- in allen Arten von Organisationen, also nicht nur in privatwirtschaftlichen Betrieben, benötigt werden.

Ähnlich wie schon H. Fayol auf dem Gebiete der für Manager notwendigen Fähigkeiten (Fayol 1929, S. 11 ff) sich bemüht hat, diese nicht nur festzustellen, sondern auch hierarchisch in ihrer unterschiedlichen Gewichtung zu verteilen, bemühte man sich im anglo-amerikanischen Bereich (aber schon vorher auch in Europa!), *Management-Tätigkeiten inhaltlich und zeit-umfangmäßig empirisch festzustellen.*

---

[5] Wie Staehle 1985, S. 44 anführt, hat die neue Fayolforschung (Breeze/Miner 1980) ergeben, daß H. Fayol in späten Veröffentlichungen die explizite Unterscheidung zwischen „gouverner“ und „administrer“ zugunsten eines einheitlichen Administrationskonzepts aufgegeben hat.

Nach verschiedenen Methoden (z. B. Tagebuchmethode, Activity Sampling, Participating Observation) haben verschiedene Forscher[6] Rollenbeschreibungen des Managers und Zeitanteile dieser Funktionsausübung an der Gesamtarbeitszeit festgestellt.

Aus diesen empirischen Untersuchungen lassen sich einige bemerkenswerte Aussagen ableiten:

- Managementtätigkeiten sind eher kurze, fragmentierte, unterschiedliche Aufgabenabfolgen, also sehr abwechslungsreich (die Hälfte der Aktivitäten dauert weniger als 9 Minuten/Mintzberg 1973)
- Managementaktivitäten bestehen zum größten Teil aus kommunikativen, interpersonalen Tätigkeiten (sie machen bis zu 75 % des gesamten Zeitaufwandes aus/Mintzberg 1973).
- Handlungsspielraum als Chance ihrer persönlichen Entfaltung nutzen Manager weniger in Abhängigkeit von Größe, Branche oder Technologie ihrer Unternehmung, sondern eher beeinflußt von der Management-Philosophie (Stewart 1982).

### 1.2.2 H. Fayol: Management im französischen Sprachraum

Ohne hier näher auf die Entwicklung nach H. Fayol in Frankreich eingehen zu können, kann zumindest dieser vielleicht maßgeblichste und bahnbrechendste, einflußreichste Management-Denker nicht unerwähnt bleiben. Dieser Forscher, der eine lebenslängliche eigene Top-Management-Tätigkeit mit forschenden Bemühungen über dieses Phänomen des Managements verband, hat schon um die Jahrhundertwende – 1900 in seiner ersten entscheidenden Rede über methodische und systematische Vorausplanung u. a. m. vor dem Internationalen Kongreß für Bergbau und Metallurgie – praktisch den Entwurf einer Managementlehre und -theorie vorgelegt, die in vieler Hinsicht noch bis heute absolut aktuell ist. Der Aussage von H. Fayol kommt meines Erachtens auch deshalb so große Bedeutung zu, da er in seiner so erfolgreichen Berufslaufbahn als Ingenieur und Generaldirektor von allem Anfang auch die wissenschaftliche Auswertung und Überhöhung seiner Tätigkeiten mit der Beratungspraxis verband – in vielem nicht unähnlich seinem großen Gegenpart in den USA, F. W. Taylor.

Fayol war angeregt, seine Erfahrungen zu veröffentlichen, vor allem durch das Bedürfnis, Management ( = „Verwaltung") lehr- und lernbar zu machen, seine Erfahrungen anderen nutzbar zu machen.[7]

---

[6] Z. B. H. Mintzberg 1973, S. Carlson 1951, R. Stewart 1967 und 1982, J. Kelly 1964, L. R. Sayles 1964, M. Dalton 1959, L. B. Kurke/H. E. Aldrich 1983, J. J. Morse/F. R. Wagner 1978, J. P. Kotter 1982.

[7] So der Titel des ersten Teils seines Werkes: Notwendigkeit und Möglichkeit eines Verwaltungsunterrichts.

Die „Bestimmung des Begriffs der Verwaltung" folgt dann in einer rein funktionalen Ableitung aus den sechs Grundvorgängen jedes Unternehmens (Fayol 1929, S. 6):

1) Technische Vorgänge (Erzeugung, Herstellung, Umformung),
2) Kommerzielle Vorgänge (Einkauf, Verkauf, Tausch),
3) Finanzwirtschaftliche Vorgänge (Beschaffung und Verwendung des Kapitals),
4) Sicherheitsmaßnahmen (Schutz des Vermögens und der Personen),
5) Vorgänge der Rechnungslegung (Inventur, Bilanz, Einkaufspreise, Statistik usw.),
6) *Administration* (Vorausplanung, Organisation, Auftragserteilung, Zuordnung und Kontrolle).

Nach seiner Meinung sind diese sechs Gruppen von Vorgängen unabhängig von der Größe, der Art und der Komplexität der Unternehmen zu erfüllen. Also praktisch eine Kategorie des Betriebes. Er geht davon aus, daß die ersten fünf Gruppen wohl bekannt sind, die Gruppe der Verwaltungsvorgänge (damals systematisch fast noch unbeachtet) aber eine eingehende Klärung erfordere.

Bemerkenswert ist die bei ihm erstmalig angedeutete Grundsystematik von technischen (produktionswirtschaftlichen), kommerziellbetriebswirtschaftlichen und managementmäßigen Aufgaben. Auch die im späteren Verlauf der Entwicklung der Managementlehre und auch der Betriebswirtschaftslehre so gerne vernachlässigte Sicherungsfunktion ist bei Fayol von Anfang an vorhanden. Wir vermissen hingegen noch Aufgaben der Marketingbereiche (wie Werbung, Marktforschung, Imagebildung etc.) und vor allem eine getrennte Nennung der Personalwirtschaft (!) sowie der Motivation, und im produktionswirtschaftlichen Bereich Transport- und Lagerwirtschaft – Vorgänge, die noch unter dem technischen Bereich bei ihm subsumiert bleiben.

Hingegen finden wir bereits (Fayol 1929, S. 6) einen Systemansatz und die klare Erkenntnis, daß die sechs wesentlichen Funktionen sich in enger wechselseitiger Abhängigkeit voneinander befinden. Auch an eben derselben Stelle findet sich die Grundeinsicht, daß diese *sechs Funktionen nicht gleichrangig nebeneinander bestehen.* Ich halte diese frühen Einsichten bei Fayol für so bemerkenswert – leider später bei der Weiterentwicklung unserer Wissenschaft kaum aufgegriffen –, daß ich hier etwas näher darauf eingehe. Fayol springt über seinen eigenen Schatten (als sehr erfolgreicher Ingenieur), wenn er die „Mannigfaltigkeit und Wichtigkeit der technischen Funktionen", die Augenscheinlichkeit der Erzeugung, die gewissermaßen aus den Händen des Technikers hervorzugehen scheint und den offensichtlichen Tatbestand, daß damals (nur damals!) der Techniker das bedeutendere Ansehen genoß und in der Regel auch die Top-Management-Positionen innehatte, in die Schranken weist und behauptet: . . . „daß andere Befähigungen, die ebenso notwendig und mitunter nützlicher für den Geschäftsgang und das Gedeihen der Unternehmen sind, (von der (Technik) in den Schatten gestellt werden." (Fayol 1929, S. 6)

Zur administrativen Funktion sagt er ausdrücklich: „Keine der fünf vorhergehenden Funktionen hat die Aufgabe, den allgemeinen Wirtschaftsplan der Unternehmung aufzustellen, *sie zu einer sozialen Gemeinschaft zu machen* (Hervorhebung durch den Verfasser), die Kräfte zuzuordnen und die Tätigkeiten untereinander in Einklang zu bringen. Diese Verrichtungen gehören keineswegs zu den Befugnissen der technischen, kommerziellen oder finanzwirtschaftlichen Funktion und auch nicht zu denen der Funktionen, die die Sicherheit und Rechnungslegung zum Ziele haben; sie bilden eine andere Funktion, die man gewöhnlich mit dem Namen Verwaltung bezeichnet und deren Befugnisse und Grenzen nur mangelhaft bestimmt sind." (Fayol 1929, S. 7)

Im folgenden zitiere ich den vollen Wortlaut Fayols näherer Bestimmung von „Administration" (Management). (Fayol 1929, S. 8):

„Die Vorausplanung, Organisation, Zuordnung und Kontrolle gehören unstreitig zur Verwaltung im landläufigen Sinne. Es ist nicht unbedingt notwendig, auch die Auftragserteilung zur Verwaltung zu rechnen; denn man könnte sie isoliert betrachten. Ich habe mich entschlossen, sie in die Verwaltung einzugliedern, und zwar aus folgenden Gründen:

1. Die Auswahl und Ausbildung des Personals und der Zusammenschluß zu einer sozialen Gemeinschaft sind die Aufgaben der Verwaltung, sie sind aber auch von höchster Bedeutung für die Auftragserteilung.
2. Die meisten Prinzipien der Auftragserteilung sind Verwaltungsprinzipien; denn Verwaltung und Auftragserteilung sind eng miteinander verbunden. Es erleichtert das Studium, die beiden Vorgänge in dieser Weise einzuordnen.
3. Diese Einordnung hat außerdem den Vorteil, eine sehr wichtige Funktion zu konstituieren, die wert ist, die Aufmerksamkeit der Öffentlichkeit zum mindesten in dem Maße zu erwecken und sich zu erhalten wie die technische Funktion.

Ich habe demnach in folgender Weise definiert:
Verwalten heißt vorausplanen, organisieren, Aufträge erteilen, zuordnen und kontrollieren. Vorausplanen heißt, die Zukunft erforschen und den Wirtschaftsplan aufstellen. Organisieren heißt, den zwiefachen Organismus der Unternehmung, der sowohl materieller wie auch sozialer Art ist, begründen."

Nun ist mir klar, wo die zunächst vermißten Funktionen wie etwa Personalwesen und Motivation zu finden sind und wie sehr sozialwissenschaftlich Fayol seinen Gegenstand sieht und den technisch-kommerziellen und rechnungsmäßigen Bereich eindeutig der Managementfunktion unterordnet.

Wie sehr er tatsächlich die Personalfunktion in den Mittelpunkt seiner Betrachtung stellt, möchte ich anschließend noch dokumentieren. Für mich hat H. Fayol damit eindeutig schon vor der Jahrhundertwende eine sozialwissenschaftliche, auf den Faktor Mensch zentral begründete Betriebswirtschaftslehre (besser Managementlehre) aufgebaut – also eine eher arbeitsorientierte Lehre –, im Gegensatz zu der deutschsprachigen Entwicklung, die kapitalorientiert auf kommerzielle, besonders aber auf finanzwirtschaftliche und rechnungsmäßige Aufgaben den Schwerpunkt legte. Taylor beschäftigte sich mehr mit den ausführenden, Fayol mit den führenden Arbeiten. So könnte man die Entwicklung der Managementlehre auch völkerspezifisch als eine internationale Arbeitsteilung ansehen, deren Ergebniskoordination noch aussteht.

Fayol geht im weiteren auf „die verhältnismäßige Bedeutung der verschiedenen Befähigungen, die die Eignung des Personals einer Unternehmung ausmachen", näher ein. Jeder der sechs Gruppen von Vorgängen ordnet er besondere persönliche Befähigungen zu, eine Fundgrube grundsätzlicher Einsichten und Erfahrungen, die leider systematisch und interdisziplinär nie entscheidend aufgegriffen wurden.

**Tabelle 1.** Die verhältnismäßige Bedeutung der verschiedenen für das Personal einer industriellen Unternehmung notwendigen Befähigung
Große Unternehmung. Das die technische Funktion ausführende Personal

| Kategorien der Arbeitskräfte | Befähigungen | | | | | | Gesamteignung % |
|---|---|---|---|---|---|---|---|
| | administrative % | technische % | kommerzielle % | finanzwirtschaftliche % | Sicherheitswesen % | Rechnungswesen % | |
| **Großbetrieb** | | | | | | | |
| Arbeiter | 5 | 85 | – | – | 5 | 5 | 100 (a) |
| Meister | 15 | 60 | 5 | – | 10 | 10 | 100 (b) |
| Betriebsleiter | 25 | 45 | 5 | – | 10 | 15 | 100 (c) |
| Unterabteilungsleiter | 30 | 30 | 5 | 5 | 10 | 20 | 100 (d) |
| Leiter der techn. Abtlg. | 35 | 30 | 10 | 5 | 10 | 10 | 100 (e) |
| Direktor | 40 | 15 | 15 | 10 | 10 | 10 | 100 (f) |
| **Mehrere vereinigte Anlagen** | | | | | | | |
| Generaldirektor | 50 | 10 | 10 | 10 | 10 | 10 | 100 (g) |
| **Staatsbetrieb** | | | | | | | |
| Minister | 50 | 10 | 10 | 10 | 10 | 10 | 100 (h) |
| Staatsoberhaupt | 60 | 8 | 8 | 8 | 8 | 8 | 100 (i) |

Die verhältnismäßige Bedeutung der für die Leiter industrieller Unternehmen aller Größen notwendigen Befähigungen (Fayol 1929, S. 12):

**Tabelle 2.** Die verhältnismäßige Bedeutung der verschiedenen für das Personal einer industriellen Unternehmung notwendigen Befähigung
Industrielle Unternehmungen verschiedener Größe. Die Unternehmungsleiter

| Kategorien der Leiter | Befähigungen | | | | | | Gesamteignung % |
|---|---|---|---|---|---|---|---|
| | administrative % | technische % | kommerzielle % | finanzwirtschaftliche % | Sicherheitswesen % | Rechnungswesen % | |
| Sehr kleine Unternehmung | 15 | 40 | 20 | 10 | 5 | 10 | 100 (m) |
| Kleine Unternehmung | 25 | 30 | 15 | 10 | 10 | 10 | 100 (n) |
| Mittlere Unternehmung | 30 | 25 | 15 | 10 | 10 | 10 | 100 (o) |
| Große Unternehmung | 40 | 15 | 15 | 10 | 10 | 10 | 100 (p) |
| Sehr große Unternehmung | 50 | 10 | 10 | 10 | 10 | 10 | 100 (q) |
| Unternehmung des Staates | 60 | 8 | 8 | 8 | 8 | 8 | 100 (r) |

Für unsere Managementlehre ist H. Fayol zumindest aus folgenden Überlegungen bedeutsam:

1) Er stellt jene – sogar interdisziplinäre! – Verbindung von Praxis und Theorie dar, die für das Betreiben einer angewandten (klinischen) Wissenschaft – wie die Managementlehre zweifelsfrei eine ist – unabdingbar erscheint (eine ähnliche Situation besteht z. B. in der Medizin!).
2) Er war der erste, der eine systematische – und wenn man etwas genauer dahintersieht – auch recht vollständige *funktionale* Managementlehre aufstellte.
3) Er sah diese Managementaufgaben unabhängig von der Größe, *Art* und Komplexität der Betriebe und wies damit erstmals auf Management als eine „betriebliche"(!) und nicht „wirtschaftsbetriebliche" Kategorie hin.
4) Er hat als erster eine Gruppierung betrieblicher Funktionen in:

- technische (produktionsmäßige)
- kommerzielle und betriebswirtschaftliche und
- managementmäßige (administrative)

systematisiert.

5) Erstmals (und in vieler Hinsicht ohne Nachfolger) hat H. Fayol die Sicherungsfunktion in das System betrieblicher Funktionen aufgenommen.

6) Wenngleich systematisch noch nicht sauber ausgegliedert, so nimmt doch der Produktionsfaktor „Mensch", vor allem unter personalwirtschaftlichen, personal-wesenhaften, motivationalen und pädagogischen Gesichtspunkten eine zentrale Rolle in seinem Werk ein.
7) Nicht nur aus dem oben (6) angeführten Tatbestand liegt bei H. Fayol eindeutig ein sozialwissenschaftlicher Ansatz vor. Er begründete die Managementlehre rein aus dem Faktor Arbeit (im Gegensatz zu F. W. Taylor aus der Führungsleistung) und dem sozialen kategorialen Phänomen des Betriebes.
8) Auch den Systemansatz finden wir bei ihm erstmalig in seiner Erkenntnis der „wechselseitigen Abhängigkeit" der sechs Grundfunktionen, und aus denselben Überlegungen findet sich
9) bei H. Fayol auch erstmals die Einsicht in die Ungleichrangigkeit der betrieblichen Aufgaben. Unter allen technischen, kommerziellen und betriebswirtschaftlichen Funktionen sieht er die Managementaufgaben – gewissermaßen als ganzmachender Faktor, der die Arbeitsteilung erst zu einer sozialen Gemeinschaft macht – als vorrangigen Produktionsfaktor.
10) In geradezu visionärer Vorwegnahme beschäftigte er sich bereits mit personalistischen Detailfragen wie z. B. der verhältnismäßigen Bedeutung verschiedener Befähigungen (der leitenden Mitarbeiter) im Hinblick auf die Erfüllung der in den sechs Gruppen angeordneten Aufgaben. Leider ist kaum jemand diesem Wege gefolgt, sondern man hat eher den tayloristischen Ansatz arbeitswissenschaftlich verfolgt.
11) Notwendigkeit und Möglichkeit eines Managementunterrichts – der eigentliche Zweck, warum er ein Buch schrieb – wurde erstmals von ihm erkannt.
12) Seine 14 (taxativ aufgezählten) allgemeinen Verwaltungsprinzipien (Fayol 1929, S. 18):

    1. Arbeitsteilung.
    2. Autorität.
    3. Disziplin.
    4. Einheit der Auftragserteilung.
    5. Einheit der Leitung.
    6. Unterordnung des Sonderinteresses unter das Interesse der Gesamtheit.
    7. Entlohnung.
    8. Zentralisation.
    9. Rangordnung.
    10. Ordnung.
    11. Billigkeit.
    12. Stabilität des Personals.
    13. Initiative.
    14. Gemeinschaftsgeist.

    sind allesamt auch noch heute *die* aktuellen Probleme der Betriebsführung, seine diesbezüglichen Ausführungen sind eine wahre Fundgrube für eine Errichtung einer angewandten Managementlehre.

13) Das gleiche wie unter 12 oben Gesagte gilt ganz besonders auch für das 2. Kapitel seines Buches „Die Elemente der Verwaltung" (Fayol 1929, S. 34-84):

- 1. Vorausplanung
- 2. Organisation
- 3. Anordnung
- 4. Zuordnung
- 5. Kontrolle

Das Studium des Werkes von H. Fayol – ebenso wie des von F. W. Taylor – gehört m. E. zur Pflichtliteratur jedes an der Managementlehre Interessierten.[8] Beide Autoren vermitteln – wenngleich auch mit sehr verschiedenen Schwerpunktsetzungen – das weitgehend bis heute tradierte Bild einer (Lehre) Wissenschaft vom „rationalen" Handeln der für die Führung von Betrieben verantwortlichen Menschen.[9]

### 1.2.3 Die Entwicklung der Managementlehre im deutschen Sprachraum

Einer umfangreichen Darstellung der Entwicklung des Begriffes Management sowie der Managementlehre im deutschsprachigen Raum kann und muß in der vorliegenden Schrift kein Raum geboten werden. Solche Darstellungen werden in der einschlägigen Literatur angeboten und sind auch leicht zugänglich. Um nur einige wichtige Schriften hier anzuführen, verweise ich zunächst auf die zwei Standardwerke von W. Staehle (1985, S. 48 ff.) und R. Wunderer/W. Grunwald (1980). Ersterer bietet eine eher personen-(autoren-)bezogene dogmengeschichtliche Darstellung nach den Gesichtspunkten der Klärung des Verhältnisses zwischen den Begriffen Management und Unternehmensführung und der funktionellen und institutionellen Inhalte. Auch über den wissenschaftlichen Standort der Managementlehre und ihr Verhältnis zur Betriebswirtschaftslehre sowie über die verschiedenen wissenschaftlichen Ansätze innerhalb der Managementlehre wird informiert. Letzterer (Wunderer/Grunwald) bietet keine dogmenhistorische Darstellung der Entwicklung der Managementlehre im deutschsprachigen Raum, sondern eine umfangreiche führungstheoretische Abhandlung mit gezielten Hinweisen auf ausgewählte Literatur. Dabei wird der Begriff Führung (Wunderer/

---

[8] Da das tayloristische Gedankengut weiter verbreitet und viel leichter zugänglich ist, habe ich hier aus vor allem pädagogischen Erwägungen Fayol mehr Platz gegeben.

[9] Ein Ansatz, dem auch wir im vorliegenden Band der „Funktionalen Managementlehre" weitgehend folgen, der aber – methodisch zunächst zwingend – den auch wesentlichen „irrationalen" Charakter des Managementhandelns und seine nicht nur der „Sachwelt" unter Wirtschaftlichkeitsgesichtspunkten, sondern auch den „geistigen" immateriellen Werten verpflichteten und verbundenen Inhalte und Verhaltensweisen nicht berücksichtigt. Diese zweite Seite, die die ganze Wirklichkeit der Managementaufgabe als geistige Leistung erst voll sichtbar machen wird, werden wir im geplanten zweiten Band dieser Reihe voll aufgreifen.

Grunwald 1980, S. 65), der den Inhalt ihrer Werke dann bestimmt, von den Autoren als Unterbegriff von Management angesehen. Manager üben immer auch Führung aus, Führer nicht notwendigerweise auch Management-Funktionen (Kirsch 1977).

Noch zwei Autoren trugen zur Klärung dieser Frage der Entwicklung des Managementbegriffs in der deutschsprachigen Literatur wesentlich bei: Tilo Beyer (1970, S. 34 ff, 1972 S. 336 - 353) und B. Bessai (1974, S. 353 - 362).

Letzterer bietet eine minutiöse Begriffsanalyse von Management in der deutschsprachigen betriebswirtschaftlichen Literatur und versucht, die vorhandene Vielfalt durch Systematisierung und mit dem Mittel der mengentheoretischen Vereinigung einzugrenzen. Dabei gelingt es ihm, die Bedeutungsinhalte auf *vier Grundaspekte des Managements*

1) Management als Aufgabe
2) Management als Konzeption
3) Management als Institution
4) Management als Person

zu reduzieren.

Beyer wiederum hat die Managementlehre wissenschaftstheoretisch, aber auch fachlich-inhaltlich systematisch untersucht und dabei die Entwicklung im angelsächsischen Raum der im deutschsprachigen gegenübergestellt. Er hat damit eine bislang fehlende Analyse im dogmenhistorischen und trendmäßigen Sinne vorgelegt. Auch bei ihm – wie im deutschsprachigen Raum vorzugsweise – wird Management auf die Führung von Wirtschafts-Unternehmen = Unternehmungsführung eingeengt und zwischen der funktionalen und institutionellen Sicht unterschieden. Die funktionale Sicht bezieht sich bei ihm insbesondere auf „. . . die Gesamtheit der integrierten personen- und sachbezogenen Entscheidungsprozesse" (Beyer 1970, S. 51) während unter dem institutionellen Gesichtspunkt „alle Personen oder -gruppen, die als Entscheidungszentren bzw. Zentren der Willensbildung ständig personen- und sachbezogene Führungsaufgaben wahrnehmen" (Beyer 1970, S. 53) verstanden werden. Beyers systematische dogmenhistorische Analyse (vor allem auch der Lage in den USA) bezieht sich im wesentlichen auf Forschungsobjekt, -ziele, -methoden, Informationsgehalt, Falsifizierbarkeit, Operationalität der Begriffsbildung, innere Widerspruchsfreiheit und empirische Bewährung.

Da ich hier aus den schon vorerwähnten Gründen eine umfassende dogmenkritische Analyse der Entwicklung der Managementlehre im deutschsprachigen Raum nicht vorlegen kann, möchte ich wenigstens einige wesentliche Diskussionsinhalte aus der deutschsprachigen Literatur anführen:

1) Die Auseinandersetzung mit dem Managementbegriff in der deutschsprachigen Literatur wird belastet durch eine Vielzahl wissenschaftshistorisch aus jeweils eigenen unterschiedlichen Theorieansätzen stammender Begriffe wie: Betriebspolitik, Unternehmensführung, Führung, Leitung, dispositiver Faktor, Betriebsführung u. a. m.

2) Die Auseinandersetzung mit dem Managementbegriff aktualisiert auch wieder den alten, ewigen betriebswirtschaftlichen Streit um die Abgrenzung zwischen den Begriffen BETRIEB:UNTERNEHMUNG.
3) Im Gegensatz zur US-Tradition tut sich die deutschsprachige Managementlehre – die sich im wesentlichen innerhalb der Betriebswirtschaftslehre und nicht als eigenständiger Ansatz etabliert hat – schwer mit den interdisziplinären Denknotwendigkeiten. Besonders mit dem Phänomen der „Führung", welches unter Aspekten der interdisziplinären Behandlung keine Tradition in der deutschen Betriebswirtschaftslehre besitzt.
4) Demnach überwiegt eine nicht im strengeren Sinn personen- sondern eher sachbezogene)[10] Diskussion der Managementaufgabe in der Betriebswirtschaftslehre im Sinne sachbezogener Führungs-, Leitungs- und Verwaltungsaufgaben (Staehle 1985, S. 49).
5) Personenbezogene, verhaltenswissenschaftliche Ansätze in einem echt interdisziplinären Sinne haben sich noch nicht durchgesetzt und sind der deutschsprachigen Betriebswirtschaftslehre auch artfremd.
6) Management wird häufig mit Management-Techniken gleichgesetzt bzw. charakterisiert.
7) Die deutschsprachige Betriebswirtschaftslehre inklusive ihrer Rezeption der Managementlehre ist im Gegensatz zur amerikanischen Managementlehre überwiegend keine angewandte Wissenschaft (kein „klinischer" „applied" Ansatz), sondern betont in ihrem Erkenntnisinteresse eher die Theorienbildung (Pack 1969, S. 54-66, 1976, Sp. 4079).
8) In den deutschsprachigen betriebswirtschaftlichen Lehren von der Unternehmensführung ( = Management) wird wissenschaftstheoretischen Fragen relativ viel Bedeutung zugewiesen.
9) Der Entwicklung von Führungsmodellen[11] und dem Versuch, das Management-Phänomen im Systemzusammenhang bzw. als Regelkreis darzustellen (Baugut, Krüger 1976, S. 35 ff., Hahn 1971, S. 161 ff.), werden in der deutschsprachigen Literatur relativ viel Beachtung geschenkt.
10) Insgesamt läßt sich in der deutschsprachigen Diskussion das Dilemma der Abgrenzung zwischen Managementlehre und Betriebswirtschaftslehre durchgehend feststellen (Staehle 1985, S. 58 ff.). Dahinter steckt einerseits die historisch verfolgbare Eigenart der Dualität zwischen Technik und Ingenieurwissenschaften, die sich mit der „Produktionsstätte Betrieb" beschäftigen, und andererseits die betriebswirtschaftliche Eigenart der Trennung zwischen „Unternehmung" als einer abstrakten Kapitalverrechnungsein-

---

[10] im deutschsprachigen Raum gern im Gegensatz zum Begriff Menschenführung gesehen, als ob es eine „Sachführung" im engeren Sinne des Wortes Führung überhaupt geben kann!

[11] z. B. das St. Galler Modell (H. Ulrich/W. Krieg 1972), das Züricher Modell (Rühli 1973), das Harzburger Modell (Höhn), vgl. auch R. Guserl/M. Hofmann 1976 und M. Hofmann 1974.

heit (Rentabilitätsprinzip) und der Betriebswirtschaft bzw. dem Betrieb als der dem Wirtschaftlichkeitsprinzip unterworfenen, eigentlich leistungserstellenden Einheit. Dann gab es immer schon die Versuche, über getrennte Ansätze wie Betriebs- oder Unternehmungspolitik, Führung der Betriebe (Sandig 1953) u. a. m. den fehlenden Managementfaktor einzufangen; schließlich wäre Gutenbergs Versuch, über das Konstrukt des Dispositiven Faktors das Managementphänomen innerhalb eines geschlossenen, betriebswirtschaftlich-produktionstheoretischen Systems anzusiedeln, sicher ein wesentlicher Anstoß, sich verstärkt mit dem Managementobjekt in der Betriebswirtschaftslehre zu beschäftigen, eine Bemühung, die vor allem durch die Hinwendung zum entscheidungstheoretischen Ansatz und dem teilweise aus ihm erfließenden verhaltenswissenschaftlichen Ansatz unterstützt wird. Dennoch ist eine grundsätzliche Klärung dieses Abgrenzungsproblems noch nicht in Sicht.

## 2 Zum wissenschaftlichen Standort der Managementlehre

In Aufnahme des unter Punkt 10) oben dargestellten Abgrenzungsdilemmas zwischen Betriebswirtschaftslehre und Managementlehre, und aus der Notwendigkeit heraus, den wissenschaftlichen Standort für die hier vorgelegte „Einführung in die Funktionale Managementlehre" klar festzulegen, will ich zunächst die wesentlichen und im deutschsprachigen Bereich so sehr mit Abgrenzungsschwierigkeiten belasteten Begriffe (Management, Führung, Betrieb, Wirtschaft, Betriebswirtschaft) definieren.

### 2.1 Definition der Grundbegriffe

Ich gehe davon aus, daß wir als Realobjekt den „Betrieb" im weitesten Sinne als Produktionseinheit vorfinden, während die Phänomene Wirtschaft, Management bzw. Führung (u. a. m.) bereits wissenschaftlich gesehen Erkenntnisobjekte sind, die keine real-objektive Existenz im Sinne einer materiell-sensualen Wahrnehmung besitzen, sondern eine logisch-ideelle Existenzform darstellen. Der reale, „sinnlich greifbare" Gegenstand – mittels welchem sich Management verwirklicht und feststellbar wird – ist der Betrieb als sozio-technische, interkulturelle Einheit, als soziales Gebilde. Um das Betriebsgeschehen zu *verstehen,* müssen wir versuchen, mit Hilfe unseres wissenschaftlichen Vermögens (demonstrativem und logisch-rationalem Denken) die vorgefundene reale Komplexität (des Realobjektes) in Erkenntnisobjekte aufzulösen. Über diesen „wissenschaftlichen Umweg" (Erkenntnis, Wissensbereicherung) eines Lernprozesses gelingt dann die bewußt gestaltende, allenfalls verändernde Einwirkung auf das Realobjekt. Gerade für unseren Gegenstand MANAGEMENT ist ja schon aus der Wortbedeutung her dieses gestaltende, wirkende Moment begriffsbestimmend. In unserem Gegenstand spiegelt sich die Vorgangsweise einer angewandten Wissenschaft fast gleichnishaft: ANALYSE – DIAGNOSE – THERAPIE, über Erkenntnis und Urteilskraft zur Handlung. Im Management-Phänomen ersehen wir eine Ur-Kategorie menschlicher Handlungsnotwendigkeiten, die unmittelbar aus der sozialen Existenz und Bedürftigkeit des Menschen ableitbar, jenseits und vor dem Tatbestand des Wirtschaftens gesehen werden muß.[12] Managen muß der Mensch, auch wenn er nicht wirtschaften müßte, d. h. auch unter Bedingungen der Nicht-Ressourcen-Knappheit. Was also ist unter Management konkret zu verstehen?

### 2.1.1 Management

Darunter verstehe ich:

**Die Übernahme einer letztlich individuellen Gesamtverantwortung für eine klar definierte Zielerreichung, die nur arbeitsteilig und unter Bedingungen adäquater Machtausstattung und positiver und negativer Sanktionierung bewerkstelligt werden kann.**

- *Verantwortung,* letztlich die Fähigkeit (aus einem Wissen, aus Erfahrung usw.), Antwort zu geben und dies zugleich in einem ethisch-moralischen Kontext, beinhaltet sozusagen die „Vermögensseite" des Management, die funktionale und ethische Autorität, etwas kraft Erfahrung, Wissen, Fähigkeiten und moralisch-charakterlicher Kompetenz machen ( = leisten) zu können. Gesamtverantwortung bezieht sich auf den Gesamtbetrieb – nicht Teilverantwortung ist gemeint.
- *Individuell* bedeutet, daß diese Management-Gesamtverantwortung *letztlich* unteilbar ist, fachliche und moralische Verantwortung letztlich immer nur auf Einzelpersonen und nicht auf Gruppierungen zurückgerechnet werden kann. Das heißt nicht, daß im Verlaufe dieser Managementleistung nicht auch Gruppen Verantwortung zu übernehmen bereit sind und – was motivational sehr wesentlich ist – Verantwortung empfinden. Aber auch diese scheinbare Gruppenverantwortung, die in der Realität ja auch durch den gruppendynamischen Prozeß der Rollendifferenzierung individualisiert wird, kann niemals die letztlich individuelle Management-Gesamtverantwortung ersetzen. Nicht die gesamte Betriebsgemeinschaft, sondern gegebenenfalls der Top-Manager, wird negativ sanktioniert, verantwortlich gemacht (entlassen), wenn es die Umstände erfordern.
- *Klardefinierte Zielerreichung* ist die Voraussetzung, Aufgaben verantwortlich übernehmen zu können, die im Sinne einer Zielannäherung zu erfüllen sind. Klar definierte Zielerreichung beinhaltet auch völlige Klarheit über das Ziel selbst. Zwischen dem Auftraggeber und dem Manager darf es nicht die geringste Unklarheit hinsichtlich der Art und des Umfanges des Zieles sowie des Weges der Zieler-

[12] vgl. hierzu meine Ausführungen zur Objektableitung S. 3 ff in meinem veröffentlichten Skriptum „Einführung in die Allgemeine Managementlehre", Wien 1987.

reichung im grundsätzlichen geben. Aus dieser „Weg und Ziel"-Akzeptanz erfließt dann auch

- *die adäquate Machtausstattung,* jene Vollmachten und frei vom Manager zu verantwortenden Handlungsspielräume, die zwar klar abgegrenzt, aber an sich unabdingbar sind, um Zielverantwortung überhaupt annehmen zu können, sowie
- die positive und negative Sanktionierung, das Belohnungs- und Bestrafungssystem i. w. S. d. W., dem sich der Manager durch die Übernahme der Gesamtverantwortung für eine Zielerreichung bewußt und willentlich aussetzt. Darunter sind nicht in erster Linie die selbstverständlichen materiellen Konsequenzen für Erfolg oder Mißerfolg der Handlungen des Managers gemeint, sondern vor allem auch das umfangreiche Instrumentarium immaterieller Sanktionen.
- *Arbeitsteilung* verweist ausdrücklich auf die regelmäßige Situation der Unmöglichkeit für einen Manager, die Zielerreichung allein – ohne Mithilfe anderer Personen – bewerkstelligen zu können. Zwar läßt sich rein funktional auch der Ein-Personen-Betrieb als volle Managementverantwortung und Managementleistung definieren (der berühmte Ausnahmefall), jedoch ist dies nicht die Regel. In der überwältigenden Mehrzahl der Fälle können bedürfnisbefriedigende Leistungen, besonders auch im Wirtschaftsbereich, nur durch und in „betrieblichen Strukturen" (also arbeitsteilig) produziert werden. Bei näherem Hinsehen lösen sich auch die vermeintlichen Ein-Personen-Betriebe in arbeitsteilige Leistungsbeziehungen auf, die allerdings die Grenzen des Betriebes (im klassischen Sinne) überschreiten. Autarkie ist weder in der Ein-Personen-Leistung, noch in der Betriebsleistung gegeben, Arbeitsteilung erweist sich als *Kategorie der menschlichen Existenzsicherung, die Organisation zielgerichteter Arbeitsteilungen* ist vielleicht der auf den kürzesten Nenner gebrachte wesentliche Inhalt der Managementleistung. Die Nebenbedingung der Betriebsdauer habe ich nicht in den Begriff aufgenommen, da sie zwar häufig gegeben ist, jedoch für die Definition der Managementleistung nicht unbedingt gilt.

### 2.1.2 Führung

Darunter verstehe ich:

**den Versuch, Personen so zu beeinflussen, daß sie Teilverantwortungen für Zielerreichungen zu übernehmen bereit sind und diese als gemeinsame Aufgabe empfinden und verstehen.**[13]

- *Versuch* bedeutet, daß die Führungsleistung nicht unbedingt von einer Machtbasis abhängig ist. Zwar ist in der Regel Macht im Spiel, d. h. etwa im Sinne M. Webers[14] als Durchsetzungschance des eigenen Willens (des Führers), doch be-

---

[13] R. Wunderer, W. Grunwald haben eine umfangreiche Begriffsanalyse über Führung vorgelegt (1980, S. 52 ff.) und definieren Führung als „zielorientierte soziale Einflußnahme zur Erfüllung gemeinsamer Aufgaben" (1980, S. 62).

[14] M. Weber (1972, S. 28): „Macht ist jede Chance, innerhalb einer sozialen Beziehung den eigenen Willen, auch gegen Widerstreben durchzusetzen, gleichviel, worauf diese Chance beruht."

ruht erfolgreiche Führung grundsätzlich (ob mit oder ohne Machtbasis) auf anerkannter Autorität im Sinne informaler, freiwillig bejahter Abhängigkeit, sehr oft als motivierende, persönlichkeitsentwickelnde Identifizierung (mit dem Führenden) vom Geführten erlebt.

- *Beeinflussen* verstärkt als Begriff die oben dargetane prinzipielle Herrschafts- und Machtlosigkeit in der Führungsbeziehung und soll ausdrücken, daß die Ausübung von physischem oder psychischem Zwang jeglicher Art mit dem Wesen der Führung unvereinbar ist.
- *Teilverantwortungen* meint im klaren Gegensatz zur Managementverantwortung, die im Rahmen betrieblicher Zielerreichungsprozesse die oberste, letzte „Gesamtverantwortung" darstellt, abgrenzbare Teilaufgabenverantwortung, deren Übernahme für die erfolgreiche Erreichung des (Gesamt-)Betriebszieles einerseits, und für eine gelingende Managementverantwortung (des „Führers") andererseits unabdingbar ist. Durch den Begriffsinhalt „Teilverantwortung" ist auch klargestellt, daß unsere Führungsfunktion regelmäßig auf Führung in Organisation – also auf strukturierte Arbeitssituation, letztlich auf Betriebe – ausgerichtet ist. Teilverantwortung (soll in diesem Sinn auch als Teil-Managementverantwortung angesehen werden) weist darauf hin, daß betriebliche Strukturen auch als Hierarchien nach unten im Umfang abnehmender Managementverantwortungen angesehen werden können; Management ist also in der Regel eine auf eine Vielzahl von Personen aufgeteilte (arbeitsteilige) Aufgabe. Auf jeder Stufe des Betriebes gilt die Managementdefinition, letztlich bekommt der Begriffsinhalt Gesamtverantwortung eine relative stufenbezogene Bedeutung.
- *Zielerreichungen:* soll bewußt durch Wortgleichheit an den diesbezüglichen Begriffsinhalt in der Managementdefinition (S. 26) anknüpfen und klarlegen, daß es sich hier – entsprechend den Teilverantwortungen – um (Teil-)Zielerreichungen handelt, die aus der betrieblichen Gesamtzielsetzung eindeutig abgeleitet sind.
- *Zu übernehmen bereit sind:* soll nochmals bekräftigen, daß es sich bei der Führungsbeziehung um ein freiwilliges Geschehen handelt, in dem beide Partner aus ihnen selbst bewußten Gründen eine mehr oder weniger vorübergehende Beziehung eingehen, deren Spielregeln sie sich verpflichten (sowohl aus Gründen des eigenen Vorteils, als auch um die gemeinsame Zielerreichung zu bewerkstelligen) einzuhalten, bzw. deren (mit dieser Beziehung verbundene) positive und negative Sanktionen ihnen bewußt sind.
- *Gemeinsame Aufgabe* soll klarlegen, daß die übernommenen Teil-Verantwortungen aus einer Aufgabe (Zielsetzung) abgeleitet wurden, die eindeutig, logisch mit der vom Führer übernommenen Gesamtaufgabe zusammenhängt, deren Lösung von der Lösung der Teilaufgabe bzw. von der Übernahme der Teil-Verantwortung abhängig ist.
- *Empfinden und verstehen* soll andeuten, daß für eine gelingende Führungsbeziehung letztlich beide Kommunikationsarten, beide Sprachen zwischen den Partnern gelingen müssen: einmal das kognitiv-digitale *Verstehen,* die Akzeptanz der Aufgabenlogik, des logisch definierbaren Inhalts der Aufgabe, zum anderen die

analoge Beziehungssprache des *Empfindens,* die emotionale Akzeptanz der Aufgabe und der dahinter stehenden Auftraggeber.

### 2.1.3 Betrieb

Darunter verstehe ich:

**Eine organisierte, sozio-technische Einheit = ein soziales Gebilde, in der Regel als Gruppierung von Menschen, die eine gemeinsame Aufgabe (Leistung) so erfüllen, daß (in erster Linie) damit die Bedürfnisse Dritter gestillt werden. Im weiteren Sinne: eine soziale Produktionseinheit zur Erzeugung materieller und/oder immaterieller Güter (Dienstleistungen), die management- und führungsbedürftig ist.**

Im einzelnen wäre zu diesen Begriffselementen noch näher zu erläutern:

- *Organisiert* bedeutet in diesem Zusammenhang die menschlichen, arbeitsteiligen und wieder koordinierten und auf Kooperation ausgerichteten Strukturen und Prozesse der Aufgabenerfüllung, bzw. zugleich die im Schlußteil der Definition angefügte Management- und Führungsbedürftigkeit, die kategorial mit dem Organisationsbegriff verbunden ist.
- *Sozio-technische Einheit* ist eine andere Wortverbindung für den Begriff „Soziales Gebilde" und soll klarlegen, daß „Betrieb" und „Betreiben" immer eine untrennbare Vereinigung von menschlichen (sozialen) Handlungen und sachlich-technischen Objekten darstellt, eine Vereinigung oder Einheit, die durch den Tatbestand der verstetigenden Aufgabenstellung und der Aufgabenerfüllung erzwungen wird. Dies hat schon H. Nicklisch[15] klar erkannt: letztlich ist Betrieb der Mensch mit seiner Arbeitsaufgabe und Arbeitsausrüstung. Eine Automation, rein sach-technisch ausgerichtete Aufgabenverrichtung, ist ebenso wenig ein Betrieb wie eine rein menschliche Handlung, der das verstetigende Element einer Aufgabenstellung mangelt, die auf sach-technische Objekte zur Erfüllung angewiesen ist.
- *Gruppierung von Menschen:* in der Regel spielt sich betriebliches Handeln innerhalb und zwischen Gruppierungen von Menschen ab. Organisation ist zweitgerichtetes Gemeinschaftshandeln, üblicherweise von einer Mehrzahl von Menschen veranstaltet. Jedoch kennen wir den Grenzfall, die Ausnahme des schon früher erwähnten Ein-Personen-Betriebs, eine Definition, die auch durch die oben wiedergegebene Definition des Betriebes durch H. Nicklisch zum Ausdruck kommt. Auch in diesem Grenzfall aber wird die Kooperation einer Mehrzahl von

---

15 siehe seine Wirtschaftliche Betriebslehre (1922, S. 36): „*Betrieb* ist der *Mensch auf seinem Arbeitsplatz,* ausgerüstet mit Werkzeugen, Stoffen und tätig, um die Zwecke zu verwirklichen, die er sich zur Befriedigung seiner Bedürfnisse gesetzt hat; *Betrieb* sind eine Anzahl Menschen in einer Werkstatt, ausgerüstet mit Maschinen, Werkzeugen, Stoffen, die den Zweck ihrer Tätigkeit *gemeinschaftlich* zu verwirklichen suchen." (Hervorhebungen von mir).

Menschen in der betrieblichen Aufgabenerfüllung sichtbar, wenn man über den rechtlichen und im engeren Sinne organisatorischen Rahmen des Ein-Personen-Betriebes hinaus und dahinter sieht.

- *Gemeinsame Aufgabe* meint das Vorhandensein eines gemeinsamen Zieles (Betriebsziel), das nur durch eine auf dieses Ziel ausgerichtete Aufgabenteilung erreicht werden kann. Das Bewußtsein und die Akzeptanz dieses Betriebszieles durch jeden einzelnen Betriebsteilnehmer ermöglichen erst die Erkenntnis und die Empfindung dieser „gemeinsamen Aufgabe", zu welcher die vom einzelnen Betriebsmitglied übernommene „Teil"aufgabe [16] in einem Verhältnis steht wie der Teil zum Ganzen. Die Aufgabenerfüllung kann auch als *Leistung* bezeichnet werden.
- *Bedürfnisse Dritter:* Betriebe werden *(in erster Linie)* errichtet, um Arbeit auszuführen, die nicht nur auf Selbstversorgung der Betriebsangehörigen ausgerichtet ist (Haushalt). In der Regel dient diese betriebliche Arbeit (Arbeit hier im Gegensatz zu Spiel gedacht) *auch* der Befriedigung materieller und/oder immaterieller Bedürfnisse anderer, die nicht unmittelbar am Betriebsleben teilnehmen und zur Erreichung ihrer Bedürfnisbefriedigung auf diese betrieblichen Leistungen angewiesen sind, für die sie normalerweise eine direkte (Tausch) oder indirekte Gegenleistung (z. B. Geld) erbringen.

### 2.1.4 Wirtschaft

An dieser Stelle unserer Definition der Grundbegriffe angelangt, nähern wir uns dem Phänomen der Wirtschaft. In einem weiteren Sinne dieses Wortes könnte man den Tatbestand dieser oben genannten Leistung der Bedürfnisbefriedigung (im materiellen wie auch immateriellen Bereich) für Dritte unter Bedingungen der Gegenleistung schon als Wirtschaften bezeichnen. Kolbinger (1980, S. 45), der sich grundsätzlich mit dem Wirtschaftsbegriff tiefgreifend auseinandergesetzt hat, kommt in seiner Ableitung eindeutig zum Schluß, daß sich Wirtschaft als ein Begriff der Gemeinschaftsbildung erweist, und definiert kurz und bündig Wirtschaft als: „Wechselseitige Dienstbarkeit von Gliedern menschlicher Gemeinschaften."[17]

Das menschliche Wirtschaften enthält aber auch das Wesensmerkmal der Gleichzeitigkeit und Untrennbarkeit von Mittel- und Ziel-, bzw. Zweck- und Selbstzweckcharakter menschlichen Handelns. So ist das säkulare Ereignis der Entfremdung der Arbeit nicht im Wesen der Arbeit und auch nicht im Wesen des Wirtschaftens, wirtschaftlicher Arbeit, gelegen, sondern eine Konsequenz einer inhumanen Wirtschaftsverfassung.

---

16 siehe auch Definition der „Führung" weiter oben, insbes. die Bestimmung der Teilverantwortung.

17 vgl. ähnlich auch bei J. Kolbinger, Die Betriebswirtschaftslehre als Lehre von der sozialen Leistungsordnung, Berlin 1980, I. Abschnitt

*Selbstzweckcharakter und Dienstbarkeitscharakter* (Zweckhaftigkeit *eines Mittels* auf ein Ziel hin) realisiert sich also *„uno actu"* in der Arbeit. Insoweit dies auch im weitesten Sinne des Wortes als Wirtschaften bezeichnet werden kann, so haben wir uns doch daran gewöhnt, von wirtschaftlichem Handeln und vom Wesen der Wirtschaft erst dann zu reden, wenn noch ein weiteres Merkmal hinzukommt: nämlich das der *Wirtschaftlichkeit*, das sind Bezeichnungen von Rendements der im Wirtschaftsprozeß (den wir kategorial als einen betrieblichen erkannt haben) genutzten Produktionsfaktoren. Wir sprechen dann von:

- *Produktivität:* im Sinne der „Wirtschaftlichkeit" des Einsatzes des Faktors Arbeit, seiner Nutzung als Verhältnis von Leistung je Mensch, z. B. Produktmenge im Verhältnis zur Zahl der benötigten Arbeitskräfte.
- *Rentabilität:* im Sinne der „Wirtschaftlichkeit" des Einsatzes des Produktionsfaktors Kapital, ausgedrückt als Verhältnis von Gewinn zum Kapitaleinsatz (Kapitalverzinsung).
- *Ökonomität:* die Wirtschaftlichkeit im engeren Sinne als Rationalprinzip der betrieblichen Handlungen unter dem Gesichtspunkt, mit gegebenen Mitteln eine größtmögliche Leistung zu erzielen (Maximum- oder Optimumprinzip) oder eine bestimmte Leistung mit möglichst geringem Mitteleinsatz zu erreichen (Minimum- oder Sparprinzip).

So ergibt sich der Wirtschaftsbegriff im engeren Sinne und so wie er heute bei uns allgemein verstanden wird, erst durch die Einbeziehung von Handlungsmaximen über den Gebrauch der Produktionsfaktoren, unter Nebenbedingungen des sogenannten Rationalprinzips.

Demnach definiere ich WIRTSCHAFT als

**in der Regel betrieblich organisierte, wechselseitige Dienstbarkeit, d. h. Arbeit, in der untrennbar zweckhafte (Mittelcharakter) und selbstzweckhafte Elemente bedürfnisbefriedigende Leistungen (für Dritte) so erbringen, daß bei der Verwendung von Mitteln für die Zielerreichung solche Formen des Verhaltens eingehalten werden, die durch Produktivität, Ökonomität und Rentabilität gekennzeichnet sind.**

So erkennen wir nun, daß Wirtschaften eine spezifische Verhaltensform betrieblichen Handelns darstellt, die – wenn man von paradiesisch-utopischen Zuständen absieht – offenbar für jegliche Art von Betrieb kategoriale Bedeutung hat. Beim Wirtschaftsbetrieb wird wirtschaftliches Handeln zum typusprägenden zentralen Paradigma, beim Nicht-Wirtschaftsbetrieb zu einer unabdingbaren Nebenbedingung, während der Typus vom Charakter der Produktionsleistung (z. B. Kunst, Wissenschaft, Gesundheit etc.) geprägt wird.

BETRIEBSWIRTSCHAFT, so können wir als Abschluß unserer Definitionen feststellen, ist die Bezeichnung für ein Erkenntnisobjekt (Ideal-Objekt), an dem wir die innere Logik jenes Teiles menschlichen Handelns in Betrieben theoretisieren, der der Kategorie Wirtschaft zugehört. Betriebswirtschaft ist nicht zu verwechseln mit dem Realobjekt Wirtschaftsbetrieb.

## 2.2 Wissenschaftliche Standortbestimmung von Managementlehre und Betriebswirtschaftslehre

Wenn wir einige unumstrittene, existentielle Bedürfniskategorien (Zielbereiche) des Menschen, z. B. die hier folgenden sieben Selbstzwecke, anführen,

| | |
|---|---|
| Religion<br>Ideologie | R |
| Wissenschaft<br>Forschung<br>Erziehung | W |
| Kunst<br>Ästhetik | K |
| Justitia<br>Recht<br>Ethik | J |
| Sicherung<br>Sicherheit<br>Verteidigung | S |
| Seelische und<br>phys. Gesundheit | G |
| Politik<br>Staat<br>Verwaltung | P |

so läßt sich der wissenschaftliche Standort der uns hier hauptsächlich interessierenden Managementlehre und ferner der Betriebswirtschaftslehre logisch bestimmen. Abgeleitet aus der sozialen Bedingtheit der Menschen – Bisoziation als unveränderlich gesellschaftliches Schicksal des menschlichen Überlebens – ergibt sich als Notwendigkeit der Befriedigung existentieller Bedürfnisse die betriebliche Arbeitsteilung und dadurch das Managementobjekt – noch lange vor der Notwendigkeit, „wirtschaftliche" Nebenbedingungen zu berücksichtigen; letztere folgern aus einem nicht kategorialen, sondern säkularen Tatbestand *relativer* Ressourcenknappheit.

Die aus der Notwendigkeit betriebsmäßig organisierter Arbeitsteilung erwachsende Managementleistung steht also in einer unmittelbaren (nicht erst über „betriebswirtschaftliche" Tatbestände vermittelten) Beziehung zur existentiellen Bedürfnisbefriedigung in den hier taxativ angeführten selbstzweckhaften Lebensbereichen. Management an sich gliedert sich in drei Unterobjekte, von denen das erste – Funktionales Management – den Gegenstand des vorliegenden Bandes darstellt. Aus der Problematik der zunehmenden Vergegenständlichung im Managementprozeß entsteht an der Verbindungsstelle von Motivations- und Organisationsmanagement, dort wo wir landläufig die Funktion der Durchführung ansiedeln, der wissenschaftliche Standort der Wirtschaftswissenschaft als Objekt des Umganges mit knappen Ressourcen. Diese Ableitung könnte grafisch wie folgt dargestellt werden:

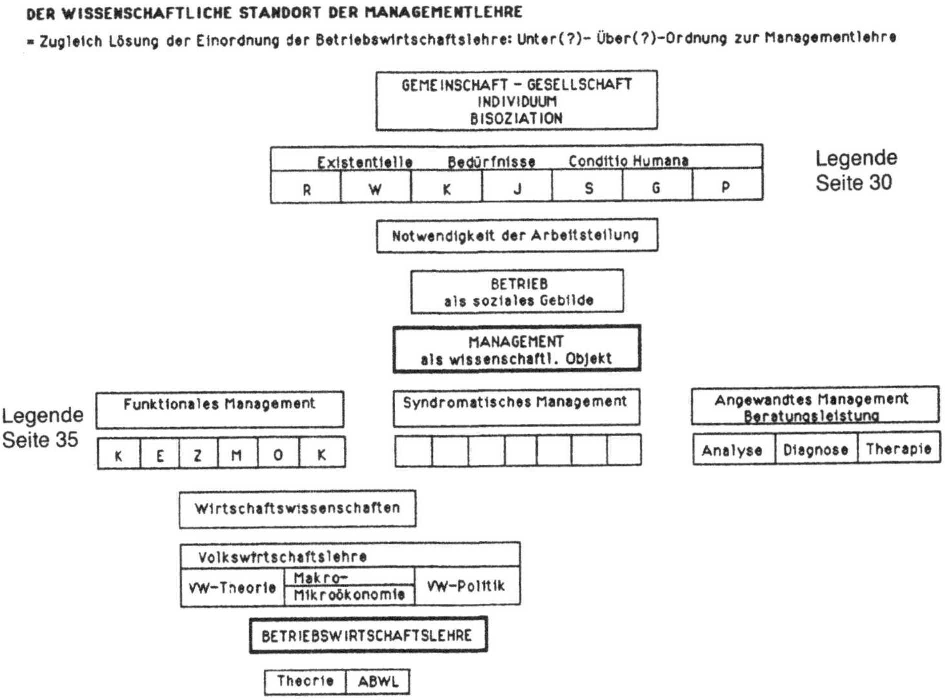


**Abb.1**

Die traditionelle Ausgliederung der Managementlehre folgt der traditionellen Lokalisierung der Wirtschaftswissenschaften durch ein Objekt (Wirtschaft), das als unmittelbar den menschlichen Bedürfnissen zugehörig angenommen wird. Eine solche Ausgliederung (siehe Abbildung 1) geht von der rein theoretisch möglichen Annahme aus, daß es eine existentielle Bedürfniskategorie des Menschen gebe, die man als Produktion materieller und immaterieller Güter bezeichnen könnte. Besonders aus den beiden Bedürfniskategorien „Gesundheit" und „Technik" ließe sich ein derartiges Konstrukt ableiten; Gesundheit hier als Überbegriff für psychisches und physisches Überleben, als materielle und immaterielle Produkte (materielle Güter und Dienstleistungen), geistige und körperliche Nahrung, die über die Technik, Technologiebedürftigkeit des Menschen zum Wirtschaftsgut wird. Anders ausgedrückt: diese existentielle Bedürftigkeit des Menschen erfordert – infolge der schon früher aufgezeigten Ressourcenknappheit – die Wirtschaftsleistung. Jene Form des Verhaltens bei der Verwendung von Mitteln und Zielerreichung, die durch Ökonomität, Rentabilität und Produktivität gekennzeichnet ist.

Eine solche Ausgliederung und Standortbestimmung der Managementlehre zeigt diese – einer immanenten Logik folgend – erst als Unterkategorie der Betriebswirtschaftslehre, die wieder eine Unterkategorie der Volkswirtschaftslehre darstellt.

Insoweit man die Managementlehre als eine angewandte klinische Wissenschaft auffaßt – und das ist auch mein Standpunkt – , erscheint mir eine solche (traditionelle) Standortbestimmung unlogisch, da das Realobjekt einer Managementlehre erst nach erfolgter Strukturierung der Arbeit ( = Betriebsbildung) existent wird. Gleiches gilt für eine angewandte Betriebswirtschaftslehre, deren Realobjekt erst nach und aus der Erfüllung von Managementfunktionen (i. e. S. d. W. der Organisations- und Kontrollfunktion) ins Leben tritt (siehe Abb. 1).

Diese Ableitung des Objektes der Managementlehre ist nicht beabsichtigt, um irgend einen unfruchtbaren Prioritätsstreit auszulösen. Es ist ja offensichtlich, daß etwa die Volkswirtschaftslehre – schon auch aus historischen Gründen – eine weitaus fundiertere, besser theoretisierte und systematisierte Wissenschaft darstellt als etwa das relativ erst jüngst theoretisierte Management-Objekt.

Aus einem rein logischen Denken heraus hat diese genetisch-historische Vorrangstellung der Gesellschaftslehre bzw. der ihr entspringenden Managementlehre auch keine wesentliche Bedeutung. Letztere gewinnt diese in der genetischen Ableitung durch den Tatbestand, hiermit den sozialwissenschaftlichen Charakter der Managementlehre und der Betriebswirtschaftslehre eindeutig zu identifizieren. Für mich ist dieser sozialwissenschaftliche Charakter allerdings auch aus einer rein logischen Ableitung der Wirtschaftswissenschaften erkenntlich – insofern als sich die Produktivität aller Produktionsfaktoren letztlich allein auf den Faktor Arbeit reduzieren läßt, also auf geistige und körperliche Leistungen, die u. a. auch die Management-Leistung enthalten.

## 2.3 Zur Rangfrage der Managementfunktionen

Innerhalb der sechs Managementfunktionen läßt sich eine zugleich logische und genetische Priorität feststellen.

So erscheint als Ausgangsort jeglicher Managementleistung (1) das Kommunikations- und Informationsmanagement, insofern als jegliche weitere Managementleistung auf zuvorgehende Kommunikationsleistungen angewiesen ist. Erst aus der Gewinnung von Informationsalternativen kann zweitens Entscheidungsmanagement (2) einsetzen, innerhalb welchem die Planungsentscheidung, die betriebliche Zielsetzung den nächsten (3.) Rang einnimmt. Erst durch Klarstellung dieser Zielsetzung ist Motivationsmanagement (4), die überzeugende Gewinnung von Mitarbeitern, möglich, welche ihrerseits wieder Voraussetzung für ein Organisationsmanagement (5) darstellt. Schließlich mündet der genetische Prozeß der Betriebswerdung, die erst durch das Management möglich wird, in das Kontrollmanagement (6) als Inbegriff jener Managementleistung, die rückgekoppelt über das Kommunikationsmanagement einen stetigen Prozeß der Optimierung und Realitätsanpassung der Managementleistung in Gang hält. So stellt sich der Managementprozeß als kybernetisches Feedbacksystem dar (siehe Abb. 2).

## 3 Das System der Managementlehre

Im Zusammenhang mit den hier nicht näher zu erwähnenden betriebswirtschaftlichen und produktionswirtschaftlichen Funktionen können die Managementfunktionen und (durch Einbeziehung von Arbeitstechniken und Syndromen) überhaupt die Managementdimension schaubildlich etwa so wie auf Abbildung 2 dargestellt werden.

Das System der Managementlehre (A) besteht im wesentlichen aus 7 Bestandteilen, d. h. aus der wissenschaftlichen Auseinandersetzung mit

1. dem Manager *als Person* i. e. S. sowie mit den personalen und sozialen Gegebenheiten im Management i. w. S. d. W.,
2. den Management-*Funktionen,* Aufgaben, die in weiterer Folge noch in sach- und personenbezogene Funktionen untergliedert werden können,
3. den Management-*Arbeitstechniken,* die wieder funktional und syndromatisch jeweils zugeordnet werden können,
4. den Management-*Syndromen,* jenen Problemfällen bzw. Problemsituationen (von mir Syndrome genannt), die durch und bei der Ausübung der Managementfunktionen und -arbeitstechniken regelmäßig auftreten und deren „Behandlung" (Meisterung) – im Sinne von Risikominderung und Chancenwahrnehmung – zur hohen Kunst des Management gehört,
5. dem Management als *Anwendung,* als Beratungsinstrument,
6. dem Objekt und den Methoden einer Management*forschung* sowie einer theoretischen Abbildung des Management auf dogmenhistorischer und dogmenkritischer Basis, auch im Sinne der Behandlung der weiter oben in diesen Ausführungen angeführten acht Inhalte einer Auseinandersetzung mit dem Begriff Management, schließlich
7. den *pädagogisch-didaktischen Problemen* und Methoden der Managementlehre.

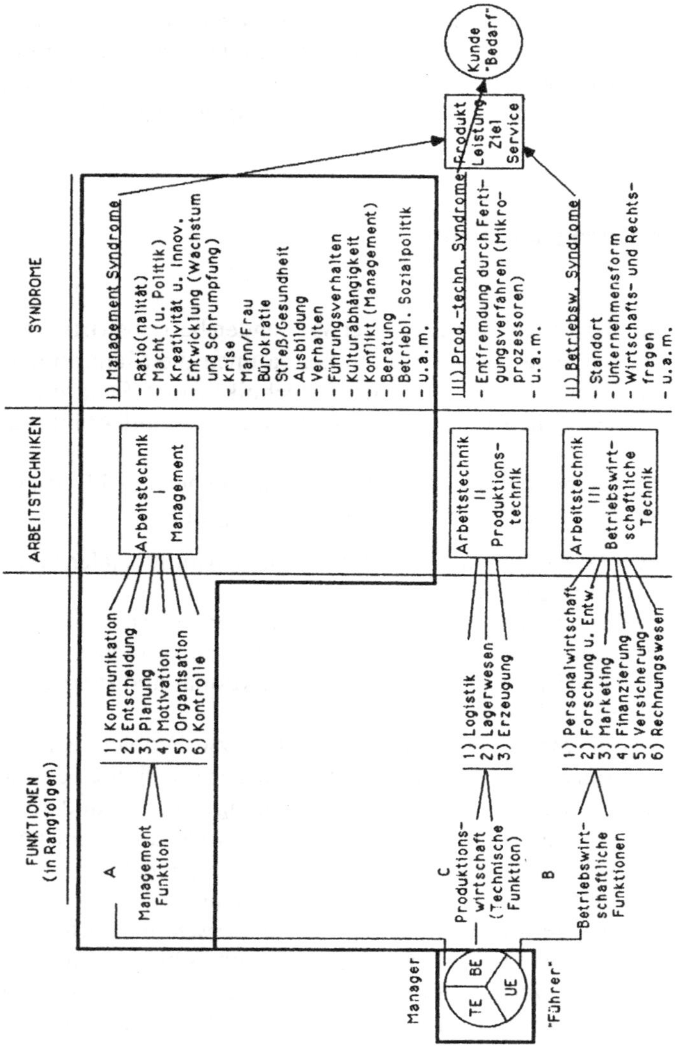
FUNKTIONEN
(in Rangfolgen)
ARBEITSTECHNIKEN
SYNDROME
A
Management Funktion
1) Kommunikation
2) Entscheidung
3) Planung
4) Motivation
5) Organisation
6) Kontrolle
Arbeitstechnik I Management
I) Management Syndrome
- Ratio(nalität)
- Macht (u. Politik)
- Kreativität u. Innov.
- Entwicklung (Wachstum und Schrumpfung)
- Krise
- Mann/Frau
- Bürokratie
- Streß/Gesundheit
- Ausbildung
- Verhalten
- Führungsverhalten
- Kulturabhängigkeit
- Konflikt (Management)
- Beratung
- Betriebl. Sozialpolitik
- u.a.m.
C
Produktions-wirtschaft (Technische Funktion)
1) Logistik
2) Lagerwesen
3) Erzeugung
Arbeitstechnik II Produktions-technik
III) Prod.-techn. Syndrome
- Entfremdung durch Ferti-gungsverfahren (Mikro-prozessoren)
- u.a.m.
B
Betriebswirt-schaftliche Funktionen
1) Personalwirtschaft
2) Forschung u. Entw.
3) Marketing
4) Finanzierung
5) Versicherung
6) Rechnungswesen
Arbeitstechnik III Betriebswirt-schaftliche Technik
II) Betriebsw. Syndrome
- Standort
- Unternehmensform
- Wirtschafts- und Rechts-fragen
- u.a.m.
Produkt Leistung Ziel Service
Kunde "Bedarf"
Manager
TE
BE
UE
"Führer"

**Abb. 2**

Der funktionale Abschnitt der Managementlehre, mit dem wir uns in dem vorgelegten Band beschäftigen, kann auch als Teilsystem im Sinne eines kybernetischen, rückgekoppelten Prozesses verstanden werden, etwa wie folgt:

| Rang | Mgt-Funktionen | als personale Aufgabe i.e.S.d.W. | als Sach-Aufgbe i.e.S.d.W. | Rückkoppelung |
|---|---|---|---|---|
| 1 | Kommunikations- u. Informations-Management (K) | K | | ← |
| 2 | Entscheidungs-Management (E) | E | | ← |
| 3 | Planungs- und Zielsetzungs-Management (Strateg.Mgt)(Z) | | Z | ← |
| 4 | Motivations-Management (M) | M | | ← |
| 5 | Organisations-Management (O) | O | | ← |
| 6 | Kontroll-Management (K) | | K | ← |

——— Prozeß und Rückkoppelung als unendliche Schleife

**Abb. 3**

Abschließend will ich versuchen, diese funktionale Seite der Managementlehre in einem Schaubild (Abbildung 4) aufzuzeigen.

Dabei gehe ich von der früher gegebenen Management-Definition aus und unterstelle die Vorrangigkeit der Betriebsführungsaufgabe als „kombinativen Faktor", der leitende-führende Gesamtverantwortung für das „Funktionieren" der betriebswirtschaftlichen und produktionstechnischen Bereiche übernimmt.

Der „Sach"-Begriff darf daher nicht zu eng gezogen werden: d. h. das (I) Personal-Management i. e. S. d. W. ist abgeleitet aus der 4. Managementfunktion, dem Motivationsmanagement, und stellt sozusagen in „Reinkultur" die personen-bezogene Führungsaufgabe des Managers dar! Sachmanagement i. w. S. d. W. (II) ist „sachlich" gemeint, insofern die „Sach"-Inhalte (Kommunikation, Entscheidung, Zielsetzung, Organisation und Kontrolle) als notwendige „Sach-Leistungen" verselbständigt angesehen werden können – doch i. w. S. d. W., weil ihr „personaler Bezug" unabdingbar vorhanden ist. Dasselbe gilt grundsätzlich ja auch für das Sach-Management i. e. S. d. W. (III), bei welchem zwar die „Versachlichung" noch eindeutig erkennbar ist, jedoch letztlich auch diese gewaltige Sachaufgabe ja nur im Zusammenhang mit menschlicher Arbeit realisierbar ist.

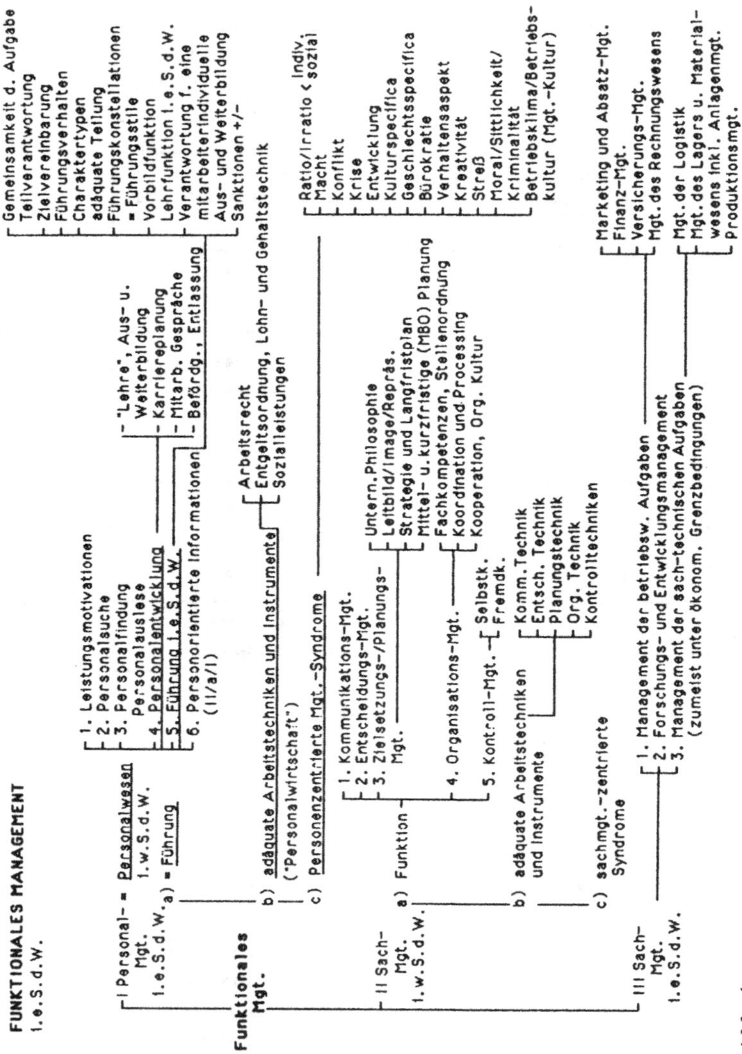


Abb. 4

## Literatur

Baugut G, Krüger S (1976) Unternehmensführung: Modelle – Strategien – Techniken. Opladen

Bessai B (1974) Eine Analyse des Begriffs Management in der deutschsprachigen betriebswirtschaftlichen Literatur, in: Zeitschrift für betriebswirtschaftliche Forschung (ZfbF) S 353 - 362

Beyer H T (1970) Die Lehre der Unternehmensführung. Berlin

Beyer H T (1972) Wissenschaftstheorie und Managementlehre. In: Betriebswirtschaftliche Forschung und Praxis (BFuP) S 336 - 353

Braverman H (1977) Die Arbeit im modernen Produktionsprozeß. Frankfurt/New York
Breeze J D, Miner F C (1980) Henry Fayol: A new definition of "Administration". In: Proceedings Academy of Management. Detroit S 110 - 113
Carlson S (1951) Executive behavior: A study of the work load and the working methods of managing directors. Stockholm
Dalton M (1959) Men who manage. New York
Dierkes M, Kopman U (1974) Von der Sozialbilanz zur gesellschaftsbezogenen Unternehmungspolitik – Ansätze zu einem Management System for Social Goals. In: BFuP, S 295 - 321
Fayol H (1929) Allgemeine und industrielle Verwaltung. München/Berlin
Guserl R, Hofmann M (1976) Das Harzburger Modell – Idee und Wirklichkeit und Alternative zum Harzburger Modell. Wiesbaden
Gutenberg E (1962) Unternehmensführung, Organisation und Entscheidungen. Wiesbaden
Hahn D (1971) Führung des Systems Unternehmung, in: Zeitschrift für Organisation (ZfO) 4: 161 - 169
Hass H (1970) Energon, das verborgene Gemeinsame. Wien
Hicks H, Gullet C R (1981) Management. New York
Höhn R (1961) Die Führung mit Stäben. Bad Harzburg
Hofmann M (1968) Das Unternehmerische Element in der Betriebswirtschaft. Berlin
Hofmann M (1974) Führungsmodelle – Gedanken zu einem Anti-Modell. In: Personal 26/4: 134 - 139
Hofmann M (1987) Einführung in die Allgemeine Managementlehre (Skriptum), Teil I. Wien
Kelly J (1964) The study of executive behavior by activity sampling. In: Human Relations 1964/71: 277 - 287
Kirsch W (1977) Die Betriebswirtschaftslehre als Führungslehre. München
Kolbinger J (1980) Die Betriebswirtschaftslehre als Lehre von der sozialen Leistungsordnung – eine Einführung in die Betriebswirtschaftslehre als Sozialwissenschaft. Berlin
Koontz H, O'Donell C (1976) Management: A System and contingency analysis of managerial functions. 7. Aufl. New York
Koreiman D (1982) Management. Eine Einführung. München
Kotter J P (1982) The general managers. New York
Kuhn A (1982) Unternehmensführung. München
Kurke L B, Aldrich H E (1983) Mintzberg was right! A replication and extension of the nature of managerial work, in: Management Science 1983/8: 975 - 984
Mellerowicz K (1963) Unternehmenspolitik, Bd. 1. Freiburg i. Br.
Mintzberg H (1973) The nature of managerial work. New York
Morse J J, Wagner F R (1978) Measuring the process of managerial effectiveness, in: Academy of Management Journal 1978/1: 23 - 35
Nicklisch H (1922) Wirtschaftliche Betriebslehre, 6. Aufl. Stuttgart
Pack L (1969) Ausbildung und Weiterbildung von Führungskräften an amerikanischen und deutschen Universitäten. Wiesbaden
Pack L (1976) Lehre von der Unternehmensführung (Managementlehre). In: Grochla E, Wittmann W (Hrsg) Handwörterbuch der Betriebswirtschaft, Band I/3, 4. Aufl. Stuttgart
Rühli E (1973) Unternehmensführung und Unternehmenspolitik, Bd. I. Bern/Stuttgart
Sayles L R (1964) Managerial behavior: Administration in complex organizations. New York
Staehle W (1985) Management, 2. Aufl. München
Stewart R (1967) Managers and their jobs. London
Stewart R (1982) Choices for the manager – guide to managerial work and behavior. London
Terry G R (1977) Principles of management, 7. Aufl Homewood
Ulrich H, Krieg W (1972) Das St. Galler Management Modell. Bern
Weber M (1972) Wirtschaft und Gesellschaft, 5. Aufl Tübingen
Wunderer R, Grunwald W (1980) Führungslehre. Berlin/New York

# Strukturen der Führung von Mitarbeitern

## Steuerung und Kontrolle beruflicher Arbeit

K. Sandner

**Inhalt**

1 **Führung, Steuerung und Kontrolle** . . . 38

2 **Vorindustrialisierung und Industrialisierung – Führung als persönliche Steuerung und Kontrolle** . . . 40

3 **Die sog. „Wissenschaftliche Betriebsführung" (Scientific Management) – Führung als technische Steuerung und Kontrolle** . . . 41

4 **Arbeitspsychologie – „Psychotechnik"** . . . 43

5 **Der Bürokratieansatz – Bürokratische Steuerung und Kontrolle** . . . 44

6 **Human Relations – Führung als Sozialtechnologie** . . . 46

7 **Motivationale Kontrolle und Steuerung** . . . 48

8 **Selbststeuerung und -kontrolle oder „Bringt Humanisierung Profit?"** . . . 50

9 **Die ‚Entdeckung' der Organisationskultur – Führung als kulturelle Steuerung und Kontrolle** . . . 52

10 **Zusammenfassung** . . . 55

**Literatur** . . . 57

## 1 Führung, Steuerung und Kontrolle

Die Führungslehre ist in ihrer Praxisorientierung als eine normative anwendungsorientierte Sozialwissenschaft zu verstehen (Ulrich, 1968). Das angebotene Aussagensystem soll es dem Anwender ermöglichen, seine Ziele im und mit dem Unternehmen zu verwirklichen. Die Führungslehre ist dabei utilitaristisch orientiert, d. h. das von ihr produzierte Wissen dient der Nutzenerzielung von Individuen und von größeren analytischen Einheiten wie Gruppen und Organisationen (Unternehmen). Die Anwender bedienen sich des Wissens, um ihre Zwecke und Interessen zu realisieren.

Das Theorie- und Methodenverständnis der traditionellen betriebswirtschaftlichen Führungslehre ist überwiegend in einem weiterentwickelten Human Relations Ansatz verankert (z. B. die sog. Ohio- und Michigan-Studien zum Führungsverhalten oder das Management by Objectives). Eine solche Sichtweise ist zu eng. Nicht nur weil es bereits vor der Human Relations Schule Führungsformen und -methoden gegeben hat, deren (modernisierte) Fassungen auch heute noch weite Verbreitung finden, sondern weil dadurch substantielle Führungsleistungen in ihren theoretischen Zusammenhängen in andere funktionale Bereiche ausgelagert werden. Da außerdem der Begriff der Führung innerhalb der Betriebswirtschaftslehre unklar ist (z. B. Neuberger, 1980: 629 f.), wird hier davon ausgegangen, daß es aus der Warte einer zweckorientierten Praxisausrichtung bei der „Führung" der Mitarbeiter im Kern um die Steuerung und Kontrolle von Mitarbeitern geht.

Die Führungslehre richtet sich an die Mitglieder von Unternehmen. Besonders in älteren Führungsmodellen erfolgt dies in ungleichem Maße: Das von ihr produzierte Wissen richtet sich primär an eine Gruppe von Unternehmensmitgliedern, damit diese es bei einer anderen Gruppe von Unternehmensmitgliedern anwenden. Die Anwender sind v. a. auf den hierarchisch höheren Ebenen angesiedelt, die von der Anwendung Betroffenen rekrutieren sich vorwiegend aus Mitgliedern der unteren hierarchischen Ebenen. Die Führungsmaßnahmen, etwa Anweisung oder Lohnanreize (z. B. Akkordlohn), zielen direkt auf die Leistungserbringung:

Führungsmaßnahme ----→ Leistung

**Abb. 1**

Neuere Führungsmodelle bezwecken zwar ebenfalls die Leistungserbringung und sehen ebenfalls das Management als primären Anwender, sie berücksichtigen jedoch auch Bedürfnisse und Interessen der Mitarbeiter. Einige (d. h. relativ ältere) Ansätze gehen dabei davon aus, daß erst die Befriedigung der Mitarbeiterbedürfnisse zu einer gewünschten Leistungserbringung führt:

Führungsmaßnahme ----→ Arbeitszufriedenheit ----→ Leistung

**Abb. 2a**

Andere Führungsansätze betonen auch die Bedürfnisse und Interessen der Mitarbeiter als eigenständige anzustrebende Ziele:

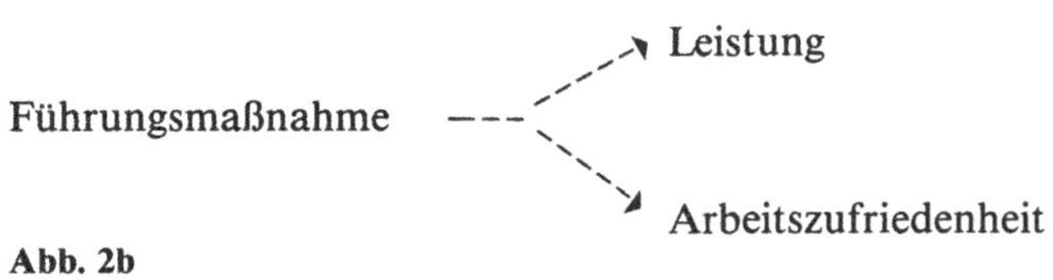


**Abb. 2b**

Auch wenn neuere Führungsmodelle die Mitarbeiterbedürfnisse und -interessen zunehmend berücksichtigen, so liegt der Primärzweck von Unternehmen dennoch in der betrieblichen Leistungserstellung. Aus dieser Warte stellt die betriebswirtschaftliche Führungslehre ein Wissen zur Verfügung, das unter erfolgsorientierten Aspekten dem Management dazu dient, die Leistungserbringung der Mitarbeiter zu lenken, zu überwachen und die Intensität dieser Leistungserbringung zu steuern.

Ein historisch-systematischer Überblick über Strukturen der Steuerung und Kontrolle beruflicher Arbeit ist Gegenstand dieser Ausführungen. Wird üblicherweise bei der Beschreibung von Führungsansätzen eine sog. „wertfreie“ Darstellungsform gewählt, so steht hier von vornherein ein konkretes Erkenntnisinteresse im Zentrum: Wie – so die Frage – lassen sich Mitarbeiter-Verhalten, Arbeits-Prozesse und Arbeits-Strukturen steuern und kontrollieren, damit die Leistungspotentiale genutzt und die sozio-ökonomischen Ordnungskonstellationen gewahrt werden? Mitarbeiter sind damit unter instrumentellen Gesichtspunkten Objekte der Gestaltungsabsichten anderer. Die darin enthaltene *normative* Position wird bewußt als Ausgangspunkt gewählt. *Analytisch* sind es Individuen, die es zu beeinflussen gilt; *methodisch* wird hier davon ausgegangen, daß Aktivitäten des Managements (Ursache) in kausaler Weise das erwünschte Verhalten der Mitarbeiter (Wirkung) herbeizuführen in der Lage sind.[1]

Die Diskussion der einzelnen Ansätze folgt ihrer *historischen* Entwicklung, d. h. sie beginnt bei der Vorindustrialisierung und verfolgt ihre Entstehung, Anwendung und Ausbreitung bis herauf zu den modernen Formen der Steuerung und Kontrolle von Mitarbeitern.

## 2 Vorindustrialisierung und Industrialisierung – Führung als persönliche Steuerung und Kontrolle

In der vorindustriellen Produktionsweise ist die Arbeitsteilung noch wenig fortgeschritten. Die Arbeitnehmer verfügen auf der Basis ihrer handwerklichen Fähigkeiten weitgehend selbst darüber, wie und in welchem Ausmaß sie ihre Arbeitskraft einsetzen. Durch den niedrigen Stand der technologischen Entwicklung und die geringe Komplexität der Produktionsweise ergeben sich für die Steuerung und Kontrolle des Arbeitsprozesses keine ernsthaften Probleme. Der Eigentümerunternehmer ist nicht nur selbst wesentlich am Arbeitsprozeß beteiligt, er überwacht

---

[1] Es geht hier nicht um die Frage, ob eine solche normative, analytische und methodische Vorgangsweise dem gegenwärtigen sozialwissenschaftlichen Diskussionsstand entspricht, sondern darum, unter dem Aspekt der Anwendungsorientierung Strukturen der Steuerung und Kontrolle beruflicher Arbeit darzustellen. Und damit wird es notwendig, eben jene Prämissen zum Ausgangspunkt zu nehmen, derer sich die Führungs-(und Organisations)theorie bedient(e), um zu ihrem Aussagensystem zu gelangen.

diesen *persönlich* und wegen der kleinen Betriebsgrößen auch *unmittelbar.* Er kann somit auch jederzeit durch ein direktes Eingreifen in den Arbeitsprozeß (z. B. durch Anweisung oder eigene Leistungserbringung) Veränderungen herbeiführen.

Mit der Entwicklung von Wissenschaft und Technik kommt es etwa ab der Mitte des vorigen Jahrhunderts zu einer zunehmenden Technisierung und Maschinisierung der Produktionsweise. In dieser Phase der Industrialisierung bilden sich mit dem technischen Fortschritt verstärkt arbeitsteilige Produktionsverfahren aus. Auf der Ausführungsebene erfolgen sie durch Arbeitszerlegung und -vereinfachung. Aber auch zwischen Planung und Ausführung schreitet die Trennung stufenweise voran. Immer mehr Bereiche der Planung und Organisation des Arbeitsprozesses werden aus der Werkstatt in Kontore und später in technische Büros ausgelagert. Hand in Hand damit wird im operativen Bereich den Arbeitnehmern die Gestaltungskompetenz für ihre Arbeit entzogen: Andere bestimmen nun darüber, wie die Arbeit zu verrichten ist.

In der Zeit der Industrialisierung erhöht sich mit zunehmender Technisierung, Maschinisierung, Arbeitsteilung und Betriebsgröße die interne Komplexität der Unternehmen. Die Lenkungs- und Überwachungsaufgaben nehmen zu. Die Unternehmer sehen sich in verstärktem Ausmaß veranlaßt, diese Tätigkeiten an andere zu delegieren. Dennoch ergeben sich in der Phase der Industrialisierung für die Steuerung und Kontrolle des Arbeitsprozesses kaum Probleme. Auch wenn diese Aufgaben vom Unternehmer selbst nur mehr *mittelbar* wahrgenommen werden können, so sorgen doch die von ihm eingesetzten Zwischeninstanzen (Hierarchie) für eine *persönliche* Lenkung und Überwachung.

Eine indirekte Steuerung und Kontrolle der Arbeitnehmer durch Verknüpfung ihrer Tätigkeit mit dem maschinellen Produktionsprozeß (wie es später beim Fließband der Fall sein wird) findet noch kaum oder nur in beschränktem Ausmaß statt: Die Maschinen haben vorerst noch den Stellenwert von Werkzeugen, derer sich die Arbeitnehmer zum Zweck der Produktivitätssteigerung bedienen.

## 3 Die sog. „Wissenschaftliche Betriebsführung" (Scientific Management) – Führung als technische Steuerung und Kontrolle

Mit zunehmender Industrialisierung („industrielle Revolution"), größeren Betriebseinheiten, der Vielfalt der hergestellten Produkte und dem Trend zur Massenfertigung einerseits sowie mit der auf den handwerklichen Prinzipien der bisherigen Produktionsweise aufbauenden Lenkung und Überwachung des Produktionsprozesses andererseits, treten die organisatorischen Mängel und Probleme dieser Produktionsweise immer deutlicher hervor (z. B. Koordinations- und Abstimmungsprobleme, Reibereien zwischen Vorgesetzten und Untergebenen, Qualitätsschwankungen). In dieser Situation entstehen Ansätze, die versuchen, mit Hilfe sog. „wissenschaftlicher" Methoden den Produktionsprozeß zu reorganisieren. Die neuen Ideen orientieren sich – dem damaligen Zeitgeist entsprechend – an der Vorstellung, den Betrieb wie eine große Maschine zu gestalten.

Vor allem der Name F. W. Taylor[2] ist seither mit dieser Neugestaltung des Arbeitsprozesses, der sog. „wissenschaftlichen Betriebsführung", untrennbar verbunden („Taylorismus"). Taylors Ziel war es, mit Hilfe wissenschaftlicher Analysemethoden (v. a. Zeitstudien) den Arbeitsprozeß so zu gestalten, daß damit sowohl die Produktivität der Arbeitenden erhöht als auch der Forderung des Managements nach verbesserten Kontrollmöglichkeiten Rechnung getragen werden konnte. In seinen Arbeiten (Shop Management, 1903; The Principles of Scientific Management, 1911) stellt er vier grundlegende ‚principles' dar:

- Genaue Beschreibung der in einzelne Elemente zergliederten Arbeitsaufgabe. Die Arbeitsaufgabe ist arbeitsteilig und unter standardisierten Bedingungen (d. h. festgelegten Zeitvorgaben und Bewegungsabläufen) und mit standardisierten Werkzeugen zu erbringen.
- Sorgfältige Auswahl der Arbeitskräfte (d. h. vor allem Ausschalten der Ungeeigneten und der Unwilligen) sowie sorgfältiges Anlernen der Arbeitnehmer.
- Leistungsanreize durch Differenzierung der Akkordsätze.
- Klare Trennung der Arbeitsaufgaben in leitend-überwachende und ausführende Tätigkeiten (d. h. Trennung von Kopfarbeit und Handarbeit).

Trotz des unübersehbaren Produktivitäts- und Ordnungsaspektes seiner ‚principles' vertrat Taylor die Ansicht, daß die ‚principles' sowohl für den Arbeitgeber als auch für die Arbeitnehmer von Vorteil sind: Mit seinen „wissenschaftlichen" Methoden wäre die Bestimmung von „a fair day's work" möglich, d. h. der Arbeitsleistung „an individual should do in a day" (Taylor, 1903). Damit komme es zu gerechterer und besserer Bezahlung und harmonischen und konfliktfreien Beziehungen zwischen Arbeitgebern und Arbeitnehmern stünde nichts mehr entgegen.

Die Vorschläge Taylors werden in der Folge u. a. auch von F. und L. Gilbreth aufgegriffen und durch gründliche Bewegungsstudien ergänzt. Ihren ersten Höhepunkt finden sie in der Fließbandfertigung der Massenproduktion von Autos bei Ford („Fordismus").

Die Vor- und Nachteile dieser Neuerungen sind jedoch entgegen Taylors Dafürhalten ungleich verteilt. Zwar müssen die Unternehmer infolge des erhöhten Lenkungsbedarfes einen Teil ihrer Macht an bezahlte Manager delegieren, aber die Trennung von Planung und Ausführung entzieht der nunmehr reinen Ausführungsebene die Steuerungskompetenz für ihre Tätigkeit. Gleichzeitig bedarf der Arbeitsprozeß durch zunehmende Maschinisierung weniger kontrollierender und disziplinierender Maßnahmen; er wird für den Unternehmer in seinem Ablauf und seinem Ergebnis berechenbarer. Mit dem tendenziellen Versuch der Eliminie-

---

2 Wie neuere Forschungen ergaben (Wrege und Stotka 1978), stammen zentrale, unter dem Namen Taylor publizierte Arbeiten nur zum Teil von ihm selbst. Taylor hat offensichtlich Manuskripte anderer intensiv benutzt bzw. überhaupt z. T. für sich schreiben lassen und dann unter seinem Namen publiziert.

rung des Arbeitnehmers als Quelle möglicher Störungen werden auch die Anforderungen an seine kognitiven Fähigkeiten reduziert. Der geringere Anlernaufwand erhöht die Austauschbarkeit der Arbeitnehmer. Damit verringert sich die Abhängigkeit des Unternehmens von den einzelnen Mitarbeitern und die Gesamtflexibilität steigt. Dem Leitbild der Fabrik als Maschine entsprechend, erhalten die Arbeitnehmer den Stellenwert von (unvollkommenen, weil menschlichen) Produktionsfaktoren, welche an die Erfordernisse des technisch-ökonomisch determinierten Produktionsprozesses anzupassen sind. Vor allem mit der Einführung des Fließbandes tritt dem Arbeitenden der Produktionsprozeß in der Logik des sog. „Sachzwanges" gegenüber. Nicht mehr er selbst oder der Meister bestimmen und kontrollieren seinen Arbeitseinsatz, sondern das Band und der Arbeitstakt steuern seine Tätigkeit. Der Leistungseinsatz der Arbeitnehmer wird damit nicht nur *mittelbar* und *unpersönlich* , sondern vor allem *technisch* gesteuert und kontrolliert.

Mit dem Scientific Management wird der Arbeitsprozeß systematisch in einzelne Elemente zergliedert, wodurch sich neben den Produktivitätssteigerungen auch Vorteile für die Lenkung und Überwachung des Prozeßablaufes ergeben. Gleichzeitig bringt die leichtere Austauschbarkeit der einzelnen Arbeitnehmer eine größere Unabhängigkeit der Unternehmen von den Arbeitnehmern mit sich.

## 4 Arbeitspsychologie – „Psychotechnik"[3]

Die Arbeitspsychologie kann als Weiterführung der durch das Scientific Management eingeleiteten Anpassung des Menschen an den Arbeitsprozeß gesehen werden. Richtet sich die „Wissenschaftliche Betriebsführung" v. a. auf technische Belange, so konzentriert sich die Arbeitspsychologie auf die psychologische Anpassung.

Einer der ersten, die sich intensiver mit „psychotechnischen Methoden" auseinandersetzen, ist H. Münsterberg (1912, 1914; er selbst bezeichnet seine Methoden als „Psychotechnik"). Um Mitarbeiter so vorteilhaft wie möglich einsetzen zu können, sind sie in einem ersten Schritt Eignungs- und Auslesetests zu unterziehen. Dem folgt ein sinnvoll gestaltetes Anlernen und Einüben der erforderlichen Fertigkeiten. Der dritte Bereich, dem sich Münsterberg zuwendet, ist die Gestaltung der Arbeitsbedingungen. Mit Hilfe ergonomischer Methoden sollen die äußeren Arbeitsbedingungen so gestaltet werden, daß es z. B. zu einer langsameren Ermüdung und zu einer geringeren Monotonie kommt.

Bei der „Psychotechnik" geht es um erste Ansätze der instrumentell-psychologischen Anpassung des Arbeitnehmers an die Bedingungen des Arbeitsprozesses. Im Rahmen der Selektion erfolgen Steuerung und Kontrolle *persönlich* (z. B. Interviews) und *unpersönlich* (z. B. standardisierte Tests), *unmittelbar* (z. B. physi-

---

[3] Die Bezeichnung „Psychotechnik" stammt von W. Stern (1900), einem der Vorläufer Münsterbergs.

sche Eignung) und *mittelbar* (z. B. psychische Eignung). Anlernen und Einüben werden *persönlich* und *unmittelbar* durchgeführt, die ergonomische Gestaltung der Arbeitstätigkeit erfolgt *unpersönlich* und *mittelbar*. Je besser die Fähigkeiten des Arbeitnehmers erkannt werden, je besser er geschult ist, und je besser man um seine Leistungsgrenzen Bescheid weiß bzw. seine Leistungsbereitschaft nutzen kann, desto vorteilhafter ist er im betrieblichen Leistungsprozeß einsetzbar. Die Arbeitnehmer erhalten den Stellenwert lebender Objekte (Produktionsfaktoren), deren Leistungspotentiale es zu optimieren gilt.

## 5 Der Bürokratieansatz – Bürokratische Steuerung und Kontrolle

Die Zunahme der am Anfang dieses Jahrhunderts in den Büros zu erledigenden Aufgaben läßt die Mängel des vorherrschenden Verwaltungssystems rasch deutlich werden. Im wesentlichen können drei Richtungen unterschieden werden, die sich der Reorganisation der Verwaltung der Unternehmen widmen:

- In konsequenter Übernahme und Weiterführung der Ideen des „Scientific Management" wird versucht, nach dem Produktionsbereich auch den Verwaltungsbereich zu rationalisieren. So sind z. B. die Mechanisierung des Büros und die auch heute noch üblichen Schreibmaschinenpools ein Ergebnis solcher Bemühungen.
- Die Vertreter des sog. „Administrative Management" (z. B. Fayol, Gulick und Urwick) richten ihr Augenmerk im Gegensatz dazu nicht auf die hierarchisch niedrigeren Ebenen, sondern auf das Management von Industrieunternehmen. So nennt Fayol (1916) vierzehn Prinzipien (z. B. Autorität, Einheit der Auftragserteilung, Arbeitsteilung, Disziplin, Entlohnung, u. a.), nach denen die Verwaltung von Unternehmen zu organisieren sei. Fayol ist damit auch als Begründer der Managementlehre anzusehen.
- Die dritte Richtung ist unter dem Begriff „bürokratische Herrschaft" untrennbar mit dem Namen M. Weber verbunden. Auf die bürokratische Herrschaft wird im folgenden genauer eingegangen.

Weber sieht in der bürokratischen Herrschaft die reinste Form legaler Herrschaft.[4]
Legale Herrschaft beruht „auf dem Glauben an die Legalität gesatzter Ordnungen und des Anweisungsrechts der durch sie zur Ausübung der Herrschaft Berufenen" (Weber, 1972: 122).[5]

---

4 Herrschaft: „. . . die Chance . . ., für spezifische . . . Befehle bei einer angebbaren Gruppe von Menschen Gehorsam zu finden" (Weber, 1924: 122).

5 Obwohl Webers Ausführungen primär an der öffentlichen Verwaltung („öffentliche Beamte") orientiert sind, richten sie sich ebenso an privatwirtschaftliche Unternehmen („private Beamte", d. h. Angestellte).

Bürokratie ist damit sowohl als eine für den geregelten Arbeitsablauf notwendige, weil ordnungsstiftende Organisationsform zu sehen, als auch als Mittel der Herrschaftssicherung.

Weber selbst sieht bei vorgegebenen Zielen die Bürokratie nicht normativ, sondern technisch überlegen: „Die rein bürokratische . . . Verwaltung ist nach allen Erfahrungen die . . . rein technisch zum Höchstmaß der Leistung vervollkommenbare, . . . formal rationalste Form der Herrschaftsausübung" (1972:128). In ihrer spezifischen Funktionsweise drückt sie sich v. a. in folgenden Prinzipien aus:

- generell geordnete Kompetenzverteilung (d. h. feste Verteilung der regelmäßigen Tätigkeiten, Zuweisung notwendiger Befehlsgewalten);
- straffes Über- und Unterordnungssystem, Instanzenzug;
- die bürokratische Verwaltung beruht auf Schriftstücken (Akten), d. h. alle Entscheidungen, Erledigungen, etc. werden schriftlich festgehalten und aufbewahrt;
- die Verwaltungstätigkeit erfolgt nach generellen und erlernbaren Regeln.

In der bürokratischen Verwaltung werden die Arbeitsaufgaben arbeitsteilig erledigt. Die mit einer Stelle verbundenen Arbeitsaufgaben, in die Struktur eingebaute Belohnungs- und Bestrafungsmechanismen sowie Normen und Regeln steuern die Arbeitsleistung. Vor allem die Regelgebundenheit führt zu einer geordneten, vorhersehbaren und verläßlichen Arbeitsausübung. Mit der Befolgung sachlicher Regeln tritt die persönliche Lenkung und Überwachung durch Vorgesetzte in den Hintergrund. Beim Eintritt in die Organisation unterwirft sich das neue Mitglied dem bestehenden Regelsystem. Die Steuerung und Kontrolle der Mitarbeiter erfolgt damit auf Grund der Bindung an die Regeln nunmehr vor allem *mittelbar*, indirekt und *unpersönlich*. Bürokratisches Handeln fordert aber von den Mitarbeitern über die Sachlichkeit hinaus auch Pflichtbewußtsein, Disziplin und Loyalität, die durch entsprechende positive und negative Sanktionen verstärkt und abgesichert werden. Dadurch kommt es mit zunehmender Akzeptanz und Verinnerlichung der das bürokratische Handeln leitenden Regeln schließlich zur *Selbststeuerung und -kontrolle* des Arbeitnehmers und das Ausmaß der eigenen Regelungs- und Herrschaftsunterworfenheit wird nicht mehr erkannt. Der Beamte bzw. Angestellte wird zum funktionierenden Ausführer ihm vorgegebener Regeln, Normen, Vorschriften, Bestimmungen und Anforderungen. Sie erscheinen ihm, da die Unternehmensziele vorgegeben sind und auch nicht zur Diskussion stehen, sachlich logisch und gerechtfertigt. Es vermittelt sich ihm der Eindruck, seine berufliche Tätigkeit werde von Sachzwängen geleitet. Am Bild des Funktionierens und Exekutierens wird das mechanistische Menschenbild dieses Ansatzes, der sich an der Vorstellung der Organisation als Apparat (d. h. als Maschine) orientiert, deutlich.

Mit der bürokratischen Verwaltung von Organisationen kommt es zu einem Steuerungs- und Kontrollinstrument, welches das Handeln der Organisationsmitglieder eingrenzt und vorhersehbar macht. Da die bürokratische Steuerung und Kontrolle auf Regeln basiert, erhält sie das Erscheinungsbild der Personenunabhängigkeit und der sachlichen Notwendigkeit. Mit zunehmender Verabsolutierung und Institutionalisierung der Regeln treten aber auch die Dysfunktionalitäten (z. B. Inflexibilität, Regelbefolgung wird zum Selbstzweck, es werden nur Standardsituationen abgedeckt) deutlich hervor. Dennoch kann nicht übersehen werden, daß Unternehmen ab einer bestimmten Größe auf das Vorhandensein organisatorischer Regeln unausweichlich angewiesen sind. Ohne diese Regeln wäre eine Regelmäßigkeit, Vorhersehbarkeit und Berechenbarkeit des Handelns nicht mehr gegeben und das organisationsinterne Interaktionssystem bräche auf Grund seiner inneren Komplexität zusammen.

## 6 Human Relations – Führung als Sozialtechnologie

Der mechanistische Instrumentalismus des Scientific Management und die sich daraus ergebenden Veränderungen des Produktionsprozesses sahen sich nach einiger Zeit wachsender öffentlicher und v. a. gewerkschaftlicher Kritik ausgesetzt. Ihren betrieblichen Ausdruck fand diese Kritik in zunehmenden Reibereien und Konflikten zwischen den auf der Ausführungsebene Tätigen und den mit der Lenkung und Überwachung des Arbeitsprozesses Beschäftigten, d. h. Arbeitsverweigerungen und Streiks nahmen zu. Mit sich solchermaßen verstärkendem unternehmensexternen und unternehmensinternen Druck werden die politisch-ökonomischen Voraussetzungen für das Entstehen und die Verbreitung eines neuen – dem damaligen „Zeitgeist" adäquateren – Ansatzes der Steuerung und Kontrolle beruflicher Arbeitstätigkeit geschaffen.

Unter diesen Voraussetzungen geben die inzwischen berühmt gewordenen Untersuchungen in den Hawthorne-Werken der Western Electric in Chicago (mehrere Untersuchungsreihen ab 1924) jenen Anlaß ab, der schließlich in der Etablierung des Human Relations Ansatzes mündet. Voll und ganz den Überlegungen des Scientific Management und der Psychotechnik entsprechend, wird hier zu Beginn dem Einfluß externer Variablen auf die Arbeitsproduktivität nachgegangen. So werden z. B. die Beleuchtungsstärke am Arbeitsplatz variiert und die Auswirkungen von Arbeitspausen und Länge der Gesamtarbeitszeit auf Ermüdung und Monotonie untersucht (Roethlisberger und Dickson, 1939). Während sich zu Beginn der Untersuchungen erwartungskonforme Resultate ergeben („bessere Arbeitsbedingungen führen zu höherer Arbeitsproduktivität"), stellen sich sehr bald unerwartete und überraschende Ergebnisse ein: Nicht nur, daß die Testgruppe zum Schluß auch bei Kerzenschein Produktivitätssteigerungen ausweist, so ist dies gleichzeitig bei der Kontrollgruppe (bei der jedoch die Arbeitsbedingungen nicht verändert wurden) genauso der Fall. Solche Ergebnisse können aber mit dem theoretischen Rahmen des Scientific Management und der Psychotechnik nicht mehr erklärt werden.

Weitere Untersuchungen (so werden z. B. zwischen 1928 und 1930 über 20.000 Interviews durchgeführt), die Art der Durchführung mancher Untersuchungen (heute weiß man, daß die Forscher in einige der Experimente direktiv eingegriffen haben) und politisch-ökonomische Erwartungen führen schließlich zur „Entdeckung“ der Auswirkungen zwischenmenschlicher Beziehungen (human relations) auf die Arbeitsleistung. So stellt man fest, daß sich in (bis dahin nicht beachteten) informellen Gruppen Einstellungen, Normen und Werte ausbilden, die das Verhalten der Arbeitenden wesentlich bestimmen. Informelle Gruppen verfügen demnach nicht nur über eine interne hierarchische Ordnung, die dem formalen Status der Gruppenmitglieder in keiner Weise entsprechen muß; sie entwickeln auch Normen: So etwa über „richtiges“ Arbeitsverhalten, den Umgang mit Vorgesetzten oder „angemessene“ Tagesarbeitsleistungen („a fair day's work“). Informelle Gruppen sind damit in der Lage, die formale hierarchische Struktur des Unternehmens und die von ihr vorgegebenen Sollwerte zu unterlaufen.

Damit ergibt sich die Überlegung, daß für eine effiziente Kontrolle und Steuerung die Berücksichtigung sozialer Beziehungen wichtiger sein könnte als finanzielle Anreize und physische Arbeitsbedingungen. Nach Roethlisberger und Dickson hat daher die industrielle Organisation zwei Funktionen: Die Herstellung eines Produktes und die Herstellung von Zufriedenheit (Roethlisberger und Dickson, 1939). Vor allem die Zufriedenheit der Arbeitnehmer wird nun als wichtigste Variable zur Erzielung von Produktivitätssteigerungen angesehen: „Zufriedenheit bringt Leistung“ bzw. „Leistung dank Zufriedenheit“ lauten die simplifizierenden Schlagworte für die Praktiker. Zufriedenheit, Anerkennung und Prestige vermitteln sich vor allem in den sozialen Beziehungen. Aber auch der Arbeitskontext wird miteinbezogen: So stellen die Hawthorne-Werke ein Restaurant und eine Krankenstation zur Verfügung, bieten Versicherungs- und Beteiligungspläne an und etablieren den Hawthorne Club, der neben anderem auch eine Abendschule unterhält.

In einer solchen Sichtweise sind die Leistungen der Mitarbeiter vorwiegend von psychologischen und soziologischen Faktoren abhängig. Unter utilitaristischen Gesichtspunkten liegt es daher nahe, diese Faktoren im betrieblichen Steuerungsinstrumentarium entsprechend zu berücksichtigen. Damit ändern sich die Anforderungsprofile für Vorgesetzte: Neben technischer Kompetenz müssen diese nun auch über soziale Fertigkeiten verfügen. Der Vorgesetzte wird nun die sozialen Beziehungen „pflegen“, d. h. er wird sich z. B. um die Bedürfnisse seiner Mitarbeiter mehr kümmern, er wird seinen Mitarbeitern gegenüber freundlich auftreten, er wird sie öfters loben, er wird Kritik nicht verletzend, sondern sachlich anbringen, er wird seine Überwachungsaufgaben unauffälliger wahrnehmen, er wird Vertrauen funktional einsetzen (vgl. z. B. Zand, 1972); er wird weiters trachten, Konflikte möglichst zu unterbinden, da sie die erwünschte Harmonie stören würden. Ein solcher Vorgesetzter agiert als Sozialtechnologe. Und um dies zu ermöglichen, werden Vorgesetzte (v. a. auf mittlerer und unterer Ebene) intensiven Schulungen unterzogen. So zählen Sensibilisierungstrainings, Kommunikationstrainings, Schulungen mit dem Thema „Der richtige Umgang mit dem Mitarbeiter“, etc. auch heute noch zum Standardprogramm inner- und überbetrieblicher Anbieter von Fort- und Weiterbildungsveranstaltungen. Das wohl bekannteste Werk in diesem Zusammenhang stellt ein Buch von Dale Carnegie dar: „How to Win

Friends and Influence People". Das Buch wurde 1926 erstmals veröffentlicht, seitdem in viele Sprachen übersetzt, wird noch immer verkauft, und unter seinem Titel werden auch heute noch Seminare angeboten.

Mit dem Human Relations Ansatz kommt es zur Instrumentalisierung der zwischenmenschlichen Beziehungen. Nicht mehr die ausschließliche Reduktion des menschlichen Faktors auf seine technische Funktionalität (wie beim Scientific Management), sondern seine – weil nicht vermeidbare – Berücksichtigung ist nun wesentlicher Bestandteil der Steuerungsüberlegungen. Mittels eines patriarchalischen Führungsverhaltens zum Zweck der Realisierung der Unternehmensziele wird auf individuelle Bedürfnisse der Arbeitnehmer scheinbar eingegangen. Neben die technische und die bürokratische Steuerung und Kontrolle tritt nun die *sozialtechnologische*. Der Vorgesetzte richtet *persönlich* seine Bemühungen *mittelbar* auf die sozialen Beziehungen und die Zufriedenheit, um damit das gewünschte Arbeitsverhalten herbeizuführen.

Technische und bürokratische Steuerung und Kontrolle werden von der Sozialtechnologie des Human Relations Ansatzes nicht verdrängt, sondern in ihren negativen Auswirkungen abgeschwächt. Die Strukturen und Zwänge der Arbeitswelt werden nicht aufgehoben, sie erscheinen aber erträglicher; ein Eindruck, der außerdem das Selbstbild der Vorgesetzten aufwertet. Auch der Human Relations Ansatz stellt Macht- und Herrschaftsbeziehungen nicht zur Diskussion, im Gegenteil: Durch das Zurückdrängen von Konflikten und mit dem Streben nach Harmonie werden alle Ansätze einer solchen Diskussion von vornherein abgeblockt. Da die Arbeitsaufgabe selbst von den Überlegungen des Human Relations Ansatzes nicht berührt wird, bleibt die Gesamtarbeitssituation für den Arbeitnehmer im wesentlichen gleich: Dank der Beziehungspflege fühlt er sich nur etwas besser als vorher.

## 7 Motivationale Kontrolle und Steuerung

Die motivationale Kontrolle und Steuerung ist als Übergangsphase zwischen der Sozialtechnologie des Human Relations Ansatzes und der Selbststeuerung der sog. „Humanisierungswelle" zu sehen. Mit den Hawthorne-Studien wird eine intensive wissenschaftliche Beschäftigung mit sozialpsychologischen und soziologischen Phänomenen in Organisationen eingeleitet. Vor allem die Beziehung zwischen Zufriedenheit bzw. Bedürfnissen und Leistung steht dabei im Mittelpunkt.

Geht der Human Relations Ansatz ursprünglich noch davon aus, daß die Berücksichtigung der sozialen Beziehungen und der Zufriedenheit zu besseren Arbeitsleistungen führen würde, so stellt sich bald heraus, daß die Beziehung zwischen Zufriedenheit und Leistung weitaus weniger eindeutig ist, als angenommen wurde. Es finden sich nicht zufriedene Arbeitnehmer, die gute Leistungen erbringen und zufriedene Arbeiter mit unzulänglichen Leistungen. Eine genauere Erforschung der menschlichen Bedürfnisse wird somit notwendig, und die Motivationsforschung beginnt zu prosperieren.

So erfreut sich z. B., obwohl in ihrem theoretischen Gehalt schon längst überholt, die Bedürfnispyramide von A. Maslow (1943, 1954) auch heute noch großer Beliebtheit. Hier wird davon ausgegangen, daß Menschen fünf hierarchisch geordnete Bedürfnisbereiche aufweisen. Vier sog. „Mangelbedürfnissen" (physiologische Bedürfnisse, Sicherheitsbedürfnisse, soziale Bedürfnisse und Bedürfnis nach Anerkennung) steht ein sog. „Wachstumsbedürfnis" (Bedürfnis nach Selbstverwirklichung) gegenüber. Spätere Motivationstheorien rücken von der Annahme, alle Individuen hätten die gleiche Bedürfnisstruktur, ab und behaupten, Individuen würden über unterschiedliche Bedürfnisstrukturen verfügen (z. B. McClelland et al., 1954; Vroom, 1964). Herzberg, neben Maslow der zweite Hauptvertreter der sog. „Humanistischen Psychologie", geht – noch ganz in der Tradition des Human Relations Ansatzes – der Frage des Einflusses der Arbeitszufriedenheit auf die Produktivität nach (Herzberg et al., 1959). Auf Grund seiner eigenen und der Forschungen seiner Mitarbeiter stellt er fest, die Arbeitszufriedenheit resultiere aus zwei voneinander unabhängigen Dimensionen. Die sog. „Hygienefaktoren" (z. B. Bezahlung, Beziehungen zu Vorgesetzten/Kollegen/Untergebenen, Status) seien in der Lage, Unzufriedenheit aufzuheben; die sog. „Motivatoren" (z. B. Selbstbestätigung und Leistungserfolg, Anerkennung, Arbeitsaufgabe und Arbeitsinhalt) beziehen sich auf die Arbeit selbst und seien in der Lage, Zufriedenheit herbeizuführen. Die Hygienefaktoren könnten wohl die Unzufriedenheit beseitigen, aber erst dann könnten die Motivatoren sinnvoll für Leistungssteigerungen eingesetzt werden.

Im Rahmen der motivationalen Steuerung besteht nun die Aufgabe von Vorgesetzten darin, die jeweiligen Bedürfnisse ihrer Mitarbeiter zu erkennen und ihre Befriedigung instrumentell mit dem Leistungsprozeß zu verknüpfen. Hat man beispielsweise nach Maslow bei einem Mitarbeiter Sicherheitsbedürfnisse erkannt, so wird man versuchen, ihm seine Arbeitsaufgabe und ihre Zusammenhänge genau zu erklären; stellt der Vorgesetzte soziale Bedürfnisse fest, so wird er trachten, dem Mitarbeiter eine Arbeitsaufgabe zuzuweisen, die er in Teamarbeit oder in einem kooperativen Rahmen erledigen kann. Nimmt man Herzbergs Zwei-Faktoren-Theorie als theoretische Grundlage, so werden vorerst die Hygienebedürfnisse abzudecken sein, um dem Mitarbeiter anschließend eine Arbeitsaufgabe zu übertragen, mit der er seine Bedürfnisse nach Selbstbestätigung, Anerkennung oder Verantwortung befriedigen kann.

Die motivationale Steuerung und Kontrolle setzt bei den Bedürfnissen der Mitarbeiter an und verknüpft die Befriedigung der Bedürfnisse mit der Aufgabenerfüllung. Sie wirkt daher *mittelbar*. Zum Teil bedienen sich die Vorgesetzten *persönlich* des motivationalen Instrumentariums; zum Teil sind die Bedürfnisbefriedigungsmöglichkeiten unabhängig vom jeweiligen Vorgesetzten, d. h. *unpersönlich,* in die Arbeitsaufgabe und in das betriebliche Anreiz-, Belohnungs- oder Karrieresystem eingebaut. Wenn sich in der persönlichen Variante der Vorgesetzte nicht allzu plump des Instrumentariums bedient, vor allem aber in der unpersönlichen Variante, vermittelt sich dem Objekt der Lenkungsabsichten (d. h. dem Mitarbeiter) der Eindruck, ihm stünden eine Reihe vorteilhafter Handlungsmöglichkeiten zur Verfügung. Er erhält den Eindruck, durch eigenes Wollen könne er seine

Bedürfnisse befriedigen, er sei sozusagen selbst der „Schmied seines Glücks“. Mit dieser Zuschreibung der Steuerungskompentenz an sich selbst geht dem Arbeitnehmer tendenziell die Wahrnehmung der Fremdsteuerung verloren.

## 8 Selbststeuerung und -kontrolle oder „Bringt Humanisierung Profit?“

Mit Herzbergs Feststellung, daß in der Gestaltung der Arbeitsaufgabe das wesentlichste Potential zur Steigerung der Arbeitsleistung liege, ist der theoretische Ansatzpunkt einer neuen Phase der Steuerung und Kontrolle geschaffen, bei der die Fremdsteuerung durch Selbststeuerung ersetzt wird.

Die außerhalb der wissenschaftlichen Forschung liegenden Bedingungen für die Entstehung und Entwicklung dieses Ansatzes stellen sich dabei folgendermaßen dar: Vor allem in Nordeuropa (Norwegen, Schweden) schien durch die (damalige) Gründung der Europäischen Wirtschaftsgemeinschaft (die Nordeuropäer sind nicht Mitglieder) die politisch-ökonomische Situation nach neuen Wegen der betrieblichen Effektivitäts- und Effizienzsteigerung und damit auch nach neuen Wegen der Lenkung und Überwachung der Mitarbeiter zu verlangen. Einerseits befürchteten die Nordeuropäer, unter zunehmenden internationalen Konkurrenzdruck zu gelangen, andererseits verlangte eine starke Gewerkschaftsbewegung nach mehr Demokratie in den Betrieben. Zusätzlich war dies auch eine Phase wirtschaftlicher Hochkonjunktur, die u. a. durch Knappheit an qualifizierten Arbeitskräften sowie hohe Absentismus- und Fluktuationsraten (bis zu 50 %) mit entsprechenden Kosten für die Unternehmen geprägt war. In teilweisem Zusammenhang damit tauchte die Überlegung auf, daß die bisherige Arbeitsteilung auf der Ausführungsebene zu weit gegangen sein könnte: Ab einer bestimmten Stufe seien bereits mehr Nachteile als Vorteile damit verbunden. Vielleicht sei es möglich, so die Vermutung, durch Wiederzusammenfügen von zerlegter Arbeit Produktivitätsvorteile zu erzielen.

Diese zum Teil sehr unterschiedlichen Ausgangspositionen und Interessen vereinten sich zu konkreten Bemühungen, die in der Folge als Neue Formen der Arbeitsgestaltung, Work Design, Qualität des Arbeitslebens, Humanisierung der Arbeit, Arbeitsstrukturierung, etc. bekannt wurden. Vor allem in den Jahren zwischen 1960 und 1975 wurden Arbeitsgestaltungskonzepte wie Job Enlargement (Arbeitserweiterung), Job Rotation (Arbeitswechsel), Job Enrichment (Arbeitsbereicherung) und teilautonome Arbeitsgruppen häufig realisiert.

Glaubt man den Proponenten, so sind diese Konzepte geeignet, viele der (damals) anstehenden Probleme in Unternehmen zu bewältigen. Für die Unternehmen brächten sie z. B. eine Verbesserung der Produktqualität und -quantität, sinkende Absentismus- und Fluktuationsraten, flexiblere Einsatzmöglichkeiten der Mitarbeiter und eine bessere Nutzung ihrer schöpferischen Fähigkeiten. Für die Arbeitenden brächten sie eine Verminderung der Monotonie, Möglichkeiten zur

Höherqualifizierung, Möglichkeiten zur individuellen Leistungsentfaltung, Möglichkeiten einer zusätzlichen Verantwortungsübernahme, Beteiligung an Entscheidungsprozessen, flexiblere Arbeitszeit und höheren Lohn.

Auch wenn sich je nach wissenschaftlich-theoretischen, ökonomischen und politischen Positionierungen und Interessen unterschiedliche Schwerpunkte ergeben, so ist man sich doch darüber einig, daß „der Mitarbeiter (wieder) in den Mittelpunkt" rücken sollte. Dabei geht man davon aus, daß v. a. die Neugestaltung der Arbeitsaufgabe zu Leistungssteigerungen führen würde. So sollten Job Enlargement und Job Rotation Monotonie und Ermüdung zurückdrängen. Aber erst mit der Arbeitsbereicherung (eine Stelle erledigt mehrere qualitativ unterschiedliche Tätigkeiten, z. B. Montage und Kontrolle) sei die Arbeitsaufgabe so interessant und attraktiv, daß die Arbeitenden dadurch veranlaßt würden, nicht nur qualitativ und quantitativ bessere Ergebnisse zu liefern, sondern dabei auch eine größere Arbeitsfreude zu erleben. Funktionalistisch gesehen bedeutet dies, daß sich hier die Arbeitenden dann von sich aus so verhalten, wie es im Interesse der Unternehmensleitung liegt: Sie wollen, was sie sollen.

Am deutlichsten läßt sich dies am Job Characteristics Model von Hackman und Oldham (1976, 1980) darstellen: Wenn die Arbeitenden ihre Arbeitstätigkeit als bedeutsam empfinden, wenn sie bei ihrer Arbeitstätigkeit das Gefühl der Verantwortung erleben und wenn sie um ihre Arbeitsergebnisse wissen, dann sollte dies zu einer hohen intrinsischen Arbeitsmotivation, zu einer starken Befriedigung der individuellen Wachstumsbedürfnisse, zu hoher allgemeiner Arbeitszufriedenheit und zu hoher Arbeitseffektivität führen. Voraussetzung wäre daher eine Arbeitsaufgabe, die verschiedene Kenntnisse und Fähigkeiten erfordert; ihr Ergebnis sollte ein „ganzes Stück Arbeit" mit einem erkennbaren Anfang und Ende sein; die Arbeitsaufgabe sollte für andere Menschen wichtig sein; die Arbeitsaufgabe sollte Selbständigkeit und Verantwortung erlauben; und schließlich sollte der Arbeitende über seine Arbeitsleistung informiert werden. Das Ziel dieser Art der Gestaltung der Arbeitsaufgabe liegt hier also darin, daß der Arbeitende seine Arbeitstätigkeit attraktiv erlebt und mit ihrem Vollzug die oben genannten Ergebnisse sicherstellt.

Neben der Gestaltung individueller Arbeitsaufgaben werden auch Gruppenmodelle entwickelt, die unter der Bezeichnung „teilautonome Arbeitsgruppen" bekannt werden. Auch hier wird ein Gestaltungsrahmen vorgegeben. Innerhalb dieses Rahmens können die Gruppenmitglieder „autonom" entscheiden. So z. B. über die Aufnahme neuer Gruppenmitglieder, über die Arbeitsverteilung, über die Vertretung der Gruppe nach außen, über den am zweckmäßigsten erscheinenden Weg der Aufgabenerledigung, etc.

Was wir hier im Individualmodell und im Gruppenmodell vor uns haben, ist der Versuch, Fremdsteuerung durch *Selbststeuerung* zu ersetzen. Durch die Gestaltung sinnvoller Arbeitsaufgaben und die Erweiterung der Handlungsspielräume wird ein Rahmen vorgegeben, den die Arbeitnehmer selbst ausfüllen. Diese Form *mittelbarer* und *unpersönlicher* Kontrolle und Steuerung wirkt mittels psycho-sozialer Werte und Normen: Wenn in der Leistungsgesellschaft eine verantwortungs- und sinnvolle Arbeitsaufgabe einen hohen Stellenwert hat, dann haben entsprechend gestaltete Arbeitsaufgaben auch einen hohen Aufforderungscharakter. Der Arbeitnehmer wird zum Exekutor verinnerlichter sozialer Normen: Er ist zugleich Objekt und Subjekt *normativer* Steuerung und Kontrolle.

Mit diesen Steuerungs- und Lenkungsmodellen wird erstmals zielstrebig die Arbeit an den Menschen angepaßt, während die vorhergehenden Modelle die umgekehrte Strategie, nämlich die Anpassung des Menschen an die Arbeit, verfolgen. Es kann aber nicht übersehen werden, daß diese Modelle ihre „Blüte" unter bestimmten politischen und ökonomischen Voraussetzungen erlebten. Eine starke Arbeitnehmerbewegung drängte auf mehr Humanisierung und Mitbestimmung; Daten wie Absentismus- und Fluktuationsraten zeigten andererseits den Unternehmensleitungen die Suboptimalität ihrer Organisation der Arbeitsprozesse. Durch die qualitative Bereicherung der Arbeitstätigkeit (z. B. durch Übertragung von Planungs- und Kontrollaufgaben) wird jedoch gleichzeitig auch ein Teil der Steuerungs- und Kontrollkompetenz an die Arbeitenden abgegeben. Besonders deutlich kommt dies im Selbstverwaltungsbereich der teilautonomen Arbeitsgruppen zum Ausdruck. So vorteilhaft dies für die Produktivitätssteigerung sein mag, so problematisch stellt es sich unter dem Aspekt der Herrschaftssicherung dar. Es ergibt sich nämlich die Befürchtung, daß es zu einer Dynamik kommen könnte, bei der vor allem im Gruppenmodell die Arbeitenden die Grenzen ihres von oben vorgegebenen Selbstverwaltungsrahmens in Frage stellen und nach Erweiterung des autonomen Bereiches verlangen würden. Damit würde aber das Tor – so die Befürchtung – zu einer weiteren Demontage des bestehenden sozialökonomischen Ordnungsmodelles weit aufgestoßen. In der Tat ist ein mit hoher Publizität bedachtes Organisationsmodell (ein Werk der General Food Company in Topeka, Kansas) an dieser Problematik „gescheitert" bzw. von der Unternehmensleitung abgebrochen worden: Die Arbeitenden verlangten, ihre Vorgesetzten selbst bestimmen zu können. Die Unternehmensleitung betrachtete dies als nicht mehr akzeptierbaren Anschlag auf die bestehende betriebliche Ordnung, beendete das Experiment und reetablierte ein ihren Ordnungsvorstellungen wieder entsprechendes Über- und Unterordnungssystem.

So verwundert es daher auch nicht, daß mit einer ab Mitte der 70er Jahre beginnenden Veränderung der ökonomischen und politischen Verhältnisse die Diskussion über Modelle mit teilautonomer Gruppenarbeit in den Hintergrund gedrängt wird. Individualmodelle der Selbststeuerung dagegen, die unter dem Aspekt der Aufrechterhaltung der Ordnungskonstellationen wesentlich unproblematischer handzuhaben sind, bleiben Bestandteil des betrieblichen Steuerungsinstrumentariums und werden in der Regel im Rahmen sog. „Organisationsentwicklungsprogramme" realisiert.

## 9 Die ‚Entdeckung' der Organisationskultur – Führung als kulturelle Steuerung und Kontrolle

Gegen Ende der 70er Jahre stellte sich bei zunehmender Internationalisierung der wirtschaftlichen Beziehungen, zunehmender organisatorischer Komplexität und abnehmendem Einfluß der Gewerkschaften heraus, daß japanische Unternehmen gegenüber US-amerikanischen und auch westeuropäischen über deutliche Wettbewerbsvorteile verfügten. Besonders sichtbar wurde dies u. a. im Automobilbereich, wo japanische Produkte ähnlichen US-amerikanischen beispielsweise hinsichtlich Qualität und Preis weitaus überlegen waren. Auf der Suche nach den Gründen dieser Überlegenheit stieß man auf ein ganzes Bündel von Ursachen, und westliche Firmen versuchten, Aspekte des „japanese way of management" auf ihre eigenen Verhältnisse zu übertragen (vgl. z. B. Ouchi, 1981). Auch Peters und Waterman (1982) gehen den Gründen des Erfolges ausgewählter US-Unternehmen nach; sie vertreten ebenfalls die Meinung, daß ein zusammenhängendes Bündel von Faktoren dafür verantwortlich zu machen sei. Ohne daß dabei den meisten Adressaten recht klar wurde, was darunter zu verstehen bzw. damit gemeint sei, rückte damit die „Kultur" (als das für den Erfolg verantwortliche Ursachenbündel) einer Organisation als zentrales Systemsteuerungskonzept in den Mittelpunkt des Interesses.

Obwohl derzeit weder Einigkeit darüber herrscht, was das Konzept Unternehmens-„Kultur" beinhalten sollte (vgl. dazu Kasper, 1987), noch gesichert erscheint, ob das dominante funktionalistische Paradigma der betriebswirtschaftlichen Organisationstheorie überhaupt geeignet ist, diesem Konzept gerecht zu werden, so hat sich doch ein nachhaltiges Interesse an den Steuerungsmöglichkeiten, die dieses Konzept anzubieten scheint, entwickelt.

Im Sinne einer Arbeitsdefinition werden hier – in Anlehnung an Kilman, Saxton und Serpa (1985) – unter Kultur die von einer Gruppe geteilten Normen, Einstellungen, Erwartungen, Annahmen, Werte und Philosophien verstanden. Die Kultur einer organisatorischen Einheit[6] kann demnach v. a. auf drei Ebenen festgemacht werden: Normen definieren „richtiges" Verhalten (z. B. „in diesem Unternehmen tragen Männer Krawatte", „neue Stelleninhaber machen von selbst und unentgeltlich Überstunden"); auf der nächsten Ebene finden sich die grundlegenden Annahmen, die das Verhalten lenken (z. B. „die gesellschaftliche Verteilung von Ressourcen und Macht ist für den einzelnen kaum beeinflußbar und daher zu akzeptieren", „ein neuer Mitbewerber am Markt wird seinen Konkurrenten nichts schenken"); auf der dritten Ebene liegen für Kilman, Saxton und Serpa die mit der menschlichen Natur verbundenen Charakteristika (z. B. grundlegende menschliche Motive und Bedürfnisse).

Unter der hier diskutierten instrumentell-anwendungsorientierten Sichtweise[7] ergibt sich nun die Frage, wie es gelingen könnte, dieses Wissen um die Kul-

---

[6] Es erscheint realistischer, davon auszugehen, daß ein Unternehmen über mehrere, voneinander verschiedene Subkulturen verfügt (Sackmann 1985).

[7] Im Gegensatz dazu sieht sich die bisherige organisationstheoretische Kulturdiskussion im wesentlichen als „wertfrei", obwohl ihre Vorschläge für die Anwendungspraxis meist darauf hinauslaufen, wie es der Unternehmensleitung gelingen könnte, eine von ihr als „richtig" erachtete Sollkultur im Unternehmen durchzusetzen. Steuerungsansätze, die kulturelle Entwicklungen von „unten" nach „oben" diskutieren, existieren derzeit praktisch nicht.

tur(en) einer Organisation zur Realisierung eigener Interessen einzusetzen. Die Ausgangsüberlegung ist für den Anwender dabei ungemein attraktiv: Gelingt es, die Verhaltensnormen, die grundlegenden Annahmen und womöglich noch Aspekte der menschlichen Natur „in den Griff zu bekommen", dann bräuchte man sich bei der Steuerung und Kontrolle von Unternehmen nicht mehr um physische Bewegungen, um die Zufriedenheit, um einzelne Bedürfnisse, um mehr Autonomie und Sinn in der Arbeit, etc. zu kümmern. Dann wäre eine tragfähige Grundlage geschaffen, auf deren Basis sich die Mitarbeiter nunmehr selbst und umfassend zum Zwecke der Erfüllung der Unternehmensziele steuern und kontrollieren.

Angesichts dieses komplexen und umfassenden Vorhabens verwundert es an sich nicht allzusehr, daß konkrete Vorschläge, wie eine derartige kulturelle Steuerung und Kontrolle zu erreichen sei, eher Variationen und Kombinationen des bestehenden Steuerungsinstrumentariums darstellen (z. B. Bleicher, 1984; Sethia und Glinow, 1985; Pümpin, Kobi und Wüthrich, 1985). V. a. aus dem bereits diskutierten Repertoire der bürokratischen und der motivationalen Steuerung sowie der Selbststeuerung sollten z. B. die Ausbildung erwünschter Regeln verstärkt, neue Mitarbeiter hinsichtlich ihrer Übereinstimmung mit der gewünschten Kultur ausgewählt, Belohnungs- und Anreizsysteme gezielt eingesetzt sowie dezentrale Organisationsentwicklungsmethoden verwendet werden. Auch die bislang vorliegenden strategischen Konzepte (z. B. Allen, 1985; Kilman, 1985; Pümpin, Kobi und Wüthrich, 1985) schließen an bereits Bekanntes an.

Darüber hinaus lassen sich jedoch Ansätze erkennen, die einerseits den Totalitätsanspruch und andererseits die für die Betroffenen nicht mehr erkennbare Steuerung und Kontrolle via Organisationskultur beleuchten. So weisen Pondy et al. (1983) generell auf die Steuerungskapazität von Symbolen hin; Evered (1983) zeigt die Ausbildung organisationseigener Sprach- und damit Sinnregelungen auf; Morgan (1986) betont den Stellenwert von Sprachbildern (Metaphern) für das Problemlösungsverhalten (so haben beispielsweise die Vorstellungen des Unternehmens als Maschine oder als Organismus unterschiedliche Konsequenzen für die Lösung von Problemen); Meyer und Rowan (1977) weisen auf die Institutionalisierung und damit fraglose Akzeptanz von organisatorischen Regeln hin; Deal und Kennedy (1982) schlagen vor, das Identifikationspotential sog. „Helden" im Unternehmen auszunutzen; Trice und Beyer (1985) schließlich meinen, daß Rituale und Übergangsriten (Gennep, 1986) kulturelle Veränderungen erleichtern.

Auch wenn diese bislang vereinzelten Elemente noch keine kulturelle Lenkung und Überwachung im oben skizzierten umfassenden Sinn ergeben, so wird die damit verfolgte Richtung deutlich. Diese Art der Steuerung und Kontrolle ist *unpersönlich, mittelbar* und *tendenziell totalitär*. Es wird versucht, den beruflichen Alltag, die berufliche Lebens- und Sinnwelt, d. h. die berufliche Wirklichkeit (Berger und Luckmann, 1977) der Mitarbeiter so zu konstruieren, daß die Erfüllung der Unternehmensziele gewährleistet wird. Unter dem Aspekt der Effizienz und Effektivität ist es vorteilhaft, mit scheinbar partizipativen Methoden (z. B. gruppenorientierten Organisationsentwicklungsprozessen) die Mitarbeiter an den Veränderungsprozessen teilhaben zu lassen. Vor allem die funktionalistisch-instrumentelle Kulturdiskussion erweckt hier den Eindruck, als ginge es um die sorgsame Entwicklung und Pflege der Psycho- und Sinnmaschinerie des Unternehmens.

Angesichts der Subtilität und des tendenziellen Totalitarismus dieser Steuerungsrichtung ergibt sich sowohl die Frage nach der Machbarkeit als auch die Frage nach dem gesellschaftlichen Stellenwert und seiner Erwünschtheit. Lassen wir es bei der zweiten Frage mit dem Hinweis bewenden, so treten derzeit doch berechtigte Zweifel auf, ob in absehbarer Zeit so etwas wie eine funktionierende kulturelle Steuerung und Kontrolle von Unternehmen möglich sein wird. So selbstverständlich auf der Systemebene die Manipulation der Variablen Kultur erscheint, so problematisch erscheint deren praktische Umsetzung auf der Handlungsebene. Arbeitnehmer haben nicht nur eine berufliche, sondern auch eine mit der beruflichen verwobene außerberufliche Lebenswelt und tragen bzw. verknüpfen Interessen, Normen, Werte, etc. von einer Lebenswelt in die andere; d. h. eine abgeschottete und damit tatsächlich von der Unternehmung steuer- und kontrollierbare berufliche Lebenswelt ist kaum vorstellbar. Auch wenn der Ansatz der kulturellen Steuerung und Kontrolle Aspekte der Macht und Herrschaft nicht bzw. nur kanalisiert thematisiert, so ergibt sich doch die Frage, ob nicht politische Elemente (z. B. vertreten durch Gewerkschaften) ihren Widerstand bzw. ihre Mitspracherechte oder -wünsche sozusagen „dysfunktional" zur Geltung bringen werden. Derzeit ist nicht absehbar, inwieweit eine längerfristige Umsetzung des bislang vorwiegend theoretischen Wissens um die Kultur von Organisationen in die Praxis der Unternehmen gelingen wird oder ob die Modewelle Unternehmens-„Kultur" relativ folgenlos auslaufen wird.

## 10 Zusammenfassung

Unternehmen können als soziale Gebilde verstanden werden, in denen und mit denen Akteure ihre Interessen zu verwirklichen trachten (Cyert und March, 1963). Unter utilitaristischen Gesichtspunkten und bei ungleicher organisationsinterner Machtverteilung versuchen die Mitglieder der jeweils dominanten Koalition (Cyert und March, 1963), die Leistungserbringung zu optimieren und gleichzeitig ihre sozial-ökonomischen Ordnungsvorstellungen zu realisieren. Auf struktureller und prozessualer Ebene haben sich hierfür seit der Vorindustrialisierung verschiedene Ansätze der Steuerung und Kontrolle der Arbeitstätigkeit der Mitarbeiter entwickelt. Diese Ansätze wurden dargestellt und unter den Aspekten der Produktivitätssteigerung sowie der Sicherung der sozio-ökonomischen Ordnungskonstellationen diskutiert.

Alle diese Ansätze sind regelmäßiger und integraler Bestandteil der Steuerungs- und Kontrollstrategien heutiger Unternehmen. Auf die für die Vorindustrialisierung charakteristische persönliche und unmittelbare Lenkung und Überwachung stoßen wir v. a. in kleinen Familienbetrieben, wo der Unternehmereigentümer omnipräsent ist. In vorwiegend handwerklich ausgerichteten Betrieben, die nur einen bestimmten Anteil an Maschinisierung und Technisierung zulassen, finden wir die für die Zeit der Industrialisierung typische persönliche und mittelbare Lenkung und Überwachung. Die technische Steuerung und Kontrolle zeigt sich in der zunehmenden Automatisierung des Produktionsprozesses: Die dort beschäftigten Arbeitnehmer werden zu abhängigen Variablen des durch technische Kriterien scheinbar determinierten Produktionsprozesses. Die Automatisierung der administrativen Tätigkeiten schreitet durch zunehmende Computerisierung der Informationsverarbeitung fort und gibt den Steuerungsansprüchen und -phantasien der Betreiber regelkreisorientierter Managementinformationssysteme (MIS) neuen Auftrieb. Zeitstudien stellen nach wie vor eine Grundlage von Lohnermittlungssystemen dar. Auslese- und Beförderungsverfahren sowie inner- und überbetriebliche Aus-, Fort- und Weiterbildung sind fester Bestandteil betrieblicher Personalpolitik. Die Routinisierung und Standardisierung betrieblicher Prozesse im Sinne der bürokratischen Kontrolle und Steuerung sind bereits so alltäglich, daß sie im allgemeinen nur mehr in ihren exzessiven Erscheinungsformen wahrgenommen werden. Der Versuch der Minimierung innerbetrieblicher Reibungsverluste durch Einüben entsprechender sozialpsychologischer Fähigkeiten im Sinne des Human Relations Ansatzes hat sich ebenfalls allgemein durchgesetzt. Inzwischen werden die vormals als dysfunktional betrachteten Konflikte zu innovatorisch-kreativ zu nützenden Gelegenheiten uminterpretiert, da die ursprüngliche Absicht der Konfliktvermeidung faktisch nicht durchzuhalten war. Gemäß der Überlegung, daß jene sozialen Prozesse, die sich nicht vermeiden lassen, instrumentell zu integrieren sind, wird jetzt versucht, das Innovationspotential von Konflikten zu nutzen. Die motivationale Steuerung und Kontrolle schlägt sich besonders deutlich in nichtmonetären Anreizsystemen nieder und reicht vom „Verkäufer des Monats" bis zum Büro im obersten Stockwerk mit eigenem Sekretariat. Auch wenn die sog. „Humanisierungsbestrebungen" inzwischen wieder etwas in den Hintergrund gedrängt wurden, so haben sich die zugrunde liegenden Lenkungs- und Überwachungsüberlegungen durchgesetzt: Eine zu weit gehende Arbeitszerlegung führt zu Produktivitätseinbußen und Wettbewerbsnachteilen. Gleichzeitig kann bei zunehmender innerorganisatorischer Komplexität die Zentralisierung von Steuerung und Kontrolle immer schwieriger aufrechterhalten werden. In der Folge werden die Arbeitstätigkeiten wieder angereichert, die Mechanismen der Selbststeuerung setzen ein, und die Lenkung und Überwachung des Arbeitsprozesses werden entlastet. Bei der kulturellen Steuerung und Kontrolle bleibt noch abzuwarten, wie und wohin sie sich entwickeln wird.

Verfolgt man die Logik der Entwicklung der Ansätze zur Steuerung und Kontrolle beruflicher Arbeit, so wird versucht, zunehmend persönlichere und umfassendere Bereiche des Individuums abzudecken: Körperliche Bewegungen, körperliche und geistige Eignung, Eingrenzung der Handlungsmöglichkeiten, soziale Beziehungen zu anderen Mitarbeitern, Motive und Bedürfnisse sowie schließlich Sinnkategorien im beruflichen Arbeitsfeld. Die damit feststellbare Tendenz zeigt eine zunehmend umfassendere und indirekte, d. h. von den Arbeitenden immer schwieriger wahrnehmbare Steuerung und Kontrolle beruflicher Arbeit.

## Literatur

Allen R F (1985) Four Phases for Bringing about Cultural Change. In: Kilman R H, Saxton M J, Serpa R, Associates. Gaining Control of the Corporate Culture, San Francisco 332 - 350
Barnard Ch (1938) The Functions of the Executive, Cambridge Mass
Berger P L, Luckmann T (1977) Die gesellschaftliche Konstruktion der Wirklichkeit, Frankfurt
Bleicher K (1984) Auf dem Weg zu einer Kulturpolitik der Unternehmung. In: zfo 8: 494 - 500
Braverman H (1977) Die Arbeit im modernen Produktionsprozeß, Frankfurt
Cyert C R, March J A (1963) A Behavioral Theory of the Firm, Englewood Cliffs
Clegg S, Dunkerley D (1980) Organization, Class and Control, London
Deal T E, Kennedy A A (1982) Corporate Culture: The Rites and Rituals of Corporate Life, Reading Mass
Dunbar R L (1981) Designs for Organizational Control. In: Nystrom P C, Starbuck W H (eds) Handbook of Organizational Design, New York 2: 85 - 115
Edwards R (1981) Herrschaft im modernen Produktionsprozeß, Frankfurt
Evered R (1983) The Language of Organizations. In: Pondy L R, Frost P, Morgan G, Dandridge T C (eds) Organizational Symbolism, Greenwich 125 - 143
Fayol H (1916) Administration industrielle et generale, Paris
Gellerman S W (1963) Motivation and Productivity, New York
Gennep A v (1986) Übergangsriten, Frankfurt
(Gilbreth) Spriegel W R, Myers C E (eds) (1953) The Writings of the Gilbreths, Homewood
Groskurth P, Volpert W (1975) Lohnarbeitspsychologie, Frankfurt
Hackman J R, Oldham G R (1976) Motivation through the Design of Work: Test of a Theory. In: Organizational Behavior and Human Performance, 16: 250 - 279
Hackman J R, Oldham G R (1980) Work Redesign, Reading Mass
Herzberg F, Mausner F, Snyderman B (1959) The Motivation to Work, New York
Kasper H (1987) Organisationskultur. Über den Stand der Forschung, Wien
Kieser A, Kubicek H (1978) Organisationstheorien, Bd 1, 2, Stuttgart
Kilman R H (1985) Five Steps for Closing Culture-Gaps. In: Kilman R H, Saxton M J, Serpa R, Associates. Gaining Control of the Corporate Culture, San Francisco 351 - 369
Kilman R H, Saxton M J, Serpa R (1985) Introduction: Five Key Issues in Understanding and Changing Culture. In: Kilman R H, Saxton M J, Serpa R, Associates. Gaining Control of the Corporate Culture, San Francisco 1 - 16
Kilman R H, Saxton M J, Serpa R (1985) Associates. Gaining Control of the Corporate Culture, San Francisco
Littek W, Rammert W, Wachtler G (Hrsg) (1982) Einführung in die Arbeits- und Industriesoziologie, Frankfurt
Littler C R, Salaman G (1982) Bravermania and Beyond: Recent Theories of the Labour Process. In: Sociology, 16: 251 - 269
March J G, Simon H (1958) Organizations, New York
Maslow A H (1954) Motivation and Personality, New York
Mayo E (1946) The Human Problems of an Industrial Civilization, Boston
McClelland D C et al (1954) The Achievement Motive, New York
McGregor D (1960) The Human Side of Enterprise, New York
Meyer J W, Rowan B (1977) Institutionalized Organizations: Formal Structure as Myth and Ceremony. In: American Journal of Sociology, 83: 340 - 363
Morgan G (1986) Images of Organizations, Reading Mass
Morgan G (1980) Paradigms, Metaphors, and Puzzle Solving in Organization Theory. In: Administrative Science Quarterly, 25: 605 - 622
Münsterberg H (1912) Psychologie und Wirtschaftsleben, Leipzig
Münsterberg H (1914) Grundzüge der Psychotechnik, Leipzig
Neuberger O (1974) Theorien der Arbeitszufriedenheit, Stuttgart
Ouchi W G (1981) Theory Z, Reading Mass
Peters T J, Waterman R H (1982) In Search of Excellence, New York

Pfeffer J (1982) Organizations and Organization Theory, Boston
Pondy L R, Frost P, Morgan G, Dandridge T C (eds) Organizational Symbolism, Greenwich
Pugh D S, Hickson D J, Hinings C R, Turner C (1968) Dimensions of Organizational Structure. In: Administrative Science Quarterly, 13: 65 - 105
Pümpin C, Kobi J M, Wüthrich H A (1985) Unternehmenskultur, Bern
Reber G (1973) Personales Verhalten im Betrieb, Stuttgart
Roethlisberger F, Dickson W (1939) Management and the Worker, Cambridge Mass
Sackmann S A (1985) Cultural Knowledge in Organizations: The Link between Strategy and Organizational Process, Ann Arbor, microfilm
Schein E H (1975) Organizational Culture and Leadership, San Francisco
Sethia N K, Glinow M A v (1985) Arriving at Four Cultures by Managing the Reward System. In: Kilman R H, Saxton M J, Serpa R, Associates. Gaining Control of the Corporate Culture, San Francisco 400 - 420
Simon H (1947) Administrative Behavior, New York
Taylor F W (1903) Shop Management, New York
Taylor F W (1911) The Principles of Scientific Management, New York
Trice H M, Beyer J M (1985) Using Six Organizational Rites to Change Culture. In: Kilman R H, Saxton M J, Serpa R, Associates. Gaining Control of the Corporate Culture, San Francisco 370 - 399
Türk K (1981) Personalführung und soziale Kontrolle, Stuttgart
Ulrich H (1968) Die Unternehmung als produktives soziales System, Bern/Stuttgart
Voglmayr H (1980) Managementkonzepte und Rationalisierung. In: Wirtschaft und Gesellschaft 1: 29 - 47
Vroom V H (1964) Work and Motivation, New York
Weber M (1972) Wirtschaft und Gesellschaft, Tübingen (1 Aufl. 1921)
Zand D E (1972) Trust and Managerial Problem Solving. In: Administrative Science Quarterly, 17: 229 - 239

# Kommunikationsmanagement

F. R. Hrubi

**Inhalt**

**1 Terminologische und wissenschaftstheoretische Probleme** . . . . . . . . . . . 59
1.1 Schwierigkeiten mit dem Kommunikationsbegriff . . . . . . . . . . . . . 59
1.2 Die Konfusion der Kommunikationstheorie mit der Informationstheorie . . . . . . . . . . . . . . . . . . . . . . . . . . 61

**2 Bausteine einer Wissenschaft von der Kommunikation** . . . . . . . . . . . . 64
2.1 Die Frage nach den mathematisch-naturwissenschaftlichen Grundlagen . 64
2.2 Die Frage nach der sozialen Dimension von Kommunikation . . . . . . 67
2.3 Die Frage nach den Funktionen von Kommunikation . . . . . . . . . . 71
2.4 Die Frage nach dem interpersonalen Geschehen . . . . . . . . . . . . . . 73
2.5 Die Frage nach den Bedingungen zwischenmenschlicher Verständigung . . . . . . . . . . . . . . . . . . . . . . . . . 76

**3 Kommunikation und Management** . . . . . . . . . . . . . . . . . . . . . 78
3.1 Ein einfaches Modell menschlicher Kommunikation . . . . . . . . . . . 78
3.1.1 Die Kommunikationssituation . . . . . . . . . . . . . . . . . . . . 79
3.1.2 Die Kommunikationspartner . . . . . . . . . . . . . . . . . . . . . 80
3.1.3 Die Beziehung zwischen den Kommunikationspartnern . . . . . . 82
3.1.4 Der Gegenstand der Kommunikation . . . . . . . . . . . . . . . . 84
3.1.5 Die Mittel der Kommunikation . . . . . . . . . . . . . . . . . . . 86
3.2 Betriebliche (rechnergestützte) Informations- und Kommunikationssysteme . . . . . . . . . . . . . . . . . . . . . . . 89
3.3 Kommunikation und Management . . . . . . . . . . . . . . . . . . . . 90

**Literatur** . . . . . . . . . . . . . . . . . . . . . . . . . . . . . . . . . 93

## 1 Terminologische und wissenschaftstheoretische Probleme

### 1.1 Schwierigkeiten mit dem Kommunikationsbegriff

Obwohl „Kommunikation" ein weder in lebens- bzw. arbeitsweltlichen Zusammenhängen noch in diversen wissenschaftlichen Disziplinen selten gebrauchter Begriff ist, besteht kaum Übereinstimmung darüber, was er genau bedeutet bzw. mit Hilfe welcher Begriffe er definiert und erklärt werden soll.

Mit dem Ausdruck „Kommunikation" werden üblicherweise so unterschiedliche Vorgänge bezeichnet wie:

- ein Gespräch zwischen zwei Personen,
- ein Telefonat,
- der Postverkehr,
- die Rede eines Politikers im TV-Studio,
- das Abgeben der Stimme bei der Wahl,
- das Bezahlen von Rechnungen,
- der Verbund informationsverarbeitender Maschinen,
- die Übertragung ansteckender Krankheiten,
- die Weiterleitung von Impulsen im Nervensystem,
- die Reduplikation von Nukleinsäuremolekülen u. v. a. m.

Es steht selbstverständlich prinzipiell jedermann frei, Begriffe so zu definieren, wie er es für richtig oder für zweckmäßig hält. Der praktische Wert einer Definition steht und fällt aber mit ihrer intersubjektiven Anerkennung. Wenn jeder etwas zwar Wohldefiniertes, aber jeweils anderes unter einem Ausdruck versteht, dann wird Kommunikation durch die Verwendung dieses Ausdrucks, wenn schon nicht unmöglich gemacht, so doch erheblich erschwert.

Zwar setzt sich häufig von mehreren, miteinander konkurrierenden Definitionen eine durch und verdrängt die anderen, das muß aber nicht der Fall sein und ist es - ironischerweise -gerade im Fall des Begriffs „Kommunikation" auch nicht. Klaus Merten (1977) hat sich einmal die Mühe gemacht und 160 Definitionen des Kommunikationsbegriffs gesammelt und miteinander verglichen. Das Ergebnis war erstaunlich: es gibt offensichtlich keinen kleinsten gemeinsamen Nenner, also keinen Bedeutungskern, der sich, durch alle Definitionen einheitlich durchhaltend, nachweisen ließe.

Nun muß in manchen Zusammenhängen die Sprache sehr flexibel sein, in anderen wieder so unmißverständlich und eindeutig wie möglich. Flexibilität und damit eine gewisse Vagheit der Begriffe ist immer dann gefordert, wenn es darum geht, sich mit jemandem zu verständigen, ein Einverständnis herzustellen u. dgl. Im Beziehungssystem wissenschaftlicher Theorien (aber etwa auch der Jurisdiktion usw.) müssen Sachverhalte jedoch ganz präzise und exakt ausgedrückt und beschrieben werden.

Wissenschaftliche Begriffe erhalten ihre Schärfe dadurch, daß sie mit Hilfe von Definitionen strikt an bestimmte theoretische Kontexte zurückgebunden werden; sie haben Sinn, Bedeutung und Präzision nur vor dem Hintergrund einer Theorie. Wissenschaftliche Theorien haben aber ihre jeweils eigene (in sich schlüssig zusammenhängende) Terminologie, sie haben ihren eigenen Begründungskonnex, ihre eigenen Validierungsverfahren, ihre eigenen Methoden, ihre eigenen Erkenntnisziele; sie legen den Blickwinkel, aus dem an die jeweiligen Probleme herangegangen wird, ebenso fest wie die Entwicklungsrichtung, die die weitere Erforschung dieser Probleme nimmt und nehmen kann.

Der Begriff „Kommunikation" wird, wie bereits erwähnt, in einer Vielzahl unterschiedlicher Theorien, die ihrerseits wieder im Rahmen unterschiedlicher wissenschaftlicher Disziplinen entworfen wurden, verwendet: Es gibt formal- und naturwissenschaftliche, geistes- und sozialwissenschaftliche, philosophische, theologische, juristische, medizinische und technische Kommunikationstheorien in mitunter mehreren, voneinander selbst noch einmal mehr oder weniger abweichenden Varianten. Jede behandelt eine andere Facette des hochkomplexen Problems und tut das auf eine andere, jeweils angemessene Art und Weise. Folglich gibt es bis heute – und wahrscheinlich auch in nächster Zukunft – *keine Kommunikationswissenschaft* im Sinne einer einheitlichen wissenschaftlichen Disziplin. Der sich um den Kommunikationsbegriff zentrierende Problemhorizont ist offenbar so weit, daß er die Grenzen jeder methodologisch klar bestimmbaren Einzelwissenschaft zu sprengen scheint. So kommt es (aus den genannten Gründen) dazu, daß in der interdisziplinären wissenschaftlichen Diskussion keine Einigkeit darüber besteht,

- was das Definiendum (d. h.: was überhaupt definiert werden soll) genau ist,
- wie es definiert werden soll,
- wie eine darauf aufbauende Theorie grundsätzlich konzipiert werden soll, und schließlich
- was die Theorie überhaupt leisten soll.

## 1.2 Die Konfusion der Kommunikationstheorie mit der Informationstheorie

Dieser verwirrende Zustand einer Mannigfaltigkeit disparater Theorien über Kommunikation ist natürlich keineswegs befriedigend, und eine Synthese der verschiedenen Ansätze ist, wie erwähnt, bis auf weiteres nicht herstellbar. Alle bisher präsentierten Kommunikationstheorien mit universelle(re)n Ansprüchen erweisen sich (spätestens bei näherer Betrachtung) als entweder *eklektizistisch* oder *reduktionistisch.*

Unter *„Eklektizismus"* versteht man den Versuch, aus den verschiedenen Theorien zu entnehmen, was einem als richtig und wichtig erscheint, um es dann zu einer irgendwie abgerundeten Einheit zu verknüpfen. Das Ergebnis ist für praktische Zwecke gegebenenfalls recht brauchbar, in theoretischer Hinsicht aber höchst unzulänglich und daher verpönt.

Unter *„Reduktionismus"* versteht man den Versuch, eine (oder mehrere) Theorie(n) auf eine andere zurückzuführen, eben zu reduzieren. Seine radikalste Gestalt erhielt dieses Programm in der positivistischen Vision einer universalen Einheitswissenschaft, derzufolge alle Wissenschaften auf eine einzige, nämlich die Physik, teils wirklich reduziert, teils als immerhin reduzierbar erwiesen werden sollten. Daran geknüpft war die etwas eigentümliche Absicht, alles, was nicht meßbar und im Sinne der physikalischen Methode nicht nachweisbar, also grundsätzlich unreduzierbar ist, als metaphysisch, und das hieß nach diesem Standpunkt: als unsinnig, zu verwerfen.

Der mittlerweile allgemein als unhaltbar und, jedenfalls in seiner radikalen Form, eher selbst als unsinnig geltende Positivismus war aber zur Zeit der Entstehung der (modernen) Kommunikationstheorie und der Informationstheorie der dominierende wissenschaftstheoretische Standpunkt. Dieser Umstand hat die

Entwicklung der Kommunikationstheorie, insbesondere aber deren Konfusion mit der Informationstheorie, entscheidend mitbestimmt.

Die auf R. V. L. Hartley (1928) und C. Shannon (1948) zurückgehende *Informationstheorie* ist im wesentlichen eine mathematisch-statistisch formulierte Theorie der Informationsübertragung, man kann auch, vielleicht noch unmißverständlicher, sagen: der (gestörten) Signalübertragung.

Die Informationstheorie ist im Problemzusammenhang der *Nachrichtentechnik* ausgearbeitet worden, das Interesse galt zunächst Fragen, die mit den technischen Entwicklungen entstanden waren: primär nach der Bestimmung der Leistungsfähigkeit, Wirtschaftlichkeit und Zuverlässigkeit von Informationsübertragungssystemen. Dazu war es erforderlich, Informationsmengen, Kanalkapazitäten usw. meß- und berechenbar zu machen, Probleme der maximalen Übertragungsgeschwindigkeit, der optimalen Codierung usw. zu lösen und schließlich, ganz allgemein Klarheit über die mathematischen und physikalischen Grundlagen von Informationsübertragungssystemen zu gewinnen.

Die Informationstheorie hat mit der Erforschung dieser grundlegenden Gesetzlichkeiten und Zusammenhänge ein so generelles Niveau erreicht, daß sie für alle Kommunikationssysteme grundsätzlich in Geltung und auch von Bedeutung ist. Tatsächlich ist die Informationstheorie in der Fassung von Shannon umgehend von W. Weaver (1949) zur universellen Kommunikationstheorie hochstilisiert worden. Diese Gleichsetzung – mit dem Zugeständnis, daß die Theorie zwar noch erheblich erweitert, aber nicht grundsätzlich verändert werden müsse, um auch menschliche Kommunikation angemessen beschreiben und erklären zu können – ist allerdings höchst problematisch.

Ob die Kommunikationstheorie ohne Rest in einer (erweiterten, aber im Prinzip unveränderten) Informationstheorie aufgeht und ob andererseits jeder Vorgang der Informationsübertragung auch schon zwangsläufig ein kommunikativer Prozeß ist, scheint auf den ersten Blick ein Definitionsproblem zu sein. Aber es ist mehr als ein Streit um Wörter, die Entscheidung hängt nämlich nicht zuletzt davon ab, ob man physikalisch nicht nachweisbare und nicht meßbare Phänomene anerkennt oder nicht.

Einige Beispiele mögen verdeutlichen, was mit dieser Unterscheidung gemeint ist:

1. Das Aussprechen eines Satzes ist in den meisten Fällen eindeutig Teil eines Kommunikationsprozesses. Aber nicht in allen Fällen: das (typischerweise wiederholte) „Aufsagen“ eines Satzes oder Textes, um ihn etwa auswendigzulernen, konstituiert keinen kommunikativen Prozeß, es ist selbst keine kommunikative Handlung.
2. Wenn man jemandem z. B. etwas zuruft, aber nicht gehört wird, kommt kein Kommunikationsprozeß zustande. Gleichwohl hat man selbst kommunikativ gehandelt, hat versucht zu kommunizieren; aber es ist beim Kommunikationsversuch geblieben.
3. Eine Autohupe wird normalerweise betätigt, um jemanden unter den speziellen Bedingungen des Straßenverkehrs zu warnen. Hupen ist eine bestimmte,

diesen Bedingungen angepaßte, Art kommunikativen Handelns. Wenn der Hupton gehört und in seinem solcherart vermeinten Sinn (eben als Warnung) verstanden wird, dann kommt ein (primitiver) Kommunikationsprozeß zustande. Das Hören und Verstehen der Bedeutung des Huptones vervollständigt den Kommunikationsversuch jedoch nur dann zu einem Kommunikationsprozeß, wenn der Hörer auch als Adressat gemeint war. Das bloße Hören des Signals durch jemanden, der etwa am Verkehrsgeschehen gar nicht beteiligt ist, konstituiert keinen Kommunikationsprozeß, so wenig übrigens wie das an niemanden gerichtete Hupen (etwa zu Zwecken einer Funktionsprüfung).

4. In Gesprächen entsteht manchmal ein unerträgliches Klima, Freundschaften, Ehen, Partnerschaften gehen mitunter in Brüche, weil die Partner sich nicht mehr verständigen, weil sie nicht mehr miteinander reden können. Bemerkenswerterweise sind die Ursachen der Verständigungsschwierigkeiten in solchen Fällen jedoch weder physikalischer Natur (akustische Störungen: etwa zu großer Lärm), noch semantischer Art (sofern sich etwa durch die Verwendung eines anderen Codes – einer anderen Sprache! – die Bedeutung der Zeichen grundsätzlich geändert hätte), es handelt sich vielmehr um psychosoziale Faktoren: das für gelingende Kommunikation unumgängliche Eingehen und Rücksichtnehmen auf die Bedürfnisse und Erwartungen des Partners funktioniert einfach nicht (mehr).
5. Dem Schweigen kommt unter bestimmten Bedingungen große kommunikative Bedeutung zu. Es kann dabei höchst Unterschiedliches zum Ausdruck bringen: Zustimmung und Ablehnung, Stolz, Verachtung, Ehrfurcht usw. Bemerkenswerterweise wird der Kommunikationsprozeß in diesem Fall dadurch konstituiert, daß gar nichts ‚übertragen', daß keinerlei Signal ‚gesendet' und ‚empfangen' wird. Auch hängt die Antwort auf die Frage, ob das Schweigen überhaupt etwas bedeutet und was es bedeutet, von geistigen und sozialen Faktoren der Gesprächssituation ab und nicht von irgendwelchen manifesten, physikalisch beschreibbaren Merkmalen.

Es ist gewiß nicht nötig, noch weitere Beispiele anzuführen, denn es dürfte hinreichend klar geworden sein, worauf es ankommt: In den durchaus ganz alltäglich vertrauten Zusammenhängen unseres kommunikativen Umgangs, unserer zwischenmenschlichen Beziehungen und Kontakte sehen wir uns immer wieder gezwungen, eine Reihe von Situationen, Situationsmerkmalen und Umständen zu unterscheiden, die aus dem Blickwinkel einer physikalisch orientierten Wissenschaft offensichtlich nicht faßbar sind.

Ob eine kommunikative Handlung, ob ein Kommunikationsversuch oder ein Kommunikationsprozeß vorliegt oder nicht, hängt im großen und ganzen gerade nicht von einem physikalisch beschreib- und erklärbaren Geschehen ab, auch nicht von der räumlichen oder zeitlichen Situierung einer weiteren Person, sondern vom Vorliegen oder Nichtvorliegen *bestimmter mentaler Phänomene:* z. B. jemanden und/oder etwas meinen, jemanden und/oder etwas verstehen, etwas beabsichtigen, wollen, glauben, erwarten u. dgl. m.

Nochmals: Nicht jeder Kommunikationsvorgang impliziert die Übertragung von Signalen – Beispiel des Schweigens. Nicht jede Übermittlung von Informationen oder Signalen konstituiert auch schon einen Kommunikationsvorgang -vgl. die Beispiele des Aufsagens und Hupens. Ein Blick zum Himmel informiert im strengen Sinn des Wortes (m. o. w. zuverlässig) über das zu erwartende Wetter (gewisse Wolken sind etwa ein Anzeichen für baldigen Regen oder Schnee), ohne daß man dabei sinnvoll sagen könnte, hier fände ein Kommunikationsprozeß statt; auf der anderen Seite ist das stumm gen Himmel gesandte Gebet eines Gläubigen ein kommunikativer Akt, dem jede empirisch objektivierbare Grundlage fehlt.

## 2 Bausteine einer Wissenschaft von der Kommunikation

Wenn und solang es keine Kommunikationswissenschaft gibt, die den gesamten Phänomenbereich in einem Guß zu beschreiben und zu erklären vermöchte, muß man sich, so gut es eben geht, aus den vorliegenden Ansätzen ein Bild zu machen versuchen. Die folgende Darstellung soll dabei helfen; sie orientiert sich – ohne Anspruch auf Vollständigkeit und Allseitigkeit – an fünf möglichen Forschungsfragen:

1. die Frage nach den mathematisch-naturwissenschaftlichen Grundlagen,
2. die Frage nach der sozialen Dimension von Kommunikation,
3. die Frage nach den Funktionen von Kommunikation,
4. die Frage nach dem interpersonalen Geschehen,
5. die Frage nach den Bedingungen zwischenmenschlicher Verständigung.

### 2.1 Die Frage nach den mathematisch-naturwissenschaftlichen Grundlagen

Diese Fragestellung ist ihrem Ursprung und ihrem ganzen Gepräge nach engstens mit der elektrischen Nachrichtentechnik verknüpft. Ausgangspunkt ist das Faktum, daß Kommunikation ein Vorgang in Raum und Zeit ist. Das Grundproblem der Nachrichtentechnik ist ganz allgemein die Bereitstellung der Mittel, die einer Maximierung der Reichweite, der Übertragungsgeschwindigkeit und der Wirtschaftlichkeit dienen.

Auf die einschlägigen naturwissenschaftlichen Fortschritte und technischen Entwicklungen braucht in diesem Rahmen nur erinnert zu werden, wenigstens kurz einzugehen ist aber auf die diesbezüglichen formalen Überlegungen.

1928 veröffentlichte R. V. L. Hartley auf der Grundlage damals neuerer Entwicklungen auf dem Gebiete der Wahrscheinlichkeitstheorie eine mathematisch formulierte „Theory of Information Transmission", der genau zwanzig Jahre später von C. Shannon die klassische Gestalt unter dem Titel einer „Mathematical Theory of Communication" (1948) gegeben wurde.

Shannon legt seiner Theorie ein viel kopiertes (wenn auch meistens erweitertes und modifiziertes) Blockdiagramm zugrunde, das keineswegs zufällig ein Telegrafensystem abbildet. Freilich hat Shannon erheblich kompliziertere Systeme im

Sinn (er nennt: Multiplexverfahren, Vocodersysteme, Farbfernsehen, dreidimensionale Klangübertragung usw.), das Modell bleibt jedoch prinzipiell gültig. Bezweifelt werden muß jedoch, daß dieses Modell auch noch die unvermittelte zwischenmenschliche Kommunikation in ihren entscheidenden Relationen und Strukturen korrekt abbildet, wie es W. Weaver in einem Aufsatz, der ein Jahr später gemeinsam mit der Abhandlung Shannons veröffentlicht wurde (Shannon/Weaver 1949) und eine Reihe ihm folgender Autoren tatsächlich angenommen hat.

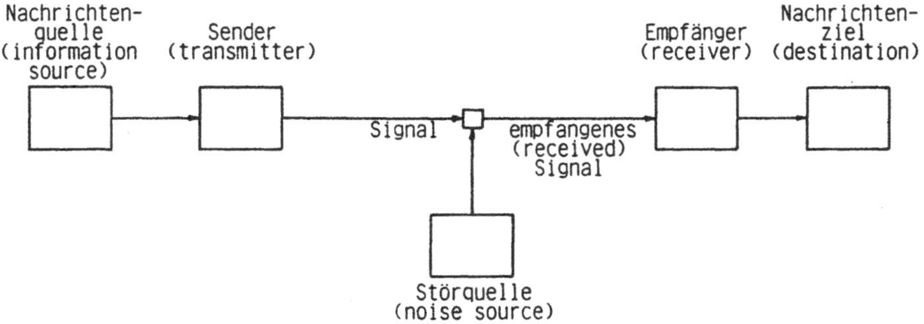


**Abb. 1**

Das Modell enthält also, als Grenzpunkte des Systems, eine *Nachrichtenquelle* und ein *Nachrichtenziel.* Beide sind jeweils mit einem *Wandler* (Sender, Empfänger) verknüpft und diese ihrerseits durch einen *Kanal* bzw. ein für die jeweilige Signalübertragung geeignetes Medium miteinander verbunden. Schließlich beinhaltet es noch eine *Störquelle,* die so aufgefaßt wird, daß sie entweder selbst (Pseudo-) Signale produziert oder die gesendeten *Signale* in der einen oder anderen Form unerwünscht modifiziert (verstümmelt, anreichert, verzerrt o. dgl.), weshalb man grundsätzlich damit rechnen muß, daß das empfangene Signal nicht identisch ist mit dem vom Sender abgesandten.

Genau daraus folgt eines der entscheidenden Probleme für diese Art von Theorie: wieviel und welcher Aufwand ist nötig und zugleich wirtschaftlich vertretbar, um innerhalb gewisser Toleranzgrenzen sicherzustellen, daß der Inhalt der Nachricht am Sendereingang identisch ist mit dem Inhalt der Nachricht am Empfängerausgang?

Aus der Perspektive der Informationstheorie beruht jeder Kommunikationsvorgang auf der Möglichkeit einer *Auswahl aus einer bestimmten Menge von Alternativen.* Der *Informationsgehalt* eines bestimmten Elements dieser Menge wird aufgrund seiner Wahrscheinlichkeit bestimmt. Da die Summe der Wahrscheinlichkeiten aller Elemente einer gegebenen Menge gleich 1 ist, hat – unter der Voraussetzung einer gleichmäßigen Verteilung der Wahrscheinlichkeit – jedes von n Elementen die Wahrscheinlichkeit $\frac{1}{n}$. Sind zwei (oder mehr) Einheiten in einem bestimmten Kontext gleich wahrscheinlich, dann haben sie den gleichen Informationsgehalt.

Insofern die Technik der Informationsübertragung, -verarbeitung und -speicherung im großen und ganzen ausschließlich auf Zweizustandssystemen beruht, wird der Informationsgehalt üblicherweise in „bits" („binary digits") gemessen, d. h. jedes Element mit der Wahrscheinlichkeit $\frac{1}{2}$, also jede Binärstelle, die sich zwangsläufig in einem von zwei möglichen Zuständen befindet: 0 oder 1, Strom oder Nicht-Strom, magnetisiert oder nichtmagnetisiert usw. ist ‚Träger' von 1 bit Information. Jedes Zeichensystem mit einem Alphabet von mehr als zwei Elementen kann aber bzw. muß an den Schnittstellen in ein binäres System en- bzw. decodiert werden.

Versteht man also die Herstellung von Nachrichten als – binäre (ja oder nein) – Auswahlen aus einem gegebenen Zeichenrepertoire, dann läßt sich der Informationsgehalt aufgrund der Anzahl der möglichen Alternativen bestimmen. Um aus einer etwa aus 32 Zeichen (26 Buchstaben, 5 Interpunktionszeichen, 1 Wortzwischenraum) bestehenden Menge eines (binär) auszuwählen, bedarf es (mindestens) fünf Entscheidungen, was sich mit Hilfe eines graphischen Baums anschaulich demonstrieren läßt (vgl. Abb. 2).

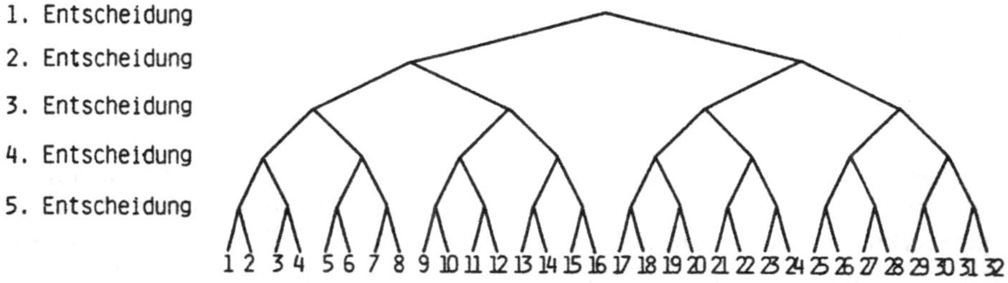


**Abb. 2**

Zum gleichen Ergebnis führt im übrigen die Berechnung des Logarithmus dualis (dieser aufgrund des verwendeten Binärsystems) der Anzahl der Zeichen. Für die Menge von 2 Zeichen ist der ld 1, für die von 32 Zeichen ist er 5.

Nun sind freilich die Wahrscheinlichkeiten in Zeichensystemen, wie sie normalerweise in Kommunikationsprozessen verwendet werden, nicht gleich verteilt, die Zeichen haben eine unterschiedliche relative Häufigkeit. Zum Beispiel: die *Auftretenswahrscheinlichkeit* (oder Häufigkeit des Vorkommens) des Buchstaben „e" in einem deutschen, englischen oder französischen Text ist erheblich größer als die eines „f".

Man kann nicht nur für jede beliebige Einheit einer gegebenen Sprache die jeweilige Auftretenswahrscheinlichkeit, sondern auch die sogenannten *Übergangswahrscheinlichkeiten* empirisch ermitteln (das sind die Wahrscheinlichkeiten, mit der ein Zeichen auf ein anderes, mit der es auf ein Zeichenpaar, auf ein Zeichentripel usw. folgt). Diese Daten sind wichtig im Hinblick auf die *Probleme optimaler Codierung.*

Wenn beliebige Zeichensysteme in binäre umcodiert werden (müssen), dann ist es vernünftig oder ökonomisch, dabei die Auftretenswahrscheinlichkeiten zu berücksichtigen. Die Menge der Zeichen wird also nicht in Teilmengen zu jeweils gleich vielen Elementen aufgeteilt, sondern in Teilmengen mit jeweils (annähernd) gleicher Wahrscheinlichkeit; dadurch entsteht eine gewisse Korrelation zwischen dem Informationsgehalt und der Anzahl der zu seiner Identifikation erforderlichen Entscheidungen (Binärstellen). Mit bezug auf den oben dargestellten graphischen Baum würde dieses Verfahren bewirken, daß dieser nicht symmetrisch aufgebaut wäre, mit bezug auf die Binärzeichen, daß nicht alle gleichviel Stellen hätten und mit bezug auf die Kanalkapazität, daß häufigere Zeichen weniger davon beanspruchen dürften als seltenere.

Theoretisch läßt sich ein Maximum angeben, wieviel an Informationsgehalt pro Zeiteinheit maximal übertragen werden kann. Dieses Maximum ist in der Praxis jedoch weder erreichbar noch erwünscht. Die Differenz zwischen dem maximalen und dem faktisch übertragenen Informationsgehalt nennt man *Redundanz*. Redundanz ist also das, was den Informationsgehalt einer Nachricht vermindert (je geringer die Redundanz, desto mehr an Information kann bei gleichem Zeitaufwand übertragen werden – vgl. den Telegrammstil). Redundanz ist aber andererseits auch das, was den Informationsgehalt einer Nachricht im Fall von Störungen bewahrt. Das für einen bestimmten Kanal optimale System ist so beschaffen, daß es gerade über genügend Redundanz verfügt, um den Empfänger in Stand zu setzen, die durch Störungen (das „Rauschen") verlorengegangene Information zu rekonstruieren. Eine der zentralen Aufgaben der Informationstheorie besteht darin, die durchschnittliche Redundanz von Zeichensystemen auf den jeweils als wünschenswert erachteten Zustand zu reduzieren.

## 2.2 Die Frage nach der sozialen Dimension von Kommunikation

Mit der Frage nach der sozialen Dimension wird zunächst einmal eine spezifische Differenz zu der im vorangegangenen Abschnitt dargestellten Orientierung an der mathematisch-naturwissenschaftlichen Dimension von Kommunikation bezeichnet, näherhin wird mit dieser Frage jedoch auf den Umstand abgezielt, daß Kommunikation nicht nur

- von sozialen Tatsachen stark abhängig ist, sondern auch
- die meisten sozialen Tatsachen konstituiert oder wenigstens prägt.

Daß Kommunikation von sozialen Faktoren abhängig ist, bedeutet in erster Linie, daß sie – als soziales Handeln – *genormt* und *erlernt* ist. Wir lernen, und zwar je nach kultureller und sozialer Herkunft auf jeweils andere Weise, welches kommunikative Verhalten angesichts verschiedener Gesprächspartner und/oder verschiedener Gesprächssituationen von uns erwartet wird bzw. von anderen in bestimmten Rollen und Positionen erwartet werden kann. Es hängt von kulturellen und sozialen Umständen ab, welche Sprache wir normalerweise sprechen und welche wir mehr oder weniger gut sprechen können, welchen Soziolekt wir sprechen, wie wir in bestimmten Gesprächssituationen auftreten (z. B. sicher oder gehemmt), über welche Themen, mit welchen Worten und Formulierungen, auf welchem Argumentationsniveau wir zu reden vermögen usw.

Welche Bedeutung diese Dinge haben, erkennt man daran, daß sie im Gespräch mit wichtigen Personen (etwa Vorgesetzten) oder in wichtigen Situationen (etwa in Vorstellungsgesprächen) auf bestimmte für den Betreffenden vorteilhafte Art und Weise zu korrigieren versucht werden.

Der Zusammenhang zwischen Sprachverhalten und Sozialstatus bzw. Bildungs- und Karrierechancen ist in Gestalt der gesellschaftspolitischen Problematik der sogenannten *„Sprachbarrieren"* weithin bekannt geworden. Erforscht und klassisch formuliert wurde er ursprünglich vor allem von B. Bernstein (1972). Dessen Theorie zufolge könne man generell zwei Sprechweisen unterscheiden, denen die Verwendung zweier, voneinander deutlich abgehobener Sprachcodes zugrunde lägen: der *elaborierte* und der *restringierte Code.*

Diese beiden Sprechweisen oder Codes wurden zunächst bestimmten sozialen Schichten zugeordnet: der elaborierte Code den höheren Schichten, der restringierte Code der Unterschicht; diese Zuordnung wurde allerdings später wenigstens teilweise revidiert. Eine andere (und offenbar haltbarere) Zuordnung läßt sich herstellen zu bestimmten Sozialisationsstilen und Beziehungsmustern.

- Die *Verwendung des restringierten Codes,* also die (wie der Name schon sagt) in der Auswahl und Verwendung der insgesamt zur Verfügung stehenden sprachlichen Mittel wie Wortschatz, grammatische Konstruktionen usw. relativ stark eingeschränkte Sprechweise korreliert mit sozialen Beziehungen, in denen eine große Anzahl von Übereinstimmungen und Erwartungen unbefragt und unwidersprochen geteilt wird.
Unter solchen Umständen besteht offenbar kein allzugroßes Bedürfnis, individuelle Absichten, die Besonderheit von Meinungen und Vorstellungen usw. ausdrücklich und möglichst genau zu verbalisieren; soweit dies doch erforderlich ist, geschieht es weitgehend auf nichtverbalem Wege (mimisch, gestisch). Die hochgradige Voraussagbarkeit des kommunikativen Verhaltens korrespondiert mit einem stark ausgeprägten Solidaritäts- und Gruppenzugehörigkeitsgefühl. Im Rahmen solcher Gruppen werden im allgemeinen nicht viel Worte gemacht, um sich miteinander zu verständigen.
- Die *Verwendung des elaborierten Codes* konstituiert demgegenüber völlig andere Sprechweisen und soziale Beziehungen. Die Sprecher versuchen, betont sachliche Informationen und wohlüberlegte Absichten so individuell und präzise wie möglich zu formulieren, und zwar unter maximaler Ausschöpfung aller lexikalischen und grammatischen Möglichkeiten. Der sprachliche Ausdruck wird solcherart gewissermaßen zu einem wesentlichen Moment der Selbstdarstellung und Selbstverwirklichung.
Jedes Individuum hat und pflegt seine eigenen differenzierten Überzeugungen und Meinungen, legt großen Wert darauf, gerade nicht so wie alle anderen zu sein und bringt dies in seinem persönlichen Stil, in seiner Kleidung, Gestaltung seines Wohnraumes, Arbeitsplatzes usw. sowie eben auch sprachlich zum Ausdruck.

Es versteht sich, daß diese, durch die Verwendung der beiden Codes charakterisierten, Sprechweisen als Idealtypen zu verstehen sind. Die faktisch zu beobachtenden kommunikativen Verhaltensweisen liegen meistens irgendwo zwischen diesen Extremen und sind auch – innerhalb eines gewissen Toleranzbereichs – situationsabhängig: man spricht nicht mit jedem Menschen, nicht bei jeder Gelegenheit auf die gleiche Weise.

Daß Kommunikation die meisten sozialen Tatsachen konstituiert oder wenigstens prägt, ist eine Grundthese mehrerer einflußreicher soziologischer Schulen wie z. B. des sogenannten „symbolischen Interaktionismus", der soziologischen Systemtheorie u. a. und beruht auf dem *fundamentalen Zusammenhang zwischen* den Begriffen *„Kommunikation" und „Interaktion"*. Entweder wird Kommunikation als ein, und zwar der wichtigste, Fall von Interaktion aufgefaßt oder beide, Kommunikation und Interaktion, als einander wechselseitig bedingend.

Einer weit verbreiteten Konvention zufolge wird *Handeln* von *Verhalten* unterschieden derart, daß dem Handeln eine Absicht zugrundeliegt, dem Verhalten aber nicht. Handeln erfolgt also willentlich, bewußt oder, wie man auch sagt: intentional, Verhalten hingegen mechanisch. Ein anderes Unterscheidungsmerkmal läge darin, daß Handeln regelgeleitet ist. Während sich Verhalten angemessen mit ausschließlich naturwissenschaftlichen Kategorien beschreiben und erklären läßt, wäre dies im Fall von Handlungen nicht möglich. Gehandelt wird aus bestimmten subjektiven und/oder objektiven Gründen – Absichten, Maximen, Konventionen, Normen usw., ganz allgemein eben: Regeln. Beim Regelbefolgen aber kann man Fehler machen, während Naturgesetze prinzipiell keine Abweichungen zulassen. Handeln kann also fehlerhaft sein, Verhalten nicht.

Ein Spezialfall des Handelns generell ist das *soziale Handeln*, welches, in der klassischen Formulierung von Max Weber (1922), seinem „gemeinten Sinn nach auf das Verhalten anderer bezogen wird und daran in seinem Ablauf orientiert ist." Der Handelnde verfolgt also mit seinem Handeln nicht nur überhaupt Absichten, sondern nimmt mit seinen Absichten auf die bekannten oder angenommenen Absichten der anderen sowie auf deren Handeln bzw. Verhalten Bezug.

*Interaktion* bezeichnet das Geschehen zwischen mehreren solcherart sozial Handelnden, das dynamische Ergebnis dieser wechselseitigen Verschränkung aufeinander bezogener Handlungsverläufe. Kommunikative Prozesse sind meistens (aber nicht immer) Ineraktionen : ein Wort ergibt das andere, jede Äußerung (ob verbal oder nonverbal) läßt sich ihrer ganzen Bedeutung nach nur verstehen, wenn sie zugleich als eine Reaktion auf Äußerungen des anderen aufgefaßt wird und diese ihrerseits wieder als Reaktion und sofort – jede Aktion ist zugleich eine Reaktion und umgekehrt.

Interaktionen sind also kommunikative oder kommunikativ vermittelte zwischenmenschliche Vorgänge, an denen mindestens zwei, häufig jedoch mehr, Personen teilhaben. Im Falle mehrerer Personen ergeben sich *Kommunikationsnetze*, die sich als solche beschreiben, vermessen und nach diversen funktionalen und anderen Kriterien untersuchen lassen.

Kommunikationsnetze bilden immer wieder dieselben, charakteristischen Muster, die nach dem Vorbild der *Graphentheorie:* Ketten, Ringe, Bäume usw. genannt werden uns sich nach funktionalen Gesichtspunkten im Hinblick auf Zweck, Beziehungsstruktur, Handlungs- und Leistungsfähigkeit der Gruppe beurteilen lassen.

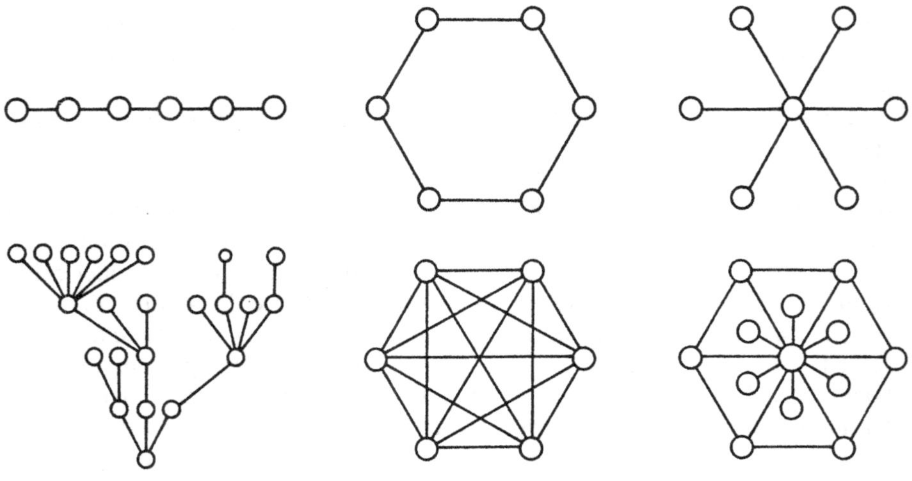

**Abb. 3**

Die Punkte in diesen Diagrammen werden *Knoten* genannt, sie stellen, je nachdem, Personen, Objekte, Maschinen, bestimmte Merkmale dar; die Linien im Diagramm nennt man *Kanten,* diese bilden jeweils bestimmte Beziehungen ab. Man kann Kommunikationsnetze aber auch in *Matrizen* darstellen, also die Elemente (Personen, Objekte etc.) in Reihen und Spalten anführen und das Bestehen oder Nichtbestehen einer Beziehung zwischen den Elementen als 0 oder 1 eintragen.

| | A | B | C |
|---|---|---|---|
| A | | 1 | 0 |
| B | 1 | | 0 |
| C | 1 | 0 | |

**Abb. 4**

Manchmal werden statt der binären Eintragungen andere numerische Werte, also Meßwerte, vorgezogen. Daraus ergibt sich freilich ein differenzierteres Abbild, man darf sich aber nicht täuschen lassen und sollte sich stets fragen, inwieweit derlei Meßwerte – und insbesondere ihre allfälligen rechnerischen Umformungen – tatsächlich quantitative Eigenschaften des Objektbereichs repräsentieren.

Auf dieser Basis läßt sich dann ermitteln, wer mit wem, wann, unter welchen Umständen und über welche Angelegenheiten spricht, wie Informationen an bestimmte Stellen gelangen: direkt, über Umwege, gefiltert, verzerrt, korrekt usw.

Kommunikative Inhalte legen in Kommunikationsnetzen bestimmte Wege zurück, manche Wege und Wegstrecken sind *formell* (geplant, offiziell vorgesehen), andere *informell* (nicht vorgeschriebene, aber eingefahrene Bahnen); manche Inhalte verbreiten sich diffus (Gerüchte, Intrigen), niemand kann genau sagen, woher sie gekommen sind, niemand kann ihre Verbreitung verhindern.

Man kann Kommunikationsnetze auch unter medialen Gesichtspunkten betrachten und feststellen, wer mit wem in welchen Angelegenheiten mündlich, schriftlich, telefonisch, via Bildschirm usw. kommuniziert und Effizienzüberlegungen anstellen, man kann die durchschnittliche Dauer der unterschiedlichen Kommunikationsprozesse feststellen, deren Kosten berechnen, sie mit funktionalen Äquivalenten vergleichen (was bringt es, wenn man statt . . .) usw.

## 2.3 Die Frage nach den Funktionen von Kommunikation

Diese Frage wird seit erst ein paar Jahrzehnten von der sogenannten *„Sprechakttheorie“* systematisch gestellt. Diese Theorie verdankt sich der (Wieder-)Entdeckung des Faktums, daß Sprache nicht nur verwendet wird, um anderen etwas mitzuteilen, sondern um vielerlei zu tun. Anders gesagt: Mitteilung ist nur eine von zahlreichen möglichen Sprechhandlungen, bzw. die Übermittlung von Informationen ist nur ein Aspekt dessen, was wir mit Sprache tun. Zum Beispiel: wenn wir etwas versprechen oder jemanden grüßen, dann teilen wir durch das Aussprechen des Grußes bzw. Versprechens nicht mit, daß sich im Augenblick etwas Derartiges wie ein Gruß oder ein Versprechen vollzieht, sondern die Äußerung ist mit der entsprechenden Handlung schlicht identisch.

Kommunikative Äußerungen werden in derartigen Untersuchungen also weder auf ihre *syntaktischen* Aspekte (auf ihre Wohlgeformtheit, ihre grammatische oder stilistische Korrektheit bzw. Richtigkeit) hin befragt, noch auf ihre *semantischen* (also unter welchen Bedingungen sie etwa wahr sind), sondern auf ihre *pragmatischen:* gefragt wird nach den Umständen und Bedingungen, unter denen Sprechhandlungen als das, was sie gemeint sind, gelingen oder mißlingen.

Daß im soeben erwähnten Sinn korrektes Reden nicht auch schon wirksam sein muß bzw. daß, ganz im Gegenteil, wirksames Reden im allgemeinen gerade nicht den Forderungen solcher Korrektheit oder Richtigkeit genügt, beweist nicht nur jede Transkription – diese Einsicht ist eines der fundamentalsten Lehrstücke der Rhetorik.

Die *Rhetorik* im weiteren Sinn einer weit verzweigten und reich ausdifferenzierten Wissenschaft und Kunst des „gut Redens“ kann mit gutem Recht als Urform der Kommunikationswissenschaft angesehen werden. Sie war bereits in der griechisch-römischen Antike hochentwickelt, erfuhr während des ganzen Mittelalters hindurch eine weitere Entfaltung und verlor erst im Zeitalter des Barock ihre bis dahin außerordentliche Bedeutung. Unter Rhetorik im engeren Sinne versteht man die (äußerst umfangreiche) Theorie und Kunst der auf praktische Wirkung oder Motivation bedachten Rede bzw. der Überredung. Wenn auch ein gewisses Maß an Talent für erforderlich gehalten wurde, um überdurchschnittliche Leistungen auf diesem Gebiet zu erbringen, galt die ‚ars bene dicendi', die Kunst gut zu reden, doch als grundsätzlich lehr- und lernbar. Zu lernen war die Theorie und Praxis des gekonnten Umgangs

- mit der *Sprache* (Stilistik, Systematik der rhetorischen „Figuren" usw.)
- mit der *Sache* (Erfassen und Einordnen des Problems, Finden und Formulieren der geeigneten Argumente, Dispositionslehre usw.)
- mit den *Hörern* (sozusagen psychologische Kenntnisse, wie Hörer zu gewinnen, zu belehren, zu erfreuen, zu bewegen sind)
- mit *sich selbst* (Probleme des Ausdrucks, der Haltung, Mimik, Gestik, Deklamationstechnik, Atemtechnik, Stimmbildung usw.).

Die Ausbildung in Rhetorik umschloß neben theoretischem Wissen und praktischer Übung auch die Entwicklung der ganzen Persönlichkeit in geistiger, seelischer und körperlicher Hinsicht. Grundsätzlich mit denselben Ansprüchen versehen, jedoch lang nicht so ausführlich entfaltet und so viel gelehrt war die *Dialektik* bzw. im ursprünglichen Sinn richtiger: die *Eristik,* die Theorie und Kunst des Streitens, Diskutierens, auch gegen Widerspruch Recht Behaltens. In noch erheblich stärkerem Maße gilt das für die Theorie und Kunst der auf ein angenehmes ‚Klima' menschlichen Umgangs bedachten Kommunikation, also des von Handlungszwängen entlasteten Redens, einander Mitteilens, Konversierens.

Seit einiger Zeit ist ein gewisses Wiedererwachen des wissenschaftlichen Interesses an der Rhetorik bzw. an mehreren ihrer Aspekte zu beobachten. Unter den durch Einsatz moderner wissenschaftlicher Mittel charakterisierten Neuansätzen wären insbesondere hervorzuheben:

- die *Wirkungsforschung,* also die vorwiegend experimental-psychologische Untersuchung von Einstellungsänderungen, insbesondere durch Einflüsse der Massenmedien,
- die *Verhandlungstheorie,* in der auf der Basis entscheidungs- bzw. spieltheoretischer Konzeptionen Verhandlungsabläufe analysiert werden,
- die *Kinesik,* die sich um die Entdeckung, Deutung und Systematisierung der Verhaltensmuster und physiologischen Vorgänge im Zusammenhang der nonverbalen Kommunikation bemüht, und
- die *Argumentationstheorie,* in der die Logik von Prozessen der Überzeugung und Verständigung zu explizieren versucht wird.

St. Toulmin (1958) hat ein paradigmatisches Modell der Argumentation entworfen, welches deutlich macht, daß das logische Fundament, das Behauptungen trägt, mehrere Ebenen hat. Jeder Einwand eines Opponenten steuert den Argumentationsverlauf in Richtung einer von zwei möglichen Achsen. Auf der horizontalen Achse bewegt sie sich weiter, wenn der Opponent von den bisherigen Erläuterungen deshalb (noch) nicht überzeugt ist, weil er sie für nicht ausreichend, für dem Umfang nach zu schwach hält, auf der vertikalen hingegen, wenn er sie für den anstehenden Zusammenhang als irrelevant erachtet. In diesem Fall hilft es nicht weiter, wenn zusätzliche Informationen oder Gründe (auf der gleichen Ebene) gegeben werden, der Opponent muß vielmehr zur Einsicht gebracht werden, was diese mit dem betreffenden Sachverhalt zu tun haben.

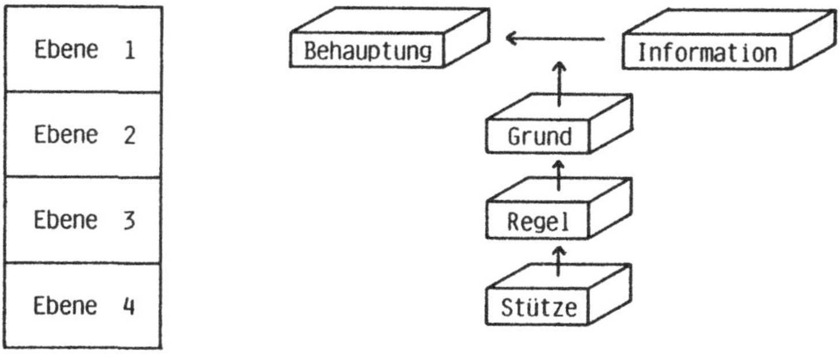


**Abb. 5**

Bemerkenswert ist, daß die jeweils tiefere Ebene nicht nur die Bandbreite festlegt, innerhalb der Informationen, Gründe usw. m. o. w. akzeptiert, sondern auch die Sprache, in der sie formuliert werden. Was das bedeutet, ist leicht einzusehen, wenn man Diskussionen zwischen Vertretern unterschiedlicher Weltanschauungen verfolgt (die im Schema angegebene Ebene 4 bezeichnet ungefähr so etwas wie weltanschauliche Standpunkte).

## 2.4 Die Frage nach dem interpersonalen Geschehen

Menschliche Kommunikation ist nicht allein ein physikalischer Vorgang, sondern ein außergewöhnlich komplexes Geschehen, in dem mentale Prozesse: wechselseitige Unterstellungen, Erwartungen, Annahmen, Deutungen, Vorurteile, Affektlagen u. v. a. m. eine insgesamt bei weitem noch nicht durchschaute Rolle spielen.

Die Forschungen unter diesem Blickwinkel sind insbesondere von einer Reihe von Psychiatern vorangetrieben worden, die, die Annahme endogener Ursachen gewisser Geisteskrankheiten (vor allem der Schizophrenie) verwerfend, bestimmte Kommunikationsmuster in den Familien der Patienten zu untersuchen begannen. Einer der wesentlichen Ausgangspunkte dieser Forschungen war die sogenannte *„Double-Bind-Hypothese"* G. Batesons (eine „Doppelbindung" liegt dann vor, wenn man zwei einander kontradiktorisch widersprechende Gebote zu erfüllen hat: eine ausweglose, im buchstäblichen Sinn krankmachende Situation). Wichtige Einsichten liegen auch im Werk R. D. Laings vor, am bekanntesten ist aber zweifellos die auf den berühmten fünf Axiomen aufbauende Theorie menschlicher Kommunikation von P. Watzlawick u. a. (1967) geworden:

*1. Axiom:* „Man kann nicht *nicht* kommunizieren".

Dies ist das – ein wenig mißverständlich, aber sichtlich eingängig formulierte – Grundaxiom. Es beruht auf den beiden Annahmen, daß man sich grundsätzlich nicht *nicht* verhalten kann und daß weiters in einer „zwischenpersönlichen Situation" jedes Verhalten kommunikativ ist.

Selbstverständlich kann man es unterlassen, ein Gespräch zu beginnen, ebenso wie man sich weigern kann, eine Antwort zu geben, wenn man nicht reden mag. Aber indem man in einer potentiellen Gesprächssituation nicht zu reden beginnt – und statt dessen auffallend interessiert den Fußboden, die Wand oder ein Bild betrachtet, aus dem Fenster schaut u. dgl. – teilt man eben mit, daß man nicht kommunizieren will; dasselbe gilt, in gewiß noch stärkerem Maße, für den Fall, daß man nicht antwortet.

Dieses Axiom bringt sozusagen die prinzipielle Unmöglichkeit zum Ausdruck, über ein interaktives Verhältnis allein verfügen zu wollen. Die Autoren lassen allerdings leider völlig ungeklärt, was genau unter solch einem interaktiven Verhältnis bzw. unter einer „zwischenpersönlichen Situation" zu verstehen ist, unter welchen Bedingungen und Umständen so etwas vorliegt und unter welchen nicht.

*2. Axiom:* „Jede Kommunikation hat einen Inhalts- und einen Beziehungsaspekt, derart, daß letzterer den ersten bestimmt und daher eine Metakommunikation ist".

Was immer man sagt, man muß es auf eine bestimmte Art und Weise sagen. Die Formulierungen, der Tonfall, die Mimik, Gestik, die Haltung usw., all dies signalisiert, was der Sprecher von seinem Gesprächspartner hält und folglich: wie er die Beziehung sieht.

In diesem Sinne kann man nach Maßgabe dessen, was gesagt wird einerseits, und wie es gesagt wird andererseits, den Inhalts- vom Beziehungspaket unterscheiden, und sofern die Art, wie etwas gesagt wird, häufig kundgibt, wie es gemeint ist, also was das Gesagte genau zu bedeuten hat, bestimmt der Beziehungsaspekt den Inhaltsaspekt.

Was der Kanal im physikalischen Kommunikationsmodell, ist die zwischenmenschliche Beziehung im sozialen (interaktiven) Modell. Weil diese Beziehung aber nicht nur Voraussetzung von Kommunikation ist, sondern auch selbst wiederum nur kommunikativ hergestellt, aufrechterhalten und modifiziert werden kann, ist menschliche Kommunikation stets Kommunikation und Metakommunikation zumal (Metakommunikation ist Kommunikation über Kommunikation).

*3. Axiom:* „Die Natur einer Beziehung ist durch die Interpunktion der Kommunikationsabläufe seitens der Partner bedingt".

Interpunktion ist das Setzen von Satzzeichen. In sprachlichen Zusammenhängen ist es vergleichsweise einfach festzustellen, wo Sätze und Satzteile beginnen und wo sie aufhören, erheblich schwieriger ist das schon bei Ereignissen und Episoden.

In diesem Axiom geht es um Kausalbeziehungen im Rahmen von Kommunikationsabläufen, d. h. von Interaktionen. Interaktionen sind aber dadurch charakterisiert, daß jede Aktion zugleich eine Reaktion ist und umgekehrt: A verhält sich so und so, weil sich B so und so verhalten hat.

Problematisch wird das im Fall von sogenannten „Schuldzuweisungen", wenn sich etwa A immer mehr abkapselt, weil B so mürrisch ist und zugleich B immer mürrischer wird, weil A sich so abkapselt. Aus diesem Teufelskreis gibt es nur ein Entkommen, wenn die Partner in der Lage sind, ihr Problem in expliziter Metakommunikation zu erkennen und zu lösen, und wenn zudem die Beziehung nicht schon – gegebenenfalls auch aus anderen Gründen – zu sehr belastet ist.

*4. Axiom:* „Menschliche Kommunikation bedient sich digitaler und analoger Modalitäten. Digitale Kommunikationen haben eine komplexe und vielseitige logische Syntax, aber eine auf dem Gebiet der Beziehungen unzulängliche Semantik. Analoge Kommunikationen dagegen besitzen dieses semantische Potential, ermangeln aber die für eindeutige Kommunikationen erforderliche logische Syntax".

Analoge Zeichen stehen in einer Ähnlichkeitsbeziehung zu dem von ihnen Bezeichneten, digitale Zeichen nicht. Nonverbale Ausdrucksformen sind in den meisten Fällen analog, verbale sind im großen und ganzen digital. Wenn wir „kurz" oder „lang" mit den Händen zeigen, dann halten wir diese einmal näher zusammen, einmal weiter auseinander (Analogie), die Wörter hingegen sind (zufälligerweise) gleich lang.

Während sich nun die verbale (=digitale) Kommunikationsweise hervorragend zur Übermittlung inhaltlich-sachlicher Zusammenhänge eignet, hinsichtlich der Mitteilung von Beziehungsaspekten jedoch ziemlich unzureichend ist, lassen sich mit Hilfe der nonverbalen (=analogen) Ausdrucksformen, wie jedermann weiß, kaum kompliziertere sachliche Zusammenhänge mitteilen, dafür bringen sie aber die affektiv-emotionale Befindlichkeit viel unmittelbarer und besser zur Geltung, als dies mit sprachlichen Mitteln je möglich wäre.

*5. Axiom:* „Zwischenmenschliche Kommunikationsabläufe sind entweder symmetrisch oder komplementär, je nachdem, ob die Beziehung zwischen den Partnern auf Gleichheit oder Unterschiedlichkeit beruht".

Eine Beziehung unter Gleichen involviert symmetrische Kommunikation, d. h. beiden Partnern stehen grundsätzlich die gleichen kommunikativen Möglichkeiten offen. Eine auf Unterschiedlichkeit beruhende Beziehung gründet in einem oder begründet ein Über- und Unterordnungsverhältnis (Eltern/Kind, Vorgesetzter/Untergebener o. ä.) und führt zu komplementärer Kommunikation, d. h. die Gesprächsrollenverteilung bzw. die Berechtigung, bestimmte Sprechakttypen zu äußern, ist einseitig: es darf z. B. nur einer etwas anordnen oder befehlen, nur einer Kritik üben, Fragen stellen usw.

## 2.5 Die Frage nach den Bedingungen zwischenmenschlicher Verständigung

Zu den interessantesten, reifsten und umfassendsten Kommunikationstheorien der Gegenwart zählt zweifellos die *„Theorie des kommunikativen Handelns“* von J. Habermas, und zwar ganz unabhängig davon, ob man ihm auch hinsichtlich der von ihm gezogenen politischen Konsequenzen folgen will oder nicht.

In der ursprünglichen Fassung seiner Kommunikationstheorie ging Habermas von der Sprechakttheorie (s. 2.3.) und der *Generativen Transformationsgrammatik* N. Chomskys aus. Mit dieser Grammatik versuchte Chomsky, die Fähigkeit *(„Kompetenz“)* eines idealen Sprechers logisch bzw. automatentheoretisch zu rekonstruieren, nämlich die Fähigkeit, aus einer begrenzten Anzahl von Sprachelementen eine im Prinzip unbegrenzte Anzahl wohlgeformter Sätze nach grammatischen Regeln generieren zu können. Von dieser Kompetenz unterschied Chomsky deren Anwendung unter empirischen Bedingungen, die den unterschiedlichsten, im einzelnen nicht vorhersehbaren Einflüssen unterliegt: die *„Performanz“*.

Im Gegensatz zu Chomsky ist Habermas der Überzeugung, daß auch noch ein Teil der Anwendung dieser Sprachkompetenz auf ein Regelsystem zurückgeführt werden könne. So entwarf Habermas eine „Theorie der kommunikativen Kompetenz“, die dasjenige abstrakte Regelsystem rekonstruiert, mit dessen Hilfe (auf der Basis von Chomskys Theorie grammatisch wohlgeformte, also korrekt gebildete) Sätze in soziale Äußerungen umgeformt werden. Chomsky fragt danach, wie wir Sätze hervorbringen, Habermas fragt, wie wir Gesprächssituationen herstellen können.

Dazu sei nun, Habermas zufolge, nicht nur die eigentümliche Doppelstruktur des Gesprächs, die Verschränkung von Kommunikation und Metakommunikation, von Inhalts- und Beziehungsaspekt (s. 2.4) unumgängliche Voraussetzung, sondern auch eine Reihe von *Idealisierungen.* Eine notwendige Bedingung dafür, in ein kommunikatives Verhältnis mit anderen überhaupt einzutreten, bestehe in der Überzeugung, daß es so etwas wie „wirkliche Verständigung“ gibt. Diese Überzeugung stütze sich ihrerseits auf die Unterstellung, daß allfällige Verständigungsschwierigkeiten durch einen, jederzeit möglichen, Wechsel der Kommunikationsebene behoben werden können. Diese gleichsam tiefer liegende Ebene, auf der eventuelle Unstimmigkeiten und Mißverständnisse ausdiskutiert werden können und sollen, nennt Habermas *„Diskurs“*. Wer immer sich auf einen Prozeß kommunikativen Handelns einläßt, so behauptet Habermas, erhebt unvermeidlich *vier verschiedene Geltungsansprüche* und unterstellt, daß auch sein Kommunikationspartner das tut. Diese vier Geltungsansprüche sind Habermas zufolge:

Verständlichkeit
Wahrheit
Richtigkeit
Wahrhaftigkeit.

Die Theorie behauptet nicht, daß alles, was in kommunikativen Zusammenhängen gesagt wird, wahr und richtig ist, verständlich und wahrhaftig geäußert wird, sondern vielmehr, daß eben dies in jedem konkreten Einzelfall vom Sprecher beansprucht und vom Hörer erwartet werden muß, wenn ein Kommunikationsprozeß zustandekommen soll.

Es leuchtet unmittelbar ein, daß man nicht beides zugleich wollen kann

- sich mit jemandem verständigen (ein Gespräch zu beginnen) und
- sich unverständlich ausdrücken (dies kann eine Strategie sein, einem Gespräch auszuweichen).

Eine faktisch unverständliche Äußerung wird unter normalen Bedingungen als mißglückter Verständigungsversuch aufgefaßt, eben als Fall eines zwar beanspruchten, aber nicht eingelösten Geltungsanspruchs auf Verständlichkeit. Die Vermutung beabsichtigter Unverständlichkeit würde hingegen zu einer Korrektur der Situationsinterpretation Anlaß geben: der andere will gar nicht kommunizieren.

Ähnlich verhält es sich mit dem Geltungsanspruch auf Wahrhaftigkeit: die Absicht, den Gesprächspartner in lügnerischer Weise zu täuschen, läßt sich nur auf der Basis realisieren, daß dieser die Wahrhaftigkeit des Sprechers als gegeben unterstellt. Wer gar nicht vorhat, wahrhaftig zu sein, will sich auch nicht wirklich verständigen und wer seinem Partner Wahrhaftigkeit nicht zutraut, kann es nicht. Habermas knüpft an diese Umstände die *Unterscheidung zwischen verständigungsorientiertem und stategischem kommunikativen Handeln:* bei ersterem unterstellen sich die Gesprächspartner dem Ziel echter Verständigung, bei zweiterem unterstellt mindestens einer der Partner das Gespräch seinen eigenen Interessen.

Während sich die Geltungsansprüche der Verständlichkeit und Wahrhaftigkeit im kommunikativen Prozeß selber bewähren müssen (was im Fall der Verständlichkeit augenblicklich, im Fall der Wahrhaftigkeit meist nur auf lange Sicht möglich ist), werden die Geltungsansprüche der Wahrheit und der Richtigkeit im Diskurs eingelöst oder einzulösen versucht. Da Wahrheit mit dem Inhaltsaspekt und Richtigkeit mit dem Beziehungsaspekt verknüpft wird, unterscheidet Habermas zwischen theoretischen und praktischen Diskursen. Was im Diskurs wiederhergestellt werden soll, ist die das Gespräch tragende Übereinstimmung, der (Hintergrund-)Konsensus.

Alles kommunikative Handeln beruht Habermas zufolge also auf einem vorgängigen *Konsensus,* auf einer zunächst immer schon „naiv" vorausgesetzten Übereinstimmung. Zerbricht diese, wird also zweifelhaft, ob das, was gesagt wird, wahr und/oder die Weise, wie es gesagt wird, richtig ist, dann muß die Berechtigung dieser Geltungsansprüche diskursiv geklärt werden — wurden sie zu Recht erhoben bzw. unterstellt oder nicht. Diese Klärung muß mindestens so weit vorangetrieben werden, bis das Ausmaß an fundamentaler Übereinstimmung wiederhergestellt ist, welches kommunikatives Handeln jeweils erst ermöglicht.

Mit dieser diskursiven Überprüfung, ob sich die Geltungsansprüche der Wahrheit und/oder Richtigkeit argumentativ einlösen lassen oder nicht, wird zugleich entschieden, ob der zunächst „naiv" vorausgesetzte Konsensus ein wahrer oder ein trügerischer Konsensus war.

Der Diskurs bezeichnet zwar eine andere Ebene kommunikativen Handelns, auf der eben argumentiert wird, um ein zerbrochenes Einverständnis wiederherzustellen, nichtsdestotrotz ist auch der Diskurs ein Kommunikationsprozeß. Wenn daher auch für ihn das bisher Gesagte gälte, dann kündigte sich ein unendlicher Regreß an. Zu diesem komme es aber nicht, meint Habermas, und zwar aufgrund einer weiteren Idealisierung, die er die *„ideale Sprechsituation"* nennt.

Eine ideale Sprechsituation würde aus strukturellen Gründen garantieren, daß ein unter ihren Bedingungen herbeigeführter Konsensus zwangsläufig ein wahrer Konsensus wäre. Zur Vorstellung einer idealen Sprechsituation könnte man z. B. gelangen, wenn man von einer realen Sprechsituation alle Faktoren abzieht, die zur Entstehung eines trügerischen Konsensus führen könnten. Das Ergebnis wäre eine (eventuell anstrebbare, grundsätzlich aber niemals realisierbare – eben eine) ideale Sprechsituation, in der z. B. alle Handlungszwänge außer Kraft gesetzt sein müßten, wenn es also etwa keinen Zeitdruck gäbe und daher alles wirklich bis zum Ende ausdiskutiert werden könnte; in der Bedingungen symmetrischer Kommunikation herrschten, also alle die gleiche Chance hätten, ihre Meinung zu sagen, zu fragen, zu argumentieren und ernstgenommen zu werden; in der alle erforderlichen Informationen und alle möglichen Argumente bekannt wären und allein die besseren Argumente zählten (und nicht etwa die schlagende Formulierung oder der Umstand, wer das Wort ergreift) usw.

In diesem System von Idealisierungen, insbesondere in der idealen Sprechsituation sieht Habermas zugleich den „Vorschein einer Lebensform", die er für erstrebenswert hält – worüber man nun freilich streiten kann. Insbesondere ist fraglich, wie weit ein zugestandenermaßen prinzipiell nicht realisierbarer Zweck die um seinetwillen propagierten Mittel heiligen bzw. rechtfertigen soll können. Aber das sind schon Fragen, die nicht mehr die Kommunikationstheorie als solche betreffen, sondern ihren möglichen Verwendungszusammenhang.

## 3 Kommunikation und Management

### 3.1 Ein einfaches Modell menschlicher Kommunikation

Aufgrund der in Kap. 1.1 erörterten Schwierigkeiten einer näheren Bestimmung des Kommunikationsbegriffs erübrigt es sich wohl, nun dennoch eine Definition von Kommunikation anzubieten. Eine bestimmte aus dem bereits vorliegenden Fundus auszuwählen, erschiene gewiß (selbst durch Angabe zahlreicher Gründe) im gleichen Maße beliebig, wie es müßig wäre, eine weitere – die (schon weit mehr als) hunderteinundsechzigste – zu konstruieren.

Mit Definitionen wird auf Eindeutigkeit und Exaktheit abgezielt. Ist Derartiges auf einem bestimmten Gebiet aber ganz offensichtlich nicht zu haben, dann ist es kaum vernünftig, etwas erzwingen zu wollen.

Ein einfaches Modell menschlicher Kommunikation dürfte zur Orientierung hinreichend sein und entgeht eher (wenn auch nicht sicher) der Gefahr von Verzerrungen. In einem solchen Modell kann man grob, wenn auch nicht immer trennscharf, fünf Teile unterscheiden:

1. die Kommunikationssituation,
2. die Kommunikationspartner,
3. die Beziehung zwischen den Kommunikationspartnern,
4. der Gegenstand der Kommunikation,
5. die Mittel der Kommunikation.

### 3.1.1 Die Kommunikationssituation

Die Kommunikationssituation ist ein außerordentlich komplexes, vielschichtiges und dementsprechend schwer faßbares Phänomen. Sie beeinflußt den Charakter und den Ablauf des Kommunikationsprozesses ebenso wie sie selbst durch diesen geprägt und immer wieder verändert wird (zwischen beiden besteht eine strikte Wechselwirkung).

Das kommunikative Geschehen wird von Anfang an m. o. w. von den Umständen bestimmt: wo, wann, in welcher Umgebung (sind andere anwesend und welche), aus welchem Anlaß und mit welcher Vorgeschichte der Kommunikationsprozeß abläuft. Handelt es sich um ein erstes oder ein Routine-Treffen, wurde es geplant oder ergab es sich ganz zufällig usw.

Weiters ist von Bedeutung, wer die Kommunikationspartner sind, welchen Geschlechts und wie alt sie sind, welches Ansehen, welchen Rang sie haben, welche Rolle sie spielen und spielen wollen, mit welchen Absichten sie sich auf dem Kommunikationsprozeß einstellen, welche Absichten sie den anderen unterstellen und wie sie die Situation ganz allgemein beurteilen.

Die Kommunikationssituation, die teils aus (intersubjektiv relativ leicht und problemlos feststellbaren) raum-zeitlichen Bestimmungen, größerenteils aber aus einem hochkomplizierten Gefüge von – auf die beteiligten Personen aufgeteilten und, wie die tägliche Erfahrung lehrt, zumeist nur partiell übereinstimmenden, häufig sogar im Widerspruch zueinander stehenden – Absichten, Meinungen, Strategien, Vermutungen, Unterstellungen usw. besteht, ist als solche ja nicht einfach gegeben, liegt ja nicht irgendwie definitiv vor.

Jeder der Beteiligten (einschließlich eines allfälligen wissenschaftlichen Beobachters) muß sich von der Situation „ein Bild machen" – soviele Beteiligte, soviele Bilder. Diese Bilder legen aber als Interpretationsrahmen nicht nur fest, welches Gewicht und welche Bedeutung die Einzelheiten der Situation für den Betreffenden haben, sie sind auch – aufgrund ihrer handlungsorientierenden Funktion für alle Beteiligten – selbst Teil der Situation.

### 3.1.2 Die Kommunikationspartner

Kommunikation bezeichnet einen Handlungszusammenhang, an dem mehrere (sprach- bzw. kommunikativ handlungsfähige) Personen, eben die Kommunikationspartner, beteiligt sind. Mitunter werden sie „Sprecher" und „Hörer", „Sender" und „Empfänger" u. dgl. genannt. Diese Ausdrücke sind gewiß griffig, zur Unterscheidung der jeweiligen Dialogrolle auch gut geeignet, aufgrund ihrer Konnotationen jedoch leicht irreführend und stets irgendwie einschränkend (es wird ja nicht nur sprechend und hörend kommuniziert; auch ist es für das Verständnis nicht unbedingt förderlich, die reich ausdifferenzierte Begrifflichkeit im Umkreis von: sagen, behaupten, meinen, fragen, antworten, versprechen, bitten usw. auf den Terminus „senden" zusammenschrumpfen zu lassen).

Ein Kommunikationsprozeß impliziert immer mindestens zwei Kommunikationspartner. Ein einzelner kann nur (und muß anfänglich) *versuchen*, einen Kommunikationsprozeß in Gang zu bringen; ob sein Versuch gelingt (vor allem: ob seine Initiative den von ihm gewünschten Erfolg hat), hängt jedoch nicht von ihm allein ab – zum Kommunizieren gehören mindestens zwei.

Unter welchen Bedingungen ein Kommunikationsversuch gelingt bzw. zum Scheitern verurteilt ist, läßt sich aufgrund der enormen Komplexität der dafür relevanten Umstände beim gegenwärtigen Stand unseres Wissens nicht systematisch beantworten. Man kann die Bedingungen aber ganz grob in zwei Gruppen einteilen:

- in die Gruppe der gewissermaßen unverfügbaren Bedingungen, die einfach vorliegen müssen, wenn Kommunikation zustandekommen soll, und
- in die Gruppe von Bedingungen, die von den Kommunikationspartnern selbst hergestellt, und zwar *durch kommunikatives Handeln selbst hergestellt* werden müssen. Z. B.: ein Kommunikationsprozeß kann nur unter der Bedingung zustandekommen, daß der jeweils gemeinte Adressat die Absicht des Kommunikators (zunächst etwa: überhaupt mit ihm in Verbindung treten zu wollen) versteht und akzeptiert.

Ein *Kommunikationsversuch* setzt als solcher nur einen Kommunikator voraus, also nur eine kommunikativ handelnde Person, weiters aber wenigstens einen weiteren, zumindest in der Vorstellung des Kommunikators existierenden, Kommunikanten bzw. jemanden, der vom Kommunikator für einen möglichen Kommunikationspartner gehalten wird.

Mit bezug auf einen bloßen Kommunikationsversuch ist es gleichgültig, ob dieser vermeintliche Kommunikationspartner seinerseits zur Kommunikation fähig ist oder nicht bzw. ob er präsent ist oder nicht. Kann oder will der gemeinte Adressat nicht kommunizieren, dann bleibt es eben beim Kommunikationsversuch, es kommt kein Kommunikationsprozeß zustande.

Bezüglich der raum-zeitlichen Gegenwärtigkeit der Partner lassen sich wieder einige Unterscheidungen treffen. Ein Gespräch von Angesicht zu Angesicht erfordert, im Gegensatz etwa zu brieflicher Kommunikation, sowohl die leibliche Anwesenheit der Kommunikationspartner als auch die – annähernde – Gleichzeitigkeit des Gedankenaustausches. Vielleicht das andere Extrem ist der kommunikative Prozeß zwischen dem Autor und den Lesern eines Buches, der auch noch unter der Bedingung stattfinden kann, daß der Autor längst gestorben ist (man denke insbesondere an die vor allem in älteren Büchern üblichen „Vorrede(n) an die Leser", die, im Sinne einer 'captatio benevolentiae' (einer rhetorischen Figur) immer noch den „geneigten" (!) Leser anzusprechen und solcherart in einen kommunikativen Prozeß hineinzuziehen vermögen).

Selbstverständlich kann ein Kommunikationsversuch auch von der anderen Seite her scheitern: wenn z. B. jemand etwas für eine kommunikative Initiative hält, das in Wahrheit keine ist, oder wenn jemand irrtümlich sich selbst für den Adressaten eines – jemandem anderen geltenden – Kommunikationsversuchs hält. Auch in solchen Fällen kommt – wenigstens zunächst – kein Kommunikationsprozeß zustande, obwohl eine Person zweifellos versucht hat, kommunikativ zu handeln, allerdings unter ungünstigen Bedingungen.

Ein Kommunikationsversuch ist nur dann ein Kommunikationsversuch, wenn der Kommunikator die Absicht hat, mit jemandem Kontakt aufzunehmen, sei es mit einer bestimmten oder mit einer beliebigen Person, sei es mit einer bestimmten Gruppe (wie etwa ein Vortragender) oder mit einer diffusen Allgemeinheit (wie etwa ein Rundfunksprecher).

Ein Problem besonderer Art stellt aus dieser Perspektive allerdings die sog. *„nonverbale Kommunikation"*, oft auch *„Körpersprache"* genannt, dar. Sie vollzieht sich nämlich zum größten Teil unterhalb der Bewußtseinsschwelle, sie wird relativ selten, und selbst da immer nur partiell, mit Absicht eingesetzt, sie wird im allgemeinen auch höchst selten auf rationalem Wege verstanden. Obwohl das Verständnis und die Sensibilität für diese Phänomene geschult werden kann, erfassen wir das, was der Gesichtsausdruck, die unterschiedlichen Körperhaltungen und -bewegungen usw. jeweils bedeuten, weitgehend intuitiv.

Wenn und soweit derlei Ausdrucksmittel nicht (schauspielerisch) gezielt hervorgebracht werden, können sie den verbalen (d. h. den absichtlich geäußerten) Mitteilungen sogar explizit widersprechen. Gleichwohl, oder vielmehr gerade deshalb, läßt sich kaum der Mitteilungscharakter nonverbaler Äußerungen leugnen. Es ist ohne Zweifel die Person, die solcherart etwas mitteilt, allerdings nicht mit ihrem bewußten, willentlichen Ich-Anteil, sondern eben mit ihren unbewußten, der Kontrolle des Bewußtseins nicht unterworfenen Persönlichkeitsanteilen.

Es sprechen also auf der einen Seite gute Gründe dafür, die leibexpressiven Phänemene für zwar informativ, aber nicht für kommunikativ zu halten, auf der anderen Seite scheint sich in ihnen doch eine Art verdrängter oder animalischer Absicht auszudrücken, wie man ja auch manchen (höherentwickelten) Tieren die Fähigkeit zu (irgendwie absichtlichem) kommunikativem Verhalten nur schwer abstreiten kann.

Als Kommunikationspartner kommt in einem weiten Sinn also alles in Frage, was in irgend einer, wenn auch rudimentären Form, Absichten haben kann. Daher kann Kommunikation – bis zu einem gewissen Grad! – auch stattfinden zwischen Menschen und (zumindest manchen) Tieren, zwischen Menschen und informationsverarbeitenden Maschinen, besonders dann, wenn diese so programmiert sind, daß ihnen Absichten unterstellt werden können (ob diese Unterstellung faktisch zu rechtfertigen ist oder nicht, spielt dabei gar keine Rolle; vgl. dazu Weizenbaums Programm Eliza, in Weizenbaum (1976)).

Auch eine Gruppe kann kommunizieren, aktiv (man denke an Sprechchöre, an gemeinsam verfaßte Schreiben usw.) und passiv, sogar eine diffuse Menge kann an rudimentären Kommunikationsprozessen teilhaben (Fußballstadion, Hörer- und Leserschaft eines Mediums etc.).

### 3.1.3 Die Beziehung zwischen den Kommunikationspartnern

Kommunikationsversuche haben zunächst den Zweck, mit einem Kommunikationspartner in Verbindung zu treten. Die erste (Teil-)Aufgabe besteht daher darin, eine kommunikative, d. i. eine soziale Beziehung zum jeweils intendierten Partner herzustellen. Die Art der Beziehung wird davon abhängig sein:

- Wer die Kommunikationspartner sind und in welchem sozialen und menschlichen Verhältnis sie zueinander stehen,
- um welchen Kommunikationstyp es sich handelt: um ein einfühlsames Gespräch unter vier Augen, eine Verhandlung, eine Diskussion, einen Vortrag, eine Rede oder um eine Demonstration mit Sprechchören usw.
- ob die Verbindung persönlich, schriftlich, telefonisch, durch Dritte oder auf eine andere Weise hergestellt wird,
- wie sich der Kommunikationsprozeß entwickelt; die Beziehung kann enger werden oder schlechter, sie kann qualitativ umschlagen: aus einer sachlichen, „geschäftlichen" Beziehung kann u. U. eine leidenschaftliche werden, eine gute kann gespannt werden, zerbrechen und überhaupt auseinandergehen.

Die kommunikative Beziehung kommt zustande und stabilisiert sich nur dann, wenn es beiden Partnern gelingt, sich aufeinander einzustellen, d. h.: sich dem anderen in der Wahl der Ausdrucksweise, des Sprachstils, der Gesprächsführung usw. bis zu einem gewissen Grad anzugleichen, eine möglichst weitgehende Übereinstimmung in der Interpretation der Beziehung und deren Rahmenbedingungen teils schon vorwegzunehmen, teils ständig korrigierend im Gleichgewicht zu halten.

Das sind unabdingbare Erfordernisse, die generell, wenn auch mit entsprechenden Modifikationen, für jeden Kommunikationsversuch oder -prozeß gelten: für den Redner genauso wie für sein Publikum, für den Autor eines Schriftstückes und dessen Leser, für alle Verhandlungs-, Diskussions- und Gesprächspartner.

Um sich auf den Partner angemessen einstellen zu können, muß sich der Kommunikator also bereits vor Beginn des Kommunikationsversuchs eine Vorstellung davon machen, wer der Partner ist oder sein soll, beziehungsweise, wenn er diesen schon entsprechend gut kennt, in welcher Stimmung, Verfassung, Laune er (im Augenblick) ist. Nicht zufällig ist eine der – freilich im allgemeinen zur hohlen Phrase herabgekommenen – Standardformeln für Gesprächseröffnungen: „Wie geht es Ihnen?" oder dergleichen.

Falls der Kommunikationsversuch erfolgreich war, muß sich der Kommunikator umgehend Klarheit darüber verschaffen, ob und inwieweit seine Vorstellungen und Vorwegnahmen zutreffend waren bzw. noch sind. Das gleiche gilt, mutatis mutandis, auch für den Kommunikationspartner, wenn und soweit er seinerseits an der Herstellung einer kommunikativen Beziehung interessiert ist und daher auf die Kommunikationsversuche des anderen angemessen zu reagieren versucht.

Mit dieser Reaktion, auf die nun der andere wieder reagiert usf., kommt ein Prozeß der Interaktion zustande, worunter man ein direktes, gegenseitiges und aufeinander bezogenes, eins aus dem anderen folgendes Einwirken mindestens zweier Personen versteht (aus der umfangreichen Literatur zu diesem Thema sei exemplarisch verwiesen auf Mead (1934), Goffman (1956) und (1967), Auwärter/Kirsch/Schröter (1976)).

Kommunikationsprozesse sind meistens Interaktionsprozesse, aber sie müssen es nicht sein; die Grenze ist jedoch fließend, man kann verschiedene Intensitätsgrade feststellen. Die Wechselrede, in der ein Wort das andere ergibt, Diskussionen, Verhandlungen, Plaudereien stehen am oberen Ende der Intensitätsskala, die Kommunikationsprozesse zwischen Autor und Leser, zwischen Nachrichtensprecher und Hörer am unteren. Ein Briefwechsel hat jedoch schon interaktive Züge, ebenso ein Vortrag vor Publikum (das ja ständig – im großen und ganzen nonverbal – reagiert, und jeder auch nur halbwegs passable Redner wird seinerseits auf dieses Feed-back – Blicke, Gesichtsausdruck, Gesten der Zustimmung, Unruhe usw. – umgehend reagieren). Umgekehrt können auch Zwei-Personen-Gespräche gegebenenfalls ein Minimum an interaktiver Intensität aufweisen, und zwar etwa dann, wenn der eine redet und redet und gar nicht merkt, daß der andere längst nicht mehr zuhört.

*Feed-back*, ein Ausdruck der aus der Kybernetik stammt, meint in kommunikationstheoretischen Zusammenhängen die Rückmeldung über die Wirkung, die der Kommunikator aufgrund seiner Persönlichkeit und mit seinem Verhalten beim Kommunikationspartner auslöst.

Bei jedem interaktiven Kommunikationsprozeß werden nämlich fortwährend Informationen darüber ausgetauscht,

- was der einzelne jeweils von seinem Kommunikationspartner hält,
- wie die Kommunikationspartner ihre Beziehung generell und im Augenblick sehen,
- welche Gefühle der Kommunikationspartner, der Gegenstand der Kommunikation und der Zustand der Beziehung in einem selbst auslöst.

Diese Rückmeldungen können weiters

- verbal oder nonverbal,
- direkt oder indirekt,
- absichtlich oder unabsichtlich,
- auf konstruktive (partnerschaftliche) oder destruktive Weise erfolgen.

Weil und soweit diese Informationen beiden Partnern die Kontrolle ermöglichen, ob bzw. in welchem Maße ihr kommunikatives Handeln tatsächlich den Effekt hat, den sie anstreben, sind sie integraler Bestandteil jedes interaktiven Kommunikationsprozesses und für dessen Entwicklung von entscheidender Bedeutung.

Aufgrund diverser (und meist diffuser) Ängste, z. B. das Ich-Ideal oder die Beziehung zu gefährden, werden Rückmeldungen jedoch im großen und ganzen nonverbal und indirekt, solcherart dann auch unabsichtlich, oder aber auf destruktive Weise (beleidigend, verletzend, Schuldgefühle provozierend usw.) gegeben bzw. abgewehrt, mißinterpretiert usw. Die Kommunikationspathologie hat reichhaltiges Material dazu sammeln können (vgl. etwa Watzlawick/Beavin/Jackson (1967)).

### 3.1.4 Der Gegenstand der Kommunikation

Gegenstand der Kommunikation ist das, worüber kommuniziert wird, manchmal sagt man auch: was übermittelt wird; in letzterem Fall muß man sich jedoch vor Mißverständnissen hüten. Vom Standpunkt der Informationstheorie her wird bezüglich der Frage, was in Kommunikationsprozessen übermittelt wird, im allgemeinen von den kleinsten unterscheidbaren Einheiten ausgegangen; in der Kommunikationstheorie neigt man eher zu Ganzheiten als Ausgangspunkt. Während dort also typischerweise von *Information*, von *Signalen*, *Zeichen* und dgl. die Rede ist, so hier, so hier von *Sinn* oder *Sinnzusammenhängen.* Information läßt sich messen (vgl. 3.1), Signale und Zeichen (diese Begriffe werden in den meisten Zusammenhängen völlig synonym gebraucht) lassen sich empirisch nachweisen – für Sinn gilt dies alles nicht.

Information ist eine Funktion der Wahrscheinlichkeit einer bestimmten Einheit oder eines Ereignisses: der Informationsgehalt verhält sich zur Wahrscheinlichkeit des Vorkommens dieser Einheit oder dieses Ereignisses umgekehrt proportional.

Sinn hingegen ist eine Funktion der Verständlichkeit, ist ein Organisationsprinzip bzw. ein unverzichtbares Mittel der Erlebnisverarbeitung. Information beruht auf der intersubjektiv ungleichen Verteilung, Sinn auf der intersubjektiv identischen Aktualisierbarkeit von Wissenszusammenhängen.

Genaugenommen wird also weder Information übertragen noch Sinn. Was übertragen wird, sind Signale: materielle oder energetische Zustände und Ereignisse, die Bedeutung haben (hätten sie keine Bedeutung, wären sie keine Signale, sondern eben nur Zustände oder Ereignisse).

Die *Unterscheidung von Sinn und Bedeutung* ist nicht einfach. Häufig wird sie (auch und gerade in der einschlägigen Fachliteratur) gar nicht gemacht. Manchmal wird Bedeutung synonym mit Information gebraucht; es heißt dann, daß eine Äußerung nur unter der Bedingung Bedeutung hat, daß sie durch den Kontext nicht vollständig bestimmt ist, daß es Alternativen zu ihr gäbe. Manchmal fällt Bedeutung mit Sinn zusammen, etwa dann, wenn die Bedeutung eines zuvor unverständlichen Wortes, Zeichens, Symbols, Verhaltens etc. erklärt wird.

In jeder Mitteilung lassen sich mehrere Ebenen und Bedeutungen unterscheiden, d. h. es gibt, genau genommen, niemals bloß einen einzigen Gegenstand der Kommunikation. Was auch immer mitgeteilt wird, es muß auf eine bestimmte Art und Weise mitgeteilt werden und diese Art und Weise hat ebenfalls Bedeutung: z. B. das Medium der Mitteilung (soweit es Wahlmöglichkeiten gibt), die Form, begleitende Arrangements usw. Unter Umständen kann bedeutsamer sein, wie etwas gesagt wird, als was gesagt wird.

Man kann also zwischen manifesten oder oberflächlichen und latenten Bedeutungen einer Mitteilung unterscheiden (insbes. in den Phasen der Anbahnung eines Kommunikationsprozesses, sehr deutlich aber auch in den Fällen von Ironie, Zynismus, Stänkereien usw.), zwischen Inhalt und Form oder – mit Watzlawick u. a. (s. 2.4.) zwischen Inhalts- und Beziehungsaspekt jeder Kommunikation. Man kann auch, auf der für die menschliche Kommunikation wichtigsten, der sprachlichen Ebene eine homologe Unterscheidung zwischen einem performativen und einem propositionalen Bestandteil von Sprechakten (s. 2.3) treffen (der performative Teil, der nur selten ausdrücklich verbalisiert wird, bestimmt die Bedeutung des Gesagten: ich behaupte, bezweifle, frage, verspreche Ihnen, bitte Sie etc., was man behauptet oder worum man bittet usw. ist der Inhalt des propositionalen Teils). In allen Fällen können sich Komplikationen daraus ergeben, daß Spannungen zwischen den Ebenen bzw. Bedeutungen entstehen.

Zu den notwendigen Voraussetzungen jedes Kommunikationsversuchs gehört eine gewisse, mehr oder weniger deutliche bzw. ausgearbeitete, Vorstellung über den Gegenstand der Kommunikation oder das Thema. Dieser Gegenstand kann in den meisten Fällen nur durch eine sukzessive Abfolge von Sinnelementen vermittelt werden. D. h. Gegenstand der Kommunikation ist in der Regel nicht ein Gedanke, sondern eine bestimmte Abfolge von Gedanken, ein Gedankengang.

In einseitigen Kommunikationsvorgängen hängt die Wahl und die Gestaltung des Gedankenganges allein vom Kommunikator ab. Da er in diesem Fall mit einem Feed-back nicht bzw. erst post festum rechnen kann, muß er den Aufbau des Gedankenganges sorgfältiger planen und gewisse Stilmittel anwenden, damit sein Kommunikationsversuch nicht etwa schon daran scheitert, daß er keine Aufmerksamkeit findet.

Anders ist es bei interaktiven Kommunikationsprozessen, die zwar ständige Korrekturen aufgrund von Rückmeldungen erlauben, sie aber in dem Maße, in dem sie interaktiv sind, den Ablauf des Kommunikationsgeschehens unvorhersehbar machen: die Beteiligten haben in aller Regel nicht übereinstimmende Vorstellungen über den Inhalt (auf den verschiedenen Ebenen) und die Entwicklung des Gesprächs. Das Thema wird, auf eine meist nicht ausdrücklich gemachte Weise, erst ausgehandelt und dieses Aushandeln bestimmt ganz wesentlich den Gesprächsverlauf.

### 3.1.5 Die Mittel der Kommunikation

Kommunikation als beabsichtigte Übermittlung von Sinnzusammenhängen bedarf auch eines Vermittelnden, eines Mediums, das verschiedene Zustände annehmen kann, und zwar mindestens zwei, meistens sind es jedoch erheblich mehr: an die 25 und darüber – man denke an die Phoneme, Schriftzeichen usw.

Das Medium und seine Zustände sind stets physikalisch nachweisbar und der Hauptsache nach Gegenstand der Informationstheorie. Allerdings haben diese Zustände, sofern und soweit sie eine kommunikative Funktion haben, immer auch eine bestimmte Bedeutung. Was sie jeweils bedeuten, muß (sei es natürlich, sei es konventionell) geregelt und den Kommunikationspartnern hinreichend bekannt oder wenigstens erschließbar sein.

Im Falle menschlicher Kommunikation werden diese Zustände zuerst und zuletzt immer

- durch ein *bestimmtes Handeln oder Verhalten* des Kommunikators erzeugt, und zwar entweder mit Hilfe der Stimme oder mit Hilfe von Handbewegungen, Körperbewegungen oder -zuständen (darunter fällt Schreiben, sei es in Handschrift, sei es auf einer Tastatur, ebenso wie die diversen nonverbalen Ausdrucksformen: Gebärden, Gesten, Haltungen, Mimik usw.)
- durch *sinnliche Wahrnehmung* erfaßt (zumeist also gesehen und/oder gehört, kommunikative Wahrnehmungen sind aber grundsätzlich mit allen Sinnesorganen möglich, freilich eher selten und von untergeordneter Bedeutung).

Auf der Basis dieser Feststellung lassen sich nun verschiedene *Ebenen der Erscheinungsform* kommunikativer Mittel unterscheiden. Unter der *primären Erscheinungsform* des Kommunikations-Mediums versteht man die ursprüngliche Form einer Äußerung. Diese ursprüngliche Form läßt sich – mit mehr oder weniger großen Verlusten – auch in eine sekundäre und weiterhin in eine jeweils noch höherstufige Erscheinungsform transformieren (und gegebenenfalls rücktransformieren).

Im Hinblick auf die menschliche Kommunikation lassen sich *zwei ursprüngliche Erscheinungsformen* unterscheiden, und zwar

- die („natürliche") nonverbale Ausdrucksweise und
- die gesprochene Sprache.

Diese beiden Erscheinungsformen lassen sich deshalb als gleich-ursprünglich (und das ist nicht dasselbe wie: unter evolutionärem Gesichtspunkt gleich alt!) charakterisieren, weil sie nicht ohne Verlust aufeinander zurückführbar sind.

- *Nonverbale* Äußerungen oder Signale lassen sich niemals vollständig oder adäquat in gesprochene Sprache übersetzen. Deshalb ziehen wir in besonderen Fällen ein persönliches Gespräch von Angesicht zu Angesicht allen anderen Kommunikationsformen, durchaus auch einem Telefonat, ganz bewußt vor.

Auf der anderen Seite hat die von Psychologen oft und aus guten Gründen empfohlene Verbalisierung von Gefühlen nicht etwa den Sinn, diese besser, umfassender oder angemessener zum Ausdruck, sondern sie besser unter rationale Kontrolle zu bringen.

- Daß sich das meiste von dem, worüber wir sprachlich zu kommunizieren pflegen, nicht einmal annähernd, geschweige denn einwandfrei, nonverbal ausdrükken läßt, liegt auf der Hand (wobei unter nonverbalem Ausdruck die zumeist ohne ausdrückliche Einschaltung des Bewußtseins operierende Leibexpressivität zu verstehen ist und nicht etwa sekundäre Systeme, zu denen z. B. auch die sogenannte „Taubstummensprache" gehört).

Die (früher häufiger vertretene) Meinung, daß der Ursprung aller Äußerungen eigentlich in den Gedanken zu finden sei, die dann ihrerseits erst entsprechend codiert, also in sprachliche Form transformiert werden müßten, ist mindestens irreführend, meistens aber (nämlich ohne allzuviele subtile Zusatzbemerkungen) schlicht und einfach falsch. Menschliches Denken (im engeren Sinne – also Gefühlslagen, Simmungen usw. nicht eingeschlossen) ist als solches nämlich immer schon sprachlich. Denken ist also eher als verinnerlichtes Sprechen aufzufassen denn Sprechen als ‚übersetztes' Denken.

Die *Schrift* ist die – jedenfalls in kultureller Hinsicht – zweifellos wichtigste sekundäre Erscheinungsform unter den Mitteln der menschlichen Kommunikation. Sie gegenüber der gesprochenen Sprache für sekundär zu halten, ist auf den ersten Blick vielleicht nicht ganz einleuchtend, aber aus mehreren Gründen zu rechtfertigen. So läßt sich z. B. alles, was sich schriftlich ausdrücken läßt, auch aussprechen (offenbar mit Gewinn, wenn man die Beliebtheit etwa von Dichterlesungen als Indiz dafür gelten lassen will), wohingegen der ganze Reichtum des im Gespräch, des in der „lebendigen" Rede Übermittelten, nie vollständig in eine schriftliche Form hinübergebracht werden kann.

Weiters ist bekannt, daß es zwar (immer noch) schriftlose, keineswegs aber sprachlose menschliche Kulturen gibt; es ist nicht ein Fall bekannt, daß ein Volk jemals eine Schrift ausgebildet hätte, ohne zuvor schon eine Sprache gesprochen zu haben.

Die Schrift ist, nach allem, was wir wissen, noch nicht sehr alt, nämlich maximal fünf- bis sechstausend Jahre (wie lange schon gesprochen wird, läßt sich naturgemäß kaum mit einiger Sicherheit eruieren), wo immer sie jedoch eingeführt wurde (und typischerweise nur dort), haben sich Hochkulturen entwickelt.

Es ist nicht von der Hand zu weisen, daß der Sprache durch ihre Verschriftlichung neue Qualitäten und Entwicklungstendenzen zuwachsen. Die Schrift geht nicht darin auf, bloß graphische Transformation der gesprochenen Sprache zu sein. Das Niedergeschriebene hat seine eigene Objektivität, entwickelt mitunter eine Eigendynamik, über die der Schreiber selbst kaum je Kontrolle auszuüben vermag.

Dies gründet wenigstens zum Teil auch in der Autonomie der Leser, die während ihrer Lektüre vom Autor nicht mehr zu beeinflussen sind (außer durch die im Text schon angelegten Mittel selbst), die die Lektüre jederzeit unterbrechen und nach Belieben wiederholen, die den Text beiseitelegen und selbst nachdenken können usw. Dieses Ausmaß von Unabhängigkeit kann ein Hörer in einem kommunikativen Prozeß niemals erreichen (von dem Grenzfall des Abhörens eines Tonbandes einmal abgesehen).

Wer schreibt, verleiht dem seinem Ursprung nach flüchtigen Ereignis einer kommuniktiven Handlung Dauer und eine vergleichsweise Unwiderruflichkeit: der Schreiber legt das, was er zum Ausdruck bringen will, durch die schriftliche Form ebenso fest wie sich selbst; daher überlegt man genau, was man sagt, aber man überlegt doppelt, was man schreibt.

Gewiß enthält auch Geschriebenes ihm *wesenseigene metakommunikative Elemente.* So sagt z. B. die *Handschrift* eines Menschen so viel über ihn selbst aus, daß Lebensläufe meistens handschriftlich einzureichen sind und eine eigene Wissenschaftsdisziplin, die Graphologie, sich zur methodisch gesicherten Deutung der Handschrift entwickelt hat.

Meistens durchaus beabsichtigte Bedeutung hat auch die Qualität des verwendeten Papiers, auf dem man schreibt, ebenso wie die Wahl der Schrifttypen im gedruckten oder maschingeschriebenen Text (nicht zufällig gibt es daher ein relativ breites Angebot an unterschiedlichen Typenrädern, Kugelköpfen usw.).

Nicht zu vergessen sind auch die schriftlichen Gestaltungs- und Stilmittel – all diese Merkmale beeinflussen den Leser, sagen ihm mehr oder weniger deutlich, wie der Text, wie einzelne Passagen oder Worte zu verstehen sind.

Die weiteren *höherstufigen Erscheinungsformen* kommunikativer Medien sind im allgemeinen dadurch charakterisiert, daß sie nicht unmittelbar durch Menschen hervorgebracht und wahrgenommen werden können; es handelt sich um die in nachrichtentechnischen Systemen Verwendung findenden Stromstöße, bestimmt modulierten elektromagentischen Wellen usw. Diese nachrichtentechnischen Systeme verfügen daher über Mensch-Maschine-Schnittstellen, in denen entsprechende Umformungsprozesse stattfinden: Transmitter, Decoder etc.

Demgemäß sind zwei grundsätzlich zu unterscheidende Typen von Kommunikationsproblemen auseinanderzuhalten:

- das Problem der menschlichen Kommunikation als solcher und
- das Problem der Übertragung kommunikativer Prozesse mit technischen Mitteln (das seinerseits ein Spezialfall des allgemeineren Problems der Signalübertragung ist, zu welch letzterer auch Bild-, Ton-, Datenübertragung usw. gehören).

Sichtlich korrespondiert diese Unterscheidung mit der zwischen Informations- und Kommunikationstheorie (s. 1.2).

Folglich ist es eine charakteristisch informationstheoretische Aussage, daß die Kommunikationspartner (in diesem Fall meist „Sender“ und „Empfänger“ genannt) über einen gemeinsamen Zeichenvorrat bzw. Code verfügen müssen in dem Sinn, daß von vornherein genau festgelegt ist, was die einzelnen Zeichen bedeuten. Diese Aussage trifft nämlich nur dann zu, wenn Kommunikation als Zeichen- oder Signalübertragung aufgefaßt wird.

Aus kommunikationstheoretischem Blickwinkel werden jedoch Sinnzusammenhänge übermittelt, von deren Elementen gerade nicht gesagt werden könnte, daß ihre Bedeutung im vorhinein festgelegt wäre; wie diese zu verstehen sind, was sie im Einzelfall genau bedeuten, ergibt sich nämlich immer erst aus dem Kontext, dem kommunikativ hergestellten Zusammenhang.

Zum Beispiel: Um einen in einer fremden Sprache mit fremder Schrift verfaßten Text verstehen zu können, muß man zunächst einmal die Schrift lesen können (gemeinsamer Zeichenvorrat). Dies garantiert jedoch noch keineswegs das Verständnis des Textes. Im allgemeinen gilt dies selbst dann, wenn man den Text mit Hilfe eines Wörterbuches Wort für Wort zu übersetzen versucht – wenn man also die Wörter als Zeichenvorrat auffaßt. Was die Wörter jeweils bedeuten, ergibt sich aus dem Zusammenhang, ein Verständnis des Zusammenhanges ist aber nur möglich auf der Basis des Verständnisses der einzelnen Wörter: diese eigentümliche Kreisbewegung, die allem Verstehen von Sinnzusammenhängen eignet, heißt *„hermeneutischer Zirkel"*.

## 3.2 Betriebliche (rechnergestützte) Informations- und Kommunikationssysteme

Unter einem betrieblichen Informations- und Kommunikationssystem ist zu verstehen:

ein auf die funktionalen Erfordernisse des Betriebes abgestimmter Zusammenhang von Menschen und Maschinen („Mensch-Maschine-System"), in dem Informationen (in zunehmendem Maße) rechnerunterstützt

- erfaßt
- transformiert
- gespeichert
- übertragen

werden.

Die moderne, auf Mikroelektronik beruhende, *Informations- und Kommunikationstechnologie* ermöglicht es,

1. Information in Gestalt von
   Daten
   Text
   Graphik
   Bild (Video)
   Ton
   zu erfassen und (an nahezu jedem beliebigen Ort) darzustellen;
2. immer mehr an Maschinen-(Rechner-)Leistung direkt am Arbeitsplatz anzubieten (es wird angenommen, daß im Jahr 2000 jeder zweite Arbeitsplatz ein „Bildschirmarbeitsplatz" sein wird);
3. immer größere Einheiten in das System zu integrieren. So ist etwa insbesondere aufgrund der Digitalisierung der Kommunikationstechnik (das herkömmliche Telefon arbeitet ja bekanntlich analog!) und der Erstellung breitbandiger (in-house und öffentlicher) Netze die Integration des Informations- mit

dem Kommunikationssystem möglich geworden. Mit einer noch erheblich weiter gehenden Integration ist in den – schon zum Schlagwort gewordenen – „Büros" bzw. „Fabriken der Zukunft" zu erwarten; an entsprechenden Subsystemen unterscheidet man gegenwärtig unter anderem:

CAE – computer aided engineering – Produktentwurf,
CAD – computer aided design – Konstruktion,
CAP – computer aided planning – Arbeitsplanung,
CAM – computer aided manufacturing – Fertigungssteuerung,
CAQ – computer aided quality assurance – Qualitätssicherung,
CIM – computer integrated manufacturing – integrierte Fertigung.

Abgesehen von diesen Entwicklungen zeigt die Informations- und Kommunikationstechnologie eine deutliche Tendenz zur stetigen Verbesserung des Preis-/Leistungsverhältnisses und der Benutzerfreundlichkeit, worin im übrigen zweifellos weitere Ursachen ihrer geradezu explosionsartigen Verbreitung zu sehen sind.

Die innerbetrieblichen bzw. *wirtschaftlichen Vorteile* der rechnergestützten Systeme liegen auf der Hand:

- Führungs- und Fachkräften können enorme Entscheidungshilfen geboten werden durch die Möglichkeit direkten Zugriffs auf eine breite und topaktuelle Informationsbasis, durch Expertensysteme, Präsentationsgraphiken usw.
- der langsame, aufwendige und fehleranfällige Informationsfluß einschließlich Texterstellung und Ablage kann im ‚papierlosen' (oder wenigstens ‚papierarmen') Büro durch elektronische Post, Textgestaltung und Speicherung ersetzt werden,
- die enorme Geschwindigkeit, mögliche Kompliziertheit und Menge der Informationsverarbeitung führt zu einer generellen Verkürzung der Produktentwicklungs-, Herstellungs-, Durchlauf- und Lieferzeiten, zu einer Erhöhung der Flexibilität, der Transparenz des gesamtbetrieblichen Geschehens in Produktion und Verwaltung, der Kapazitätsauslastung und der Produktqualität, zu einer Senkung der Belastung und Kosten usw.

Betriebliche Informations- und Kommunikationssysteme sind heutzutage *Mensch-Maschine-Systeme,* die Implementierung der neuen Technologie erfordert daher eine Reihe wohlüberlegter flankierender Maßnahmen, wenn das System nicht aus dem Gleichgewicht geraten soll. Von diesen Maßnahmen soll u. a. im nächsten, dem letzten, Kapitel die Rede sein.

## 3.3 Kommunikation und Management

Unter *„Management"* versteht man, auf die kürzeste Form gebracht, die Leitung eines Betriebes bzw. eines bestimmtes Teilbereichs eines Unternehmens.

„To manage", in dem lat. „manus", die „Hand" steckt, heißt: handeln, zuwege-, zustandebringen, führen, leiten. Eine ihrem Gegenstand angemessene Managementtheorie muß daher, wie im übrigen auch die Theorie menschlicher Kommunikation, eine *spezielle Handlungstheorie* sein.

Empirische Untersuchungen der Aktivitäten von Führungskräften durch H. Mintzberg (1973) und andere Forscher haben deutlich gemacht, daß sich nahezu das gesamte Handlungsspektrum von Führungskräften als kommunikatives Handeln im weiteren Sinn verstehen läßt, der Hauptanteil jedoch eindeutig aus Kommunikation im engeren Sinn des Wortes besteht.

Insgesamt beschäftigen sich Manager im Durchschnitt weniger als ein Fünftel ihrer Arbeitszeit *allein* mit irgendwelchen Aufgaben oder Problemen, äußerst selten haben sie eine halbe Stunde oder mehr Zeit, um etwas ungestört erledigen zu können. Und Störung heißt in diesem Fall nichts anderes als: mit jemandem reden oder telefonieren zu müssen.

Die Untersuchungen haben auch ergeben, daß selbst solche Aufgaben wie Zielfestsetzung, Planung, Problemanalyse, Entscheidungsfindung usw. zum überwiegenden Teil nicht – wie nämlich ursprünglich vielfach angenommen wurde und fallweise immer noch empfohlen wird – in kontemplativer Zurückgezogenheit, sondern bewußt im Rahmen kommunikativer Prozesse abgewickelt werden.

Mindestens die Hälfte ihrer Arbeitszeit, in der Regel aber erheblich mehr, nämlich an die 80 %, verbringen vor allem höherrangige Manager damit, daß sie *zu*, insbesondere aber, daß sie *mit anderen reden*: sei es in Konferenzen, Sitzungen oder irgendwelchen Meetings, sei es bei öffentlichen Veranstaltungen, Verhandlungen, Beratungen, Besprechungen oder Diskussionen, sei es um Informationen auszutauschen, um Anweisungen, Hinweise oder Empfehlungen zu geben und was es dergleichen noch mehr gibt.

Vor diesem Hintergrund drängt sich ein differenzierteres Bild der betrieblichen Kommunikationsstruktur auf: es ist offenbar notwendig und sinnvoll zwischen

- dem *Informationsbedarf* und
- dem *Kommunikationsbedarf*

eines Unternehmens zu unterscheiden.

Die Deckung des Informationsbedarfs ist Aufgabe des betrieblichen Informations- und Kommunikationssystems, das unter heutigen Bedingungen als (rechnergestütztes) Mensch-Maschine-System (s. 3.2) aufgefaßt werden muß. Die Technologie ist also nur der eine Teil des Systems, – jede Veränderung des einen Teils hat aber unweigerlich Folgen für den anderen, u. d. h. für die Mitarbeiter, die davon entweder unmittelbar (weil sie mit den technischen Einrichtungen, etwa an einem Bildschirm, arbeiten) oder mittelbar betroffen sind.

Die Implementierung der modernen Informations- und Kommunikationstechnologien ist ein schwerwiegender und daher auch heikler Eingriff in die gesamte Unternehmensstruktur. Die Einführung dieser Technologie eröffnet nämlich auf der einen Seite ein unverzichtbares Potential zur Steigerung der betrieblichen Effizienz und Konkurrenzfähigkeit, auf der anderen Seite ruft sie ober oft gerade deshalb, eine Fülle berechtigter und unberechtigter Ängste hervor, so z. B. die vor einer Zunahme des Leistungs- und innerbetrieblichen Konkurrenzdrucks, insbesondere aber vor einer Intensivierung und Ausweitung der Überwachung.

Weiters hat die Einführung neuer Technologie tiefgehende Auswirkungen auf die Organisation der Arbeit und der Arbeitsabläufe im Betrieb, auf die Betriebs-

und Personalstruktur, auf die Ansprüche an die Qualifikation der Mitarbeiter usw. Mit einer Erhöhung der Streßbelastung ist im allgemeinen ebenso zu rechnen wie mit der Notwendigkeit einer intensiveren Mitverantwortung der Belegschaft, mit einer flexibleren Anpassung der Arbeitsabläufe an die Bedürfnisse der Mitarbeiter wie an die Abflachung der Organisationspyramide usw.

Mit Blick auf die *Organisationsentwicklung* ergeben sich also die strategischen Forderungen einer verstärkten

- Integration humaner Ziele in die Unternehmensphilosophie und -politik (neben den betriebswirtschaftlichen und funktionalen Zielen),
- Berücksichtigung der Meinungen, Einstellungen und Bedürfnislagen der Mitarbeiter,
- Einbeziehung der Mitarbeiter in die Gestaltungsprozesse,
- Einebnung bzw. Reduktion der hierarchischen Strukturen,
- Schaffung überschaubarer Organisationseinheiten,
- Ausübung des partizipativen Führungsstils usw.

Von den vordergründigen Gefahren und Chancen der modernen Hochtechnologie ist viel gesprochen worden und diesbezüglich wird sich aller Voraussicht nach so bald nicht viel ändern. Gerade deshalb aber liegen die konkreten Gefahren wahrscheinlich gar nicht dort (dazu ist das allgemeine Problembewußtsein nämlich viel zu sehr geschärft), sondern gewissermaßen an den Nebenfronten: So garantiert etwa die Installierung eines Kommunikationsnetzes, in dem jeder mit jedem über leistungsstarke Kanäle ständig verbunden ist, noch lange nicht, daß die Kommunikation zwischen den Mitarbeitern – in horizontaler wie in vertikaler Richtung – auch tatsächlich funktioniert.

Gerade unter den für moderne Arbeitsplätze charakteristischen Bedingungen mit ihren hohen Anforderungen an Konzentration, geistiger Beweglichkeit usw. und den daraus resultierenden nervlichen Belastungen (Streß) erscheint die Pflege einer bedürfnisgerechten Kommunikationskultur und einer möglichst aufgelockerten Atmosphäre nicht nur als Gebot der psychischen Hygiene aller Mitarbeiter (und damit der Humanisierung der Arbeit), sondern auch eines der Produktivität im Sinne der (mit Recht) zu erwartenden Leistungen.

Die Bereitstellung von Kommunikationsräumen (nicht: Sitzungszimmern!), die den Angestellten Gelegenheit zu informellen Gesprächen, zu Gedanken- und Meinungsaustausch in angenehmer Umgebung bieten, wann immer sie das brauchen, macht sich im Hinblick auf solche Faktoren wie Betriebsklima, Unternehmenskultur, Leistungsmotivation, wie die Erfahrungen zeigen, rasch bezahlt.

Ähnliches gilt für die Kommunikation in vertikaler Richtung. Führungskräfte sind oft in erstaunlichem Ausmaß isoliert von den real ablaufenden Vorgängen im Betrieb; der ihnen bekannte Anteil des Gesamtgeschehens gleicht der sprichwörtlichen Spitze des Eisberges. Wenn Vorgesetzte durch die Abteilungen gehen, wird ihre Anwesenheit häufig als Inspektion aufgefaßt, die Mitarbeiter verstummen und sagen nur das, von dem sie glauben, daß zu sagen von ihnen erwartet wird: Sprechblasen, Klischees. Ein Meinungsaustausch zwischen Vorgesetzten und Untergebenen ist auf dieser Basis unmöglich.

Offene Türen in den Büros, der Chefs wie der Mitarbeiter, und zwar im symbolischen Sinn ebenso wie im buchstäblichen, sind meistens die sichersten Indizien dafür, daß die Kommunikation in einem Unternehmen stimmt.

## Literatur

Arbeitsgruppe Bielefelder Soziologen (Hrsg) (1973) Alltagswissen, Interaktion und gesellschaftliche Wirklichkeit. 2 Bände. Reinbek bei Hamburg
Argyle M (1975) Körpersprache und Kommunikation. Paderborn 1979
Ashby W R (1964) Einführung in die Kybernetik. Frankfurt 1974
Auwärter M, Kirsch E, Schröter M (Hrsg) (1976) Kommunikation, Interaktion, Identität. Frankfurt
Bammé A, Feuerstein G, Genth R, Holling E, Kahle R, Kempin P (1983) Maschinen-Menschen, Mensch-Maschinen. Grundrisse einer sozialen Beziehung. Reinbek bei Hamburg
Bell D (1973) Die nachindustrielle Gesellschaft. Reinbek bei Hamburg 1979
Bernstein B (1971) Studien zur sprachlichen Sozialisation. Frankfurt, Berlin, Wien 1981
Burkart R (1983) Kommunikationswissenschaft. Grundlagen und Problemfelder. Umrisse einer interdisziplinären Sozialwissenschaft. Wien, Köln
Cherrry C (1957) Kommunikationsforschung – eine neue Wissenschaft. Frankfurt 1963
Churchman C W (1968) Systemanalyse. München 1974
Etzioni A (1964) Soziologie der Organisation. München 1967
Flechtner H-J (1970) Grundbegriffe der Kybernetik. Eine Einführung. München 1984
Friedrichs G, Schaff A (Hrsg) (1982) Auf Gedeih und Verderb. Mikroelektronik und Gesellschaft. Bericht an den Club of Rome. Reinbek bei Hamburg 1984
Gordon T (1977) Manager-Konferenz. Effektives Führungstraining. Reinbek bei Hamburg 1982
Habermas J (1981) Theorie des kommunikativen Handelns. 2 Bände. Frankfurt
Habermas J (1984) Vorstudien und Ergänzungen zur Theorie des kommunikativen Handelns. Frankfurt
Habermas J, Luhmann N (1971) Theorie der Gesellschaft oder Sozialtechnologie – Was leistet die Systemforschung? Frankfurt
Hartley R V L (1928) Transmission of Information. Bell System Technical Journal 7
Lenk K (Hrsg) (1977 - 1984) Handlungstheorien – interdisziplinär. 4 Bände. München
Luhmann N (1968) Zweckbegriff und Systemrationalität. Über die Funktion von Zwecken in sozialen Systemen. Frankfurt 1977
Luhmann N (1970 - 1981) Soziologische Aufklärung. 3 Bände. Wiesbaden
Maccoby M (1976) Die neuen Chefs. Reinbek bei Hamburg 1979
Mayntz R (1963) Soziologie der Organisation. Reinbek bei Hamburg
McCarthy T (1978) Kritik der Verständigungsverhältnisse. Zur Theorie von Jürgen Habermas. Frankfurt 1980
Meggle G (1981) Grundbegriffe der Kommunikation. Berlin, New York
Meyer-Eppler W (1969) Grundlagen und Anwendungen der Informationstheorie. Berlin, Heidelberg, New York
Mikl-Horke G (1981) Interaktion und Kommunikation. Grundlagen sozialen Handelns. Wien
Mintzberg H (1973) The Nature of Managerial Work. New York
Naess A (1975) Kommunikation und Argumentation. Kronberg/Ts
Parsons T (1937) The Structure of Social Action. Glencoe 1964
Parsons T (1937) Shils E A (Hrsg) (1951) Toward a General Theory of Action. Cambridge/Mass. 1959
Perelman C (1977) Das Reich der Rhetorik. Rhetorik und Argumentation. München 1980
Perelman C, Olbrechts-Tyteca L (1958) Traité de l'argumentation, la nouvelle rhétorique. Bruxelles 1976

Quine W v O (1964) Grundzüge der Logik. Frankfurt 1974
Scheflen A E (1972) Körpersprache und soziale Ordnung: Kommunikation als Verhaltenskontrolle. Stuttgart 1976
Shannon C E, Weaver W (1949) Mathematische Grundlagen der Informationstheorie. München, Wien 1976
Taylor F W (1911) Scientific Management. New York
Toulmin S E (1958) Der Gebrauch von Argumenten. Kronberg/Ts 1975
Watzlawick P, Beavin J H, Jackson D D (1967) Menschliche Kommunikation. Formen, Störungen, Paradoxien. Bern, Stuttgart, Wien 1974
Weber M (1922) Wirtschaft und Gesellschaft. Tübingen 1976
Weizenbaum J (1976) Die Macht der Computer und die Ohnmacht der Vernunft. Frankfurt 1982
Wersig G (1985) Die kommunikative Revolution. Strategien zur Bewältigung der Krise der Moderne. Opladen
Wiener N (1948/61) Kybernetik. Regelung und Nachrichtenübertragung in Lebewesen und Maschine. Reinbek bei Hamburg 1971

# Entscheidungsmanagement

H. Laux und F. Liermann

**Inhalt**

**1 Einleitung** . . . 96

1.1 Die Bedeutung von Entscheidungen in der Betriebswirtschaftslehre . . . 96
1.2 Die Berücksichtigung von unsicheren Erwartungen und Zielkonflikten . 97
1.3 Grundprobleme des Entscheidungsmanagements . . . 98
1.4 Einordnung des Entscheidungsmanagements in den Gesamtrahmen der allgemeinen Managementlehre . . . 99
1.5 Das weitere Vorgehen . . . 99

**2 Strukturierung von Individualentscheidungen** . . . 100

2.1 Problemstellung . . . 100
2.2 Das Grundmodell der Entscheidungstheorie . . . 102
2.3 Entscheidungskriterien . . . 104
2.3.1 Entscheidungen bei sicheren Erwartungen . . . 104
2.3.1.1 Eine Zielgröße . . . 104
2.3.1.2 Mehrere Zielgrößen . . . 104
2.3.2 Entscheidungen bei Risiko: Das Bernoulli-Prinzip . . . 105
2.4 Zur Bedeutung des Grundmodells der Entscheidungstheorie . . . 108
2.5 Determinanten der Entscheidung . . . 109
2.5.1 Darstellung . . . 109
2.5.2 Interdependenzen zwischen den Ausprägungen der Determinanten . . . 111
2.5.3 Zur Abhängigkeit der Ausprägungen der Determinanten von den Merkmalen der Umwelt und der Persönlichkeitsstruktur des Entscheidungsträgers . . . 111

**3 Steuerung von Entscheidungen in der Hierarchie** . . . 114

3.1 Einleitung . . . 114
3.2 Grundtypen von Entscheidungen in einem hierarchischen System . . . 114
3.2.1 Typisierung von Entscheidungsaufgaben . . . 114
3.2.2 Objektentscheidungen . . . 115
3.2.3 Organisationsentscheidungen . . . 116
3.2.3.1 Begriffliche Abgrenzung . . . 116
3.2.3.2 Interdependenzen zwischen Organisations- und Objektentscheidungen . . . 119
3.2.4 Kommunikationsentscheidungen . . . 119
3.3 Zielkomponenten der Steuerung von Entscheidungen . . . 121

3.3.1 Die Determinanten der Entscheidungen nachgeordneter Mitarbeiter als Zielkomponenten der Steuerung . . . . . . . . . . 121
3.3.2 Steuerung von Objektentscheidungen . . . . . . . . . . . . . . . 122
3.3.3 Steuerung von Organisationsentscheidungen . . . . . . . . . . . 127
3.3.4 Steuerung von Kommunikationsentscheidungen . . . . . . . . . . 132

3.4 Maßnahmen zur Steuerung von Entscheidungen . . . . . . . . . . . 134
3.4.1 Basisvariablen organisatorischer Gestaltung . . . . . . . . . . . 134
3.4.2 Verfügungsmöglichkeiten über Ressourcen . . . . . . . . . . . . 134
3.4.3 Verhaltensnormen . . . . . . . . . . . . . . . . . . . . . . . . 135
3.4.3.1 Zum Inhalt von Verhaltensnormen . . . . . . . . . . . 135
3.4.3.2 Die Zuordnung von Verhaltensnormen . . . . . . . . . 137
3.4.4 Ergänzende Steuerungsmaßnahmen . . . . . . . . . . . . . . . . 137
3.4.4.1 Problemstellung und Überblick . . . . . . . . . . . . . 137
3.4.4.2 Verbesserung der Information über den Inhalt der Verhaltensnormen . . . . . . . . . . . . . . . . . . . 138
3.4.4.3 Verbesserung der Informationsstände und Fähigkeiten . 139
3.4.4.4 Motivierung der Entscheidungsträger . . . . . . . . . . 140

3.5 Effizienzkriterien und Entscheidungsmanagement . . . . . . . . . . . 142
3.5.1 Notwendigkeit der Komplexitätsreduktion und Möglichkeiten der Vereinfachung . . . . . . . . . . . . . . . . . . . . . . . . 142
3.5.2 Effizienzkriterien . . . . . . . . . . . . . . . . . . . . . . . . 145
3.5.3 Beispiele für die Beurteilung und Gestaltung von Kompatibilitätseigenschaften . . . . . . . . . . . . . . . . . . . 150
3.5.3.1 Informationskompatibilität . . . . . . . . . . . . . . . 150
3.5.3.2 Kalkülkompatibilität . . . . . . . . . . . . . . . . . . 154
3.5.3.3 Anreizkompatibilität . . . . . . . . . . . . . . . . . . 155

3.6 Führungskonzeptionen aus der Sicht des Entscheidungsmanagement . . 157
3.6.1 Problemstellung . . . . . . . . . . . . . . . . . . . . . . . . . 157
3.6.2 Management by Objectives . . . . . . . . . . . . . . . . . . . 157
3.6.3 Management by Information . . . . . . . . . . . . . . . . . . . 160
3.6.4 Management by Motivation . . . . . . . . . . . . . . . . . . . 162

**Literatur** . . . . . . . . . . . . . . . . . . . . . . . . . . . . . . 164

# 1 Einleitung

## 1.1 Die Bedeutung von Entscheidungen in der Betriebswirtschaftslehre

In jeder Unternehmung geht es im Kern darum, Güter und/oder Dienstleistungen herzustellen und am Markt abzusetzen. Im Einzelfall sind hierzu eine Vielzahl von operativen Tätigkeiten auszuführen: Z.B. sind die für den Produktionsprozeß benötigten Rohstoffe und Vorprodukte zu bestellen, die Eigenschaften der eingehenden Materialien zu überprüfen, Produkte weiterzubearbeiten, die hergestellten Produkte zu den Kunden zu transportieren. Die Erfüllung dieser operativen Aufgaben in der Unternehmung ist im allgemeinen jeweils verschiedenen Personen übertragen. Deren Aktivitäten beschränken sich jedoch nicht ausschließlich auf die Ausführung von Arbeitsverrichtungen; vielmehr müssen sie stets auch Entscheidungen über die Art und Weise der Arbeitsverrichtung und damit über ihren Beitrag zur Erfüllung der Gesamtaufgabe der Unternehmung treffen. Selbst wenn die operativen Tätigkeiten nach genauen Anweisungen und ohne Entscheidungsspielraum auszuführen sind, treffen diese Mitarbeiter Entscheidungen darüber, ob und inwieweit sie diese Anweisungen befolgen.

Es gibt andererseits Mitarbeiter in der Unternehmung, die (praktisch) gar keine operativen Tätigkeiten ausüben, sondern „nur" Entscheidungen treffen: Sie stehen über der untersten (der operativen) Ebene der organisatorischen Hierarchie und haben z.B. die Aufgabe, das Organisationsziel zu formulieren bzw. zu interpretieren und die operativen Tätigkeiten der nachgeordneten Mitarbeiter im Hinblick auf dieses Ziel zu steuern. Sie beschaffen hierzu Informationen, erwägen Handlungsalternativen, treffen u.U. eine Vorauswahl und erstellen (je nach hierarchischer Position mehr oder weniger formalisierte) Pläne. So trifft die Unternehmensleitung eher Entscheidungen in Form von Globalplänen, die dann von Stufe zu Stufe der Hierarchie immer detaillierter ausgearbeitet werden. Darüber hinaus nimmt sie durch Weisungen, Anreize und Kontrollen Einfluß auf die Entscheidungsprozesse der nachgeordneten Mitarbeiter, um die Befolgung der Verhaltensnormen und eine möglichst gute Erfüllung der Pläne zu erreichen. Alle Personen in der Unternehmung sind somit Entscheidungsträger, auch wenn ihre Entscheidungsspielräume sehr unterschiedlich sein mögen: Die jeweilige „Entscheidung" besteht ganz allgemein aus der (mehr oder weniger bewußten) Auswahl einer von mehreren möglichen Handlungsalternativen.

Aufgrund solcher Überlegungen stehen auch in der Betriebswirtschaftslehre Entscheidungen im Zentrum des wissenschaftlichen Interesses. Nach neueren Auffassungen wird die Betriebswirtschaftslehre überwiegend entscheidungsorientiert gesehen: „Ihre Aufgabe besteht darin, die in betriebswirtschaftlichen Organisationen tätigen Menschen bei ihren Entscheidungen sowie den Gesetzgeber bei der Konzipierung unternehmensrelevanter Gesetze beratend zu unterstützen" (Bamberg/Coenenberg, 1985, S. 10). Die Betriebswirtschaftslehre wird daher häufig als spezielle (oder angewandte) Entscheidungstheorie bezeichnet.

Die Betriebswirtschaftslehre (und darin die Managementlehre) versucht, den Entscheidungsträgern in der Unternehmung für deren Entscheidungsprobleme in der Weise Rat zu erteilen, daß sie

- Hinweise gibt, wie Zielvorstellungen in ein widerspruchfreies Zielsystem zu überführen sind,
- Entscheidungsmodelle entwickelt und deren Annahmen darstellt und
- Hinweise gibt, wie diese Modelle zu konkretisieren sind.

## 1.2 Die Berücksichtigung von unsicheren Erwartungen und Zielkonflikten

Die Unternehmung als System von Entscheidungsträgern ist u.a. durch zwei Eigenschaften gekennzeichnet, die bei der Formulierung von Strukturierungs- und Handlungsempfehlungen zu berücksichtigen sind:

1. Eine rationale Auswahlentscheidung eines Entscheidungsträgers setzt voraus, daß er die Konsequenzen (Ergebnisse) der erwogenen Handlungsalternativen ge-

geneinander abwägt. Da bei Entscheidungen in der Realität praktisch immer nur ein unvollkommener Informationsstand gegeben ist, kann grundsätzlich keine sichere Prognose der Konsequenzen erstellt werden. Der Entscheidungsträger kann allenfalls den für möglich erachteten Ergebnissen (subjektive) Eintrittswahrscheinlichkeiten (im Sinne von Glaubwürdigkeitsziffern) zuordnen.

2. Die Zerlegung der Gesamtaufgabe der Unternehmung in Teilaufgaben und deren Zuordnung zu den verschiedenen Mitarbeitern gelingt nur in Ausnahmefällen in der Weise, daß dann die Entscheidungen der einzelnen Mitarbeiter voneinander völlig unabhängig sind. Im allgemeinen bestehen vielmehr zwischen den Entscheidungsbereichen in der Unternehmung enge Interdependenzen: Der Aktionsspielraum und die Konsequenzen der Alternativenwahl eines Mitarbeiters hängen auch davon ab, welche Entscheidungen von anderen Mitarbeitern getroffen werden. Es sind dann Koordinationsmaßnahmen erforderlich, um die voneinander abhängigen Teilentscheidungen im Sinne der Gesamtzielsetzung aufeinander auszurichten.

## 1.3 Grundprobleme des Entscheidungsmanagements

Für die Führung einer Unternehmung stellt sich unter diesen Bedingungen in zweifacher Hinsicht das Problem, Entscheidungsprozesse zu strukturieren und zu steuern:

1. Die Unternehmensführung selbst (und auch jeder andere Mitarbeiter) steht ständig vor dem Problem, Aktionsmöglichkeiten mit ungewissen Konsequenzen gegeneinander abzuwägen und Entscheidungen zu treffen. Für den Prozeß der Entscheidungsfindung ist deshalb eine methodische Anleitung erforderlich, insbesondere darüber, wie ein Entscheidungsproblem unter Unsicherheit strukturiert werden kann, wie es vereinfacht werden kann und auf welche Weise sich die optimale oder wenigstens eine befriedigende Handlungsalternative ermitteln läßt.

2. Im allgemeinen hat die Unternehmensführung wesentliche Teile ihrer Entscheidungsbefugnisse an nachgeordnete Mitarbeiter delegiert. Die nachgeordneten Entscheidungen sollen der Erreichung des Unternehmensziels dienen und müssen deshalb von der Unternehmensleitung initiiert, gesteuert und überwacht werden. Insbesondere muß die Unternehmensleitung festlegen,

- welche Teilentscheidungskompetenzen
- an welche Mitarbeiter delegiert werden sollen,
- durch welche Maßnahmen diese nachgeordneten Entscheidungen gesteuert und
- auf welche Weise sie kontrolliert werden sollen.

Das *Entscheidungsmanagement* in der Unternehmung umfaßt beide Aspekte: Die Strukturierung von Individualentscheidungen und die Steuerung von Entscheidungen in einem hierarchischen System von Entscheidungsträgern.

## 1.4 Einordnung des Entscheidungsmanagements in den Gesamtrahmen der allgemeinen Managementlehre

Auch bei der Erfüllung von Managementaufgaben müssen Entscheidungen über Konzeption und Einzelmaßnahmen getroffen werden: Im Rahmen des *Kommunikationsmanagements* muß die technische Gestaltung der Informationsübermittlung sowie deren Ablauf festgelegt werden. Das *Planungsmanagement* entscheidet über die Zusammensetzung und die Struktur des Planungssystems, über die Vorgehensweise bei der Aufstellung der Pläne, bei deren Umsetzung in Aktionen sowie bei der Überwachung der Planerfüllung und bei der Abweichungsanalyse. Gegenstand des *Motivationsmanagements* ist die Beeinflussung der Mitarbeiter zu einem Verhalten im Sinne des Unternehmensziels durch motivierende Gestaltungsmaßnahmen. Die Aufgabe des *Organisationsmanagements* besteht vornehmlich darin, durch die Wahl organisatorischer Aufbau- und Ablaufstrukturen den multipersonalen und interdependenten Entscheidungsprozeß in der Unternehmung im Hinblick auf das Gesamtziel der Unternehmung zu strukturieren. Die Überwachung und Auswertung sowohl der Aktivitäten der Mitarbeiter als auch der von ihnen erstellten Produkte und Leistungen durch geeignete Kontrollmaßnahmen ist der Aufgabenbereich des *Kontrollmanagements.*

Im Rahmen dieser Managementaufgaben kommt dem *Entscheidungsmanagement* eine übergeordnete Rolle zu: Während der Kern der genannten Managementaufgaben jeweils darin besteht, *bestimmte* (Teil-)Entscheidungsprobleme zu strukturieren bzw. nachgeordnete Teilentscheidungen durch *bestimmte* Führungsmaßnahmen zu steuern, liefert das Entscheidungsmanagement einen *allgemeinen* Bezugsrahmen zur Strukturierung von Managementproblemen. Deshalb liegt in diesem Beitrag der Schwerpunkt auch nicht in der Formulierung von konkreten Handlungsempfehlungen, sondern er hat vornehmlich konzeptionellen Charakter. Spezielle Managementprobleme, die im einzelnen in den jeweiligen Beiträgen ausführlich behandelt werden, sollen hier in eine allgemeine Struktur eingeordnet werden. Eine wesentliche Rolle spielt dabei die Unterscheidung von Managementmaßnahmen als „Mittel zum Zweck" und denjenigen Entscheidungsaufgaben und Tätigkeiten, die *unmittelbar* zur Herstellung und dem Vertrieb von Gütern und/oder Leistungen führen.

## 1.5 Das weitere Vorgehen

In den nachfolgenden Abschnitten werden die beiden Aufgabenbereiche des Entscheidungsmanagements dargestellt und Lösungsansätze erläutert.

Im *Kapitel 2* werden Möglichkeiten und Probleme der Strukturierung von Individualentscheidungen behandelt. Dabei erweist sich das Grundmodell der Entscheidungstheorie hinsichtlich seiner Modellstruktur als außerordentlich flexibel, so daß im Prinzip jede Entscheidungssituation darin abgebildet werden kann (Abschnitt 2.2). Zusammen mit dem Bernoulli-Prinzip (Abschnitt 2.3.2) stellt es eine überzeugende Konzeption für Entscheidungen bei Risiko dar. Welche Stellung das Grundmodell der Entscheidungstheorie damit einnimmt, wird in Abschnitt 2.4 erläutert. Besondere Bedeutung für die Steuerung von Entscheidungen anderer Mitarbeiter bekommen die Determinanten der Entscheidung, die in Abschnitt 2.5 herausgearbeitet werden.

Das *Kapitel 3* befaßt sich mit der Steuerung der Entscheidungen von Mitarbeitern in einer Hierarchie. Zunächst werden hierzu Grundtypen von Entscheidungen definiert, die von den Mitarbeitern getroffen werden (Abschnitt 3.2). Dann werden die Determinanten der nachgeordneten (Individual-) Entscheidungen als Zielkomponenten der Steuerung herausgestellt (Abschnitt 3.3). Der Abschnitt 3.4 definiert die Basisvariablen der Steuerung und damit das Instrumentarium für das Entscheidungsmanagement. Da der Entscheidung über Steuerungsmaßnahmen auf der Grundlage formaler Modelle enge Grenzen gesetzt sind, werden Möglichkeiten der Vereinfachung und der Einsatz von Effizienzkriterien zur Beurteilung von Steuerungsmaßnahmen erläutert (Abschnitt 3.5). In Abschnitt 3.6 werden abschließend einige bekannte „Management by . . ." - Konzeptionen aus der Sicht des Entscheidungsmanagements beschrieben.

Die Darstellungen werden in Laux/Liermann (1987) vertieft und erweitert.

# 2 Strukturierung von Individualentscheidungen

## 2.1 Problemstellung

Entscheidungen sind definiert als Auswahl einer Alternative aus einer Menge von möglichen Handlungsalternativen (vgl. Hax, 1965, S. 10; Schneeweiß, 1967, S. 8). Solche Wahlhandlungen werden mit der Absicht vorgenommen, entsprechend einer Zielsetzung optimale Handlungsalternativen auszuwählen. Mit der Realisation der gewählten Alternative ist das ursprüngliche Entscheidungsproblem gelöst und damit abgeschlossen.

Die Problemlösung erfolgt jedoch im allgemeinen nicht in einem Schritt und nicht ohne eine Reihe von Vorüberlegungen. Eine Entscheidung läßt sich als ein sich im Zeitablauf vollziehender Prozeß auffassen, der aus Vorentscheidungen und der endgültigen Entscheidung besteht. Die möglichen Lösungen des Entscheidungsproblems werden durch die *erwogenen* Handlungsalternativen repräsentiert, die tatsächliche Lösung durch die *gewählte* Alternative.

Für die im Zuge eines Entscheidungsprozesses zu lösenden Aufgaben wurde in der Literatur eine gewisse Systematik entwickelt (vgl. Scanlan, 1973, S. 113-130; Heinen, 1976, S. 19-21; Busse von Colbe/Laßmann, 1983, Bd. 1, S. 23-26):

*(a) Problemformulierung:* Ein Entscheidungsprozeß wird im allgemeinen dadurch angeregt, daß bestimmte Symptome wahrgenommen werden, z. B. der Ausfall einer Maschine, eine Verringerung des Periodengewinns, eine Erhöhung der laufenden Kosten oder eine Verschlechterung der Arbeitszufriedenheit von Mitarbeitern. Der Entscheider erkennt, daß sich eine bestimmte Situation unbefriedi-

gend entwickelt und möglicherweise verbessert werden kann (oder sogar die Notwendigkeit besteht, sie zu verbessern). Eine solche Erkenntnis kann routinemäßig zu einer (wenn auch nur vorläufigen) Problemformulierung führen. In anderen Fällen erfordert die Problemformulierung einen (langwierigen) kreativen Analyse- und Suchprozeß. Wie das zu lösende Entscheidungsproblem beschrieben werden soll, ist eine Frage der Zweckmäßigkeit. Die Problemformulierung stellt somit selbst ein Entscheidungsproblem dar.

*(b) Präzisierung des Zielsystems:* Eine rationale Entscheidung kann nur getroffen werden, wenn Zielvorstellungen existieren, mit deren Hilfe die Handlungsalternativen beurteilt werden können. Zwar wird häufig das zu lösende Entscheidungsproblem schon in Gestalt eines *(Sach-)Zieles* beschrieben: z. B. Beseitigung eines Schadens, Besetzung einer Stelle, Durchführung einer Ersatzinvestition. Das Ziel besteht hier jeweils darin, einen bestimmten Endzustand zu erreichen. Dieser Endzustand ist jedoch noch sehr unscharf definiert. Die grobe Zielformulierung mag zunächst ausreichen, um den Entscheidungsprozeß (vor allem die Alternativensuche) überhaupt in Gang zu setzen. Im weiteren Verlauf des Entscheidungsprozesses muß jedoch das Zielsystem präzisiert werden, um der Erforschung der Handlungsalternativen eine konkrete Richtung zu geben und um (als *Formalziel)* als Beurteilungsmaßstab für die abschließende Auswahl einer der (gefundenen) zulässigen Alternativen dienen zu können.

*(c) Erforschung von Handlungsalternativen:* Die hierbei notwendigen Aktivitäten konzentrieren sich auf drei Teilprobleme.

- *Ermittlung der Restriktionen für mögliche Alternativen:* Die Problemanalyse erfordert auch, daß die Restriktionen oder Bedingungen herausgearbeitet werden, denen die Lösung (die zu realisierende Handlungsalternative) genügen muß. Wenn von vornherein die kritischen Restriktionen offengelegt werden, kann der Entscheidungsprozeß vereinfacht und beschleunigt werden, da früher erkannt wird, ob die erwogenen Alternativen überhaupt zulässig sind.
- *Suche nach Alternativen:* Grundsätzlich gibt es nicht nur eine einzige Möglichkeit, ein gegebenes Entscheidungsproblem zu lösen. Für den Entscheider stellt sich damit die Aufgabe, weitere Alternativen zu finden bzw. zu erfinden. Welche (mehr oder weniger innovativen) Aktionsmöglichkeiten dabei entdeckt werden, hängt vom Wissensstand und der Kreativität des Entscheiders ab (Bretzke, 1980, S. 109 f.).
- *Prognose der Ergebnisse der Alternativen:* Um eine rationale Entscheidung treffen zu können, muß der Entscheider die Konsequenzen (Ergebnisse) der erwogenen Alternativen abschätzen. Da Entscheidungen in der Realität praktisch immer bei unvollkommenem Informationsstand zu treffen sind, kann er sich allenfalls ein Wahrscheinlichkeitsurteil über mögliche Ergebnisse bilden.

*(d) Auswahl einer Handlungsalternative:* Aus der Menge der zulässigen Aktionsmöglichkeiten wird in dieser Phase die im Hinblick auf die angestrebten Ziele beste (oder wenigstens eine „gute") Alternative ausgewählt. Die Gestaltung der Auswahlphase kann sich an einem Entscheidungsmodell orientieren.

*(e) Entscheidungen in der Realisationsphase:* Schließlich wird die gewählte Alternative realisiert. Im Zuge der Realisation sind weitere Entscheidungen zu treffen, denn bei der Auswahl einer Handlungsalternative werden im allgemeinen noch nicht alle Details festgelegt. Detailentscheidungen werden später „vor Ort" unter Berücksichtigung der jeweiligen Gegebenheiten getroffen.

Bereits bei der Strukturierung seines individuellen Entscheidungsprozesses steht der Entscheider also wiederum vor einer Anzahl weiterer komplexer Entscheidungsprobleme, in denen es vor allem darum geht,

- durch welches Modell er die eigentliche Entscheidungssituation abbilden soll *(Wahl eines Strukturmodells)*,
- auf welche Weise er zu Handlungsalternativen gelangt *(Strategie der Alternativensuche)*,
- welche der möglichen Handlungsalternativen er in seinem Kalkül berücksichtigt *(Vorauswahl von Alternativen)*,
- wie er die ungewissen Konsequenzen der Handlungsalternativen in seinem Kalkül bewerten soll *(Konzept der subjektiven Wahrscheinlichkeiten)*,
- welche zusätzlichen Informationen er zur Prognose der Konsequenzen beschaffen soll *(Konzept der Informationsbewertung)* und
- auf welche Weise er seine Zielsetzung im Entscheidungsmodell konkretisieren soll *(Wahl einer Entscheidungsregel)*.

Für den Entscheider bedeutet es dann eine erhebliche Hilfestellung, wenn er bei der Lösung solcher verschiedenartiger Entscheidungsprobleme auf ein allgemeines Strukturkonzept zurückgreifen kann, das die für eine Entscheidung bei unsicheren Erwartungen wesentlichen Einflußfaktoren als Modellelemente bereitstellt.

## 2.2 Das Grundmodell der Entscheidungstheorie

Eine sehr anschauliche Strukturierung und Darstellungsweise für Entscheidungsprobleme bei unsicheren Erwartungen bietet das Grundmodell der Entscheidungstheorie (Schneeweiß, 1966). Die wesentlichen Bausteine dieses Modells sind die Ergebnismatrix und die Entscheidungsregel (Zielfunktion).

In der *Ergebnismatrix* werden in der Kopfspalte die erwogenen Handlungsalternativen $A_1,...,A_{\overline{A}}$ zusammengestellt. Zu welchen Konsequenzen diese Alternativen führen werden, hängt (auch) von Determinanten ab, deren Ausprägungen der Entscheider nicht selbst beeinflussen kann oder will. Hinsichtlich der tatsächlichen Determinantenausprägungen bestehen im Zeitpunkt der Entscheidung im allgemeinen unsichere Erwartungen. Die für möglich erachteten Konstellationen von Determinantenausprägungen werden als Umweltzustände $S_1,...,S_{\overline{S}}$ in der Kopfzeile der Ergebnismatrix aufgeführt. Sofern der Entscheider für das Eintreten dieser Umweltzustände subjektive Wahrscheinlichkeiten $w(S_s)$ angeben kann, werden diese den Umweltzuständen in der Kopfzeile der Matrix zugeordnet. Die Konsequenzen der erwogenen Handlungsalternativen $A_a$ werden in Abhängigkeit vom eintretenden Umweltzustand $S_s$ als Ergebnisse $E_{as}$ in die Felder der Ergebnismatrix eingetragen.

| | $w(S_1)$ $S_1$ | $w(S_2)$ $S_2$ | ... | $w(S_{\bar{S}})$ $S_{\bar{S}}$ |
|---|---|---|---|---|
| $A_1$ | $E_{11}$ | $E_{12}$ | ... | $E_{1\bar{S}}$ |
| $A_2$ | $E_{21}$ | $E_{22}$ | ... | $E_{2\bar{S}}$ |
| . | . | . | | . |
| . | . | . | | . |
| . | . | . | | . |
| $A_{\bar{A}}$ | $E_{\bar{A}1}$ | $E_{\bar{A}2}$ | ... | $E_{\bar{A}\bar{S}}$ |

**Abb. 1.** Ergebnismatrix.

Die in der Ergebnismatrix dargestellten Alternativen $A_1, A_2, \ldots, A_{\bar{A}}$ schließen einander aus; nur eine von ihnen kann gewählt werden. Der Entscheider kann natürlich immer nur solche Alternativen in seinen Entscheidungskalkül einbeziehen, die er nach mehr oder weniger kreativer Alternativensuche und/oder nach Beratung durch andere Personen überhaupt wahrnimmt. Objektiv wird es im allgemeinen noch weitere, ihm unbekannte Alternativen geben. Um den Planungsaufwand in akzeptablen Grenzen zu halten, wird der Entscheider seinen Handlungsspielraum andererseits oft bewußt einengen. In diesem Fall trifft er eine Vorauswahl, indem er bestimmte, als möglich erkannte Alternativen nicht in seinem Entscheidungskalkül berücksichtigt.

Ein Ergebnis $E_{as}$ muß nicht unbedingt *einen sicheren* Zielgrößenwert darstellen: Das Ergebnis $E_{as}$ kann aus einem Vektor bestehen, dessen Komponenten die Werte mehrerer Zielgrößen angeben; dem Ergebnis $E_{as}$ kann auch eine Wahrscheinlichkeitsverteilung über die Werte einer oder mehrerer Zielgrößen entsprechen.

Um aus den erwogenen Handlungsalternativen diejenige Alternative auswählen zu können, die der Entscheider am meisten präferiert, müssen die unterschiedlichen Konsequenzen der einzelnen Alternativen miteinander verglichen werden. Solange die Alternativen durch Ergebnisvektoren beschrieben werden, ist ein unmittelbarer Vergleich nur in Ausnahmefällen möglich (nämlich dann, wenn es eine dominante Alternative gibt). Im allgemeinen ist es zuvor erforderlich, mit Hilfe einer *Präferenzfunktion* $\Phi$ die Ergebnisvektoren der Alternativen $A_a$ zu einem einwertigen Präferenzwert $\Phi\,(A_a)$ zu aggregieren. Gewählt wird dann diejenige Alternative, deren Präferenzwert vom Entscheider im Vergleich zu dem der anderen Handlungsalternativen vorgezogen wird.

Zusammen mit einer *Optimierungsvorschrift* (Maximierung, Minimierung, Erreichung eines Anspruchsniveaus) definiert die Präferenzfunktion eine Entscheidungsregel (Entscheidungskriterium).

## 2.3 Entscheidungskriterien

### 2.3.1 Entscheidungen bei sicheren Erwartungen

#### *2.3.1.1 Eine Zielgröße*

Orientiert sich der Entscheider nur an einer einzigen Zielgröße Z, und ist mit Sicherheit bekannt, welcher Zielgrößenwert $Z_a$ mit der Wahl einer Alternative $A_a$ erzielt wird, so ist die Formulierung einer Präferenzfunktion einfach:

$$\Phi(A_a) = Z_a. \tag{1}$$

Der Präferenzwert einer Handlungsalternative $A_a$ ist dann gleich dem ihr entsprechenden Zielgrößenwert $Z_a$: Die Maximierung des Präferenzwertes $\Phi(A_a)$ ist äquivalent zur Maximierung des Zielgrößenwertes.

#### *2.3.1.2 Mehrere Zielgrößen*

Ob der Fall mehrerer Zielgrößen gegenüber dem Fall nur einer Zielgröße besondere Probleme hinsichtlich der Formulierung einer Präferenzfunktion aufwirft, hängt von den Beziehungen zwischen den Zielgrößen ab. Zwischen zwei Zielgrößen kann Neutralität, Komplementarität oder Konkurrenz bestehen. Zwei Zielgrößen stehen im Verhältnis der *Neutralität* zueinander, wenn die Maßnahmen zur Verbesserung der einen Zielgröße keinen Einfluß auf die Ausprägungen der anderen Zielgröße haben. *Komplementarität* zwischen zwei Zielgrößen liegt dann vor, wenn die Maßnahmen zur Verbesserung der einen Zielgröße zugleich auch zu einem besseren Resultat hinsichtlich der anderen führen. Zwischen zwei Zielgrößen besteht *Konkurrenz* (Konflikt), wenn die Maßnahmen zur Verbesserung der einen Zielgröße die andere Zielgröße beeinträchtigen.

Wenn sich alle Zielgrößen neutral oder komplementär zueinander verhalten, ergeben sich bei der Formulierung einer Präferenzfunktion gegenüber dem Fall nur einer Zielgröße keine besonderen Probleme (Laux, 1982, S. 66). Zielneutralität und Zielkomplementarität dürften aber in der Realität nur selten gegeben sein; Zielkonflikte sind eher der Regelfall. Bei *Zielkonflikt* müssen Vorteile in bezug auf einzelne Zielgrößen durch Nachteile hinsichtlich anderer Zielgrößen „erkauft" werden. Beim Vorteilsvergleich von Handlungsalternativen (bzw. ihrer Ergebnisse) stellt sich dann das Problem, die Vor- und Nachteile hinsichtlich der verschiedenen Zielgrößen gegeneinander abzuwägen.

Die Präferenzvorstellungen des Entscheiders können theoretisch in der Entscheidungsregel in der Weise zum Ausdruck gebracht werden, daß eine Nutzenfunktion formuliert wird, die den Ergebnissen der Handlungsalternativen Nutzenwerte zuordnet. (Zur Problematik der Ermittlung einer Nutzenfunktion vgl. Laux, 1982, S. 84 ff.) Werden die Zielgrößen mit $Z_1, Z_2, ..., Z_{\overline{Z}}$ bezeichnet, so lautet die Präferenzfunktion:

$$\Phi\,(A_a) = U(E_a) \equiv U(Z_{1a}, Z_{2a}, ..., Z_{\bar{Z}a}). \qquad (2)$$

Relativ einfach läßt sich die Nutzenfunktion (2) im Spezialfall der vollständigen Nutzenunabhängigkeit bestimmen. Wie weit der Nutzen U ansteigt, wenn die Zielgröße $Z_z$ ($z = 1,2,...,\bar{Z}$) um einen bestimmten Betrag wächst, ist dann unabhängig von den Ausprägungen der anderen Zielgrößen. Im allgemeinen besteht jedoch zumindest zwischen einem Teil der Zielgrößen Nutzenabhängigkeit, d. h. die Bewertung einer einzelnen Zielgröße hängt von den Ausprägungen der anderen Zielgrößen ab. Die Erfassung von Nutzenabhängigkeiten verursacht äußerst schwierige Probleme bei der Ermittlung von „exakten" Nutzenfunktionen. Es stellt sich daher das Problem, nach *Ersatzkriterien* zu suchen, bei denen die Präferenzfunktion in vereinfachter Form bestimmt werden kann:

Bei *Zielgewichtung* wird die Präferenzfunktion wie folgt (vereinfachend) dargestellt:

$$\Phi\,(A_a) = g_1 \cdot Z_{1a} + g_2 \cdot Z_{2a} + ... + g_{\bar{Z}} \cdot Z_{\bar{Z}a}. \qquad (3)$$

Sofern der Entscheider einen höheren Wert der Zielgröße $Z_z$ ($z = 1,2,...,\bar{Z}$) einem niedrigeren vorzieht, ist der Gewichtungsfaktor $g_z$ positiv; wird ein niedrigerer Wert präferiert, ist der Gewichtungsfaktor negativ. Die Präferenzfunktion (3) impliziert eine *lineare* Nutzenfunktion. Bei Anwendung des Konzepts der Zielgewichtung stellt sich das Problem, welche Zielgewichte $g_1, g_2, ..., g_{\bar{Z}}$ gewählt werden sollen.

Bei dem zweiten Konzept werden für alle Zielgrößen (mit Ausnahme der Zielgröße $Z_{z*}$) *Anspruchsniveaus* fixiert, die nicht unter- bzw. überschritten werden dürfen. Eine Alternative darf nur dann gewählt werden, wenn sie den Anspruchsniveaus genügt. Die Letztentscheidung wird dann ausschließlich nach der Zielgröße $Z_{z*}$ getroffen. Für den Präferenzwert einer Alternative $A_a$ gilt demnach wieder:

$$\Phi\,(A_a) = Z_{z*a}. \qquad (4)$$

Bei diesem Konzept stellt sich das Problem, wie die Anspruchsniveaus festzulegen sind. Bei komplexen Entscheidungsproblemen ist nur schwer zu durchschauen, welche Implikationen die Anspruchsniveaus hinsichtlich der „Güte" der gewählten Handlungsalternative haben: Ist z. B. die Zielgröße $Z_1$ zu maximieren, so müßte bei der Fixierung der Anspruchsniveaus für die Zielgrößen $Z_2, Z_3, ..., Z_{\bar{Z}}$ antizipiert werden, wie diese den maximalen Wert der Zielgröße $Z_1$ beeinflussen. Je nach der Struktur der Aktionsmöglichkeiten kann bei Erhöhung eines Anspruchniveaus der maximale $Z_1$-Wert sehr stark oder nur geringfügig sinken.

### 2.3.2 Entscheidungen bei Risiko: Das Bernoulli-Prinzip

Hält der Entscheider als Konsequenz einer Alternative $A_a$ in Abhängigkeit vom eintretenden Umweltzustand $S_s$ unterschiedliche Zielgrößenwerte $Z_{as}$ für möglich, ohne über deren Wahrscheinlichkeit Schätzungen anzustellen, so kann die Präferenzfunktion $\Phi$ z. B. folgende Gestalt haben:

$$\Phi(A_a) = \min_s Z_{as} \tag{5}$$

$$\Phi(A_a) = \max_s Z_{as} \tag{6}$$

$$\Phi(A_a) = \frac{1}{\bar{S}} \cdot \sum_{s=1}^{\bar{S}} Z_{as}. \tag{7}$$

Da bei der Präferenzfunktion (5) eine Alternative jeweils nur durch das ungünstigste Ergebnis charakterisiert wird, kommt hierin ein extremer Pessimismus zum Ausdruck. Umgekehrt liegt der Präferenzfunktion (6) ein extremer Optimismus zugrunde. Grundgedanke der Präferenzfunktion (7) ist die Annahme, daß keines der möglichen Ergebnisse $Z_{as}$ wahrscheinlicher ist als die übrigen, so daß alle Ergebnisse gleich gewichtet werden (Laplace: „Prinzip des unzureichenden Grundes").

Kann ein Entscheider den für möglich erachteten Umweltzuständen jedoch (subjektive) Eintrittswahrscheinlichkeiten zuordnen, so entsteht eine *Risikosituation*. Das bisher überzeugendste theoretische Konzept für die Entscheidung bei Risiko stellt das Bernoulli-Kriterium dar (v. Neumann/Morgenstern, 1944; Luce/Raiffa, 1957, S. 12-38; Schneeweiß, 1967, S. 61-88; Bitz/Rogusch, 1976; Laux, 1982, S. 167-197). Eine Entscheidung nach dem *Bernoulli-Kriterium* wird in zwei Schritten getroffen:

- Auf der Grundlage relativ einfacher (hypothetischer) Entscheidungsprobleme wird eine Nutzenfunktion U bestimmt, die den möglichen Zielgrößenwerten $Z_{as}$ reelle Nutzenwerte $U(Z_{as})$ zuordnet.
- Diejenige Alternative wird gewählt, mit deren Ergebnissen der höchste Nutzenerwartungswert erzielt wird.

Nach dem Bernoulli-Prinzip ist der Präferenzwert einer Alternative $A_a$ definiert als

$$\Phi(A_a) = \sum_{s=1}^{\bar{S}} w(S_s) \cdot U(Z_{as}). \tag{8}$$

Dabei bezeichnen $S_1, \ldots, S_{\bar{S}}$ die möglichen Umweltzustände, $w(S_1), \ldots, w(S_{\bar{S}})$ deren (subjektive) Eintrittswahrscheinlichkeiten und $Z_{a1}, \ldots, Z_{a\bar{S}}$ die mit der Alternative $A_a$ in diesen Umweltzuständen zu erreichenden Zielgrößenwerte.

Orientiert sich der Entscheider nur an *einer* Zielgröße Z (z. B. Gewinn, Umsatz oder Einkommen), so kann seine Nutzenfunktion durch eine „Nutzenkurve" dargestellt werden:

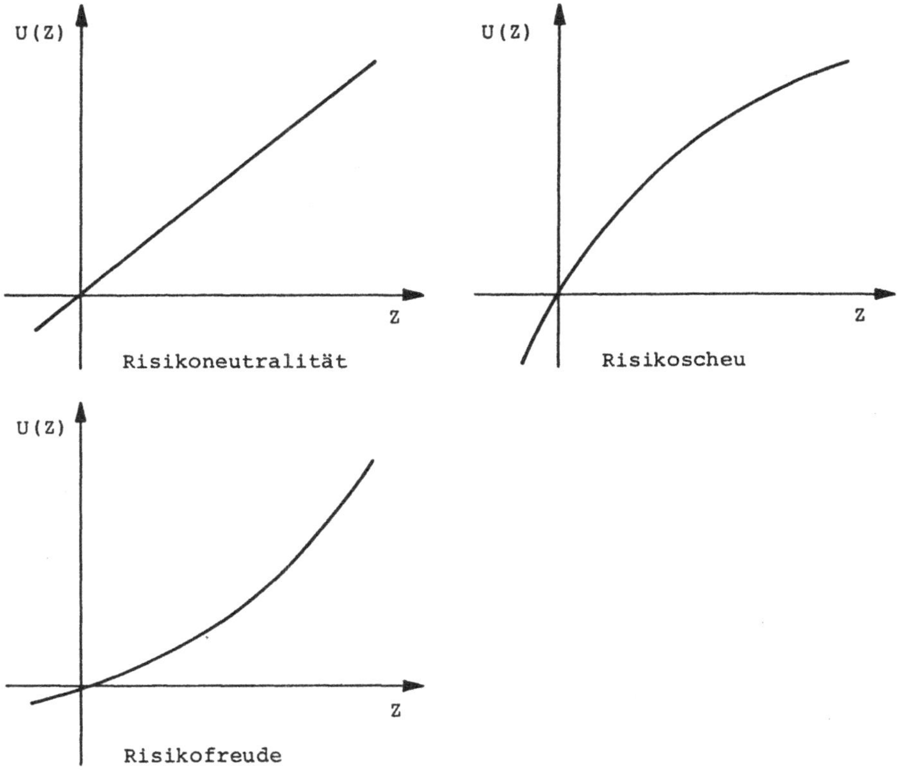


**Abb. 2.** Der Verlauf unterschiedlicher (Risiko-)Nutzenfunktionen.

Verläuft die Nutzenfunktion linear, so wird der Entscheider als *risikoneutral* bezeichnet. Verläuft sie konkav (konvex) – sinkt (steigt) also der Grenznutzen mit steigendem Z – so wird er als risikoscheu (risikofreudig) bezeichnet.

Bei linearer Nutzenfunktion und einer Zielgröße Z folgt aus dem Bernoulli-Kriterium das *Erwartungswert-Kriterium.* Nach diesem Kriterium werden die Alternativen nach dem Erwartungswert der Zielgröße beurteilt; der Präferenzwert der Alternative $A_a$ ist definiert als

$$\Phi(A_a) = \sum_{s=1}^{\overline{S}} w(S_s) \cdot Z_{as}, \tag{9}$$

wobei $Z_{as}$ den Wert der Zielgröße bei Wahl der Alternative $A_a$ und Eintreten des Umweltzustandes $S_s$ darstellt.

Das Bernoulli-Prinzip wird in der Literatur zur Entscheidungstheorie ausführlich dargestellt und diskutiert:

1. Es wird erläutert, wie der Entscheider bei der *Bestimmung einer optimalen Handlungsalternative* vorgehen kann, wie er zunächst durch sehr einfache hypothetische Ergebnisvergleiche die Zielgrößenwerte $Z_{as}$ in der Ergebnismatrix durch (subjektive) Nutzenwerte $U(Z_{as})$ ersetzen und danach die Präferenzwerte $\Phi\ (A_a)$ für die erwogenen Handlungsalternativen $A_a$ ermitteln kann (vgl. z. B. Raiffa, 1973, S. 71-92; Bitz, 1981, S. 158-162; Laux, 1982, S. 169-173; Bamberg/Coenenberg, 1985, S. 70-73).

2. Es wird gezeigt, daß das Bernoulli-Prinzip im Einklang steht mit einfachen *Verhaltenspostulaten* („Axiome rationalen Verhaltens"), die vom Entscheider relativ leicht zu beurteilen sind. Wenn er diese Postulate akzeptiert, sollte er auch auf der Grundlage des Bernoulli-Prinzips entscheiden (vgl. z. B. Schneeweiß, 1967, S. 73-84; Bitz, 1981, S. 181-189; Laux, 1982, S. 174-182; Bamberg/Coenenberg, 1985, S. 78-82).

3. Das Bernoulli-Prinzip wird z. B. unter folgenden Gesichtspunkten *kritisch diskutiert:*

- Ist der Entscheider überhaupt gewillt und in der Lage, die Prozedur der Ermittlung von Nutzenwerten durchzuführen?
- Ist der Entscheider in der Lage, subjektive Wahrscheinlichkeiten für das Eintreten von ungewissen Umweltzuständen zu quantifizieren?
- Welche rationale Berechtigung und welche empirische Akzeptanz haben die „Axiome rationalen Verhaltens"?

(Vgl. z. B. Raiffa, 1973, S. 102-108; Bitz, 1981, S. 189-192; Laux, 1982, S. 191-194; Bamberg/Coenenberg, 1985, S. 86-92.)

## 2.4 Zur Bedeutung des Grundmodells der Entscheidungstheorie

Die Ergebnismatrix stellt einen außerordentlich flexiblen Bezugsrahmen für die Strukturierung sehr unterschiedlicher Entscheidungssituationen dar: Die zentralen Begriffe „Handlungsalternativen", „Umweltzustände" und „Ergebnisse" sind so allgemein formuliert, daß sie für eine Vielzahl von Entscheidungsproblemen präzisiert werden können. Im Einzelfall muß dann geklärt werden, welches die relevanten Alternativen sind, wie die Ergebnisse beschrieben werden sollen, von welchenDaten sie abhängen, welche Konstellationen von Ausprägungen für diese Daten möglich sind und welche Eintrittswahrscheinlichkeiten diesen Konstellationen entsprechen.

Das Formulieren einer Ergebnismatrix zwingt den Entscheider dazu, sich über Alternativen und deren mögliche Ergebnisse Klarheit zu verschaffen. Dies allein kann bereits zu einer Verbesserung der Entscheidung beitragen. Schon durch die Beschreibung von Alternativen und ihrer möglichen Konsequenzen kann Licht in ein undurchsichtiges Entscheidungsproblem gebracht werden. „Die Erkenntnis, daß die Entscheidungsfindung auf den Vergleich von Alternativen führt, ist für sich betrachtet schon ein Vorteil. Die Erkenntnis, daß die Unsicherheiten, die die Situation beeinflussen, betrachtet werden müssen, veranlaßt viele, die Auswirkungen ihrer Entscheidungen sorgfältiger zu überlegen" (Lindley, 1974, S. 9).

In der Realität geht die Zahl der zulässigen Alternativen oft in die Tausende. Auch die Zahl der möglichen Umweltzustände ist bei komplexeren Entscheidungsproblemen sehr groß. Der mit der Erstellung einer Ergebnismatrix verbundene Planungsaufwand kann dann „von Hand" kaum bewältigt werden: Es werden Vereinfachungen erforderlich. Demgegenüber sind in der Literatur Entscheidungsmodelle (insbesondere mathematische Programmierungsansätze) entwikkelt worden, bei denen der Planungsaufwand wesentlich geringer sein kann als bei Anwendung des Grundmodells der Entscheidungstheorie. Obwohl das Grundmodell bei komplexeren Entscheidungsproblemen in der expliziten Anwendung versagt, ist es gerade für die Strukturierung solcher Probleme von großer Bedeutung. Vor allem bietet die Ergebnismatrix einen einheitlichen Bezugsrahmen zur Darstellung und Analyse von entscheidungstheoretischen Grundproblemen, die sich in ganz unterschiedlichen Entscheidungssituationen ergeben können, und zwar auch dann, wenn die Entscheidung gar nicht auf der Basis einer Ergebnismatrix getroffen wird.

## 2.5 Determinanten der Entscheidung

### 2.5.1 Darstellung

Die Aufgabe des Entscheidungsmanagements im Rahmen der Unternehmensführung besteht darin, die Entscheidungen der verschiedenen Mitarbeiter in der Unternehmung aufeinander abzustimmen und dabei so zu steuern, daß sie der Unternehmenszielsetzung entsprechen. Entscheidungen von Mitarbeitern können (nur) gesteuert werden, indem die Determinanten dieser Entscheidungen beeinflußt werden (vgl. Liermann, 1982, S. 59 f.; Frese, 1987, S. 201 - 212).

Wie sich ein Entscheidungsträger in einer Wahlsituation verhält, hängt offenbar ab

- von dem Modelltyp, der zur Abbildung der realen Entscheidungssituation gewählt wird (kurz: von dem Entscheidungsmodell),
- von der Menge der Alternativen, die im Modell erwogen werden (kurz: von der Alternativenmenge),
- von den Zielgrößen, anhand derer die erwogenen Alternativen bewertet werden, und von den jeweiligen Zielgrößenwerten, die den Alternativen in den im Modell berücksichtigten Umweltzuständen zugeordnet werden (kurz: von den möglichen Ergebnissen),
- von den Eintrittswahrscheinlichkeiten, die diesen Umweltzuständen im Modell zugeordnet werden (kurz: von dem Wahrscheinlichkeitsurteil des Entscheidungsträgers) und
- von der Zielfunktion des Entscheidungsträgers.

Das Wahrscheinlichkeitsurteil über das Eintreten von bestimmten Umweltzuständen bildet sich ein Entscheider auf der Grundlage von Indikatoren: Die Menge derjenigen Indikatoren, deren Ausprägungen der Entscheider kennt, definiert seinen Informationsstand, die Menge der betreffenden Indikatorenausprägungen beschreibt seine *Informationsstruktur.* Die Verarbeitung der Informationsstruktur in eine Prognose über das Eintreten von Umweltzuständen erfolgt entsprechend der *Prognosefunktion* des Entscheiders. Das Wahrscheinlichkeitsurteil wird also letztlich von der Informationsstruktur und von der Prognosefunktion bestimmt.

Aus diesen Überlegungen ergeben sich folgende Determinanten der Entscheidung:

1. Entscheidungsmodell (EM),
2. Menge der erwogenen (Handlungs-)Alternativen (A),
3. Informationsstruktur des Entscheiders (IS),
4. Prognosefunktion des Entscheiders (PF),
5. Zielfunktion des Entscheiders (ZF),
6. mögliche Ergebnisse (E).

In Anlehnung an das Grundmodell der Entscheidungstheorie kann die Struktur dieser Determinanten wie in Abb. 3 graphisch veranschaulicht werden.

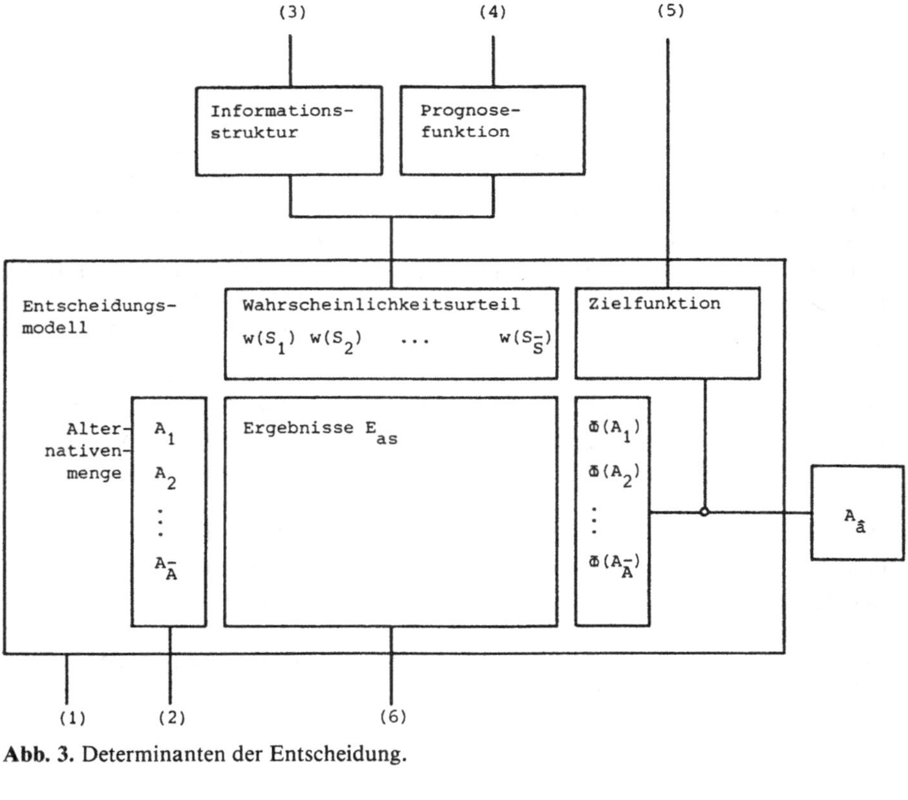


**Abb. 3.** Determinanten der Entscheidung.

### 2.5.2 Interdependenzen zwischen den Ausprägungen der Determinanten

Zwischen den Ausprägungen der einzelnen Determinanten bestehen enge Interdependenzen. Einige Beispiele sollen dies verdeutlichen:

- Die von einem Entscheidungsträger in Betracht gezogenen Handlungsalternativen hängen davon ab, an welcher Zielfunktion er sich orientiert. Ein Entscheidungsträger, der die Minimierung der Produktionskosten anstrebt, wird andere Handlungsalternativen erwägen als jemand, der sich an der Minimierung der eigenen Arbeitszeit orientiert. Ein Entscheidungsträger, der die Maximierung einer Zielgröße anstrebt, wird vielleicht intensiver nach Handlungsalternativen suchen als jemand, der lediglich einen befriedigenden Wert anstrebt.
- Die Informationsaktivitäten eines Entscheidungsträgers hängen im allgemeinen (auch) von seiner Zielfunktion ab. Wenn er etwa eine bestimmte Handlungsalternative persönlich präferiert, ist zu erwarten, daß er gezielt solche Informationen einholt, die die Auswahl dieser Alternative (z. B. gegenüber Vorgesetzten) rechtfertigen.
- Umgekehrt haben die Aktivitäten des Entscheidungsträgers zur Beschaffung von Informationen im allgemeinen nicht nur einen Einfluß auf seine Informationsmenge, sondern auch auf die Zielfunktion, die er bei der Auswahl einer Handlungsalternative verfolgt. Der Entscheidungsträger lasse sich z. B. zunächst von dem Ziel leiten, die Alternative mit dem höchsten Gewinnerwartungswert auszuwählen. Nun stelle er im Zuge seiner Informationsbeschaffung fest, daß er besondere persönliche Vorteile erzielt, wenn eine andere Alternative realisiert wird; er entscheidet sich dann aufgrund dieser Erkenntnis möglicherweise für diese Alternative, obwohl er ihr nicht den maximalen Gewinnerwartungswert zuordnet.
- Interdependenzen zwischen der Prognosefunktion und der Zielfunktion bestehen, wenn der Entscheidungsträger z. B. eine optimistische Grundeinstellung besitzt und Umweltzuständen, die er präferiert, tendenziell höhere Eintrittswahrscheinlichkeiten zuordnet.

### 2.5.3 Zur Abhängigkeit der Ausprägungen der Determinanten von den Merkmalen der Umwelt und der Persönlichkeitsstruktur des Entscheidungsträgers

Welche Determinantenausprägungen im Einzelfall die Alternativenwahl eines Entscheidungsträgers bestimmen, ist das Resultat von individuellen Metaentscheidungen. Diese Metaentscheidungen werden ihrerseits geprägt

- von den Merkmalen der Umwelt des Entscheidungsträgers und
- von dessen Persönlichkeitsstruktur.

Die (unternehmensinterne und unternehmensexterne) *Umwelt* hat vor allem Einfluß auf die Alternativenmenge, die Informationsstruktur und die Zielfunktion: Das Ausmaß der Verfügungsmöglichkeiten über Objekte kann vor allem die

Menge der erwogenen Alternativen beeinflussen. (Welche Investitionsprojekte ein Geschäftbereichsleiter realisieren kann, hängt z.B. davon ab, über welches Budget er verfügt.) Auch die Informationsstruktur eines Entscheidungsträgers hängt von den Verfügungsmöglichkeiten über Objekte (z.B. Telefon, Datenspeicher, Bibliothek, Akten) ab. Die Reaktionsweise von anderen Personen in der Organisation kann ebenfalls die Informationsstruktur beeinflussen. (Es werden z. B. Informationen ungefragt an den Entscheidungsträger übermittelt, ihm vorenthalten oder in manipulierter Form übermittelt.) Die Reaktionsweise der anderen Organisationsmitglieder kann auch die Ergebnisse und die Zielfunktion des Entscheidungsträgers beeinflussen. Er muß z.B. mit nachteiligen Konsequenzen durch seine Mitarbeiter rechnen, wenn er bestimmte Handlungsalternativen realisiert.

Aus der *Persönlichkeitsstruktur* des Entscheidungsträgers resultieren z. B. folgende für das Entscheidungsverhalten maßgebliche Konsequenzen:

1. Die *Motivation* des Entscheidungsträgers beeinflußt wesentlich seine Zielfunktion. Tendenziell wird eine höhere Motivation, sich im Interesse der Unternehmung einzusetzen, jedoch auch Auswirkungen auf die anderen Determinantenausprägungen haben:

- Die Wahl des Komplexionsgrades des verwendeten Entscheidungsmodells wird gründlicher vorbereitet; die Einführung von Vereinfachungen und die Vernachlässigung von Modellelementen wird vorsichtiger gehandhabt. Der Komplexionsgrad des Entscheidungsmodells wird dadurch eher umfangreich.
- Bei der Suche nach Handlungsalternativen und bei der Vorauswahl von zu erwägenden Alternativen wird größerer Einsatz und mehr Sorgfalt verwendet.
- Die Ergebnisermittlung erfolgt sorgfältiger und detaillierter.
- Es werden mehr Informationen bei der Entscheidung berücksichtigt. Der Informationsstand des Entscheiders wird umfangreicher. Die Informationsbeschaffung erfolgt mit größerer Sorgfalt.
- Die (Theorie-)Grundlage für die Prognosefunktion des Entscheiders ist solider. Es werden sorgfältigere Prognosen erstellt.
- Die vorgegebene Zielfunktion wird eher befolgt; eigene Zielvorstellungen treten in den Hintergrund.

2. Auch das *Wissen* hat einen Einfluß auf sämtliche Determinanten, jedoch vor allem auf das gewählte Entscheidungsmodell, auf die Alternativenmenge, die Informationsstruktur und die Prognosefunktion:

- Die Auswahl eines Entscheidungsmodells wird z.B. in starkem Maße durch den Kenntnisstand über Entscheidungsmodelle und deren Vor- und Nachteile bestimmt.
- Der allgemeine Informationsstand über Tatsachen hat einen erheblichen Einfluß auf die Art der Beschaffung von Informationen über konkrete Handlungsalternativen und deren Konsequenzen.
- Der Kenntnisstand über Theorien mit empirischem Gehalt beeinflußt die Prognosefunktion des Entscheidungsträgers.

3. Die *kognitiven Fähigkeiten* haben vorwiegend einen Einfluß auf das Entscheidungsmodell, die Alternativenmenge, die Informationsstruktur und die Prognosefunktion sowie auf die Ergebnisse, die der Entscheidungsträger den erwogenen Alternativen zuordnet. Ein wenig kreativer Entscheidungsträger wird dazu neigen, Entscheidungsprobleme so zu lösen, wie es in der Organisation bisher üblich war (oder wie *er* es bisher getan hat). Er erwägt eventuell nur wenig Handlungsalternativen und nimmt die üblichen Informationsmöglichkeiten in Anspruch. Bei größerer Kreativität entdeckt (oder erfindet) der Entscheidungsträger neue Handlungsalternativen, er schlägt eventuell neue Wege der Informationsbeschaffung ein (bessere Informationsstruktur) und er denkt an zukünftige Entwicklungen, die andere übersehen (bessere Prognosefunktion). Die Fähigkeit, Informationen aufzunehmen, zu speichern und zu verarbeiten, hat einen Einfluß auf den Typ des verwendeten Entscheidungsmodells und dessen Komplexionsgrad. Je besser diese Fähigkeit ausgeprägt ist, um so mehr Handlungsalternativen kann ein Entscheidungsträger in seinem Entscheidungskalkül erfassen und um so eingehender kann er sie analysieren.

4. Die *sozialen Fähigkeiten* eines Entscheidungsträgers haben vor allem Einfluß auf seine Möglichkeiten, Informationen zu beschaffen und Handlungsalternativen durchzusetzen. Soziale Fähigkeiten können auch einen Einfluß auf die Zielfunktion haben. Der Entscheidungsträger kann sich eventuell aufgrund dieser Fähigkeiten der Kontrolle entziehen und dadurch Freiräume für die Verfolgung persönlicher Ziele schaffen.

5. *Manuelle Fähigkeiten* sind insbesondere für jene Entscheidungsträger relevant, die schwerpunktmäßig operative Tätigkeiten auszuüben haben. Von den manuellen Fähigkeiten hängt insbesondere ab, welche Handlungsalternativen der Entscheidungsträger durchführen kann.

6. Die *Grundeinstellung zur Zukunft* beeinflußt insbesondere die Prognosefunktion des Entscheidungsträgers, aber auch dessen Motivation und damit sämtliche Determinanten der Entscheidung.

*Steuerungsmaßnahmen* einer vorgesetzten Instanz stellen für einen Entscheidungsträger eine weitere Gruppe von (Umwelt-) Merkmalen dar, die in sein Metakalkül über die Ausprägungen der Determinanten seiner Entscheidung eingehen. Die Abb. 4 stellt die Bestimmungsfaktoren der Metaentscheidungen des Entscheidungsträgers zusammen.

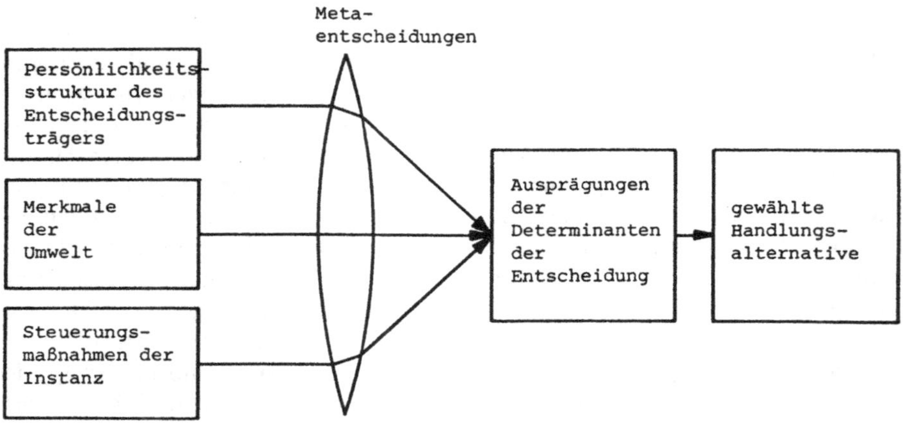


**Abb. 4.** Bestimmungsfaktoren der Metaentscheidungen des Entscheidungsträgers über die Determinantenausprägungen.

## 3 Steuerung von Entscheidungen in der Hierarchie

### 3.1 Einleitung

Die zentrale Aufgabe des Entscheidungsmanagements besteht in der Steuerung der multipersonalen Entscheidungsprozesse in einer Unternehmung: Die Notwendigkeit der Zerlegung von komplexen Gesamtaufgaben in übersichtlichere Teilprobleme und deren Delegation an nachgeordnete Entscheidungsträger – die ihrerseits weitere Mitarbeiter an der Erfüllung der übertragenen Aufgabe beteiligen – führt dazu, daß sich die Unternehmung als hierarchisch gegliedertes System von Entscheidungsträgern darstellt. Damit sämtliche Entscheidungen zur Erreichung des Gesamtzieles beitragen können, sind für die einzelnen Mitarbeiter kompatible Zielsetzungen abzuleiten. Darüber hinaus muß der jeweils vorgesetzte Entscheidungsträger (wir bezeichnen ihn als *Instanz)* die Entscheidungsprozesse der nachgeordneten Mitarbeiter steuern und überwachen sowie – wegen möglicher Interdependenzen – die Einzelaktivitäten aufeinander abstimmen.

Im folgenden sollen die im Rahmen des Entscheidungsmanagements möglichen Steuerungsaktivitäten einer Instanz dargestellt und strukturiert werden. Einige Vorüberlegungen sind dazu unumgänglich.

### 3.2 Grundtypen von Entscheidungen in einem hierarchischen System

#### 3.2.1 Typisierung von Entscheidungsaufgaben

Bereits zu Anfang wurde erläutert, daß sämtliche Mitarbeiter in der Unternehmung Entscheidungen darüber treffen, durch welche Aktivitäten sie zu der Erreichung des Unternehmenszieles beitragen: Unabhängig von ihrer Stellung in der

Unternehmenshierarchie sind sie stets Entscheidungsträger (vgl. Abschnitt 1.1). Ihr jeweiliges Verhalten ist das Resultat eines individuellen Entscheidungsprozesses, das von den jeweiligen Ausprägungen der Determinanten ihrer Entscheidung bestimmt wird. Aus dieser Sicht weisen im Prinzip sämtliche Mitarbeiter in der Unternehmung gemeinsame Verhaltensstrukturen auf. Das Problem der Führung von Mitarbeitern erhält damit einen einheitlichen Bezugsrahmen.

Die konkreten Aufgabenstellungen der Mitarbeiter werden sich allerdings im allgemeinen wesentlich voneinander unterscheiden. Auf den unteren Hierarchieebenen müssen vor allem Entscheidungen über die Ausführung von operativen Tätigkeiten getroffen werden. Dagegen stehen auf den vorgesetzten Ebenen überwiegend dispositive Entscheidungen im Vordergrund, die ihrerseits wieder die Entscheidungsaktivitäten der nachgeordneten Mitarbeiter steuern. Je nach Aufgabenstellung werden daher die Ausprägungen ganz verschiedener Gestaltungsvariablen festgelegt.

Welche Art von Entscheidungen von jedem einzelnen Mitarbeiter innerhalb der Hierarchie zu treffen sind, läßt sich somit zwar nur für den Einzelfall angeben. Es lassen sich jedoch *Grundtypen* von Entscheidungsproblemen charakterisieren, aus denen sich die unterschiedlichen Aufgabenstellungen der einzelnen Mitarbeiter zusammensetzen. Als solche Grundtypen von Entscheidungen werden im folgenden Objektentscheidungen, Organisationsentscheidungen und Kommunikationsentscheidungen dargestellt.

### 3.2.2 Objektentscheidungen

Aus didaktischen Gründen gehen wir zunächst von der wenig realitätsnahen Annahme einer Unternehmung aus, die aus nur einem einzigen Entscheidungsträger besteht (Ein-Mann-Unternehmung). Eine solche Annahme wird häufig auch in Fachwissenschaften (z. B. der Investitionstheorie und der Produktionstheorie) getroffen und hat dort zu wertvollen Ergebnissen geführt. (Sie repräsentiert allerdings einen zentralen Ansatz, so daß die Probleme, die sich bei dezentralen und multipersonalen Entscheidungsprozessen ergeben, im Rahmen dieser Annahme nicht erkannt und gelöst werden können.)

In unserem Zusammenhang dient die Annahme einer Ein-Mann-Unternehmung der Definition: Alle Gestaltungsgrößen, deren Ausprägungen ein solcher „Ein-Mann-Unternehmer" bei der Führung seiner Geschäfte festlegen kann, definieren wir als *Objektvariablen.* Zu den Objektvariablen zählen z.B. Absatzpreise, Produktmengen, Kapazitäten und Lagerbestände. Die möglichen Tupel von Ausprägungen, die im Rahmen eines Entscheidungsproblems für die maßgeblichen Objektvariablen festgelegt werden können, werden als *Objektalternativen* bezeichnet. Die Auswahl einer dieser Objektalternativen ist eine *Objektentscheidung.*

In der Ein-Mann-Unternehmung gibt es keinen Mitarbeiter, dem irgendwelche Aufgaben übertragen werden könnten. Daher muß der Entscheidungsträger die von ihm getroffene Objektentscheidung auch selbst realisieren. Im allgemeinen muß er dazu noch weitere Entscheidungen über Details treffen, die er der Einfachheit halber bei der ursprünglichen Beschreibung der Objektalternativen noch nicht berücksichtigt hat. Objektentscheidungen können also den Charakter von Vorentscheidungen haben: In diesem Fall werden zunächst lediglich eine oder mehrere mögliche Objektalternativen von der Wahl ausgeschlossen, während die endgültige Entscheidung noch offen bleibt. Eine Vorentscheidung über Objektalternativen ist dadurch gekennzeichnet, daß nicht die Werte sämtlicher Objektvariablen genau fixiert werden; für alle oder einen Teil dieser Variablen wird lediglich entschieden, daß sie in einem bestimmten Wertebereich liegen sollen. *Vor*entscheidungen werden vor allem auch bei der Erstellung von Globalplänen für zukünftige Perioden getroffen. Solche Pläne stecken (in mehr oder weniger präziser Weise) den Rahmen für zukünftige Aktionen ab, wobei insbesondere noch offen bleibt, wie über Details entschieden wird. (Die Details werden spätestens bei der Realisation der Pläne im Zuge weiterer Objektentscheidungen festgelegt.)

Einer Objektentscheidung gehen (wie jeder anderen Entscheidung auch) stets Aktivitäten des Entscheiders voraus, bei denen ebenfalls Wahlmöglichkeiten und damit die Notwendigkeit der Entscheidung bestehen. So ist z.B. festzulegen, wie detailliert das verwendete Entscheidungsmodell ausgestaltet werden soll, welche Aktionsmöglichkeiten erwogen werden sollen, ob zur Beurteilung der Konsequenzen der Handlungsmöglichkeiten zuvor noch weitere Informationen beschafft werden sollen, wie die einzelnen Konsequenzen bei unterschiedlichen Umwelteinflüssen zu quantifizieren sind. Kurz: Es sind die Ausprägungen der Determinanten der Entscheidung festzulegen. Würden diese Vorentscheidungen in dem hier betrachteten Zusammenhang jeweils explizit berücksichtigt, so ergäbe sich eine komplexe Sequenz von Entscheidungsproblemen. Zur Vereinfachung wird daher im folgenden bei der Abbildung der Entscheidungssituation eines Entscheidungsträgers die Menge sämtlicher Vorentscheidungen unter der Bezeichnung *„Metaentscheidung"* zusammengefaßt. Diese Metaentscheidungen werden nicht explizit analysiert; sie stellen vielmehr die individuellen Rahmenbedingungen für die explizit betrachteten Entscheidungen dar.

In einem System mit einem einzigen Entscheidungsträger gibt es keinen Vorgesetzten, der Verhaltensnormen für andere fixiert. Der maßgebliche Entscheidungsträger trifft somit seine (Meta- und Objekt-) Entscheidungen ausschließlich nach eigenen Zielvorstellungen und eigenen Erwartungen über die Konsequenzen seiner Maßnahmen. Da der „Ein-Mann-Unternehmer" die von ihm gewählte Objektalternative selbst realisiert, besteht für ihn auch nicht das Problem, seinerseits das Verhalten von Mitarbeitern derart zu steuern, daß diese die Objektentscheidung in die Wirklichkeit umsetzen.

### 3.2.3 Organisationsentscheidungen

#### *3.2.3.1 Begriffliche Abgrenzung*

Die Annahme einer Ein-Mann-Unternehmung ist realitätsfern. Im allgemeinen wird die oberste Instanz in der Unternehmenshierarchie die zu treffenden Objektentscheidungen nur zum (geringen) Teil und auch nur mehr oder weniger grob festlegen. Die verbleibenden Objektentscheidungen und deren Realisation delegiert sie an nachgeordnete Mitarbeiter, die ihrerseits wieder Teilprobleme und deren Realisation an ihnen nachgeordnete Organisationsmitglieder delegieren. Es entsteht auf diese Weise ein System von ineinandergreifenden Teilentscheidungen und Teilrealisationen. Die *Instanzen* in der Hierarchie haben dabei (auch) die Aufgabe, die Entscheidungen und Tätigkeiten der ihnen nachgeordneten Organisationsmitglieder zu steuern.

Eine Instanz kann das Verhalten von (nachgeordneten) Entscheidungsträgern im Prinzip durch folgende Maßnahmen steuern:

1. Den Entscheidungsträgern werden Verfügungsmöglichkeiten über Produktionsfaktoren (Ressourcen) eingeräumt,
2. ihnen werden Verhaltensnormen vorgegeben, die in mehr oder weniger präziser Weise Rechte (z. B. Verfügungsrechte über Produktionsfaktoren) und Pflichten (Aufgaben) zum Ausdruck bringen, und
3. es werden „ergänzende" Maßnahmen ergriffen, damit diese Normen „gut" befolgt werden (können).

Wie noch näher erläutert wird (Abschnitt 3.4), verbirgt sich hinter diesem Katalog eine Vielzahl von Gestaltungsgrößen, die als *„Organisationsvariablen"* bezeichnet werden. Ein Tupel von Ausprägungen der von einer Instanz im Rahmen eines Steuerungsproblems erwogenen Organisationsvariablen wird als *Organisationsalternative* (oder organisatorische Gestaltungsmaßnahme) bezeichnet, die Wahl einer solchen Organisationsalternative als *Organisationsentscheidung.*[1] Eine Organisationsmaßnahme kann auch darin bestehen, daß eine Instanz einem nachgeordneten Mitarbeiter die Weisung erteilt, ihr bestimmte Informationen zu geben (z.B. in der Erwartung, daß sie dann hinsichtlich eines bestimmten Wahlproblems eine bessere Objekt- bzw. Organisationsentscheidung treffen kann). Eine Organisationsmaßnahme liegt auch vor, wenn eine Instanz einem nachgeordneten Mitarbeiter Informationen gibt, damit dieser besser entscheiden kann.

Die Organisationsentscheidung einer Instanz dient offenbar dazu, denjenigen Teil der Objektentscheidung, der von ihr (noch) nicht vollständig festgelegt und/oder von ihr nicht realisiert wird, durch nachgeordnete Mitarbeiter weiterbearbeiten und ausführen zu lassen. Indem ein nachgeordneter Mitarbeiter diese ihm übertragene Aufgabe erfüllt, löst er selbst wieder ein Objektentscheidungsproblem. Im Rahmen einer Organisationsentscheidung kann auch dieser Mitarbeiter wiederum Teile seiner Objektentscheidung und/oder deren Realisation an nachgeordnete Organisationsmitglieder delegieren; er wird dadurch (ebenfalls) zu einer Instanz.

---

[1] Organisationsentscheidungen werden vielfach nicht durch explizites Abwägen mehrerer organisatorischer Gestaltungsalternativen getroffen. Man folgt gewissen Gepflogenheiten in der Unternehmung oder Programmen, die offiziell vorschreiben, welche Organisationsmaßnahmen in alternativen Situationen zu wählen sind. Trotzdem handelt es sich um Organisationsentscheidungen: Aus der Menge alternativer Organisationsmaßnahmen werden (routinemäßig) bestimmte Maßnahmen ausgewählt.

Die Steuerung des Entscheidungsprozesses ist eine wesentliche Aufgabe vor allem auch der Unternehmensleitung. Dies gilt insbesondere für größere Unternehmungen, wo die Vielzahl der konkreten Objektentscheidungen nicht von der obersten Leitung bewältigt werden kann und damit eine Übertragung von Entscheidungskompetenzen an nachgeordnete Mitarbeiter geboten ist. Entscheidungen über die Steuerung (die Organisation) der Entscheidungen dieser Mitarbeiter gewinnen dann besonderes Gewicht.

Die Organisationsentscheidungen in einem System mit mehreren Entscheidungsträgern sollen letztlich bewirken, daß von den nachgeordneten Mitarbeitern „gute" Objektentscheidungen getroffen und außerdem diese Entscheidungen „gut" realisiert werden (können). Da die Objektentscheidungen der verschiedenen Entscheidungsträger ineinandergreifen, hat dabei der Aspekt der *Koordination* besondere Bedeutung.

Die Verhaltensnormen im Rahmen organisatorischer Maßnahmen können sich unmittelbar auf *Objektentscheidungen* beziehen (z.B. werden einem Entscheidungsträger, der über den Absatzpreis eines Produkts zu entscheiden hat, Preisgrenzen vorgegeben). Sie können aber auch der Steuerung von *Organisationsentscheidungen* dienen (indem sie z. B. mehr oder weniger präzise vorschreiben, nach welchen Prinzipien eine Abteilung zu gliedern ist). Maßnahmen zur Steuerung von Organisationsentscheidungen haben zwar keinen unmittelbaren Einfluß auf Objektentscheidungen; trotzdem dienen sie letztlich der Steuerung dieser Entscheidungen. Deshalb ist die Eignung solcher Maßnahmen stets danach zu beurteilen, wie sie sich (voraussichtlich) auf die Objektentscheidungen auswirken werden: Verhaltensnormen für Organisationsentscheidungen steuern die Objektentscheidungen derjenigen Mitarbeiter, die der gesteuerten Instanz nachgeordnet sind.

Die Kompetenzen über Objektentscheidungen einerseits und über Organisationsentscheidungen andererseits können sehr unterschiedlich auf die verschiedenen Mitarbeiter verteilt sein. Entscheidungsträger können einen weiten Ermessensspielraum für Objektentscheidungen haben und einen engen Rahmen für Organisationsentscheidungen, während für andere Entscheidungsträger gerade das Gegenteil gilt. Objektentscheidungen und Organisationsentscheidungen erfordern eben unterschiedliche Qualifikationen.[2] Z. B. kann eine Linieninstanz einem Stab einen weiten Ermessensspielraum hinsichtlich der Objektentscheidungen einräumen, während sie sich selbst die Entscheidung darüber vorbehält, wie (z.B. durch Anweisung, Anreiz und Kontrolle) die Tätigkeiten der nachgeordneten Mitarbeiter gesteuert werden sollen, damit die getroffenen Objektentscheidungen „gut" in die Wirklichkeit umgesetzt werden.[3]

---

[2] „Derjenige, der bestimmen darf, wer ein Problem lösen soll, muß nicht auch das Recht besitzen, zu sagen, wie es gelöst werden soll; und wer eine Alternative auswählt, hat nicht unbedingt das Recht, zu bestimmen, wer sie durchführt" (Picot, 1984, S. 122).

[3] Es darf aber nicht übersehen werden, daß die Objektentscheidungen die Organisationsentscheidungen relativ stark präjudizieren können, denn die Organisationsentscheidungen werden ja auf Grund der Objektentscheidungen getroffen.

Das Verhalten in Organisationen wird in der Realität nicht nur von den für Organisationsentscheidungen zuständigen übergeordneten Instanzen beeinflußt. Häufig erfolgen auch *informelle* Steuerungsaktivitäten (z.B. gibt ein Organisationsmitglied einem gleichrangigen Mitarbeiter den persönlichen Rat, eine bestimmte Objektentscheidung zu treffen, oder es übermittelt ihm Informationen über Aktionsmöglichkeiten). Diese Aktivitäten werden hier nicht als Organisationsmaßnahme bezeichnet. Die Möglichkeit einer informellen Verhaltenssteuerung sollte aber bei Organisationsentscheidungen berücksichtigt werden.

#### 3.2.3.2 Interdependenzen zwischen Organisations- und Objektentscheidungen

Wie auch immer die Kompetenzen über Objekt- und Organisationsentscheidungen verteilt werden, bestehen zwischen ihnen enge *Interdependenzen.* Zum einen dienen Organisationsmaßnahmen der Steuerung von Objektentscheidungen; bei der Entscheidung über Organisationsmaßnahmen (z. B. Abteilungsgliederung und Stellenbeschreibung) ist daher zu antizipieren, inwieweit damit gute Objektentscheidungen der nachgeordneten Mitarbeiter ermöglicht werden. Zum anderen dienen Organisationsentscheidungen dazu, die Objektentscheidungen der steuernden Instanz in die Wirklichkeit umzusetzen; bei einer Objektentscheidung sollten demnach stets auch die organisatorischen Möglichkeiten und Probleme der Realisation antizipiert werden.

Die Grenze zwischen Objektentscheidungen und Organisationsentscheidungen ist in der Realität nicht immer klar zu erkennen. Im Rahmen betrieblicher Entscheidungsprozesse werden häufig Objektentscheidungen und Organisationsentscheidungen simultan getroffen. Ein einziger Satz eines Vorgesetzten kann zugleich eine Objekt- *und* eine Organisationsentscheidung zum Ausdruck bringen. Ein Vorgesetzter diskutiert z.B. mit einigen Mitarbeitern das Problem, ob eine ausgefallene Produktionsanlage ersetzt werden soll oder nicht. Nach einiger Zeit trifft er seine Entscheidung: Die Anlage wird nicht ersetzt (Objektentscheidung) und Mitarbeiter B nimmt die Reparatur vor (Organisationsentscheidung). (Der Mitarbeiter B trifft dann weitere Objektentscheidungen, z. B. über den Zeitpunkt des Beginns der Reparatur und über die zu verwendenden Ersatzteile.)

### 3.2.4 Kommunikationsentscheidungen

In einem (hierarchischen) System mit mehreren Entscheidungsträgern gibt es neben Objekt- und Organisationsentscheidungen als einen dritten Typ von Entscheidungen die Kommunikationsentscheidungen, also Entscheidungen hinsichtlich der Übermittlung von Informationen zwischen Organisationsmitgliedern. Bei der begrifflichen Abgrenzung von Entscheidungen über die Übermittlung, Verteilung oder Beschaffung von Informationen muß allerdings bedacht werden, daß Informationsaktivitäten durch unterschiedliche Mechanismen in Gang gesetzt werden und deshalb auch unterschiedlichen Charakter besitzen können:

Wenn eine Instanz einem nachgeordneten Mitarbeiter z. B. Informationen über Handlungsalternativen und deren Konsequenzen gibt (um dessen Entscheidung zu beeinflussen), so kommt damit definitionsgemäß eine *Organisationsentscheidung* zum Ausdruck. Wenn eine Instanz einem nachgeordneten Mitarbeiter A die Weisung gibt, dem Mitarbeiter B Informationen zu übermitteln, so trifft sie ebenfalls eine Organisationsentscheidung. Wenn dabei der Mitarbeiter B dem Mitarbeiter A nachgeordnet ist, und der Mitarbeiter A aus mehreren Informationsalternativen eine Alternative auswählt, so trifft er selbst ebenfalls eine Organisationsentscheidung.[4]

Entscheidet der Mitarbeiter A darüber, ob er zur Formulierung seines Entscheidungskalküls über Organisations- und/oder Objektalternativen zuvor noch Informationen beschaffen soll, so trifft er eine *Metaentscheidung.*

Als *Kommunikationsentscheidung* hingegen wird die Entscheidung eines Mitarbeiters darüber definiert, ob und welche Informationen er an solche Organisationsmitglieder weitergeben soll, die ihm (dem Informanten) nicht hierarchisch nachgeordnet sind. Kommunikationspartner können dabei der gleichen oder unterschiedlichen Hierarchieebenen angehören.

Ob es sich bei Entscheidungen über Informationsübermittlungen um eine Meta-, eine Organisations- oder eine Kommunikationsentscheidung handelt, hängt also von der Richtung und von dem Partner des Informationstransfers ab.

Der Inhalt der im Rahmen der Kommunikation übermittelten Information kann unterschiedlich sein (vgl. Hax, 1965, S. 51):

- Es kann sich um *Mitteilungen* über beobachtete Indikatoren und die daraus zu ziehenden Schlüsse handeln, um getroffene Entscheidungen oder um die Ergebnisse bzw. Teilergebnisse als Resultat der Entscheidungen.
- Die übermittelte Information kann in *Anregungen, Vorschlägen* oder *Empfehlungen* bestehen, die möglicherweise die Entscheidungen des Informationsempfängers unmittelbar beeinflussen.
- Es können *Anfragen* sein, also Mitteilungen darüber, daß eine der obengenannten Informationen gewünscht wird.

Mit Ausnahme der obersten Instanz – der sämtliche übrigen Organisationsmitglieder nachgeordnet sind – haben alle Entscheidungsträger auch Kommunikationsentscheidungen zu treffen.

Häufig dienen organisatorische Maßnahmen gerade der Steuerung von nachgeordneten Kommunikationsentscheidungen; Beispiele hierfür sind:

- Den Entscheidungsträgern werden Verfügungsmöglichkeiten über Datenspeicher und Kommunikationskanäle eingeräumt,
- ihnen werden Verhaltensnormen vorgegeben, die (in mehr oder weniger präziser Weise) zum Ausdruck bringen, in welchen Fällen welche Informationen an andere Mitglieder zu übermitteln sind.

---

[4] Auch dann, wenn die Instanz dem Mitarbeiter A eindeutig vorschreibt, welche Informationen er B geben soll, und A dieser Weisung folgt, trifft er eine Organisationsentscheidung. Er hätte ja entgegen der Weisung auch die Informationsübermittlung unterlassen können.

## 3.3 Zielkomponenten der Steuerung von Entscheidungen

### 3.3.1 Die Determinanten der Entscheidungen nachgeordneter Mitarbeiter als Zielkomponenten der Steuerung

Delegiert eine Instanz Entscheidungskompetenzen an einen nachgeordneten Mitarbeiter, so tut sie das in der Erwartung, daß auf diese Weise Entscheidungen im Sinne ihrer Zielsetzung zustande kommen, die qualifizierter sind und/oder weniger Aufwand verursachen, als wenn sie selbst entscheiden würde. Damit sich diese Erwartung erfüllen kann, muß die Instanz dem Entscheidungsträger ihre Zielsetzung bzw. eine daraus abgeleitete Zielsetzung vorgeben und dessen Entscheidungsprozeß in einem gewissen Ausmaß strukturieren und überwachen. Alle Aktivitäten, die die Instanz unternimmt, um das Verhalten des Entscheidungsträgers zu beeinflussen, stellen (Organisations- bzw.) Steuerungsmaßnahmen dar.

Unabhängig davon, in welcher Weise sich der Aufgabenbereich eines nachgeordneten Mitarbeiters aus Objekt-, Organisations- und Kommunikationsentscheidungen zusammensetzt, ist der Gegenstand der Steuerung stets ein Entscheidungsprozeß, dessen Resultat von den Ausprägungen der Determinanten der Entscheidung abhängt. Steuerungsmaßnahmen können sich auf das Verhalten eines Entscheidungsträgers somit nur unter der (notwendigen, jedoch nicht hinreichenden) Voraussetzung auswirken, daß mindestens eine der folgenden Determinanten seiner Entscheidung verändert wird:

1. Typ des Entscheidungsmodells (EM),
2. Menge der erwogenen Alternativen (A),
3. Informationsstruktur (IS),
4. Prognosefunktion (PF),
5. Zielfunktion (ZF),
6. Ergebnisse der Alternativen (E).

Handelt es sich bei der zu steuernden Entscheidung um eine Objektentscheidung, so müssen sich die Steuerungsmaßnahmen auf die Determinanten der Objektentscheidung des Entscheidungsträgers beziehen; geht es darum, eine Organisations- oder eine Kommunikationsentscheidung zu steuern, so muß sich die Steuerung auf eine Beeinflussung der Determinanten speziell dieser Entscheidungen konzentrieren (vgl. Liermann, 1982, S. 62 - 78).

Als Zielkomponenten der Steuerung kommen also stets die Determinanten der entsprechenden Entscheidung in Betracht. Im folgenden wird untersucht, welche Steuerungsmaßnahmen gerade diese Determinanten beeinflussen. Es ist plausibel, daß der Umfang der skizzierten Einflußmöglichkeiten davon abhängt, welche Aufgaben einem Entscheidungsträger übertragen werden. Wir betrachten zunächst die Steuerung von Objektentscheidungen, dann die Steuerung von Organisationsentscheidungen und schließlich die Steuerung von Kommunikationsentscheidungen.

### 3.3.2 Steuerung von Objektentscheidungen

Bei der Steuerung von Objektentscheidungen geht es um die Beeinflussung der entsprechenden (Objekt-)Determinanten der nachgeordneten Entscheidung. Wir werden nachfolgend erläutern, auf welche Weise organisatorische Maßnahmen auf die Ausprägungen gerade dieser Determinanten Einfluß nehmen können.

*(1) Beeinflussung des Entscheidungsmodells*

Organisatorische Maßnahmen können darauf abzielen, die Entscheidungsmodelle der nachgeordneten Entscheidungsträger zu beeinflussen. Diese Form der Entscheidungssteuerung ist insbesondere dann von Bedeutung, wenn Entscheidungskompetenzen hinsichtlich der Objektentscheidungen eingeräumt werden. Die Beeinflussung der Entscheidungsmodelle kann auf verschiedene Arten erfolgen:

- Durch generelle Regelungen (z. B. in Form von Investitionshandbüchern) wird festgelegt, welche Modelltypen (z. B. die Kapitalwertmethode oder das *Dean*-Modell) anzuwenden sind. Außerdem werden eventuell Regelungen über den anzustrebenden Komplexionsgrad von Entscheidungsmodellen festgelegt.
- Einem (oder mehreren) Entscheidungsträger(n) wird in einer konkreten Entscheidungssituation von der Instanz ein bestimmtes Entscheidungsmodell empfohlen oder dessen Anwendung explizit vorgeschrieben.
- Durch Ausbildungsmaßnahmen werden die nachgeordneten Entscheidungsträger mit Entscheidungsmodellen und deren Vor- und Nachteilen vertraut gemacht.
- Die Einstellung von Mitarbeitern (durch die Instanz) erfolgt unter dem Gesichtspunkt, inwieweit sie mit Entscheidungsmodellen vertraut sind.
- Im Rahmen von Planungskontrollen wird die Modellkonstruktion überprüft. Das kann zu sorgfältigeren Kalkülüberlegungen motivieren. Die Motivation kann möglicherweise durch positive Leistungsanreize (z. B. in Form einer Ergebnisbeteiligung) verstärkt werden.

*(2) Beeinflussung der Menge der Objektalternativen*

Organisatorische Maßnahmen dienen häufig auch dazu, die Menge der erwogenen Handlungsalternativen zu beeinflussen. In dieser Hinsicht sind zwei Arten von Maßnahmen zu unterscheiden, die in enger Beziehung zueinander stehen:

1. Durch objektive Begrenzungen wird die Menge jener Handlungsalternativen fixiert bzw. verändert, die die Entscheidungsträger realisieren *können.*
2. Durch Vorgabe von Verhaltensnormen und durch ergänzende Maßnahmen wird die Menge jener Handlungsalternativen beeinflußt, die in den Entscheidungskalkülen der nachgeordneten Mitarbeiter erwogen werden und die damit eine Chance haben, gewählt (und realisiert) zu werden.

Die Beeinflussung der *Menge der tatsächlich realisierbaren Handlungsalternativen* erfolgt insbesondere durch die Begrenzung der Verfügungsmöglichkeit über Ressourcen (vgl. 3.4.2). Z.B. werden die finanziellen Mittel begrenzt, über die ein Investor verfügen kann; ein Arbeiter bekommt keinen Schlüssel zum Magazin, wodurch seine Möglichkeit der Lagerentnahme eingeschränkt wird.

Durch objektive Begrenzungen können zwar nachteilige Handlungsalternativen in gewissem Umfang ausgeschlossen werden. Trotzdem kann die Gefahr bestehen, daß (im Rahmen der objektiv möglichen Handlungsalternativen) eine schlechte Entscheidung getroffen wird. Diese Gefahr kann gemindert werden durch Vorgabe von Verhaltensnormen, die (im Rahmen der gegebenen Verfügungsmöglichkeiten) die Menge der *erwogenen* Handlungsalternativen beeinflussen sollen. Zum einen kann diese Menge hinsichtlich bestimmter Alternativen erweitert werden (und zwar insbesondere um solche, die sich vom Standpunkt der Instanz als vorteilhaft erweisen könnten, aber von den Entscheidungsträgern in ihren Kalkülen nicht berücksichtigt werden, weil sie diese nicht kennen bzw. übersehen). Zum andern können die Verhaltensnormen dazu dienen, die Menge der erwogenen Handlungsalternativen um bestimmte Alternativen zu reduzieren (und zwar insbesondere um solche Alternativen, die vom Standpunkt der Instanz nachteilig erscheinen, möglicherweise aber von einem Entscheidungsträger gewählt werden würden).

Zur *Erweiterung der Menge der erwogenen Handlungsalternativen* (bei unveränderten Verfügungsmöglichkeiten über Ressourcen) können z. B. folgende Maßnahmen dienen:

- Durch generelle Regelungen wird in mehr oder weniger grober Form festgelegt, wie bei der Suche nach Handlungsalternativen vorzugehen ist. Es werden generelle Regeln erlassen, nach denen sich die Entscheidungsträger untereinander über Handlungsalternativen informieren sollen.
- Die Instanz macht einen Entscheidungsträger in einer konkreten Entscheidungssituation auf bestimmte Handlungsalternativen aufmerksam, an die er vielleicht bisher nicht gedacht hat, oder sie gibt ihm die Weisung (Kommunikationsnorm), einem anderen Entscheidungsträger bestimmte Handlungsalternativen aufzuzeigen.
- Durch Ausbildungsmaßnahmen werden Techniken vermittelt, die helfen sollen, Handlungsalternativen zu entdecken bzw. zu erfinden (Förderung der Kreativität und der kognitiven Fähigkeiten).
- Es werden Mitarbeiter eingestellt, die gute Handlungsalternativen kennen.
- Die Entscheidungsträger werden motiviert, verstärkt nach (guten) Handlungsalternativen zu suchen, indem sie z. B. am Erfolg beteiligt werden.
- Durch Planungskontrollen wird ein zusätzlicher Anreiz für die sorgfältige Suche nach „guten“ Handlungsalternativen geschaffen.

Zur *Einengung der Menge der erwogenen Handlungsalternativen* (bei unveränderten Verfügungsmöglichkeiten über Ressourcen) können z.B. folgende Maßnahmen dienen:

- Die Entscheidungs*kompetenzen* werden begrenzt, wobei die Entscheidungsträger mehr oder weniger präzise darüber informiert werden, welche Handlungsalternativen sie durchführen dürfen und welche nicht. Es werden also Zulässigkeitsbereiche für die Entscheidungsvariablen definiert. Dies geschieht vor allem bei der Abteilungsgliederung und Stellenbildung sowie bei der Übertragung konkreter Aufgaben auf nachgeordnete Mitarbeiter (Vorgabe von Sachzielen).

*(3) Die Beeinflussung der Informationsstruktur*

Organisatorische Maßnahmen dienen häufig dazu, die Informationsstrukturen der Entscheidungsträger zu beeinflussen (Simon, 1981, S. 58, 188 ff.; Liermann, 1982, S. 69; Frese, 1987, S. 186 f., 208 - 211):

- Es werden (technische) Einrichtungen zur Übermittlung und Speicherung von Informationen geschaffen und den Organisationsmitgliedern Möglichkeiten und Rechte zur Nutzung dieser Einrichtungen eingeräumt.
- Die Instanz informiert einen Entscheidungsträger in einer konkreten Entscheidungssituation über die Ausprägungen bestimmter Indikatoren oder gibt ihm die Weisung, vor der Entscheidung bestimmte Informationen einzuholen.
- Die Entscheidungsträger werden motiviert, verstärkt nach zusätzlichen Informationen zu suchen, indem sie (z. B.) am Erfolg beteiligt werden und/oder Planungskontrollen zu erwarten haben.
- Einem Entscheidungsträger wird ein Stab zugeordnet, der Informationen beschafft und sie (eventuell in verdichteter Form) an den Entscheidungsträger weitergibt.
- Die Instanz verbietet, bestimmte Informationen zu beschaffen (z. B. weil sie zu teuer sind), oder erläßt Regelungen, die einen Entscheidungsträger von solchen Informationen abschirmen, die nur einen geringen Wert haben.

*(4) Beeinflussung der Prognosefunktion*

Die Beeinflussung der Prognosefunktion ist insbesondere dann relevant, wenn Entscheidungen bei Risiko zu treffen sind. Die Prognosefunktion kann in verschiedener Weise beeinflußt werden:

- Durch Ausbildungsmaßnahmen werden Theorien mit empirischem Gehalt vermittelt.
- Die Instanz gibt im Einzelfall Hinweise, welche Schlüsse sie selbst aus bestimmten Informationen ziehen würde.
- Die Entscheidung wird an eine Gruppe delegiert, deren Mitglieder über Schlußfolgerungen aus Informationen diskutieren. Dadurch können die Prognosefunktionen der Entscheidungsträger beeinflußt werden.

*(5) Beeinflussung der Zielfunktion*

Die Zielfunktion eines Entscheidungsträgers ist gekennzeichnet durch

1. die *Menge der Zielgrößen,* an denen er sich bei seiner Entscheidung orientiert (Definitionsbereich der Zielfunktion),
2. die *Gestalt der Präferenzfunktion* (in der die Gewichtung der einzelnen Zielgrößen durch den Entscheidungsträger sowie dessen Risikoeinstellung zum Ausdruck kommt) und

3. das *Optimierungskriterium,* das zum Ausdruck bringt, welche Ausprägung des Präferenzwertes der Entscheidungsträger anstrebt (z. B. das Maximum oder einen befriedigenden Wert).

Die *Menge der Zielgrößen* eines Entscheidungsträgers kann vor allem dadurch beeinflußt werden, daß die Instanz ihm vorgibt, an welchen Zielgrößen er sich orientieren soll. (Zielgrößen werden insbesondere auch bei der Formulierung von Formalzielen vorgegeben. Wenn z. B. das Ziel gesetzt wird, den Gewinn zu maximieren oder einen bestimmten Sollgewinn anzustreben, so kommt darin zum Ausdruck, daß der Gewinn als maßgebliche Zielgröße dienen soll.)

Die Menge der Zielgrößen eines Entscheidungsträgers kann vor allem auch in der Weise beeinflußt werden, daß auf die Konsequenzen der erwogenen Handlungsalternativen Einfluß genommen wird. Wenn der Entscheidungsträger z. B. am Gewinn beteiligt wird, stellt sein Gewinnanteil für ihn eine zusätzliche maßgebliche Zielgröße dar.

Bei gegebener Menge von Zielgrößen wird der Entscheidungsträger dennoch ganz unterschiedliche Entscheidungen treffen, je nachdem, welche *Präferenzfunktion* und welches *Optimierungskriterium* er anwendet. Die zieladäquate Beeinflussung dieser Komponenten hat daher für die Instanz große Bedeutung. Maßnahmen der Beeinflussung sind vor allem:

- Dem Entscheidungsträger wird ein Ziel vorgegeben, in dem (mehr oder weniger) präzise festgelegt ist, welche Präferenzfunktion und welches Optimierungskriterium für die Entscheidung maßgeblich sein soll, z.B. Maximierung des Gewinnerwartungswertes, Erhöhung des Umsatzes um 10 %, Maximierung der gewichteten Summe aus kurzfristigem Gewinn und Marktanteil (wobei die Gewichtungsfaktoren von der Instanz als Daten vorgegeben werden).
- Der Entscheidungsträger wird an der Zielbildung beteiligt (Partizipation statt autoritärer Zielvorgabe durch die Instanz).
- Die Präferenzfunktion eines Entscheiders kann möglicherweise auch dadurch beeinflußt werden, daß die Instanz ihm (zusätzliche) Informationen über die „Bedeutung" einzelner oder aller Zielgrößen gibt. Er wird dann den einzelnen Zielgrößen u.U. andere Gewichte zumessen, als er es sonst getan hätte.
- Es kann auch versucht werden (z. B. durch Überzeugung oder im Extremfall durch Indoktrination), die grundsätzlichen Wertvorstellungen von Entscheidungsträgern zu beeinflussen.
- Die für die Entscheidungen maßgeblichen Präferenzfunktionen können auch dadurch beeinflußt werden, daß die Mitarbeiter unter dem Gesichtspunkt eingestellt werden, ob sie sich mit den Zielen der Instanz (bzw. dem Organisationsziel) identifizieren werden oder nicht.

### *(6) Beeinflussung der Ergebniswerte*

Bei gegebener Zielfunktion des Entscheidungsträgers hängt dessen Entscheidung wesentlich davon ab, zu welchen Ergebnis*werten* die erwogenen Alternativen in den als möglich erachteten Umweltzuständen führen. Für die Instanz stellt sich daher das Problem, die Höhe einiger oder aller Zielgrößenwerte derart zu beeinflussen, daß der Entscheidungsträger (mit hoher Wahrscheinlichkeit) eine in ihrem Sinne „gute" Entscheidung trifft.

Die Beeinflussung der *Höhe* der Zielgrößenwerte (mit dem Ziel der Entscheidungssteuerung) erfolgt in der Realität in vielfältiger Weise. Einige typische Beispiele dienen zur Verdeutlichung:

- Der Prämiensatz eines am Gewinn beteiligten Entscheidungsträgers wird erhöht; dadurch wird der Wert seiner Zielgröße „Einkommen" beeinflußt.
- Der Entscheidungsspielraum eines Entscheidungsträgers wird eingeengt, wenn seine Entscheidung zu niedrigen „Erfolgen" führt, während er bei hohen Erfolgen befördert wird; hierdurch werden die Ausprägungen von Zielgrößen wie „Einkommen", „Einfluß", „Prestige" und „Arbeitsfreude" beeinflußt.
- Gegen einen Entscheidungsträger werden Sanktionen verhängt, wenn er eine Handlungsalternative außerhalb seines Entscheidungsspielraumes wählt; dadurch werden die Ergebnisse beeinflußt, die den unzulässigen Alternativen entsprechen.

*(7) Interdependenzen zwischen den Ausprägungen der Determinanten*

Organisationsentscheidungen beziehen sich im allgemeinen in expliziter Weise zugleich auf mehrere Determinanten der Entscheidung. Bei Begrenzung des Entscheidungsspielraums eines Entscheidungsträgers (damit wird explizit die Menge der zulässigen Alternativen eingeschränkt) werden häufig zugleich Sanktionen erwogen für den Fall, daß eine „unzulässige" Alternative gewählt wird (Beeinflussung der Ergebnisse der unzulässigen Alternativen), und der Entscheidungsträger wird mehr oder weniger präzise über diese Sanktionen informiert (Beeinflussung der Informationsstruktur).

Aber auch dann, wenn organisatorische Maßnahmen explizit nur eine Determinante ansprechen, können sie mittelbar zugleich die Ausprägungen mehrerer Determinanten beeinflussen. Zwei Beispiele dienen zur Veranschaulichung:

- Der Entscheidungsspielraum eines Entscheidungsträgers wird erweitert. Dieser fühlt sich dadurch stärker als bisher für seine Entscheidung „verantwortlich" mit der Folge, daß er mehr Informationen über Aktionsmöglichkeiten und deren Konsequenzen einholt, sorgfältiger über Schlußfolgerungen nachdenkt und sich stärker mit dem Organisationsziel identifiziert. Die Erweiterung des Entscheidungsspielraums hat in diesem Fall also einen Einfluß auf die Alternativenmenge, die Informationsstruktur, die Prognosefunktion und die Zielfunktion.
- Ein Entscheidungsträger wird am Gewinn beteiligt (Determinante „Ergebnis der Handlungsalternativen"). Diese Maßnahme motiviert den Entscheidungsträger, mehr oder aus der Sicht der Instanz bessere Handlungsalternativen zu erwägen, zusätzliche Informationen einzuholen und sorgfältiger über Schlußfolgerungen nachzudenken. Die Gewinnbeteiligung beeinflußt dann zugleich die Ergebniswerte, die Alternativenmenge, die Informationsstruktur und die Prognosefunktion.

### 3.3.3 Steuerung von Organisationsentscheidungen

In einer einstufigen Hierarchie sind der (einzigen) Instanz nur Entscheidungsträger nachgeordnet, die Objekt- und Kommunikationsentscheidungen treffen. Die Aufgabe der Instanz besteht darin, diese Entscheidungen so zu steuern, daß ein möglichst gutes „Gesamtergebnis" erzielt wird. In einer Unternehmenshierarchie mit mehr als zwei Ebenen dagegen gibt es eine oder mehrere Instanzen, denen ihrerseits wieder *Instanzen* nachgeordnet sind, die Organisationsentscheidungen treffen. Die Organisationsentscheidungen der *vorgesetzten* Instanzen dienen dann (auch) dazu, die Organisationsentscheidungen der *nachgeordneten* Instanzen zieladäquat zu beeinflussen.

Organisatorische Maßnahmen einer vorgesetzten Instanz können sich auf die Organisationsentscheidung einer nachgeordneten Instanz nur unter der (notwendigen, aber nicht hinreichenden) Voraussetzung auswirken, daß mindestens eine der folgenden Determinanten der gesteuerten (Organisations-) Entscheidung verändert wird:

1. Typ des Entscheidungsmodells (für die Strukturierung und Lösung des Organisationsproblems),
2. Menge der (erwogenen) Organisationsalternativen,
3. Informationsstruktur,
4. Prognosefunktion,
5. Zielfunktion und
6. Ergebnisse der Organisationsalternativen.

Im folgenden wird dargestellt, wie mögliche Steuerungsmaßnahmen gerade die Ausprägungen dieser Determinanten beeinflussen.

#### *(1) Beeinflussung des Entscheidungsmodells*

Organisatorische Maßnahmen in einer Unternehmung können darauf abzielen, die Typen der (explizit oder implizit) verwendeten Entscheidungsmodelle zu beeinflussen. Diese Form der Steuerung ist insbesondere dann von praktischer und theoretischer Bedeutung, wenn nachgeordnete Mitarbeiter hinsichtlich der Objekt- und Organisationsentscheidungen Ermessensspielräume haben.

Bereits die Beeinflussung des Urteils über die Zweckmäßigkeit von *Objekt*modellen kann organisatorische Veränderungen mit sich bringen: Wenn z.B. eine Instanz davon überzeugt ist, die Anwendung eines Simultanmodells (etwa der Investitions- oder der Produktionsplanung) sei sinnvoller als die Anwendung unverbundener Partialmodelle, dann wird sie Entscheidungskompetenzen vielleicht in geringerem Umfang delegieren und nachgeordnete Mitarbeiter stärker an explizite Verhaltensnormen binden. Wenn Empfehlungen (oder Weisungen) gegeben werden, bestimmte Objektmodelle anzuwenden, wird an organisatorische Aspekte häufig gar nicht gedacht; organisatorische Veränderungen werden dann nur implizit angesprochen. Andererseits steht bei Maßnahmen zur Beeinflussung von Modellen gelegentlich auch der Aspekt der Steuerung organisatorischer Gestaltungsmaßnahmen bewußt im Vordergrund.

Im Rahmen des „Operations Research" sind zwar zahlreiche Entscheidungsmodelle für die Steuerung von rein ausführenden Tätigkeiten entwickelt worden. Zur Ermittlung einer „guten" Aufbauorganisation und zur Steuerung dispositiver Tätigkeiten bei gegebener Aufbauorganisation gibt es bisher jedoch keine geschlossenen Entscheidungsmodelle; die vorliegenden formalen Modelle, z.B. die der pretialen Lenkung (Schmalenbach, 1948), der Team-Theorie (Marschak, 1954) und des Delegationswertkonzepts (Laux, 1979), beziehen sich auf relativ enge Problemstellungen und können nur Bausteine für umfassendere Optimierungsmodelle liefern.

In der Literatur werden zwar Strukturierungskonzepte diskutiert, die als Modelle bezeichnet werden, z. B. das Colleague-Modell (Golembiewski, 1967), das Modell der überlappenden Gruppen (Likert, 1961), das Tensor-Modell (z. B. Bleicher/Meyer, 1976, S. 120) und die Modelle der divisionalen bzw. funktionalen Organisation (z.B. Eisenführ, 1970). Hierbei handelt es sich aber lediglich um *Beschreibungsmodelle,* die in sehr allgemeiner Form Möglichkeiten der organisatorischen Gestaltung darstellen; es sind keine Entscheidungsmodelle. Wenn ein Abteilungsleiter etwa die Weisung erhält, seine Abteilung nach dem Colleague-Modell zu strukturieren, so kommt damit nur zum Ausdruck, welche Organisationsalternativen er realisieren darf; wie er seine Strukturierungsüberlegungen modelltheoretisch untermauern soll, bleibt offen. (Es wird damit nur die Alternativenmenge beeinflußt, jedoch kein Entscheidungsmodell-Typ vorgegeben.)

Beim jetzigen Stand der deduktiven Forschung können organisatorische Entscheidungen allenfalls auf der Basis einer Ergebnismatrix getroffen werden (sofern man von speziellen Problemstellungen absieht, für die andere Entscheidungsmodelle existieren). Voraussetzung für die Anwendung dieses Modells ist jedoch, daß relativ wenig Alternativen berücksichtigt und deren mögliche Ergebnisse in stark vereinfachter Form dargestellt werden.

Die Determinante „Typ des verwendeten organisationstheoretischen Entscheidungsmodells" hat also beim gegenwärtigen Stand der Forschung nur geringe praktische Bedeutung für die Steuerung der Organisationsentscheidungen einer Instanz.

### *(2) Beeinflussung der Menge der Organisationsalternativen*

Die Menge der erwogenen Organisationsalternativen wird insbesondere durch die Übertragung bzw. die Begrenzung von Entscheidungskompetenzen über organisatorische Maßnahmen gesteuert.

Bereits mit der Fixierung der Entscheidungsspielräume für Objektentscheidungen werden (zumindest implizit) Grenzen für organisatorische Entscheidungskompetenzen abgesteckt. Eine Instanz, die z.B. nur für Objektentscheidungen im Absatzbereich zuständig ist, darf eben (auch wenn es ihr nicht explizit gesagt wird) ihre Mitarbeiter nicht anweisen, Rohstoffe zu beschaffen oder Anlagen im Fertigungsbereich zu bedienen.

Innerhalb eines bestimmten Objektbereichs kann jedoch noch ein sehr weiter Ermessensspielraum für Organisationsentscheidungen bestehen (insbesondere dann, wenn die Zahl der Objektvariablen und der nachgeordneten Mitarbeiter groß ist). Um der Gefahr zu begegnen, daß die betreffende Instanz schlechte Organisationsentscheidungen trifft, kann es sinnvoll sein, ihren Kompetenzbereich (Zulässigkeitsbereich) für Organisationsentscheidungen weiter einzuengen. Das kann im Prinzip auf zwei Arten erfolgen:

- Die Instanz darf nur über einen Teil der organisatorischen Gestaltungsvariablen selbst entscheiden, über die anderen entscheidet ein übergeordnetes Organisationsmitglied. Ein Abteilungsleiter darf etwa die Gliederung seiner Abteilung in kleinere Einheiten und die allgemeinen Aufgabenbeschreibungen der Stellen nicht selbst vornehmen oder ändern; darüber entscheidet die Unternehmensleitung (oder eine zentrale Organisationsabteilung). In den Kompetenzbereich des Abteilungsleiters fällt hingegen die laufende Steuerung der Entscheidungs- und Verrichtungsprozesse (Ablauforganisation) unter Einhaltung des gegebenen Strukturrahmens (Aufbauorganisation).
- Die Instanz muß bei der Fixierung der organisatorischen Entscheidungsvariablen (im Rahmen ihres Kompetenzbereiches für Objektentscheidungen) bestimmte Restriktionen beachten, die ihren Gestaltungsspielraum einengen. Z.B. könnte vorgeschrieben sein, daß das Prinzip der Einheit der Auftragserteilung einzuhalten ist, daß die Kontrollspanne nicht größer sein darf als sechs, daß die nachgeordneten Mitarbeiter in gewissem Umfang an den Entscheidungsprozessen partizipieren sollen. Die Regelungen zur Beeinflussung der Organisationsentscheidungen einer Instanz können insbesondere auch festlegen, welche organisatorischen Entscheidungen sie selbst treffen soll und welche sie delegieren darf.

Es ist möglich, daß die Instanz eine schlechte Organisationsentscheidung trifft, weil sie „gute" Organisationsalternativen nicht kennt bzw. übersieht. Daher kann es zweckmäßig sein, Maßnahmen zu ergreifen, die die erwogene Alternativenmenge erweitern. Dies kann z. B. erfolgen in Form eines gezielten Hinweises, durch allgemeine Schulungskurse oder durch Vorgabe von Verhaltensnormen, die zum Ausdruck bringen, wie bei der Suche nach möglichen Organisationsalternativen vorzugehen ist.

Wie bereits erläutert wurde, hängen die organisatorischen Maßnahmen einer Instanz von der Art ihrer Objektentscheidung ab. Diese wiederum ist abhängig von ihrem Kenntnisstand über Objektalternativen. Wenn organisatorische Maßnahmen bewirken, daß eine Instanz sich besser über realisierbare Objektalternativen informiert (informieren kann), so besteht die Tendenz, daß sie ihre Objektentscheidungen detaillierter trifft und ihre nachgeordneten Mitarbeiter stärker an explizite Verhaltensnormen bindet. Bei schlechterem Informationsstand über Aktionsmöglichkeiten ist die Instanz stärker darauf angewiesen, Entscheidungskompetenzen zu delegieren, um die Informationen der nachgeordneten Mitarbeiter über Objektalternativen zu nutzen.

*(3) Beeinflussung der Informationsstruktur*

Die Konsequenzen organisatorischer Maßnahmen hängen ab

1. von der Entwicklung der entscheidungsrelevanten Daten, die die Instanz und die nachgeordneten Organisationsmitglieder nicht beeinflussen (können) und

2. von den Entscheidungen der nachgeordneten Organisationsmitglieder im Rahmen der vorgegebenen organisatorischen Regelungen.

Die *entscheidungsrelevanten Daten* beziehen sich zum einen auf die (externe) Umwelt der Unternehmung, zum andern auf die interne Unternehmenssituation. Externe Daten sind z.B. Absatzpreise und Absatzhöchstmengen, die nicht beeinflußt werden können, oder stärker aggregierte Größen wie „Konkurrenzintensität" bzw. „Stärke der Konkurrenz". Zu den internen Daten können etwa die Produktionstechnologie und die Kommunikationseinrichtungen zählen. Bei der Organisationsentscheidung ist die zukünftige Datenentwicklung nicht mit Sicherheit bekannt. Die Instanz kann sich allenfalls ein Wahrscheinlichkeitsurteil bilden.

Die *Entscheidungen der zu steuernden (nachgeordneten) Instanz und der nachgeordneten Organisationsmitglieder* im eintretenden Umweltzustand sind der steuernden (vorgesetzten) Instanz ebenfalls nicht mit Sicherheit bekannt. Sie hängen von den jeweiligen Ausprägungen der Determinanten ihrer Entscheidungen ab, die schwer abzuschätzen sind.

### *(4) Beeinflussung der Prognosefunktion*

Das (Wahrscheinlichkeits-)Urteil einer Instanz über die Entwicklung der entscheidungsrelevanten Daten und die Entscheidungsprozesse in den möglichen Entwicklungen hängen nicht nur von ihrer Informationsstruktur, sondern auch von ihrer Prognosefunktion ab. Die Prognosefunktion bringt zum Ausdruck, auf welche Weise Informationen zu Wahrscheinlichkeitsurteilen verarbeitet werden. Die Prognosefunktion einer Instanz ist u.a. geprägt durch ihre eigenen praktischen Erfahrungen und/oder ihren Kenntnisstand hinsichtlich allgemeiner Theorien.

Die Prognosefunktion einer Instanz kann im Prinzip ebenso beeinflußt werden wie die eines Entscheidungsträgers in einer einstufigen Hierarchie. Für die Steuerung von Organisationsentscheidungen gewinnen aber jene Komponenten der Prognosefunktion große Bedeutung, die sich auf das individuelle Verhalten von Organisationsmitgliedern beziehen. Die Prognosefunktion der Instanz könnte in der Weise verbessert werden, daß ihr Theorien über menschliches Verhalten (z. B. über den Zusammenhang zwischen Anreiz, Motivation und individueller Leistung) übermittelt werden und/oder ihr Hinweise gegeben werden, *wie* sie sich darüber informieren kann. Eventuell erfolgen gezielte Ausbildungsmaßnahmen, um ihre Theoriekenntnisse zu verbessern.

### *(5) Beeinflussung der Zielfunktion*

Die Zielfunktion einer Instanz ist gekennzeichnet durch die Menge der Zielgrößen, an denen sie sich bei ihrer Entscheidung orientiert (Definitionsbereich der Zielfunktion), ihrer Präferenzfunktion und ihrem Optimierungskriterium. Die Zielfunktion einer Instanz kann im Prinzip ebenso beeinflußt werden, wie die eines Entscheidungsträgers in einer einstufigen Hierarchie. Das Problem, in *welcher* Weise sie beeinflußt werden soll, ist jedoch im allgemeinen erheblich komplexer als bei reinen Objektentscheidungen.

Insbesondere besteht das Problem, an welchen Zielgrößen sich die Instanz orientieren soll. Die primäre Orientierung an der Zielgröße „Erfolg" (z.B. Unternehmenserfolg oder Bereichserfolg) ist problematisch, da die Instanz nur schwer beurteilen kann, wie sich ihre Organisationsentscheidungen auf den Erfolg auswirken werden. Es stellt sich das Problem, Erfolgskriterien zu formulieren, deren Befolgung für die Erreichung des Betriebsziels wichtig ist. Solche Zielgrößen werden in der Literatur unter der Bezeichnung „Effizienzkriterien" in großer Zahl zur Diskussion gestellt. U. a. werden genannt (Fessmann, 1979, S. 11): Produktivität, Flexibilität, Fluktuation, Absentismus, Konfliktvermeidung, Qualität, Kosten, Wachstum (Wachstumsrate), Zufriedenheit der Mitarbeiter, Beschaffung und effiziente Nutzung von Ressourcen. Es ist jedoch bisher (theoretisch und empirisch) kaum fundiert untersucht worden, welche Bedeutung solchen Indikatoren für die Erreichung des übergeordneten Betriebsziels zukommt. Das Problem, welche Effizienzkriterien eine Instanz beachten und welche Werte sie anstreben soll, ist weitgehend offen.

Wenn keine operationalen Zielgrößen und eindeutige Zielgewichte vorgegeben werden (können), kann die Gefahr groß sein, daß die Instanz bei ihren Entscheidungen ihre persönlichen Ziele in den Vordergrund stellt. Um dieser Gefahr zu begegnen, könnte es sinnvoll erscheinen, die Wertvorstellungen so zu verändern, daß die Konflikte zwischen den Individualzielen und dem übergeordneten Betriebsziel reduziert werden.[5]

*(6) Beeinflussung der Zielgrößenwerte*

Bei gegebener Zielfunktion der Instanz hängt ihre Entscheidung wesentlich davon ab, welche Ergebnis*werte* die erwogenen Alternativen in den von ihr als möglich erachteten Umweltzuständen (im Urteil der Instanz) bieten. Die Maßnahmen zur Steuerung ihrer Organisationsentscheidungen können folglich vor allem darin bestehen, die Konsequenzen der Organisationsalternativen zu fixieren bzw. zu verändern. Von besonderer Bedeutung sind hierbei vor allem jene Ergebniskomponenten, die die Instanz persönlich betreffen:

- Gegen die Instanz werden z. B. Sanktionen verhängt, wenn sie eine Organisationsalternative außerhalb ihres Kompetenzbereichs wählt (wenn sie z. B. vorgegebene Organisationsprinzipien nicht befolgt) oder wenn sie im Rahmen ihrer Kompetenzen eine „schlechte" Organisationsentscheidung trifft.
- Die Instanz bekommt positive Belohnungen, wenn sie „gute" Organisationsmaßnahmen realisiert. Da es bei organisatorischen Regelungen letztlich darum geht, die Objektentscheidungen zu steuern, können die damit verbundenen Ergebnisse (z.B. Gewinne, bearbeitete Produktmengen) als „Endergebnisse" des or-

---

[5] Inwieweit ein Organisationsmitglied sich am Organisationsziel orientiert, kann davon abhängen, ob es nur Objektentscheidungen zu treffen hat oder auch Organisationsentscheidungen. Es ist z.B. möglich, daß es sich in der Rolle einer Instanz stärker mit dem Organisationsziel identifiziert als in der eines Entscheidungsträgers, der nur Objektentscheidungen zu treffen hat. Umgekehrt ist es möglich, daß ein Organisationsmitglied gerade als Instanz gegen das Organisationsziel verstößt; es ist z.B. nicht in der Lage, dieses Ziel gegenüber den divergierenden Interessen der nachgeordneten Mitarbeiter durchzusetzen.

ganisatorischen Bemühens aufgefaßt werden. Die organisierende Instanz kann an diesen Endergebnissen beteiligt werden. (Z. B. bekommt sie eine Prämie auf den ihrem Bereich zurechenbaren Gewinn.)

Wie bereits erläutert wurde, ist die Instanz grundsätzlich nicht in der Lage, die für ihre Organisationsentscheidungen maßgeblichen (möglichen) Umweltzustände präzise gegeneinander abzugrenzen. Die Notwendigkeit der Komplexitätsreduktion gebietet es, die möglichen Umweltzustände nur (sehr) grob zu umreißen (d.h. Teilmengen möglicher Umweltzustände jeweils durch einen „mittleren" Zustand zu repräsentieren). Die Ergebnisse der erwogenen Organisationsalternativen in den einzelnen Umweltzuständen sind dann nicht deterministisch bestimmt, sondern liegen in Form von Wahrscheinlichkeitsverteilungen vor. Diese Wahrscheinlichkeitsverteilungen können aber ebenfalls nicht exakt dargestellt werden, sondern sind durch mehr oder weniger grobe Indikatoren zu charakterisieren. Die Zuordnung der Indikatorwerte zu den einzelnen Umweltzuständen ist ein empirisches Problem, denn sie kann nicht mehr ausschließlich auf deduktivem Wege erfolgen wie bei eindeutiger Beschreibung der Umweltzustände. Es gibt empirische Untersuchungen, die sich mit dieser Zuordnung befassen (vgl. Kieser/Kubicek, 1983). Die Höhe der Ergebniswerte (mit denen die Instanz rechnet) kann somit auch in der Weise beeinflußt werden, daß auf die Ergebnisse entsprechender Untersuchungen hingewiesen wird.

### 3.3.4 Steuerung von Kommunikationsentscheidungen

Kommunikationsentscheidungen nachgeordneter Mitarbeiter können durch organisatorische Maßnahmen im Prinzip ebenso gesteuert werden wie Objekt- und Organisationsentscheidungen: Zielkomponenten der Steuerung sind nun die Determinanten der Kommunikationsentscheidungen. Allerdings bestehen zwischen den Kommunikationsentscheidungen und den Objekt- und Organisationsentscheidungen eines Mitarbeiters enge Interdependenzen. Die Übermittlung von Informationen hat ja keinen Selbstzweck, sondern soll dazu dienen, daß „gute" Organisationsentscheidungen und letztlich „gute" Objektentscheidungen getroffen werden können. Die Kommunikationsentscheidungen hängen also auch von den Determinanten der übrigen Entscheidungen ab.

Nachfolgend werden beispielhaft einige Steuerungsmaßnahmen zusammengestellt, mit denen versucht wird, die Determinanten der Kommunikationsentscheidungen zu beeinflussen.

#### *(1) Beeinflussung des Entscheidungsmodells*

Eine besondere Rolle für die Auswahl von Kommunikationsaktivitäten spielen die Erwartungen des Entscheidungsträgers hinsichtlich der Auswirkungen einer Informationsübermittlung auf sein eigenes und das Kalkül des Kommunikationspartners. Durch Ausbildungsmaßnahmen und durch gezielte Informationen der Instanz kann der Entscheidungsträger in die Lage versetzt werden, entsprechende theoretische Problemlösungsstrukturen einzusetzen (vgl. z.B. den teamtheoretischen Ansatz (Marschak, 1954) oder den Ansatz von Kaus (Kaus, 1985), in dem die Konsequenzen der Informationsabgabe im Gremium analysiert werden).

*(2) Beeinflussung der Menge der Kommunikationsalternativen*

Maßnahmen zur Unterstützung informeller Zusammenarbeit zwischen den Mitarbeitern und die Förderung von „kleinen Dienstwegen", z. B. durch gemeinsame Veranstaltungen, außerberufliche Aktivitäten, Arbeitsessen, räumliche Zentralisation usw. führen dazu, daß eine größere Anzahl von Kommunikationsmöglichkeiten gegeben sind.

Umgekehrt führen streng einzuhaltende Dienstwege und Berichtssysteme sowie eine räumlich sehr dezentrale Anordnung der Mitarbeiter dazu, daß die Menge der Kommunikationsalternativen relativ begrenzt bleibt.

*(3) Beeinflussung der Informationsstruktur und*
*(4) Beeinflussung der Prognosefunktion*

Ob und welche Kommunikationsaktivitäten ein Entscheidungsträger ergreift, hängt auch davon ab, welche Informationen und Erwartungen er besitzt

- über die von anderen Mitarbeitern zu lösenden Entscheidungsprobleme,
- über die dazu benötigten Informationen und inwieweit diese Informationen bereits vorhanden sind,
- über die (ungewissen) Konsequenzen seiner eigenen Informationsübermittlung.

Traineeausbildung und Job rotation sind Maßnahmen, die dem Entscheidungsträger einen Einblick in die Aufgabenbereiche anderer Mitarbeiter geben und damit auch seine Informationsstruktur und seine Prognosefunktion für die Lösung von Kommunikationsentscheidungen beeinflussen.

*(5) Beeinflussung der Zielfunktion*

Eine Erziehung der Mitarbeiter *gegen* die Philosophie des Abteilungsegoismus beeinflußt die für die Kommunikationsentscheidungen maßgebliche Zielfunktion. Ein Entscheidungsträger ist dann möglicherweise auch bereit, zum Nutzen der Gesamtunternehmung Informationen an andere Mitarbeiter zu übermitteln, ohne daraus unmittelbar einen eigenen (Abteilungs-)Vorteil zu erzielen.

*(6) Beeinflussung der Ergebniswerte*

Die Konsequenzen einer Informationsübermittlung lassen sich – gemessen in Zielgrößenwerten der ursprünglichen Objektentscheidung – im Prinzip zwar ermitteln (Laux, 1979; Kaus, 1985). Der damit verbundene Aufwand ist jedoch im allgemeinen so groß, daß die Konsequenzen in der Realität nur mehr oder weniger grob geschätzt werden können. Eine Feinsteuerung über die Ergebniswerte ist deshalb nicht sehr praxisrelevant. Allerdings wirken z. B. Sanktionen für unerlaubte Informationsabgaben (etwa für Geheimnisträger) gerade auf diese Determinante der Kommunikationsentscheidung.

## 3.4 Maßnahmen zur Steuerung von Entscheidungen

### 3.4.1 Basisvariablen organisatorischer Gestaltung

Im vorangegangenen Abschnitt wurden diejenigen Determinanten der Entscheidungen nachgeordneter Organisationsmitglieder herausgearbeitet und systematisch zusammengestellt, auf die eine Instanz Einfluß nehmen kann, um diese Entscheidungen zu steuern. Die Determinanten der nachgeordneten Entscheidungen werden dadurch zu Zielkomponenten der organisatorischen Gestaltung. Eine Reihe von Beispielen hat dies verdeutlicht.

Offen geblieben ist bisher weitgehend, worin die organisatorischen Instrumentalvariablen bestehen, über die die Instanz verfügt, um überhaupt einen Einfluß auf eine nachgeordnete Entscheidung auszuüben. Dieses Problem steht im Mittelpunkt des vorliegenden Abschnitts. Dabei geht es neben einer Systematik für die Steuerungsvariablen vor allem auch um die jeweils möglichen Steuerungseffekte der einzelnen Maßnahmen.

Die Steuerung des Verhaltens irgendeines (nachgeordneten) Organisationsmitglieds erfolgt grundsätzlich in der Weise, daß

- *Verfügungsmöglichkeiten* über Resourcen eingeräumt bzw. entzogen werden,
- *Verhaltensnormen* vorgegeben werden, die mehr oder weniger „präzise" zum Ausdruck bringen, welche Informationen zu beschaffen sind und wie auf empfangene Informationen zu reagieren ist, und außerdem
- *ergänzende Maßnahmen* ergriffen werden, die u. a. die Wahrscheinlichkeit erhöhen sollen, daß diese Normen „gut" befolgt werden (können) (vgl. Hax, 1965, S. 73; Arrow, 1980, S. 63 ff.).

Jede Steuerungsmaßnahme setzt sich aus Ausprägungen dieser „Basisvariablen organisatorischer Gestaltung" zusammen. Ihre Wirkungsweise besteht in der Beeinflussung der Determinanten der Entscheidung. Das damit erreichte Verhalten des gesteuerten Entscheidungsträgers ist einerseits die Grundlage für eine Kontrolle der Bemessungsgrundlage für Belohnungen und Sanktionen; andererseits können aus dem Verhalten des Entscheidungsträgers Rückschlüsse auf die Eignung der gewählten Steuerungsmaßnahmen getroffen werden.

### 3.4.2 Verfügungsmöglichkeiten über Ressourcen

Die Verfügungsmöglichkeiten über Ressourcen bestimmen die *objektiven* Grenzen des individuellen Verhaltens. Wenn z.B. ein Organisationsmitglied den Schlüssel zum Magazin abgeben muß, wird seine Möglichkeit der Lagerentnahme eingeschränkt. Wenn ein Mitarbeiter ein Telefon erhält, werden seine Informationsmöglichkeiten erweitert. Von den Verfügungsmöglichkeiten des Entscheidungsträgers hängen somit dessen Aktionsmöglichkeiten ab.

Die Instanz kann das Verhalten eines nachgeordneten Organisationsmitglieds in mehr oder weniger starkem Umfang beeinflussen, indem sie ihm Verfügungs-

*möglichkeiten* einräumt bzw. entzieht. Eine Beschränkung der Verfügungsmöglichkeiten bewirkt eine absolute Verhaltensrestriktion: Die Menge der Aktionsmöglichkeiten wird wie in einer Vorauswahl begrenzt (einige der Aktionsmöglichkeiten sind dann nicht mehr „möglich"). Werden dem Entscheidungsträger zusätzliche Verfügungsmöglichkeiten eröffnet, so entstehen zwar dadurch – objektiv betrachtet – auch zusätzliche Aktionsmöglichkeiten. Inwieweit der Entscheidungsträger diese Möglichkeiten auch subjektiv wahrnimmt und in seinen Entscheidungskalkülen als zusätzliche Alternativen erwägt, ist jedoch unbestimmt.

In welcher Weise Verfügungsmöglichkeiten genutzt werden, hängt in der Regel auch davon ab, welche Verfügungs*rechte* übertragen werden. Verfügungsrechte kommen in den Verhaltensnormen zum Ausdruck.

## 3.4.3 Verhaltensnormen

### *3.4.3.1 Zum Inhalt von Verhaltensnormen*

Verhaltensnormen sind charakterisiert durch ihren Inhalt (*Was* soll getan werden?), durch ihre Präzision (*Wie* soll es getan werden?) und durch ihre personelle Zuordnung, die zum Ausdruck bringt, *wer* diesen Normen folgen soll. Verhaltensnormen können z. B. konkret einem speziellen Organisationsmitglied oder allgemein einer bestimmten Stelle zugeordnet sein; im zweiten Fall gelten die Normen für jeden Inhaber dieser Stelle. „Stellennormen" gelten „auf Dauer" und beschreiben in allgemeiner Form jene Aufgaben, die unabhängig davon zu erfüllen sind, wer gerade Stelleninhaber ist. Die Stellennormen begrenzen den Rahmen, innerhalb dessen dem jeweiligen Stelleninhaber konkrete Aufgaben übertragen werden (dürfen). Die Konkretisierung bzw. Präzisierung erfolgt im Zeitablauf in Abhängigkeit von der jeweils zu erfüllenden Gesamtaufgabe der Unternehmung. Die konkreten Verhaltensnormen gelten dann für dasjenige Organisationsmitglied, das gerade Inhaber der betreffenden Stelle ist.

Die einem Organisationsmitglied gesetzten Verhaltensnormen bringen (in mehr oder weniger präziser Weise) zum Ausdruck,

- welche Informationen es beschaffen,
- welche Informationen es an andere Organisationsmitglieder weitergeben und
- welche Handlungsalternative (Objekt- bzw. Organisationsalternative ) es jeweils wählen soll.

Konkret stehen hinter dieser allgemeinen Formulierung für den Inhalt von Verhaltensnormen Anweisungen und Richtlinien jeder denkbaren Art, mit denen die Instanz den Entscheidungsprozeß des nachgeordneten Entscheidungsträgers initiiert, auf ein vorgegebenes Ziel ausrichtet, hinsichtlich des Ablaufes strukturiert und Vorgaben für den eigentlichen Auswahlkalkül setzt. In welchem Ausmaß und in welchem Detail dies geschieht, ist von Fall zu Fall verschieden und kann auch zunächst offenbleiben.

Verhaltensnormen können explizit oder implizit formuliert sein. Explizite und implizite Verhaltensnormen unterscheiden sich in ihrer Präzision und bilden zugleich die Endpunkte einer Skala von Kombinationsmöglichkeiten; als fallweise und generelle Regelungen unterscheiden sie sich in ihrer Gültigkeitsdauer. (Im letzten Fall wird auch von Standardisierung und Formalisierung gesprochen.)

*Explizite Verhaltensnormen* schreiben dem Entscheidungsträger eindeutig (explizit) vor, welche Aktivitäten er ausführen soll. Sie werden im allgemeinen als bedingte Aussagen formuliert, in denen die auszuführenden Aktionen an bestimmte Ereignisse oder Beobachtungen geknüpft werden. Solche „Wenn-Dann-Vorschriften" lassen zwar im voraus offen, welche Aktionen tatsächlich durchgeführt werden (das hängt von der Ausprägung der Wenn - Komponente ab). Trotzdem verbleibt dem Entscheidungsträger kein Entscheidungsspielraum: Mit der Beobachtung der Wenn-Komponente ist bindend festgelegt, was in dieser Situation zu tun ist.

Im allgemeinen erhält der Entscheidungsträger nicht für alle möglichen Eventualitäten eine explizite Anweisung, was jeweils zu tun ist. Ihm wird vielmehr ein Ziel vorgegeben, an dem er sich zu orientieren hat. Er hat also im Rahmen eines eigenen Ziel-Mittel-Kalküls jeweils diejenige Alternative zu wählen, die diesem Ziel am besten entspricht. „Wie er im Einzelfall zu entscheiden hat, ist durch diese Zielvorgabe nicht explizit, sondern nur implizit bestimmt. Der Entscheidungsträger muß nach freiem Ermessen darüber befinden, welche Aktionen im Hinblick auf das vorgegebene Ziel angezeigt erscheinen. In der Zielvorgabe liegt somit eine *implizite Verhaltensnorm*" (Hax, 1969, S. 42 f.).

Die Ergänzung impliziter Verhaltensnormen durch explizite kann auch dazu dienen, die Spielräume für *Metaentscheidungen* (vgl. Abschnitt 2.1) einzuengen. Einem Entscheidungsträger, dem die implizite Verhaltensnorm gesetzt wird, den Gewinnerwartungswert zu maximieren, könnte z. B. explizit vorgeschrieben werden, bestimmte Informationen einzuholen und seine Entscheidung auf der Basis eines bestimmten Modelltyps (z. B. des Grundmodells der Entscheidungstheorie) zu treffen. Die expliziten Verhaltensnormen können auch Verfahren beschreiben, mit denen die auftauchenden Probleme zu lösen sind (Standardisierung).

Die Ermittlung expliziter und impliziter Verhaltensnormen zur Steuerung der Objektentscheidungsprozesse und der damit in enger Beziehung stehenden Verrichtungsprozesse stellt ihrerseits ein komplexes Entscheidungsproblem dar. Die oberste Leitungsinstanz kann im allgemeinen dieses Problem nicht vollständig lösen, sondern ist gezwungen, auch Entscheidungskompetenzen über die Gestaltung von Verhaltensnormen zur Steuerung der Entscheidungs- und Verrichtungsprozesse zu delegieren, also Entscheidungskompetenzen über Organisationsentscheidungen zu übertragen. Dabei erweist es sich im allgemeinen als zweckmäßig, wie folgt vorzugehen:

Die oberste Leitungsinstanz (oder eine damit beauftragte Stelle) legt die „Aufbauorganisation" fest, die einen allgemeinen Rahmen für die Arbeitsverrichtungen und Entscheidungen der Personen in der Organisation absteckt. Die detaillierte Steuerung dieser Tätigkeiten erfolgt im Rahmen der „Ablauforganisation", wobei die Aufbaustruktur Nebenbedingungen beschreibt, die bei der Festlegung der ablauforganisatorischen Regelungen einzuhalten sind.

Offenbar erweist sich die Vorgabe von Verhaltensnormen als ein grundlegendes und sowohl umfassendes wie anpassungsfähiges Steuerungsinstrument der Instanz. Sein vorteilhafter Einsatz findet seine Grenzen jedoch dort, wo die inhaltliche Ausgestaltung und die Formulierung von detaillierten Verhaltensnormen durch die Instanz zu aufwendig wird bzw. wo die Befolgung von vorgegebenen Verhaltensnormen durch den Entscheidungsträger nicht ohne weiteres angenommen werden kann.

#### *3.4.3.2 Die Zuordnung von Verhaltensnormen*

Eine weitere organisatorische Gestaltungsmaßnahme ist die Zuordnung von Teilaufgaben zu Organisationsmitgliedern.

Werden Verhaltensnormen im Sinne einer Stellenbeschreibung für den Aufgabenbereich einer (Funktions-) Stelle formuliert, so gilt sie unabhängig von der augenblicklichen Stellenbesetzung für *jeden* Entscheidungsträger, der diesen Aufgabenbereich einmal vertritt. Die Zuordnung von Verhaltensnorm und Weisungsempfänger erfolgt, indem die Instanz darüber entscheidet, *wer* diese Stelle (mit der bereits vorgegebenen Verhaltensnorm) einnehmen soll; das Problem der Auswahl von Entscheidungsträgern ist ein eigenständiges Steuerungsproblem der Instanz.

Umgekehrt werden Verhaltensnormen in der Realität häufig personenspezifisch formuliert. Der Umfang des delegierten Kompetenzbereiches hängt dann von den Fähigkeiten des Entscheidungsträgers ab (es werden möglicherweise zusätzliche „maßgeschneiderte" Stellen innerhalb der bestehenden Aufbauorganisation der Unternehmung geschaffen). Bei der Festlegung des Inhalts und der Präzision der Normen kann berücksichtigt werden, welche Erwartungen die Instanz besitzt hinsichtlich der Fähigkeiten und der Motivation des Entscheidungsträgers, die vorgegebenen Normen auch zu befolgen.

Da die Auswirkungen einer vorgegebenen Verhaltensnorm auf die Determinanten der zu steuernden Entscheidung auch davon abhängen, welche subjektiven Eigenschaften und Ziele des Weisungsempfängers die Determinanten der Entscheidung prägen, ist die Entscheidung über die Zuordnung von Weisung und Weisungsempfänger von erheblicher Bedeutung.

### 3.4.4 Ergänzende Steuerungsmaßnahmen

#### *3.4.4.1 Problemstellung und Überblick*

Die Gestaltung der objektiven Verfügungsmöglichkeiten der Entscheidungsträger und die Formulierung und Vorgabe von Normen für ihr Entscheidungsverhalten stellen die wesentlichen organisatorischen Aktionsmöglichkeiten der Instanz dar, um die Entscheidungen der nachgeordneten Organisationsmitglieder zu steuern. In den vorangegangenen Abschnitten ist deutlich geworden, auf welch vielfältige Weise damit auf die Determinanten nachgeordneter Entscheidungen Einfluß genommen werden kann. Die Ausprägungen dieser Determinanten hängen jedoch auch von einer Reihe weiterer (objektiver und subjektiver) Bestimmungsfaktoren ab; die Reaktion auf bestimmte Verhaltensnormen ist daher ungewiß:

- Die Steuerungswirkung von Verhaltensnormen wird davon bestimmt, wie hoch die Bereitschaft der Mitarbeiter ist, sich an diesen Normen zu orientieren.
- Die Steuerungswirkung hängt davon ab, ob die Entscheidungsträger aufgrund ihres Informationsstandes und ihrer Fähigkeiten eine vorgegebene Verhaltensnorm richtig interpretieren und befolgen können.

Andererseits ist für die Instanz die Reaktion der Entscheidungsträger auf bestimmte Verhaltensnormen *kein Datum.* Eine Instanz hat vielfältige Möglichkeiten, Einfluß auf die Interpretation und die Befolgung der vorgegebenen Normen zu nehmen. Solche „ergänzende“ Maßnahmen dienen ebenfalls der Steuerung der nachgeordneten Entscheidungen und gehören damit zu den organisatorischen Instrumentvariablen der Instanz.

Die Instanz kann durch folgende ergänzende Maßnahmen die Wahrscheinlichkeit für die Befolgung der Verhaltensnorm in ihrem Sinne erhöhen:

1. Art und Umfang der Information über die Verhaltensnorm;
2. Maßnahmen zur Verbesserung des Informationsstandes und der Fähigkeiten der Entscheidungsträger;
3. Maßnahmen zur Motivierung der Entscheidungsträger.

### *3.4.4.2 Verbesserung der Information über den Inhalt der Verhaltensnormen*

Bei der Information über Verhaltensnormen stellt sich insbesondere das Problem, daß die betreffende Nachricht vom Entscheidungsträger nicht so verstanden wird, wie sie die Instanz vermitteln will (Picot, 1984, S. 128 ff.). Die *Gefahr von Mißverständnissen* kann z. B. in der Weise reduziert werden, daß den Entscheidungsträgern die Möglichkeit der Rückfrage eingeräumt wird und/oder die Instanz bei der Vorgabe von Verhaltensnormen die Redundanz erhöht (indem sie dieselben Nachrichten mehrmals mit unterschiedlichen Codes übermittelt). Verständigungsprobleme können auch verringert werden durch Ausbildung und die „Schaffung gemeinsamer, unternehmungsintern eindeutig interpretierbare Fachsprachen und Wertmuster“ (Picot, 1984, S. 130).

Art und Ausmaß der Information können auch einen Einfluß haben auf die Motivation, den Normen zu folgen. Wenn einem Entscheidungsträger im Rahmen eines *face-to-face-Gesprächs* (etwa mit ermutigenden Bemerkungen) gesagt wird, was er tun soll, wird er seine Aufgaben vielleicht besser erfüllen, als wenn sie ihm schriftlich übermittelt werden. Andererseits kann es aber auch motivierend wirken, wenn die Aufgaben *schriftlich* festgehalten sind; die Gefahr, daß bei späteren Kontrollen Entscheidungsträger und Instanz unterschiedliche Meinungen darüber vertreten, welche Aufgaben hätten ausgeführt werden sollen, kann dann geringer sein.

### *3.4.4.3 Verbesserung der Informationsstände und Fähigkeiten*

Ob ein Entscheidungsträger bestimmte Verhaltensnormen „gut" oder „schlecht" befolgt (befolgen kann), hängt auch von seinem Informationsstand (über Handlungsalternativen und deren Konsequenzen) und von seinem Sachverstand (seiner Befähigung) ab. Dieser ist im dispositiven Bereich insbesondere geprägt durch die Fähigkeit, aus der Kenntnis von Indikatorenausprägungen „gute" Prognosen über die relevante Umweltentwicklung (d.h. über die entscheidungsrelevanten Daten) abzuleiten, sowie durch die Kenntnis von Entscheidungsmodellen und die Fähigkeit, sie anzuwenden. Im operativen Bereich ist die Fähigkeit insbesondere durch Eigenschaften charakterisiert wie Kraft, Ausdauer und Geschicklichkeit z.B. im Umgang mit Werkstoffen und Betriebsmitteln (Maschinen, Werkzeugen).

Durch Ausbildung (in eigenen oder fremden Ausbildungsstätten) können die Informationsstände und Fähigkeiten der Organisationsmitglieder verbessert werden. Im dispositiven Bereich kann die Ausbildung insbesondere den folgenden Zwecken dienen:

- Es wird (z. B. im Rahmen von Trainee-Programmen) ein allgemeiner Überblick vermittelt über Ziele, Aufgaben und Gliederung der Unternehmung sowie über ihre (wichtigsten) Absatz- und Beschaffungsmärkte. Diese Maßnahmen dienen u.a. dazu, das Verständnis unterschiedlicher Sachbereiche zu fördern. Der Einblick in die Gesamtzusammenhänge kann es dem einzelnen Organisationsmitglied erleichtern, sich mit (den Zielen) der Unternehmung zu identifizieren.
- Die (zukünftigen) Entscheidungsträger werden über Theorien mit empirischem Gehalt informiert (z.B. über Motivationstheorien, Theorien über das Konsumentenverhalten und Theorien über die Entwicklung von (Börsen-)Preisen). Diese Maßnahmen dienen dazu, die maßgeblichen Prognosefunktionen zu verbessern.
- Die Entscheidungsträger werden über Entscheidungsmodelle und Optimierungstechniken sowie deren allgemeine Vor- und Nachteile informiert. Eventuell erhalten sie – etwa in Form von Planspielen – die Gelegenheit, ihre Fähigkeit im Umgang mit Entscheidungsmodellen zu verbessern.

Die Ausbildung kann auch die Motivation beeinflussen, bestimmten Verhaltensnormen zu folgen (bzw. nicht zu folgen). Ein Entscheidungsträger mit breiter Ausbildung wird z.B. eher motiviert sein, komplexe Probleme selbständig zu lösen, als ein Mitarbeiter, der sich nicht für ausreichend qualifiziert und informiert hält (und daher die Verantwortung scheut, die mit selbständigen Entscheidungen verbunden ist). Umgekehrt kann es auch demotivierend wirken, wenn breit ausgebildete Mitarbeiter nicht in entsprechendem Maße am Entscheidungsprozeß partizipieren, sondern eng an explizite Verhaltensnormen gebunden werden.

Durch eine allgemeine Ausbildung kann zwar der Informationsstand über mögliche Alternativen und deren Konsequenzen erweitert werden; sie vermittelt aber eher einen allgemeinen Überblick, der die Orientierung in den konkreten Entscheidungssituationen erleichtern soll. Der Entscheidungsträger muß (insbesondere bei variablen und unstrukturierten Aufgaben) dann aber trotzdem jeweils gezielt nach eigenem Ermessen Informationen über Handlungsalternativen und Konsequenzen beschaffen. Aber auch die Instanz kann einem nachgeordneten Mitarbeiter spezielle Informationen für die Lösung seiner konkreten Entscheidungsprobleme geben. Sie kann auch anderen (nachgeordneten) Mitarbeitern die Weisung erteilen, solche Informationen zu übermitteln. Dadurch kann die Wahrscheinlichkeit steigen, daß „gute“ Entscheidungen getroffen (und die Verhaltensnormen „gut“ erfüllt) werden.

#### *3.4.4.4 Motivierung der Entscheidungsträger*

##### *(1) Partizipative Ermittlung von Verhaltensnormen*

Ob bestimmte Verhaltensnormen vorteilhaft sind oder nicht, hängt (auch) davon ab, inwieweit es gelingt, mit Hilfe von ergänzenden Maßnahmen die Entscheidungsträger dazu zu motivieren, diese zu befolgen. Bereits die Art der Ermittlung der Verhaltensnormen kann einen erheblichen Einfluß auf die Motivation ausüben. Wenn die Instanz z. B. mit den nachgeordneten Mitarbeitern gemeinsam deren Verhaltensnormen erarbeitet, können sich diese Mitarbeiter stärker mit ihrer Arbeit identifizieren und sich stärker verantwortlich fühlen, die Aufgaben wahrzunehmen, als wenn die Instanz dieselben Verhaltensnormen ohne Partizipation ermittelt und „autoritär“ vorgibt.

Die Idee der Motivation durch Partizipation bei der Erarbeitung von Verhaltensnormen steht beim „Management by Participation“ und beim „Management by Objektives“ im Vordergrund. Im Rahmen des zuletzt genannten Managementkonzepts z.B. werden den nachgeordneten Mitarbeitern Ziele gesetzt (etwa „Umsatzzuwachs von 10 % und/oder „Gewinnzuwachs von 5 %“), die sie innerhalb eines bestimmten Zeitraumes weitgehend nach eigenen Zweckmäßigkeitsvorstellungen erreichen sollen. Dabei werden die Ziele gemeinsam mit den betroffenen Mitarbeitern erarbeitet. Es wird erwartet, daß sich die Mitarbeiter dann stärker mit den Zielen identifizieren, als wenn diese autoritär vorgegeben werden.

Die Art der Ermittlung der Verhaltensnormen kann auch einen Einfluß auf deren Inhalt haben. Im Falle der Beteiligung der nachgeordneten Mitarbeiter an der Normenfindung können deren Ideenpotential und ihre Informationen genutzt werden. Die Instanz kann auf diese Weise Informationen erhalten, die andernfalls nicht zu ihr gelangt wären. Partizipation dient also nicht nur der Motivation, sondern auch der Verbesserung des Informationsstandes der Instanz, so daß dann im allgemeinen auch „bessere“ Verhaltensnormen formuliert werden können.

##### *(2) Beeinflussung der Motivationsstrukturen*

Die Motivierung eines Entscheidungsträgers zu einem von der Instanz gewünschten Verhalten erfolgt im allgemeinen durch die Verknüpfung der gewünschten Verhaltensweisen mit Konsequenzen, die sich auf bestimmte persönliche Ziele dieses Entscheidungsträgers (z. B. Einkommen, Machtstreben) positiv auswirken. Es wird dann erwartet, daß der Entscheidungsträger (im eigenen Interesse) andere persönliche Ziele (z. B. Freizeit, Bequemlichkeit) den Zielen der Organisation unterordnet.

Welche der persönlichen Ziele sich für die Motivierung eines Entscheidungsträgers besonders eignen, weil etwa eine Erhöhung der Ausprägungen gerade dieser Zielgrößen in besonderem Maße die Vernachlässigung anderer Ziele kompensiert, hängt davon ab, welchen Nutzen der Entscheidungsträger den Ausprägungen seiner Zielgrößen bzw. deren relativen Veränderungen zuordnet, kurz: von seiner *Motivationsstruktur.* Je höher der Nutzenzuwachs ist, der hinsichtlich ausgewählter Zielgrößen erreicht werden kann, desto größer ist auch die Bereitschaft, andere eigene Ziele zugunsten der in der Unternehmung übernommenen Aufgabe zurückzustellen.

Noch vor einer Gewährung von Belohnungen und der Verhängung von Sanktionen kann die Instanz deshalb versuchen, die Motivationsstrukturen der Entscheidungsträger so zu beeinflussen, daß auf möglichst einfache Weise gute Motivierungswirkungen erzielt werden können. Hierzu müssen die Wertvorstellungen der Entscheidungsträger derart geprägt werden, daß ihre Bereitschaft, (andere) persönliche Ziele zurückzustellen, gestärkt wird (vgl. Hax, 1965, S. 199 f.).

Beispiele für solche ergänzenden Steuerungsmaßnahmen sind die Einrichtung eines Systems von Statussymbolen und Machtindikatoren, die konzernweite vergleichende Veröffentlichung von (zu verantwortenden) Spartenergebnissen und nach hierarchischen Positionen gestaffelte Reisekostensätze. Die Instanz kann jedoch durch Steuerungsmaßnahmen auch versuchen, die relative Position der Unternehmensziele im (subjektiven) Zielbündel des Entscheidungsträgers zu verbessern. Diese Absicht verbirgt sich z.B. hinter Maßnahmen zur Stärkung der „Corporate Identity".

### *(3) Verhängung von Sanktionen*

Die Wahrscheinlichkeit dafür, daß Verhaltensnormen (gut) befolgt werden, kann möglicherweise erhöht werden, indem Sanktionen für den Fall verhängt werden, daß die getroffenen Entscheidungen mit den Verhaltensnormen nicht im Einklang stehen. Ein Entscheidungsträger, der wiederholt die Verhaltensnorm verletzt, muß dann damit rechnen, daß seine Entscheidungskompetenzen in Zukunft begrenzt werden oder er sogar aus der Unternehmung ausscheiden muß. Wenn der Entscheidungsträger damit rechnen muß, daß Fehlentscheidungen entdeckt und er dafür zur Rechenschaft gezogen wird, wird er u. U. bei der Erfüllung seiner Aufgabe sorgfältiger vorgehen. Es ist dann eher zu erwarten, daß er explizite Verhaltensnormen genau befolgen bzw. bei impliziten Verhaltensnormen sich am Ziel der Instanz orientieren und sich bei der Informationsbeschaffung und -verarbeitung intensiv einsetzen wird.

### *(4) Gewährung von Belohnungen*

Vom Standpunkt der Instanz kann es auch sinnvoll sein, durch die Gewährung von Belohnungen einen zusätzlichen Anreiz zu schaffen, die Verhaltensnormen zu befolgen. Die Belohnung kann z.B. in Form von Prämien, immaterieller Belohnung oder Beförderungen erfolgen. Positive Anreize sind insbesondere dort sinnvoll, wo Kontrollen einen hohen Aufwand erfordern und/oder Sanktionen schwer zu rechtfertigen sind. Auch bei der Einführung eines Prämiensystems werden allerdings Kontrollen nicht überflüssig:

1. In der Regel müssen zumindest die Ausprägungen jener Größen überprüft werden, von denen die Belohnungen abhängen (Kontrolle der Bemessungsgrundlagen für die Belohnungen).
2. Trotz des Anreizsystems kann (aus der Sicht der Instanz) die Gefahr von Fehlentscheidungen bestehen. Daher kann es auch bei Gewährung von Belohnungen durchaus sinnvoll sein, Kontrollen vorzunehmen, um a priori einen zusätzlichen Anreiz für „gute" Entscheidungen zu schaffen und/oder um bei einer dennoch getroffenen Fehlentscheidung korrigierend eingreifen zu können (vgl. Hax, 1965, S. 204 f.).

## 3.5 Effizienzkriterien und Entscheidungsmanagement

### 3.5.1 Notwendigkeit der Komplexitätsreduktion und Möglichkeiten der Vereinfachung

Prinzipiell bestehen keine Hindernisse, auch Steuerungsprobleme im Rahmen eines Entscheidungsmodells als Wahlproblem bei unsicheren Erwartungen zu formulieren (Laux, 1979; Liermann, 1982; Spielberger, 1983; Kaus, 1985). Die Grundstruktur von Steuerungsentscheidungen unterscheidet sich nicht von der anderer Entscheidungsprobleme. Darum können formale Entscheidungskriterien auch Richtlinien für Steuerungsentscheidungen geben. Mit dem Delegationswertkonzept (Laux, 1979) wird ein Entscheidungskalkül formuliert, mit dessen Hilfe bei gegebener Aufgabenstellung alternative Konstellationen der Determinantenausprägungen Informationsstruktur, Prognosefunktion und Zielfunktion exakt bewertet werden und diejenige Steuerungsmaßnahme (Delegationsform) ausgewählt wird, die unter Berücksichtigung von Kosten optimal erscheint. Analog lassen sich im Prinzip auch die Ausprägungen anderer Determinanten bewerten (Liermann, 1982).

Unüberschaubare Probleme entstehen jedoch aus der Komplexität der Entscheidungssituation. Die Formulierung von Organisationsproblemen in einem operablen Entscheidungsmodell erfordert einschneidende Vereinfachungen bei sämtlichen Modellelementen. Nachfolgend werden Beispiele für solche Vereinfachungen bei den einzelnen Modellelementen gegeben. Trotz Vereinfachungen haben solche Modellüberlegungen erhebliche (theoretische) Bedeutung: Sie ordnen das Steuerungsproblem in eine einheitliche Struktur und geben darüber hinaus auch Orientierungshilfen und Leitlinien für vereinfachte organisatorische Gestaltungsentscheidungen.

Es stellt sich allerdings auch die Frage, ob ein derart vereinfachtes Modell noch ein adäquates Abbild der Realität darstellt, in dessen Rahmen mit Hilfe von formalen Optimierungskriterien die Auswahlentscheidung getroffen werden soll. Eine alternative Vorgehensweise bietet dann die Verwendung von Effizienzkriterien (vgl. Abschnitt 3.5.2).

Die Beschreibung der Basiselemente eines organisatorischen Entscheidungsmodells muß tendenziell um so stärker vereinfacht werden, je größer der Realitätsausschnitt dieses Modells und je länger die erwartete Geltungsdauer der erwogenen Regelungen ist. Die Vereinfachung kann sich auf die Beschreibung

1. der Alternativen,
2. der Umweltzustände (unter Berücksichtigung ihrer Eintrittswahrscheinlichkeiten),
3. der Ergebnisse der Alternativen und/oder
4. der Zielfunktion beziehen.

*(1) Vereinfachung bei der Erfassung der Organisationsalternativen*

Eine erste Möglichkeit der Vereinfachung besteht darin, gewisse Organisationsalternativen zu vernachlässigen (bzw. nicht näher in Betracht zu ziehen). Aber selbst bei Vernachlässigung vieler (objektiv möglicher) Organisationsalternativen verursacht im allgemeinen die präzise Darstellung der dann noch erwogenen Alternativen einen Planungsaufwand, der nicht bewältigt werden kann (vor allem, wenn diese Alternativen sich auf einen großen Realitätsausschnitt beziehen, etwa auf die Unternehmung als Ganzes oder auf eine Abteilung).

Bei der Darstellung der betreffenden Alternativen müssen dann weitere Vereinfachungen vorgenommen werden. Das kann in der Weise geschehen, daß die Alternativen nicht als umfassende Strategien der Organisationsgestaltung definiert werden; bei der Beschreibung der Organisationsalternativen werden vielmehr explizit nur diejenigen organisatorischen Gestaltungsmaßnahmen berücksichtigt, die gegenwärtig bzw. in naher Zukunft zu ergreifen sind. Dabei bleibt weitgehend offen, welche organisatorischen Folgemaßnahmen in Zukunft in alternativen Situationen gewählt werden (sollen).

Diese Form der Vereinfachung ist praktisch bei jeder Organisationsentscheidung geboten. Wenn z. B. eine Instanz erwägt, Entscheidungskompetenzen an einen Mitarbeiter zu übertragen, so kann sie ihr Entscheidungsproblem nicht in der Weise lösen, daß sie eine umfassende Strategie ermittelt, die zum Ausdruck bringt, welche Kontrollen sie in Zukunft durchführen und wie sie bei alternativen Kontrollergebnissen jeweils korrigierend eingreifen wird. Wenn zwischen divisionaler und funktionaler Organisationsstruktur zu entscheiden ist, bleiben viele organisatorische Details (etwa die genaue Verteilung der Objektaufgaben) noch offen. Über diese „Folgemaßnahmen" wird später entschieden, wobei jetzt nur in grober Form antizipiert wird, *welche* Folgemaßnahmen gewählt werden (könnten).

*(2) Vereinfachung bei der Darstellung der Umweltzustände*

Auch bei der Darstellung der möglichen Umweltentwicklungen und der Zuordnung von Eintrittswahrscheinlichkeiten ist in hohem Maße Komplexitätsreduktion geboten. Dies gilt insbesondere auch dann, wenn zahlreiche Umweltdaten relevant sind.

Eine Möglichkeit der Vereinfachung besteht darin, Umweltzustände mit geringen Wahrscheinlichkeiten völlig zu vernachlässigen und/oder verschiedene Umweltzustände mit nur geringen Unterschieden hinsichtlich der Datenausprägungen zusammenzufassend durch einen „mittleren" Umweltzustand zu repräsentieren.

Bei Strukturierungsüberlegungen für größere Organisationsbereiche ist eine immense Vielzahl von Umweltdaten entscheidungsrelevant (vor allem dann, wenn die organisatorischen Regelungen auf Dauer gelten sollen). Es ist dann grundsätzlich nicht möglich, die den repräsentativen Umweltzuständen entsprechenden Datenausprägungen in vollständiger Weise *quantitativ* darzustellen. Es liegt dann nahe, sie nicht quantitativ, sondern in vereinfachter Weise *verbal* darzustellen. Z. B. könnten die repräsentativen Umweltzustände durch folgende qualitativen Merkmale charakterisiert werden (vgl. Picot, 1984, S. 138 - 144):

- *Geringe Variabilität:* Die periodenbezogenen Umweltdaten (z.B. die Marktpreise, die Nachfrage, die Liefertermine) ändern sich von Periode zu Periode nur wenig.
- *Hohe Variabilität:* Die periodenbezogenen Umweltdaten ändern sich von Periode zu Periode in starkem Maße. In diesem Fall könnte die Umwelt zusätzlich auch danach charakterisiert werden, ob im Zeitablauf die weitere Umweltentwicklung „gut" prognostiziert werden kann oder nicht.
- *Steigende (fallende) Tendenz der (kardinal gemessenen) Umweltdaten:* Die periodenbezogenen Werte der Umweltdaten steigen (bzw. fallen) tendenziell im Zeitablauf.

Die Vereinfachung bei der Darstellung der möglichen Umweltentwicklungen kann so weit gehen, daß nur noch ein einziger Umweltzustand berücksichtigt wird, der so allgemein charakterisiert wird, daß sämtliche möglichen Entwicklungen mit positiver Eintrittswahrscheinlichkeit unter diesen Zustand subsumiert werden können. Wenn z. B. die Umweltdaten von Periode zu Periode stark schwanken, wird nur der Zustand „Hohe Variabilität" berücksichtigt, wobei allerdings nicht zum Ausdruck kommt, *wie* sich die Daten im Zeitablauf ändern (können).

### *(3) Vereinfachung bei der (Ermittlung und) Darstellung der Ergebnisse*

Je vager die Umweltzustände beschrieben werden, desto schwieriger wird die Prognose der jeweiligen Konsequenzen der Organisationsalternativen. Eine Vereinfachung bei der Darstellung der Umweltzustände zwingt in der Regel dazu, auch bei der Ermittlung der Ergebnisse der Organisationsalternativen stark vereinfachte Kalkülüberlegungen anzustellen.

Aber selbst dann, wenn ein Umweltzustand präzise beschrieben wird, ist es grundsätzlich nicht möglich, diejenige Wahrscheinlichkeitsverteilung über den Erfolgsstrom „exakt" zu bestimmen, die in diesem Zustand mit einer Organisationsalternative erzielt wird. Die Organisationsalternativen wirken sich nicht unmittelbar auf die Erfolge in den einzelnen Umweltzuständen aus, sondern mittelbar über die Entscheidungen der nachgeordneten Mitarbeiter, zwischen denen vielfältige Interdependenzbeziehungen bestehen. Die Instanz kann in komplexeren Situationen die Entscheidungsabläufe und damit die Erfolgsströme nur in sehr grober Form antizipieren, wie immer auch die Umweltzustände beschrieben werden. Bei der Beurteilung von Konsequenzen von Organisationsmaßnahmen muß dann auf Ersatzkriterien oder Effizienzkriterien zurückgegriffen werden.

*(4) Vereinfachung bei der Formulierung der Zielfunktion*

Die Bewertung von organisatorischen Handlungsalternativen könnte in der Weise erfolgen, daß die damit jeweils erzielbaren Erfolgsströme zwar nur abgeschätzt werden, jedoch ein exaktes (Erfolgs-)Zielkriterium angewendet wird (etwa der Barwert des Erwartungswertes des Erfolges). Ein solcher Zielwert ist wenig aussagekräftig. Vor allem lassen sich die dabei wirksam gewordenen Vereinfachungen nicht mehr erkennen und beurteilen.

### 3.5.2 Effizienzkriterien

Für die Vorteilhaftigkeit von Steuerungsmaßnahmen ist zwar letztlich der damit erzielbare Erfolg der Unternehmung (bzw. ihr Erfolgsstrom) als Zielgröße maßgeblich. Da sich aber der Einfluß organisatorischer Maßnahmen auf den Erfolg nur schwer messen bzw. prognostizieren läßt, muß vereinfachend auf Ersatz- oder Effizienzkriterien zurückgegriffen werden, die einen Zusammenhang zwischen diesen Maßnahmen und dem Erfolg immerhin *vermuten* lassen.

Organisatorische Maßnahmen wirken sich auf den Erfolg nicht unmittelbar aus, sondern mittelbar über die Entscheidungen bzw. operativen Tätigkeiten der betroffenen Organisationsmitglieder. Da der Erfog dabei maßgeblich davon abhängt, *wie* die Organisationsmitglieder ihre jeweiligen Aufgaben erfüllen, ist es naheliegend, für die Beurteilung organisatorischer Gestaltungsalternativen Kriterien heranzuziehen, die für die „Güte" der Aufgabenerfüllung besondere Bedeutung haben.

Die Qualität der Aufgabenerfüllung hängt (u.a.) wesentlich davon ab, inwieweit die einzelnen Organisationsmitglieder gewillt sind, die ihnen übertragenen Aufgaben im Sinne der Unternehmung zu erfüllen und inwieweit sie überhaupt dazu befähigt sind, den aus den übertragenen Aufgaben resultierenden Anforderungen zu genügen. Wir betrachten deshalb im folgenden als Effizienzkriterien die „Anreizkompatibilität" und die „Anforderungskompatibilität".

*Anreizkompatibilität:* Dieses Kriterium fragt danach, inwieweit die Ziele, die die Aufgabenträger bei der Erfüllung ihrer Aufgaben befolgen, im Einklang stehen mit den Zielen der Organisation bzw. den Zielen der steuernden Instanz.

*Anforderungskompatibilität:* Dieses Kriterium fragt nach dem Ausmaß der Übereinstimmung der Fähigkeiten bzw. Möglichkeiten der einzelnen Aufgabenträger mit jenen Anforderungen, die durch ihre jeweiligen Aufgaben an sie gestellt werden.

Unter dem Gesichtspunkt der *Anreizkompatibilität* ist u.a. zu prüfen, inwieweit die Aufgaben im Einklang mit den Interessen, Zielen und Risikoeinstellungen der jeweiligen Entscheidungsträger stehen und ob diese wiederum mit dem Organisationsziel kompatibel sind.

Je nachdem, wie die Gesamtaufgabe zerlegt und die Einzelaufgaben auf die Organisationsmitglieder verteilt werden, besteht ein mehr oder weniger starker Anreiz, sie im Sinne des Organisationsziels „gut" zu erfüllen. Die Motivation der Entscheidungsträger kann zwar in starkem Maße davon abhängen, welches Ausmaß an Anforderungskompatibilität gegeben ist. Stärke und Richtung der Motivation werden aber auch von anderen Aspekten beeinflußt, so daß dem Kriterium der Anreizkompatibilität eine eigenständige Bedeutung zukommt.

Durch die Gewährung von Belohnungen (etwa in Form von Prämien und/oder Aufstieg in der Unternehmenshierarchie) kann die Wahrscheinlichkeit erhöht werden, daß die Entscheidungsträger ihre Aufgaben im Sinne des Unternehmensziels „gut" erfüllen. Bei der Zerlegung der Gesamtaufgabe in Einzelaufgaben ist auch darauf zu achten, inwieweit die jeweiligen Aufgabenstellungen die Fixierung von solchen Bemessungsgrundlagen für positive Belohnungen ermöglichen, die zum einen im Einklang stehen mit dem Organisationsziel und außerdem relativ einfach überprüft werden können.

Da das Kriterium der *Anforderungskompatibilität* sowohl für operative als auch für dispositive Tätigkeiten relevant ist, werden als zwei Varianten die *operative* und die *dispositive* Anforderungskompatibilität unterschieden.

Die Operationalisierung der Anforderungen rein *operativer* Tätigkeiten kann z.B. erfolgen mit Hilfe von Indikatoren wie Arbeitsgeschwindigkeit, Gewicht der Arbeitsobjekte, Umwelttemperatur, Qualitätsanforderungen der zu bearbeitenden Produkte.

Im Vergleich dazu ist das Problem der Operationalisierung der Anforderungen *dispositiver* Aufgaben wesentlich komplexer. Bei dispositiven Aufgaben steht (im Gegensatz zu rein operativen Aufgaben) in der Regel nicht im voraus eindeutig fest, welche Tätigkeiten auszuführen sind. Dann sind auch die Anforderungen dispositiver Aufgaben nicht eindeutig vorbestimmt. Die Aktivitäten im Entscheidungsprozeß werden allgemein durch die beiden Tätigkeitsbereiche *Informationsbeschaffung* und *Informationsverarbeitung* repräsentiert. Die vorangegangenen Modellüberlegungen geben in den Determinanten der Entscheidung eine inhaltliche Charakterisierung dieser beiden Tätigkeiten (Abb. 5).

Informationsbeschaffung

- A: Entdeckung von Handlungsalternativen
- IS: Beschaffung von Informationen zur Prognose der Konsequenzen

Informationsverarbeitung

- PF: Bildung eines Wahrscheinlichkeitsurteils aufgrund von Informationen
- E: Charakterisierung der maßgeblichen Ergebnisse
- ZF: Formulierung einer Zielfunktion
- EM: Konstruktion und Lösung eines Entscheidungsmodells

**Abb. 5.** Anforderungen dispositiver Aufgaben.

Die Charakterisierung dispositiver Aufgaben durch „Informationsbeschaffung" und „Informationsverarbeitung" legt es nahe, das Kriterium der dispositiven Anforderungskompatibilität mit Hilfe der beiden folgenden Effizienzkriterien zu präzisieren:

*Informationskompatibilität:* Dieses Kriterium fragt danach, inwieweit der Informationsstand eines jeden Entscheidungsträgers (über Handlungsalternativen und deren Konsequenzen) bzw. dessen Fähigkeiten (und Möglichkeiten), Informationen einzuholen und zu speichern, im Einklang stehen mit jenem Kenntnisstand, der für das Treffen „guter" Entscheidungen im Rahmen des jeweiligen Aufgabengebietes erforderlich ist.

*Kalkülkompatibilität:* Dieses Kriterium fragt danach, inwieweit die Fähigkeiten (bzw. Möglichkeiten) der Entscheidungsträger, Informationen (mit Hilfe von Entscheidungskalkülen) zu verarbeiten, im Einklang stehen mit Bedeutung, Umfang und Komplexität ihrer jeweils zu lösenden Entscheidungsprobleme.

Bei der Beurteilung der *Informationskompatibilität* z. B. ist zu prüfen, inwieweit die Entscheidungsträger jene Informationen beschaffen bzw. aufnehmen (können), die sie für das Treffen „guter" Entscheidungen benötigen. Ob bestimmte Entscheidungen gut sind, hängt u.a. davon ab, in welchem Ausmaß dabei vorhandene Ressourcen genutzt und Interdependenzen berücksichtigt werden. Wenn den Entscheidungsträgern die Informationen fehlen, um vorhandene Erfolgspotentiale zu entdecken und ihre Entscheidungen aufeinander abzustimmen, so besteht tendenziell nur geringe Informationskompatibilität. Sie ist im allgemeinen auch dann als unbefriedigend anzusehen, wenn es sehr lange dauert, bis die Entscheidungsträger über die relevanten Informationen verfügen (können).

Die *Kalkülkompatibilität* ist möglicherweise dann gering, wenn ein Entscheidungsträger über zahlreiche Einzelprobleme zu entscheiden hat, zwischen denen enge Interdependenzen bestehen, und ihm die Zeit bzw. die Qualifikation fehlt, den Abhängigkeiten in seinem Entscheidungskalkül hinreichend gut Rechnung zu tragen.

Die *Anreizkompatibilität* ist möglicherweise dann gering, wenn ein Anreizsystem besteht, bei dem die Entscheidungsträger kein Interesse daran haben, Interdependenzen zu erfassen und Erfolgspotentiale frühzeitig wahrzunehmen und auszuschöpfen. Wenn etwa der Leiter eines Geschäftsbereiches eine von seinem Bereichserfolg abhängige Prämie erhält, kann gerade ein Anreiz bestehen, den Erfolgsverbund mit anderen Bereichen zu vernachlässigen und Maßnahmen zu ergreifen, die zwar den eigenen Bereichserfolg erhöhen, aber zugleich die Erfolge anderer Bereiche derart beeinträchtigen, daß der Gesamterfolg sinkt.

Die beschriebenen Kompatibilitätseigenschaften stehen in engem Zusammenhang zu den Determinanten der Entscheidung: In der Abb. 6 sind die Informationskompatibilität, die Kalkülkompatibilität und die Anreizkompatibilität jeweils dadurch dargestellt, daß die Eigenschaften bzw. die Ziele der Entscheidungsträger den aus der Aufgabenstellung erwachsenden Anforderungen bzw. den Zielen der Instanz gegenübergestellt werden. Die Eigenschaften der Entscheidungsträger werden darin durch deren Fähigkeiten und Möglichkeiten charakterisiert, die Determinanten der Entscheidung angemessen zu fixieren. Welche Anforderungen die jeweilige Aufgabenstellung dabei an die Entscheidungsträger stellt, hängt (auch) ab von der Strukturiertheit der Aufgabe, von deren Variabilität im Zeitablauf, von deren Umfang und von ihrer Ähnlichkeit zu den übrigen Entscheidungsaufgaben, die von dem gleichen Entscheidungsträger zu erfüllen sind.

**Abb. 6.** Effizienzkriterien und Determinanten der Entscheidung

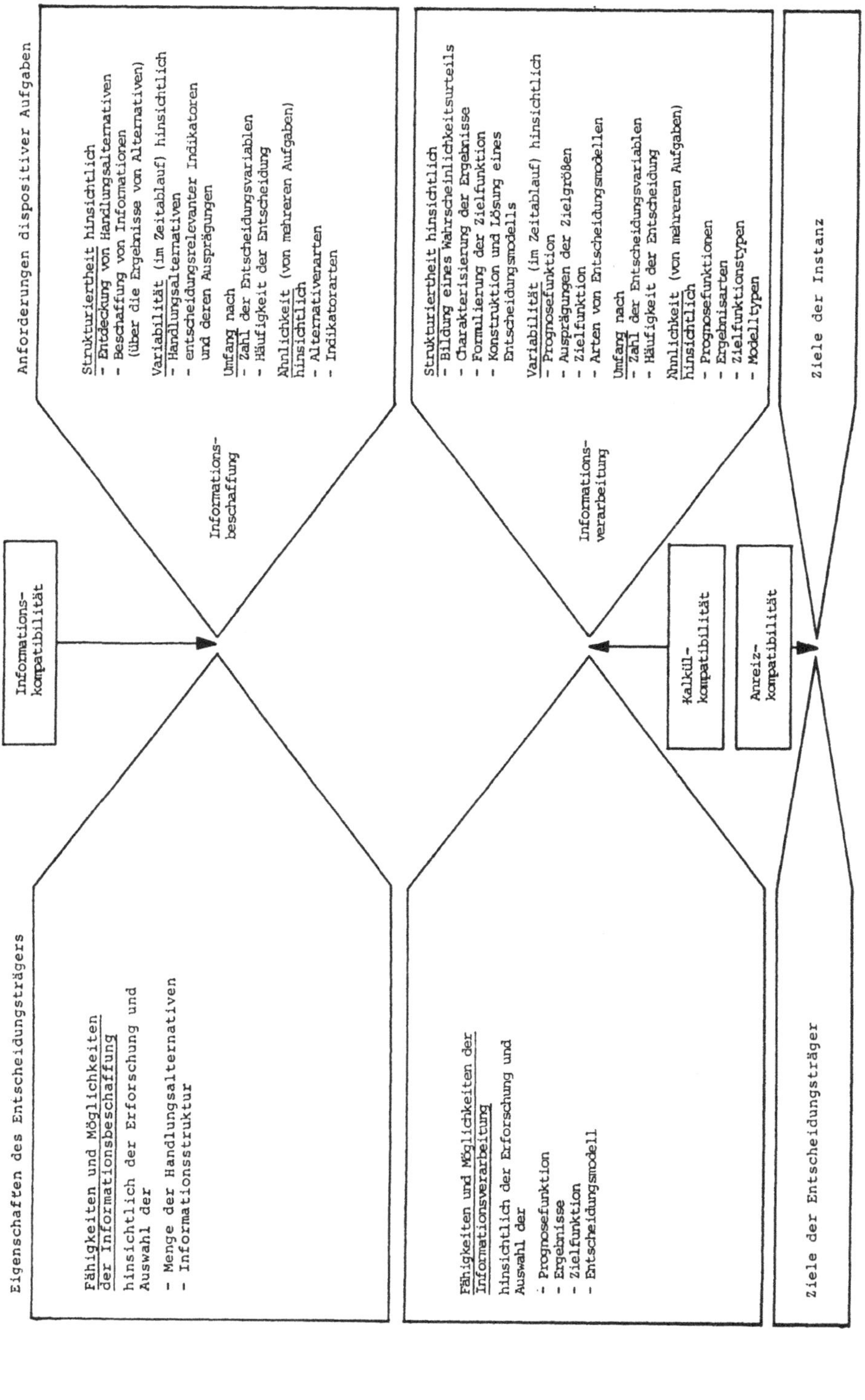
Anforderungen dispositiver Aufgaben
Strukturiertheit hinsichtlich
- Entdeckung von Handlungsalternativen
- Beschaffung von Informationen (über die Ergebnisse von Alternativen)
Variabilität (im Zeitablauf) hinsichtlich
- Handlungsalternativen
- entscheidungsrelevanter Indikatoren und deren Ausprägungen
Umfang nach
- Zahl der Entscheidungsvariablen
- Häufigkeit der Entscheidung
Ähnlichkeit (von mehreren Aufgaben) hinsichtlich
- Alternativenarten
- Indikatorarten
Strukturiertheit hinsichtlich
- Bildung eines Wahrscheinlichkeitsurteils
- Charakterisierung der Ergebnisse
- Formulierung der Zielfunktion
- Konstruktion und Lösung eines Entscheidungsmodells
Variabilität (im Zeitablauf) hinsichtlich
- Prognosefunktion
- Ausprägungen der Zielgrößen
- Zielfunktion
- Arten von Entscheidungsmodellen
Umfang nach
- Zahl der Entscheidungsvariablen
- Häufigkeit der Entscheidung
Ähnlichkeit (von mehreren Aufgaben) hinsichtlich
- Prognosefunktionen
- Ergebnisarten
- Zielfunktionstypen
- Modelltypen
Ziele der Instanz
Informationskompatibilität
Informationsbeschaffung
Informationsverarbeitung
Kalkülkompatibilität
Anreizkompatibilität
Eigenschaften des Entscheidungsträgers
Fähigkeiten und Möglichkeiten der Informationsbeschaffung
hinsichtlich der Erforschung und Auswahl der
- Menge der Handlungsalternativen
- Informationsstruktur
Fähigkeiten und Möglichkeiten der Informationsverarbeitung
hinsichtlich der Erforschung und Auswahl der
- Prognosefunktion
- Ergebnisse
- Zielfunktion
- Entscheidungsmodell
Ziele der Entscheidungsträger

### 3.5.3 Beispiele für die Beurteilung und Gestaltung von Kompatibilitätseigenschaften

#### *3.5.3.1 Informationskompatibilität*

Die Kompatibilitätskriterien sollen eine Orientierungshilfe für die organisatorische Gestaltung bieten. Welcher Kompatibilitätsgrad z. B. hinsichtlich der Informationsbeschaffung und Informationsverarbeitung soll nun durch organisatorische Maßnahmen angestrebt werden? Wann weist eine Organisation gute Kompatibilitätseigenschaften auf und wann nicht?

Die Informationskompatibilität kann insbesondere deshalb gering sein, weil der Informationsbedarf (für das Treffen „guter" Objektentscheidungen) im Vergleich zu den Fähigkeiten bzw. Möglichkeiten der Informationsbeschaffung zu hoch ist. Es stellt sich dann das Problem, den Informationsbedarf zu reduzieren und/oder die Informationskapazität zu vergrößern.[6] Im folgenden sollen Möglichkeiten hierzu dargestellt werden (vgl. Galbraith, 1973, S. 14-66):

*(1) Erhöhung der Bestände an verfügbaren Ressourcen*

Der Informationsbedarf für gute Entscheidungen steigt tendenziell mit dem Ausmaß der Interdependenzen zwischen den verschiedenen Entscheidungsbereichen der Unternehmung. Eine wesentliche Ursache für Interdependenzen ist der Restriktionsverbund, der dadurch verursacht wird, daß

- knappe Ressourcen (z. B. Kapital, Rohstoffe, Maschinenkapazitäten, Stäbe oder Kontrollorgane) in mehreren Bereichen eingesetzt werden[7] und/oder
- einzelne Bereiche nur dann über Ressourcen verfügen können, wenn sie von anderen Bereichen geliefert werden.

Falls es nicht gelingt, die Einzelaktionen aufeinander abzustimmen, können erhebliche Nachteile entstehen.

Die Vergrößerung des Bestandes an verfügbaren Ressourcen reduziert die gegenseitige Abhängigkeit und damit die Zahl jener Faktoren, die bei Entscheidungen simultan berücksichtigt werden müssen, sowie die Wahrscheinlichkeit, daß aufgrund von Störungen oder anderer (unvorhergesehener) Ereignisse umfassende Neuplanungen (Planrevisionen) mit hohem Informationsbedarf notwendig werden. Einige *Beispiele* sollen die Reduktion des Informationsbedarfs durch Vergrößerung des Ressourceneinsatzes verdeutlichen:

- Mit einem Lieferanten wird ein Rahmenvertrag abgeschlossen, in dem dieser sich verpflichtet, bestimmte Produktionsfaktoren vorrätig zu halten und im Bedarfsfall kurzfristig zu liefern.

---

6 Die folgenden Darstellungen lassen sich relativ einfach auf den Fall übertragen, daß die Fähigkeiten bzw. Möglichkeiten der Informationsbeschaffung im Vergleich zum Informationsbedarf zu hoch sind.

7 Wenn in einem Bereich Ressourcen verbraucht werden, stehen sie in anderen Bereichen nicht (mehr) zur Verfügung, wodurch deren Handlungsspielraum eingeschränkt wird.

- Der Lagerbestand an eigenen Rohstoffen wird vergrößert.
- Es werden größere Läger an Zwischenprodukten gehalten.
- Die Kapazität eines Fertigungsbereichs, der mehrere Geschäftsbereiche mit (Zwischen-) Produkten beliefert, wird derart erweitert, daß keine Engpässe mehr eintreten können.
- Es werden größere Bestände an Fertigfabrikaten gehalten.

Die Vergrößerung des Ressourcenbestandes zur Erleichterung der Steuerung der internen Entscheidungsprozesse wird als Bildung eines „organisatorischen Schlupfes" (organizational slack) bezeichnet. Die „Höhe des Schlupfes" ist tendenziell um so größer, je stärker die Aktionsmöglichkeiten und ihre Konsequenzen im Zeitablauf variieren, je weniger gut diese Änderungen zu prognostizieren sind und je größere Interdependenzen zwischen den Einzelaktionen bestehen.

Die Bildung von organisatorischem Schlupf verursacht mehr oder weniger hohe Kosten. Bei der Beurteilung dieser Möglichkeit sind die dabei entstehenden Kosten mit denen anderer Maßnahmen zur Verbesserung der Informationskompatibilität und mit deren Wirkungsgrad zu vergleichen.

*(2) Vergrößerung der Ressourcenautonomie*

Die zweite Möglichkeit der Reduktion des Informationsbedarfs besteht darin, die „Autonomie" der Organisationseinheiten zu vergrößern.[8] Eine organisatorische Einheit wird als völlig autonom hinsichtlich des *Ressourceneinsatzes* bezeichnet, wenn sie keinerlei Güter und Leistungen von anderen Bereichen der Organisation bezieht.[9] Über alle Ressourcen, die sie für die Erfüllung ihrer Aufgaben benötigt, verfügt sie bereits bzw. sie stellt diese selbst her oder beschafft sie am externen Markt.

Die Bildung von organisatorischen Einheiten, die hinsichtlich des Ressourceneinsatzes völlig autonom sind, dürfte allerdings nur in Ausnahmefällen sinnvoll sein. Die *gemeinsame* Beschaffung bzw. Nutzung von Ressourcen kann erhebliche Vorteile bieten (z. B. durch Arbeitsteilung und Spezialisierung, Stärkung der Verhandlungsposition gegenüber Lieferanten, Größenvorteile im technischen Bereich (economies of scale)). Diese Vorteile mögen gerade den Ausschlag dafür gegeben haben, die betreffenden Einheiten in einer einheitlichen Organisation (in einem hierarchischen System) miteinander zu verbinden. Bei der organisatorischen Gestaltung geht es daher in aller Regel nicht um die Frage, wie völlig unabhängige Bereiche gebildet werden können, sondern darum, welcher Grad an Unabhängigkeit für die organisatorischen Einheiten angestrebt werden soll. Je geringer die gegenseitigen Abhängigkeiten sind, desto geringer ist der Bedarf an Informationen über die Aktionen in anderen Bereichen und desto eher ist zu vermuten, daß die Entscheidungsträger jene Informationen beschaffen können, die sie (dann noch) benötigen, um gute Entscheidungen treffen zu können.

---

8 Wie noch deutlich wird, kann die Vergrößerung der Ressourcenautonomie zugleich auch die Erhöhung der Bestände bestimmter Ressourcen erforderlich machen.

9 Völlige Autonomie besagt nicht, daß die betreffende Einheit über ihre Ressourcen beliebig verfügen darf. Bei ihren Entscheidungen über Beschaffung und Einsatz von Ressourcen ist sie an bestimmte Normen gebunden (etwa daran, den Gewinn zu maximieren).

Die Vergrößerung der Ressourcenautonomie verursacht (ebenso wie die anderen Konzepte zur Verbesserung der Informationskompatibilität) Kosten. Bei der Wahl einer Strategie sind die jeweiligen Konsequenzen gegeneinander abzuwägen.

*(3) Bündelung von Aktivitäten mit jeweils ähnlichem Informationsbedarf*

Die dritte Möglichkeit der Vergrößerung der Informationskompatibilität besteht darin, die Aufgaben von Entscheidungsträgern so zu „bündeln", daß bei jedem Entscheidungsträger die für seine jeweiligen (Einzel-) Entscheidungen relevanten Informationsmengen relativ große Überschneidungen aufweisen. Der einzelne Entscheidungsträger kann dann einen relativ großen Anteil seiner Informationen für die Lösung mehrerer Entscheidungsprobleme nutzen, wodurch sein Informationsbedarf tendenziell verringert wird. Zugleich wird der Umfang der Informationen, die von *mehreren* Entscheidungsträgern beschafft bzw. an mehrere Entscheidungsträger übermittelt werden müssen, reduziert.

Die Bündelung von Teilaufgaben in der Weise, daß sich die relevanten Informationsmengen verschiedener Entscheidungsträger gegenseitig nur wenig überschneiden, bewirkt eine Spezialisierung, die die Selbstabstimmung der Entscheidungen durch diese Entscheidungsträger erschwert. Dadurch steigt der Bedarf an Koordination durch vorgesetzte Instanzen und damit tendenziell auch *deren* Informationsbedarf. Es besteht somit die Gefahr, daß durch Informationsbündelung zwar die Informationskompatibilität der nachgeordneten Mitarbeiter erhöht wird, jedoch zu Lasten der Informationskompatibilität vorgesetzter Instanzen. Die jeweiligen Konsequenzen müssen gegeneinander abgewogen werden.

*(4) Variation des Aktivitätenfeldes der Unternehmung*

Die bisher dargestellten Möglichkeiten der Vergrößerung der Informationskompatibilität sollen den Informationsbedarf bei gleichbleibendem Tätigkeitsfeld der Unternehmung als Ganzes reduzieren (also z. B. bei gegebener Menge herzustellender Zwischen- und Endprodukte, bei gegebenen Absatzregionen und Kundengruppen). Dieses Tätigkeitsfeld ist aber nicht vorgegeben, sondern seinerseits das Ergebnis von Objektentscheidungen.

Auch die Variation des Tätigkeitsfeldes ist somit eine wichtige Maßnahme zur Reduktion des Informationsbedarfs und damit zur Erhöhung der Informationskompatibilität. *Beispiele* hierfür sind:

- Die Unternehmung nimmt solche Produkte ersatzlos aus ihrem Angebot, die spezielle und aufwendige Informationen erfordern (z. B. über Beschaffungsmärkte, Fertigungstechnologien, Absatzmärkte), aber für die Erfüllung der verbleibenden Aufgaben gar nicht oder nur zu einem geringen Teil benötigt werden. Dadurch sinkt der Informationsbedarf (und die Informationskosten). Die Organisationsmitglieder können ihre Informationsaktivitäten hinsichtlich jener Produkte verstärken, die im Fertigungsprogramm verbleiben.
- Es werden Produkte mit besonderem Informationsbedarf aus dem Programm genommen und neue Produkte angeboten, die gegenüber den übrigen relativ wenig zusätzliche Informationen erfordern.

- Die Unternehmung erzeugt bestimmte Zwischenprodukte (oder Leistungen) nicht mehr selbst, sondern bezieht sie über den externen Markt.

Auch die hier skizzierten Formen der Reduktion des Informationsbedarfs können (Opportunitäts-) Kosten verursachen. Wenn etwa ein Produkt aus dem Programm genommen wird, gehen die damit verbundenen Erfolgschancen verloren (die allerdings gering sein dürften, wenn die Informationskompatibilität hinsichtlich dieses Produkts niedrig ist). Bei der Entscheidung über die Produkteliminierung sind die möglichen Nachteile (u.a.) gegen die Vorteile aus der Verbesserung der Informationskompatibilität hinsichtlich der verbleibenden Produkte abzuwägen.

*(5) Verbesserung des hierarchischen Informationssystems*

Während die bisher beschriebenen Möglichkeiten zur Verbesserung der Informationskompatibilität den Informationsbedarf reduzieren sollen, dienen die nachfolgend beschriebenen Maßnahmen dem Ziel, die externe Beschaffung, die interne Verteilung und die Speicherung von Informationen zu erleichtern bzw. zu verbessern.

Maßnahmen zur Verbesserung des hierarchischen Informationssystems dienen (neben der Verbesserung der externen Beschaffung und der Speicherung von Informationen) vor allem dazu, den vertikalen Informationsfluß in der Hierarchie (also die Informationsübermittlung von oben nach unten bzw. von unten nach oben) zu verbessern.

Unter *technischen Aspekten* kommen hierfür z. B. folgende Maßnahmen in Betracht:

- Einrichtung von Datenspeichern und Kommunikationsverbindungen,
- räumliche Nähe der von gemeinsamen (interdependenten) Problemen betroffenen Entscheidungsträger,
- räumliche Nähe zu externen Informationsquellen (etwa zu Absatzmärkten oder Beschaffungsmärkten).

*Personale Gesichtspunkte* führen z. B. zu folgenden Maßnahmen:

- Bildung von Stäben (die Informationen über Handlungsalternativen und Konsequenzen beschaffen und an bestimmte Instanzen übermitteln),
- Entlastung von Mitarbeitern (zur Verbesserung ihrer Möglichkeiten der Informationsbeschaffung und der Kommunikation) durch Einstellung zusätzlichen Personals.

Unter *Motivationsgesichtspunkten* z. B. kann es sinnvoll sein, positive Anreize für die Übermittlung guter Informationen zu schaffen und eine Kontrolle der Informationsaktivitäten anzukündigen.

*(6) Verbesserung der lateralen Kommunikationsmöglichkeiten*

Bei der lateralen Kommunikation geht es um die Informationsübermittlung *quer* durch die Hierarchie, also z. B. von (Unter-)Abteilung zu (Unter-)Abteilung. Eine solche Kommunikation ist insbesondere bei engen Interdependenzen zwischen den Aktionen dieser Bereiche geboten. Die laterale Kommunikation läßt sich im Prinzip ebenso verbessern wie die hierarchische Informationsübermittlung (zwischen vorgesetzten und nachgeordneten Mitarbeitern). Zwei Aspekte sollen hier hervorgehoben werden:

- Die Einrichtung von Gremien mit Vertretern aus verschiedenen (Unter-)Abteilungen, die regelmäßig oder fallweise zusammentreffen und kollektive (Gruppen-)Entscheidungen treffen. Solche Gremien können auf unterschiedlichen Hierarchieebenen etabliert werden (Likert, 1961).
- Wie empirische Untersuchungen gezeigt haben (vgl. Galbraith, 1973, S. 49), bewirkt eine übergreifende Ausbildung in den verschiedenen Abteilungen (Trainee-Programm) bei den betroffenen Entscheidungsträgern eine verstärkte Bereitschaft und Fähigkeit zum lateralen (meist informellen) Informationsaustausch.

### *3.5.3.2 Kalkülkompatibilität*

Die Ursache für eine (zu) geringe Kalkülkompatibilität kann darin bestehen, daß die für „gute" Entscheidungen gebotenen Entscheidungskalküle im Vergleich zu den Fähigkeiten bzw. Möglichkeiten der Informationsverarbeitung zu umfangreich und/oder zu komplex sind. Es stellt sich dann das Problem, die Kalkülanforderungen zu reduzieren und/oder die Fähigkeiten bzw. Möglichkeiten der Informationsverarbeitung zu verbessern.

Die Fähigkeiten bzw. Möglichkeiten der Informationsverarbeitung können z. B. verbessert werden durch

- Einstellung qualifizierterer Mitarbeiter bzw. Mitarbeiterschulung,
- Entlastung der Entscheidungsträger von Tätigkeiten, die mit ihren Entscheidungsaufgaben in keiner Beziehung stehen,
- Zuordnung von Stäben und/oder technischen Einrichtungen zur Speicherung und Verarbeitung von Informationen.

Die Anforderungen können in *quantitativer* Hinsicht vor allem in der Weise reduziert werden, daß die Aufgabenbereiche der einzelnen Entscheidungsträger eingeengt[10] und/oder die Interdependenzen zwischen ihren Entscheidungsbereichen abgebaut bzw. verringert werden. Dadurch sinkt der jeweilige Informationsbedarf und damit tendenziell auch der Umfang der einzelnen Entscheidungskalküle.

Die quantitativen Anforderungen an einen Entscheidungsträger können auch dadurch reduziert werden, daß ihm Entscheidungsprobleme mit geringerer Variabilität bzw. größerer Ähnlichkeit übertragen werden. Er kann dann bei späteren Entscheidungen in relativ starkem Maße auf seinen früheren Kalkülen aufbauen, wodurch der gebotene Planungsaufwand erheblich sinken kann.

---

[10] Dies bewirkt jedoch tendenziell eine Vergrößerung des Personalbestandes und damit auch der Personalkosten.

Die dargestellten Möglichkeiten der Reduktion des Umfanges von Entscheidungskalkülen können natürlich auch bewirken, daß die Anforderungen in *qualitativer* Hinsicht sinken. Darüber hinaus ist es zur Reduktion der qualitativen Anforderungen naheliegend, die Aufgaben bestimmter Entscheidungsträger so zu bündeln, daß ihre Teilaufgaben jeweils ähnliche qualitative Anforderungen hinsichtlich der Informationsverarbeitung stellen; sie können dann eher lernen, hinreichend gute Erfahrungen zu sammeln, Erfahrungen zu verwerten und spezielle Fähigkeiten zu entwickeln.

Die Informationsverarbeitung beinhaltet vor allem auch die Prognose der Ergebnisse der erwogenen Alternativen. Wenn die Aufgaben so zusammengefaßt werden, daß für die Prognose der Konsequenzen der jeweils maßgeblichen Alternativen die gleichen Erfahrungen bzw. Theorien relevant sind, so sinken tendenziell die Anforderungen an eine gute Prognose.

### *3.5.3.3 Anreizkompatibilität*

Bei der Bildung von Objektentscheidungsbereichen und ihrer Zuordnung zu Entscheidungsträgern ist mehr oder weniger sorgfältig abzuschätzen, inwieweit sich die jeweiligen Entscheidungsträger am Organisationsziel bzw. an den gesetzten Unterzielen orientieren werden.

Die Ziele bzw. Motive, die die Entscheidungsträger bei ihren Objektentscheidungen verfolgen werden, sind aber grundsätzlich nicht als Datum vorgegeben; es gibt vielfältige Möglichkeiten, sie zu beeinflussen und damit eine größere Anreizkompatibilität zu erreichen. Die Möglichkeiten der Zielbeeinflussung lassen sich zu drei Grundformen zusammenfassen:

1. Beeinflussung der Bedürfnisstruktur (nach Art und Stärke der Bedürfnisse);
2. Gewährung von materiellen und/oder immateriellen Belohnungen zur Befriedigung von Bedürfnissen (bzw. Verhängung von Sanktionen)[11],
3. Beeinflussung der Fähigkeit, Resultate zu erzielen, die mit Belohnungen verbunden sind.

Organisatorische Maßnahmen können zum einen darauf abzielen, die *Bedürfnisstrukturen* der Organisationsmitglieder in der Weise zu beeinflussen, daß sie sich stärker mit der „Unternehmensphilosophie“ (z. B. Qualität der Produkte, Wachstumsstrategie) identifizieren. Sie können zum anderen auch dazu dienen, die Bedürfnisse nach jenen Belohnungen, die in der Unternehmung für „gute“ Objektentscheidungen gewährt werden (sollen) – etwa Prämien, Beförderung,

---

[11] In diesem Zusammenhang stellt sich das Problem, in welcher Weise und in welchem Umfang die Entscheidungsträger über mögliche Belohnungen informiert werden. Dieses Problem soll hier nicht untersucht werden.

Anerkennung durch Vorgesetzte, Erweiterung der Entscheidungsspielräume – zu wecken bzw. zu verstärken[12] (also deren Wertschätzung durch die betroffenen Entscheidungsträger zu vergrößern).

Bei gegebenen Bedürfnisstrukturen kann die Anreizkompatibilität in der Weise vergrößert werden, daß ein Belohnungssystem (ein *Anreizsystem* ) geschaffen wird, bei dem Entscheidungsträger genau dann ihre persönlichen Bedürfnisse (in der Unternehmung) am besten befriedigen, wenn sie (im Rahmen ihres jeweiligen Aufgabenbereiches) Entscheidungen treffen, die hinsichtlich des Unternehmenszieles (bzw. der gesetzten Unterziele) „gut" sind.

In der Literatur wird zwischen „intrinsischen" und „extrinsischen" Anreizen unterschieden. Diese Unterscheidung ist auch für die Gestaltung anreizkompatibler Organisationsstrukturen von Bedeutung. Bei *intrinsischen* Anreizen resultieren die Belohnungen *unmittelbar* aus (der Art) der Aufgabenerfüllung, weil die Tätigkeit als solche und/oder die dabei erzielten Ergebnisse unmittelbar Befriedigung vermitteln. (Man freut sich über ein gelungenes Werkstück oder über die Lösung eines schwierigen Problems.) Bei *extrinsischen* Anreizen resultieren die Belohnungen daraus, daß mit (der Art) der Aufgabenerfüllung und/oder den dabei erzielten Resultaten (z. B. der hergestellten Produktmenge, der Zahl der abgeschlossenen Verträge, dem erzielten Gewinn) bestimmte Gratifikationen (z. B. Einkommenszuwachs, Verhinderung einer Einkommenseinbuße, Beförderung, Anerkennung durch andere) verbunden sind, die ihrerseits einen Eigenwert haben oder Möglichkeiten der Bedürfnisbefriedigung eröffnen.

Die Zielfunktion, die ein Entscheidungsträger bei der Aufgabenerfüllung befolgt, hängt nicht nur von seiner Bedürfnisstruktur und dem für ihn maßgeblichen Belohnungssystem ab, sondern auch von seinen *Erwartungen* darüber, solche Resultate erzielen zu können, denen Belohnungen entsprechen. Wenn einem Entscheidungsträger z. B. ein Entscheidungsproblem übertragen wird, bei dem er (aus welchen Gründen auch immer) davon überzeugt ist, keine befriedigende Lösung zu finden, so wird er kaum motiviert sein, seine Aufgabe zu erfüllen (und zwar auch dann nicht, wenn andere Organisationsmitglieder – z. B. auch der Vorgesetzte – sicher sind, daß er bei entsprechender Motivation das Entscheidungsproblem gut lösen würde); er scheut die Verantwortung und zögert die Entscheidung hinaus. Es wird deutlich, daß auch Maßnahmen zur Verbesserung der Qualifikation der Mitarbeiter (oder auch nur der Verbesserung ihres Selbstvertrauens) ein wichtiges Mittel zur Vergrößerung der Anreizkompatibilität darstellen.

---

12 In vielen Unternehmungen erhalten z. B. Mitarbeiter im Absatzbereich für besondere Verkaufserfolge Belohnungen in der Form, daß sie an bestimmten Ereignissen teilnehmen dürfen (etwa an gemeinsamen Bildungs- oder Erholungsreisen). Um die Vorfreude auf die mögliche Belohnung zu verstärken bzw. über längere Zeit wachzuhalten, werden dabei gezielte Maßnahmen ergriffen. So werden z. B. im Zeitablauf ständig (weitere) Informationen gegeben über das betreffende Ereignis (etwa das Reiseziel und die dortigen Veranstaltungen) und über die Chancen der einzelnen Mitarbeiter, daran teilnehmen zu können.

## 3.6 Führungskonzeptionen aus der Sicht des Entscheidungsmanagement

### 3.6.1 Problemstellung

Am Beispiel der Konzeptionen des Management by Objectives, des Management by Information und des Management by Motivation soll abschließend gezeigt werden, daß sich unterschiedliche Führungskonzeptionen einheitlich als Ausprägungen organisatorischer Gestaltungsvariablen darstellen lassen, deren Zielsetzung in der Beeinflussung der Determinanten von nachgeordneten Entscheidungen bzw. der Kompatibilitätseigenschaften besteht.

Zunächst werden jeweils die wesentlichen Eigenschaften der betrachteten organisatorischen Konzeptionen skizziert. Die sich dann anschließende Analyse orientiert sich an den folgenden Fragen:

1. Welches *Steuerungsproblem* wird mit der betrachteten Konzeption gelöst? (Steuerung von Objektentscheidungen, von Kommunikationsentscheidungen und/oder von Organisationsentscheidungen?)
2. Welche *Basisvariablen* organisatorischer Gestaltung werden dabei zur Steuerung verwendet? (Gestaltung der Verfügungsmöglichkeiten über Ressourcen, Vorgabe von Verhaltensnormen, Einsatz ergänzender Maßnahmen?)
3. Auf welche *Zielkomponenten* organisatorischer Gestaltung bezieht sich die Steuerung? (Welche Determinanten bzw. welche Kompatibilitätseigenschaften sollen beeinflußt werden?)

### 3.6.2 Management by Objectives

Die Führungskonzeptionen „Management by Objectives“ (vgl. z. B. Drucker, 1962; Odiorne, 1969; Caroll/Tosi, 1970; Humble, 1972), „Management by Results“ (vgl. z. B. Schleh, 1961; Morrisey, 1970) und „Führung durch Zielvorgabe“ (vgl. z. B. Heinen, 1976; Lattmann, 1977) sind trotz unterschiedlicher Akzentuierung weitgehend identisch. Ihnen ist gemeinsam, daß sie bei der Steuerung der Aktivitäten der einzelnen Organisationsmitglieder das Schwergewicht nicht auf die unmittelbare Koordination der Mittelentscheidungen legen, sondern die Beschreibung der jeweils zu erreichenden (End-)Zustände durch die Formulierung von Zielsetzungen für jedes einzelne Organisationsmitglied in den Vordergrund stellen: Es wird davon ausgegangen, daß den Organisationsmitgliedern Entscheidungskompetenz übertragen ist und diese Mitglieder dazu befähigt sind, aus den vorgegebenen Zielsetzungen und aus der Kenntnis des Istzustands selbst geeignete Maßnahmen zur Zielerreichung abzuleiten bzw. zu (er-)finden und im Rahmen einer Mittelentscheidung eine dieser Maßnahmen auszuwählen.

Das Hauptproblem des Management by Objectives liegt in der Formulierung von geeigneten Teilzielen für die einzelnen Organisationsmitglieder: Die Teilziele sollen einerseits kompatibel mit dem Unternehmensziel sein. Sie sollen andererseits so formuliert sein, daß damit die Aktivitäten der einzelnen Organisationsmitglieder untereinander abgestimmt (koordiniert) werden.

Die Zielvorgabe kann sich sowohl auf Sachzielelemente als auch auf Formalzielelemente beziehen. Mit der Vorgabe von *Sachzielen* werden die Eigenschaften des erwünschten Endzustandes beschrieben. Als geeignet und damit als zulässig erweisen sich hiernach nur solche Handlungsalternativen, deren Verwirklichung zu dem durch das Sachziel definierten Endzustand führt. Das *Formalziel* gibt eine Präferenzvorschrift vor, mittels der aus mehreren Zuständen, die den Anforderungen des Sachziels genügen, der optimale Zustand ausgewählt werden kann. Das Problem der Mittelentscheidung des einzelnen Organisationsmitglieds besteht also darin, nach einer Analyse des Istzustands geeignete Maßnahmen (Handlungsalternativen) zu finden und diejenige auszuwählen, die den gegenwärtigen (Ausgangs-) Zustand in den optimalen Endzustand transformiert (vgl. Frese, 1987, S. 173 ff.).

Die Zielformulierung kann durch eine vorgesetzte Instanz autoritär oder unter Mitwirkung der betroffenen Organisationsmitglieder erfolgen. In den Konzeptionen des Management by Objectives und des Management by Results wird davon ausgegangen, daß die Zielformulierung partizipativ erfolgt (vgl. Frese, 1971, S. 230 f.; Fuchs-Wegner, 1973, S. 687). Dabei dienen die gesetzten Ziele zugleich als Basis für spätere Kontrollmaßnahmen im Rahmen eines Soll-Ist-Vergleichs. Die Zielvorgaben sind an die sich im Zeitablauf ergebenden Veränderungen anzupassen (vgl. Fuchs-Wegner, 1973, S. 688).

*(1) Für welche Steuerungsprobleme beschreibt dieses Konzept einen Lösungsweg?*

Die Konzeption des Management by Objectives ist sehr allgemein formuliert. Sie ist daher als Steuerungsprinzip im Grunde auf alle hier betrachteten Steuerungsprobleme anwendbar. Diese Elastizität wird allerdings erkauft durch fehlende konkrete Handlungsempfehlungen dafür, wie dieses Konzept in einer bestimmten Problemsituation implementiert werden soll.

- Ist durch die Vorgabe von Sachzielen der erwünschte Endzustand sehr detailliert beschrieben, während hinsichtlich der organisatorischen Durchsetzung der Mittelentscheidung keine Vorgaben gemacht werden, so steht die Steuerung von *Objektentscheidungen* im Vordergrund. Der organisatorische Handlungsspielraum des Entscheidungsträgers ist dann weitgehend unbeschränkt.
- Die *Organisationsentscheidungen* nachgeordneter Entscheidungsträger können gesteuert werden, indem durch Sollvorgaben sowohl der gewünschte „Objekt-Endzustand" als auch der gewünschte „Organisations-Endzustand", d.h. die Eigenschaften der zulässigen organisatorischen Durchsetzungsmaßnahmen, beschrieben werden.
- In gleicher Weise können nach dieser Konzeption auch *Kommunikationsentscheidungen* nachgeordneter Organisationsmitglieder gesteuert werden.

*(2) Welche Basisvariablen der organisatorischen Gestaltung werden zur Steuerung eingesetzt?*

- Die Sollvorgaben des Management by Objectives ergänzen (als Verhaltensnormen von eher explizitem Charakter) die implizite Verhaltensnorm, den beobachteten Istzustand in einen optimalen Sollzustand zu transformieren.

- Die Steuerung der Entscheidungsträger geschieht außerdem über die Eröffnung bzw. Beschränkung der Verfügungsmöglichkeiten des Entscheidungsträgers über Ressourcen, etwa in Form von Budgets.
- Im allgemeinen stellen jedoch weder Budgets *objektive* Verhaltensbeschränkungen der Entscheidungsträger dar, noch *garantieren* Sollvorgaben die Einhaltung dieser Vorgaben bei der Alternativenwahl. Eine besondere Rolle spielt deshalb beim Management by Objectives der Einsatz von Maßnahmen, die die Durchsetzung der Verhaltensnorm unterstützen. Die Formulierung von Sollvorgaben muß z. B. so erfolgen, daß auch die Einhaltung der Vorgaben zu *kontrollieren* ist. Inwieweit in einer Welt unsicherer Erwartungen der Entscheidungsträger für die tatsächliche Ausprägung einer (aus subjektiver Sicht zufälligen) Zustandsvariablen verantwortlich sein kann oder gemacht wird – und welche Konsequenzen dies für die Qualität der delegierten Entscheidung hat –, wird im einzelnen im Konzept des Management by Objectives nicht behandelt. Auch zur Gewährung von Belohnungen und zur Verhängung von Sanktionen macht das Konzept keine expliziten Aussagen.

*(3) Welche Determinanten der Entscheidung stellen Zielkomponenten der Steuerung dar?*

Im Konzept des Management by Objectives geht es vor allem um die Gestaltung der Anreizkompatibilität; sie erfolgt durch die Steuerung folgender Determinanten:

- Soweit die Zielvorgabe Elemente des Formalziels beinhaltet, also Vorschriften und Maßstäbe für die Bildung einer Präferenzordnung über die erwogenen Handlungsalternativen, ist die beeinflußte Determinante der Entscheidung die *Zielfunktion* des Entscheidungsträgers.
- Die Vorgabe von Sachzielen beeinflußt (mittelbar) die im Entscheidungsmodell erwogene Menge von zulässigen *Handlungsalternativen* (vgl. Frese, 1987, S. 175; Liermann, 1982, S. 71 f.).

Unbestimmt hingegen bleibt bei der Steuerung durch Zielvorgabe,

- welche Ergebnis*werte* der Entscheidungsträger den relevanten Beschreibungs*merkmalen* der zulässigen Handlungsalternativen (sie sind mit der Vorgabe von Sachzielen bereits festgelegt) als Konsequenzen zuordnet,
- auf der Basis welcher *Informationsstruktur* und welcher *Prognosefunktion* der Entscheidungsträger eine Prognose hinsichtlich der ungewissen Ergebnisse ableitet und
- welche Struktur das vom Entscheidungsträger verwendete *Entscheidungsmodell* besitzt.

Neben der unmittelbaren Steuerung von Determinanten der Entscheidung beeinflußt das Konzept des Management by Objectives vor allem auch die *Motivation* und damit die Metaentscheidungen eines Entscheidungsträgers. Drei Aspekte sind dabei herauszustellen:

- Die Beteiligung der Organisationsmitglieder am Zielbildungsprozeß kann dazu führen, daß solche Zielvorgaben formuliert werden, die aus der Sicht des Entscheidungsträgers als zugleich anspruchsvoll *und* erreichbar erscheinen; der Entscheidungsträger wird dann eher dazu motiviert sein, eine solche Verhaltensnorm zu befolgen als bei autoritärer Zielvorgabe.
- Die Beteiligung am Zielbildungsprozeß informiert den Entscheidungsträger zugleich über die Notwendigkeit der in den Sachzielvorgaben ausgedrückten Beschränkungen seines Entscheidungsspielraumes. Damit fällt es ihm tendenziell leichter, eine Einschränkung seines Handlungsspielraums (ohne negative Auswirkungen auf seine Motivation) zu akzeptieren.
- Die Vorgabe von Zielen (anstelle expliziter Verhaltensnormen) beläßt dem Organisationsmitglied einen Spielraum für die Kreation und Auswahl von Maßnahmen zur Zielerreichung. Zudem ist dem Entscheidungsträger die Ergebnisverantwortung übertragen. (Dieser Aspekt ist besonders stark im Konzept des Management by Results ausgeprägt).

Über die Motivation des Entscheidungsträgers werden auch diejenigen Determinanten der Entscheidung beeinflußt, die nicht *unmittelbar* gesteuert werden. So hängt es von der Motivation des Entscheidungsträgers ab, mit welcher Intensität und Sorgfalt er

- nach Aktionsmöglichkeiten sucht,
- den zulässigen Handlungsalternativen mögliche Ergebnisse zuordnet,
- sich ein Wahrscheinlichkeitsurteil über das Eintreten dieser Ergebnisse bildet und
- auf der Basis welchen Entscheidungsmodells er seine Entscheidung trifft.

### 3.6.3 Management by Information

Auch das Management by Information ist eher ein Steuerungsprinzip als ein konkretes Handlungsmodell. Es ist so allgemein formuliert, daß seine Konzeption für die Lösung einer Vielzahl von Steuerungsproblemen übertragbar ist.

Das Steuerungsproblem besteht darin, für die Entscheidungen der einzelnen Organisationsmitglieder Informationen zur Verfügung zu stellen, die optimale Objekt- bzw. Organisationsentscheidungen ermöglichen. Der Informations- bzw. Kontrollaspekt des Management by Exception hat z. B. gerade den Zweck, die vorgesetzte Instanz gezielt und nur in zuvor definierten Ausnahmesituationen über die Aktionen (und deren Ergebnisse) des nachgeordneten Organisationsmitglieds zu informieren.

Bei diesen Überlegungen werden die einzelnen Organisationsmitglieder als *Empfänger* von Informationen in den Vordergrund gerückt: Das Management by Information (vgl. Wild, 1974, S. 168; Baumgarten, 1977, S. 206; Höhn/Böhme, 1980, S. 86-120; Kaus, 1985, S. 93-95) besteht in der problemorientierten personen- und situationsabhängigen Verteilung von Informationen auf die einzelnen Organisationsmitglieder (vgl. auch das Konzept des Management through Communication; Allen, 1977). Als Führungssystem wird in diesem Zusammenhang vor allem der Aufbau eines Management Information System (MIS) diskutiert (vgl. z. B. Köhler, 1971; Berthel, 1975; Szyperski, 1975; Kirsch/Klein, 1977; Frese/Schmitz/Szyperski, 1981). Auch im Rahmen der Systemplanung hat der Informationsaspekt eine zentrale Bedeutung (vgl. Albach, 1966, 1969).

*(1) Für welche Steuerungsprobleme eignet sich diese Konzeption?*

- Bei der koordinierenden Steuerung von voneinander abhängigen *Objektentscheidungen* geht es um die Verteilung von Informationen über die Interdependenzen zwischen den einzelnen Entscheidungsbereichen, über Umwelteinflüsse, die die Entscheidungen in den anderen Teilbereichen bestimmen, über Handlungsbeschränkungen dieser Entscheidungsträger sowie über den Ergebnisbeitrag der eigenen Teilentscheidungen bei unterschiedlichen Handlungsprogrammen der übrigen Organisationsmitglieder. Eine Lösung dieses Problems wird z. B. von der Team-Theorie durch die Vorgabe expliziter Informations- und Kommunikationsregeln gefunden. In dieser Hinsicht ist die Teamtheorie auch ein Managementkonzept „by Information".
- Für die Steuerung von *Organisationsentscheidungen* sind neben Informationen über die jeweiligen Interdependenzen zwischen den einzelnen Teilentscheidungen (Objekt- und/oder Organisationsentscheidungen) auch Informationen relevant, die Aufschluß über die Zusammenhänge zwischen organisatorischen Maßnahmen und daraus resultierenden Objektentscheidungen auf der nachgeordneten Hierarchieebene geben.
- Zur Steuerung von *Kommunikationsentscheidungen* kommt die Verteilung von solchen Informationen in Betracht, die ihrerseits helfen sollen, die Relevanz von potentiellen Kommunikationskontakten und -inhalten zu bewerten.

*(2) Welcher Basisvariablen organisatorischer Gestaltung bedient sich dieses Konzept?*

In dem betrachteten Konzept ist der Begriff „Information" sehr weit gefaßt: Er umfaßt sämtliche Signale, die von einem Organisationsmitglied an ein anderes Mitglied weitergeleitet werden:

- Die übermittelten Informationen können Verhaltensnormen darstellen, in denen eine vorgesetzte Instanz den nachgeordneten Entscheidungsträgern vorgibt, welche Aufgabe auf welche Weise zu lösen ist.
- Information zur Verbesserung der Informationsstände bzw. der Prognosefähigkeiten der Entscheidungsträger stellen ergänzende, die Durchsetzung der Verhaltensnorm unterstützende Maßnahmen dar.
- Informationen über das Verhalten nachgeordneter Entscheidungsträger stellen Kontrollinformationen dar.

*(3) Welche Determinanten der Entscheidung sind hierbei die Zielkomponenten der Steuerung?*

Im Vordergrund steht die Gestaltung der Informations- und der Kalkülkompatibilität durch die Bereitstellung der jeweils erforderlichen Informationen. Die einem Organisationsmitglied zugehenden Informationen beeinflussen dabei vor allem dessen Informationsstruktur und/oder Prognosefunktion:

- Informationen, die als Indikator einen Rückschluß auf die ungewissen Umweltzustände erlauben (und damit auf die Konsequenzen der Alternativenwahl), beeinflussen die *Informationsstruktur* des Entscheidungsträgers. Beispiele hierfür sind die Versorgung des Entscheidungsträgers mit aktuellen Daten und mit statistischem Material, die Einrichtung von Stabsstellen, die vornehmlich Informationsaufgaben wahrnehmen (z. B. die volkswirtschaftliche Abteilung) (Höhn/Böhme, 1980, S. 195-224), die Inanspruchnahme von externen Informationsdiensten.
- Informationen, die Theorien über die Aufstellung guter Prognosen vermitteln, ergänzen oder auch nur anregen, dienen dazu, die *Prognosefunktion* des Entscheidungsträgers zu beeinflussen. Ein solcher Steuerungsmechanismus wird z. B. dann wirksam, wenn einem Entscheidungsträger Expertenurteile oder eine situationsspezifische Beratung durch Spezialisten zur Verfügung gestellt werden. Dabei kann die Informationsaufgabe sowohl von speziell dazu eingerichteten Stabsstellen, als auch von externen Beratern vorgenommen werden.

Die zwischen Instanz und Entscheidungsträger darüber hinaus ausgetauschten Informationen können prinzipiell als Beeinflussung sämtlicher Determinanten der Entscheidung interpretiert werden. Indem die Instanz dem Entscheidungsträger eine Aufgabenstellung mitteilt, ihn über die Zielsetzung informiert, seine Entscheidungskompetenzen abgrenzt und Rahmenbedingungen formuliert, die bei der Entscheidung zu berücksichtigen sind, oder über zu erwartende Ereignisse informiert, beeinflußt die Instanz die Determinanten *Zielfunktion*, *Alternativenmenge* und *Ergebnisse*. Solche Informationen haben den Charakter von Verhaltensnormen.

### 3.6.4 Management by Motivation

Mit der Einrichtung eines betrieblichen Motivationssystems wird das Ziel verfolgt, die individuelle Leistungsbereitschaft und -intensität der Organisationsmitglieder positiv zu beeinflussen (vgl. Nick, 1974, S. 53; Berthel, 1980, Sp. 1276), so daß letztlich „gute" Entscheidungen getroffen werden. Das „Management by Motivation" (Gellerman, 1968; Nick, 1974) setzt keine völlig neuen Wirkungszusammenhänge zur Steuerung der Entscheidungen ein. Charakteristisch für diese Führungskonzeption ist vielmehr die Dominanz einer verhaltensorientierten Sichtweise und die Konzentration auf Steuerungsvariablen, deren Ausprägungen das einzelne Organisationsmitglied veranlassen (können), Verhaltenserwartungen der steuernden Instanz zu erfüllen oder sogar zu überschreiten.

Als organisatorische Instrumente werden vier Motivationsfaktoren hervorgehoben (Albach, 1974, S. 229):

- Die Mitwirkung bei der Zielformulierung für die gesamte Unternehmung und für die eigene Tätigkeit,
- die Aufgabenstellung und der Inhalt der Tätigkeit („Meaningful Work"),
- die Selbständigkeit in der Aufgabenerfüllung sowie
- die Karrieremöglichkeiten.

*(1) Für welche Steuerungsprobleme eignet sich der Ansatz als Lösungsweg?*

Auch das Steuerungsprinzip des Management by Motivation stellt nicht auf eine konkrete Problemsituation ab, sondern läßt sich auf sämtliche Steuerungsprobleme übertragen. Im Einzelfall bleibt dabei jedoch offen, in welcher Weise dieses Prinzip in ein Bündel konkreter organisatorischer Maßnahmen umgesetzt werden soll und welche Konsequenzen in einer speziellen Problemsituation aus dieser Organisationsmaßnahme zu erwarten sind.

*(2) Welche Basisvariablen organisatorischer Gestaltung werden zur Steuerung verwendet?*

Das Management by Motivation stellt eine spezielle Sichtweise des Problems organisatorischer Gestaltung und Führung dar, bei der weder die Komplexität noch der Umfang der Problemstellung durch vereinfachende Annahmen vermindert wird. Dementsprechend kommen bei einer Steuerung nach diesem Konzept im Prinzip sämtliche Basisvariablen der organisatorischen Gestaltung zum Einsatz.

*(3) Welche Determinanten der Entscheidung sind die Zielkomponenten der Steuerung?*

Das Management by Motivation zielt vor allem auf die Gestaltung der Anreizkompatibilität:

- Die Motivierung des Entscheidungsträgers beeinflußt seine Metaentscheidungen und damit sämtliche Determinanten der Entscheidung.

Einige der Gestaltungsvariablen des Management by Motivation beeinflussen jedoch nicht nur über die Motivation des Entscheidungsträgers, sondern auch *unmittelbar* die Ausprägungen seiner Entscheidungsdeterminanten:

- Indem zur Motivierung Entscheidungskompetenzen eingeräumt werden, werden zugleich unmittelbare Aussagen über die *Menge der Handlungsalternativen* getroffen.
- Die Gruppenbildung beeinflußt durch den dann stattfindenden Kommunikationsprozeß unmittelbar die Determinanten *Informationsstruktur* und *Prognosefunktion*.
- Die Kommunikation zwischen Instanz und Entscheidungsträger beeinflußt unmittelbar dessen *Informationsstruktur* und *Prognosefunktion*.
- Die Schaffung von Anreizen kann dazu führen, daß die Bemessungsgrundlage, auf deren Ausprägung die Anreizwirkung zurückgeht, als zusätzliche *Zielgröße* zur Charakterisierung der Handlungsalternativen in die Ergebnismatrix aufgenommen wird.

## Literatur

Albach H (1966) Die Koordination der Planung im Großunternehmen. ZfB, 36: 790 - 804
Albach H (1969) Systeme der Planung in großen Unternehmensgruppen. In: Busse v Colbe W, Meyer-Dohm P (Hrsg) Unternehmerische Planung und Entscheidung. Bochumer Beiträge zur Unternehmensführung und Unternehmensforschung. Bielefeld, 2: 11 - 37
Albach H (1974) Innerbetriebliche Lenkpreise als Instrument dezentraler Unternehmensführung. ZfbF, 26: 216 - 242
Allen R K (1977) Organizational Management through Communication. New York et al.
Arrow K J (1980) Wo Organisation endet – Management an den Grenzen des Machbaren. Wiesbaden
Bamberg G, Coenenberg G (1985) Betriebswirtschaftliche Entscheidungslehre, 4. überarbeitete Aufl. München
Baumgarten R (1977) Führungsstile und Führungstechniken. Berlin-New York
Berthel J (1975) Betriebliche Informationssysteme. Stuttgart
Berthel J (1980) Managementprinzipien. In: Grochla E (Hrsg) Handwörterbuch der Organisation (HWO), 2. Aufl. Stuttgart: 1265 - 1280
Bitz M (1981) Entscheidungstheorie. München
Bitz M, Rogusch M (1976) Risiko-Nutzen, Geldnutzen und Risikoeinstellung. Zur Diskussion um das Bernoulli-Prinzip. ZfB, 46: 853 - 868
Bleicher K, Meyer E (1976) Führung in der Unternehmung. Formen und Modelle. Reinbek
Bretzke W-R (1980) Der Problembezug von Entscheidungsmodellen. Tübingen
Busse von Colbe W, Laßmann G (1983) Betriebswirtschaftstheorie. Bd 1 Grundlagen, Produktions- und Kostentheorie. 2. Aufl. Berlin-Heidelberg-New York
Caroll jr St J, Tosi jr L (1970) Management by Objectives. New York
Drucker P F (1962) Praxis des Managements. 3. Aufl. Düsseldorf
Eisenführ F (1970) Zur Entscheidung zwischen funktionaler und divisionaler Organisation. ZfB, 40: 725- 746
Fessmann K-D (1979) Effizienz der Organisation. In: Potthoff E (Hrsg) RKW-Handbuch Führungstechnik und Organisation, 1. Band, Kennzahl 1482, Berlin
Frese E (1971) Ziele als Führungsinstrumente – Kritische Anmerkungen zum „Management by Objectives". ZfO, 40: 227 - 238
Frese E (1987) Grundlagen der Organisation. 3. Aufl. Wiesbaden
Frese E, Schmitz P, Szyperski N (Hrsg) (1981) Organisation, Planung, Informationssyteme. Erwin Grochla zum 60. Geburtstag. Stuttgart
Fuchs-Wegner G (1973) Management by . . . Eine kritische Betrachtung moderner Managementprinzipien und -konzeptionen. BFuP, 25: 678 - 692
Galbraith J R (1973) Designing Complex Organizations. Reading (Mass.) et al.
Gellerman S W (1968) Management by Motivation. New York
Golembiewski R T (1967) Organizing Men and Power. Pattern of Behavior and Line-Staff-Models. Chicago
Hax H (1965) Die Koordination von Entscheidungen. Köln-Berlin-Bonn-München
Hax H (1969) Die Koordination von Entscheidungen in der Unternehmung. In: Busse v Colbe W, Meyer-Dohm P (Hrsg) Unternehmerische Planung und Entscheidung. Bochumer Beiträge zur Unternehmensführung und Unternehmensforschung. Bielefeld, 2: 39 - 53
Heinen E (1976) Grundlagen betriebswirtschaftlicher Entscheidungen. Das Zielsystem der Unternehmung. 3. Aufl. Wiesbaden
Höhn R, Böhme G (1980) Führungsbrevier der Wirtschaft. Bad Harzburg
Humble J W (1972) Management by Objectives. London
Kaus H-P (1985) Die Steuerung von Entscheidungsgremien über Verhaltensnormen. Würzburg-Wien
Kieser A, Kubicek H (1983) Organisation. 2. Aufl. Berlin-New York
Kirsch W (1971) Entscheidungsprozesse. 3. Bd. Entscheidungen in Organisationen. Wiesbaden

Kirsch W, Klein H K (1977) Management-Informationssysteme, I und II. Stuttgart et al.
Köhler R (1971) Informationssysteme für die Unternehmensführung. ZfB, 41: 27 - 58
Lattmann Ch (1977) Führung durch Zielsetzung. Bern-Stuttgart
Laux H (1979) Grundfragen der Organisation: Delegation, Anreiz und Kontrolle. Berlin-Heidelberg-New York
Laux H (1982) Entscheidungstheorie. Grundlagen. Berlin-Heidelberg-New York
Laux H, Liermann F (1987) Grundlagen der Organisation. Berlin - Heidelberg -New York
Liermann F (1982) Koordinationsentscheidungen bei Unsicherheit. Würzburg-Wien
Likert R (1961) New Patterns of Management. New York-Toronto-London. Deutsche Übersetzung (1972) Neue Ansätze der Unternehmensführung. Bern
Lindley D (1974) Einführung in die Entscheidungstheorie. Frankfurt-New York
Luce R D, Raiffa H (1957) Games and Decisions. Introduction and Critical Survey. New York-London-Sydney
Marschak J (1954) Towards an Economic Theory of Organization and Information. In: Thrall R, Coombs C H, Davis R L (eds) Decision Processes. New York: 187 - 220
Morrisey G L (1970) Management by Objectives and Results. Reading (Mass.) et al.
v Neumann J, Morgenstern O (1944) Theory of Games and Economic Behavior. Princeton. Deutsche Übersetzung (1967) Spieltheorie und wirtschaftliches Verhalten. 2. Aufl. Würzburg
Nick F R (1974) Management durch Motivation. Stuttgart et al.
Odiorne G S (1969) Management Decisions by Objectives. Englewood Cliffs (N J)
Picot A (1984) Organisation. In: Baetge J et al. (Hrsg) Vahlens Kompendium der Betriebswirtschaftslehre, München 2: 95 - 158
Raiffa H (1973) Einführung in die Entscheidungstheorie. München-Wien
Scanlan B K (1973) Principles of Management and Organizational Behavior. New York
Schleh E C (1961) Management by Results. New York
Schmalenbach E (1948) Pretiale Wirtschaftslenkung, Bd. II. Pretiale Lenkung des Betriebes. Bremen-Horn
Schneeweiß H (1966) Das Grundmodell der Entscheidungstheorie. Stat. Hefte, 7: 125 - 137
Schneeweiß H (1967) Entscheidungskriterien bei Risiko. Berlin-Heidelberg-New York
Simon H A (1981) Entscheidungsverhalten in Organisationen. Landsberg
Spielberger M (1983) Betriebliche Investitionskontrolle. Würzburg-Wien
Szyperski N (1975) Informationssysteme. In: Grochla E, Wittmann W (Hrsg) Handwörterbuch der Betriebswirtschaft (HWB), Bd. 2, Stuttgart: 1900 - 1910
Wild J (1974) Betriebswirtschaftliche Führungslehre und Führungsmodelle. In: Wild J (Hrsg) Unternehmensführung. Festschrift für E. Kosiol zum 75. Geburtstag. Berlin: 141 - 179

# Planungsmanagement

F. Malik und S. Helsing

**Inhalt**


**1 Zum Planungsverständnis** . . . 167

1.1 Wesen und Zweck der Unternehmensplanung . . . 167
1.2 Planung als Management-Aufgabe . . . 168
1.3 Zum heutigen Stand der Unternehmensplanung . . . 170
1.3.1 Historische Entwicklung . . . 170
1.3.2 Von der strategischen Planung zum strategischen Management . . 171
1.4 Planungssystem und -prozeß . . . 172
1.4.1 Das formale Planungssystem und seine Elemente . . . 172
1.4.2 Aufbau des Planungssystems . . . 173
1.4.3 Der Planungsprozeß . . . 174
1.4.4 Das System der Pläne . . . 176
1.5 Die Planungsmethodik . . . 177
1.5.1 Strukturieren . . . 177
1.5.2 Einhüllen . . . 178
1.5.3 Iteration . . . 178
1.6 Wechselwirkungen zwischen strategischer, operativer Planung und Planungsorganisation . . . 178

**2 Strategische Planung** . . . 179

2.1 Gründe für die strategische Planung . . . 179
2.1.1 Operative Größen sind irreführende Grundlagen der strategischen Planung . . . 179
2.1.2 Die Problematik von Prognosen . . . 180
2.1.3 Die Orientierungsgrößen der strategischen Planung . . . 181
2.1.4 Strategische Gesetzmäßigkeiten . . . 182
2.1.5 Vorausschauende Führung . . . 183
2.2 Das Modell der strategischen Unternehmensplanung . . . 183
2.2.1 Anforderungen an ein strategisches Steuerungssystem . . . 183
2.2.2 Modell eines integrierten Steuerungssystems . . . 184
2.2.3 Die Hierarchie der Steuerungsgrößen . . . 186
2.2.4 Die zukünftigen Erfolgspotentiale . . . 187


---

Prof. Dr. F. Malik ist Professor für Betriebswirtschaft an der Hochschule St. Gallen und Präsident des Verwaltungsrates des MZSG – Management Zentrum St. Gallen.
S. Helsing arbeitet als Unternehmensberater und Referent am MZSG – Management Zentrum St. Gallen.

2.3 Ablauf der Strategieplanung . . . . . . . . . . 190
2.4 Die Instrumente der strategischen Planung . . . . . . . . . . 192
2.4.1 Die Erfahrungskurve . . . . . . . . . . 192
2.4.2 Die Portfolio-Analyse . . . . . . . . . . 193
2.4.3 Die Substitutionszeitkurve als Instrument der strategischen Planung . . . . . . . . . . 197
2.4.4 PIMS (Profit Impact of Market Strategies) als Instrument der strategischen Planung . . . . . . . . . . 198

**3 Planungsorganisation** . . . . . . . . . . 204
3.1 Vom Ertrags- zum Effizienzpotential . . . . . . . . . . 204
3.2 Grundsätze der Planungsorganisation . . . . . . . . . . 205
3.3 Die Aufbauorganisation der Unternehmensplanung . . . . . . . . . . 206
3.4 Zeitliche Organisation der Unternehmensplanung . . . . . . . . . . 207

**4 Operative Planung** . . . . . . . . . . 208
4.1 Operative Planung als Baustein der strategischen Planung . . . . . . . . . . 209
4.2 Operative Pläne und Ziele müssen meßbar sein . . . . . . . . . . 209
4.3 Umsetzung der strategischen Unternehmenspläne in Pläne der einzelnen Funktionsbereiche . . . . . . . . . . 210

**Literatur** . . . . . . . . . . 213

# 1 Zum Planungsverständnis

## 1.1 Wesen und Zweck der Unternehmensplanung

Der Stellenwert und die Bedeutung der Planung im Rahmen der Unternehmensführung haben in den vergangenen Jahren stetig zugenommen. Zudem hat sich auch das Planungsverständnis gewandelt: im Vordergrund stehen nicht Pläne und Vorgaben, sondern vor allem der geistige Prozess, der sich im Rahmen der Planung abspielt und sich in einer vorausschauenden Grundhaltung wiederspiegelt. Diese Wandlung des Planungsverständnisses ist im wesentlichen auf zwei Faktoren zurückzuführen: einerseits hat der Trendbruch der 70er-Jahre den Extrapolationsverfahren der Planung (d. h. schwergewichtige Basierung der Planung auf Vergangenheitsdaten) ein Ende gesetzt, da die darauf folgenden Jahre durch Unsicherheiten, Diskontinuitäten und eine zunehmende Dynamik gekennzeichnet waren. Auf der anderen Seite hat im Bereich der Unternehmensplanung ein erheblicher Wissenszuwachs und ein Umdenken über die Zusammenhänge der den längerfristigen Erfolg der Unternehmung bestimmenden Faktoren stattgefunden.

Die grundlegende Aufgabe der Unternehmensplanung – Sicherung des Unternehmensbestandes beziehungsweise der Unternehmenszukunft (Gälweiler 1980, S. 31) – hat sich damit nicht verändert; neu ist vor allem der zeitliche und sachliche Blickwinkel der Planung: aus der Erkenntnis heraus, daß jede Orientierung strategisch notwendiger Entscheide an bereits erkennbaren, beziehungsweise eingetretenen Erfolgswirkungen, in der heutigen schnellebigen und dynamischen Zeit zu spät kommt, hat sich ein Ansatz durchgesetzt, welcher die kurz- und mittelfristigen Ziele in ein strategisches Zielsystem integriert. Merkmal dieses Ansatzes ist die Unterscheidung zwischen *strategischer* und *operativer Planung.* Damit sollen spontane, improvisierte und situative Entscheide durch ein ordnendes, umfassendes Vorausdenken ersetzt werden.

Planung heißt somit, daß Vorstellungen über zukünftige Zustände gebildet, diese systematisch durchdacht, mit gegebenen Situationen verglichen und daraus Maßnahmen für die optimale Gestaltung der Zukunft abgeleitet werden (Häusler 1970, S. 30; Hentze/Brose 1985, S. 24). Die Planung hat im Rahmen des Unternehmensganzen bestimmte Aufgaben zu erfüllen, wobei im wesentlichen die Gestaltung und Steuerung von Unternehmensprozessen in der Zukunft im Vordergrund stehen. Im Rahmen der Gestaltungsaufgaben beschäftigt sie sich mit strategischen und operativen Entwicklungen, woraus verschiedene stärker detaillierte, gestalterische *Aufgaben* hervorgehen. Diese sind (Dunst 1983, S 14 f.):

- *nachhaltige Erfolgssicherung:* Primäre Aufgabe der Planung ist die Existenzsicherung der Unternehmung auf lange Sicht.
- *Risikoerkenntnis:* Erkennen von Risiken, Trends, Entwicklungen und Ableitungen der notwendigen Maßnahmen im Sinne einer Vorsteuerung.
- *Flexibilitätserhöhung:* Planung schützt vor Überraschungen, indem sie zukünftige Entwicklungen so gut wie möglich ergründet, sichtbar macht, und sie in beherrschbare Kategorien überführt (Gälweiler 1986, S. 41).
- *Komplexitätsreduktion:* Steigende Komplexität im Unternehmen selbst und in dessen Umwelt müssen durch eine umfassende und systemgerechte Planung reduziert werden.
- *Ausnützen von Synergiepotentialen:* Planung stimmt die einzelnen Unternehmensaktivitäten aufeinander ab und zeigt mögliche Disharmonien auf (Ulrich 1978, S. 178): Das Ganze soll mehr sein als die Summe seiner Teile.

## 1.2 Planung als Management-Aufgabe

Das durch die Unternehmensplanung zu lösende Grundproblem der „nachhaltigen Sicherung der Überlebensfähigkeit des Unternehmens" deutet darauf hin, daß die Unternehmensplanung eine bedeutende Führungsaufgabe ist, wenn nicht die Führungsaufgabe schlechthin (Gälweiler 1986, S. 72). Dies wird deutlich, wenn man sich vor Augen hält, welche weitreichenden zeitlichen und sachlichen Dimensionen mit der Planung verbunden sind.

Die so häufig diskutierte Frage, ob sich die in der Unternehmenshierarchie integrierte Planung von unten nach oben (bottom up) oder von oben nach unten (top down) vollziehen soll, bezieht sich somit auf das Problem der *Delegation von Aufgaben,* nicht aber auf die *Delegation der Planungsverantwortung;* delegieren kann und muß man stets die Entwicklung von Methoden und Verfahren, die Bearbeitung von Teilfragen, die Überprüfung von Alternativen usw. Im Grunde aber gilt: Planungsverantwortung und Führungsverantwortung sind ihrem Wesen nach nicht trennbar (Gälweiler 1986, S. 73). Die Führungsfunktionen im Rahmen der

Planung kommen deutlich zum Ausdruck, wenn man von der Grundvorstellung des Führungsprozesses als einem kreisförmigen Vorgang ausgeht, in welchem sukzessive Entscheide über anzustrebende Ergebnisse und dafür notwendige Maßnahmen getroffen, diese durch Anordnungen in Gang gesetzt und schließlich die tatsächlich vollzogenen Handlungen und erzielten Ergebnisse erfaßt und mit den Entscheidungen verglichen werden, ehe der Prozeß von neuen beginnt. Planung muß als ein Vorgehen aufgefaßt werden, welches alle drei Führungsfunktionen umfaßt.

Planen heißt sowohl Entscheiden, als auch In-Gang-Setzen und Kontrollieren (Abb. 1).

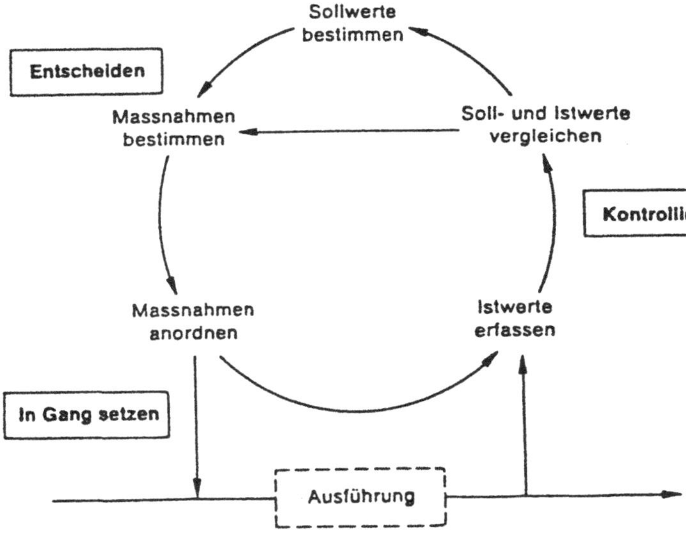


**Abb. 1.** Führungsfunktionen (Ulrich 1978, S. 15).

Planung beinhaltet nicht entweder nur die Zielplanung oder nur die Maßnahmenplanung; vielmehr umfaßt eine richtig verstandene Planung die Abstimmung zwischen *Zielen, Mitteln* und *Verfahren.* Denn es ist leicht ersichtlich, daß diese drei *Führungsphasen* inhaltlich nicht unabhängig voneinander sind und daß der Entscheidungsprozess insgesamt erst beendet ist, wenn nicht nur die zu erreichenden Ziele, sondern auch die einzusetzenden Mittel und Verfahren festgelegt sind. Aus dem Einbezug aller drei Führungsphasen in die Planung ergibt sich, daß Planung *bewußte* und *systematische Systemgestaltung* ist (Abb. 2).

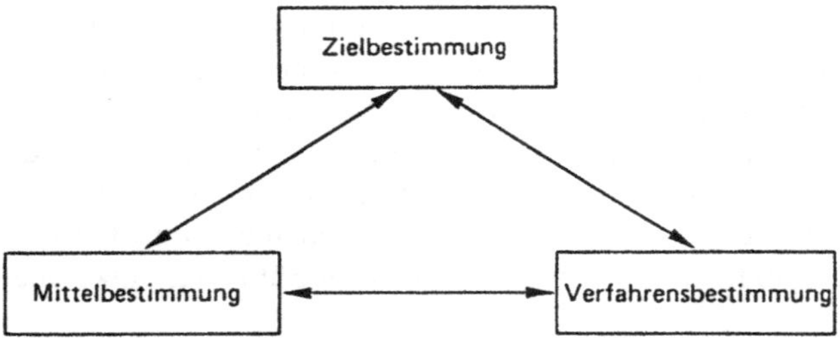


**Abb. 2.** Führungsphasen (Ulrich 1978, S. 17).

## 1.3 Zum heutigen Stand der Unternehmensplanung

### 1.3.1 Historische Entwicklung

In diesem Abschnitt soll der Stand der Unternehmensplanung aufgezeigt werden, ohne auf eine detaillierte Schilderung der Entwicklungsgeschichte der Planung einzugehen. Sie ist namentlich bei Bircher (1976, S. 15 ff.), Albach (1979, S. 9 ff) und Ansoff (1980) ausführlich dargestellt. Die „Meilensteine" dieser Entwicklung sind in der folgenden Abbildung 3 aufgezeigt:

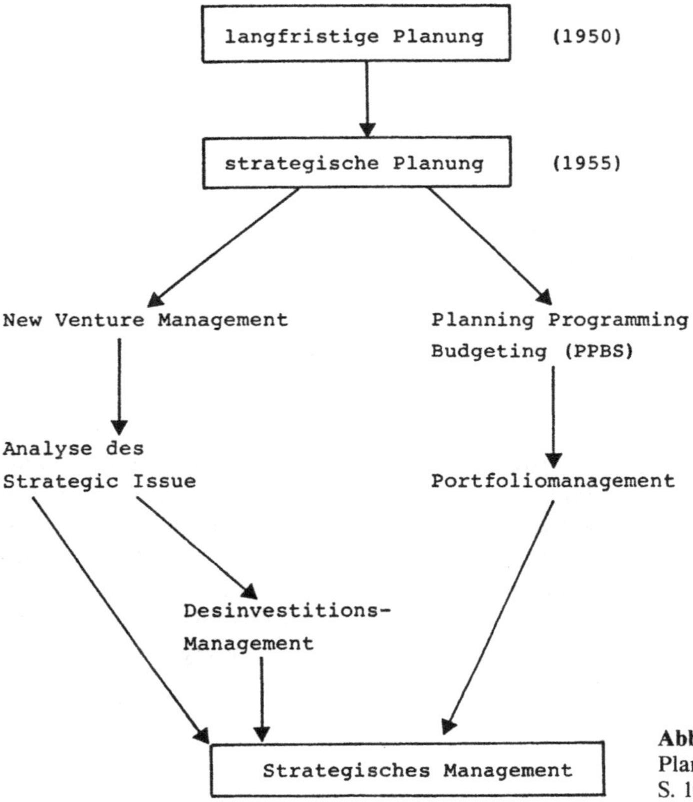


**Abb. 3.** Entwicklung der Planung (Albach 1979, S. 10).

Äußerlich hat diese Entwicklung insbesondere in den letzten drei Jahrzehnten in den Bezeichnungen ihren Niederschlag gefunden. So wurde im Laufe der Zeit aus der langfristigen Planung die strategische Planung und aus dieser das strategische Management. Wichtiger als die Bezeichnungen sind jedoch die dahinterstehenden Sachverhalte. Diese sind insbesondere durch den Wissenszuwachs über die langfristigen Ablaufmuster generiert worden. Aus diesem Wissenszuwachs hat sich Zug um Zug immer mehr eine für die strategische Planung allgemeingültige Grundsystematik herausgebildet. Im Vordergrund stand dabei die strategische Unternehmensplanung, allerdings mittelbar auch die operative Planung, weil durch diese Entwicklung die operative Planung in ihrem Inhalt und ihrer Stoßrichtung immer stärker in die umfassendere strategische Planung integriert wurde (Gälweiler, 1980, S. 32).

## 1.3.2 Von der strategischen Planung zum strategischen Management

Während bei der langfristigen Planung primär die Erweiterung des Planungshorizontes im Vordergrund stand, hat mit der strategischen Planung eine intensive Auseinandersetzung um die Planungsinhalte und Entwicklungstendenzen eingesetzt. Im Zentrum der strategischen Planung steht die Frage, mit welchen Produkten das Unternehmen welche Märkte bedienen soll und aus welcher Wettbewerbsposition es dabei antritt. Die sogenannte Produkt-Markt-Matrix (Abb. 4) als zentrales Element der strategischen Planung liefert wertvolle Informationen über die

| | alte Märkte | neue Märkte |
|---|---|---|
| alte Produkte | Markt-durch-dringung | Markt-entwicklung |
| neue Produkte | Produkt-entwicklung | Diversifi-kation |

**Abb. 4.** Produkt-Markt-Matrix (Ansoff-Raster).

Marktsegmentierung. Unternehmensinterne Konfigurationen wurden in der klassischen strategischen Planung nur insoweit einbezogen, als sie – als potentielle Synergieeffekte oder vorhandene Stärken bzw. Schwächen – Maßstäbe zur Beurteilung von Strategien darstellen (GerlRoventa 1983, S. 143).

Aus der Einsicht heraus, daß zur Durchsetzung und Realisierung von Strategien auch die Unternehmensorganisation den sich ändernden Bedingungen der Umwelt angepaßt werden muß, setzte sich allmählich eine integrierte, umfassende Sichtweise durch, welche im Begriff „Strategisches Management" (= strategische Unternehmensführung) zum Ausdruck kommt (Hentze/Brose 1985, S. 221). Die strategische Unternehmensplanung ist ein Element des strategischen Managements (Hinterhuber 1980, S. 29); strategisches Management setzt sich aber nicht nur mit Produkt-Markt-Kombinationen auseinander, sondern hat vielmehr die Entwicklung aller Unternehmensbereiche zum Ziel; Strategisches Management ist deshalb „a system of corporate values, planning capabilities, or organizational responsibilities that couple strategic thinking with operational decision making at all levels and across all functional lines of authority in a corporation" (Stuck/Kaufmann/Wallek 1980, S. 156).

Die aufgeführte Entwicklung von der langfristigen zur strategischen Planung und von dieser zum strategischen Management bedeutet nicht, daß damit das bestehende Führungs- und Planungswissen obsolet wurde. Vielmehr muß von einer Integration gesprochen werden, wodurch das bestehende Wissen relativiert und in einen neuen Bezugsrahmen gestellt wurde (Gälweiler 1980, S. 31).

## 1.4 Planungssystem und -prozeß

### 1.4.1 Das formale Planungssystem und seine Elemente

Die allgemeinen Planungsaufgaben eines jeden Planungssystems lassen sich unabhängig von der konkreten Situation mit Hilfe von drei Fragen ermitteln:

1. Welche Pläne sind zu erstellen?
2. Wie gehen wir bei der Erstellung der Pläne vor?
3. Welche Informationen müssen als Planungsgrundlagen zur Verfügung stehen?

Diese Fragen verweisen auf drei zentrale Elemente des Planungssystems: das *System der Pläne*, den *Planungsprozeß* und die *Informationsversorgungssysteme.* Das Ziel ist es dabei, die Input-Informationen im Rahmen des Informationsverarbeitungsprozesses so in die für die Unternehmung relevanten Output-Pläne umzugestalten, daß dadurch die Ertragskraft der Unternehmung nachhaltig gesichert werden kann. Eine unterstützende Funktion kommt in diesem System den Planungsmethoden und der Planungsorganisation zu.

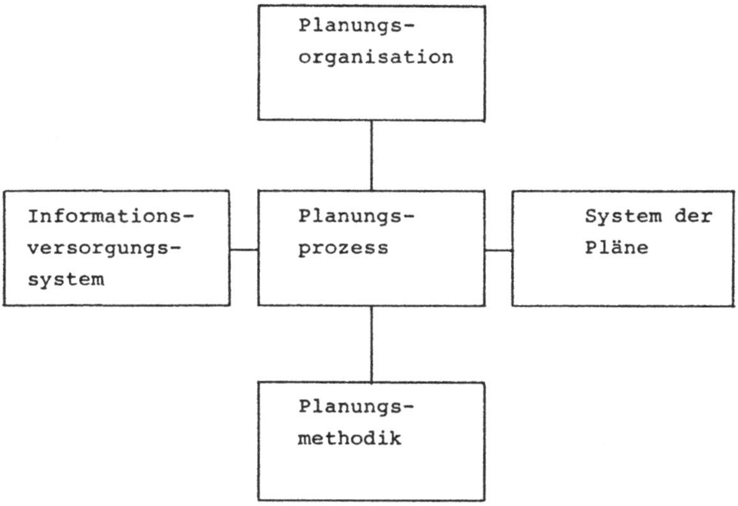


**Abb. 5.** Das formale Planungssystem (nach Bircher, 1976).

### 1.4.2 Aufbau des Planungssystems

Im Laufe der Zeit hat sich, wie schon erwähnt, ein eigentliches Grundmuster der Unternehmensplanung herauskristallisiert, welches unabhängig vom Einzelfall des individuellen Unternehmens, die Planungsprobleme und Entscheidungen in drei grundlegende Kategorien mit einer eindeutigen Rangordnung einordnet (Gälweiler 1986, S. 148):

- strategische
- organisatorische
- operative

} Planungsprobleme oder Entscheidungen

Mit dem Hinweis auf die Rangordnung wird die Tatsache hervorgehoben, daß jene Punkte, welche bei den jeweils vorangehenden Entscheidungen versäumt oder übersehen wurden, durch die nachfolgenden Planungsentscheide im allgemeinen nicht mehr eingeholt werden können. Bedeutsam ist dabei, daß sowohl die strategischen als auch die organisatorischen Entscheide ihrem Wesen nach immer nur Planungsprobleme und Denkansätze sind, daß sie aber im Rahmen der Ausführungsplanung zwangsläufig zu operativen Problemen werden und damit ihr Erfolg stets nur im operativen meßbar ist.

Mit den drei Planungskategorien (Strategische Planung, Planungsorganisation und operative Planung) haben wir die wesentlichen Elemente eines Planungssystems definiert (Abb. 6).

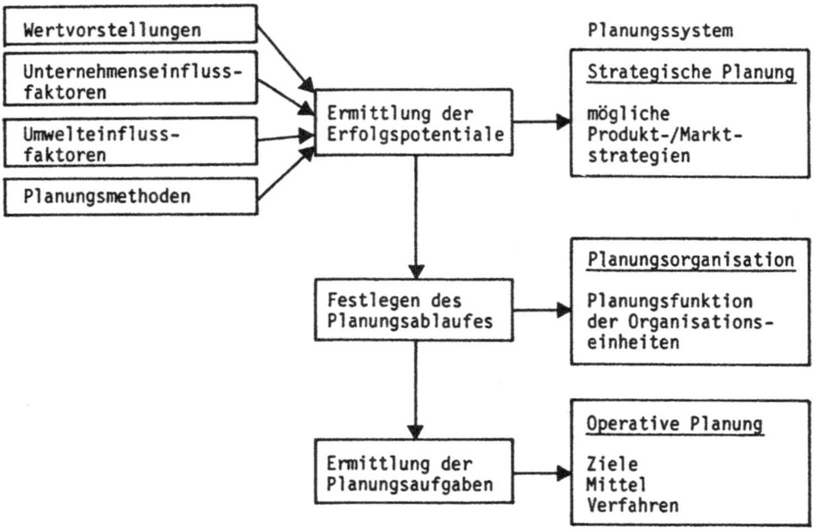


**Abb. 6.** Aufbau des Planungssystems.

Die für die Planung nötigen Informationen sind der Ausfluß einer systematischen und umfassenden *Unternehmens-* und *Umweltanalyse,* welche den Input in den Planungsprozess darstellen. Diese seinerseits ist stark geprägt durch Wertvorstellungen des Managements und den verfügbaren Planungsmethoden.

Die Aufgabe der obersten Stufe des Planungssystems, also der strategischen Planung, ist die Ermittlung bestehender und zukünftiger Erfolgspotentiale sowie die Ableitung geeigneter Produkt-Markt-Strategien. Im Rahmen der Planungsorganisation werden sodann die verschiedenen Planungsfunktionen den zuständigen organisatorischen Einheiten zugeordnet sowie der Planungsablauf festgelegt. Im Bereich der operativen Planung geht es um die Ermittlung der konkreten Planungsaufgaben, die aus den Strategien der obersten Stufe abgeleitet werden. Die Gliederung dieser Arbeit orientiert sich an diesen drei Stufen.

Als Randbemerkung muß hier beigefügt werden, daß ein umfassendes, integriertes Planungssystem nicht im Sinne einer mechanistischen Weltanschauung im Stile eines „total system approach" fix fertig implementiert werden kann, sondern in einzelnen Teilschritten im Rahmen einer *Metaplanung* (d. h. „Planung der Planung") evolutionär entwickelt und gesteuert werden muß.

### 1.4.3 Der Planungsprozeß

Unter dem Begriff des Planungsprozesses versteht man das gesamte sach- und zeitbedingte Gefüge einer Menge von Planungschritten, die zur vollständigen Lösung eines Planungsproblems durchzuarbeiten sind. Das Ergebnis hat alles einzubeziehen, was für eine realistische Fundierung der gefundenen Lösung notwendig erscheint (Gälweiler 1986, S. 185).

Angesichts der Komplexität der zu lösenden Aufgabe sind an den Planungsprozess folgende Anforderungen zu stellen (Bircher 1976, S. 75 f.):

- Strukturiertheit
- Flexibilität
- Modularität
- Informationsbezogenheit
- Lernfähigkeit
- Organisationsbezogenheit
- Einfachheit
- Wirtschaftlichkeit

Ausgehend von einer ersten geistigen Ziel- oder Problemvorstellung läßt sich die Struktur des Planungsprozesses in vier Grundphasen unterteilen:

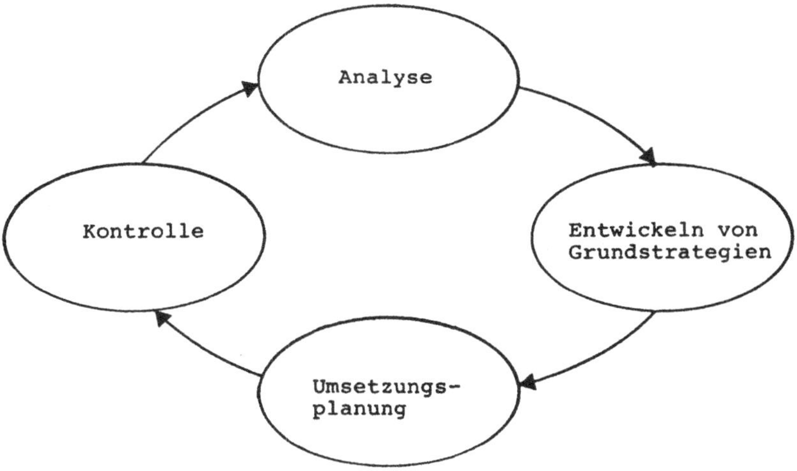


**Abb. 7.** Planungsprozeß.

Am Anfang dieses Prozesses steht die Analyse aller relevanten externen und internen Gegebenheiten. Wesentlich ist dabei das Erkennen von Chancen und Gefahren in der Umweltentwicklung, der Stärken und Schwächen der Unternehmung sowie der Einbezug der Wertvorstellungen des Managements (Ulrich 1978, S. 35 f; Hinterhuber 1980, S. 31).

In einer zweiten Phase werden mögliche Grundstrategien (Produkt-/Markt-Kombinationen) entwickelt. Unter Strategieentwicklung verstehen wir die Suche und Erarbeitung von Wegen, welche mit hoher Wahrscheinlichkeit zur Realisierung der festgelegten Ziele führen.

Um nun die erarbeiteten Strategien auch tatsächlich zu realisieren, müssen sie in einer nächsten Stufe in konkreten Maßnahmenprogrammen und Aktionen der einzelnen Funktionsbereiche (Produktion, F + E, Finanzen usw.) ausmünden. Die operativen Pläne beinhalten deshalb Maßnahmen, Teilziele und -schritte, welche als einzelne Entwicklungsstufen zur Erfüllung der umfassenderen strategischen Pläne dienen.

Durch die Kontrolle auf der vierten Stufe fließen die Erkenntnisse und Abweichungen wieder in die Analysephase ein.

### 1.4.4 Das System der Pläne

Die Pläne als konkrete Ergebnisse des Planungsprozesses können nach ihrer *Fristigkeit,* ihrem *Inhalt* und nach *Planungsbereichen* unterschieden werden.

Die folgenden Ausführungen sollen als Grobraster dienen; eine allgemeingültige Gliederung wäre nicht sinnvoll, weil die Anforderungen der einzelnen Branchen und zum Teil noch jene der einzelnen strategischen Geschäftsfelder einer Unternehmung an die Fristigkeit der Pläne und die Planungsinhalte sehr unterschiedlich sind. Im übrigen besteht auch in der Theorie in diesem Punkt noch wenig Konsens.

*a) Fristigkeit*

- *langfristige Pläne* umfassen einen Zeitraum, innerhalb dessen die nun aufgebauten Leistungspotentiale für die neue Produktegeneration wirksam sein werden; sie sind somit häufig identisch mit der Lebensdauer der neuen Produktegenerationen. Die langfristige Planung umfaßt je nach Branche einen Zeitraum von 5 - 20 Jahre.
- *mittelfristige Pläne* umfassen einen Zeitraum, innerhalb dessen grundlegende Veränderungen des Leistungspotentials zur Erbringung neuer Leistungen (Produkte) möglich sind, d. h. bis eine neue Produktgeneration auf den Markt gebracht werden kann durch Aufbau der notwendigen Anlagen, Erwerb von Know-How und Anpassung der Finanzstruktur. Die Dauer der mittelfristigen Planung beträgt normalerweise 2 - 5 Jahre.
- *kurzfristige Pläne* umfassen den Zeitraum, innerhalb dessen man mit dem vorhandenen Leistungspotential (d. H. den vorhandenen Produkten, Märkten, Anlagen, Know-How und finanziellen Mitteln) operieren muß; sie ist in der Regel mit der Jahresplanung identisch.

*b) Nach den Planungsinhalten*

- *Periodenpläne* beziehen sich auf eine Normperiode, für die die Gesamtunternehmung oder ein Subsystem (Division, Produktgruppe, Funktionsbereich) durchgeplant werden. Eine solche Periode kann eine Woche, einen Monat, ein Quartal, eine Saison, ein Jahr, drei oder fünf Jahre betragen. Merkmal dieser Periodenpläne ist, daß sie alle relevanten Ziele und Maßnahmen einschließt, welche in der geplanten Periode zum tragen kommen.
- *Projekt- oder Aktionspläne* sind objektbezogen, da sie meistens auf eine bestimmte Maßnahme ausgerichtet sind. Ein Merkmal dieser Pläne ist ihr *innovativer Charakter.* Die Projektpläne umfassen meistens eine längerfristige Maßnahmenplanung mit Investitionscharakter (z. B. Diversifikationspläne, Erweiterung

von Produktionskapazitäten, Standortplanung usw.), während die Aktionspläne kürzerfristige Maßnahmenplanungen umfassen (z. B. einmalige Werbeaktion, Personalbeschaffung für den Ausbau der EDV usw.). Der Planungszeitraum für Projekt- und Aktionspläne hängt von der jeweiligen Maßnahme ab, sie sind aber in jedem Fall in die Periodenpläne zu integrieren.

- *Programme* sind ebenfalls auf einzelne Maßnahmen ausgerichtet und damit objektbezogen. Im Gegensatz zu den Projekt- und Aktionsplänen sind sie jedoch nicht für Neuerungs- sondern für ausgesprochene Routineaufgaben bestimmt. Sie sind als Standardpläne ein wichtiges Instrument zur Abwicklung häufig auftretender Aktionen. Beispiele für Programme sind z. B. die routinemäßige Lenkung von Beschaffungsprozessen, Bewirtschaftung der liquiden Mitteln oder der Lagerbestände.

*c) Nach Planungsbereichen*

- *Funktionsbereichsbezogene Planung* ist normalerweise im Bereich der operativen Planung angesiedelt und bezieht sich auf die Pläne der einzelnen Funktionsbereiche. Beispiele von funktionsbereichsbezogenen Plänen sind der Absatzplan, F & E-Plan, Finanzplan, Produktionsplan usw.
- *Produktbezogene Planung* bezieht sich auf die Planung von einzelnen Produktgruppen und ist somit eine Aufgabe des verantwortlichen Produkt-Managements.
- *Marktbezogene Planung* erlaubt die Steuerung der einzelnen regionalen Märkte. Diese Pläne können sich je nach Größe und Branche einer Unternehmung auf einzelne Landesregionen, ganze Länder oder gar Kontinente (z. B. Markt Nordamerika) beziehen.

## 1.5 Die Planungsmethodik

Der im Rahmen der Planungstätigkeit zu bewältigende hohe Komplexitätsgrad der anstehenden Probleme setzt eine entsprechende Arbeitsmethodik voraus. Aufgrund der planungsspezifischen Probleme haben sich drei grundlegende Methoden herauskristallisiert, welche im folgenden noch kurz dargestellt werden (Gälweiler 1986, S 74).

### 1.5.1 Strukturieren

Das Strukturieren als problemorientiertes Gruppieren ist für jede Planungstätigkeit von fundamentaler Bedeutung. Dabei geht es einerseits um das Zerlegen von komplexen Problemen in einzelne Teilprobleme, was analytisch-synthetische Fähigkeiten voraussetzt und andererseits müssen scheinbar beziehungslos verstreute Informationen zu einem Ganzen zusammengefügt werden, was intuitiv-kreative und kombinatorische Fähigkeiten bedingt. Beispiele für Methoden der Problemstrukturierung sind zum Beispiel die Matrixanalyse (Produkt-Markt-Matrix), die Systemanalyse (Strukturieren nach über- und untergeordneten Systemen und deren Verflechtungen) oder auch das sogenannte Feedback-Diagramm.

### 1.5.2 Einhüllen

Der Gefahr der Suboptimierung und den desintegrierenden Tendenzen des Strukturierens wird durch das sogenannte Einhüllen entgegengewirkt. Das Einhüllen ist ein geistiger Prozess, welcher hohe Anforderungen an den Planer stellt, indem permanent die Planungsinhalte der vor- und nachgelagerten Stufen integriert bzw. vorweggenommen werden müssen. Der Prozess des Einhüllen stellt die Konsistenz der Planungsergebnisse sicher.

### 1.5.3 Iteration

Die Komplexität und Vernetztheit der Planungsprobleme setzt ein systemorientiertes und systembezogene Arbeiten voraus. Ein Merkmal des systemorientierten Vorgehen ist das Denken in Regelkreisen mit Vor- und Rückkoppelungen. Auf die konkrete Planungstätigkeit übersetzt bedeutet dies, daß der Planungsprozeß in mehreren Schlaufen durchlaufen werden muß, da z. B. im Rahmen der Ausführungsplanung Erkenntnisse gewonnen werden, welche die Prämissen der strategischen Planung als unrealistisch oder gar falsch erscheinen lassen. Durch Iteration, d. h. mehrmaliges Durchlaufen des Planungsprozesses, lassen sich frühzeitig Planungsfehler erkennen.

## 1.6 Wechselwirkungen zwischen strategischer, operativer Planung und Planungsorganisation

Die Implementierung, d. h. Durchsetzung von Strategien ist ein Problem, welches im Rahmen des strategischen Managements immer wieder zu Diskussionen Anlaß gibt. Die Fähigkeit zur Überbrückung des relativ hohen Abstraktionsgrades der strategischen Planung und der Planungsorganisation mit dem konkreten, detaillierten Plänen der operativen Ebene entscheidet über Erfolg oder Scheitern einer entwickelten Strategie. Ein wesentliches Element dabei ist der Integrationsaspekt, d. h. die Konzipierung der operativen Planung als integraler Bestandteil des strategischen Steuerungssystems, welches zu oft vernachlässigt wird; dies mag eine Erklärung für die allgemeine Ernüchterung sein, welche zu Beginn der 80er-Jahre in einer gewissen Strategiemüdigkeit zum Ausdruck kam. Mit Integration sprechen wir einerseits das Problem der Abstimmung der strategischen und operativen Pläne an, andererseits aber auch das Abstimmungsproblem mit dem Planungsumfeld, der Planungsorganisation.

Diesem Sachverhalt soll die nachfolgende Gliederung in

- strategische Planung
- Planungsorganisation
- operative Planung

Rechnung tragen.

# 2 Strategische Planung

## 2.1 Gründe für die strategische Planung

Leider ist die Unkenntnis über die wirkliche Natur strategischer Führung bei Führungskräften, selbst jenen auf höchster Führungsebene, unübersehbar. Noch immer wird strategische Planung als langfristige Planung angesehen; noch immer basieren sogenannte strategische Pläne auf extrapolativen Prognosen; und noch immer sind entscheidende strategische Gesetzmäßigkeiten entweder nicht bekannt oder werden ignoriert. Leider wird auch seitens der Wissenschaft kräftig zur Konfusion beigetragen; die konzeptionelle und begriffliche Verwirrung ist groß.

### 2.1.1 Operative Größen sind irreführende Grundlagen der strategischen Planung

Strategische Planung, strategisches Denken und strategische Führung sind – richtig verstanden – keine Management-Modewellen. Ganz im Gegenteil handelt es sich um die Evolution einer völlig neuen Entwicklungsstufe der Unternehmungssteuerung. Diese Stufe war so lange nicht notwendig, als die wirtschaftliche Situation der meisten Unternehmungen durch vergleichsweise hohe Stabilität, geringe Änderungsgeschwindigkeit der wesentlichen Faktoren und ein hohes Maß an Vorhersehbarkeit geprägt war.

In der heutigen Zeit entspricht eine Unternehmung ohne strategisches Planungs- und Steuerungssystem einem Autofahrer, der mit dem Blick fest in den Rückspiegel mit hoher Geschwindigkeit dahinfährt.

Anhand einiger fundamentaler Erkenntnisse können Wert und Bedeutung der strategischen Planung sehr leicht dargestellt werden:

- Operative Daten (Umsätze, Kosten, Gewinn, Rendite usw.) sind für eine Unternehmungsleitung systematisch irreführend.
- Praktisch sämtliche, heute in der Praxis verwendeten Steuerungs- und Informationssysteme liefern ausschließlich operative Daten: dies trifft vor allem für das Rechnungswesen zu.
- Je günstiger das Bild ist, das die operativen Daten liefern, um so größer ist die Gefahr strategischer Fehler.
- Strategische Fehler sind irreversibel. Jedenfalls können sie mit vernünftigen Mitteln nicht korrigiert werden; dies erfordert immer Sonder- und Ausnahmemaßnahmen.
- Sie sind deshalb nicht korrigierbar, weil vom Zeitpunkt ihrer Entdeckung im operativen Datenbereich an nicht mehr genügend Zeit verbleibt, um noch sinnvoll zu reagieren.
- Operative Daten sind auch insofern strategisch bedeutungslos, als mit ihrer Hilfe Strategien weder gestützt noch widerlegt werden können.
- Was aus der Sicht operativer Daten als sinnvolles Handeln erscheinen mag, kann strategisch grundfalsch sein und umgekehrt.

Es sind die von der inneren Logik der Zusammenhänge her gegebenen Gegenläufigkeiten operativer und strategischer Geschäftsentwicklungen, die eine wirklich fundierte Strategieplanung notwendig machen. Man kann vom operativen Geschäftsverlauf allein niemals auf die strategische Entwicklung schließen. Auch noch so gute Bilanzen, Gewinn- und Verlustrechnungen usw. geben keinen Aufschluß über die nachhaltige und dauerhafte Fähigkeit der Unternehmung, im Geschäft zu bleiben. Die operativen Instrumente sagen uns nichts über die Gesundheit einer Unternehmung.

Viele der als strategisch bezeichneten Pläne erweisen sich bei näherer Betrachtung als lediglich langfristige Projektionen operativer Daten. Noch immer wird ein sehr hoher Anteil der Planungsdaten aus einer Fortschreibung, letztlich einer Extrapolation, operativer Daten gewonnen. Dies hängt damit zusammen, daß vielfach unklar ist, womit sich die Unternehmungsstrategie wirklich befassen kann und soll. Entscheidend ist hier, daß sie sich mit gänzlich anderen Faktoren und Orientierungsgrößen zu beschäftigen hat als die operative Planung und Führung.

Ein weiterer Fehler besteht darin, daß vielfach für strategische Planungen im voraus fixierte Zeithorizonte vorgegeben werden, etwa fünf, sieben und zehn Jahre. Im Gegensatz zu dieser Gepflogenheit, die aus den fixierten zeitlichen Intervallen des Finanz- und Rechnungswesens übernommen werden, ist ein wesentliches Merkmal einer strategischen Planung, daß sie zeitlich offen sein muß. Welche Zeiträume zu überblicken sind und Gegenstand der Planungsaktivitäten sein müssen, muß als Resultat der strategischen Planung angesehen werden und darf nicht Vorgabe sein. Es wird sich nämlich in aller Regel erweisen, daß für verschiedene Geschäftsgebiete eines Unternehmens gänzlich unterschiedliche Zeithorizonte zu berücksichtigen sind. Welche zeitlichen Perioden strategisch von Bedeutung sind, hängt ab von der Natur des jeweiligen Geschäftsbereiches und somit von den gegebenen Aktions- und Reaktionsmöglichkeiten und -geschwindigkeiten. Wenn beispielsweise für die Entwicklung eines Produktes sieben Jahre erforderlich sind, ist es unsinnig, eine 5-Jahres-Strategieplanung zu betreiben.

### 2.1.2 Die Problematik von Prognosen

Die meisten Strategieplanungen sind nach wie vor auf Prognosen gestützt und dies nicht selten in einer recht naiven Art. Man wird einerseits nicht behaupten können, daß gar nichts an der zukünftigen Entwicklung vorausgesehen werden kann; andererseits sind aber die Trefferquoten von Prognosen so gering, daß sie in der Regel ein schlechtes Fundament für eine Strategie abgeben. Ein Schlüsselfaktor einer strategischen Planung ist daher weniger das Erstellen von Prognosen selbst als vielmehr die Frage, was man überhaupt und was man nicht voraussehen kann (Drucker 1970, S. 109 f.). Und immer wieder sollte die Frage gestellt werden, wie man das Geschäft anzulegen und zu betreiben hat, wenn man es ausdrücklich auf die Annahme stützt, daß der größte Teil der zukünftigen Entwicklung nicht prognostizierbar ist. Damit treten interessante und oft vernachlässigte Strategiealternativen in den Mittelpunkt der Diskussion, wie Vorsorgestrategien, bewußtes Schaffen und Offenhalten von Handlungsspielräumen, der Einbau von Flexibilitätspuffern und vor allem eine erheblich gesteigerte Sensibilität für das Timing von Strategien.

### 2.1.3 Die Orientierungsgrößen der strategischen Planung

Strategisches Planen heißt letztlich, Qualität und Dauerhaftigkeit gegenwärtiger Erfolgsvoraussetzungen zu beurteilen und diese zu pflegen sowie die Voraussetzungen für zukünftige Erfolge zu schaffen. Die Voraussetzungen für Geschäftserfolge sind naturgemäß etwas anderes als die Geschäftserfolge selbst, die eine Sache der operativen Führung sind. Demzufolge sind auch die Orientierungs- und Steuerungsgrößen für die Erfolgsvoraussetzung andersartig als jene des laufenden Erfolges. Während man Erfolg oder Mißerfolg der laufenden, operativen Geschäftstätigkeit anhand des Rechnungswesens, letztlich aufgrund von Erträgen und Aufwand sowie Einnahmen und Ausgaben, zutreffend beurteilen kann, müssen für die Erfolgspotentiale logisch und sachlich andere Größen verwendet werden.

Für die *gegenwärtigen* Erfolgspotentiale sind die entscheidenden Orientierungsgrößen im wesentlichen die Indikatoren für die Marktstellung eines Unternehmens sowie die daraus resultierenden grundsätzlichen Kostenkonstellationen (nicht die laufenden Kosten). Für die Beurteilung zukünftiger Erfolgspotentiale sind es die Substitutionskonkurrenz, vor allem auf der Grundlage technologischer Substitutionen sowie eine gründliche Kenntnis des Letztanwederproblems.

Von besonderer Bedeutung ist in diesem Zusammenhang die Idee der „Lösungsinvarianten Formulierung des Kunden-/Anwenderproblems".

Damit ist die Kunst gemeint, das Problem und die Situation eines Anwenders eines Produktes oder einer Leistung unabhängig von den gegenwärtig am Markt vorhandenen Lösungsmöglichkeiten zu verstehen. „What business are we really in?" ist die entscheidende Frage, die vom Austro-Amerikaner Peter Drucker seit nunmehr 30 Jahren unermüdlich gestellt wird; und sie hat auch durch noch so viele Techniken der Strategieplanung nichts an Bedeutung verloren.

Man kann diese Frage oberflächlich beantworten und sie als unnützes Philosophieren abtun. Ohne Ausnahme wird man aber feststellen, daß dort, wo man sich mit dieser Frage sorgfältig und gründlich auseinandersetzt, eine neue Sicht der Unternehmungstätigkeit entsteht.

Auf dieser Grundlage ist es erst möglich, Chancen und Gefahren neuer technologischer Entwicklungen zu erkennen und zu beurteilen, die wirklichen Konkurrenten zu identifizieren und damit das gefährliche Problem der Substitutionskonkurrenz einigermaßen in den Griff zu bekommen.

### 2.1.4 Strategische Gesetzmäßigkeiten

Im Bereich von Wirtschaft und Gesellschaft von Gesetzmäßigkeiten zu sprechen, wirft eine Reihe berechtigter Fragen auf. Dennoch gibt es so etwas wie strategische Gesetzmäßigkeiten, wenn nicht nach wissenschaftlichen, so doch nach praktischen Maßstäben. Es sind dies Gegebenheiten und Entwicklungen, die sich vollziehen und auswirken, unabhängig davon, ob sie einer Unternehmungsführung bekannt sind oder nicht, ob man sie berücksichtigt und sich nach ihnen richtet oder nicht. Und sie sind auch weitgehend, wenn auch nicht vollständig, unabhängig von der Wirtschaftsordnung, in der ein Unternehmen operiert. Zu diesen Gesetzmäßigkeiten zählen etwa die Zusammenhänge zwischen den Marktanteilen als Indikatoren für Mengenrelationen und die daraus zwangsläufig resultierenden Kostenkonsequenzen. Die Summe aller Marktanteile kann niemals 100 Prozent übersteigen, gleichgültig ob die Märkte wachsen oder nicht. Was der Konkurrent verliert, muß ein anderer gewinnen und umgekehrt. Daraus folgen für den einzelnen Konkurrenten unvermeidbare Konsequenzen für das von ihm erreichbare Kostenminimum für die Leistungserbringung.

Im Einzelfall mag es schwierig und manchmal auch unmöglich sein, zutreffende Daten über die Märkte und Konkurrenten in Erfahrung zu bringen. Dies ändert aber nichts an der Existenz dieser Zusammenhänge, denn unabhängig davon, ob man den Marktanteil kennt oder nicht, man hat ihn, und er determiniert zu einem erheblichen Teil die heutigen und zukünftigen Handlungsspielräume.

Eine weitere Gesetzmäßigkeit besteht darin, daß die meisten sogenannten Innovationen in Wahrheit Substitutionen sind: die meisten neuen Produkte und Dienstleistungen verdrängen alte; sie lösen keine neuen Probleme, sondern die alten – dies jedoch besser und oft wesentlich billiger. Dieser Prozeß der Verdrängung von alten durch neue Problemlösungen vollzieht sich aufgrund von realen Gegebenheiten in Wirtschaft und Gesellschaft praktisch niemals von heute auf morgen. Basisinnovationen benötigen nach dem heutigen Stand des Wissens rund 50 Jahre, bis sie sich durchgesetzt haben, bis sie alle Hürden vom Stadium der wissenschaftlichen Forschung bis zur erfolgreichen Markteinführung genommen haben. Echte Überraschungseffekte kommen daher recht selten vor. Die meisten Überraschungen und der Anschein der zunehmenden Geschwindigkeit von Innovationen sind weit eher darauf zurückzuführen, daß man versäumt hat, fortwährend und konsequent die Frage nach dem grundlegenden und dauerhaften Kundenproblem zu stellen und den verschiedenen Möglichkeiten, dieses zu lösen. Gerade aufgrund des Erfolges mit bisherigen Problemlösungen verliert man in der Regel das Gespür für den sich, wenn auch langsam, aber unerbittlich vollziehenden Wandel.

### 2.1.5 Vorausschauende Führung

Was sich aufgrund der dadurch entstehenden Probleme dann als Strategie darstellt, ist in Wirklichkeit in Totentanz, mit dem man versucht, irreversible Fehler durch Krisenmanagement zu beheben, wo in Wahrheit gar keine strategischen Handlungsspielräume und Optionen gegeben sind, sondern man lediglich noch auf operative Zwänge reagiert.

Die letztlich recht einfachen strategischen Gesetzmäßigkeiten zu kennen und im täglichen Handeln zu berücksichtigen, bedeutet wirklich vorausschauende Führung. Sie gedanklich zu durchdringen und ihre wechselseitigen Abhängigkeiten voll zu verstehen, ist das unverzichtbare Rüstzeug ververantwortungsbewußten Managements.

## 2.2 Das Modell der strategischen Unternehmensplanung

### 2.2.1 Anforderungen an ein strategisches Steuerungssystem

In diesem Abschnitt, in dessen Überschrift in bewußter Absicht vom „Steuerungssystem" die Rede ist, soll nun insbesondere die strategische Unternehmensplanung als ein Aspekt einer umfassenden Unternehmenssteuerung verstanden werden. Zwar kann es wissenschaftlich erforderlich sein, die Begriffe Planung, Steuerung und Lenkung präzise zu definieren, auf das wir hier verzichten, da es in diesem Zusammenhang keine entscheidende Relevanz hat.

Für die strategische Planung ist es von größter Bedeutung zu wissen, welches die strategisch relevanten Schlüsselfaktoren sind, welche Zusammenhänge zwischen ihnen bestehen, welche Informationsquellen über sie Auskunft zu geben vermögen und über welche Zeithorizonte sie ihre Orientierungskraft entfalten können.

Durch die von Gälweiler (1976, 1977, 1978, 1979, 1986) entwickelte Systematik, steht uns ein Modell zur Verfügung, welches sowohl operativ wie strategisch-relevante Orientierungsgrößen, ihre gegenseitigen Beziehungen und der für die jeweilige Steuerungsebene spezifischen Faktoren berücksichtigt.

Das entscheidende Merkmal an Gälweilers Konzept besteht darin, daß es das Problem explizit von der *Steuerungs-* und *Regulierungsproblematik* her angeht. Seiner Natur nach handelt es sich um ein kybernetisches System von Wirkungsmechanismen, dessen Wesenskern darin besteht, daß es die Beziehungen zwischen Steuerung und Vorsteuerung jener Faktoren klar erfaßt, die für die fortgesetzte Existenzsicherung der Unternehmung wichtig sind. So wie Temperaturempfinden, Tages- und Jahreszeiten, Orientierungsgrößen für die Steuerung und Regulierung wichtiger Körperfunktionen sind, hat die Unternehmung die für sie typischen Steuerungsgrößen und deren spezifische Orientierungsfaktoren. Sie haben, wie Gälweiler selbst klar erkannt hat, für die Unternehmungsführung unter den heute gegebenen komplexen Verhältnissen dieselbe Bedeutung, wie die Entwicklung der doppelten Buchhaltung, ohne die eine Steuerung der Unternehmung praktisch nicht mehr möglich wäre. Der Grund hierfür liegt nicht etwa darin, daß man sich einfach an das System der doppelten Buchhaltung gewöhnt hat, sondern daß ihre Entwicklung ein erster Schritt in der Ausgestaltung der Unternehmungssteuerung war, der zu der schon vorher bekannten Steuerungsgröße der Liquidität jene des Erfolges (Gewinn/Verlust) hinzugefügt hat. Dies erfolgte in einer Weise, die es erlaubte, die Wechselwirkungen zwischen diesen beiden Größen zu erfassen und damit die Liquidität nicht nur zu steuern, sondern *vorauszusteuern* durch den Erfolg und die für diesen relevanten Bestimmungsfaktoren.

Der Hauptzweck der strategischen Planung kann daher nicht, wie so oft behauptet wird, in der Erkennung von Abweichungen auf der Basis von SOLL-IST-Analysen liegen, sondern in der *Vermeidung* von unerwünschten Abweichungen.

Dies kann durch einen SOLL-IST-Vergleich im Sinne einer betriebswirtschaftlichen Ergebnisrechnung grundsätzlich nicht geleistet werden, da die für korrigierende Maßnahmen erforderlichen Auslösesignale immer zu spät kommen. Daher ist es erforderlich, Orientierungsmarken zu identifizieren, die Kraft ihres *sachlichen* Informationsgehaltes (und nicht durch Extrapolation grundsätzlich kurzfristiger Größen) einen längeren Zeithorizont zu erfassen erlauben. Die daraus sich ergebende Wirkung besteht im wesentlichen in einem Zeitgewinn für die Entwicklung, Einleitung und Durchführung von existenzsichernden Maßnahmen. Diese Problematik ist völlig vergleichbar der naturgeschichtlichen Entstehung von organismischen Orientierungssystemen durch die Entwicklung immer leistungsfähigerer Sinnesorgane, die nicht einfach extrapolativen Charakter haben. Vielmehr werden andere, objektiv gegeben Wirkungszusammenhänge für eine weiterreichende Orientierung genutzt. Die Entstehung neuer Sinnesorgane und die damit erzielbare Orientierungsfähigkeit, wie etwa durch Augen und Ohren einschließlich ihrer technologischen Fortsetzung auf der Werkzeug-Ebene des Menschen (Fernrohre, Funk, Radar usw.) entspricht einem Evolutionssprung, der Erreichung einer höheren Entwicklungsebene. Jede neue Stufe legt sich dabei schichtenartig und hierarchisch über bereits bestehende Stufen. Diese werden dadurch nicht ersetzt, sondern bewahrt und gleichzeitig erweitert. Neue Orientierungsleistungen sind daher eng mit bisherigen verknüpft und werden gemeinsam mit diesen ein integriertes Ganzes, desen Mechanismen im nachhinein betrachtet sorgfältig aufeinander abgestimmt erscheinen.

### 2.2.2 Modell eines integrierten Steuerungssystems

Eben diese Integration, bei gleichzeitiger Erweiterung der Leistungsfähigkeit, vermag die von Gälweiler entwickelte Grundsystematik der Unternehmungssteuerung zu vollbringen. Sie hat zum ersten im eigentlichen Sinne des Wortes den Charakter eines Navigationssystems. Als solches kann es der Führung die Entscheidung über den einzuschlagenden Kurs nicht abnehmen; es sagt aber, worauf bei der Kursbestimmung zu achten ist, an welchen Größen man sich orientieren muß, um rechtzeitig die Richtigkeit des jeweiligen Standortes im Lichte des gewünschten Kurses bestimmen zu können. Zum zweiten zeigt sie, welche Faktoren bei der Steuerung selbst im Vordergrund zu stehen haben, an welchen Parametern also anzusetzen ist, wenn man die richtigen Steuerungswirkungen erzielen will. Die konkreten Instrumente und Methoden, mit denen diese beiden Leistungen jeweils am besten vollbracht werden, können sich ändern; ihre Zwecksetzung und die Beurteilung ihrer Leistungsfähigkeit ergibt sich aber immer aus der Logik und den Anforderungen des Steuerungssystems selbst.

Die Grundlogik des Steuerungssystems ist in Abbildung 8 dargestellt. Diese von Gälweiler selbst entwickelte Darstellung, die ich nur geringfügig modifiziert bzw. ergänzt habe, scheint mir in genialer Einfachheit alle wesentlichen Sachverhalte zu enthalten. Sie bildet meines Erachtens ein solides Fundament für die Orientierung und Steuerung aller Unternehmungsaktivitäten. Fügt man schließlich noch einige Aspekte strukturell-organisatorischer Natur sowie einige methodische Prinzipien für die Vorgehensweise bei der Entwicklung von Strategien hinzu, wie sie ebenfalls später noch dargestellt werden, so ergibt sich ein Gesamtkonzept der *integrierten Unternehmungsentwicklung.* Dieses führt in einem Gebiet, in dem es Sicherheit und Erfolgsgarantie nicht geben *kann*, zu einem hohen Maß an Erfolgswahrscheinlichkeit im Sinner Popper'scher Propensitäten (Popper). Die Logik dieses Konzeptes integrierter Unternehmungsentwicklung

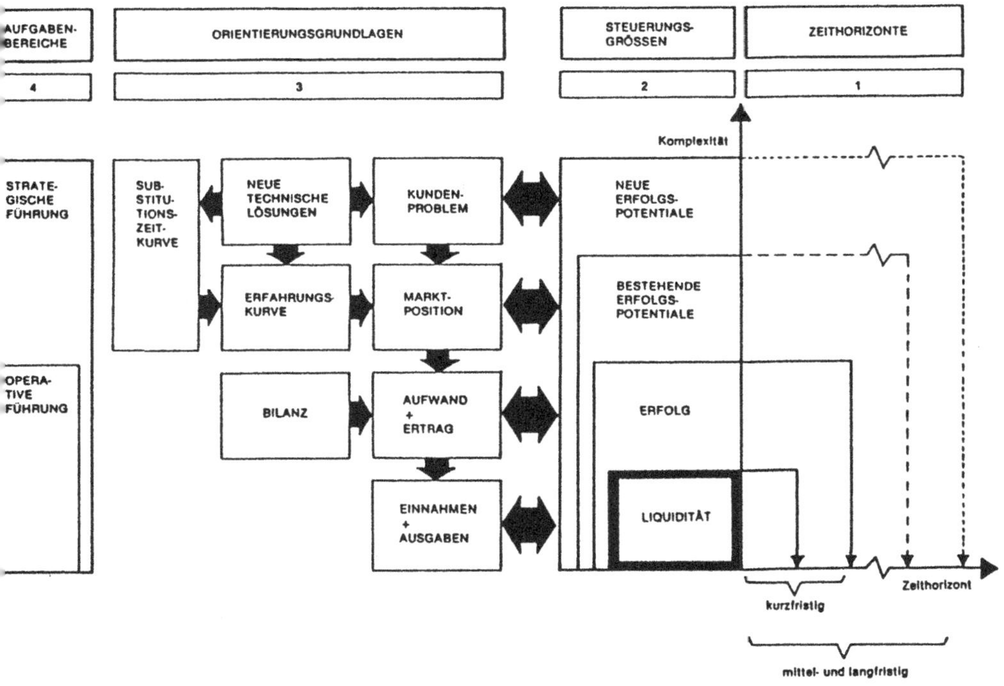


**Abb. 8.** Aufgabenbereich der Unternehmungsführung mit ihren Steuerungsgrößen und der zunehmenden Komplexität der jeweiligen Orientierungsgrundlagen. (Gälweiler 1979).

kann wie folgt präzisiert werden: Seine Befolgung führt zwar *nicht* zu einer Garantie des Erfolges im Sinne der dauerhaften Existenz- und Ertragsfähigkeit der Unternehmung; die Mißachtung von Grundsätzen dieses Konzeptes über längere Zeit führt aber zu einer Garantie des Mißerfolges bzw. läßt den Erfolg zu einer Sache des Zufalls werden.

### 2.2.3 Die Hierarchie der Steuerungsgrößen

#### *a) Die Liquidität*

Die wichtigste, gleichzeitig aber kurzfristigste Steuerungsgröße der Unternehmung ist die *Liquidität.* Eine ansonsten auch noch so leistungsfähige Unternehmung muß zwangsläufig untergehen, wenn es nicht gelingt, die Zahlungsfähigkeit aufrecht zu erhalten. Sie ist das wirtschaftlich und juristisch definierte *Überlebens* -Kriterium. Allerdings ist mit einer ausschließlich an der Liquiditäts-Steuerung orientierten Führung dieses Ziel nicht zu erreichen. Die Zahlungsbereitschaft ist immer eine momentbezogene Größe. Die Liquiditäts-Sicherung betreffende Entscheidungen haben immer den relativ kürzesten Zeithorizont. Auch noch so raffinierte zeitliche Verlängerungen der die Liquidität direkt bestimmenden Faktoren, der Einnahmen und Ausgaben, bringen keine zusätzlichen Informationen über die Entwicklung der Liquidität. Außerdem kann eine positive Liquiditätslage darüber hinwegtäuschen, daß die wirklich entscheidenden Grundlagen für deren zukünftige Entwicklung negativ sind oder sich zu verschlechtern beginnen. Denn eine positive Liquiditätslage kann *gleichzeitig* mit einer schlechten Erfolgslage auftreten. Dies ist zwar nicht auf Dauer möglich, aber lange genug für Irreführungen, d. h. für das Versäumen von Entscheidungen, die geeignet wären, rechtzeitige Liquiditätsvorsorge zu treffen. Andererseits kann eine schlechte Liquiditätslage auch gemeinsam mit einer guten Erfolgssituation (Gewinn) auftreten, und sei dies auch nur deswegen, weil ein falscher Gebrauch von den darauf fließenden liquiden Mitteln gemacht wird.

#### *b) Der Erfolg*

Eine wirksame Voraussteuerung der Liquidität ist somit mit einer guten Erfolgsplanung möglich. Neben anderen Funktionen, die die Erfolgssteuerung betriebswirtschaftlich auch noch erfüllt, besteht deren Wirkung mit Bezug auf die Liquidität darin, daß ein guter Erfolg immer eine höhere Wahrscheinlichkeit für die Sicherung der Zahlungsbereitschaft mit sich bringt, als ein schlechter Erfolg. Die Erfolgssteuerung kann aber die Liquiditätssteuerung nicht ersetzen; sie kann sie nur *vor*steuern. Die Erfolgssteuerung legt die nachfolgend wirksamen Bestimmungsgrößen der Liquidität und ihrer Spielräume fest. Die Erfolgssteuerung vergrößert somit den zeitlichen Horizont für die Liquiditätssteuerung, aber eben nicht durch einen Ansatz an der Liquidität und ihren direkten Meßgrößen, sondern indem ein sachlich anderer Faktor mit anderen Gesetzlichkeiten in das Zentrum der Betrachtung rückt. Liquiditätssteuerung und Liquiditätsvorsteuerung haben somit je andere Orientierungsgrundlagen und Meßgrößen: Erfolgt die

Steuerung der Liquidität durch die Einnahmen und Ausgaben, so bezieht die Liquiditätsvorsteuerung eine neue Schicht von Komponenten mit ein, die hierarchisch übergeordnet sind, nämlich die Erträge und Aufwände, die ihrerseits direkte Orientierungsgrößen für den Erfolg sind. In der sachlichen Andersartigkeit der erfolgsbestimmenden Faktoren liegt ihre Wirksamkeit für die Voraussteuerung der Liquidität.

*c) Die bestehenden Erfolgspotentiale*

Aus ähnlichen Gründen kann aber auch mit den direkt den Erfolg bestimmenden Größen keine wirksame Erfolgsvoraussteuerung betrieben werden. In das Zentrum der Steuerung müssen für diesen Zweck wiederum andere Orientierungsgrundlagen treten, die früher als die direkten Erfolgsfaktoren die zukünftige Entwicklung des Erfolgs erkennen lassen. Gälweiler nannte die nun wiederum darüberliegende Schicht von Wirkungszusammenhägen *Erfolgspotentiale.* Damit sind nicht irgendwelche, einfach als günstig angesehene Vorteile, Stärken usw. gemeint, sondern das „gesamte Gefüge aller jeweils produkt- und marktspezifischen erfolgsrelevanten Voraussetzungen, die spätestens dann bestehen müssen, wenn es um die Erfolgsrealisierung geht" (Gälweiler, 1977). Unter „Erfolg" ist hier auch nicht einfach ein umgangssprachlicher, allgemeiner, qualitativer Erfolgsbegriff gemeint, sondern der Erfolg im betriebswirtschaftlich quantitativen Sinne als Differenz zwischen Erträgen und Aufwänden. Die Erfolgsvorsteuerung erfordert somit die Orientierung an den bestehenden Erfolgspotentialen, an ihrer Ergiebigkeit und Dauerhaftigkeit. Wenn Versäumnisse und Fehlentscheidungen erst anhand einer negativen Wirkung im Erfolg selbst erkannt werden, so ist es in der Regel für die Schaffung der Erfolgsvoraussetzungen zu spät, weil deren Aufbau längere Zeit beansprucht, als einem ab Erkennen der gefährlichen Lage bis zu deren Durchschlagen in den Liquiditätsbereich noch bleibt. Maßnahmen, die dann direkt zur Erfolgs- und Liquiditätssicherung eingeleitet werden, haben meist nur kurzfristige und nicht selten die Erfolgspotentiale schädigende Wirkungen.

### 2.2.4 Die zukünftigen Erfolgspotentiale

Aber auch die Erfolgsvoraussteuerung mittels der Erfolgspotentiale hat ihre klaren Grenzen. Marktanteile und die durch sie ermöglichten Erfahrungseffekte finden ihre Steuerungslimitierung dort, wo sich grundlegende Umstrukturierungen in den Märkten abspielen. Während das Wort „Umstrukturierung" auch sehr häufig in einer sehr allgemeinen und unspezifischen Weise verwendet wird, ist im Zusammenhang mit dem hier diskutierten Steuerungssystem eine sehr konkrete Art der Umstrukturierung gemeint. Es handelt sich um die Veränderung, die in der Art und Weise erfolgt, mit der ein Marktbedarf befriedigt wird. Dabei stößt man auf eine wesentlich gefährlichere Art der Konkurrenz, als sie zwischen direkten Wettbewerben gegeben ist, nämlich auf die *Substitutionskonkurrenz* auf der Grundlage neuer Technologien und damit gänzlich neuer Problemlösungen für den Markt. Eine Voraussteuerung von Erfolgspotentialen kann somit auch hier wiederum niemals mit denselben Orientierungsgrößen erfolgen, die uns ihre direkte Beurteilung erlauben, den Marktanteilen und ihren Kostenwirkungen. Zeitlich vorauslaufende Orientierung und in deren Folge rechtzeitige Steuerung ist auch hier nur möglich durch Orientierung an sachlich anderen Orientierungsgrundlagen. Im Zentrum steht nun die Frage nach dem Kunden- bzw. Anwenderproblem, das durch bestimmte Produkte und Marktleistungen gelöst wird. Ein Produkt kann immer als Lösung für ein Kundenproblem betrachtet werden.

Da es in der Regel mehrere Möglichkeiten gibt, ein Problem zu lösen, ist es von entscheidender Bedeutung, das Kundenproblem unabhängig von den jeweils am Markt verfügbaren Lösungen zu kennen und zu formulieren. Nur insoweit es gelingt, ein lösungsunabhängiges Verständnis für das Kundenproblem zu gewinnen, kann man beurteilen, ob und in welchem Ausmaß neue Lösungen die bisherigen ersetzen können. Und nur durch eine sorgfältige Analyse der Kundenprobleme kann man erkennen, ob es sich um originäre, dauerhafte Probleme handelt, oder um Probleme, die sich aus dauerhaften ableiten und daher von den Veränderungen in der Lösung des originären Kundenproblems unmittelbar mitbetroffen sind. Auf der Grundlage von Forschungen, die die Durchsetzung und Verbreitung von Basistechnologien zum Gegenstand haben, lassen sich dann auch Hinweise gewinnen für die Geschwindigkeit, mit der sich Substitutionsprozesse vollziehen und damit für die Zeit, die der Unternehmung zur Verfügung steht, um sich aus den sich vollziehenden Umstrukturierungen Nutzen zu ziehen oder sinnvoll darauf zu reagieren. Diese, an wiederum sachlich anderen Orientierungsgrundlagen ausgerichteten Entscheidungen, eröffnen den zeitlich größten Steuerungshorizont.

Je besser das bestehende Erfolgspotential einer Unternehmung im Sinne von Marktanteilen in einem gegebenen Markt ist, umso geringer wird aufgrund der dadurch implizierten positiven Erfolgs- und Liquiditätswirkungen der Druck sein, die Grundlagen für die bestehenden Erfolgspotentiale zu hinterfragen und umso eher werden daher auch die an sich vorhandenen und in der Regel auch zugänglichen, voraussteuernde Wirkung entfaltenden Orientierungsgrößen für neue, zukünftige Erfolgspotentiale übersehen. Deshalb wird oft auch von Überraschungen gesprochen, wo in Wahrheit die Entwicklungen lange bevor sie in den Märkten Wirkung zeigten, erkennbar gewesen wären, hätte man sich am vorliegenden Steuerungssystem, seinen Faktoren und seiner inneren Logik orientiert. Grundlegende technologische Entwicklungen im Sinne von Basisinnovationen (Mensch, 1975) benötigen sehr lange Zeiträume (in einer Reihe von nachweisbaren Fällen 30 – 50 Jahre) bis sie sich in den Märkten durchsetzen konnte. Auch wenn nicht zu jedem beliebigen Zeitpunkt im voraus klar erkannt werden kann, welche von mehreren sich abzeichnenden Lösungsvarianten für ein dauerhaftes Kundenproblem sich letztlich durchsetzen wird, so besteht doch über einen sehr langen Zeitraum die Möglichkeit, die verschiedenartigen Entwicklungen mit einer ausreichend klaren Fragestellung im Hintergrund zu verfolgen und zu beobachten.

Die bestechende Logik von Gälweilers Modell soll durch folgende Abbildung verdeutlicht werden, welche eine allgemeine Grundsystematik der für die strategische Planung relevanten Problemfelder und ihre Verknüpfungen darstellt.

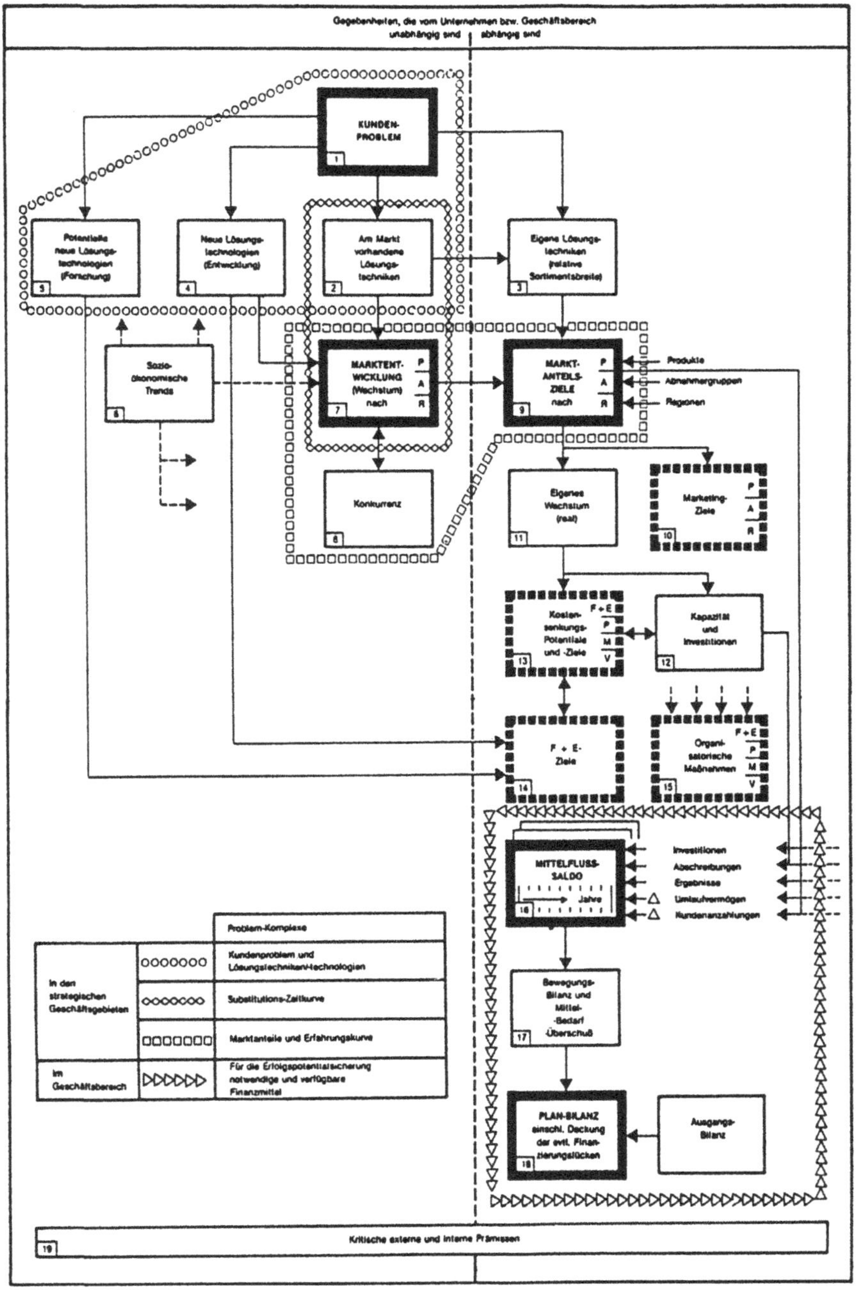


**Abb. 9.** Allgemeine Grundsystematik der für strategische Planungen relevanten Problemfelder und ihrer Verknüpfungen.

## 2.3 Ablauf der Strategieplanung

Die vordergründige Aufgabe der strategischen Planung ist die Schaffung und Erhaltung von möglichst hohen und sicheren Erfolgspotentialen bei gleichzeitiger Berücksichtigung der damit im Zeitablauf verbundenen wachstumsbedingten Liquiditätswirkungen.

Ausgehend von den Ergebnissen einer allgemeinen Umwelt- und Unternehmungsanalyse, wodurch die wesentlichen Chancen und Gefahren bzw. die Stärken und Schwächen der Unternehmung herausgearbeitet werden, geht es im Prozess der strategischen Planung darum, sowohl die *gegenwärtigen*, als auch die *zukünftigen Erfolgspotentiale* zu erkennen und zu beurteilen, die für eine nachhaltige Sicherung des Überlebens des Unternehmens von ausschlaggebender Bedeutung sind. Als Ergebnis können auf diese Weise die erfolgsträchtigen Produkt-/Marktstrategien entworfen werden, die entweder die Form von *Ausschöpfungsstrategien* oder von *Aufbaustrategien* haben. Die wesentlichen Schritte der strategischen Planung sind in Abb. 10. aufgezeigt, wobei auf die einzelnen Instrumente im folgenden Abschnitt im Detail eingegangen wird.

Neben der Umwelt- und Unternehmensanalyse nimmt die sogenannte Potential-Analyse in diesem Prozeß eine dominierende Rolle ein. Dabei muß in einem ersten Schritt in Form eines IST-Portfolios der derzeitige Standort definiert werden, welcher anschließend auf ablaufende technologische Substitutionsprozesse untersucht wird. Nach einer eingehenden Analyse der strategischen Hauptprobleme, wozu PIMS (Profit Impact of Market Strategies) wertvolle Hinweise liefert, kann ein Portfolio grob skizziert werden, welches die SOLL- und Zielvorstellungen in den wesentlichen Zügen beinhaltet.

In einem letzten Schritt im Rahmen der Potential-Analyse muß das formulierte Zielportfolio im Hinblick auf die wesentlichen Marktrisiken untersucht werden. Die Ergebnisse der Risikoanalyse können unter Umständen zu einer Neuformulierung des Zielportfolios führen, was durch die Rückkoppelungsschleife in der Abbildung 10 angedeutet ist.

Bevor nun dazu übergegangen wird, konkrete Strategien zu formulieren, müssen noch die möglichen finanziellen und organisatorischen Konsequenzen untersucht werden, welche sich unter Umständen aus den grob aufgezeichneten Produkt-/Markt-Strategien ergeben; finanzielle oder organisatorische Restriktionen können ihrerseits eine wesentliche Feedback-Funktion auf die Potential-Analyse haben.

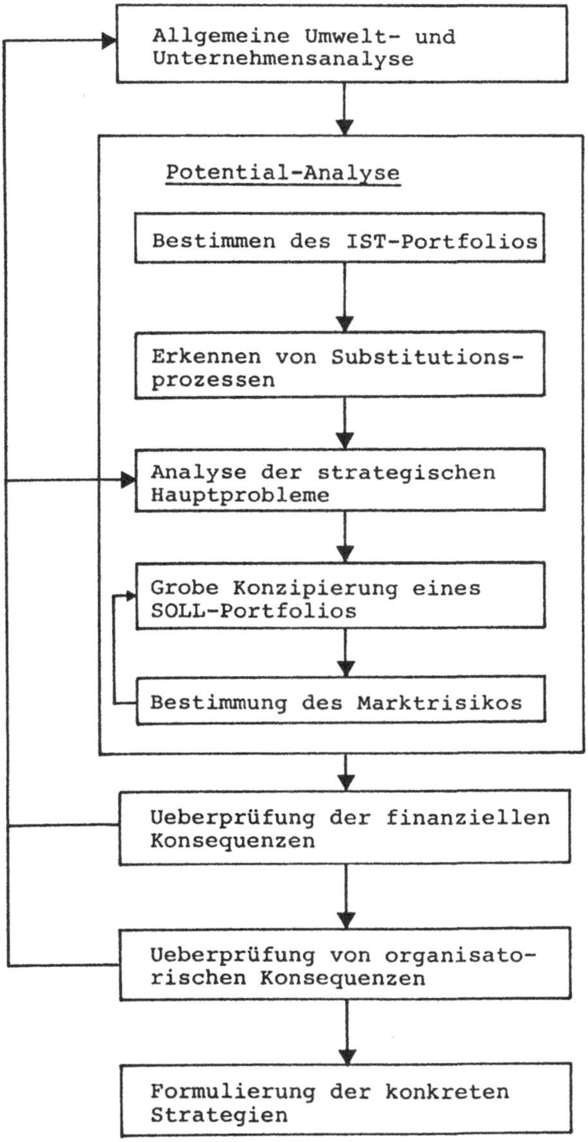


**Abb. 10.** Logischer Aufbau der strategischen Planung.

## 2.4 Die Instrumente der strategischen Planung

### 2.4.1 Die Erfahrungskurve

Es muß hier betont werden, daß der Erfahrungseffekt zu den am meisten mißverstandenen und daher auch falsch eingesetzten Orientierungsgrößen gehört; auf die vielfältigen Anwendungsmöglichkeiten und Anwendungsgrenzen kann hier aber nicht näher eingegangen werden. Häufig wird die Ausklammerung dieser Sachverhalte bei strategischen Entscheidungen damit begründet, daß weder Marktanteile noch deren Kostenwirkungen hinreichend quantifiziert werden können. Dem muß aber entgegengehalten werden, daß jede Unternehmung Marktanteile hat, ob sie sie kennt oder nicht, ob es ihr gelingt, die relevanten Märkte zu bestimmen oder nicht, genauso wie jede Unternehmung einen (positiven oder negativen) Erfolg hat, unnabhängig davon, ob sie die nötigen Instrumente zu seiner Bestimmung (Buchhaltung und Betriebsrechnung) hinreichend gut entwickelt hat. Auch die durch die Marktanteile bestimmten Mengenrelationen existieren unabhängig davon, ob wir von ihnen Kenntnis haben oder nicht. Von Bedeutung ist in diesem Zusammenhang die Tatsache, daß, obwohl die Wirtschaft als Ganzes wahrscheinlich kein Nullsummenspiel ist, doch die Relationen auf dem für die jeweiligen Konkurrenten spezifisch relevanten Markt ein Nullsummenspiel implizieren. Ein Markt hat immer nur 100 % Anteile, die ein Konkurrent verliert, müssen somit zwangsläufig den anderen Konkurrenten zuwachsen, und was einer an Anteilen gewinnt, muß von anderen verloren werden. Deshalb haben Marktanteilsverschiebungen auch einen verstärkenden Effekt, da sich die Differenz zwischen den Anbietern um doppelt soviel verändert, als ihren individuellen Verlusten oder Zuwächsen entspricht. (Eine umfassende Darstellung des Erfahrungskurveneffektes findet sich bei B. D. Henderson, Die Erfahrungskurve in der Unternehmensstrategie, Frankfurt/New York 1974.)

Orientierungsgrößen für das Erfolgspotential und damit für die Voraussteuerung des Erfolgs sind die Marktanteilsrelationen zwischen den direkten Konkurrenten, und zwar aufgrund der durch sie bestimmten Wirkungen im Kostengefüge auf der Basis des Erfahrungskurveneffektes. Da Marktanteilsverhältnisse die Kumulation von Unternehmungsleistungen (Ausbringung usw.) bestimmen, beeinflussen sie die grundsätzlich in einem Markt und für die einzelne Unternehmung erreichbaren Kostenuntergrenzen. Der Erfahrungseffekt besagt, daß mit jeder Verdoppelung der kumulierten Mengen Kostensenkungspotentiale einer bestimmten Größenordnung (meistens 20 bis 30 % auf die Wertschöpfung in realen Preisen) entstehen:

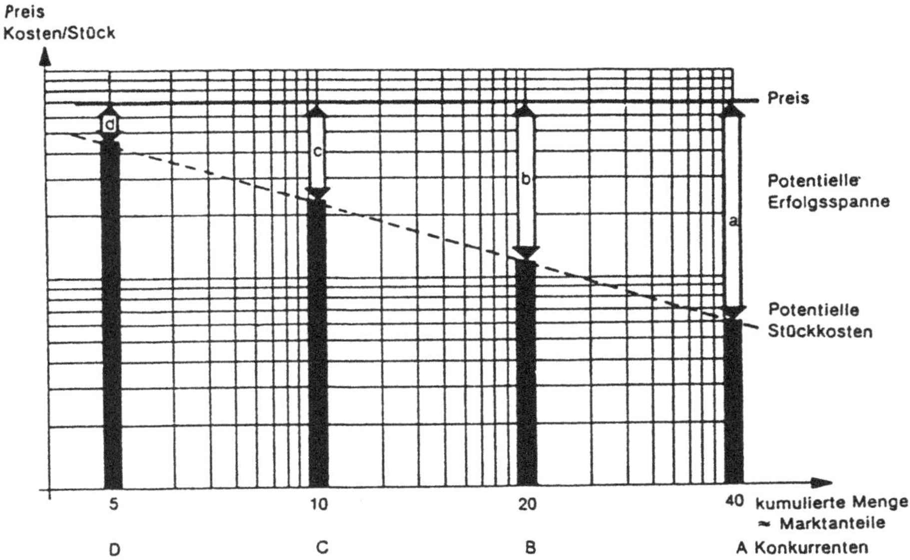


**Abb. 11.** Die Erfahrungskurve (Gälweiler 1979).

Mit Hilfe der Erfahrungskurve lassen sich Lösungsansätze für strategische Planungsprobleme herausarbeiten, indem sich die wichtigsten wachstumsabhängigen, technisch-ökonomischen Wechselbeziehungen näherungsweise quantifizieren lassen. Insbesondere lassen sich folgende Fragen beantworten (Gälweiler 1986, s. 262 f.):

- Prognosen über langfristige Entwicklungen von Kosten und Preisen
- Kosten- und Ertragssituation der wichtigsten Konkurrenten
- Einfluß von Marktanteilsverschiebungen auf die eigene Position und jene der Wettbewerber
- Strategische Ausgangsposition läßt sich klarer beurteilen
- Aufgrund der Produktwachstumsrate läßt sich die Notwendigkeit von Rationalisierungen ermitteln.

Ob sich die durch die Erfahrungskurve ermittelten Kostensenkungspotentiale realisieren lassen oder nicht, ist eine Sache des Geschicks und der Konsequenz der Unternehmensführung im Bereich des umfassenden Kostenmanagements. Günstiger als zu den durch den Erfahrungseffekt bestimmten Untergrenze ist aber die Erbringung der Marktleistung in der Regel nicht möglich.

## 2.4.2 Die Portfolio-Analyse

### *a) Grundlagen des Portfolio-Ansatzes*

Der Portfolio-Ansatz ist ein Konzept, welches Theorie und Praxis der strategischen Planung in den vergangenen Jahren stark beeinflußt hat. Auch dieser Ansatz wird häufig falsch verstanden und kann unter Umständen zu krassen Fehlentscheiden führen. Im folgenden soll gezeigt werden, wie die Portfolio-Analyse als Instrument der strategischen Planung eingesetzt werden kann.

Der Portfolio-Ansatz beruht auf dem Gedanken, daß eine Unternehmung dann längerfristig existenzfähig ist, wenn ihr Portefeuille von Geschäften ausgewogen ist hinsichtlich zweier Aspekte:

1. Mittelbedarf und Mittelerzeugung in finanzieller Hinsicht
2. Zukunftsaussichten und Risikoträchtigkeit

Die Grundlage für den Portofolio-Ansatz bilden die soeben besprochenen *Erfahrungskuve* und das Konzepte des *Produkt-/Marktlebenszyklus.* Dabei wird davon ausgegangen, daß alle Produkt-/-Markt-Systeme hinsichtlich der Entwicklung wirtschaftlicher Größen wie Umsatz, Cash-Flow, Ertrag usw. einem Lebenszyklus unterworfen sind, auch wenn wir diesen im konkreten Fall häufig nicht kennen oder ermitteln können:

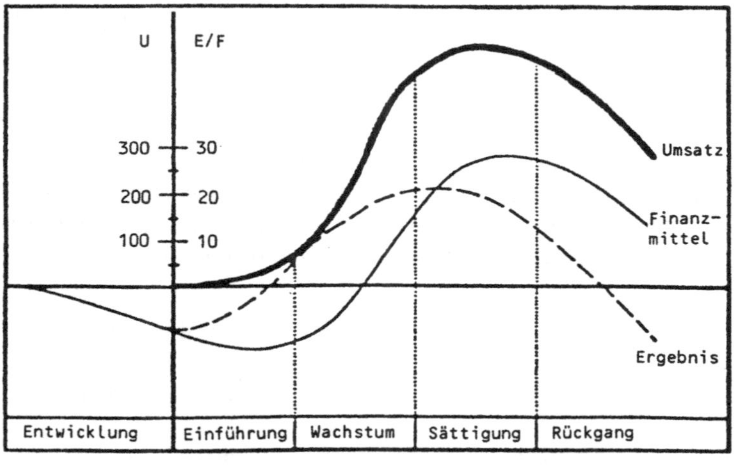


**Abb. 12.** Der Produktlebenszyklus (Gälweiler 1986, S. 255).

Der konkrete Verlauf und die Dauer der Produkt-/Marktlebenszyklus variieren von Branche zu Branche beträchtlich und sind von den jeweiligen konkreten produkt-/marktspezifischen Gegebenheiten abhängig. Diese Zyklen haben jedoch auch einen gemeinsamen Nenner. Sie entstehen in der Regel nicht aus dem Einsatz von Marketing-Instrumenten wie Werbung oder Verkaufsförderung, sondern aus der Tatsache, daß die der Geschäftstätigkeit zugrundeliegenden Kundenprobleme sich verändern oder verschwinden oder aber, daß technologische neue Problemlösungen auf den Markt kommen, welche die alten ablösen.

### *b) Die Methodik des Portfolio-Ansatzes*

Die Portfolio-Methodik ist eine wertvolle denk- und kommunikationstechnische Hilfe im Rahmen strategischer Entscheidungsprozesse. Kernelement dieser Methodik ist die im Rahmen der Produkt/Markt-Analyse zum Einsatz kommende Portfolio-Matrix. Mit dem Zweck, einem Überblick über die strategischen Ausgangspositionen der Geschäftsfelder in ihrer Gesamtheit zu erhalten, wird jedes einzelne Geschäft hinsichtlich zweier Dimensionen beurteilt und in der Matrix positioniert:

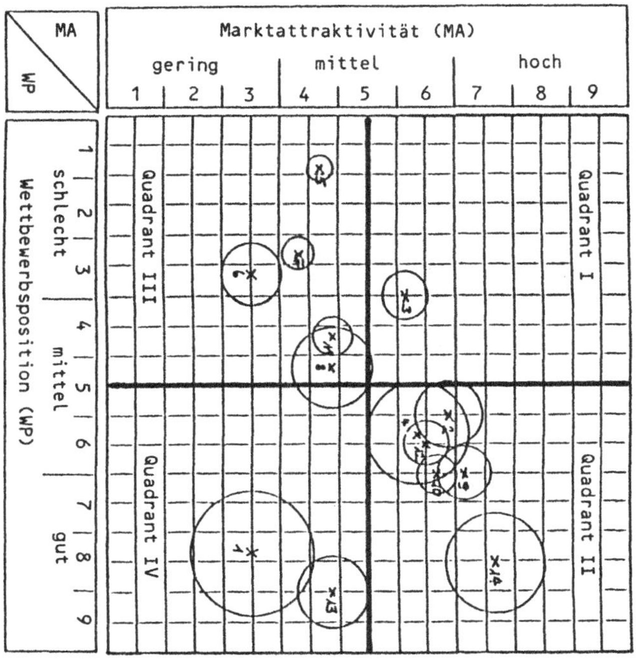


**Abb. 13.** Produkt-/Markt-Portfolio.

*Marktattraktivität*

Diese hängt im wesentlichen vom Stadium des Lebenszyklus ab, dem ein Markt zuzuordnen ist und drückt sich somit in der Marktwachstumsrate aus. Als weitere Kriterien kommen zum Beispiel Marktvolumen, Marktpotential, Konkurrenzsituation, Abnehmerstruktur, Substitutionsmöglichkeiten in Frage.

*Wettbewerbsposition*

Wichtigstes Kriterium für die Beurteilung der Wettbewerbsposition in einem Geschäftsfeld ist der Marktanteil. Die technologische Position, die Kostenstruktur, Leistungsqualität und Kundennutzen, Lieferbereitschaft, Flexibilität und andere mehr sind weiter zu berücksichtigende Kriterien.

Der Inhalt der einzelnen Felder kann wie folgt grob kommentiert werden:

*Quadrant I*

Hier handelt es sich um Geschäfte in Märkten mit hoher Attraktivität bei einer noch schwachen Wettbewerbsposition. Diese Geschäfte weisen einen hohen Bedarf an Investitionsmitteln und damit an Liquidität auf, da sie als die *zukünftigen Erfolgspotentiale* eines Unternehmens aufgebaut werden müssen.

*Quadrant II*

Diese Geschäfte befinden sich in attraktiven Märkten und weisen das Potential zu einer dominierenden Marktposition auf. Auch hier herrscht ein hoher Investitionsbedarf, auch dann, wenn das Ziel nur ein Halten bestehender Marktanteile ist.

*Quadrant III*

Hier liegen die Geschäfte mit einer starken Wettbewerbsposition in reifen, das heißt tendenziell stagnierenden Märkten. Diese Geschäfte sollen einen Mittelüberschuß produzieren, der den Aufbau zukunftsträchtiger Geschäfte (Quadranten I und II) ermöglicht. Es handelt sich somit hier um die *bestehenden Erfolgspotentiale.*

*Quadrant IV*

Die Geschäfte sind gleichzeitig geprägt durch eine schwache Wettbewerbsposition und eine tiefe Marktattraktivität. Die hier gebundenen Ressourcen sollten wenn möglich freigesetzt werden.

*c) Die Bedeutung der Portfolio-Analyse für die strategische Planung*

Aus den Aussagen einer Portfolio-Matrix lassen sich nicht konkrete produkt- und marktspezifische Strategien erarbeiten; eine Tatsache, welche schon oft zu Mißverständnissen oder Fehlern geführt hat. Eine Portfolio-Darstellung kann bestenfalls Hinweise auf Prioritäten, Dringlichkeiten und vielleicht ungefähre Strategie-Richtungen bei einer erstmaligen Übersicht in einer diversifizierten Unternehmung geben.

Der Nutzen der Portfolio-Analyse für die strategische Planung besteht aber darin, daß damit eine Integration von den geschäftsfeldspezifischen Produkt-/Markt-Strategien und den die Unternehmung als Ganzes relevanten Größen wie die verfügbaren finanziellen Mitteln und die Liquidität stattfindet. Diese Integration sichert die notwendige langfristige Abstimmung aller Strategien mit dem finanzwirtschaftlich verfügbaren Spielraum ab.

Das Portfolio-Management ist damit eine systematische Verknüpfung

- der Vorsteuerung des Erfolges (anhand der singulären Erfolgspotentialsteuerung der einzelnen Aktivitäten)
- das gesamthaft, langfristig verfügbaren Finanzierungspotential, sei es aus Selbstfinanzierungs-, Eigenfinanzierungs- oder Fremdfinanzierungsquellen (Gälweiler 1980, S. 187).

### 2.4.3 Die Substitutionszeitkurve als Instrument der strategischen Planung

Die Substitutionszeitkurve, als ein noch relativ unbekanntes Instrument der strategischen Planung, liefert wichtige Hinweise auf den langfristigen Verlauf von Substitutionsprozessen, welche normalerweise meistens durch kurzfristige Schwankungen im Substitutionsverlauf gekennzeichnet sind. Eine Vielzahl von empirischen Untersuchungen haben die These bestätigt, daß in der Regel das Phänomen der Substitution, das heißt, die Ersetzung von bisherigen Technologien durch neue technologische Lösungen, beziehungsweise die Ablösung von bisherigen Produkten durch neue, auch bei sehr unterschiedlichen Substitutionszeiten einen nahezu gleichförmigen Verlaufsmuster folgen:

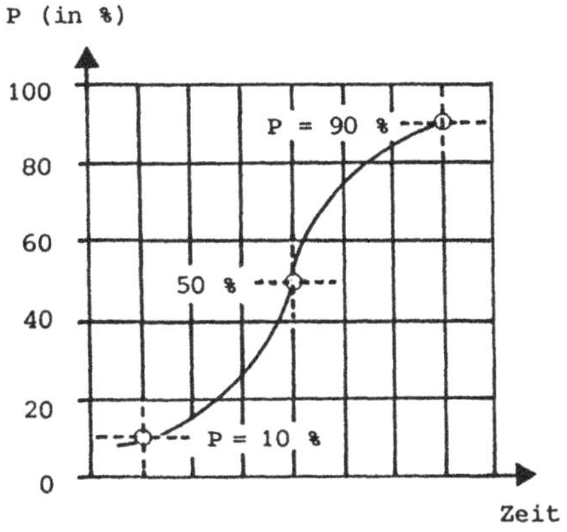


**Abb. 14.** Der Substitutionsverlauf.

Der Substitutionsverlauf ergibt graphisch immer eine typisch S-förmige Kurve, welche zunächst exponentiell ansteigt bis zum Wendepunkg (bei 50 % Marktsättigung), dann wieder exponentiell abflacht und einem Sättigungswert zustrebt. Dieser Verlauf ist für die strategische Planung von großer Bedeutung, weil mit Hilfe der zugrundeliegenden, bekannten Gleichung die gesamte Entwicklung und die mögliche Sättigungsgrenze errechnet werden kann, auch dann, wenn man erste einen Teil der Daten dieser Entwicklungskurve kennt (Marchetti 1983, 1985).

Diese logistische Kurve läßt sich in eine logistische Gerade umwandeln, wenn man den Logarithmus des Verhältnisses der bereits erreichten Größe Y zum noch nicht erreichten Anteil 1-Y (dem noch nicht ausgeschöpften Marktpotential) aufzeichnet, also

$$\log \frac{Y}{1-Y} :$$

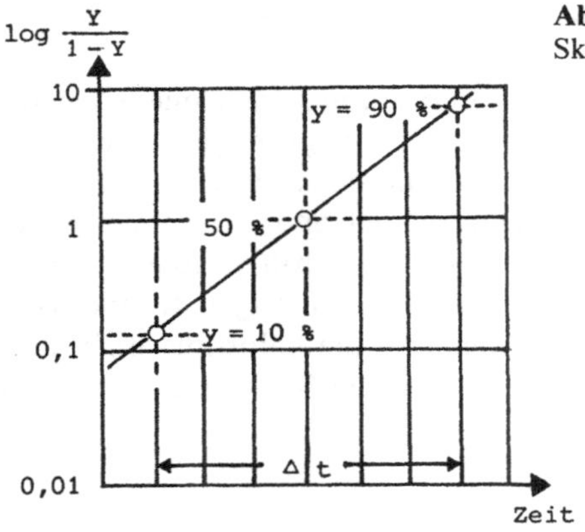


**Abb. 15.** Substitutionsverlauf bei logarithmischer Skalierung der Ordinate.

Relevant bei der Betrachtung solcher Substitutionsverläufe ist also immer die prozentuale Veränderung des Anteiles eines Substitutionsproduktes am Gesamtmarkt. Eine einmal begonnene Substitution läuft deshalb mit den anfänglichen Substitutionsgeschwindigkeit weiter, bis sie den gesamten Markt erreicht hat, falls sie nicht in der Zwischenzeit durch eine andere Substitution abgelöst wird.

Die Substitutionszeitkurve liefert wichtige Informationen über das längerfristig mögliche Marktwachstum und stellt somit eine Entscheidungshilfe dar, da sie zum Beispiel erkennen läßt, daß langfristige Wirkungen eigener Marketing-Anstrengungen (Relaunch-Maßnahmen zur Verlängerung von Lebenszyklen, Beeinflußbarkeit des Marktwachstums usw.) sehr begrenzt sind.

Somit lassen sich die wesentlichen Aussagen der Substitutionszeitkurve für die strategische Planung wie folgt zusammenfassen (Gälweiler 1979, S. 23).

1. Sie läßt frühzeitig erkennen, in welcher groben Zeitspanne man selbst ganz oder teilweise substituiert wird und damit direkt die langfristige Ressourcen-Zuteilung beeinflußt.
2. Sie liefert eine Entscheidungshilfe bei der Frage, ob man in einen neuen Markt eintreten soll oder nicht, da die günstigste Zeit für den Aufbau von tragfähigen Marktpotentialen in der ersten Hälfte der Substitutionszeitkurve liegt.
3. Die Substitutionszeitkurve kann auch dann von Bedeutung sein, wenn man selbst einen anderen substituiert oder ein eigenes, erfolgreiches Produkt zu substituieren gezwungen ist.

### 2.4.4 PIMS (Profit Impact of Market Strategies) als Instrument der strategischen Planung

Die Grundidee hinter dem PIMS-Forschungsprogramm und den darauf aufbauenden Methoden der Gestaltung und Entwicklung von Unternehmungsstrategien ist ebenso einfach wie bestechend. Bestechend daher, weil es somit möglich ist, aus den Daten vieler Geschäftsbereiche zahlreicher Unternehmungen genau jene Faktoren herauszufinden, die letztlich wirklich entscheidend sind für den dauerhaften Geschäftserfolg. Zudem ist zu erwarten, daß mit Methoden, wie sie in anderen Wissenschaften, etwa der Biologie, der Zoologie und der Verhaltensforschung seit langem üblich sind, insbesondere durch vergleichende Analysen, bessere Resultate zu erzielen sind als durch Intuition und Erfahrung allein. Erstmals lassen sich damit konkret begründbare und quantitative Antworten u. a. auf die folgenden strategisch relevaten Fragen geben:

1. Welches sind die für die dauerhafte Ertragskraft einer Unternehmung *wirklich* entscheidenden strategischen Parameter? Rund ein Dutzend Faktoren bestimmen 70 % der strategischen Chancen!
2. Wie hängen diese Faktoren zusammen und wie können sie vom Unternehmen beeinflußt werden?
3. Wodurch unterscheiden sich konkret und quantifizierbar die Strategien von „Gewinnern" und jener der „Verlierer"?
4. Wie hoch müßten angesichts der gegebenen konkreten Konstellation der strategischen Faktoren eines Unternehmens seine Gewinne in jedem einzelnen Geschäftsbereich sein und wie hoch dürften seine Verluste sein?
5. Wie müssen Diversifikations- und Innovationsprojekte („Start Ups ) angelegt sein, damit sie eine Chance auf Erfolg haben? Welche quantifizierbaren strategischen Voraussetzungen sind dafür zu schaffen und wie lange dauert es, bis solche Vorhaben Ertrag abzuwerfen beginnen?
6. Welche quantifizierbaren Auswirkungen haben Geschäftsakquisitionen und worin bestehen die bezifferbaren Synergie-Effekte?
7. Wie hoch dürfen/müssen strategisch gesehen Marketingaufwendungen, Forschungs- und Entwicklungsaufwand und ähnliche Faktoren gemessen am Umsatz sein?
8. Wie hoch dürfen/müssen Wertschöpfung, Fertigungstiefe, Produktivität je Mitarbeiter und Kapitalintensität für die langfristige und dauerhafte Gesundheit eines Unternehmens sein?
9. Wie hoch darf/muß die Innovationsrate eines Unternehmens strategisch sein?

Diese Fragen, und eine Reihe ähnlicher, ebenso wichtiger, lassen sich durch die Nutzung der PIMS-Resultate mit bisher nicht gekannter Präzision und Geschwindigkeit beantworten.

Das wohl wichtigste Resultat besteht darin, daß 60 - 70 % des tatsächlichen Erfolges einer Unternehmung von den strategischen Faktoren abhängt und von diesen bestimmt wird. Nur etwa 15 % der Geschäftsergebnisse sind auf die Qualität und Effizienz der operativen Führung zurückzuführen. Der Rest verteilt sich auf Glück und günstige Umstände sowie wirtschaftspolitische Rahmenbedingungen.

Basis des PIMS-Forschungsprogrammes sind die von den über 200 Mitgliedsfirmen (darunter die 100 größten amerikanischen Unternehmungen) zur Verfügung gestellten Daten ihrer strategischen Geschäftseinheiten (SGE). Diese Daten wurden und werden zum Zwecke von Langzeituntersuchungen seit über 10 Jahren laufend à-jour gebracht. Aus mehr als 30.000 Geschäftseinheiten, die zur Verfügung stehen, erfüllen gut 3.000 die strengen Anforderungen, die an eine solche Forschung zu erheben sind. Pro Geschäftseinheit wurden fast 500 Parameter erfaßt und nach den verschiedenartigsten Gesichtspunkten auf ihre strategische Relevanz, ihre gegenseitigen Beziehungen und ihre Auswirkungen auf die Profitablität analysiert.

Daraus ergab sich mit einer statistischen Zuverlässigkeit von mehr als 98 %, daß rund drei Dutzend Faktoren und ihre gegenseitigen Abhängigkeiten, wie schon erwähnt, etwa 70 % der Erfolgsunterschiede in den Geschäftsgebieten bestimmen. Die im Verlaufe der Zeit publizierten Resultate wurden einer Reihe von kritischen Untersuchungen, nicht zuletzt durch Gegner dieses Forschungsprogrammes, unterzogen. Die haben bis heute allen Überprüfungen standgehalten.

Eine einzelne Unternehmung kann diese Erkenntnisse und Resultate konkrete nutzen, indem sie die PIMS-Mitgliedschaft erwirbt. Danach erhebt das Unternehmen die gemäß PIMS-Programm relevanten strategischen Daten im eigenen Haus für jede strategische Geschäftseinheit. Schon bei der in der Regel schwierigen Definition der strategischen Geschäftseinheiten und der entsprechenden Datenzuordnung leisten die Kriterien des PIMS-Programmes wertvolle Dienste. Es kann sich dabei um eine Vollerhebung handeln; es ist aber auch möglich, mit reduziertem Datenmaterial erste Analysen durchzuführen. Diese Daten werden nun mit denjenigen der PIMS-Datenbank nach den verschiedensten Gesichtspunkten verglichen und in Relationen zu diesen ausgewertet, um die für das Unternehmen und seine Geschäftsfelder relevanten strategischen Schlußfolgerungen zu erarbeiten. Zu diesem Zweck stehen dem Anwender verschiedenste Analyseinstrumente zur Verfügung.

Einige wesentliche Resultate kommen in den Abbildungen 16 - 18 zum Ausdruck. Sie sind in dieser Form erst grobe Hinweise (gewissermaßen die Spitze des Eisberges) und sollen nur der Illustration dienen. Die auf den PIMS-Resultaten aufbauenden Strategieplanungsmethoden gehen selbstverständlich wesentlich tiefer und nutzen das gesamte Datenmaterial einer Unternehmung und jenes des Forschungsprogrammes.

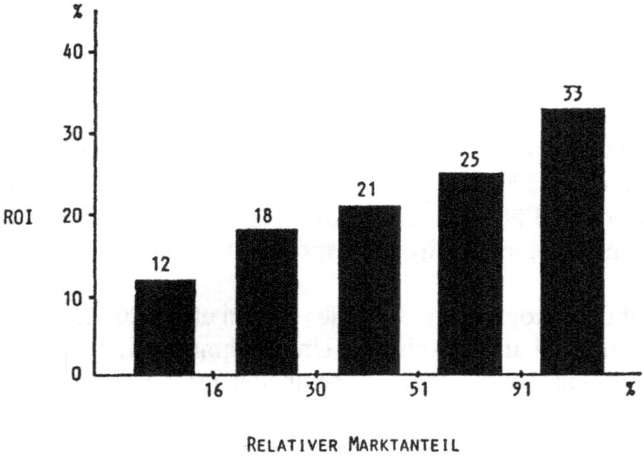


**Abb. 16.** Ein hoher Marktanteil trägt wesentlich zur Rentabilität bei.

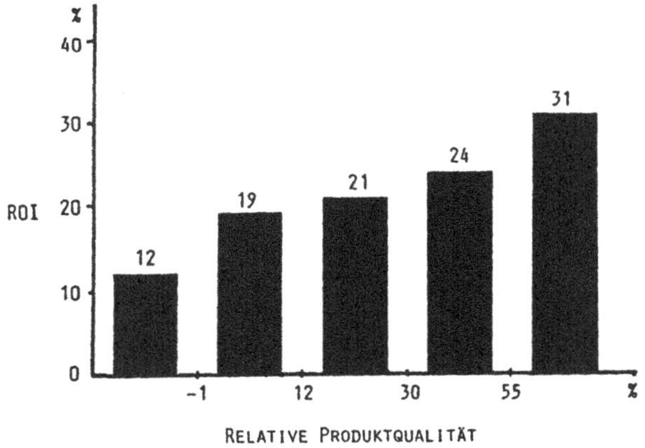


**Abb. 17.** Spitzenqualität schafft Gewinne.

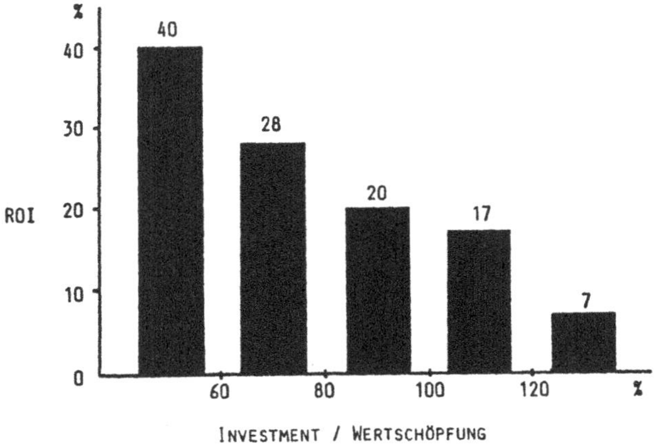


**Abb. 18.** Eine hohe Investmentintensität verschlechtert die Rentabilität.

Die vielfach vertretene Meinung, daß wesentliche Unterschiede zu berücksichtigen seien zwischen den Verhältnissen in den USA und Westeuropa ist ebenfalls gründlich untersucht und, wie Abbildung 5 zeigt, im wesentlich widerlegt worden. Ebenso widerlegt wurde die Meinung, daß Investitions- und Konsumgüter unterschiedlich seien. Aus Abbildung 6 geht hervor, daß die wesentlichen Strukturen der strategischen Parameter auch hier gleichläufig sind.

Besonders interessant werden die Nutzungsmöglichkeiten dann, wenn verschiedene Faktoren zueinander in Beziehung gesetzt werden (Abbildung 21 und 22).

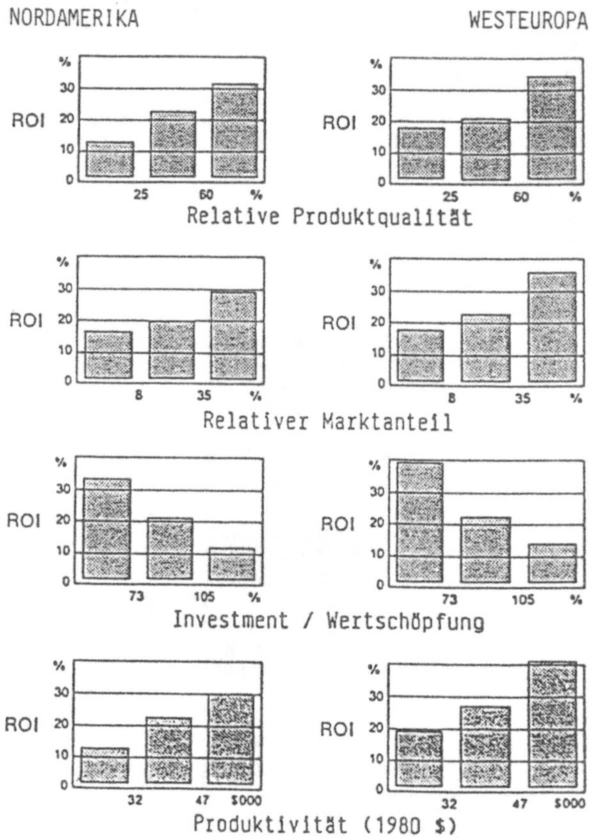


**Abb. 19.** Einige Belege für die Allgemeingültigkeit der Marktgesetze des PIMS-Programms Nordamerika versus Westeuropa.

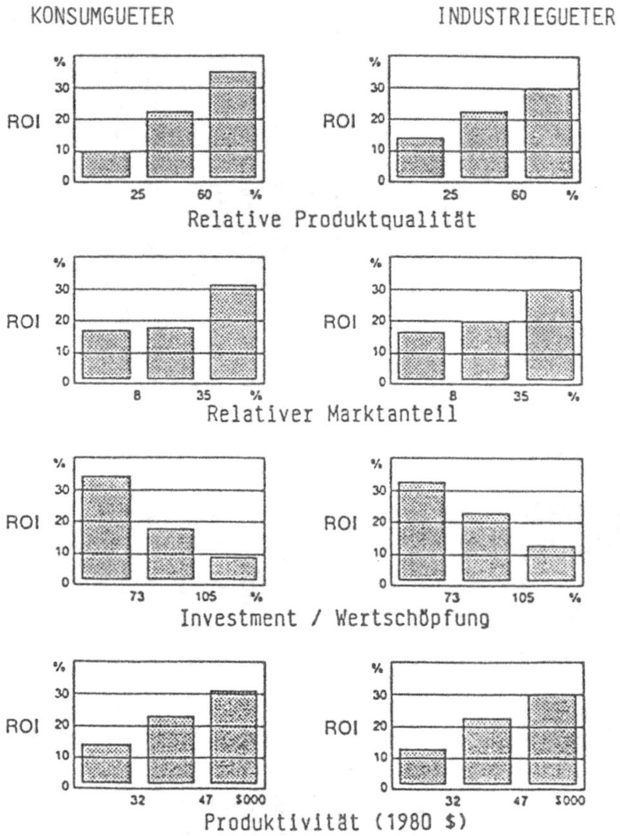


**Abb. 20.** Konsumgüter versus Industriegüter.

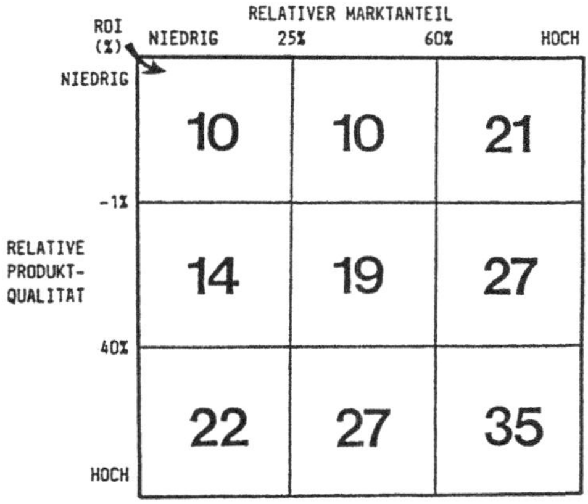


**Abb. 21.** Ein Marktführer mit Spitzen-Produkten hat gute Aussichten auf einen hohen ROI.

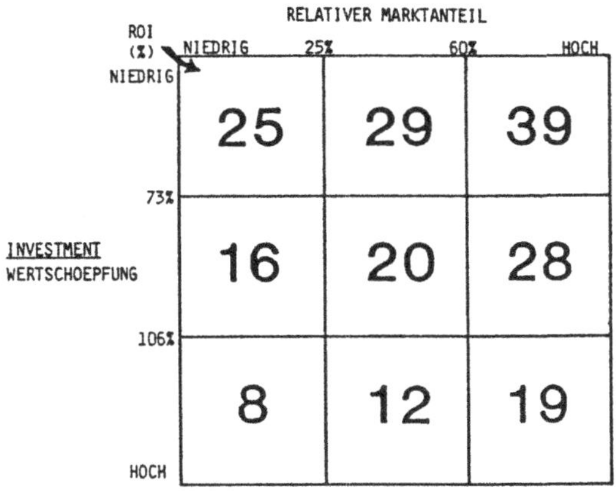


**Abb. 22.** Ein geringer Marktanteil und eine hohe Investmentintensität bieten wenig Aussicht auf Erfolg.

Im einzelnen ergibt sich folgender Nutzen von PIMS für die strategische Planung einer Unternehmung:

1. Die strategisch relevanten Faktoren, die bislang bezüglich ihrer Auswirkungen auf den derzeitigen und zukünftigen Erfolg (Return on Investment und Cash-Flow) nur vage geschätzt werden konnten, können mit *hoher Zuverlässigkeit quantifiziert* werden. Dadurch wird die empirische Überprüfung und damit eine Absicherung eigener strategischer Überlegungen ermöglicht.
2. Die Kenntnis des Machbaren wird erhöht; das Formulieren *realistischer* strategischer und operativer Ziele wird wesentlich besser fundiert als dies in der Vergangenheit möglich war.
3. Es wird aus den Erfahrungen und Fehlern anderer Unternehmungen, die ähnliche Strukturmerkmale aufweisen und sich in vergleichbaren Wettbewerbssituationen befinden, *systematisch gelernt.*
4. Eigene Strategien und Aktionen sowie ihre Auswirkungen können simuliert, *optimale Strategie-Varianten ermittelt* werden.

5. Nicht nur eigene, sondern auch die *strategischen Optionen der relevanten Konkurrenten* und ihre Auswirkungen auf die eigene Unternehmung werden berechenbar.
6. Potentielle *Akquisitions- oder Fusionskandidaten* sowie Kooperationspartner können auf ihre derzeitige strategische Position und ihre zukünftigen Erfolgsaussichten hin analysiert werden.
7. Eine Methodik zur *laufenden* Überwachung und Neuorientierung durch jährliche Anwendung der PIMS-Programme steht zur Verfügung.

# 3 Planungsorganisation

## 3.1 Vom Ertrags- zum Effizienzpotential

Anläßlich der Darstellung des Planungssystems haben wir von einer Rangordnung der Systemelemente -Strategische Planung, Planungsorganisation und Operativer Planung -gesprochen. Mit dieser Rangfolge umschreiben wir den Tatbestand, daß Fehler bei vorangegangenen Entscheiden (zum Beispiel im Rahmen der strategischen Planung) durch nachfolgende Entscheide (zum Beispiel in der Organisationsplanung) nicht mehr kompensiert werden können. Die tiefere Ursache dieses Phänomens liegt darin begründet, daß mit den organisatorischen und systemgestaltenden Entscheiden das übergeordnete Ertragspotential zwangsläufig in ein engeres Effizienzpotential reduziert werden muß.

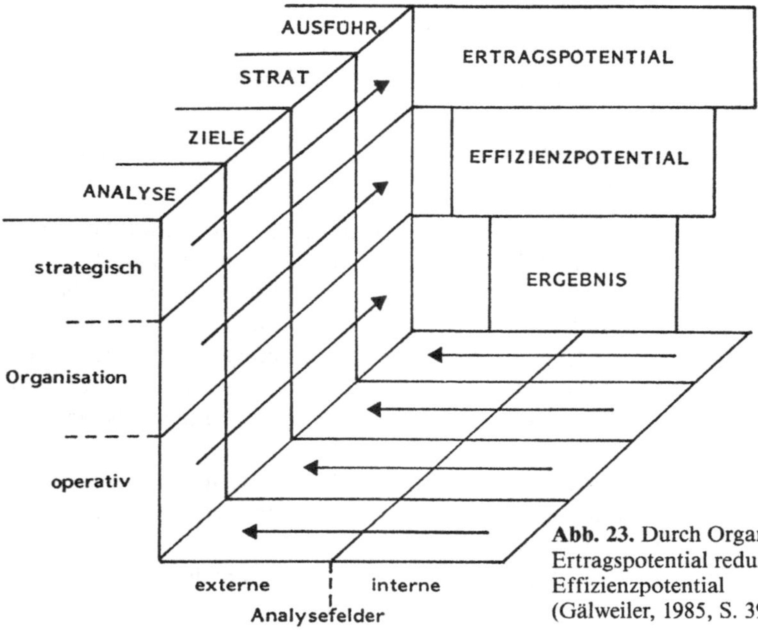


**Abb. 23.** Durch Organisation wird Ertragspotential reduziert zum Effizienzpotential (Gälweiler, 1985, S. 399).

Mit der Organisation des Planungsprozesses wird das Ertragspotential, welches durch strategische Überlegungen determiniert wird, in der Regel eingeengt, weil es ein Ding der Unmöglichkeit darstellt, ein so hoch komplexes System wie ein Unternehmen, das außerdem einem permanenten, dynamischen Anpassungsprozeß unterworfen ist, in einem - menschengeschaffenen -Planungssystem im Maßstab 1:1 zu reproduzieren. Die Ausschöpfung beziehungsweise die Realisierung des theoretisch möglichen Ertragspotentials hängt wegen dieser „Komplexitätsvernichtung" weitgehend vom Eignungsgrad des geschaffenen Planungssystems ab und wird aus diesem Grunde als *Effizienzpotential* bezeichnet.

Diese Tatsache kann mit der vielleicht etwas provokativen These untermauert werden, daß es eigentlich keine „guten Organisationen" gibt. Jede Organisationstätigkeit – welche natürlich absolut notwendig ist – engt den theoretisch möglichen Spielraum ein. Deshalb kann es wohl nie eine „beste Organisationsform" geben, sondern höchstens eine optimale, welche die möglichen Friktionen bei den unzähligen organisatorischen Schnittstellen auf ein Minimum zu reduzieren vermag.

## 3.2 Grundsätze der Planungsorganisation

Die Planung als ein Prozeß mit weitreichenden zeitlichen und sachlichen Implikationen ist eine zentrale Führungsaufgabe, wobei die Planungsverantwortung nicht delegiert werden kann. Delegieren soll und muß man aber stets einzelne Aufgaben, was bedeutet, daß alle Führungskräfte aller Führungsebenen in den Planungsprozeß einbezogen werden müssen. Dieser Gedanke kommt im weitverbreiteten Führungskonzept Management by Objectives (MbO) zum Ausdruck, welches in seiner Grundidee darauf abzielt, den einzelnen Stelleninhaber an der Planung seiner eigenen Stellenziele zu beteiligen. Neben dem Einbezug aller Ebenen in den Planungsprozeß ist aber auch eine zentrale Koordinationsstelle der Planung notwendig. Heute wird diese Koordinationsfunktion häufig durch eine Stabstelle wahrgenommen.

Die wesentlichen Aufgaben eines solchen zentralen Planungsstabes können wie folgt umschrieben werden:

*a) Metaplanung*

(auch als „integrierte" Unternehmensplanung oder als „Planung der Unternehmung" bezeichnet – Hentze/Brose 1985, S. 109; Bircher 1976)

- Entwicklung und Unterhalt des Planungssystems
- Schaffung eines planungsfreudigen Betriebsklimas
- Einführen („Verkaufen") des Planungssystems in der ganzen Unternehmung
- Entwicklung und Überwachen von Planungsprozessen und Planungskalender
- Einführung und Beratung bei der Anwendung von Planungsmethoden und -hilfsmittel
- Schulungsaufgaben im Zusammenhang mit Planungssystemen.

*b) Inhaltliche Planung*

- Beschaffung, Aufbereitung und Verteilung von Grundlageninformation
- Entscheidungsvorbereitung bezüglich Unternehmenspolitik und strategischer Planung
- Koordination der Teilpläne in organisatorischer und sachlicher Hinsicht
- Überprüfung der Teilpläne hinsichtlich Konsistenz (z. B. zwischen operativen und strategischen Plänen)
- Anwendung komplexer, erklärungsbedürftiger Planungsmethoden
- Mitwirkung bei der Ergebniskontrolle

Der Planer und vor allem die Planungsspezialisten haben folgendes Anforderungsprofil zu erfüllen:

- Praktische Erfahrung bezüglich Planungssystem und -Methoden
- Kenntnisse über die grundlegenden Umweltentwicklungen und deren Einflüsse auf die Unternehmung
- Übersicht über die Gesamtzusammenhänge der Unternehmensführung und wenn möglich praktische Erfahrung in den einzelnen Funktionsbereichen
- Überzeugungskraft und Verhandlungsgeschick gegenüber den Beteiligten am Planungsprozeß
- Prospektive, gestaltungsfreudige Grundhaltung.

Die zwischenmenschlichen Fähigkeiten des „Planers" sind besonders hervorzuheben, da die konfliktträchtigsten Probleme in der Praxis sich im Rahmen der Entwicklung und Auswahl des Planungssystems ergeben, sondern erst im Zusammenhang mit dessen Realisierung in den Führungsbereichen. Deshalb liegt der Hauptteil der Arbeit darin, andere Führungskräfte zur konstruktiven Mitwirkung am neu konzipierten System zu gewinnen.

## 3.3 Die Aufbauorganisation der Unternehmensplanung

Die Aufbauorganisation der Unternehmensplanung ist im konkreten Fall den individuellen Gegebenheiten eines Unternehmens anzupassen.

Im Rahmen der Planungsorganisation steht man grundsätzlich vor dem Dilemma, ob man die Planung schwergewichtig dezentral oder zentral aufbauen soll. Im Falle einer dezentralen Planungsorganisation, bei der ein großer Teil der Planung durch die operativen Führungskräfte wahrgenommen wird, hat man den Vorteil, daß jene die Grundzüge der Planung festlegen, welche sich täglich mit den spezifischen Problemen beschäftigen und deshalb auch über einen großen Erfahrungsschatz verfügen. Für eine dezentrale Planungsorganisation spricht auch die Tatsache, daß die operativen Führungskräfte für die Erreichung der in der Planung festgelegten kurz-, mittel- und langfristigen Ziele direkt verantwortlich sind und deshalb auch ein Interesse haben, bei deren Festlegung aktiv mitzuarbeiten.

Eine stark dezentral organisierte Planung hat aber auch Nachteile. Zum einen besteht die Gefahr, daß die Planungstätigkeit wegen der hohen Belastung durch das tägliche Geschäft vernachlässigt wird; dies gilt nicht nur für die operative Planung, sondern insbesondere auch für die strategische Planung. Denn die duale Funktion einer Führungskraft – einerseits verantwortlich für die kurzfristigen Ergebnisziele, andererseits für die Entwicklung der zukünftigen Erfolgspotentiale – stellt an den Einzelnen doch recht hohe Anforderungen. Ein anderer Nachteil einer dezentralen Planungsorganisation besteht auch in der erschwerten Koordination und Abstimmung der einzelnen Teilpläne, was insbesondere eine gezielte Ressourcenzuführung wesentlich erschweren kann.

Im Falle einer zentralen Planungsorganisation liegt die schwergewichtige Planungstätigkeit bei einem Planungsteam, welches in der Regel direkt der Geschäftsleitung unterstellt ist. Wichtig ist der neutrale Status des Planungsteams (d. h. unbelastet durch spezifische funktionale Interessen, wie z. B. Produktion oder Marketing).

Der Vorteil der zentralen Planungsorganisation liegt in der Vereinheitlichung des Planungsprozesses, was die Abstimmung der einzelnen Pläne untereinander und die Erstellung eines Gesamtplanes vereinfacht. Durch den Einsatz von Planungsspezialisten kann auch die Qualität der Pläne erhöht werden, da wesentlich sophistiziertere Planungsinstrumente zur Anwendung kommen.

Eine Gefahr bei der zentralen Planung besteht darin, daß eine eigentliche Planungsbürokratie entstehen kann; Planung als l'art pour l'art war nicht selten die Folge von überdimensionierten Planungsstäben, welche ihrem eigentlichen Zweck nicht mehr gerecht werden konnten. Außerdem besteht bei einer stark zentralisierten Planung immer das Problem, daß jene, welche die Pläne erstellen, nicht identisch sind mit jenen, welche für die Realisierung der Planungsinhalte verantwortlich sind.

Tendenziell liegt wohl die optimale Planungsorganisation in der Mitte zwischen zentralen und dezentralen Planung, wobei die konkrete Ausprägung von den spezifischen Verhältnissen einer Unternehmung wie Größe, Branche, Organisation usw. abhängt.

## 3.4 Zeitliche Organisation der Unternehmensplanung

Mit dem Ausdruck „Planungsprozeß" wurde schon implizit darauf hingewiesen, daß Planung nicht eine zu bestimmten Zeitpunkten stattfindende Tätigkeit ist, sondern ein permanent ablaufender Vorgang, welcher in den regelmäßigen, periodischen Überholungen aller Planungen und Pläne ausmündet. Dadurch können durch das laufend gewonnene Wissen die weitreichenden Strategien überprüft und neue Entwicklungen frühzeitig erkannt werden. Dieses als *„rollende Planung"* definierte Vorgehen kommt schematisch in folgender Abbildung zum Ausdruck:

| *Planungjahr* | *Planungshorizont* |
| --- | --- |
| 1986 | 87 → 88 → 89 → 90 → 91 |
| 1987 | 88 → 89 → 90 → 91 → 92 |
| 1988 | 89 → 90 → 91 → 92 → 93 |

**Abb. 24.** Rollende Planung (Hentze/Brose 1985, S. 47).

Die Notwendigkeit einer rollenden Planung, beziehungsweise die regelmäßige Überholung der Pläne, kann auch damit erklärt werden, daß im Zeitablauf langfristige Ziele zu mittelfristigen und diese zu kurzfristigen Zielen werden und dabei dem dazugewonnenen Wissen und eingetretenen Veränderungen angepaßt werden müssen.

Mit der rollenden Planung wird der Dynamik Rechnung getragen, indem die weitreichenden Zeiträume der strategischen Planung mit großer Unsicherheit behaftet sind, im Zeitablauf aber immer detaillierter geplant und schlußendlich für die kurzfristigen Perioden in konkreten Ausführungsplänen und Aktionen umrissen werden können. In der Schnelligkeit und Qualität des Erkennens von eingetretenen externen und internen Veränderungen liegt die *Intelligenz* des Planungssystems. Eine Verminderung der Intelligenz äußert sich häufig in der Überlastung des Managements mit untergeordneten Problemen, in einer gewissen Abwehrhaltung gegenüber Innovationen sowie – in Analogie zum Gresham'schen Planungsgesetz – dem Verdrängen von wenig dringlichen aber wichtigen strategischen Entscheide durch dringliche aber weniger relevante kurzfristige Entscheide. Eine solche Verminderung der Intelligenz kommt in der Regel in den dafür typischen Symptomen wie Verlust an Konkurrenzfähigkeit wegen träger Reaktionsfähigkeit und einer unterdurchschnittlichen Ertragskraft zum Ausdruck.

## 4 Operative Planung

Angesichts des umfangmäßigen Ungleichgewichts zwischen strategischer und operativer Planung, mag beim Leser der Eindruck entstehen, daß der operativen Planung nur eine untergeordnete Rolle zukommt. Dieser Eindruck wäre natürlich falsch. Der Grund, daß wir uns schwergewichtig mit der strategischen Planung beschäftigen, liegt darin, daß die operative Planung im Gegensatz zur strategischen schon lange in den meisten Unternehmen einen festen Platz im Führungssystem hat und zudem instrumentell sehr gut ausgebaut ist. In diesem Abschnitt geht es deshalb nicht darum, die operative Planung in allen Details darzustellen, sondern sie als einen integralen Bestandteil eines strategischen Planungssystems zu beschreiben.

## 4.1 Operative Planung als Baustein der strategischen Planung

Operative Pläne sind die Umsetzung der strategischen Pläne in konkrete Aktionen oder anders formuliert: sie bringen Leben in die Strategien. Denn während bei der strategischen Planung die Lebensfähigkeit beziehungsweise die Sicherung eines langfristigen Ertragspotentials im Vordergrund steht, rücken in der operativen Planung die im Rahmen der vorhandenen Ertragspotentiale realisierbaren Ergebnisziele in den Mittelpunkt. Analog zur strategischen Planung gilt es auch hier die relevanten Variablen und ihre Wechselbeziehungen herauszuarbeiten, welche sich positiv und negativ auf das Ergebnis auswirken uns somit eine Steuerung des operativen Bereiches erlauben.

Operative Planungsentscheide stehen zwar am Ende der schon erwähnten Rangfolge, wodurch aber lediglich gesagt wurde, daß auf dieser Stufe vorgängig gemachte Fehler (aufgrund strategischer oder organisatorischer Entscheide) nicht mehr korrigiert werden können. Die eigentliche Bedeutung der operativen Planung wird klar, wenn man sich verdeutlicht, daß strategische und organisatorische Entscheide in ihrem Effizienz-Einfluß letztendlich gemessen werden und damit immer nur Potentiale eröffnet werden. Die eigentliche meßbare Erfolgsüberwachung ist erst durch die operative Planung möglich, da sie die Auswirkungen aller Entscheidungen in einem für jeweils eine bestimmte Zeitperiode integrierten Gesamtergebnis anzeigt. Deshalb kann man die operative Planung als Baustein der strategischen Planung bezeichnen. Planungsprobleme und Entscheidungen sind aus diesen Gründen im operativen Bereich auch wesentlich größer in der Anzahl, das heißt, sie haben den größten Detaillierungsgrad im Vergleich zu den beiden anderen Kategorien. Im übrigen ist die operative Planung vergleichsweise am weitesten entwickelt, weil im operativen Ergebnis Planungsmängel aller Art sich am schnellsten und eindringlichsten direkt bemerkbar machen (Gälweiler A., 1985, S. 162).

## 4.2 Operative Pläne und Ziele müssen meßbar sein

Eine unabdingbare Anforderung an Planungsergebnisse ist ihre Operationalität, das heißt sie müssen eindeutig meßbar und kontrollierbar sein. Eine weitverbreitete „Todsünde" der Planung sind die vagen und trivialen Formulierungen über Ziele, Maßnahmen oder Anordnungen, welche im Grunde genommen für jede beliebige Unternehmung Gültigkeit haben können und damit dem einzelnen Mitarbeiter keine Entscheidungshilfe liefern, über seinen Beitrag zur Erfüllung der Unternehmensziele. Operative Pläne setzen eine intensive Auseinandersetzung mit den tatsächlichen Gegebenheiten und Möglichkeiten voraus und müssen deshalb im Minimum folgerichtig fünf Elemente enthalten:

- Verantwortlichkeit (Wer?)
- Gegenstand, Stelle, Ort (Was?)
- Zeitlicher Vollzug (von wann bis wann?)
- Mitteleinsatz (Kosten)
- Ergebnis

Mit der Operationalisierung der strategischen Entscheidungen kommt es zwangsläufig zu einer Zerlegung der Ziele in meßbare und beherrschbare Vorgaben technisch-ökonomischer Art. Deshalb sind die operativen Pläne in der Regel mit den Plänen der einzelnen Funktionsbereiche (Produktion, Marketing usw.) identisch und beantworten damit die Frage, welchen Beitrag sie zur Erfüllung der übergeordneten Unternehmensziele beitragen.

Das entscheidende Problem, das es dabei zu lösen gilt, ist der richtige Umbruch von strategischen Zielsetzungen in zeitlicher und sachlicher Hinsicht in konkrete Vorgaben für die einzelnen Funktionsbereiche. Das heißt, wenn zum Beispiel auf strategischer Ebene konkrete Marktanteilsziele formuliert werden, müssen im operativen Bereich einzelne Teilziele formuliert werden, welche die einzelnen Beiträge der Funktionsbereiche definieren, mit denen die strategische Zielsetzung erreicht werden kann.

## 4.3 Umsetzung der strategischen Unternehmenspläne in Pläne der einzelnen Funktionsbereiche

Wenn im folgenden wieder von Zielen gesprochen wird, so sind diese natürlich nicht identisch mit jenen der strategischen Planung. Die operativen Ziele beziehen sich auf kurz- bis mittelfristige Zeiträume und sind in ihrem Inhalt sehr konkret und meßbar. Sie sind vergleichbar mit einzelnen Etappen, welche zusammen der Erreichung der strategischen Zielsetzung dienen.

Neben den Zielen müssen im Rahmen der operativen Planung auch die benötigten Mittel und die erforderlichen Aktionen geplant werden. Folgende Abbildung verdeutlicht diesen Zusammenhang:

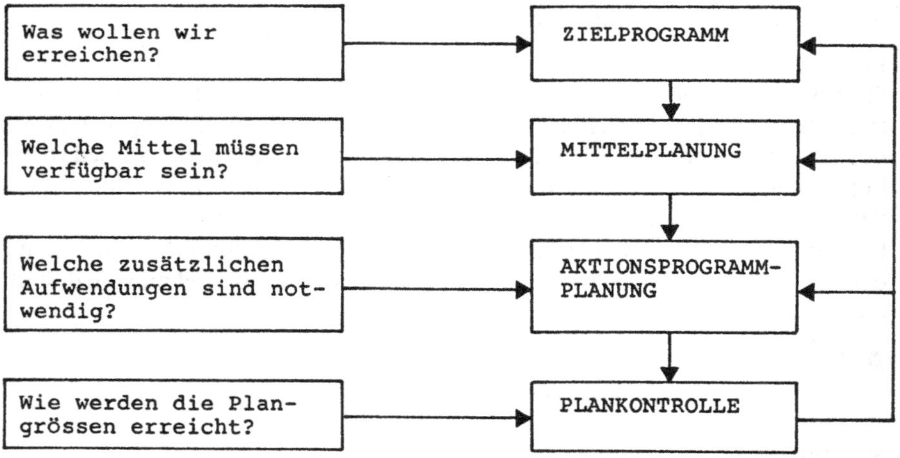


**Abb. 25.** Vorgehen bei der operativen Planung.

Die Aufgabe der *operativen Zielplanung* besteht in der Konkretisierung und Abstimmung durchführbarer und bereichsbezogener kurz- und mittelfristiger finanzwirtschaftlicher, leistungswirtschaftlicher, sozialer und führungsorientierter Ziele.

Aufgabe der *Mittelplanung* ist es, die zur Zielerreichung notwendigen Mittel (Finanzen, Personal, Material, Energie, Raum) zu bestimmen, mit der Mittelverfügbarkeit zu vergleichen sowie die Beschaffungsplanung der zusätzlich erforderlichen Potentialfaktoren durchzuführen.

Die *Aktionsprogrammplanung* ihrerseits beschäftigt sich vorwiegend mit allen in Zukunft wünschenswerten Strukturverschiebungen in der Unternehmung; diese können zum Beispiel sein:

- Diversifikationsmaßnahmen
- Produktentwicklungen
- Forschungsprogramme
- Markt- und Verkaufsstrategien
- Optimierungsmaßnahmen der unternehmerischen Leistungen
- Organisationsstrukturveränderungen
- Rationalisierungsprojekte
- Fabrikplanungen
- Großrevisionen usw.

Die *Plankontrolle* schließlich umfaßt die Überprüfung der Planzielerreichung sowie im Sinne einer Rückkoppelungsfunktion die Auslösung allfälliger Anpassungsmaßnahmen. Dazu ist es erforderlich, daß die notwendigen Informationen verläßlich und rechtzeitig vorhanden sind (Kosten, Produktionszahlen, Budgets, Outputs, Erträge usw.). Es nützt wenig, wenn diese Informationen in globalen Posten gesammelt oder erst am Ende des Jahres verfügbar sind; ein für die Unternehmung angepaßter und gut ausgebautes Rechnungswesen ist dafür eine notwendige Voraussetzung.

Für die Steuerung und Überwachung des operativen Bereichs ist die Kenntnis der dafür charakteristischen *Schlüsselfaktoren* von großer Bedeutung; sie liefern die Ansatzpunkte, daß frühzeitig positive oder negative Veränderungen erkannt werden und die entsprechenden Maßnahmen ergriffen werden können. Die Einbeziehung der folgenden Schlüsselfaktoren erlaubt eine wirkungsvolle und prioritätsorientierte Steuerung des operativen Bereichs (Gälweiler, 1985, S. 343f):

- Absatzmengen
- Verkaufspreise
- Einstandspreise
- Zeit- und Mengenstandards
- Personalkosten
- Kapazitätsauslastung
- Rationalisierungen
- Effizienzkontrollen

Bei diesen operativen Schlüsselfaktoren wird auch der Unterschied zum strategischen Bereich deutlich, wo Faktoren wie das Marktpotential, Marktanteile, Produkt-Lebensdauer usw. als maßgebende Orientierungsgrößen im Vordergrund stehen. Jene des operativen Bereiches sind sehr konkret und lassen sich direkt aufgrund der laufenden Ergebnisse in den einzelnen Funktionsbereichen überwachen.

Die einzelnen operativen Pläne der einzelnen Funktionsbereiche werden nicht isoliert von den andern erstellt. Es empfiehlt sich, als Ausgangspunkt die Absatzplanung zu wählen, welche dann als Planungsgrundlage für die folgenden Pläne verwendet wird (Abbildung 29: Das Verhältnis der einzelnen funktionalen Pläne zueinander). Dieses sequentielle Vorgehen von der Absatzplanung, Produktionsplanung, Mittelplanung, Finanzplanung zur Planung der Aktionsprogramme kann zur Folge haben, daß Differenzen auftreten, welche im Rahmen der Gesamtplanungsverabschiedung noch bereinigt werden müssen.

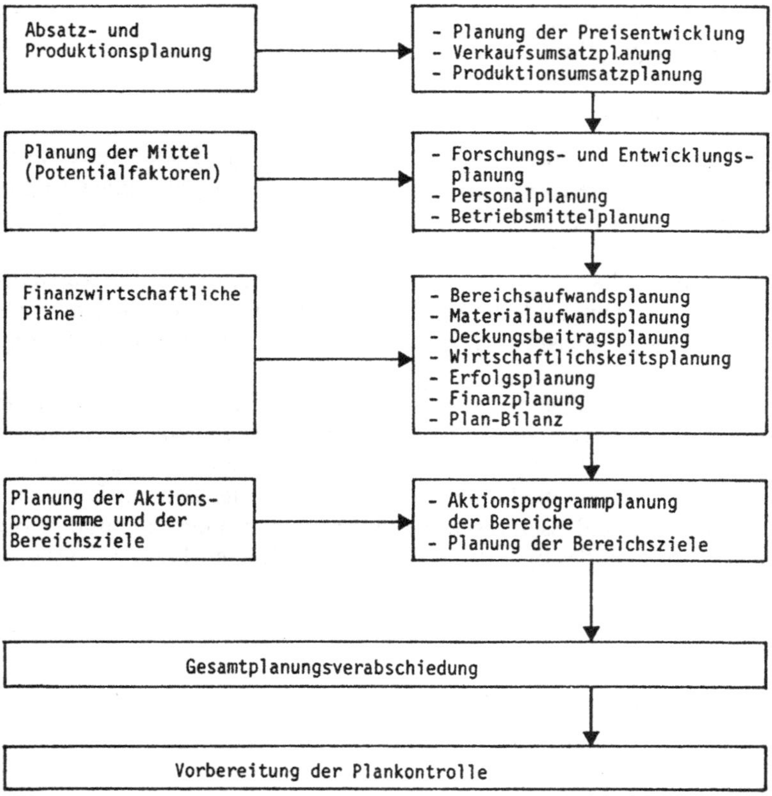


**Abb. 26.** Das Verhältnis der einzelnen funktionalen Pläne zueinander.

Da mit Ausnahme der natürlichen Prozesse nichts ständig in Betrieb bleibt, müssen im Rahmen der Vorbereitung der Plankontrolle Hilfsmittel geschaffen werden, welche den Kontrollprozeß sicherstellen.

Dazu gehören zum Beispiel auf höherer Stufe regelmäßig (d. h. monatlich oder pro Quartal) stattfindende Kontroll- und Koordinationsbesprechungen, an denen konkrete Aktionen zur Korrektur beschlossen werden. Zusätzlich muß auf jeder Stufe institutionalisiert werden, daß die einzelnen Führungskräfte und Mitarbeiter im Sinne des Management by Objectives die erreichten Ergebnisse und Pendenzen ihrer Stelle, Abteilung oder ihres Bereiches schriftlich festhalten. Die Häufigkeit und der Detaillierungsgrad müssen den situationsspezifischen Bedürfnissen der Unternehmung angepaßt werden.

Neben diesen institutionalisierten Abläufen sind geeignete Hilfsmittel wie zum Beispiel ein zweckmäßig gegliedertes und rechnerunterstütztes Rechnungswesen, geeignete Formulare oder Planungshandbücher notwendig.

## Literatur

Albach H (1979) Planung in der Praxis, ZfB-Ergänzungsheft I: 9 - 18
Ansoff I (1980) Strategic Management, London
Bircher B (1976) Langfristige Unternehmensplanung, Bern/Stuttgart
Drucker P (1970) Technology, Management and Society, London
Dunst K (1983) Portfolio-Management, Berlin/New York
Gälweiler A (1976) Unternehmenssicherung und strategische Planung. In: ZfB 6: 362 - 379
Gälweiler A (1978) Die strategische Führung der Unternehmung. In: Der Kaufmännische Geschäftsführer, Haberland (Hrsg) — Kap 3, 2 München
Gälweiler A (1980) Portfolio-Management. In: ZfO 4: 183 - 190
Gälweiler A (1986) Unternehmensplanung, bearb. und erg. von M Schwaninger, mit Vorwort von F Malik, Frankfurt/New York
Gerl K, Roventa R (1983) Strategische Geschäftseinheiten. In: Kirsch, Roventa (Hrsg) Bausteine eines strategischen Managements, Berlin/New York S 141 - 161
Gluck F, Kaufmann S, Wallek A (1980) Strategic Management for Competitive Advantage. In: Harvard Business Review, 4: 154 - 161
Häusler J (1970) Planung als Zukunftsgestaltung, Wiesbaden
Henderson B D (1974) Die Erfahrungskurve in der Unternehmensstrategie, Frankfurt/New York
Hentze J, Brose P (1985) Unternehmensplanung, Bern/Stuttgart
Hinterhuber H (1980) Strategische Unternehmensführung, 2. Auflage, Berlin/New York
Marchetti C (1983) Innovation, Industry and Economy — A top-down analysis, PP-83-6 International Institute for applied Systems Analyses, Laxenburg
Marchetti C (1985) Die magische Entwicklungskurve. In: Bild der Wissenschaft, 10: 12 -15
Mensch G (1975) Das technologische Patt, Stuttgart
Popper K (1979) The Propensity Interpretation of Probability. In: The British Journal for the Philosophy of Science, 10: 25 - 42
Ulrich H (1978) Unternehmungspolitik, Bern/Stuttgart

# Motivationsmanagement

L. von Rosenstiel

**Inhalt**


**1 Bedingungen des Verhaltens** . . . . . 215

1.1 Situative Ermöglichung . . . . . 216
1.2 Soziales Dürfen . . . . . 216
1.3 Individuelles Können . . . . . 217
1.4 Persönliches Wollen . . . . . 217

**2 Motiv und Motivation: zur begrifflichen Klärung** . . . . . 218

**3 Die Interaktion von Person und Situation** . . . . . 221

**4 Ein Paradigma motivierten Handelns** . . . . . 222

**5 Der konsummatorische Akt oder das Motivziel** . . . . . 223

5.1 Inhaltstheorien der Motivation . . . . . 224
5.1.1 Athematische, monothematische und polythematische Motivationsansätze . . . . . 225
5.1.2 Motivlisten . . . . . 226
5.1.3 Defizit- und Wachstumsmotive . . . . . 226
5.1.4 Intrinsische und extrinsische Arbeitsmotive . . . . . 227
5.1.5 Hierarchische Motivationsmodelle . . . . . 229
5.1.6 Psychodynamische Ansätze . . . . . 231
5.1.7 Ein kybernetisches Modell sozialer Motivation . . . . . 233

5.2 Kritik der inhaltlichen Perspektive . . . . . 235

**6 Das Appetenzverhalten oder der Weg zum Ziel** . . . . . 237

6.1 Prozeßtheorien der Motivation . . . . . 237
6.1.1 Wert x Wahrscheinlichkeits-Ansätze . . . . . 238
6.1.2 Wert x Instrumentalitäts-Ansätze . . . . . 239
6.1.3 Wert x Instrumentalitäts x Wahrscheinlichkeits-Ansätze . . . . . 240
6.1.4 Erweiterte Ansätze . . . . . 241
6.1.5 Kognitive Gleichgewichtsansätze . . . . . 242

6.2 Kritik der Prozeßtheorien . . . . . 244

**7 Gemischte Ansätze** . . . . . 245

7.1 Leistungsmotivation . . . . . 245
7.2 Das Konzept des Motivationspotentials . . . . . 247
7.3 Kritik der Ansätze . . . . . 248

**8 Ansätze zum Handeln** . . . . . . . . . . . . . . . . . . . . . . . . 248

8.1 Die Perspektive wissenschaftlich orientierten Anwendungshandelns . . . 248
8.2 Feststellung des Ist-Zustandes: Diagnose . . . . . . . . . . . . . . . . 249
8.2.1 Die Diagnose der motivierten Person . . . . . . . . . . . . . . . 249
8.2.1.1 Das Gespräch . . . . . . . . . . . . . . . . . . 250
8.2.1.2 Verhaltensbeobachtung . . . . . . . . . . . . . . 251
8.2.1.3 Analyse von Verhaltensergebnissen . . . . . . . . . . . 252
8.2.2 Die Diagnose der motivierenden Situation . . . . . . . . . . . . 252
8.3 Die Konzeptualisierung des Soll-Zustandes . . . . . . . . . . . . . . . 254
8.4 Veränderungswissen und Handlung . . . . . . . . . . . . . . . . . . 255
8.5 Evaluation der Maßnahmen . . . . . . . . . . . . . . . . . . . . . 259

**9 Kritik herkömmlichen Motivationsmanagements** . . . . . . . . . . . . . 260

**Literatur** . . . . . . . . . . . . . . . . . . . . . . . . . . . . . 260

## 1 Bedingungen des Verhaltens

Wo immer darüber gesprochen wird, was Gründe oder Ursachen menschlichen Handelns seien, wird stets, wenn auch mit unterschiedlichen Worten – wie Wunsch, Wille, Beweggrund, Bedürfnis, Trieb oder Strebung – auf in der Person vermutete Antriebskräfte verwiesen, die in der modernen Psychologie im Konzept der Motivation zusammengefaßt erscheinen (vgl. Graumann, 1969). Dabei wird angesichts der Breite dieses Konzeptes häufig in beinahe naiver Weise implizit davon ausgegangen, es ließe sich durch Motivation beobachtbares Verhalten eines Menschen allein zureichend erklären. Beobachtet man z. B. die vielfältigen Versuche eines Abteilungsleiters, durch den Aufbau sozialer Kontakte, durch herausragende Leistungen, durch die Übernahme der Protokollführung bei wichtigen Konferenzen und ähnliche Aktivitäten mehr seinen weiteren Aufstieg im Unternehmen zu begünstigen und Hauptabteilungsleiter zu werden, so ist für viele die Frage nach dem Warum befriedigend beantwortet, wenn auf den „Ehrgeiz" des jungen Mannes verwiesen wird. Derart vereinfachende implizite Handlungstheorien erklären wenig und verstellen den Blick für die Komplexität des Verhaltens. Menschliches Verhalten ist zwar meist motiviert; Motivation erklärt es jedoch nicht allein. Bei vereinfachender Betrachtungsweise läßt sich bei der Erklärung unseres Handelns auf Bedingungen verweisen, die in der Situation und auf solche, die in der Person des Handelnden selbst liegen; wobei zu den situativen Komponenten die objektiven Ermöglichungsbedingungen, die als handlungsfördernd oder handlungsbehindernd in der Situation liegend gezählt werden können und zum anderen jene Gesetze, Normen und Regelungen, die als soziales Dürfen unser Verhalten in vielen Bereichen steuern. Zu jenen Ursachen, die innerhalb der Person liegen, lassen sich solche überdauernden Fähigkeiten – wie z. B. die sprachliche Intelligenz – und jene relativ rasch erlernbaren Fertigkeiten – wie z. B. fließend englisch sprechen – zählen, die in der Umgangssprache als Können bezeichnet werden und schließlich jene in ihrer Antriebsdynamik als Kräfte erleb-

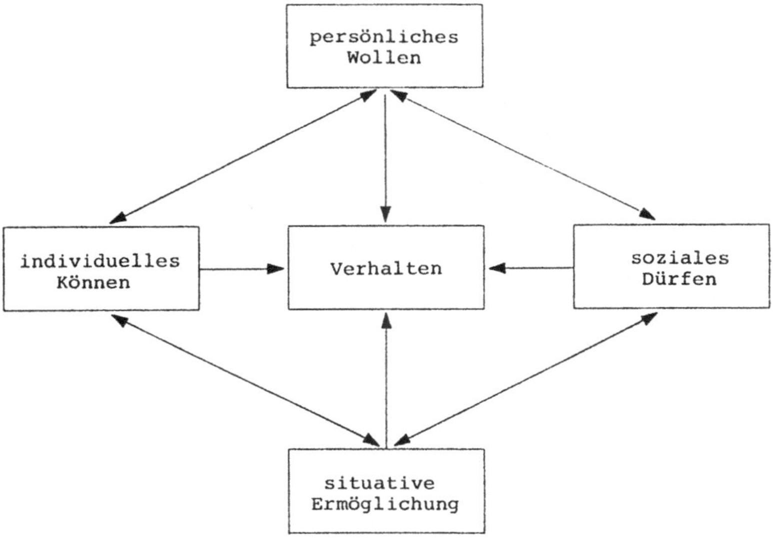


**Abb. 1.** Bedingungen des Verhaltens.

baren Verhaltensanstöße (vgl. Rohracher 1951), für die in der Alltagssprache häufig der Begriff des Wollens Verwendung findet (vgl. Abbildung 1).

## 1.1 Situative Ermöglichung

Äußere Gegebenheiten fördern oder behindern unser Handeln. Sie können dies tun, ohne daß dies dem Handelnden bewußt wird, wenn z. B. die sauerstoffarme „dünne" Luft in einer hochgelegenen Sportstätte die Sprintstärke eines Läufers senkt oder eine veraltete aber gewohnte Technik die Leistungen eines Industriearbeiters reduziert. Der Einfluß der Situation kann aber auch indirekt – bei Einschaltung des Bewußtsein des Handelnden – erfolgen, wenn dieser z. B. bewußt leistungsfördernde Hilfsmittel nutzt oder Barrieren aus dem Wege geht. Die Wahrnehmung situativer Gegebenheiten kann dann bereits in die personalen Bedingungen übergehen, wenn bestimmte Situationsbestandteile als Anreize wahrgenommen werden und Motive aktivieren, oder wenn das Erkennen von in der Situation liegenden Handlungschancen über eine Erhöhung der subjektiven Wahrscheinlichkeit, das Ziel auch erreichen zu können, die zum Ziel drängenden Motivkräfte stärkt (vgl. 6.1).

## 1.2 Soziales Dürfen

Soziale Normen steuern menschliches Verhalten wesentlich (Parson, 1968), ganz gleich, ob diese uns als Gesetze und Regelungen institutionalisiert entgegentreten, oder als geltende Regeln von Sitte und Anstand dazu beitragen, daß wir das tun, was wir zu tun haben. Auch auf diesem Feld kann der Grad der Bewußtseinsbeteiligung stark streuen. So kann für einen Arbeitnehmer das Wissen darum, daß bei einem weiteren unentschuldigten Fehlen die gesetzlichen Regelungen eine Kündigung zulassen, dazu beitragen, daß er pünktlich am Arbeitsplatz erscheint, während ein anderer – geprägt durch Elternhaus, Schule und frühe Berufserfahrung – ein spezifisches unterwürfiges Verhalten dem Vorgesetzten gegenüber so selbstverständlich lebt, daß ihm das entsprechende „Rollenspiel" geradezu zur „zweiten Natur" geworden ist, so daß schließlich, wenn sich Widerstände dagegen regen, der Wunsch normkonform zu handeln, wie persönlich motiviert erscheint.

## 1.3 Individuelles Können

Unser Handeln ist in hohem Maße von den Kompetenzen abhängig, die uns angeboren sind, die wir entwickelt oder erworben haben. Auch bei noch so hoher Motivation wird man ein Gewicht nicht anheben können, wenn es die Grenzen eigener Körperkraft übersteigt; ein noch so starker Wunsch, sich fließend mit einem ausländischen Partner zu unterhalten oder ein Musikinstrument wohltönend zu spielen, wird kaum zum Erfolg führen, wenn wir die entsprechende Sprache nicht eingeübt, das einschlägige Instrument zu spielen nicht erlernt haben. Fähigkeiten, die uns angeboren sind oder die langfristig erworben wurden – man denke an die Intelligenz – oder Fertigkeiten, die wir meist gezielt erarbeitet haben – man denke an Fremdsprachen, Beherrschen von Computerprogrammen oder Schreibmaschine schreiben – setzen dem Grenzen, was als Verhalten realisierbar ist. Freilich sind auch hier unterschiedliche Grade der Bewußtseinsklarheit beobachtbar. Manch einem sind Grenzen seines Könnens nicht bewußt, er wird das, was er nicht kann, einfach für „nicht machbar" halten, während ein anderer sehr wohl die Begrenztheit seiner Möglichkeiten, eigne Inkompetenz wahrnimmt. Das mehr oder weniger gegebene Wissen, eine angestrebte Tätigkeit ausüben oder nicht ausüben zu können, wird zugleich auch die Motivation wesentlich mitprägen, das Verhalten auch ausüben zu wollen. Dabei ist dann jeweils noch zu prüfen, ob die Möglichkeiten und Grenzen eigenen Könnens valide und selbstkritisch eingeschätzt werden oder nicht (vgl. Thorndike, 1917).

## 1.4 Persönliches Wollen

Auch wenn ein Verhalten durch die Situation begünstigt wird, Normen die Ausführung des Verhaltens gestatten und wir die Fähigkeit haben es auszuführen, so werden wir es nur tun, wenn wir es wollen. Für die Art dieses Wollens, die wir häufig für die eigentliche Antwort auf das „Warum des Verhaltens" (vgl. Thomae, 1965) parat haben, hält unsere Sprache eine Vielzahl von Worten bereit (Graumann, 1969), die – wenn auch mit jeweils unterschiedlicher Akzentsetzung – darauf verweisen, daß es in der Person liegende Kräfte gibt, die von dieser als Antrieb,

Drang, Strebung, Trieb oder Wunsch erlebt werden, ein bestimmtes Verhalten auch auszuführen. Dabei kann auch hier der Grad der Bewußtseinsbeteiligung höchst unterschiedlich sein, von der klar bewußten Zielsetzung reichen, der man nachzufolgen sucht, bis hin zu jenen von der Tiefenpsychologie aufgedeckten Regungen, die mit hoher Dynamik den Handelnden auf ein Ziel hin drängen, ohne daß ihm dies bewußt ist oder die mit anderen akzeptabel erscheinenden und somit bewußtseinsfähigen Wünschen überdeckt werden (A. Freud, 1936).

## 2 Motiv und Motivation: zur begrifflichen Klärung

Seit man über die Gründe menschlichen Handelns nachdenkt, wird in der wissenschaftlichen Diskussion und in den Vorannahmen des Laien davon ausgegangen, daß im Antriebserleben, in einer das Lebewesen auf ein Ziel hindrängenden Kraft, eine Verhaltensursache zu sehen ist. Rohracher (1951) verweist denn auch in seiner grundsätzlichen Klassifikation psychischer Phänomene darauf, daß man zwischen Kräften und Funktionen trennen müsse: „So ergibt sich auf eine einfache Weise eine Unterscheidung der psychischen Phänomene in zwei große Gruppen: In solche, die ein Ziel setzen (Trieb und Wille), und in solche, mit deren Hilfe das Ziel erreicht wird (Wahrnehmung, Gedächtnis, Denken)." Um so mehr überrascht uns, daß gerade aus der Psychologie Stimmen kamen, die für eine Aufgabe des Motivationskonzepts plädierten, ja sogar von einem „irreführenden Konstrukt" (Davis, 1970) sprachen. Argumentationsketten sahen dabei z. B. so aus, daß Leben definitionsgemäß bereits bewegtes Leben sei, so daß auf die Zusatzannahme von Motiven, die hinter der Bewegung ständen, verzichtet werden könne. Derartige Auffassungen haben sich nicht durchgesetzt. Die Psychologie hat am Motivationskonzept festgehalten, ja, sich ihm sogar mit verstärktem Interesse zugewandt (Heckhausen, 1980; Bischof, 1985). Beobachtbare Verhaltensphänomene, „zu deren Erklärung der Motivationsbegriff unerläßlich zu sein scheint" nennt Heckhausen (1963, S. 4):

- Interindividuelle Unterschiedlichkeit und relative Situationsunabhängigkeit des Verhaltens. Verschiedene Individuen verhalten sich in gleichen äußeren Situationen verschieden und in verschiedenen Situationen gleich. Ebenfalls kann sich ein einzelnes Individuum in gleichen äußeren Situationen verschieden und in verschiedenen gleich verhalten.
- Starker und lang anhaltender Kräfteeinsatz, besonders wenn sich Hindernisse in den Weg stellen.
- Gerichteter oder geordneter Phasenablauf der psychischen und motorischen Gesamttätigkeit, bis ein „natürlicher" Abschluß erreicht ist. Einsatz und Integration der verschiedenen Funktionen erfolgen in Anpassung an die wechselnden Erfordernisse der Situation.
- Auffällige Abweichungen der psychischen Funktionsleistungen vom Vorgegebenen, Üblichen, Zweckmäßigen, besonders kraß in sog. Fehlleistungen. Ihr Zu-

standekommen setzt neben autochthonen Faktoren der psychischen Funktionen die beeinflussende Wirksamkeit zentraler, funktionsfremder Einflußgrößen voraus.

- Binnenerlebnisse von emotionaler bzw. dranghafter Natur, die sich auf bestimmte Objekte oder Ereignisse richten, wie Vornahmen, Absichten, Wünsche, Hoffnungen, Befürchtungen, Konflikte u. a.

Erkennbar wird in dieser Begründungsfolge, daß der Begriff Motivation in der Psychologie in zweierlei Sinn verwendet wird, als Erklärungs- und als Beschreibungsbegriff.

Erklärungsbegriff ist Motivation dann, wenn in ihr kein beobachtbares psychisches Phänomen gesehen wird, sondern eine theoretische Annahme, die es erleichtert, beobachtbares Verhalten innerhalb einer bestimmten Theorie besser erklären und vorhersagen zu können. Dies verdeutlicht die Bestimmung der Motivation durch Graumann (1965, S. 130): „Bezeichnet nun aber ‚Motivation' dasjenige, das zwischen einem bedingenden Ereignis A und einem bewirkten Verhalten C als intervenierende Variable anzusehen ist, in (diese) aber nichts anderes eingehen darf, als was A-und C-Maße ergeben, dann werden A- und C-Variable die alleinigen Indikatoren des Motivationsgeschehens, dessen Geschehnischarakter damit völlig außer Betracht bleibt." In diesem Sinne wird Motivation in vielen psychologischen Handlungstheorien verwendet. So z. B. auch von der Tiefenpsychologie, wenn diese von einer unbewußten Motivation spricht, die ja definitionsgemäß kein beobachtbares Phänomen sein kann, jedoch für die Verhaltenserklärung und -prognose sehr nützlich erscheint.

Erlebnisbegriff ist Motivation dann, wenn in ihr grundsätzlich ein im Erleben und Verhalten beobachtbares Phänomen gesehen wird, das freilich durch die Darstellung in der Sprache, die ja Klassifikation ist, nicht mehr unverwechselbar Individuelles ist, sondern als Gegenstand wissenschaftlicher Untersuchung notwendigerweise auf ein bestimmtes Abstraktionsniveau gehoben werden muß und als isolierter Gegenstand wissenschaftlicher Betrachtung in einer kaum zu umgehenden Willkür aus der Ganzheit menschlichen Verhaltens herausgegriffen wird. So definiert Thomae (1965, S. 42): „Motive bzw. Motivationsprozesse sind Abstraktionen aus dem Sinnzusammenhang der menschlichen Aktivität, die in ihrem (sinnvollen) Zusammenhang mit Veränderungen jener Aktivität im Bezug auf Intensität, Richtung und Form gesehen werden." Auch der zuvor zitierte Graumann leugnet motivationale Erlebnisphänomene nicht (1965, S. 131): „Prinzipiell lassen sich schließlich noch Züge einer motivationalen Situation abheben, die sich weder eindeutig in A- oder in C-Variable transformieren lassen, weil sie sich nun tatsächlich zwischen dem bewirkenden Ereignis und dem bewirkten Handeln oder Handlungserfolg erstrecken. Als tatsächliche reale Prozesse stehen sie der Erfahrung, etwa introspektiv, offen und sind damit keine hypothetischen Konstrukte. Gemeint sind die eher erlebnisdeskriptiv als psychometrisch bestimmbaren Befindlichkeiten, Zuständigkeiten, Gefühle, Anmutungen, etc. einer motivierten Person . . .". Hier ist also von den zuvor von Heckhausen angesprochenen „Binnenerlebnissen von emotionaler bzw. dranghafter Natur" die Rede, die dem individuellen Erleben Motivation erfahrbar machen.

Derartige Prozesse sind nun allerdings nicht schlechthin als Grund der Aktivität eines Organismus zu verstehen, sondern sie determinieren diese in differentierter Weise.

In der konkreten Situation menschlichen Handelns bestimmt also die Motivation entscheidend die Intensität, Richtung und Form des Handelns. Diese läßt sich interpretieren als zusammengesetzt aus einer Vielzahl aktivierter Motive. Dabei ist ein Motiv eine innerhalb eines Klassifikationsschemas isoliert darstellbare inhaltliche Einheit, die im Erleben nicht anzutreffen ist, sondern als Verhaltensbereitschaft verstanden werden muß. Motive sind somit tatsächlich – im zuvor verwendeten Sinne Graumanns – intervenierende Variable, hypothetische Konstrukte, Erklärungsbegriffe oder – im Sinne von Lersch – „als Dispositionen, zu betrachten. Dispositionen lassen sich nicht unmittelbar feststellen, sondern sind nur aus den immer wiederkehrenden Reaktionen des Menschen zu erschließen" (Lersch, 1956, S. 42). So ist das Motiv des Ehrgeizes – wenn man dies innerhalb eines Klassifiktationsrasters isoliert sieht – bei einem Menschen nicht feststellbar, wenn er beim Essen sitzt, sich im Urlaub entspannt oder mit Freunden Bier trinkt. Es wird jedoch durch die Wahrnehmung spezifischer Situationsbedingungen – z. B. eine ausgeschriebene Hauptabteilungsleiterstelle – aktiviert und macht gemeinsam mit anderen Motiven, die ebenfalls aktiviert wurden, in der konkreten Situation die Motivation des Verhaltens aus, das den Ehrgeizigen dazu bewegt, sich um die Position zu bemühen. Abbildung 2 zeigt das Klassifikationsraster, in dem sich zusätzlich das Konzept der Motivstruktur findet, das innerhalb der Persönlichkeitspsychologie als kennzeichnend für einen Menschen verstanden werden kann. (vgl. v. Rosenstiel, 1975).

| | Innerhalb eines bestimmten Klassifikationsystems sich als | |
|---|---|---|
| | isoliert darstellender Tatbestand | Zusammenhang mehrerer Bestandteile darstellender Tatbestand |
| durch bestimmte Anregungsbedingungen aktivierte Verhaltensbereitschaft | aktiviertes Motiv | Motivation |
| der unmittelbaren Beobachtung nicht zugängliche spezifische Verhaltensbereitschaft | Motiv | Motivstruktur |

**Abb. 2.** Das Verhältnis zwischen Motiv, Motivstruktur, altiviertem Motiv und Motivation.

## 3 Die Interaktion von Person und Situation

Motive, als latente Verhaltensbereitschaften verstanden, können durch bestimmte wahrgenommene Merkmale der Situation – die sog. Anreize – aktiviert werden. In diesem Sinne ist die isolierte Betrachtung von Motiven nicht sehr hilfreich. Wesentlich ist es, das Zusammenspiel von Person und Situation im Auge zu behalten, d. h. zur Motivation gehört in aller Regel eine motivierte Person und eine motivierende Situation (vgl. Graumann, 1969). Freilich ist die Bedeutung von Person und Situation nicht bei allem motivierten Handeln gleich intensiv. So ist gelegentlich motiviertes Handeln fast ausschließlich von der Person her zu erklären, wenn z. B. ein bestimmtes Motiv, das lange keine Befriedigung fand, nahezu spontan aktiviert wird und zur Befriedigung drängt, was im Extremfall – z. B. bei sehr intensivem Hunger oder Durst – dazu führen kann, daß das Motivziel halluziniert wird. Auf der anderen Seite gibt es Motive, die praktisch nur durch bestimmte situative Bedingungen aktiviert werden können. Bemüht man sich um die Analyse motivierten Handelns, so wird man das Augenmerk in starkem Maße darauf zu richten haben, ob das Motiv, inhaltlich klassifiziert, mit dem Anreiz in seiner wahrgenommenen Qualität korrespondiert. Dies sei am Beispiel verdeutlicht: Nehmen wir an, bei einem in Bayern aufgewachsenen Menschen habe sich im Zuge der Sozialisation ein Motiv entwickelt, das auf ein Glas Bier gerichtet ist. Es läßt sich vor allem dadurch aktivieren, daß man diesem Menschen ein Glas Bier auf den Tisch stellt, ihn ein entsprechendes Plakat ansehen läßt oder vom Bier spricht. Der Anreiz korrespondiert mit dem erlernten Motiv. Der gleiche Anreiz dürfte eine entsprechende Wirkung nicht bei einem Tibetaner haben, der von früher Jugend an gewohnt ist, Buttertee zu trinken und dem das Bier als Getränk gänzlich unbekannt ist. Objektiv gleiche Anreize werden von verschiedenen Personen unterschiedlich wahrgenommen und lösen bei ihnen auch unterschiedliche Wirkungen aus.

## 4 Ein Paradigma motivierten Handelns

Stellen wir uns die schon mehrfach exemplarisch genannte Veranschaulichung vor: Ein Mann, durch Anlage und Prägung besonders ehrgeizig (1), gerät in eine Situation (2), in der sich die Möglichkeit zu beruflichem Aufstieg eröffnet. Er nimmt diese Chance als Anreiz (3) wahr, wodurch sein bisher latenter Ehrgeiz aktiviert wird (4). Dies allerdings führt bei ihm nicht unmittelbar zum Handeln, sondern zunächst einmal zu unterschiedlichsten Erwartungen und Überlegungen, die sich zum einen auf denkbare Wege beziehen, die zum angestrebten Ziel führen könnten und sodann auf die vermuteten Wahrscheinlichkeiten, das Ziel auf den in Betracht gezogenen Wegen auch erreichen zu können (5). Scheinen ein Weg zielführend und zugleich die Wahrscheinlichkeit, das Ziel auch erreichen zu können,

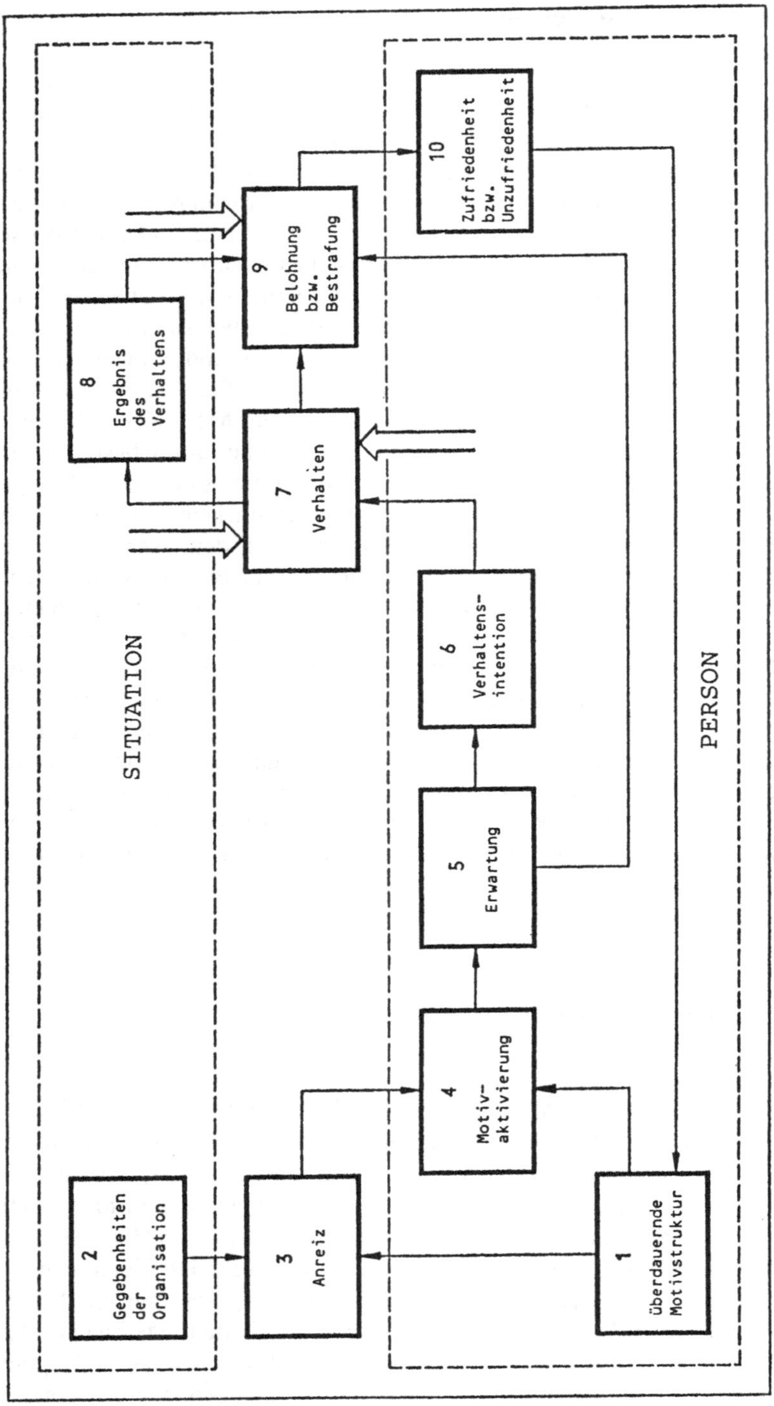


**Abb. 3.** Ein Modell des motivierten Verhaltens in der Leistungsorganisation.

nicht zu gering, so kommt es zunächst zur Verhaltensintention (6), d. h. zum Wunsch, das Verhalten auszuführen und dann zum Verhalten (7), dessen Realisierung allerdings auch von Bedingungen der Situation (Ermöglichung, Normen) und weiteren Bedingungen der Person (Fähigkeiten und Fertigkeiten). Realisiertes Verhalten ist allerdings noch keineswegs die Erfüllung oder Befriedigung des Ehrgeizes ist, sondern eine Folge von Schritten auf dem Weg dahin, wobei dieser Weg unter bestimmten Umständen sehr lange gegangen werden muß oder sich als umwegreiche Straße darstellt, wobei fraglich bleibt, ob das Ziel, die Befriedigung des aktivierten Motivs, am Ende steht. Die Ergebnisse des Verhaltens (8) zeigen sich objektiviert in der Situation, z. B. als Umsatzsteigerung. Die Folgen – z. B. Aufstieg (9) – sind situationsabhängig und hängen in ihrer Bewertung von den Erwartungen (5) ab. Die erreichten Endzustände (9) können somit als befriedigend oder unbefriedigend erlebt werden (10) was wiederum nicht ohne Einfluß auf die künftige Ausgestaltung des Motivs (1) bleibt, das durch Erfolgs- bzw. Mißerfolgserlebnisse kontinuierlich weitergeprägt wird (vgl. Abbildung 3).
Wichtig erscheint für unsere Überlegungen, daß wir beim motivierten Handeln das Erreichen des Zieles, den „konsummatorischen Akt", vom Weg zum Ziel abheben müssen. Gerade unter der Perspektive des Management erscheint diese Trennung wesentlich, da motivierende Maßnahmen sich z. T. auf das Ziel, z. T. aber auch die Wege zum Ziel beziehen.

## 5 Der konsummatorische Akt oder das Motivziel

Motiviertes Handeln ist häufig, wie bereits dargelegt, dadurch gekennzeichnet, daß es zu einem „natürlichen Abschluß" (Heckhausen, 1963) drängt. Dieser natürliche Abschluß wird in den Verhaltenswissenschaften häufig auch als „Endhandlung" oder als „konsummatorischer Akt" bezeichnet (vgl. Bischof, 1985). Dabei leitet sich die Wortwahl nicht von „Konsum" ab, sondern vom lateinischen „consummare", was man übersetzen könnte mit „auf den Höhepunkt bringen", oder „vollenden". Ein konsummatorischer Akt läge z. B. vor, wenn der Durstige, der lange nach etwas Trinkbarem gesucht hat, ein großes Glas leertrinkt, wenn der Leistungsmotivierte nach erheblichen Mühen eine schwierige Aufgabe zu Ende führt oder wenn der Verängstigte soziale Unterstützung und Geborgenheit im Kreise Gleichgesinnter findet. Damit eine Endhandlung überhaupt möglich wird, ist es in aller Regel erforderlich, daß ganz bestimmte Umweltbedingungen eintreten. Es ist allerdings der Ausnahmefall, daß sich diese Reizkonstellation zufällig ergibt; im Regelfall wird sie durch das Individuum aktiv gesucht oder bewußt hergestellt. Dieses Verhalten auf dem Wege zum Ziel, zur Endhandlung hat Craig (1918) als „Appetenz" gekennzeichnet, wobei für derartiges Appetenzverhalten charakteristisch ist, daß es zum einen mit einer ständig ansteigenden Spannung des psycho-physischen Systems begleitet wird, die erst innerhalb der motivbefriedigenden Endhandlung in den Zustand der Entspannung überführt, daß es zugleich nach anfänglich meist gegebenem Unlusterleben von steigenden Lustge-

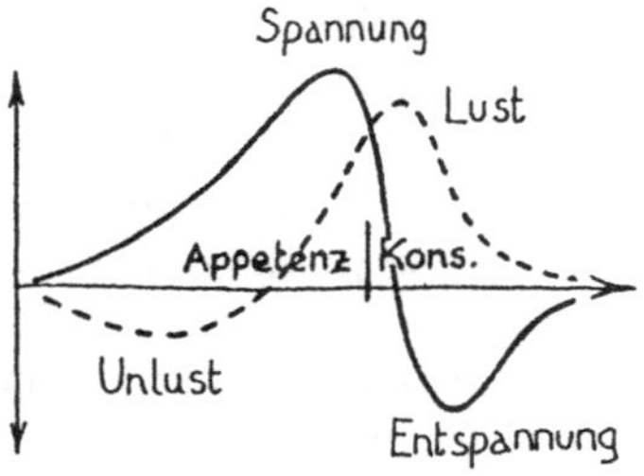


**Abb. 4.** Spannungs- und Lusterleben im Appetenzverhalten und im konsummatorischen Akt.

fühlen begleitet ist, von Lustgefühlen, die bereits vor der eigentlichen Endhandlung auftreten (vgl. Abbildung 4).

Freud hat dafür den Ausdruck Vorlust verwendet. Was damit gemeint ist wird nachvollziehbar, wenn man an die Gefühle des Durstigen denkt, dem das Bier gebracht wird, an die Freude des Leistungsmotivierten angesichts der Hoffnung, das Werk könne gelingen oder angesichts der Erleichterung des Verängstigten oder Vereinsamten, der aus der Ferne die Stimme seiner Freunde hört. Lerntheoretisch erscheinen die Lustgefühle auf dem Wege zum Ziel darum bedeutsam, weil sie möglicherweise jene Wege verstärken, die eine Endhandlung im Gefolge haben (Bischof, 1985). Welche Endhandlungen es allerdings sind, nach denen der Mensch strebt, ob sie angeboren oder erlernt wurden, ob es sinnvoll ist, diese Endhandlungen zu klassifizieren oder ob man hier vor einem Scheinproblem steht, das sind Fragen, die in Philosophie und in der Psychologie heftige Kontroversen ausgelöst haben (Herrmann, 1979). Sie bestimmen wesentlich das Bild, das man vom Menschen hat und sie sind auch dafür mitverantwortlich, daß in der Psychologie unterschiedliche Gruppen von Motivationstheorien einander gegenüber gestellt werden.

## 5.1 Inhaltstheorien der Motivation

Speziell in der Arbeits- und Organisationspsychologie stellt man häufig Inhaltstheorien der Motivation den sog. Prozeßtheorien gegenüber (Campbell & Pritchard, 1976).

Wesentlich erscheint an den Inhaltstheorien, daß eine Taxonomie der angestrebten Endhandlungen angeboten wird. Inhaltstheorien der Motivation suchen also die Frage zu beantworten, wonach der Mensch strebt, was auf dem Gebiete der Motivation des Arbeitsverhaltens zu den klassischen Ansätzen von Maslow (1943; 1954) von Alderfer (1969; 1972) oder von Herzberg, Mausner und Snyderman (1959) geführt hat, auf die noch eingegangen werden soll. Vernachlässigt wird in den meisten Inhaltstheorien dagegen die Frage, auf welchem Wege das Individuum sich darum bemüht, die Endhandlung herbeizuführen, d. h. die an das Appetenzverhalten gebundenen Prozesse dynamischer Art in der Person werden in der Regel vernachlässigt. Gerade mit diesen Prozessen setzen sich nun die Prozeßtheorien auseinander, die danach fragen, was sich in der Person abspielt, die ein bestimmtes Ziel erreichen möchte, wobei nicht weiter interessiert, welches Ziel es denn nun ist, das angestrebt wird. Die zentrale Frage der Prozeßtheorie heißt also: was spielt sich in einem Menschen ab, der etwas anstrebt, ganz gleich, was dies auch immer sei. Das „was dies auch immer sei" ist für die Inhaltstheoretiker eine Herausforderung. Sie suchen in ihren Theorien eine Antwort darauf zu geben, was denn nun angestrebt wird.

### 5.1.1 Athematische, monothematische und polythematische Motivationsansätze

Das Bemühen darum, nach Motivzielen, möglichen Endhandlungen und ihrer Thematik zu suchen, setzt beim Wissenschaftler die Überzeugung voraus, daß dies sinnvoll ist, d. h. daß es bestimmte zeitlich überdauernde Thematiken beim Individuum oder beim Menschen schlechthin gibt, die immer wieder das Handeln bestimmen und daß diese Thematik nicht ausschließlich eine Funktion der jeweils gegebenen Situationsbedingungen ist. Nicht alle, die sich mit Fragen der Motivation auseinandergesetzt haben, teilen diese Grundüberzeugung. Viele vertreten die Auffassung, daß die jeweils denkbaren Ziele potentiell unbegrenzt sind, mit den jeweiligen Umweltgegebenheiten variieren, bzw. daß bei jedem Ziel erneut nach einem „eigentlich" dahinterliegenden gefragt werden kann, woraus sich dann eine „Kulissenhaftigkeit der Motive" (Rudert, 1942) ergibt. In ähnlicher Weise argumentieren viele der Prozeßtheoretiker. Dennoch hat in der Psychologie die Suche nach inhaltlich bestimmbaren Zielen motivierten Handelns niemals nachgelassen. Dies liegt wohl zum einen darin, daß Ziele derartigen Handelns uns phänomenal in der Selbstbeobachtung evident werden, zum anderen auch darin, daß sich eine Vielzahl beobachtbarer Verhaltensweisen besser erklären läßt, wenn Motive als zeitlich überdauernde Merkmale der Person interpretiert werden. Bei der Festlegung der Inhalte allerdings ist Einheitlichkeit bislang nicht erzielt worden; es stehen verschiedene Konzepte nebeneinander, ohne daß es bisher gelang, allgemein akzeptierbare Kriterien zu entwickeln, die eher für den einen oder anderen Ansatz den Ausschlag geben. Bedeutsam jedoch erscheint, daß monothematische und polythematische Ansätze nebeneinander stehen. Monothematische Ansätze sind dabei dadurch gekennzeichnet, daß alles motivierte Verhalten letztlich aus einem Motiv erklärt wird, das sich je nach Situation des Handelnden in unterschiedlichem Gewand zeigen kann. In diesem Sinne ist ein früher Ansatz der Psychoanalyse monothematisch, da er allein in der Libido, einer allgemein verstandenen Sexualität, den Antrieb menschlichen Handelns sieht, wobei, bedingt durch das Triebschicksal und vielerlei Wandlungen der sexuell bestimmten psychischen Energie, erklärbar werden soll, was Menschen dazu bewegt, Kunst zu schaffen, religiöse Systeme zu entwickeln oder einem Führer zu folgen (vgl. Freud, 1930). Wenn jedoch letztlich alles aus der Thematik eines Motivs erklärt werden soll, so wird – wenn nicht eine Vielzahl von Zusatzannahmen gemacht wird wie innerhalb der Psychoanalyse – gar nichts erklärbar, so daß polythematische Ansätze, d. h. Ansätze innerhalb derer mehrere Motivziele nebeneinander stehen, größere Verbreitung gefunden haben. Dies entspricht auch – was man als Argument für oder gegen diese Ansätze ins Feld führen kann – dem Verständnis des psychologisch interessierten Laien.

### 5.1.2 Motivlisten

Ein relativ einfacher Versuch, menschliche Motivation zu beschreiben und zu klassifizieren besteht darin, eine Vielzahl inhaltlich von einander getrennter Motive nebeneinander zu stellen und auf diese Weise eine Liste zu generieren. Ein früher relativ viel diskutierter Versuch einer derartigen Zusammenstellung ist jener von McDougall (1947), der bereits zu Beginn dieses Jahrhunderts mit seinem Bemühen, Motive wie z. B. Nahrung zu suchen und zu speichern, schädliche Stoffe abzuweisen oder zu meiden, zu werben und sich zu paaren, Hindernisse zu beseitigen oder sich über Unzulänglichkeiten oder kleine Fehler der Mitmenschen lustig zu machen etc. nebeneinander zu stellen, menschliche Motivationen umfassend kennzeichnen wollte. Im deutschsprachigen Raum fand der Versuch von Lersch (1956) viel Beachtung, auf schichttheoretischer Basis drei Gruppen von Motiven übereinander zu stellen, die er als „Strebungen des lebendigen Daseins, „Strebungen des individuellen Selbstseins" und „Strebungen des über sich Hinausseins" bezeichnete und in sich wiederum aufdifferenzierte, wobei als Erkenntnisgrundlage die Introspektion herangezogen wurde. Die stärkste Nachwirkung hatte die Motivklassifikation an Murray (1938). Der Autor unterschied zwischen folgenden Motiven: viszerogene Bedürfnisse wie z. B. die nach Luft, Wasser, Nahrung, Sexualität bis hin zu denen nach Vermeidung von Schmerz und Schaden, Hitze und Kälte sowie psychogene Bedürfnisse, die abgeleitet wurden aus einer Klassifikation möglicher Beziehungen des Menschen zu seiner sachlichen und persönlichen Mitwelt und zu sich selbst; dies führte dann zur Annahme von z. B. Bedürfnissen nach Aggression, Gesellung, Hilfe oder Leistung.

Diese Liste spielte zum einen bei der Inhaltsanalyse des thematischen Apperzeptionstests (TAT) eine bedeutsame Rolle und wurde zum anderen zur Analyse und Bestimmung von Motiven auch in der modernen Persönlichkeitsforschung (vgl. z. B. Brandstätter, 1983) herangezogen.

Das Problem all dieser Listen liegt in der relativen Willkürlichkeit der Zusammenstellung und der meist wenig befriedigenden theoretischen Fundierung. Kritiker haben auch mit Recht darauf hingewiesen, daß das Nebeneinanderstellen solcher Listen zur Aufzählung mehrerer tausend Motive führen würde, womit der Anspruch einer Wissenschaft, die Vielfalt des Wahrnehmbaren zu reduzieren, sicherlich nicht gewährleistet wird.

### 5.1.3 Defizit- und Wachstumsmotive

Ein bedeutsamer Versuch, systematisch und theoretisch fundiert die Vielzahl inhaltlich bestimmbarer Motive zu ordnen, stellt das Bemühen dar, sog. Defizit- von Wachstumsmotiven abzuheben (Goldstein 1947, Thomae, 1965). Defizitmotive sind dadurch gekennzeichnet, daß sie im Sinne von Reglerkreismechanismen bei Sollwertabweichungen Aktivität auslösen, das der Wiederherstellung des zuvor gegebenen Zustands dienen. Motive haben somit ihren Stellenwert innerhalb eines homöostatischen organismischen Kreislaufs (Cannon, 1932), der der Erhaltung des Gleichgewichtes dient. Hunger und Durst lassen sich unschwer in diesem Sinne interpretieren, und es hat nicht an Versuchen gefehlt, auch andere Motivarten in vergleichbarer Weise zu sehen (Lewin, 1938).

Motivationstheorien, die das Konzept der Defizitmotive ins Zentrum rücken, lassen sich den sog. Bedürfnistheorien (vgl. Madsen, 1968, Neuberger, 1974) zurechnen. Sie besagen letztlich, daß Aktivität des Organismus sich aus – in der Regel organisch bedingten – Soll-Ist-Differenzen ergibt und somit der Zustand des Befriedigtseins mit dem der Inaktivität einhergeht. Daraus wiederum ließe sich die Hypothese ableiten, daß im betrieblichen Kontext die Zufriedenheit mit der Leistung negativ korreliert ist (vgl. v. Rosenstiel 1975 b).

Den Defizitmotiven gegenübergestellt werden vielfach sog. Wachstumsmotive, deren Ziel nicht ein stabiler oder gar organisch festgelegter Sollwert ist, sondern die ihre Dynamik letztlich dadurch gewinnen, daß Ziele ständig neu entworfen, Anspruchsniveaus erhöht werden und der sich entwickelnde Mensch nach ständig neuen Horizonten strebt. Dadurch wird der Weg zum Ziel: aktive, der Selbstverwirklichung dienende Schritte werden als befriedigend erlebt, was wiederum die Hypothese stützen könnte, daß im Arbeitsvollzug Leistung und Zufriedenheit positiv miteinander korreliert sind. In einigen der bekannt gewordenen Motivationstheorien werden gleichermaßen Defizit- und Wachstumsmotive berücksichtigt (vgl. Maslow, 1943; 1954; Herzberg et al., 1959; Herzberg, 1966), so daß sich motiviertes Handeln aus der Spannung und dem Zusammenspiel von Defizit- und Wachstumsmotiven ergibt.

### 5.1.4 Intrinsische und extrinsische Arbeitsmotive

Innerhalb der Pädagogik (vgl. Metzger, 1954) wird schon lange danach differenziert, ob ein Lernstoff seinen Anreiz in sich trägt, d. h. die Auseinandersetzung des Lernenden mit dem Stoff befriedigend wirkt oder ob gewissermaßen von außen wirkende Kräfte den Schüler zur Beschäftigung mit dem Stoffgebiet bewegen, wie es z. B. das Versprechen von Belohnung bei Erfolg oder die Androhung von Strafe bei Mißerfolg sein kann. Dieser Grundgedanke hat auch in jenen Wissenschaften, die sich mit dem arbeitenden Menschen auseinandersetzen, zunehmend Beachtung gefunden und zur Differenzierung zwischen intrinsischen und extrinsischen Motiven geführt. Von intrinsischen Motiven wird dann gesprochen, wenn die Motivation ihre Befriedigung in der Arbeitstätigkeit selbst findet, wie es z. B. für einen enthusiastischen Forscher im Zuge eines Entwicklungsvorhabens der Fall sein kann. Extrinsische Arbeitsmotivation liegt dann vor, wenn die Befriedigung nicht aus der Tätigkeit selbst, sondern aus deren Folgen oder Begleitumständen erwächst, wie es z. B. bei einem gewerblichen Arbeitnehmer der Fall sein kann, den seine Tätigkeit langweilt, der jedoch in ihr ein Mittel zum Zweck eines befriedigenden finanziellen Verdienstes sieht.

Die Unterscheidung zwischen extrinsischen und intrinsischen Arbeitsmotiven gewann zusätzliches Interesse durch Arbeiten von Herzberg et al (1959). Die Autoren befragten in einer ersten Studie Arbeitnehmer mittleren hierarichschen Niveaus mit der sog. Critical-Incident-Technik (CIT) von Flanagan (1954) nach konkreten Arbeitssituationen, in denen sie besonders zufrieden, bzw. besonders unzufrieden gewesen seien. Die Inhaltsanalyse der Schilderungen positiver und negativer Ereignisse zeigte, daß – nimmt man die Zuschreibungen für valide Indikatoren des realen Geschehens – anderer Bedingungen zur Zufriedenheit als zur Unzufriedenheit führen. Diesen Unterschied sieht Herzberg (1966) gleichermaßen unter der Dichotomie Defizit – Expansion als auch unter der einer extrinsischen vs. intrinsischen Motivation. Defizitmotivation findet Befriedigung durch Vermeidung von Deprivation d. h. von umweltbedingtem Leid. Im Betrieb geschieht dies durch die sog. „Hygiene-Faktoren", die im positiven Fall bestehende Unzufriedenheit verhindern, dagegen keine bewußt erlebte Zufriedenheit aufbauen können. Damit wirken sie ähnlich asymetrisch wie hygienische Maßnahmen auf dem Felde des Gesundheitsverhaltens, die – man denke an das Händewaschen – einer Infektion vorbeugen, sie jedoch nicht heilen können. Die wichtigsten von Herzberg et al (1959) genannten Hygiene-Faktoren sind der Führungsstil, die Unternehmenspolitik und -verwaltung, die äußeren Arbeitsbedingungen, die Beziehungen zu Gleichgestellten, Unterstellten, Vorgesetzten, der Status, die Arbeitssicherheit, das Gehalt, sowie persönliche berufsbezogene Lebensbedingungen. Man sieht, daß all diese Punkte den eigentlichen Arbeitsinhalt nicht zentral berühren, sondern sich auf Rand- und Folgebedingungen der Arbeit beziehen. Sie werden deshalb auch gelegentlich als „Kontext-Variable" bezeichnet, die mit der extrinsischen Arbeitsmotivation korrespondieren. Da – wie das empirische Material zeigt – ihr Einfluß auf das Entstehen von Unzufriedenheit groß, ihr Einfluß auf den Aufbau von Zufriedenheit aber klein ist, werden sie auch „Dissatisfaktoren" genannt.

Ihnen stehen „Satisfaktoren" gegenüber, die – wie die Inhaltsanalysen zeigten – besonders häufig als Ursachen längerfristiger Arbeitszufriedenheit genannt wurden. Zu ihnen zählen erbrachte Leistung, Anerkennung für die Leistung, die Arbeit selbst, Verantwortung, Aufstieg, sowie Möglichkeiten zum geistigen Wachstum durch z. B. Zugewinn von Erfahrung. Hier wird also der Arbeitsinhalt ins Zentrum des Erlebens gerückt, weshalb die genannten Punkte auch häufig als „Content-Variable" bezeichnet werden, die mit der intrinsischen Arbeitsmotivation korrespondieren, da – wie die Befragungen zeigten – diese durch die Content-Variablen ausgelöste Motivation zugleich längerfristig die Leistungsbereitschaft positiv beeinflußte, werden sie auch als „Motivatoren" bezeichnet. Diese Motivatoren sind, werden sie spezifisch in das betriebliche Anreizsystem integriert, ein Mittel zu dem Zweck, gleichermaßen die Zufriedenheit mit der Arbeit und die Leistungsbereitschaft zu steigern (vgl. v. Rosenstiel 1980, S. 234 ff.).

Das Konzept von Herzberg et al beeinflußte die Praxis in nicht unerheblichem Maße, obwohl der Ansatz Anlaß zu z. T. massiver Kritik bietet, die sich z. T. auf die wenig präzis formulierte Theorie (vgl. King, 1970), auf die Methode, die durch die retrospektive Ereignisschilderung Ich-Abwehrmechanismen bei der Fragenbeantwortung begünstigt (vgl. Vroom, 1964; Maier et al, 1976), auf die Auswertungskategorien (Schwab und Heneman, 1970; Zink, 1975) und auf die bei der Interpretation erfolgende unkritische Übersetzung von auf aggregiertem Niveau gewonnenen Daten auf das individuelle Niveau (Schwab und Heneman, 1970) bezieht.

### 5.1.5 Hierarchische Motivationsmodelle

Der Ansatz von Herzberg et al (1959) läßt es durchaus zu und sogar plausibel erscheinen, daß ein Mensch gleichermaßen durch die extrinsisch orientierten Defizitmotive und die intrinsisch orientierten Wachstumsmotive in seiner Befindlichkeit bestimmt wird. Dies sieht innerhalb der sog. hierarchischen Motivationsmodelle (vgl. Maslow, 1943, 1954; Alderfer, 1969, 1972) anders aus. Zentral ist diesen Konzepten, die geradezu Prototypen von Inhaltstheorien der Motivation darstellen, die Annahme, daß menschliche Motive nicht nebeneinander stehen, sondern hierarchisch geordnet sind, was die zentrale Hypothese ermöglicht, daß die langfristige Befriedigung eines jeweils niedrigeren Motivs die Voraussetzung dafür darstellt, daß das nächst höhere verhaltenswirksam werden kann (Befriedigungs-Progressions-Hypothese).

Maslow unterscheidet – gestützt vor allem auf unsystematische klinische Erfahrung – fünf inhaltlich voneinander abhebbare Motivklassen, die Abbildung 5 zeigt.

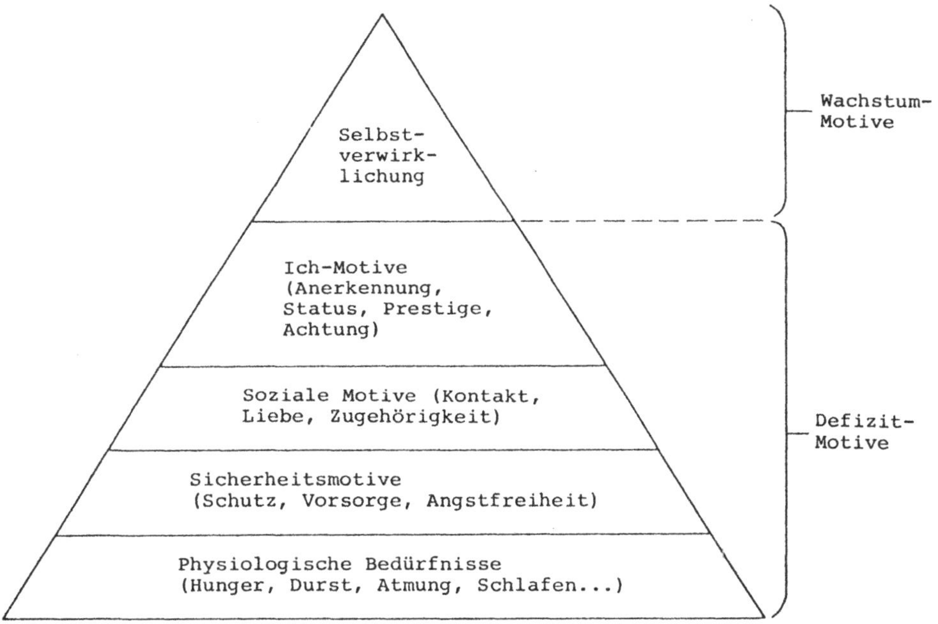


**Abb. 5.** Das hierarchische Modell der Motive nach Maslow.

Die vier unteren Motivgruppen stellen Defizitmotive dar. Langfristige Frustration dieser Motive führt –folgen wir Maslow – zu Krankheit, ihre Befriedigung zu Gesundheit. Erfüllung der Wachstumsmotivation ist nur auf dieser Grundlage denkbar; sie ermöglicht Selbstverwirklichung, die niemals als Ergebnis, sondern nur als Prozeß zu verstehen ist.

Der heuristische Wert und die Plausibilität dieser Theorie haben ihr weit über die Fachgrenzen hinaus erhebliche Beachtung gesichert, die in eklatentem Gegensatz zum Grade ihrer empirischen Absicherung steht. „Die meisten zeitgenössischen Organisationstheorien beziehen sich – sobald sie sich mit der Persönlichkeit auseinandersetzen – auf Maslows Theorie der Hierarchie der Bedürfnisse. Ich bin verblüfft zu entdecken, daß nur wenig unternommen wurde, die Gültigkeit dieser Theorie zu testen.“ (Bennis, 1966).

Dort allerdings, wo auf empirische Weise der Versuch unternommen wurde, das Klassifikationssystem zu bestätigen oder – im Rahmen von Längsschnittstudien – die Befriedigungsprogressionahypothese zu stützen, gelangte man zu enttäuschenden Ergebnissen (vgl. Zusammenfassend Huizinga, 1970; v. Rosenstiel, 1975). Weder das Klassifikationssystem der Bedürfnisse noch die These, daß die Befriedigung der jeweils unteren Motive Voraussetzung für die Verhaltenswirksamkeit der nächst höheren ist, konnte ausreichend gestützt werden.

Dies veranlaßte Alderfer (1969) auf der Basis eigener empirischer Untersuchungen zu einer Reformulierung des Ansatzes, den Miner und Dachsler (1973) als den klarsten Versuch einer Neuformulierung der Bedürfnishierarchie-Theorie werten und als vielversprechendste Version der Theorie zum gegenwärtigen Zeitpunkt würdigen. Alderfer geht von drei Motivgruppen aus:

1. E = existence = Grundbedürfnisse
2. R = relatedness = soziale Bedürfnisse
3. G. = growth = Entfaltungsbedürfnisse

Zu den Beziehungen zwischen Frustration, Stärke und Befriedigung dieser drei zentralen Bedürfnisse formuliert der Autor vier Hypothesen, die er als Prinzipien bezeichnet:

P 1. *Frustrations-Hypothese:* ein nichtbefriedigendes Bedürfnis wird dominant.
P 2. *Frustrations-Regressions-Hypothese:* wird ein Bedürfnis nicht befriedigt, so wird das hierarchisch niedrigere (oder entwicklungsgeschichtlich frühere) Bedürfnis dominant.
P 3. *Befriedigungs-Progressions-Hypothese:* durch die Befriedigung eines Bedürfnisses wird das hierarchisch höhere (oder entwicklungsgeschichtlich spätere) aktiviert.
P 4. *Frustrations-Progressions-Hypothese:* Frustration eines Bedürfnisses kann zur Persönlichkeitsentwicklung beitragen und auch höhere Bedürfnisse aktivieren bzw. zu höherem Anspruchsniveau führen.

Die Verknüpfung dieser Prinzipien mit den drei inhaltlichen Bedürfnisklassen führt zu 7 Grundaussagen:

G 1: Je geringer die Befriedigung der Grundbedürfnisse, desto stärker werden sie.
G 2: Je geringer die Befriedigung der sozialen Bedürfnisse, desto stärker werden die Grundbedürfnisse.
G 3: Je intensiver die Befriedigung der Grundbedürfnisse, desto stärker werden die sozialen Bedürfnisse.
G 4: Je geringer die Befriedigung der sozialen Bedürfnisse, desto stärker werden sie.
G 5: Je geringer die Befriedigung der Entfaltungsbedürfnisse, desto stärker werden die sozialen Bedürfnisse.
G 6: Je stärker die Befriedigung der sozialen Bedürfnisse, desto stärker werden die Entfaltungsbedürfnisse.
G 7: Je intensiver der Befriedigungsgrad der Entfaltungsbedürfnisse, desto stärker werden sie.

Abbildung 6 illustriert diese Beziehungen.

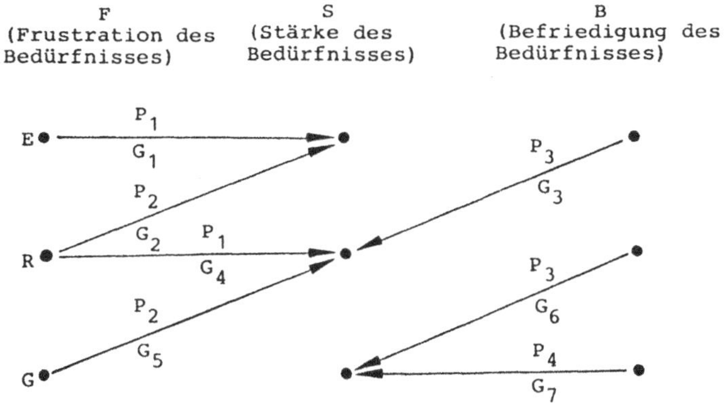


**Abb. 6.** Verknüpfung von Prinzipien und Grundaussagen bei Alderfer.

Folgeuntersuchungen Alderfers (1972) konnten diese Grundaussagen nur z. T. stützen, brachten ein verwirrendes Bild und machten erneute Umformulierungen des Konzepts erforderlich. Dagegen fand die Taxonomie Alderfers bessere empirische Stützung (vgl. Campbell & Pritchard 1976).

### 5.1.6 Psychodynamische Ansätze

Im Gegensatz zu den zuvor genannten weitgehend statisch konzipierten Inhaltstheorien tragen die hierarchischen Motivationsmodelle der Dynamik des Motivationsgeschehens ansatzweise Rechnung.

Während die zuvor geschilderten Motivlisten als ausgesprochen statische Ansätze gelten dürfen, wird in den hierarchischen Motivationsmodellen insofern Dynamik erkennbar, als sie angeben, unter welchen spezifischen Bedingungen sich der motivierte Mensch von einem bestimmten Inhalt – z. B. der Thematik der Grundbedürfnisse – abwendet, um sich „höheren" Inhalten zuzuwenden, was ja in der aktuellen Diskussion um die Ursachen des sog. Wertwandels in der Gesellschaft (vgl. Inglehart, 1977) eine bedeutsame Rolle spielt.

Sehr viel differenzierter und vielschichtiger erscheinen jedoch zur Erklärung des dynamischen Motivationsgeschehens die Ansätze der Tiefenpsychologie (vgl. Wyss, 1972) als deren markantester Vertreter das Konzept von Freud gelten darf. Sein psychoanalytischer Ansatz – gleichermaßen Persönlichkeitstheorie und Interventionsansatz zur Therapie von Neurosen – enthält explizit eine inhaltlich zentrierte Motivationstheorie, deren zentrale Gedanken knapp dargelegt werden sollen. Die Psychoanalyse interessiert hier nicht als Methode der Behandlung von Neurosen, sondern als theoretisches Motivationskonzept.

Freud war ursprünglich von einem dualistischen Ansatz ausgegangen, innerhalb dessen „Ich-Triebe" und „Objekt-Triebe" unterschieden werden, die – in hergebrachter Weise – zwischen den Thematiken der Selbsterhaltung und der Fortpflanzung unterscheiden. Dabei war der Drang zur sexuellen Vereinigung, die Libido, ursprünglich eindeutig und auch ausschließlich ein Objekt-Trieb, d. h. auf das „Objekt" des Partners gerichtet. Dieser Trieb wurde geradezu als eine konstante psychische Kraft gesehen, die sich demnach nicht vermehrt oder vermindert, sondern im Zuge der Auseinandersetzung des Subjekts und seiner Umwelt vielfältige Gestalten annehmen kann und z. B. angesichts der Widerstände, die menschliches Zusammenleben (vgl. Freud, 1930) der unmittelbaren Befriedigung entgegenstellt, sublimiert werden und zu Kulturleistungen führen kann, so daß z. B. unerfülltes individuelles Liebesverlangen zum Gedicht, die partielle Unterdrückung der Sexualität in der Gesellschaft zwar einerseits zu „Unbehagen" andererseits aber zu kulturellen Spitzenleistungen führen kann.

In einer späteren Phase seines Schaffens glaubte Freud erkennen zu können, daß sich die Libido als Objekt auch das eigene Ich auswählen kann, ähnlich dem Knaben Narkissos, der sich in sein Spiegelbild verliebte. Die Ich-Triebe wurden somit den Objekt-Trieben subsummiert und der Freud'sche Ansatz schrumpfte zu einem monothematischen Konzept, das den „Lebenstrieb" oder „Eros" zur alles menschliche Handeln bestimmenden Kraft erhebt. Diesem aber stellte Freud schließlich – vermutlich beeindruckt durch das Erleben des Weltkrieges und das Manifestwerden eigener Krebserkrankung – den „Todestrieb" oder „Tanatos" gegenüber. Während die Libido auf Erhaltung und Vereinigung gerichtet ist, liegt die Thematik des Todestriebes in der Zerstörung, dem Abbau und dem Zerfall (Freud, 1920).

Der homöostatische Ansatz Freuds führt letztlich dazu, dem Todestrieb schließlich implizit ein gewisses Primat zu geben; während die Libido darauf gerichtet ist, durch Energieabfuhr – z. B. in der sexuellen Vereinigung – einen früheren Zustand wieder herzustellen, wobei Unbehagen und Spannungserleben die Abweichung von Ausgangszustand, Entspannung und Lösung die Rückkehr zu diesem signalisieren, ist der Todestrieb – gewissermaßen mit lägerem Atem ausgestattet – darauf gerichtet, den Zustand wieder herzustellen, aus dem die Organwelt erwachsen ist, den der toten Materie.

Die Wandlungen und Maskierungen der Triebe, die sich innerhalb der Freundschen Lehre ergeben, wenn diese beim Versuch der Befriedigung auf Widerstände stoßen, ermöglichen es dem Autor, die Vielfalt motivierten menschlichen Handelns auf das Wirken des Lebenstriebes, des Todestriebes oder des Konfliktes zwischen ihnen zurückzuführen und somit – wenn auch in höchst spekulativer Weise – einen zentralen und einheitlichen Erklärungsansatz für die Mannigfaltigkeit der Erscheinungen menschlichen Tuns zu gewinnen.

### 5.1.7 Ein kybernetisches Modell sozialer Motivation

Während es ein Merkmal sog. „aristotelischer Psychologie" ist, die Mannigfaltigkeit der Erscheinungen zu beobachten und zu klassifizieren, setzt die „galiläische Psychologie" nach dem Vorbild der Physik darauf, ein gemeinsames Erklärungsprinzip für die Vielheit zu finden, wie es etwa auch im Freudschen Bemühen – wie besprochen – erkennbar wurde (vgl. Lewin, 1931). Beide Richtungen in der Psychologie führten zu erheblichen Enttäuschungen (Bischof, 1981), so daß eine zunehmende Tendenz innerhalb der Psychologie beobachtet werden kann, die sich nicht so sehr an Aristoteles oder an Galiläi, sondern an Darwin orientiert d. h. in der Psychologie als einer Wissenschaft vom menschlichen Erleben und Verhalten einen Bestandteil der Biologie zu sehen (vgl. Bischof, 1981; 1985). Dies beinhaltet zum einen, daß man eine Vielzahl menschlicher Verhaltensintentionen als angeboren – was nicht gleichzusetzen ist mit unveränderbar – betrachtet und dabei impliziert, daß jene Verhaltensintentionen von Generation zu Generation weitergegeben wurden, die nicht dem Selektionsprinzip zum Opfer fielen, sondern der Fitness dienen, d. h. im Dienste der Selbst- und Arterhaltung stehen. Ausgehend von solchen Überlegungen und orientiert an Beobachtungen des Verhaltens von Mensch und Tier hat Bischof (1985) ein biologisch fundiertes Modell der sozialen Motivation entwickelt. Seine Analysen zeigen klar und mit erheblicher Plausibilität, daß auf dem Gebiete der soziale Motivation zwei inhaltlich bestimmbare Motivziele angestrebt werden: Sicherheit und Erregung, die allerdings nicht als Gegenpole einer Dimension abbildbar sind, sondern relativ unabhängig voneinander erscheinen. Das Bedürfnis nach Sicherheit wird in der Gruppe primär Vertrauter, in der Regel der Familie, befriedigt; dort aber wird zunehmend der Wunsch nach Erregung frustriert, d. h. man erlebt Langeweile. Das Verlassen der Gruppe primär Vertrauter, d. h. der Weg in die Fremde befriedigt zwar das Bedürfnis nach Erregung, frustriert aber den Wunsch nach Sicherheit. Der Zurückgezogene, solitär Lebende erlebt zwei in der Regel aversive Emotionen: Einsamkeit und Langeweile, die Defizite an Sicherheit und an Erregung signalisieren, während derjenige, der in glücklicher Weise einen sekundären Bindungspartner gefunden hat, eine Balance zwischen den Erlebnissen der Vertrautheit und Fremdheit realisiert: Der Partner spendet Sicherheit und Erregung gleichermaßen. Abbildung 7 verdeutlichet dies.

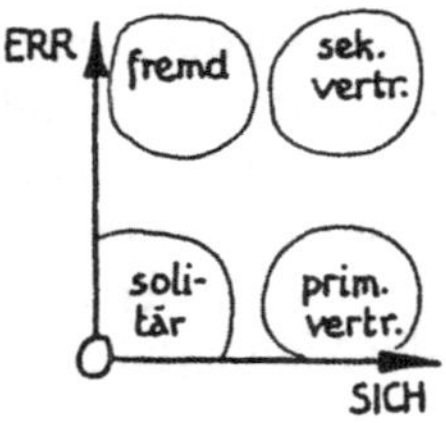


**Abb. 7.** Bedürfnisse nach Erregung und Sicherheit als unabhängige Dimensionen.

Wie sich die Bedürfnisse nach Sicherheit und Erregung erklären und zu welchen Formen motivierten Verhaltens sie führen, veranschaulicht Abbildung 8.

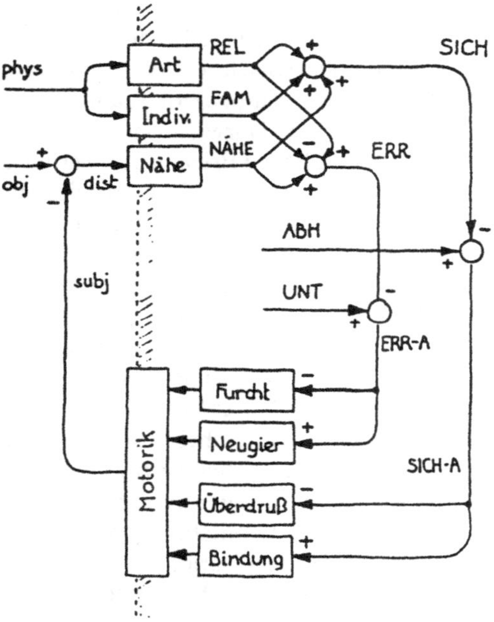


**Abb. 8.** Das Grundmodell sozialer Motivation nach Bischof.

Das komplex erscheinende Schaltschema sei knapp interpretiert. Das Individuum nimmt wahr, ob ein anderes Lebewesen der gleichen Art angehört (Art-Detektor), ob es vertraut ist (Detektor der Familiarität) und ob es sich in der Nähe befindet, was sich aus der Relation des Standortes des anderen und des eigenen – von der Motorik beeinflußbaren – ergibt. Gehört das andere Lebewesen der eigenen Art an, ist es vertraut und zudem in der Nähe, so befriedigt dies das Bedürfnis nach Sicherheit; gehört es der eigenen Art an, befindet es sich in der Nähe, ist jedoch nicht vertraut, so befriedigt dies das Bedürfnis nach Erregung. In welchem Maße eine Befriedigung des Sicherheitsbedürfnisses gewünscht wird, hängt von der Führungsgröße Abhängigkeit (ABH) ab. Diese variiert ähnlich wie die Führungsgröße Unternehmungslust (UNT) mit dem Lebensalter. Je nach Befriedigungszustand ergibt sich mit positivem oder negativem Vorzeichen Appetenz nach Sicherzeit (SICH-A), was zu Bindungsverhalten oder Überdrußreaktionen führt, bzw. wiederum mit positiven oder negativen Vorzeichen Erregungsappetenz (ERR-A), was zu Furcht bzw. Neugierverhalten führt.

Ein weiterer Ausbau des Modells, der hier nicht mehr besprochen werden soll, erklärt dann auch Verhaltensimpulse auf dem Gebiete des Sexuellen, der Aggression, des selbstsicheren Auftretens etc.

Eine Schwäche des Ansatzes besteht darin, daß angesichts der Vielzahl von miteinander interagierenden Variablen ein empirischer Test kaum möglich ist. Die Stärke des Ansatzes ist fraglos darin zu suchen, daß die Grundannahmen nicht willkürlich vorgenommen werden, sondern sich strikt aus dem letztlich darwinistischen Prinzip ableiten, nach dem sich solche Motive und Motiventwicklungen aus der Selektion ergeben, die der Verbreitung des Genoms dienen.

## 5.2 Kritik der inhaltlichen Perspektive

Menschliche Motive lassen sich nach vielerlei Aspekten klassifizieren, z. B. unter denen der Genese, der Orientierung, des Bewußtseinsgrades, der Extensität, der Intensität, der Verlaufsform, der Tiefe und der Zentralität (vgl. Thomae, 1965). Für Inhaltstheorien entscheidend ist der Aspekt der Orientierung, denn hier geht es um die verschiedenen zu bestimmenden Ziele, auf die Motive gerichtet sind. „Es scheint auf den ersten Blick das Nächstliegende zu sein, die Mannigfaltigkeit der Antriebe nach der Verschiedenheit ihrer konkreten Ziele zu gliedern. Doch kommt man sehr bald in Verlegenheit angesichts der Mannigfaltigkeit, mit der solche Ziele in den wechselnden Augenblicken erlebten Lebens wirksam sind" (Lersch, 1956, S. 96). Zu welchen Ergebnissen das führt, belegt eine Studie von Bernard. Er stieß bei der Analyse von 400 Veröffentlichungen zum Thema der Motivation allein innerhalb des Bereichs der sexuellen Thematik auf 453 Motive, innerhalb des Bereichs der Nahrungsaufnahme auf 228 (vgl. dazu Hofstätter, 1963). Dies wiederum hat zu dem Bemühen geführt, verschiedenartige inhaltlich eng gefaßte Motive auf höherem Abstraktionsniveau zusammenzufassen und hinter verschiedenen Verhaltensweisen ein gemeinsames Motiv zu suchen, was im Extremfall dazu führt, alles beobachtbare Verhalten dem Bestreben unterzuordnen, Lust zu gewinnen und Unlust zu vermeiden, wie das im Hedonismus der Fall ist. Die Rückführung aller phänomenal unterschiedenen Motive auf ein einziges zugrunde legendes Motiv führt dann zu einem monothematischen Ansatz, dessen Erklärungswert gegen Null geht. Bevorzugt man dagegen die polythematische Sichtweise, so bleibt die Frage nach der Begründung des gewählten Abstraktionsniveaus. Was z. B. berechtigt Malsow angesichts der Vielzahl ganz unterschiedlich erlebter Strebungen und Bedürfnisse von den fünf von ihm postulierten und besprochenen Bedürfnissen zu reden? Derartige Klassifikationsansätze, mögen sie auch noch so sorgfältig durchdacht sein, setzen sich meist dem Vorwurf aus, willkürlich und selektiv zu sein. Dies wiederum hat häufig dazu geführt, athematische Ansätze zu präferieren, d. h. auf jede inhaltliche Motivdifferenzierung in ihrer Festschreibung zu verzichten und den Inhaltstheorien insgesamt den Rücken zu kehren. Was der Mensch anstrebt – so wird hier argumentiert – ergebe sich aus dem Anreizwert der jeweils wechselnden Situationen und der beständig wirkenden Lerngeschichte des Menschen, die ihn einmal auf diese und einmal auf jene Ziele ausrichten kann. Eine solche Form des Verzichts allerdings ist innerhalb der Psychologie nie durchgehend und vom Nutzer psychologischen Wissens schon gar nicht akzeptiert worden. Das unmittelbare Erleben, das sich aktivierte Motive auf inhaltlich Unterschiedliches richten, prägt laienpsychologische Vorstellungen entscheidend, und der Anspruch an die Psychologie geht dahin, die Dynamik und das Zusammenwirken der nach der Orientierung voneinander abgehobener Motive zu beschreiben, zu erklären, zu prognostizieren und ggf. zu beeinflussen. So ist es verständlich, daß Inhaltstheorien der Motivation nach wie vor ein hohes Interesse finden.

Gerade die Plausibilität dieser Theorien für den „gesunden Menschenverstand" war innerhalb der wissenschaftlichen Psychologie geradezu ein Alarmsignal, das dazu führte, kritisch zu überprüfen, ob die Theorienbildung nicht unreflektiert vorwissenschaftlichen Konzepten „auf den Leim" geht. Im Extremfall führten derartige kritische Überlegungen gar zu der Auffassung, daß motiviertes Handeln zwar gerichtet sei, aber kein Ziel habe, da die Bewegungsrichtung lediglich Resultierende vielfältiger Einflußgrößen sei. Es sei ebenso naiv vom handelnden Organismus zu behaupten, er strebe dieses oder jenes Ziel an wie es inadäquat wäre, von einer Apollorakete zu behaupten, ihr angestrebtes Ziel sei der Mond.

Dagegen nun läßt sich einwenden, daß das Handeln des lebendigen Organismus „nicht verstanden werden (kann) ohne Rückgriff auf ein Sinnprinzip, das in ihm liegt" (Bischof, 1985). Die Bewegung ist eben nicht – wie bei einem unbelebten Gegenstand – Resultierende der von außen auf ihn einwirkenden Kräfte, sondern es geht um das Erreichen eines Zieles, das im Sinne der Selbst- und Arterhaltung – präziser im Dienste der Ausbreitung des Genoms – steht. Das zeigt sich z. B. daran, daß in bestimmten Situationen stets ein Handeln auf bestimmte Ziele hin beobachtet werden kann, wobei der Weg zum Ziel jeweils ganz andersartig sein mag. Beim Menschen allerdings ergeben sich diese Ziele wohl kaum allein durch von der Selektion gefilterte vererbte Muster, sondern – angesichts einer vom Menschen gestalteten und stets umgestalteten Umwelt – auch aus Lernprozessen, die den Erfolg des Individuums innerhalb dieser von ihm geschaffenen Welt sichern oder doch zu sichern scheinen. Inhaltstheorien der Motivation gewinnen daraus ihre Bedeutung. Die Motivziele dürfen freilich nicht willkürlich postuliert werden, sondern sind aus dem Sinn heraus zu begründen, der sich für den Handelnden aus der Evolutions- oder aus der Lerngeschichte ergibt.

# 6 Das Appetenzverhalten oder der Weg zum Ziel

Die Ziele, die im motivierten Handeln angestrebt werden, wie z. B. Autonomie, Geborgenheit, Sättigung etc., dürften in ihrer Grundthematik genetisch angelegt und in der differenzierten Thematik sodann durch Lernprozesse überformt sein. Dies heißt nicht, daß auch die menschlichen Verhaltensmuster festgelegt sind. Für höher entwickelte Organismen gilt, daß dem Ziel die Rolle eines emotional erlebten Appelles zukommt, der allerdings inhaltlich spezifiziert ist und die Grundthematik des Annäherns oder Abwendens bestimmt. Wie allerdings dieses zielbezogene Verhalten erfolgt, ist von Lernerfahrungen abhängig, hochgradig flexibel und somit an kurzfristige Umweltänderungen angepaßt (vgl. Bischof-Köhler, 1985). Mit dieser flexiblen Anpassung an die jeweiligen Gegebenheiten hat sich die Motivationspsychologie nach der sog. „kognitiven Wende" (Frey und Greif, 1983) besonders auseinandergesetzt, dabei fast ausschließlich die hier ablaufenden kognitiven Prozesse ins Zentrum der Betrachtung gestellt und die Ziele, die dabei angestrebt werden, weitgehend vernachlässigt, so daß heute vielfach von Prozeßtheorien der Motivation (vgl. Campbell und Pritchard, 1976) gesprochen wird.

## 6.1 Prozeßtheorien der Motivation

Der Grundgedanke der Prozeßtheorien läßt sich auf das Bernoulli-Prinzip zurückführen, das der Mathematik entstammt und besagt, daß jenes Ergebnis erstrebenswert erscheint, bei dem das Produkt aus Nutzen x Wahrscheinlichkeit besonders hoch ist. Dieser Gedanke ist innerhalb der Betriebswirtschaftslehre – und hier insbesondere im Rahmen der Entscheidungstheorie – aufgegriffen worden, wobei das Bemühen im Vordergrund stand, etwa im Rahmen betriebswirtschaftlicher Entscheidungen den Nutzen und die Auftretenswahrscheinlichkeit dieses Nutzens objektiv und voneinander unabhängig zu bestimmen. In der Psychologie dagegen ging es entscheidend darum, die Bestandteile dieses Zielbildungsprozesses wie z. B. Nutzen, Wahrscheinlichkeit und – wie wir noch sehen werden – weitere Komponenten subjektiv zu bestimmen, so daß das Ergebnis als optimal im Sinne einer subjektiven Rationalität erscheint, die einer wie auch immer bestimmten objektiven Rationalität keineswegs entsprechen muß (vgl. Neuberger, 1970, Hofstätter, 1980; v. Rosenstiel et al., 1986). Die Orientierung an derartigen Konzepten begann innerhalb der Psychologie in den 30er Jahren (vgl. Tolman, 1932; Lewin, 1938) und führte letztlich zu der Annahme, daß der Mensch subjektiv rational kalkuliere, was ihm bei der Wahrnehmung verschiedener Alternativen die günstigste Option zu sein scheint. Diese wird dann im Handeln realisiert. In diesem Sinne spricht man gelegentlich auch von einer „kognitiven Algebra" (vgl. Kroeber-Riel, 1984). Es gibt hier eine Vielzahl voneinander abhebbarer Ansätze (vgl. im Überblick Hoyos, 1974; Neuberger, 1978, 1985; Heckhausen 1980).

Hier seien nur die wichtigsten Basiskonzeptionen knapp skizziert. Ihnen allen ist jedoch gemeinsam, daß der Inhalt dessen, was angestrebt wird, nicht interessiert, sondern gewissermaßen beliebig eingesetzt werden kann. Lediglich der Prozeß, der dazu führt, daß die eine Alternative angestrebt, die andere aber verworfen wird, steht im Zentrum des Interesses, so daß der Ausdruck Prozeßtheorie durchaus gerechtfertigt erscheint.

### 6.1.1 Wert x Wahrscheinlichkeits – Ansätze

Die Werte x Wahrscheinlichkeitsansätze entsprechen dem klassischen Bernoulli-Prinzip – in der Psychologie jedoch auf die subjektive Ebene transformiert – am ehesten. Zu diesen Ansätzen zählt vor allem jener, der von Edwards (1965) vorgestellt wurde und als SEU-Modell häufiger als entscheidungstheoretischer Ansatz denn als Motivationsmodell dargestellt wird. Dies ist aber kein grundsätzlicher Unterschied, denn sowohl unter der entscheidungs- als auch unter der motivationstheoretischen Perspektive läßt sich fragen, welche von mehreren zur Wahl stehenden Alternativen ein Individuum anstrebt. Innerhalb des von Edwards vorgeschlagenen Ansatzes ist es diejenige, die für den Handelnden den höchsten subjektiv erwarteten Nutzen hat (subjective expected utility).

Man stelle sich nun – von diesem Ansatz ausgehend – vor, eine mittlere Führungskraft sähe die Möglichkeit, u. U. zwei hierarchisch höhere Positionen erreichen zu können. In beiden Fällen wäre ein Ortswechsel mit dem Aufstieg verknüpft. Allerdings in einem Falle nach München, im anderen Fall nach Recklinghausen. Die Position in München hat – das mögen Gespräche gezeigt haben – für den Betroffenen eine höhere Attraktivität als die in Recklinghausen. Allein daraus zu schließen, daß sich die Person stärker um die Position in München bemühen werde, wäre kurzschlüssig. Es kommt ebenfalls darauf an, wie sie die Chancen einschätzt, die Position auch erreichen zu können. Bezeichnet man die Attraktivität als Wertigkeit oder Valenz (V) und bildet man deren subjektive Einschätzung auf einer Skala zwischen +1 und -1 ab und mißt man die subjektive Wahrscheinlichkeit (expectancy = E) auf einer Skala zwischen Null und eins, so wird jene Alternative präferiert werden, bei der das Produkt aus V x E das größere ist. Am Beispiel illustriert könnte dies heißen:

- $P_1$ Alternative München: $V_1 = +0{,}8$; $E_1 = 0{,}2$; $= 0{,}16$
- $P_2$ Alternative Recklinghausen: $V_2 = +\ 0{,}4$; $E_2 = 0{,}6$; $= 0{,}24$

Unsere Beispielperson wird also stärker motiviert sein, sich um die Position in Recklinghausen zu bemühen, nicht weil die Position dort attraktiver ist, sondern – umgangssprachlich ausgedrückt – weil es sich lohnt, hier Kräfte zu investieren, da es wahrscheinlich ist, dieses immerhin auch noch attraktive Ziel erreichen zu können (zu komplexeren Kombinationsmöglichkeiten vgl. v. Rosenstiel et al, 1986).

Probleme dieses plausibel klingenden Ansatzes sollte man allerdings auch sehen; ein gewichtiges sei exemplarisch genannt: Die multiplikative Verknüpfung setzt voraus, daß V und E voneinander unabhängig sind. Dies aber ist keineswegs der Fall (vgl. Neuberger, 1970). Gründe für diese Unabhängigkeit können höchst unterschiedlich sein. So ist es z. B. denkbar, daß ein Mensch Dinge, die er für attraktiv hält, auch als relativ leicht erreichbar einschätzt oder für einen anderen schwer erreichbare Dinge eine besonders hohe Attraktivität erlangen („Kirschen in Nachbars Garten . . .") was sich schlüssig aus der Reaktanztheorie (Brehm, 1966) ergibt.

### 6.1.2 Wert x Instrumentalitäts-Ansätze

Ähnlich konzipiert, aber etwas komplexer im Grundgedanken sind die Wert x Instrumentalitäts-Ansätze. Sie gehen von dem Gedanken aus, daß es verschiedene Wege gibt, die zum Ziel, bzw. zu Zielen führen. Bezeichnet man die Attraktivität der zur Diskussion stehenden Ziele wiederum als Valenz = V und die Wahrscheinlichkeit, diese Ziele auf eine bestimmte Weise erreichen zu können, mit I (Instrumentalität), so errechnet sich der abgeleitete Wert des Weges zum Ziel aus der Produktsumme von V x I (vgl. Rosenberg, 1957; Georgopolus et al., 1957; v. Rosenstiel et al., 1986).

Auch dies soll am Beispiel verdeutlicht werden:

Man stelle sich einen Arbeiter vor, der sich überlegt, ob er Überstunden machen soll oder nicht. Für ihn hat die Beliebtheit durch die Kollegen eine besonders hohe Valenz (+0.8), das Geschätztwerden durch den Vorgesetzten eine mäßig hohe positive Valenz (+0.2), Mehrverdienst eine mittlere positive Valenz (+0.4), Freizeitverlust eine hohe negative Valenz (-0.6). Er überlegt sich jetzt, welche Instrumentalität die Übernahme der Überstunden für ihn hätte. Nach seiner Auffassung wäre die Instrumentalität für das Beliebtsein bei den Kollegen leicht negativ (-0.2), für das Geschätztwerden durch den Vorgesetzten positiv (+0.5), für Mehrverdienst deutlich positiv (+0.8) und für den Freizeitverlust eindeutig (1.0). Verzicht auf Überstunden würde die Beliebtheit bei den Kollegen nicht berühren (0,0), das Geschätztwerden durch den Vorgesetzten allerdings reduzieren (-0,3), Mehrverdienst klar unwahrscheinlicher machen (-0,8), Freizeit aber sichern (-1,0). Die Produktsumme für die Handlungsalternative Überstunden zu übernehmen wäre entsprechend .-36 während die entsprechende Produktsumme für den Verzicht auf Überstunden bei .22 läge, so daß sich ableiten ließe, daß der Arbeiter im Beispielsfall keine Bereitschaft zeigen würde, Überstunden zu übernehmen.

Auch der Valenz-Instrumentalitäts-Ansatz ist mit vielfältigen Problemen verbunden, wobei die fragliche Unabhängigkeit von Wert und Instrumentalität zu nennen ist, sowie die kaum je gegebene Unabhängigkeit der verschiedenen Ziele, für die die Handlungsalternativen instrumentellen Charakter haben (vgl. v. Rosenstiel et al, 1986).

### 6.1.3 Wert x Instrumentalitäts x Wahrscheinlichkeits – Ansätze

Der am meisten beachtete Wert x Instrumentalitäts x Wahrscheinlichkeitsansatz stammt von Vroom (1964) und darf gleichermaßen als die wohl bekannteste aller Prozeßtheorien bezeichnet werden. Obwohl das Modell in vielfältiger Weise differenziert weiterentwickelt wurde (z. B. Porter und Lawler, 1968; Graen, 1969; Lawler, 1977), sei es hier in seiner klassischen Form vorgestellt. Innerhalb des Vroomschen Modells geht es darum:

1. Wahlen zwischen verschiedenen Handlungen oder Aufgaben und
2. Wahlen zwischen Anstrengungsniveaus bei diesen Handlungen oder Aufgabenerfüllungen zu prognostizieren.

Dabei werden 5 Komponenten des Motivationsgeschehen postuliert, von denen drei empirisch bestimmt und zwei weitere aus diesen erschlossen werden:

1. Valenz 1: Bevorzugung bestimmter Objekte oder Handlungen, die als geeignet dafür angesehen werden, hochbewertete Endzustände (Valenz 2) herbeizuführen.
2. Valenz 2: Bevorzugung bestimmter Endziele oder „letzter Ziele" einer Handlung.
3. Instrumentalität: wahrgenommene Kontingenz zwischen einem konkreten Handlungsausgang und einem Handlungsendziel im Sinne der Valenz 2. Der skalierte Wert der Instrumentalität kann zwischen -1 (der Handlungsausgang verhindert die Zielerreichung) und +1 (der Handlungsausgang garantiert die Zielerreichung) liegen.
4. Erwartung: subjektive Wahrscheinlichkeit, den konkreten Handlungsausgang herbeiführen zu können.
5. Kraft: Anstrengungsniveau, das gewählt wird, um den Handlungsausgang herbeizuführen.

Valenz 2, Instrumentalität und Erwartung werden im Sinne subjektiver Einschätzung des Betroffenen gemessen, Valenz 1 und Kraft gilt es dann zu errechnen.

Dabei ergibt sich die Valenz 1 aus dem Gedanken, daß der Wert einer Handlung umso größer ist, je mehr sie als Mittel zu dem Zweck wahrgenommen wird, ein Endziel zu erreichen und je höher der Wert des Endzieles ist.

$$V_j = f_j\,[\sum_{K=1}^{n} = (V_k x\, l_{jk})]\;[j = 1 \ldots\ldots n)$$

$V_j$ = Valenz des Handlungsergebnisses j
$l_{jk}$ = wahrgenommene Instrumentalität $(-1 \leq l_{jk} \leq 1)$
des Handlungsergebnisses j für das Erreichen des Endziels K
$V_k$ = Valenz des Endziels K

Die Kraft (force, Anstrengung) bei der Ausführung der Handlung ergibt sich aus der Valenz der Handlung (wie zuvor berechnet) und der subjektiven Wahrscheinlichkeit, die Handlung auch ausführen zu können.

$$F_i = f_i [ \sum_{j=1}^{m} (E_{ij} \times V_i )] \; (i = 1 \ldots .m)$$

$F_i$ = Anstrengung für Handlung i
$E_{ij}$ = Subjektive Wahrscheinlichkeit ($0 \leq E_{ij} \leq 1$) daß der Handlung i das Ergebnis j folgt
$V_j$ = Valenz des Handlungsergebnisses j

Auch der Ansatz von Vroom ist auf vielfältige Kritik gestoßen (vgl. Mitchell, Allbright, 1972; Neuberger, 1978; v. Rosenstiel, 1980). Die Kritik bezieht sich zum einen – ähnlich wie bei den zuvor angesprochenen Ansätzen – auf die fragliche aber vorauszusetzende Unabhängigkeit der zu multiplizierenden Skalen, auf die willkürlich erscheinende Unterscheidung von Valenzen der ersten und zweiten Ebene, da hier ein Prozeß „ad infinitum" postuliert werden könnte, d. h. jeweils weiter zu fragen wäre, ob die angenommenen Endziele nicht auch wieder lediglich instrumentellen Charakter für dahinter stehende Ziele haben. Kritik erfuhr allerdings auch das Erwartungskonzept. Hier wurde gelegentlich vorgeschlagen, es ebenfalls zu differenzieren und zwar zum einen in die subjektive Wahrscheinlichkeit, die Handlung ausführen zu können und zum anderen in die subjektive Wahrscheinlichkeit, durch die Handlung auch das Handlungsergebnis herbeiführen zu können (vgl. Darstellung 9). Auf die fundamentale Kritik am einseitig rationalen Menschenbild, das hinter diesem und vergleichbaren Ansätzen steht, wird noch gesondert eingegangen.

## 6.1.4 Erweiterte Ansätze

Kognitiv orientierte Prozeßtheorien, die knapp skizziert wurden, haben die Diskussion in der Motivationsforschung in den letzten Jahren zentral bestimmt (vgl. Heckhausen, 1980). Dabei wurden sie selten grundsätzlich infrage gestellt, aber vielfach differenziert und erweitert. So hat z. B. Graen (1969) neben die Wert-Instrumentalitäts-Erwartungsverknüpfungen den sozialen Druck im Sinne bestehender Normen und den von innen kommenden Druck im Sinne einer intrinsischen Motivation gestellt; Porter und Lawler (1968) haben vorgeschlagen, auch Persönlichkeitszüge und Rollenwahrnehmung zu integrieren, während Lawler (1977) den Versuch gemacht hat, das Konzept der subjektiven Wahrscheinlichkeit innerhalb der Modelle zu differenzieren, indem spezielle Informationen über die Aufgabe, die Erfahrung mit entsprechenden Aufgaben der Vergangenheit sowie die Selbstsicherheit als überdauernder Persönlichkeitszug berücksichtigt werden.

Neuberger (1978) hat unter Absehung der für das motivierte Verhalten ergänzend hinzukommenden Komponenten die Bestandteile der kognitiven Algebra, die die Valenz der Handlung bestimmen, in einer Weise ausdifferenziert, die Abbildung 9 zeigt.

| Erwartung (E) | Ergebnis 1. Ordnung | $Valenz_1$ (des Ergebn. 1. Ordnung) | Instrumentalität($I_1$) | $Valenz_2$ des Ergebn. 2. Ordnung) | $Instrumentalität_2$ ($I_2$) | $Valenz_3$ Grundwertebedürnisse ($V_1$) |
|---|---|---|---|---|---|---|
| Kommt das Ergebnis 1. Ordnung zustande, wenn ich mich darum bemühe? | hohe Leistungsmenge<br>hohe Leistungsgüte<br>Pünktlichkeit<br>Unfallfreiheit<br>Konflikt-freiheit | Wie bewerte ich diese Ergebnisse<br>wieviel liegt mir an ihnen wie wichtig sind sie für mich usw.? = | Wie eng ist Zusammenhang zwischen einem Ergebnis (1. Ordnung) und weiteren Konsequenzen, die für mich wichtig sein könnten? | Wie hoch ist die Valenz von: hohem Einkommen<br>Beförderung<br>Anerkennung von Kollegen oder vom Vorgesetzten<br>Fortbildung<br>Schutz vor Kündigung<br>Versetzung usw.? | Wie eng ist Zusammenhang zwischen einem Ergebnis (2. Ordnung) und bestimmten für mich wichtigen Zielen oder Werten? | Sicherheit<br>Geliebt werden<br>Glücklich sein<br>von der Familie geschätzt werden<br>ein sinnvolles Leben führen<br>seine Persönlichkeit entfalten usw. |

**Abb. 9.** Weg-Ziel-Modelle der Arbeitsmotivation.

### 6.1.5 Kognitive Gleichgewichtsansätze

Kognitiv orientierte Prozeßtheorien ganz anderer Art stellen die Gleichheits-, Gerechtigkeits- oder Gleichgewichtsansätze dar, die ähnlich wie die zuvor besprochenen Ansätze stark von ökonomischen Überlegungen geprägt werden. Im Hintergrund steht der Gedanke des Tauschs und die aus dem klassischen Marktmodell (Smith, 1776) ableitbare Forderung, daß dabei Gleichgewicht oder gar Gerechtigkeit (vgl. Mikula, 1983) erreicht werden soll. Fundamentalannahme ist, daß der Mensch nicht nur danach strebt, die diversen kognitiven Inhalte innerhalb der eigenen Person im Gleichgewicht zu wissen, wie es die Theorie der kognitiven Dissonanz (Festinger 1957) postuliert. Darüber hinausgehend wird angenommen, daß soziale Beziehungen sich harmonisch gestalten indem das, was der eine gibt dem entspricht, was er vom anderen erhält. Aus der größeren Zahl von Theorien, die auf diesem Grundgedanken aufbauen (Homans 1961, Patchen, 1961; Adams 1963) hat die sog. Gleichheits- oder Equity-Theorie von Adams (1963) besondere Beachtung erlangt; insbesondere deshalb, weil sie vielfältige empirische Stützung gefunden hat (vgl. zusammenfassend v. Rosenstiel 1975; Mikula 1983).

Adams geht in seiner am Austauschprinzip orientierten Theorie von sozialen Beziehungen aus, die in der Form des direkten oder indirekten Tausches auftreten können. Die Person (P) strebt an, daß ihre Nettobelohnungen (N)für den Einsatz (I) jenen entsprechen, die sie bei anderen Personen (A) wahrnimmt. Eine Störung des Gleichgewichts ist dann gegeben, wenn

$$\frac{N_P}{I_P} > \frac{N_A}{I_A} \quad \text{oder} \quad \frac{N_P}{I_P} < \frac{N_A}{I_A}$$

D. h. sowohl das Gefühl, zuviele Belohnungen für die Leistungen („Überbezahlung") als auch das Gefühl, zuwenig zu bekommen („Unterbezahlung") erwächst dem sozialen Vergleich und stört das kognitive Gleichgewicht. Dies hat die Aktivierung von Motivation zur Folge, die auf Wiederherstellung des Gleichgewichtes gerichtet ist. Es ist also innerhalb dieser Theorie festzuhalten, daß – akzentuierend gesehen – Kognitives motivationale Prozesse auslöst und nicht aktivierte Motivation zu kognitiven Prozessen führt.

Beim direkten Tausch gilt:

$$\frac{\bullet\ \textit{Ich gebe ihm}}{\bullet\ \text{Ich bekomme von ihm}} = \frac{\bullet\ \textit{er gibt mir}}{\bullet\ \text{er bekommt von mir}}$$

Dabei ist inhaltlich offen, was als Geben (z. B. Ausbildung, Erfahrung, Einsatzfreude, sozialer Status, körperliche Schönheit, Lebensalter, Kinderzahl etc.) und was als Bekommen reflektiert wird (z. B. Geld, Sicherheit, Anerkennung, Status, Wissen, Kontakte, Heiratschancen etc.). Es kommt innerhalb der Theorie darauf an, was der Handelnde als Geben und Nehmen interpretiert, d. h. es geht um die subjektiv wahrgenommenen Beiträge.

Bei indirekten Tauschbeziehungen sieht die P -A -Beziehung prinzipiell gleich aus, jedoch stehen P und A nicht in direktem Tauschverhältnis, sondern erhalten Belohnungen von einem Dritten (z. B. dem Unternehmen), an das sie auch ihre Leistungen abgeben. Hier ist zu beachten, daß

- Verhältnisse verglichen werden,
- in die komplexe Kombination verschiedener Belohnungen und Erträge eingehen, deren Dimensionalität unbestimmt ist,
- von denen aber angenommen wird, daß sie als Belohnung bzw. als Ertrag eindeutig gekennzeichnet sind
- und jeweils von P wahrgenommen werden,
- dem meist viele A als potentielle Vergleichspersonen zur Verfügung stehen, so daß geprüft werden muß, welche Vergleichsperson er auswählt.

Aus der Wahrnehmung des Ungleichgewichts, das aus direkten oder indirekten Tauschbeziehungen entstehen kann, ergibt sich nun ein Gefühl der „Überbelohnung" oder „Unterbelohnung", das Motivation zum Handeln auslöst, das sich u. a. auch auf die Leistung beziehen kann. So zeigten z. B. empirische Untersuchungen im Rahmen von Feldexperimenten, daß bei Stücklohn „Überbezahlung" im Vergleich zur „Unterbezahlung" höhere Qualität bei geminderter Quantität zur Folge hat, während bei Zeitlohn „Überbezahlung" meist höhere Quantität, gelegentlich aber auch höhere Qualität nach sich ziehen kann.

Die Kritik an der Theorie von Adams hat mehrere Facetten, u. a. auch die, daß gänzlich alternative Interpretationen der von ihm durchgeführten oder angelegten experimentellen Untersuchung möglich sind (vgl. v. Rosenstiel, 1975).

Darauf soll hier nicht eingegangen werden, sondern nur darauf verwiesen werden, daß die Theorie nicht präzise voraussagt, welche Reaktion das Individuum bei erlebter Ungleichgewichtigkeit wählt. Modifikationen des Leistungsverhaltens sind nur eine Möglichkeit. Faktisch stehen auch andere Wege des Dissonanzabbaus offen. Das sei angedeutet, (vgl. v. Rosenstiel, 1980):

I. Belohnung
1. P verändert die eigenen Belohnungen objektiv (z. B. erkämpft eine Gehaltserhöhung)
2. P nimmt die eigenen Belohnungen anders wahr (z. B. Brutto für Netto)
3. P verändert A's Belohnungen objektiv (erreicht z. B. dessen Gehaltsreduzierung)
4. P nimmt A's Belohnungen modifiziert wahr (z. B. täuscht sich über deren Höhe).
II. Einsätze
1. P verändert die eigenen Einsätze (strengt sich z. B. mehr an)
2. P nimmt eigene Einsätze anders wahr (glaubt z. B. mehr zu leisten als er faktisch leistet)
3. P verändert A's Einsätze (z. B. durch Überredung)
4. P nimmt A's Einsätze anders wahr (z. B. täuscht sich über dessen Einsatzfreude).
III. P verläßt das Feld (z. B. gibt sich Tagträumen hin oder kündigt).
IV. P wählt andere Vergleichspersonen (z. B. Personen gleicher Ausbildung in anderen Organisationen).

Adams (1965) hat zwar durch Zusatzannahmen versucht, sein theoretisches Konzept weiter zu präzisieren, doch erscheint auch danach unterschiedliche Reaktion auf erlebtes Ungleichgewicht denkbar.

## 6.2 Kritik der Prozeßtheorien

Das Bemühen der Psychologie, den Prozeß oder Weg zu analysieren, den das Individuum wählt um ein Ziel zu erreichen, dessen emotionaler Appell es zum Handeln aufrief, ist fraglos verdienstvoll. Innerhalb modernerer Richtungen in der Psychologie ist allerdings ein Bemühen unverkennbar, dies ausschließlich kognitiv zu interpretieren, d. h. – überspitzt ausgedrückt – den Menschen als programmierten Computer zu interpretieren, der seinen subjektiven Nutzen zu maximieren oder – bei anderer Zielgröße – ein optimiertes kognitives Gleichgewicht zu sichern sucht. Damit „erscheint dieses Menschenbild reichlich kopflastig" (Bischof – Köhler, 1985, S. 3). Man würde die kognitiv orientierten Prozeßtheorien wohl auch überinterpretieren oder gar fehlinterpretieren, wenn man voraussetzte, daß es ihr Ziel sei, Schritt für Schritt abzubilden, was in einem Menschen abläuft, der vor einer Handlung steht. Befragungen (vgl. z. B. v. Rosenstiel et al 1986) zeigen, daß die Entscheidungsprozesse häufig wenig reflektiert sind, kaum geordnet ablaufen und stärker als emotionales Schwanken, Zaudern und gelegentlich plötzliches Festlegen erlebt werden (vgl. Thomae, 1960) und nur selten als ein rationales Kalkül. Auf der anderen Seite läßt sich kaum bestreiten, daß die theoretischen Ansätze einen beträchtlichen Wert haben, wenn es um die Verhaltensprognose geht. Offensichtlich sind kalulatorische Komponenten innerhalb des wenig reflektierten Prozesses enthalten, die schließlich zu Ergebnissen führen, die häufig dem entsprechen, was man aus dem Modell ableiten würde. Die Konzeption der meisten

Prozeßtheorien ist dennoch für das Verständnis motivierten Verhaltens gefährlich, da sie den Blick des Forschers vom Unreflektierten, Spontanen, Schwankenden ablenken und den Eindruck hervorrufen können, motiviertes Handeln werde tatsächlich so rational vorbereitet, wie es die Konzepte glauben machen wollen. Dies wäre einer Wiedergeburt des „homo oeconomicus", der in den Wirtschaftswissenschaften überwunden scheint, innerhalb der Psychologie.

Daß die Prozeßtheorien im Detail Kritik verdienen, was z. B. die Konzeption ihrer Elemente, ihre häufige multiplikative Verbindung etc. betrifft, war bereits erwähnt worden.

## 7 Gemischte Ansätze

Beschäftigt man sich mit der Motivation, so gilt es Ziel und Weg zum Ziel voneinander zu unterscheiden. Es gibt eine Vielzahl theoretischer Entwürfe, die sich in erster Linie dem Inhalt dessen zuwenden, was angestrebt wird, dem Ziel. Sie wurden in Abschnitt 5 als Inhaltstheorien an ausgewählten Beispielen skizziert. Ihnen stehen theoretische Konzepte gegenüber, bei denen vom Inhalt des Zieles weitgehend abgesehen wird und bei denen das Interesse sich fast ausschließlich auf den Weg zum Ziel richtet. Sie wurden als sog. Prozeßtheorien im 6. Abschnitt exemplarisch behandelt. Es ist nun unmittelbar einleuchtend, sich nach theoretischen Ansätzen umzusehen, die gleichermaßen Ziel und Weg zu fassen suchen. Letztlich gehört das unter 5.1. 7 vorgestellte kybernetische Modell sozialer Motivation von Bischof dazu; da allerdings hier der Weg zum Ziel nicht im Sinne einer kognitiven Antriebsregulation analysiert wird, Prozeßtheorien aber nach allgemeinem Verständnis den kognitiven Ansätzen zuzuzählen sind, wurde dieses Modell unter den Inhaltstheorien abgehandelt.

An zwei Beispielen, die für menschliches Arbeitsverhalten relevant erscheinen, sollen theoretische Ansätze knapp vorgestellt werden, in denen Ziel und Weg zum Ziel erfaßt werden.

### 7.1 Leistungsmotivation

Nur wenige Motive haben als inhaltlich umschriebene Ziele so hohe wissenschaftliche Beachtung gefunden, wie das Leistungsmotiv. Pionierarbeit auf diesem Gebiete leisteten Atkinson (1953), McClelland et al (1953) und Heckhausen (1965). Das hohe Interesse der Wissenschaft gerade am Leistungsmotiv überrascht nicht, ist doch die Aktivierung dieses Motivs innerhalb einer Leistungsgesellschaft (McClelland, 1966) von hoher Bedeutung, da nach Auffassung vieler Wohlstand und Wachstum wesentlich davon abhängen, ob diese Aktivierung in adäquater Weise gelingt.

Leistungsmotivation wird häufig als ein Bestreben des Individuums verstanden, seine Tüchtigkeit in allen jenen Tätigkeiten zu steigern oder möglichst hoch zu halten, in denen man einen Gütemaßstab für verbindlich hält und deren Ausführung deshalb gelingen oder mißlingen kann (vgl. McClelland et al, 1953; Heckhausen, 1965). Der Gütemaßstab ist erfahrungsbedingt; er bildet sich insbesondere im Zuge der Sozialisationsgeschichte innerhalb des ersten Lebensjahrzehntes (vgl. Winterbottom, 1958) und ist mitbestimmt von der Erfahrung, daß Belohnung für Leistung von der investierten Anstrengung abhängig ist. Der Gütemaßstab muß dann auch vor dem Hintergrund gesehen werden, daß das Erreichen des sehr Leichten, nicht als Erfolg, das Mißlingen des sehr Schweren nicht als Mißerfolg erlebt wird. Negative Affekte, die von der Leistungsmotivation bestimmtes Verhalten auslöst, ergeben sich, wenn das Individuum wahrnimmt, daß die erbrachten Leistungen eine erhebliche Distanz zum Gütemaßstab zeigen.

Das Leistungsmotiv – als früh erworbener, dann aber relativ stabiler Persönlichkeitszug – ist nicht nur in seiner quantitativen Ausprägung, sondern auch qualitativ von Person zu Person verschieden, wobei – sieht man auf die Extrempunkte – Furcht vor Mißerfolg (FM) und Hoffnung auf Erfolg (HE) voneinander abgehoben werden können. Verhaltensbeobachtungen zeigen dabei, daß durch Furcht vor Mißerfolg gekennzeichnete Personen zur Wahl extremer Schwierigkeitsgrade neigen, d. h. durch leicht zu erfüllende Aufgaben Mißerfolgserlebnisse unwahrscheinlich machen oder durch sehr schwere Aufgaben „die Ausrede" für ihr Scheitern in den Handlungsvollzug integrieren. Während bei Personen, die durch Hoffnung auf Erfolg gekennzeichnet sind, eine Bevorzugung des mittleren Schwierigkeitsniveaus, zu beobachten ist.

Atkionson hat sich bemüht, die Leitungsmotivationstheorie bei Berücksichtigung von Hoffnung auf Erfolg und Furcht vor Mißerfolg mathematisch zu formulieren. Dabei ist die aktualisierte Erfolgsmotivation

$T_e$ = $M_e \times A_e \times W_e$, wobei $A_e = 1 - W_e$ ($A_e$ und $W_e$ Verhalten sich also kom-
= plementär zueinander)
$T_e$ = aktualisierte Tendenz, Erfolg anzustreben (Hoffnung auf Erfolg)
$M_e$ = überdauerndes Motiv, Erfolg anzustreben
$A_e$ = Anreiz des Ziels, Erfolg zu erreichen
$W_e$ = subjektive Wahrscheinlichkeit, das Ziel zu erreichen.

Die Mißerfolgsmotivation ergibt sich dagegen wie folgt:

$T_m = M_m \times A_m \times W_m$, wobei $A_m = -W_e$ und $W_m = 1 - W_e$
$T_m$ = aktualisierte Tendenz, Mißerfolg zu vermeiden
$M_m$ = überdauerndes Motiv, Mißerfolg zu vermeiden
$A_m$ = Anreiz des Ziels, Mißerfolg zu vermeiden
$W_m$ = subjektive Wahrscheinlichkeit des Mißerfolgs.

Es läßt sich ableiten, daß je nach Ausprägung der überdauernden Motivstruktur des einzelnen ein unterschiedlicher Anreizwert der Aufgaben in Abhängigkeit von der subjektiven Erfolgswahrscheinlichkeit entsteht, was dann die Wahl der Aufgabenschwierigkeit – wie zuvor beschrieben – bestimmt.

Erfolgs- und Mißerfolgsmotive sind in der Regel nicht rein ausgeprägt, sondern treten gemischt auf. Daraus ergibt sich eine resultierende Tendenz zum leistungsmotivierten Verhalten ($T_r$) die wie folgt berechnet wird:

$$T_r = (M_e \times A_e \times W_e) - (M_m \times A_m \times W_m)$$

Zur Leistungsmotivation liegt eine sehr umfangreiche empirische Forschung vor (vgl. Heckhausen 1965, 1980). Dabei wurden nicht nur in beachtlichem Umfang experimentelle Studien durchgeführt, die zu einer zunehmenden Differenzierung und Verfeinerung des theoretischen Ansatzes führten, sondern auch Untersuchungen über die Ausprägung und Ausbildung des Leistungsmotivs in verschiedenen Erziehungssystemen mit dem Ziel, wirtschaftliches Wachstum in verschiedenen Staaten zu erklären (McClelland, 1966) oder die sich bemühten, durch gezielte Modifikation des Leistungsmotivs Leistungsverhalten zu intensivieren (vgl. Kolb, 1965; McClelland und Winter, 1969; Krug, 1976).

## 7.2 Das Konzept des Motivationspotentials

Die Arbeitspsychologen Hackman und Oldham (1974) entwickelten ein Motivationsmodell, dem offenkundig ein humanistisches Menschenbild (vgl. Maslow, 1954; McGregor, 1970) zugrunde liegt. Die anwendungsbezogene Leitidee des Konzeptes liegt darin, jene Komponenten inhaltlich zu bestimmen und zu kombinieren, deren Auftreten innerhalb des Arbeitsvollzuges eine intrinsische Arbeitsmotivation sichert. Als Ziel kann innerhalb dieses Konzepts darf die intrinsische Motivation gelten, als Weg zum Ziel die Kombination bestimmter Bedingungen bei der Arbeit, die zum gewünschten Ergebnis (Ziel) führen. Der Ansatz kann entsprechend als anreiztheoretisch (vgl. Neuberger, 1974) interpretiert werden. Er unterscheidet sich damit von den zuvor genannten, bei denen zunächst das Ziel, der angestrebte konsummatorische Akt, im Vordergrund steht und sodann der Weg zum Ziel erkundet wird.

Das Motivationspotential bei Hackman und Oldham errechnet sich wie folgt:

$$\text{Motivationspotential} = \frac{\text{Vielfältigkeit} + \text{Identität} + \text{Aufgabensignifikanz}}{3} \times \text{Autonomie} \times \text{Feed-back durch die Aufgabe}$$

Man erkennt, daß der Grad des Motivationspotentials von der Vielseitigkeit der Tätigkeit, ihrer Ganzheitlichkeit und der erlebten Bedeutung der Aufgabe abhängt, sowie vom Dispositionsspielraum im Sinne von Autonomie oder Delegationsbereich und schließlich von der Selbstkontrolle beim Arbeitsvollzug. Damit ist unverkennbar, daß ein von der humanistischen Psychologie geprägtes Menschenbild, das von der Tendenz zur Selbstverwirklichung des einzelnen ausgeht, bei diesem Konzept Pate stand, woraus sich auch die Nähe zu jenen normativen Konzepten ergibt, die innerhalb der Diskussion um die Humanisierung der Arbeit (vgl. v. Rosenstiel und Weinkamm, 1980) die Zielrichtung wesentlich bestimmten.

### 7.3 Kritik der Ansätze

Das Bemühen, Ziel und Weg zum Ziel innerhalb eines Modells zu fassen, findet kaum grundsätzliche Kritik; es muß im Gegenteil als sinnvolles Bemühen auf dem Weg zu einem umfassenderen Modell gewürdigt werden. Spezifisch das Konzept der Leistungsmotivation und das des Motivationspotentials fanden eher Kritik unter der inhaltlichen Perspektive, daß die Konzepte zu „individualistisch" und zu „psychologisch" seien. Individuelle Leistung einerseits, Vielseitigkeit der Tätigkeit, ihrer Ganzheitlichkeit und ihre Bedeutung, individueller Dispositionsspielraum und Möglichkeiten zur Selbstkontrolle sind in starkem Maße von gesellschaftlichen Bedingungen und spezifischen Sozialisationsprozessen abhängig, so daß die Konzepte implizit stark in der Ideologie des Mittelstandes westlicher Industrienationen verankert sind und kaum generalisiert werden dürfen.

## 8 Ansätze zum Handeln

Innerhalb eines Motivationsmanagements interessiert stärker die Perspektive der Nützlichkeit als die der Wahrheit (vgl. Irle, 1975; Herrmann, 1979; v. Rosenstiel, 1980). Die Motivationspsychologie als Konzept der anwendungsorientierten Forschung soll Wege aufweisen, die Hilfe beim Führungshandeln bieten, insbesondere wenn es darum geht, Geführte „zu motivieren".

### 8.1 Die Perspektive wissenschaftlich orientierten Anwendungshandelns

Auch ein verhaltenswissenschaftlicher Laie kann in einer Führungsposition mit Sensibilität, Intuition und reflektierter Erfahrung erfolgreiches Motivationsmanagement betreiben ohne im geringsten von Konzepten und Untersuchungsergebnissen der Motivationsforschung Kenntnis zu haben. Er wirkt dann – im Alltagssinne – als praktischer Psychologe (vgl. v. Rosenstiel, 1980). Allerdings ist sein Vorgehen kaum lehr- und lernbar. Es ist im einzelnen schwer zu begründen und kann in diesem Sinne auch kaum an andere weitergegeben werden. Stützt sich Management dagegen auf Ergebnisse der Grundlagenforschung oder anwendungsorientierter Wissenschaft, versteht es sich also als ein wissenschaftlich orientiertes Anwendungshandeln, so sind Systematik des Vorgehens und Beachtung von Regeln auch dann zu vermitteln, wenn es darum geht, Mitarbeiter zu motivieren.

Für ein derartiges Handeln, (vgl. Schneewind, 1973) lassen sich in sinnvoller Weise zeitlich aufeinanderfolgende Stufen benennen:

- Beschreibung und Erklärung des Ist-Zustandes: Diagnose.
- Festlegung des Soll- oder Zielzustandes bei Reflexion der dabei auftretenden Wertprobleme.
- Bereitstellung von Veränderungswissen (vgl. Kaminski 1970), das Informatio-

nen darüber enthält, wie man wissenschaftlich begründet vom vorgefundenen Ist- zum angestrebten Sollzustand gelangt.

- Interventionshandeln im Sinne des Veränderungswissens.
- Evaluation bzw. Kontrolle der eingeleiteten Maßnahmen.

Geht es um Motivationsmanagement, so sollte der soeben beschriebene Prozeß stets berücksichtigen, daß sich Motivation ergibt aus dem Zusammenspiel einer motivierten Person mit einer motivierenden Situation (vgl. Graumann, 1969) d. h. man muß sich bei der Beschreibung des Ist-Zustandes, bei der Zielfestlegung, der wissenschaftlich begründeten Intervention jeweils auf die Person und die umgebende Situation beziehen.

## 8.2 Feststellung des Ist-Zustandes: Diagnose

Motivation ergibt sich stets – dies hatten wir ausgeführt – aus dem Zusammenspiel von motivierter Person und motivierender Situation. Will man auf die Motivation Einfluß nehmen, sie also modifizieren, so ist zunächst zu ermitteln, was verändert werden soll. Dabei hat die Feststellung des Ist-Zustandes entsprechend sowohl die Person in der Organisation, als auch die Organisation, in der die Personen sich befinden, zu umfassen.

### 8.2.1 Die Diagnose der motivierten Person

Innerhalb der Psychologie gibt es eine Vielzahl von wissenschaftlich fundierten Ansätzen zur Motivationsmessung (vgl. Graumann 1965; Heckhausen 1980), deren Wert in der Grundlagenforschung hoch ist, die allerdings in der Praxis kaum eingesetzt werden können, da sie zum Teil lediglich in der Laborforschung jedoch nicht in der betrieblichen Realität einsetzbar sind, zum Teil die Fachkompetenz eines psychologisch nicht geschulten Managers übersteigen oder aber aus ethischen oder rechtlichen Gründen einem Mitarbeiter, dessen Motive interessieren, nicht zugemutet werden können. Es gibt weiterhin eine Vielzahl für die Praxis konstruierter Verfahren, meist Fragebogenverfahren, die allerdings ihre Bedeutung fast nur im Zuge personeller Entscheidungen (vgl. Reber, 1979) haben, z. B. wenn es um Einstellung oder Versetzung geht und die dann von Betriebspsychologen, professionellen Personalberatern oder der Personalabteilung eingesetzt, ausgewertet und interpretiert werden sollten (vgl. zusammenfassend von Rosenstiel, 1979). In der Praxis des „Führungsgeschäftes" kommt ihnen untergeordnete Bedeutung zu, weshalb hier eine Beschränkung auf jene diagnostische Verfahren erfolgen soll, die in der Hand des fachpsychologisch ungeschulten Managers nützlich erscheinen. Es handelt sich dabei um

- das Gespräch
- die Verhaltensbeobachtung
- die Analyse von Verhaltensergebnissen

*8.2.1.1 Das Gespräch*

Die Frage nach der Motivation ist die Frage nach dem Warum menschlichen Verhaltens (vgl. Thomae, 1965). Will man erfahren, was einen Mitarbeiter bei seiner Arbeit befriedigt, was ihn enttäuscht, welche Hoffnungen und Befürchtungen ihn in Bezug auf seine berufliche Zukunft bewegen, so wird man das Gespräch mit ihm suchen (vgl. Neuberger, 1980, 1984). Dabei kommt innerhalb des Gesprächs der Frage – direkt gestellt oder indirekt implizit im Gesprächsverlauf liegend – eine entscheidende Rolle zu.

Die Frage z. B.: „Welche Aufgaben würden Sie gerne übernehmen"? löst beim Befragten Introspektion oder Innenschau aus. Gefühle, die dadurch zu Bewußtsein kommen, Motive, die aktiviert werden, Einstellungen, die reflektiert werden, Wissen, das man abruft, verdichten sich zur Antwort. Dabei allerdings werden – das zählt zu den vieldiskutierten Schwierigkeiten des Gesprächs – jene Probleme berührt, die im Rahmen der Kommunikationsforschung (Lerg, 1970) und in der Interviewforschung (vgl. Scheuch, 1967) problematisiert werden. So kann z. B. aus vielerlei Gründen – die in der Formulierung, in der Wortwahl, in der Vorgeschichte oder im situativen Umfeld liegen – die Frage vom Befragten mißverstanden oder dessen Antwort vom Fragenden fehlinterpretiert werden.

Grundsätzlich sollte die Antwort auf eine Frage – oder allgemeiner ein ganzes Gespräch – skeptisch beurteilt werden. Zumindest sollte der Fragende, der ja ihre Validität entscheidend mitbestimmt, bedenken, daß die Validität einer Antwort dadurch eingeschränkt sein kann, daß der Befragte

- nicht zutreffend antworten kann,
- nicht zutreffend antworten will.

Gerade wenn es um die Frage nach dem Warum des Verhaltens geht, ist das Können z. B. dadurch eingeschränkt, daß die Frage nicht adäquat verstanden wurde, weil sie z. B. zu anspruchsvoll formuliert war, daß die Antwort deshalb nicht gegeben wird, weil die bewußt werdende richtige Antwort nicht in die adäquaten Worte gefaßt werden kann (z. B.: auf die Frage nach dem Leistungsrückgang würde ein sprachlich wenig geschulter Mitarbeiter gerne auf die Enttäuschungen eingehen, die das berufliche Leben ihm bereitet hat. Da er die adäquaten Worte nicht findet, verweist er jedoch lediglich auf seine Unzufriedenheit mit der Bezahlung). Unzureichend oder unadäquat beantwortet wird die Frage nach der Motivation allerdings auch dann, wenn verhaltensbestimmende Motive dem Befragten nicht oder nur teilweise bewußt sind. Seine Antwort – die möglicherweise geleitet von der subjektiven Überzeugung, vollständig und wahrheitsgemäß geantwortet zu haben, gegeben wurde – wird dann zu einer Rationalisierung (vgl. A. Freud 1936).

Nicht selten allerdings will der Befragte auch die „Wahrheit" nicht sagen, d. h. er verweigert die Antwort auf eine Frage oder antwortet bewußt unvollständig oder falsch. Dies wird spezifisch dann der Fall sein, wenn der Befragte vermutet, mit einer vollständigen und zutreffenden Antwort seiner eigenen Interessenlage zu schaden. So dürfte es nur allzu plausibel sein, wenn in einem Bewerbungsgespräch jemand, der in die öffentliche Verwaltung eintritt auf die Frage, ob er gerne mit Akten arbeite, mit ja antwortet, auch wenn dies seine Motivationslage nicht adäquat widerspiegelt. Die hier angesprochene Problematik, die in abgeschwächter Form in der Tendenz deutlich wird, durch seine Aussagen bei anderen „einen guten Eindruck" zu machen, wird als „Tendenz zur sozialer Erwünschtheit" bezeichnet (vgl. Edwards, 1957); sie reduziert die Validität von Persönlichkeitsfragebogen und belastet vielfach auch ein Gespräch in der Praxis.

Problematisch ist auch der Versuch, Wissen über die Motive eines Menschen im Gespräch mit Dritten zu erkunden. Hier bleibt häufig gänzlich ungeprüft, wie dieser Dritte sein Wissen erworben hat; es kann zudem das Vertrauensverhältnis zwischen Führenden und Geführten erheblich beeinträchtigen, wenn sich herumspricht, daß der Führende sein Wissen auf indirektem Wege zu gewinnen sucht.

Trotz dieser Probleme ist das Gespräch – die Frage – in der Praxis wohl der bedeutendste Weg, etwas über die Motivation von Mitarbeitern zu erfahren. Die angesprochenen Validitätsprobleme sollten allerdings zur Vorsicht mahnen. Was man gehört und interpretativ bereits erschlossen hat, kann trotz des Erlebens subjektiver Evidenz falsch sein. Das Gespräch kann daher nur zu begründeten Hypothesen führen; sie sollten auf andere Weise überprüft werden.

### *8.2.1.2 Verhaltensbeobachtung*

Motivation ist nicht unmittelbar beobachtbar. Aus dem Verhalten eines Menschen kann jedoch auf die diesem Verhalten zugrundeliegenden Motive geschlossen werden. Da Verhalten grundsätzlich mehreren Beobachtern zugänglich ist, erscheint die Methode auch auf ihre Objektivität hin überprüfbar.

Die Forschung zeigte allerdings, daß allein schon die Registrierung offenen Verhaltens eine wenig objektive und zuverlässige Vorgehensweise ist (vgl. Kaminski, 1959; Brandstätter, 1970; Schuler, 1978). Noch größer werden die Schwierigkeiten, wenn man vom beobachteten Verhalten auf dahinterstehende Motivationen des Handelnden schließen möchte. So besteht häufig die Gefahr, daß der Interpretierende unkritisch von sich auf andere schließt (vgl. Lersch, 1956), was spezifisch dann zum Problem wird, wenn er die Sozialisationsgeschichte des Beobachteten oder die aktuelle Vorgeschichte der beobachteten Episode nicht kennt oder wenn er einen Menschen beobachtet, der einem anderen Norm- und Kulturraum entstammt.

Die hier angedeuteten Probleme sollten nicht zu einem Verzicht auf die Verhaltensbeobachtung in der Praxis führen. Die Interpretationen dieses Verhaltens allerdings sollten mit Vorsicht erfolgen; die Schlüsse, zu denen man kam, sind als Hypothesen zu interpretieren. Das sei am Beispiel erläutert. Wenn man beobachtet, daß ein Mitarbeiter häufig zu spät kommt, daraus schließt, daß er vermutlich private, häusliche Probleme hat, so sollte man diese Hypothese in einem Gespräch zu überprüfen suchen. Es könnte sich dann etwas überraschend, zeigen, daß diese Vermutung irrig war, Abwehrtendenzen des beobachtenden Vorgesetzten selbst entsprungen ist, da möglicherweise das Zuspätkommen seinen zentralen Grund in einer aktuellen Arbeitsunzufriedenheit des Beobachteten hat.

### *8.2.1.3 Analyse von Verhaltensergebnissen*

„An ihren Früchten sollt ihr sie erkennen" heißt es in der Bibel. Tatsächlich wird man auch in einer Organisation versuchen, aus Objektivationen auf das Verhalten zu schließen, das zu ihnen führte und sodann in einem zweiten Schritt die Motive dieses Verhaltens zu erschließen suchen. Auch die mit diesem Vorgehen verbundenen Probleme sind offenkundig: Die implizite Theorie (vgl. Brandstätter 1970), die hinter dem Schluß vom Verhaltensergebnis auf die Person steht, ist meist unüberprüft (spricht ein überladener, „chaotischer" Schreibtisch eher für Schlamperei oder für Genialität?). Es ist außerdem den Verhaltensergebnissen selten anzusehen, ob sie stärker person- oder situationsbedingt sind. Selbst wenn sich klären läßt, daß der situative Einfluß relativ vernachlässigt werden kann, bleibt offen, welche Vorgeschichte das Verhalten bestimmte, das zum beobachtbaren Ergebnis führte, so daß es sich empfiehlt, auch Verhaltensergebnisse nur in Kombination mit anderen Methoden als Diagnostikum zu verwenden. Fällt einem ein Verhaltensergebnis auf, so gilt künftig zu beobachten, welche Verhaltensweisen denn konkret dazu führen, oder aber es ist zu empfehlen, in einem Gespräch zu klären, wie es denn zum beobachteten Ergebnis kam, damit die Interpretation weniger fehlerbelastet ist.

Zu warnen ist in der Praxis vor der Nutzung beobachteter physiologischer Indikatoren oder gar von Organeigentümlichkeiten der Person. Zwar ist die Aktivierung von Motiven stets mit Erregung verbunden (Birbaumer, 1975), was sich unter bestimmten Umständen im Erröten, Bleichwerden, Zittern etc. der Person zeigt. Dies allerdings weist lediglich auf Erregung hin und sagt nichts über deren Ursache. Noch problematischer ist – trotz gewichtiger Forschung auf diesem Gebiet (z. B. Kretschmer, 1959) – die Interpretation von Organeigentümlichkeiten, da auf diesem Feld in der Praxis Vorurteile überwiegen (vgl. von Rosenstiel, 1975). Schlüsse von der Form des Ohrläppchens auf die Ehrlichkeit, von der Ausprägung des Kinnes auf die Willenskraft, von der Lippenform auf die Entscheidungsfreude etc. sind wissenschaftlich unbegründet und gehören vermutlich in das Feld der Vorurteilsforschung.

### 8.2.2 Die Diagnose der motivierenden Situation

In zweifacher Hinsicht kann die Situation für die Motivation der Person bzw. ganzer Personengruppen wichtig werden. Als Anreizsituation (vgl. von Rosenstiel, 1975) kann sie mehr oder weniger dafür geeignet sein, latente aber potentiell für das Arbeitsverhalten relevante Motive zu aktivieren; als sozialisierende Bedingung kann sie die Ausbildung bestimmter sekundärer Motive, die für das Verhalten im Betrieb bedeutsam erscheinen, behindern oder befördern. Dies gilt im negativem Sinne z. B. dann, wenn durch zentralisierte Entscheidungsverfahren, autoritäre Führung und geringen Handlungsspielraum (vgl. Ulich et al., 1973) bei der Arbeit die Herausbildung eines Bedürfnisses nach Autonomie und Selbständigkeit behindert wird.

Zur Diagnostik der Situation in der Organisation gibt es eine recht große Zahl fundierter Verfahren (vgl. Hoyos, 1974; Frieling, 1975, 1978; Brandstätter, 1978; Seifert, 1978; Dürholt et al., 1983; Karg und Stähle, 1982). Die meisten dieser Verfahren sind allerdings kaum spezifisch darauf bezogen, die Bedingungen der Situation unter dem Aspekt zu erfassen, ob sie Motive langfristig prägen oder kurzfristig aktivieren können. Geht es um diese Thematik, so sollte man in aller Regel bei der diagnostischen Vorgehensweise das Gewicht nicht so sehr darauf legen, daß die Situation objektiv erfaßt wird sondern darauf, ihre Widerspiegelung, ihre Redefinition (vgl. Hackman, 1969) im Bewußtsein der Betroffenen zu erkunden. Verfahren, die in diesem Sinne als „subjektive Verfahren" (Mittenecker, 1964) zu kennzeichnen sind, erscheinen deshalb besonders wichtig. Es kann sich dabei um unstandardisierte, halbstandardisierte oder standardisierte Verfahren handeln.

Unstandardisiert wären z. B. Gespräche mit Stelleninhabern über ihre Arbeitssituation oder die durch kein Kategoriensystem begrenzte Beobachtung der Arbeitsbedingungen und -vollzüge (vgl. Frieling, 1975). Ein halbstandardisiertes Verfahren stellt etwa die Befragung von Stelleninhabern mit Hilfe der Methode der kritischen Ereignisse (Flanagan, 1954) dar, wobei als kritische Ereignisse im Zuge der Befragung solche definiert werden können, die vom Befragten im besonderen Maße als „demotivierend" bzw. „motivierend" erlebt worden sind. Dies kann mit Hilfe einer schriftlichen Befragung, es kann aber auch auf andere Weise – z. B. mit Hilfe der Metaplantechnik (vgl. Schnelle, 1966) – erfolgen, bei der im Rahmen eines Gruppentreffens die Mitglieder auf farbigen Karten notieren, was sie als motivierend oder demotivierend erlebt haben. Die auf diese Weise anonymisierten Aussagen können sodann auf großen Pinnwänden zu bestimmten Themenblöcken vereinigt und in der Folge diskutiert werden.

Zu den standardisierten Verfahren gehören vor allem hochstrukturierte Fragebogen, wie sie z. B. im Rahmen von Arbeitszufriedenheits- (vgl. Neuberger und Allerbeck, 1978), Betriebsklima- (vgl. Rosenstiel et al., 1983) oder Organisationsklimauntersuchungen (vgl. Conrad und Sydow, 1984) eingesetzt werden. Für die Diagnostik der motivierenden Situation ist dabei nicht nur die Auswahl des richtigen Verfahrens, sondern ebenfalls der Umgang mit den dadurch gewonnenen Daten bedeutsam. Dies sei am Beispiel zweier Untersuchungsansätze verdeutlicht.

Ein besonders verbreitetes Verfahren zur Erfassung der Arbeitszufriedenheit, der Arbeitsbeschreibungsbogen (ABB) von Neuberger und Allerbeck (1978), versteht Arbeitszufriedenheit als Einstellung zu verschiedenen Aspekten der Arbeit und mißt diese mit Hilfe sprachlich einfach gehaltener Items zu den Bereichen

1. Kollegen
2. Vorgesetzter
3. Tätigkeit
4. Äußere Arbeitsbedingungen
5. Organisation und Leitung
6. Berufliche Weiterentwicklung
7. Bezahlung
8. Arbeitszeit

9. Arbeitsplatzsicherheit
10. Arbeit insgesamt
11. Leben insgesamt

Damit ist der inhaltliche Ansatz breit. Die meisten wichtig erscheinenden Aspekte der Arbeitssituation werden abgebildet.

Der Betriebsklima-Erhebungsbogen von v. Rosenstiel et al. (1983) fragt nicht den einzelnen nach seinem Arbeitsplatz, sondern erfaßt die Wahrnehmung und Bewertung bestimmter Aspekte des Betriebs auf Belegschaftsebene. Dabei geht es um

1. Das allgemeine Bild des Betriebes
2. Die Kollegen
3. Die Vorgesetzten
4. Die Organisation
5. Information und Mitsprache
6. Die Interessenvertretung und
7. Die betrieblichen Leistungen.

Da beide Verfahren in der Praxis vielfältig eingesetzt wurden, liegen Erfahrungen – zu Normwerten verdichtet – vor, so daß für Arbeitsgruppen, Abteilungen, Werke oder Unternehmen differenziert darüber Auskunft gegeben werden kann, ob die Arbeitszufriedenheit bzw. das Betriebsklima über oder unter dem statistischen Durchschnitt liegt.

Für eine konkrete Diagnostik der jeweils unterschiedlich motivierenden oder demotivierenden Situation kann man dabei nicht stehen bleiben. Hier gilt es, im Sinne der Survey-Feeback-Technik (Bowers, 1973; Sievers, 1977, Gebert und v. Rosenstiel, 1981; v. Rosenstiel, 1983) die Befragungsdaten jenen in „Work-Shop"-ähnlichen Seminaren zurückzuspielen, die sie geliefert haben. In fachkundig moderierten Gesprächen läßt sich dann konkretisieren, wie sich die Situation in ihrer motivierenden oder demotivierenden Wirkungen konkret darstellt und was vermutlich die Ursachen dafür sind. Derartige gemeinsame Diagnosestellung leitet nicht selten unmittelbar in die Intervention, in das eingreifende Handeln über.

## 8.3 Die Konzeptualisierung des Soll-Zustandes

Die Beeinflussung der motivierten Person und die Gestaltung der motivierenden Situation haben zum Ziel, menschliches Erleben und Verhalten zu beeinflussen, um möglicherweise dadurch wiederum objektivierbare Verhaltensergebnisse wie z. B. Umsatz, Rendite, Marktanteil etc. zu verbessern. Motivationsmanagement ist damit konkrete Machtausübung, wobei in der Regel die Chance dafür mit der Hierarchie positiv korreliert. Meist ist in hierarchisch organisierten Betrieben unseres Wirtschaftssystems im Rahmen der übergeordneten Rechtsordnung diese Macht legitim; dennoch berührt die Frage nach den Wegen und Zielen des Motivationsmanagements auch fundamentale wirtschaftsethische Fragen (Nell-Breuning, 1968; Noelle-Neumann und Strümpel, 1984). Die Ziele einer derartigen Beeinflussungsstrategie wird man kaum von außen vorschreiben dürfen. Dies ist in unserer Gesellschaft in übergeordnetem Sinne durch die Menschenrechte und das Grundgesetz geregelt und im Detail – mehr oder weniger reflektiert – durch unternehmenspolitisch fundierte Zielsysteme und Führungsgrundsätze konkretisiert. Dennoch sollte derjenige, in dessen Hände die Macht zum Motivationsmanagement gelegt ist, sich der Verantwortung bewußt sein, die er damit übernommen hat. Er sollte sich fragen, ob es angesichts der im Grundgesetz verankerten Unantastbarkeit der Würde des Menschen gerechtfertigt erscheint, diesen zu dem Zweck zu instrumentieren, daß Leistung, wie immer dies auch bestimmt sein soll, maximiert wird. Leistung ist ja kein Selbstzweck, sondern dient der Bedürfnisbefriedigung menschlicher Gesellschaft. Es wäre paradox, wenn dies dadurch gewährleistet würde, daß andere in ihrer Bedürfnisbefriedigung nachhaltig behindert werden. Es gilt, auf die Bedürfnisbefriedigung durch die Organisation (Leistung) und in der Organisation (z. B. Arbeitszufriedenheit, Entfaltungschancen) zu achten. Eines der Dilemmata der Führung (Neuberger, 1983) besteht darin, im Rahmen eines adäquaten Motivationsmanagements hier den Ausgleich zu finden. Wie immer aber der einzelne sich in der Zielgewichtung hier entscheidet; er sollte die Ziele reflektieren, bevor er handelt.

Aber nicht nur die Ziele, auch die Wege zu den Zielen bedürfen der ethisch geleiteten Reflexion. Die Einwirkung auf die Motivation anderer Menschen ist Beeinflussung, ausgeübte Macht; wenn sie gut legitimiert erscheint, sollte sie auch offen erfolgen. Nicht selten aber wird auf diesem Gebiet mit verschleiernden, für den Betroffenen kaum durchschaubaren Methoden gearbeitet. Motivationsmanagement wird dann zur Manipulation. Manipulation ist dann gegeben, wenn

- der Beeinflussende im Sinne seines Vorteils handelt,
- dabei den Vorteil des Beeinflußten nicht reflektiert oder gar dessen Nachteil billigend in Kauf nimmt,
- Methoden verwendet, die vom Beeinflußten kaum durchschaut werden können und
- diesem dabei das Gefühl läßt, frei und unbeeinflußt zu handeln (vgl. v. Rosenstiel und Neumann, 1982).

In welch starkem Maße Führungskräfte gerade im Motivationsmanagement Wege suchen, Mitarbeiter auf eine Weise zu aktivieren, die undurchschaubar und – vielleicht gerade deshalb – besonders wirksam ist, hat erst jüngst Schönhammer, 1985 a, 1985 b) gezeigt.

## 8.4 Veränderungswissen und Handlung

Intuitiv und ohne Reflexion kann ein Führender seine Mitarbeiter gelegentlich zu hohen Leistungen motivieren. Fragt man ihn allerdings, was er in diesem Zusammenhang bewußt gemacht hat, so wird er eine befriedigende Antwort schuldig bleiben. Wissenschaftlich fundiertes Motivationsmanagement ruht dagegen auf reflektiertem Veränderungswissen (vgl. Kaminski, 1970) auf. Der Handelnde weiß auf Grund relativ gesicherter Forschungsergebnisse was er tut, um ein bestimmtes Ergebnis zu erzielen. Dieses Wissen leitet ihn sodann beim Handeln. Die zuvor skizzierten Motivationstheorien können Bausteine eines solchen Veränderungswissens sein, das innerhalb eines Motivationsmanagements zum Einsatz gelangt.

Fragen wir zunächst, welche Hilfe uns die verschiedenen inhaltstheoretischen Ansätze der Motivation bieten.

Es ist offensichtlich, daß die begrenzte Zahl der inhaltlich voneinander abgehobenen Motive, die in den Inhaltstheorien genannt werden, als Klassifikationshilfen auf relativ hohem Abstraktionsniveau zu gelten haben und daß sie auf Motivziele im Sinne von Orientierungen hinweisen, die entweder angeboren oder als früh erworben zu gelten haben. Selbstverständlich würde wohl Alderfer (1969) niemals behaupten, daß alle Motivation sich aus der Legierung von Grundbedürfnissen, Kontaktbedürfnissen und Entfaltungsbedürfnissen erklärt, wenn er nicht zumindest implizit die weitere Ausdifferenzierung dieser Motivgruppen mitdenken würde. Tatsächlich heißt ja – bezogen auf die Motivorientierung – Motivationsmanagement zweierlei:

1. Langfristig soll durch Sozialmachung (vgl. Fend, 1969) die Motivausstattung des Menschen so differenziert und überformt werden, daß dies mit den Anforderungen der Kultur – in diesem Zusammenhang: der Arbeitsorganisation – gut korrespondiert. Es geht also um die Herausbildung gelernter d. h. sekundärer Motive.
2. Kurzfristig sollen Motive – seien sie nun angeboren oder erworben – durch Anreizgestaltung so aktiviert werden, daß dadurch das gewünschte Verhalten in Gang gesetzt oder noch intensiviert wird.

Kommen wir nun zum erstgenannten Aspekt, der Herausbildung oder Überformung von Motivorientierungen, der Genese sekundärer Motivation. Der Mensch kommt mit einer begrenzten Anzahl angeborener Motive zur Welt, die im Dienste der Selbst- und Arterhaltung stehen und die in den verschiedenen Inhaltstheorien – wenn auch bei unterschiedlicher Klassifikation – angesprochen werden. Die Motivstruktur, die wir beim Erwachsenen finden, ist von dieser ursprünglichen Ausstattung unterschieden und durch einen Lernprozeß überformt.

Phänomenologisch zeigt sich beim Menschen das Lernen neuer Motive meist darin, daß ein ursprünglich wenig differenziertes Motiv sich spezialisierte oder daß ein Mittel zum Erreichen bestimmter Motivbefriedigungen zum Selbstzweck, d. h. zum sekundären Motiv wurde. So kann aus dem sicherlich angeborenen Bedürfnis nach Aktivität das spezialisierte Motiv werden, diese Aktivität in ganz bestimmte Bahnen zu lenken d. h. an bestimmten Aufgaben zu arbeiten. Das ließe sich lerntheoretisch z. B. dadurch erklären, daß die Aufgabenerfüllung als Befriedigung des Bedürfnisses nach Aktivität erlebt wird und zusätzlich sozial – z. B. durch Anerkennung oder andere Belohnungen – verstärkt wird.

Lerntheoretisch ähnlich erklärbar, aber phänomenal anders erscheint jener Fall, in dem ein Mittel zum Zweck schließlich zum Selbstzweck wird. Typisch dafür ist das Bedürfnis nach Geld. Geld ist zunächst ein Mittel zum Zweck der Befriedigung anderer Bedürfnisse. Es wird aber vielfach im Laufe eines Lebens zum

Selbstzweck. Allport (1959) spricht, wenn ein Mittel zum Zweck schließlich zum Selbstzweck wird, von der „funktionalen Autonomie der Motive": „Handwerksgesinnung ist kein Instinkt; sie steht ihm aber so nahe, daß es nicht wundert, daß Veblen sie dafür hielt. Ein Geschäftsmann, der sich seit langem wirtschaftlich gut steht, arbeitet sich krank und sinkt bisweilen in Armut zurück, nur um seine Pläne auszuführen; was einmal Mittel zum Zweck war, wird Leitmotiv." (Allport, 1970, S. 493).

Das Lernen von Motiven ist ein entscheidender Bestandteil des Sozialisationsprozesses (vgl. Secord und Backman 1964). Im Zuge des Motivationsmanagements kann – ausgehend von den in Inhaltstheorien genannten Motiven – dieser Prozeß im Zuge der Sozialwerdung unterstützt werden, wenn z. B. der Vorgesetzte die Überformung angeborener oder vorgeprägter Motive dadurch fördert, daß er bestimmte und erwünschte Weisen befriedigenden Verhaltens besonders belohnt oder durch den Aufbau spezifischer Gewohnheitsbildung (vgl. Hull, 1943) stabilisiert. Was die Umgangssprache dann als „Pflichtbewußtsein", „Fleiß", „Einsatzfreude" etc. als spezifische Arbeitstugenden preist, sind gewiß keine angeborenen Motivorientierungen, sondern im Zuge einer möglicherweise bewußt gestalteten Sozialisation zu sekundären Motiven geworden.

Denkt man nun an die zweite der genannten Perspektiven, an die Aktivierung bereits bestehender Motive. Hierbei ist zu bedenken, daß nicht objektive Situationsmerkmale als Anreiz wirken, sondern in der Regel solche wahrgenommenen Situationsbesonderheiten, die Befriedigung versprechen. In diesem Zusammenhang haben die Inhatlstheorien im Zuge des Motivationsmanagements einen erheblichen heuristischen Wert. Sie können im Sinne einer Checkliste eingesetzt werden, um zu prüfen, welche Mittel ein Betrieb nutzt, um die verschiedenartigen Motive zu aktivieren (vgl. v. Rosenstiel, 1972, 1975). So kann z. B. der Ansatz von Maslow – mag er empirisch auch wenig fundiert erscheinen – ein Hilfsmittel sein um zu prüfen, was im Betrieb getan wird, um solche Anreize zu schaffen, die mit den Grundbedürfnissen, den Sicherheitsbedürfnissen, den Kontaktbedürfnissen, den Ichbedürfnissen und schließlich dem Streben nach Selbstverwirklichung korrespondieren. Man wird dabei rasch auf eine Vielzahl ganz unterschiedlicher denkbarer Maßnahmen stoßen und möglicherweise erkennen, daß man bezogen auf bestimmte Motive – z. B. das Sicherheitsmotiv – eine Auswahl von Maßnahmen entwickelt hat (Alters- und Unfallversicherungen, Arbeitsplatzgarantien, innerbetriebliche Information bezüglich der wirtschaftlichen Sicherheit des Unternehmens bzw.), daß aber im Bezug auf andere Motive – z. B. das der Selbstverwirklichung – nichts unternommen wurde, obwohl hier über Beteiligung an Entscheidungsprozessen, partizipative Führung, Lernstatt- und Organisationsentwicklungskonzepte, betriebliches Vorschlagswesen, Delegation von Verantwortung, Profit-Center-Konzepte erhebliche Gestaltungsreserven bestehen.

Gestaltung von Anreizen, die mit bestimmten Motivorientierungen korrespondieren, sagt noch wenig darüber aus, ob damit die angestrebten Ziele erreicht werden. Wenn – um dies am Beispiel zu verdeutlichen – Kontaktbedürfnis der Mitarbeiter dadurch aktiviert wird, daß Kommunikation am Arbeitsplatz erlaubt und erleichtert wird, so wird dies vermutlich im Regelfall der Arbeitszufriedenheit zugute kommen; es muß jedoch der Leistung keineswegs dienlich sein (vgl. Horsfall und Arensberg, 1949). Es stellt sich also die Frage, wie und auf welchem Wege die Motivbefriedigung erlangt wird. Hier nun bieten die verschiedenen Prozeßtheorien der Motivation ein nützliches Veränderungswissen an. Die Ziele lassen sich dabei als die angestrebten Werte oder Valenzen interpretieren, deren Erreichen zum konsummatorischen Akt wird. Das Verhalten kann unmittelbar an den konsummatorischen Akt geknüpft sein (intrinsische Motivation) oder als der Weg dorthin interpretiert werden (extrinsische Motivation). Dies sei am Beispiel des zuvor bereits erwähnten Wunsches nach Kontakt illustriert: Es wird – u. a. weil es von der Aufgabenstellung her naheliegt – viel Teamarbeit implementiert. Sind Teammitglieder Personen mit hohem Kontaktbedürfnis, so ist die Teamarbeit einerseits dem Erreichen des Sachzieles dienlich, sie befriedigt aber zugleich das Kontaktbedürfnis, das in diesem Falle zum intrinsischen Arbeitsmotiv wird. Wählt man dagegen den Weg, als positive Konsequenz oder Belohnung für hohen Arbeitseinsatz ein gemeinsames Wochenende auf der Berghütte des Unternehmens, so wird Kontaktbedürfnis im Leistungsverhalten nicht unmittelbar befriedigt, sondern das Leistungsverhalten ist extrinsisch motiviert. Die meisten der Prozeßtheorien bieten nun Hilfe an, derartige extrinsische Motivation sachkompetent zu gestalten, indem sie den Blick darauf lenken, die Weg-Ziel-Beziehung genauer zu reflektieren (vgl. Florin und v. Rosenstiel, 1976). Angelehnt an den V-I-E-Ansatz von Vroom (1964) sei das am vereinfachten Beispiel nachvollzogen:

Man stelle sich vor, ein besonders ehrgeiziger junger Mann strebe nach beruflichem Aufstieg. Die hohe Bewertung des Aufstiegs entspricht dabei der Valenz des Endziels. Der junge Mann wird sich nun fragen, was der Weg zu diesem Ziel ist. Vermutlich läge es nicht im Betriebsinteresse, wenn er zu der Auffassung gelangen würde, daß dies lediglich durch „nicht auffallen", informelle Kontakte mit mächtigen Personen, Austritt aus der Gewerkschaft etc. erreicht werden kann. Erwünscht wäre es wohl eher, wenn er annehmen würde, daß dies durch hohen Arbeitseinsatz und gute Arbeitsergebnisse wahrscheinlicher gemacht werden könnte. Einsatz und Ergebnis wären in diesem Fall als Instrumentalität zu interpretieren. Der Vorgesetzte kann durch reflektiertes oder weniger reflektiertes Verhalten dazu beitragen, daß Einsatz und Ergebnis in ihrer Instrumentalität höher oder geringer eingeschätzt werden, wenn er – im positiven Fall – durch Gespräche mit dem jungen Mann, durch die Betonung dieser Punkte im Rahmen der Personalbeurteilung, durch Anerkennung bei erwünschtem Verhalten etc. die erwünschte Weg-Ziel-Beziehung im Bewußtsein des Handelnden festigt. Er kann im negativen Sinne wirken, wenn er aus eigener Frustration oder aus anderen Gründen immer wieder zu erkennen gibt, daß er der Auffassung ist, daß man „hier nur mit guten Beziehungen weiterkommt" oder wenn er durch sein Beurteilungs- und Anerkennungsverhalten zeigt, daß er Einsatzfreude und Leistungsergebnisse nicht würdigt.

Selbst wenn es gelingt, dem erwünschten Verhalten dadurch hohe Valenz zu geben, daß es als Mittel zu dem Zweck wahrgenommen wird, hoch bewertete Endziele zu erreichen, so ist zunächst noch offen, ob es zur Anstrengung kommt, dieses gewünschte Verhalten auch auszuführen. Diese Anstrengung ist dann nicht zu erwarten, wenn der Handelnde bezweifelt, sie erbringen zu können. Hier ist also die Erwartung, die subjektive Wahrscheinlichkeit angesprochen; im Vroomschen Modell das „E". Adäquates Motivationsmanagement bestände darin, im Zuge von Gesprächen z. B. durch Anerkennung für Verhaltensschritte in die erwünschte Richtung, durch konstruktive Kritik bei Fehlern, im Zuge von Qualifizierungsmaßnahmen durch Verbesserung der Fähigkeiten und Fertigkeiten auf dem Gebiete des gewünschten Verhaltens und schließlich durch eine Gestaltung der Situationsbedingungen in der Weise, daß das gewünschte Verhalten erleichtert wird, die subjektive Wahrscheinlichkeit zu erhöhen, das auch ausführen zu können, was ausgeführt werden soll.

Angesichts der vielfältigen Interaktionen, wie zwischen der motivierten Person und der motivierenden Situationen bestehen, kann sich Motivationsmanagement nicht nur auf die Person beschränken. Zwar ist der Vorgesetzte, der sich darum bemüht seine Mitarbeiter zu motivieren, selbst bereits Bestandteil der motivierenden Situation, doch sind innerhalb dieser Situation weitere Aspekte zu beachten (vgl. Nick, 1974; v. Rosenstiel, 1975; Wiswede, 1980).

Geht es um die Motivation eines einzelnen Mitarbeiters, so erscheint es besonders bedeutsam, die Korrespondenz von individueller Bedürfnisstruktur und Anreizangebot der Situation zu beachten und die Situationsgestaltung entsprechend zu individualisieren. In diesem Sinne ist z. B. für den einen, der über soziale Kontakte starkt aktivierbar ist und der sich stark von Gruppennormen bestimmen läßt, die Arbeit in einer leistungsbereiten Gruppe (vgl. Scharmann, 1972) ein Beitrag zur Motivation, während für einen anderen, der durch intensive Auseinandersetzung mit einer anspruchsvollen Aufgabe besonders zu motivieren ist, Delegation komplexer Aufgaben, die in Einzelarbeit zu bewältigen sind, adäquater erscheint.

Vielfach aber ist Individualisierung nicht möglich, weil die Maßnahmen in vergleichbarer Weise für alle zu gelten haben. Hier ist bei der Gestaltung der betrieblichen Leistungen – insbesondere in finanzieller Hinsicht –, bei der Gestaltung der Sozialstrukturen – insbesondere bei den Führungskonzepten und bei der Bildung von Arbeitsgruppen –, bei der Gestaltung der Arbeitsinhalte – insbesondere bei der Festlegung des Handlungsspielraumes – und bei der Festlegung der Struktur der Organisationen – insbesondere unter dem Aspekt der Zentralisierung bzw. Dezentralisierung, der Standardisierung, der Formalisierung und der Größe darauf zu achten, daß die Sozialisation der Arbeitsmotive und ihre Aktivierung in der aktuellen Arbeitssituation in zielgerichteter Weise erfolgen.

## 8.5 Evaluation der Maßnahmen

Bei eingreifendem Handel gilt es zu prüfen, ob die Ziele, die man damit erreichen wollte, auch erreicht worden sind. Das gilt auch für das Motivationsmanagement. Es läßt sich im Sinne einfacher „Tote"-Abläufe (vgl. Miller et al., 1973) sogar in dem Sinne interpretieren, daß die Situation jeweils neu zu diagnostizieren ist

(„Test"), es dann zum durch Veränderungswissen gesteuerten eingreifenden Handeln kommt („Operate"), dessen Ergebnisse es wiederum zu überprüfen gilt („Test"), worauf die neue entsprechende Folge beginnt („Exit"). Bei der Überprüfung von Handlungen im Sinne des Motivationsmanagements ist an all das zu denken, was im Zuge der Diagnostik der motivierten Person und der motivierenden Situation besprochen wurde, d. h. Gespräche, Verhaltensbeobachtungen, Analyse von Verhaltensergebnissen, Situationsdiagnosen mit partizipativen subjektiven Verfahren können hier jeweils erneut zum Einsatz kommen.

## 9 Kritik herkömmlichen Motivationsmanagements

Motivationsmanagement, wie es hier skizziert wurde, hat erheblichen Einfluß auf die Gestaltung menschlicher Arbeitsbedingungen in den Betrieben – und zwar unter den Aspekten der Aufbau- und Ablauforganisation; es bestimmt auch wesentlich mit, wie die Kommunikation zwischen Führenden und Geführten sich entwickelt. Erfolge entsprechenden Vorgehens sind auch vielfach nachgewiesen und in der Literatur besprochen worden. Dennoch ist unübersehbar, daß eine Schwäche beinahe aller Konzepte darin besteht, daß das ihnen zugrundeliegende Menschenbild vereinseitigt erscheint. Der homo oeconomicus ist in der Motivationsforschung noch keineswegs überwunden; hier gilt, daß „dieses Menschenbild reichlich „kopflastig" (ist): Die emotionalen, irrationalen Mechanismen der Verhaltenssteuerung waren darin jedenfalls bis vor kurzem überhaupt nicht oder in erster Linie als Störfaktoren zu lokalisieren . . ." (Bischof-Köhler, 1985, S. 3). Es gilt sie als wesentliche Bestandteile zu berücksichtigen und in ein umfassendes, weniger einseitiges Konzept des Motivationsmanagements zu integrieren.

### Literatur

Adams J S (1963) Toward an understanding if inequity. Journ. of Abnormal and Social Psychology 68: 422 - 436
Adams J S (1965) Inequity in social change. In: Berkowitz L (Hrsg) Advances in experimental social psychology. Vol. II N. Y. 267 - 299
Alderfer C P (1969) An empirical test of a new theory of human needs. Organizational Behavior and Human Performance 4: 142 - 175
Alderfer C P (1972) Existence, relatedness, and growth. Human needs in organizational settings. N.Y., London
Allport G W (1959) Persönlichkeit. Meisenheim/Gl.
Allport G W (1970) Gestalt und Wachstum in der Persönlichkeit. In: Bracken H v (Hrsg) Meisenheim/Gl.
Atkinson J W (1958) Motives in fatasy, action, and society. Princeton, N. J.
Bennis W G (1966) Changing organizations. N. Y.
Birbaumer N (1975) Physiologische Psychologie – eine Einführung an ausgewählten Themen. Berlin/Heidelberg

Bischof N (1981) Aristoteles, Galilei, Kurt Lewin – und die Folgen. In: Bericht über den 32. Kongreß der Deutschen Gesellschaft für Psychologie in Zürich 1980. Göttingen, 17 - 39
Bischof N (1985) Das Rätsel Ödipus. München, Zürich
Bischof-Köhler Doris (1985) Zur Phylogenese menschlicher Motivation. In: Eckensberger L, Lantermann E (Hrsg) Emotion und Reflexivität. München, 3 - 47
Bowers D G (1973) OD techiques and their results in 23 organisations: The Michigan ICL study. Journal of Applied Behaviorial Science 9: 21 - 43
Brandstätter H (1970) Die Beurteilung von Mitarbeitern. In: Mayer A, Herwig B (Hrsg) Handbuch der Psychologie. Betriebspsychologie. Göttingen, 9: 668 - 734
Brandstätter H (1978) Organisationsdiagnose. In: Mayer A (Hrsg) Organisationspsychologie. Stuttgart, 43 - 71
Brandstätter H (1983) Emotional responses to other persons in everyday life situations. Journ. of Personality and Social Psychology, 45: 871 - 883
Brehm J W (1966) A theory of psychological reactance. N Y
Campbell J P, Pritchard R D (1976) Motivation theory in industrial and organizational psychology. In: Dunnette M D (ed) Handbook of industrial and organizational psychology. Chicago 63 - 130
Cannon W B (1932) The wisdom of the body. N Y
Conrad P, Sydow J (1984) Organisationsklima. Berlin, N Y
Craig W (1918) Appetites and aversions as constituents of instincts. Biological Bulletin 34: 91 - 107
Davis R C (1970) Die Domäne der Homoöstase. In: Thomae H (Hrsg) Die Motivation menschlichen Handelns. Köln, Berlin 479 - 487
Dürholt E, Facaoaru C, Frieling E, Kannheiser W, Wöcherl H (1983) Qualitative Arbeitsanalyse. Neue Verfahren zur Beurteilung von Tätigkeiten. Frankfurt (HdA)
Edwards A L (1957) The social desirability variable in personality assessment and research. N.Y.
Edwards W (1965) Subjective probabilities inferred from decisions. In: Luce R D, Bush R R, Galanter E (eds) Readings in mathematical psychology. Vol II N Y, London, Sidney.
Fend H (1969) Sozialisation und Erziehung. Weinheim
Festinger L (1957) A theory of cognitive dissonance. Evanston
Deutsche Übersetzung: Irle M, Möntmann V (Hrsg) Theorie der kognitiven Dissonanz. Bern 1978
Flanagan J G (1954) The critical incident technique. Psychological Bulletin 51: 327 - 358
Florin I, Rosenstiel L von (1976) Leistungsstörung und Prüfungsangst. München
Freud A (1936) Das Ich und seine Abwehrmechanismen. London
Freud S (1920) Jenseits des Lustprinzips. Gesammelte Werke Band 13. Frankfurt
Freud S (1930) Das Unbehagen in der Kultur. Gesammelte Werke Band 14. Frankfurt
Frey D, Greif S (1983) Sozialpsychologie – Ein Handbuch in Schlüsselbegriffen. München, Wien, Baltimore
Frieling E (1975) Psychologische Arbeitsanalyse. Stuttgart
Frieling E (1978) Arbeitsplatzanalyse. In: Mayer A (Hrsg) Organisationspsychologie. Stuttgart 72- 104
Gebert D, Rosenstiel L von (1981) Organisationspsychologie. Person und Organisation. Stuttgart
Georgopolus B S, Mahoney G M, Jones N W (1957) A path-goal approach to pruductivity. Journal of Applied Psychology 41: 345 - 353
Goldstein K (1947) Organismic approach to the problem of motivation Transact. N Y, Acad. Sci. 9: 218 - 230
Graen G B (1969) Instrumentality theory of work motivation: Some experimental results and suggested modifications. Journal of Applied Psychology 53: 1 - 25
Graumann C F (1965) Methoden der Motivationsforschung. In: Thomae H (Hrsg) Handbuch der Psychologie Band 2. Allgemeine Psychologie II Motivation. Göttingen 123 - 202
Graumann C F (1969) Einführung in die Psychologie Band 1: Motivation. Bern, Stuttgart
Hackman R C (1969) The motivated working adult. N Y
Hackman J R, Oldham G R (1974) The job diagnostic survey. New Haven

Heckhausen H (1963) Hoffnung und Furcht in der Leistungsmotivation. Meisenheim/Gl.
Heckhausen H (1965) Leistungsmotivation. In: Thomae H (Hrsg) Handbuch der Psychologie in 12 Bänden. Band 2, Allgemeine Psychologie II. Motivation. Göttingen 602 - 702
Heckhausen H (1980) Motivation und Handeln. Berlin
Herrmann Th (1979) Psychologie als Problem. Stuttgart
Herzberg F (1966) Work and the nature of man. Cleveland, N Y
Herzberg F, Mausner B, Snyderman B (1959) The motivation to work. N Y, London
Hofstätter P R (1963) Einführung in die Sozialpsychologie. Stuttgart (4. Auflage 1966)
Hofstätter P R (1980) Entscheidungen in Organisationen. In: Hoyos Graf C, Kroeber-Riel W, Rosenstiel L von, Strümpel B (Hrsg) Grundbegriffe der Wirtschaftspsychologie. München 228 - 236
Homans G C (1961) Social behavior: Its elementary forms. N Y
Horsfall A B, Arensberg C M (1949) Teamwork and productivity in a shoe factory. Human Organisation 8: 13 - 25
Hoyos Graf C (1874) Arbeitspsychologie. Stuttgart
Huizinga G (1970) Maslow's need hierarchy in the work situation. Groningen
Hull C L (1943) Principles of behavior. N Y, New Haven
Inglehart R (1977) The silent revolution. Changing values and political styles among Western publics. Princeton
Irle M (1975) Lehrbuch der Sozialpsychologie. Göttingen, Toronto
Kaminski G (1959) Das Bild vom Anderen. Berlin
Kaminski G (1970) Verhaltenstheorie und Verhaltensmodifikation. Entwurf einer integrativen Theorie psychologischer Praxis am Individuum. Stuttgart
Karg P W, Staehle W H (1982) Analyse der Arbeitssituation. Verfahren und Instrumente. Freiburg/Br.
King N (1970) Clarification and evaluation of the two-factor theory of job satisfaction. Psychol. Bulletin 74: 18 - 31
Kolb D (1965) Achievement motivation training for underachieving High-School-Boys. Journal of Personality and Social Psychology 2: 783 - 792
Kretschmer E (1959) Körperbau und Charakter. Berlin, Göttingen
Kroeber-Riel W (1984) Konsumentenverhalten. 3. Auflage. München
Krug S (1976) Förderung und Änderung des Leistungsmotivs: Theoretische Grundlagen und deren Anwendung. In: Schmalt H D, Meyer W V (Hrsg) Leistungsmotivation und Verhalten. Stuttgart
Lawler E E (1977) Motivierung in Organisationen. Stuttgart
Lerg W B (1970) Das Gespräch. Theorie und Praxis der unvermittelten Kommunikation. Düsseldorf
Lersch Ph (1956) Aufbau der Person. München
Lewin K (1931) Der Übergang von der Aristotelischen zur Galileischen Denkweise in der Psychologie. Erkenntnis, 1
Lewin K (1938) The conceptual representation and the measurement of psychological forces. Contr. Psychol. Theory, 4
Madsen V B (1968) Theories of motivation. Kopenhagen
Maier W, Rosenstiel L von, Wimmer P (1976) Zur Generalisierbarkeit der Herzbergschen Zweifaktorentheorie. Zeitschrift für Arbeitswissenschaft 30: 75 - 82
Maslow A H (1943) A theory of human motivation. Psychological Review 50: 370 - 396
Maslow A H (1954) Motivation and Personality. N Y
McClelland D C (1966) Die Leistungsgesellschaft – Psychologische Analyse der Voraussetzungen wirtschaftlicher Entwicklung. Stuttgart, Berlin
McClelland D C, Atkinson J W, Clark R, Lowell E L (1953) The achievement motive. N Y
McClelland D C, Winter D G (1969) Motivating economic achievement. N Y
McDougall W (1947) Aufbaukräfte der Seele. Stuttgart
McGreogor D (1970) Der Mensch und die Unternehmung. Düsseldorf (eng. Orig. N.Y. 1960)
Metzger W (1954) Die Grundlagen der Erziehung zur schöpferischen Freiheit. Frankfurt

Mikula G (1983) Gerechtigkeit. In: Frey D, Greif S (Hrsg) Sozialpsychologie 174 - 177
Miner J B, Dachsler H P (1973) Personnel attitudes and motivation Ann. Rev. Psychol. 24: 379 - 402
Miller G, Galanter E, Pribram D (1973) Strategien menschlichen Handelns. Pläne und Strukturen des Verhaltens. Stuttgart
Mitchell T R, Allbright D W (1972) Expectancy theory predictions of the satisfaction, effort, performance, and retention of Naval Aviation Officers. Organizational Behavior and Human Performance 8: 1 - 20
Mittenecker E (1964) Subjektive Tests zur Messung der Persönlichkeit. In: Heiss R (Hrsg) Handbuch der Psychologie Bd. 6 Psychologische Diagnostik. Göttingen 461 - 487
Murray H A (1938) Explorations in personality. N Y
Nell-Breuning O von (1968) Mitbestimmung. Frankfurt/M
Neuberger O (1970) Psychologische Aspekte der Entscheidung. Unveröffentl. Dissertation. München
Neuberger O (1974) Theorien der Arbeitszufriedenheit. Stuttgart
Neuberger O (1978) Motivation und Zufriedenheit. In: Mayer A (Hrsg) Organisationspsychologie. Stuttgart, 201 - 235
Neuberger O (1980) Das Mitarbeitergespräch. Goch (2. Auflage)
Neuberger O (1983) Führung als widersprüchliches Handeln. Psychologie und Praxis. Zeitschrift für Arbeits- und Organisationspsychologie. NF 1
Neuberger O (1984) Miteinander arbeiten – miteinander reden! Bayerisches Staatsministerium für Arbeit und Sozialordnung. München (4. unveränderte Auflage)
Neuberger O (1985) Arbeit. Stuttgart
Neuberger O, Allerbeck M (1978) Messung und Analyse der Arbeitszufriedenheit. Erfahrungen mit dem Arbeitsbeschreibungsbogen (ABB). Bern, Stuttgart, Wien
Nick F R (1974) Management durch Motivation. Stuttgart
Noelle-Neumann E, Strümpel B (1984) Macht Arbeit krank? Macht Arbeit glücklich? Eine aktuelle Kontroverse. München
Patchen M (1961) The choice of wage comparisons. Englewood Cliffs
Parsons T (1968) The social system. N Y (Org 1951)
Porter L W, Lawler E E (1968) Managerial attitudes and performance. Homewood, Ill
Reber G (Hrsg) (1979) Personalinformationssysteme. Stuttgart
Rohracher H (1951) Einführung in die Psychologie. Wien, Innsbruck
Rosenberg M (1957) Occuptions and values. Glecoe, Ill
Rosenstiel L von (1972) Motivation im Betrieb. München
Rosenstiel L von (1975) Die motivationalen Grundlagen des Verhaltens in Organisationen – Leistung und Zufriedenheit – Berlin
Rosenstiel L von (1975b) Arbeitsleistung und Arbeitszufriedenheit – zur Frage der Korrelation und der Kausalität. Zeitschrift für Arbeitswissenschaft 2: 72 - 78
Rosenstiel L von (1979) Die Ermittlung personaler Eigenschaften motivationaler Art. In: Reber G (Hrsg) Personalinformationssysteme. Stuttgart 51 - 73
Rosenstiel L von (1980) Grundlagen der Organisationspsychologie. Stuttgart
Rosenstiel L von (1983) Betriebsklima geht jeden an! Bayerisches Staatsministerium für Arbeit und Sozialordnung. München
Rosenstiel L von, Weinkamm M (Hrsg) Humanisierung des Arbeitslebens – vergessene Verpflichtung. Stuttgart
Rosenstiel L von, Neumann P (1982) Einführung in die Markt- und Werbepsychologie. Darmstadt
Rosenstiel L von, Falkenberg T, Hehn W,Henschel E, Warns I (1983) Betriebsklima heute. Ludwigshafen
Rosenstiel L v, Molt W, Rüttinger B (1986) Organisationspsychologie. Stuttgart (6. verb. Auflage)
Rosenstiel L von, Stengel M, Spieß E, Nerdinger F, Oppitz G (1986) Einführung in die Bevölkerungspsychologie. Darmstadt

Rudert J (1942) Zum Problem der Triebe und Antriebe des Menschen. Zeitschrift für Angewandte Psychologie, 63
Secord P F, Backman C W (1964) Social Psychology. N Y, St. Louis
Seifert M J (1978) Indikatoren zur quantitativ-vergleichenden Organisationsforschung. Speyerer Forschungsberichte, Band 1 und Band 2.
Sievers B (Hrsg) (1977) Organisationsentwicklung als Problem. Stuttgart
Smith A (1776) An inquiry into the nature and causes of the wealth of nations. London. Neuauflage: Cannan E (Ed). London 1950
Scharmann Th (1972) Leistungsorientierte Gruppen. In: Graumann C F (Hrsg) Handbuch der Psychologie in 12 Bänden. Band VII Sozialpsychologie, 2. Halbband, Göttingen
Scheuch E K (1967) Das Interview in der Sozialforschung. In: König R (Hrsg) Handbuch der empirischen Sozialforschung. Stuttgart, 136 - 196
Schneewind K A (1973) Zum Selbstverständnis der Psychologie als anwendungsorientierter Wissenschaft vom menschlichen Handeln und Erleben. Psychologische Rundschau 24: 227 - 247
Schnelle E (1966) Entscheidung im Management. Quickborn
Schönhammer R (1985a) Psychologisches Führungstraining und die Mentalität von Führungskräften. Berlin
Schönhammer R (1985 b) Stichwort „Manipulation". Zur Exploration und Analyse eines heiklen Aspekts alltäglicher („impliziter") Führungsphilosophie. Psychologie und Praxis 1: 2 - 14
Schuler H (1978) Leistungsbeurteilung in Organisationen. In: Mayer A (Hrsg) Organisationspsychologie. Stuttgart, 138 - 169
Schwab D P, Heneman H G (1970) Aggregate and individual predictability of the two-factor theory of job satisfaction. Personnel Psychology 23: 55 - 56
Thomae H (1960) Der Mensch in der Entscheidung. München
Thomae H (Hrsg) (1965) Handbuch der Psychologie in 12 Bänden. Band 2 Allgemeine Psychologie II. Motivation. Göttingen
Thorndike E L (1917) Early interests: Their permanence and relation to abilities. Sch. and Soc. 5: 178 - 179
Tolman E C (1932) Purposive behavior in animals and men. N Y
Ulich E, Groskurth P, Bruggemann A (1973) Neue Formen der Arbeitsgestaltung. Möglichkeiten und Probleme einer Verbesserung der Qualität des Arbeitslebens. Frankfurt
Veblen T (1899) The theory of the leisure class. N Y
Vroom V H (1964) Work and motivation. N Y, London
Winterboom M R (1958) The relation of need for achievement to learning experiences in independence and matery. In: Atkinson J W (ed) Motives in fantasy, action and society. Princeton, N J, 453 - 478
Wiswede G (1980) Motivation und Arbeitsverhalten. München, Basel
Wyss D (1972) Die tiefenpsychologischen Schulen von den Anfängen bis zur Gegenwart. Göttingen
Zink K (1975) Differenzierung der Theorie der Arbeitsmotivation von F. Herzberg zur Gestaltung sozio-technischer Systeme. Frankfurt

# Arbeitsmotivation als Aufgabe des Managements

## Psychoanalytische Orientierung zum Verständnis der Arbeitsmotivation

M. Hofmann

### Inhalt

**1 Vorbemerkungen** . . . . . . 265

**2 Arbeit, Motivation und Management** . . . . . . 267

2.1 Arbeit . . . . . . 267

2.1.1 Historische Perspektiven . . . . . . 267

2.1.2 Arbeitsbegriff . . . . . . 271

2.2 Motivation und Arbeitsmotivation . . . . . . 274

**3 Psychoanalytische Orientierungen zum Verständnis der Arbeitsmotivation** . . 279

3.1 Einige Vorbemerkungen . . . . . . 279

3.2 Motivation und Grundannahmen der Psychoanalyse . . . . . . 280

3.3 Meta-psychologische Koordination der Psychoanalyse . . . . . . 281

3.4 Arbeit, Arbeitsmotivation und Sublimierung . . . . . . 285

3.4.1 Exkurs: Arbeitsmotivation entwicklungspsychologisch erklärt . . 287

3.5 Psychoanalytische Charakterologie und Arbeitsmotive . . . . . . 295

3.6 Exkurs: Zur „Arbeits"motivation in der charismatischen Führungskonstellation . . . . . . 302

**4 Das Management der Arbeitsmotivation** . . . . . . 310

4.1 Motivationsmanagement i.e.S. . . . . . . 310

4.2 Exkurs: Arbeitsmotivation und das psychoanalytische Streß-Konzept . . 312

**5 Schlußbemerkung** . . . . . . 315

**Literatur** . . . . . . 320

## 1 Vorbemerkungen

Der Beitrag greift v. Rosenstiels Kritik an den herkömmlichen Motivationstheorien in diesem Band auf. Diesen Theorien liegt die Schwäche zugrunde, die emotionalen und irrationalen Mechanismen der Verhaltenssteuerung kaum – oder eher nur als Störfaktoren – einbezogen zu haben. Das Menschenbild dieser Motivationstheorien ist uns bekannt als der „homo oeconomicus" oder „homo rationalis", ein Zerr- gelegentlich auch Wunschbild menschlichen Verhaltens, das in der Realität der menschlichen Gesellschaft nicht vorkommt.

In den folgenden Ausführungen kann nicht v. Rosenstiels Wunsch erfüllt werden, die irrationale Seite menschlichen Verhaltens als wesentliche Bestandteile einer Motivationstheorie zu berücksichtigen und in ein umfassenderes, weniger einseitiges Konzept des Motivationsmanagements zu integrieren. Diese Aufgabe wäre hier zu hoch angesetzt. Unsere Absicht ist es, zunächst nur durch „systematische Hinweise" auf psychoanalytische Konzepte und Erfahrungen eine bisher zu wenig genutzte Perspektive der Erklärung des motivationalen Geschehens bei der menschlichen Arbeit (= Arbeits-Motivation) in die Diskussion einzubringen und anzuregen. Wir wollen in Theorie und Praxis des Motivationsmanagements – der zentralen Führungsaufgabe – tiefenpsychologische Erwägungen vermehrt einbeziehen.

Der vorliegende Band – und das war auch unsere Absicht als Herausgeber – soll sich vor allem dadurch auszeichnen, daß Fachdenken unterschiedlichster geistiger Herkunft zu Worte kommt – allerdings in einem allgemein akzeptierten und systematischen Rahmen –, eben dem funktionalen Management.

Die grundsätzliche Gedankenführung des vorliegenden Beitrags beginnt bei einer Erörterung des Wesens, der Bedeutung und des Begriffs der Arbeit als des zentralen Produktionsfaktors in der menschlichen Wirtschaft, zugleich der entscheidenden Leistung zum Verständnis für Betrieb und Management.

Mit dieser Grundlegung können wir erst die Frage stellen, woher der Mensch die Motivation zur Arbeitsleistung bezieht und dabei Ausschau halten, ob und inwieweit wir darauf eine Antwort aus psychoanalytischen Konzeptionen erhalten können. Die Einbeziehung des Unbewußten (UBW), der psychoanalytischen Triebtheorie, der Sublimierungs- und Verdrängungskonzepte sowie der Abwehrmechanismen auf der Suche nach einem besseren Verständnis der Arbeitsmotivation führen schließlich aus dieser mehr strukturellen und statischen Sicht zur Dynamisierung dieser Darstellung im psychoanalytischen Entwicklungstheorie-Konzept und damit auch zur Frage der Sozialisation der Arbeitsmotivation im Reifungsprozeß der Persönlichkeit. Das psychoanalytische Identitätskonzept als Kern einer ICHpsychologischen Theorie der Arbeitsmotivation zeigt uns dann die enge Verwandtschaft des Motivationsmanagements mit dem Streßmanagement, als dessen Kehrseite es sich entpuppt.

Einige Schlußfolgerungen zum Motivationsmanagement als Führungsleistung sollen diese Ausführungen abrunden.

# 2 Arbeit, Motivation und Management

Die schon im Titel dieser Ausführung vorkommenden drei Hauptbegriffe unseres Interesses bedürfen zunächst einiger grundsätzlicher Überlegungen, bevor wir uns der Frage zuwenden können, welcher Herkunft und Art die Motivation zur Arbeit sein könnte.

## 2.1 Arbeit

### 2.1.1 Historische Perspektiven

Arbeit steht Kult, Spiel, Schlaf, Feier, Freizeit etc. gegenüber. Die Zeit des menschlichen Lebens wird gern in Freizeit und Arbeitszeit eingeteilt. Die häufige Teilung innerhalb früherer Kulturen in eine, eher kleine, Minderheit der Gesellschaft, die von körperlicher Arbeit befreit war – zumeist auch die herrschende Klasse – und den anderen Teil der Bevölkerung, der die körperliche Arbeit verrichtete und nicht zuletzt auch dadurch die „höheren Aufgaben", aber auch den Müßiggang (den „Luxus") selbstgewählter Tätigkeiten (Selbstverwirklichung) der Herrschenden ermöglichte, weist schon darauf hin, daß Arbeit oft mit negativen Vorstellungen (wie Fluch, Mühsal oder auch Strafe) besetzt ist. Sie ist teilweise mit der Unfreiheit des Sklaventums verbunden (Toharski, 1979, S. 18 f.)

Von der Antike bis ins Mittelalter arbeiteten die Menschen rund 2.500 Stunden jährlich. Frei verfügbare Zeit über längere Zeiträume war aber auch damals für die „Arbeitenden" fast unbekannt. In der Antike wie auch im Mittelalter gab es aber relativ viel arbeitsfreie Zeit, deren Verwendung weitestgehend durch Spiele, Kult und Feiern festgelegt war. Der Unfreiheit während der Arbeitszeit folgte also eine weitgehende inhaltliche Festlegung für die arbeitsfreie Zeit. Das ist aber nicht ohne weiteres nur negativ einzuschätzen. Schließlich brachten erst die Aufklärung und die „neuen Freiheitsrechte" (Französische Revolution) den Menschen jene tragische Entwicklung der Arbeit in die Verfremdung, in das Übermaß (Kinderarbeit etc.) und in die Unterentlohnung.

Die allgemeine Aufwertung der Arbeit durch die protestantisch-puritanische Ethik als gottwohlgefälliges, schon auf Erden zu belohnendes Wirken führte schließlich im Verein mit den neuen Freiheiten und dem „Fortschritt" auf wissenschaftlich-technischem Gebiet zunächst zum System des Kapitalismus und einer industriellen Gesellschaft. Eine inhumane Methode der Arbeitsteilung führte zum Sinnschwund der Arbeit. Eine völlige Fehleinschätzung der eigentlichen Antriebskräfte der Wirtschaft und ihres Tauschwertes brachte das Elend der „sozialen Frage" und eine „Versklavung" großer Teile der Bevölkerung.

Demgegenüber muß man gerechterweise feststellen, daß im Mittelalter die Menschen *mehr* Sinnhaftigkeit in der Verrichtung ihrer Tätigkeit vorfanden und diesbezüglich daher wohl glücklicher waren, weil sie u. a. die Entstehung ihres Produktes von Anfang bis zum Ende mitverfolgen konnten.

Während der Reformationszeit entstand ein neues „Arbeitsethos" mit einem positiven Arbeitsverständnis, die sogenannte protestantische Berufsethik, mit Grundprinzipien wie Leistung, Arbeitswille, Fleiß, Disziplin, Ordnungssinn. Das war die Geburtsstunde des ökonomischen Leistungsprinzips, das wirtschaftlich-technische „Rationalität" gekoppelt mit religiöser Wohlgefälligkeit in das Zentrum des menschlichen Lebens rückte, ja Zweckgerichtetheit und Nutzorientierung auf alle Lebensbereiche ausdehnte (Krippendorf, Kramer, Müller, 1986, S. 5). Die voranschreitende Trennung von Arbeitsplatz und Wohnstätte (Landflucht) spaltete die Lebenseinheit der früheren „unfreien" Epochen in die Pole fremdbestimmter Arbeitszeit und „freier" Freizeit (Krippendorf, Kramer, Krebs, 1984, S. 16.). Der neue Freiheitsbegriff der Aufklärung half mit, die Arbeit ihrer religiösen Grundlage zu berauben. Das versachlichte und dann vermarktete Verhältnis der Arbeit brachte die schon in der Antike bekannte Geringschätzung der Arbeit auf einer neueren „höheren" Ebene wieder zur Geltung. Arbeit wird nicht mehr (wie in der protestantischen Ethik) als höchster Wert geschätzt, sondern ist wieder ein notwendiges Übel, für die Menschen meistens ein unabdingbarer Einsatz zum Überleben, allenfalls ein Umweg zur Freiheit. Die Realität der Wirtschafts-Gesellschaftsentwicklung wird zu einem Hohn auf die in den Revolutionen (1776 in der amerikanischen Unabhängigkeitserklärung, 1789 in der französischen Menschenrechtserklärung) formulierten Freiheitspostulate: „Die Menschen werden frei und gleich an Rechten geboren und bleiben es!".

Freiheit zum Genuß, Freiheit (zur Freizeit) für Bildung, Freiheit vor Unterdrückung (auch durch Sklavenarbeit) – die erklärten Ziele der „Aufklärung" wie Rousseaus Ideal der Bildung der Lebens- und Lernziele aus der absoluten Freiheit des Individuums (das heutige Selbstverwirklichungsideal) oder Goethes Idee des Müßigganges mit der einzigen Freiheit der Zeit für die Ausbildung oder Schillers Vorstellung von der idealen Ausgeglichenheit von Arbeitszeit und Zeit für Freiheit, schließlich Kants Forderung nach einer absoluten Freizeit für alle Menschen neben der Berufstätigkeit, sind unerfüllte Wünsche, vielleicht irrationale Ideen, setzt man sie der Realität der Geschichte und den brutalen Geschehnissen der Unfreiheit und Verfremdung in der Arbeitswelt der Nach-Aufklärungszeit gegenüber.

Was also kann nun die historische Analyse zum besseren Verstehen der Arbeits-Phänomene bieten?

Folgende Hypothesen lassen sich aus den psycho-historischen Befunden der sozialen Geschehnisse ableiten:

I. Der *„Arbeitsleidbefund"* läßt vermuten, daß Arbeit regelmäßig und teilweise verbunden ist mit dem Einsatz psychisch und physisch wirksamer (seelischer) Energien, deren ursprüngliche Entladungsziele (und damit befriedigende Wirkung) in Anwendungen bei Arbeitsnutzung nicht oder nur unvollständig erreicht werden. Dadurch entstehen Frustrationserscheinungen und Unlustgefühle („Leid"), relativ unfreiwillig erduldete, körperliche und/oder geistige „Schmerzen", die früher oder später auf Kompensation drängen – **Hypothese der „primären Unlustkomponente" der Arbeit.**

II. Der in unserer Geschichte wie immer auch erklärte *Zwangscharakter* der Arbeit (einmal als Strafe für unseren Sündenfall, dann wieder Chance für die Wiedererringung des Himmels) als unabdingbarer Einsatz zur Sicherung unseres Überlebens (Existenzbedürfnisbefriedigung durch Arbeit) enthält in der Regel auch als Arbeitsziel einen Befriedigungswert, einen Gegenwert (Kompensation) in

a) materiell-güterlicher oder Dienstleistungsqualität (natural oder geldhaft),
b) anderen Kompensationswerten, die Bedürfnisse nach sozialer Eingliederung, menschlichen Beziehungen, Sicherheit, Leistungsanerkennung und Selbstverwirklichung etc. befriedigen (vgl. hierzu auch die von Maslow, Herzberg u. a. m. aufgestellten Motive).

Diese Kompensation, wenngleich – wie die Geschichte zeigt – zumeist sehr ungleich und ungerecht unter den Menschen verteilt, die manchen Menschen besonderes Ansehen, Rang oder Ehre und Auszeichnung verleiht, zeigt die grundsätzliche Ambivalenz in der Eigenschaft der Arbeit, Lust zu bereiten. Die Vermutung besteht also, daß zwar jeglicher Arbeit durch Verzicht auf unmittelbaren spielerischen Lustgewinn das unter I. genannte „Leid" anhaftet, aber doch in sehr unterschiedlicher Weise auch – wenngleich nicht mehr so unmittelbare und direkte – Lustgewinne umweghaft und mit Aufschubleistung erreichbar sind: **Hypothese des „sekundären" Lustgewinns aus der Arbeit.**

III. Desweiteren wird Arbeit in vielfacher Weise mit der menschlichen Vernunft in Verbindung gebracht und besitzt den Charakter einer *Vernunftleistung* oder soll ihn besitzen (vgl. hierzu schon Thomas v. Aquin mit seiner Forderung der *„Unterordnung"* der Affekte, Triebe etc. unter die Vernunft; oder W. Sombart, der in diesem Zusammenhang spezifisch rational gestaltete Seelenmechanismen sieht, die anstelle des urwüchsigen, originalen Lebens gesetzt werden). Dadurch konnten die Menschen erst jene Arbeitsqualität leisten, die den Kapitalismus ermöglichte. Diese „rationalen Seelenmechanismen" haben sicherlich viel zu tun mit dem bei M. Weber beschriebenen Geldhunger (auri sacra fames) bzw. der rasenden Gewinnsucht (lucri rabies). Hier begegnen wir den Folgen einer sich langfristig abzeichnenden Verfremdung der ursprünglich viel selbstzweckhafteren und auf direkte Bedürfnisbefriedigung ausgerichteten Arbeit. Die motivationale Wirkung abstrakter Kauf- und Verfügungsgewalt als Arbeitsziel bedarf eben dieser „rationalen Seelenmechanismen", dieser „Vernunftleistungen", die als „bürgerliche Tugenden" erst gedeihen können, wo das Liebesleben der Menschen seine Einschränkung findet und das „wirtschaftliche Höherstreben" unter gewissen moralischen Restriktionen zu einem gottwohlgefälligen, später sogar im Erfolgsfall als „Gnadenwahl", und damit Auszeichnung Gottes schon auf Erden herbeiführenden Handeln zählt. Es „zahlt" sich also *vernünftigerweise* aus, so zu handeln, so zu streben. Die auf Askese beruhende intensive Berufsarbeit erfüllt somit simultan mehrere „vernünftige" Zwecke:

a) die „wirtschaftliche“ Bedürfnisbefriedigung der Menschen (wechselseitige Dienstbarkeiten),
b) die Befreiung des Menschen von „primitiven“, triebhaften und affektiven Bedürfnissen durch Umlenkung dieser Energien zu höheren, edleren Verwendungen, die zugleich
c) über hohe moralische Wertigkeit (Mitschöpfer an Gottes ewigem Weltenbau) transzendentale und
d) über erlaubte wirtschaftliche Bereicherung (Arbeitslohn, Kapitalprofit) säkular-materielle Entgelte und Anerkennung gewähren.
e) Schließlich verbirgt sich aber in dieser „Triebumwandlung“ und höheren Wertigkeit der Arbeit – in einem bemerkenswert ambivalenten Verhältnis zu ihrem anfänglichen Fluch- und Strafcharakter (Sisyphus) – der Selbstverwirklichungswert der Arbeit. Die Kalvinistische Idee im Zusammenhang mit der Berufs-Idee, Arbeit um ihrer selbst willen zur Verherrlichung Gottes zu sehen – (ja – wenn wir das Evangelium des Reichtums (A. Carnegie, 1933) uns wieder vor Augen führen – Reichtumserzeugung *und* -verwendung als Nächstenliebe) – erweist sich als im höchsten Maße für den Menschen vernünftig. Jeder Übersteigerung entkleidet, verbleibt diese selbstverwirklichende – zweckhaftes und selbstzweckhaftes Handeln zusammenführende – Berufsarbeit als unabdingbares Schicksal des zur „Vernunft“ verurteilten Menschengeschlechts.
   In diesem Sinn sprechen wir von der **Hypothese der „Vernünftigkeit“ oder Rationalität der Arbeit.**

IV. Die Betrachtung der Geschichte der Arbeit, besonders unter dem Aspekt der Industrie-Arbeit, der fortlaufenden Arbeitsteilungen und des Verlustes des ganzheitlichen Arbeitsinhalts, hat psycho-somatische Konsequenzen gezeigt, die sich zunächst ganz deutlich im säkularen Ereignis der „sozialen Frage“ widerspiegelten. Heute könnte man diesen Tatbestand der „Verfremdung“[1] mit dem Begriffsinstrumentarium des „psychischen Streß“ im Sinne seiner krankmachenden Komponente oder unter dem Gesichtspunkt psychischer Hygiene betrachten. Die psychisch „krankmachende“ Komponente des Streß hat in der Arbeitswelt schon weitgehend ihre Bedeutung verloren; wir vernachlässigen sie daher innerhalb dieser Ausführungen.

---

[1] Karl Marx (1884) verwendet das Wort „Entfremdung“; wir ziehen „Verfremdung“ vor, da sich rein der Wortbedeutung nach in der Vorsilbe ENT eher das Ende, das Aufheben der Fremdheit ausdrücken könnte.
Marx meint im engeren Sinne die *Entfremdung*:

1) *des Arbeiters vom Produkt* seiner Arbeit, d. h. da der Arbeiter weder über sein Erzeugnis, noch die Produktionsmittel verfügt, steht er dem Ergebnis seiner Arbeit fremd – und gegebenenfalls auch feindlich – gegenüber;
2) *des Arbeiters vom Prozeß* der Arbeit, der nur mehr reinen zweckhaften Erwerbscharakter – also Mittelhaftigkeit, nicht Ziel in sich – besitzt;
3) *des Arbeiters von seinen Arbeitskollegen,* insbesondere durch fortschreitende, rein mechanistisch-wirtschaftlichen Zwecken dienende Arbeitsteilung, die tiefgreifend-zerschneidend in das bisherige menschliche Beziehungsgefüge der Arbeit eingreift.

Der positive, nicht krankmachende psychische Streß, also die für unsere seelisch-geistige „Potenz“ als Arbeitsanspruch adäquate Herausforderung, kann auch als identitätsfördernd (selbstverwirklichend) angesehen werden. Und genau in diesem Sinne sehen wir Arbeit auch in engstem Zusammenhang mit Motivation – eine bestimmte Arbeitsaufgabe als Anreiz für motiviertes Handeln. Oder umgekehrt: Arbeit, die zum krankmachenden Streß wird, entbehrt der echten, direkten (auf Identität beruhenden) motivationalen Basis: **Hypothese der „Identitäts- und Streßwirksamkeit“ der Arbeit.**

Zusammenfassend und für die weitere Bearbeitung als Ausgangsmaterial verbleiben vor allem vier Hypothesen, die aus der geschichtlichen Betrachtung abgeleitet und dann in eine psychologische Ausdrucksweise umgewandelt werden:

1. Die Hypothese der „primären Unlustkomponente“ in der Arbeit.
2. Die Hypothese des „sekundären“ Lustgewinnes aus der Arbeit.
3. Die Hypothese von der „Vernünftigkeit“ der Arbeit (Rationalitätshypothese).
4. Die Hypothese der „Identitäts- und Streßwirksamkeit“ der Arbeit.

## 2.1.2 Arbeitsbegriff

Eine Untersuchung mit dem Titel ARBEITS-Motivation kann nicht ohne weiteres am Begriff Arbeit vorbeigehen. Die bisherigen Ausführungen waren historisch ausgerichtet und haben dabei das Phänomen Arbeit ohne begriffliche Abgrenzung hingenommen. Daß wir uns damit mit einem Großteil der Management-Literatur und Betriebswirtschaftslehren in Einklang befinden, ist wenig schmeichelhaft: Eine befriedigende wissenschaftliche Begriffsbildung für den primären Produktionsfaktor der Wirtschaft liegt nicht vor. Über Arbeitsmotivation kann jedoch nichts wesentliches ausgesagt werden ohne eine befriedigende und klare Arbeitsdefinition.

Die in der Literatur normalerweise angeführten Arbeitsbegriffe enthalten u. a. folgende Bestimmungselemente (vgl.: Gutenberg, 1967, Wöhe, 1973, Grochla, 1974, Wunderer/Grunwald, 1980, Staehle, 1985):

1) (menschliche) psycho-physische und seelische Tätigkeit, Aktivität,
2) im Rahmen bestimmter Aufgaben,
3) mit materiellem oder immateriellem Ergebnis,
4) quantifizierbar bzw. vom Normensystem bewertbar,
5) fortgesetzte, angespannte, geordnete Tätigkeit,
6) Erzeugung, Beschäftigung, Umwandlung, Verteilung, Benützung von materiellen oder immateriellen Daseinsgütern,
7) anderen Menschen von Wert,
8) Realisierung betrieblicher Zielsetzungen,
9) auf wirtschaftliche Zielsetzungen ausgerichtet.

Zunächst fällt auf, daß ein solcherart versuchter Arbeitsbegriff andere Definitionen voraussetzt. Dies gilt insbesondere für den Wirtschaftsbegriff und für den Betriebsbegriff. Arbeit ist also auf „wirtschaftliche Zielsetzung" ausgerichteter menschlicher Einsatz und dieser spielt sich offenbar zumeist im Rahmen „bestimmter" Aufgaben und „betrieblicher (= arbeitsteiliger)" Zielsetzungen ab. So besehen, könnten wir also Arbeit fast gleichsetzen mit menschlicher wirtschaftlicher Tätigkeit, oder anders ausgedrückt: die Abgrenzung zwischen menschlichen Tätigkeiten mit Spielcharakter, selbstzweckhaften Freizeitbeschäftigungen, Ruhe, Schlaf einerseits und Arbeit andererseits wird entscheidend.

Für unsere weiteren Absichten in diesem Artikel kommt es aber darauf an, das Charakteristikum der Arbeit als wirtschaftliches Handeln (das sich vornehmlich in Betrieben abspielt) und als primär (wenigstens zum Teil) nicht selbstzweckhaftes, sondern mittelbares Tun zu verstehen.

In diesem Sinne definieren wir Arbeit als

- menschliche Leistung geistiger oder körperlicher Art,
- zum Zwecke der (primär existentiellen) BEDÜRFNISBEFRIEDIGUNG (wirtschaftliche Zielsetzungen)
- mit vornehmlich ZWECKHAFTEM CHARAKTER (nicht primär selbstzweckhaft).

**Arbeit ist also zweckhaftes, vornehmlich technisch und wirtschaftlich orientiertes zweckrationales menschliches Handeln mit Erwerbscharakter.**

Ein so gefaßter Arbeitsbegriff enthält auch die Problematik der „Arbeitsmotivation" schon in nuce, nämlich die Frage: was kann einen Menschen bewegen (motivieren) zu arbeiten? Wenn die (ursprünglich vielleicht im Existenzkampf unmittelbar erlebbare) Beziehung der Arbeitstätigkeit zur Überlebenschance, d. h. ihr unmittelbar zwingender und daher selbstverständlicher Charakter, heute oft nicht mehr so eindeutig gegeben ist, andererseits der Verfremdungsgehalt gestiegen ist, was bleibt für die Arbeitsmotivation über?

Es fällt auf – (vor allem auch in der Abgrenzung etwa zu Spiel, Ruhe, Erholung usw. und auch unter Einbeziehung der Problematik von zweckhaftem und selbstzweckhaftem Handeln) –, daß Arbeit nicht nur der Grundbegriff für jede weitere betriebswirtschaftliche und managementmäßige Erwägung wird, sondern auch zugleich ein menschliches Dilemma sichtbar macht. Es handelt sich um die Problematik, wie es dem einzelnen Menschen, aber auch einer Gesellschaft gelingt, diese existentielle Notwendigkeit nach Arbeitsleistung zum Zwecke ihrer eigenen Aufrecht- und Arterhaltung mit dem ebenso existentiell notwendigen Bedürfnis nach selbstzweckhaftem Handeln und Selbstverwirklichung der Individuen und kreativer Aktion zu verbinden.

Arbeits- und Wirtschaftsbegriff in ihrer wechselseitigen Bedingtheit und Ergänzung enthalten bereits das ArbeitsMOTIVATIONSproblem. Und da wir in diesem Beitrag die Perspektive des Managements einbeziehen, d. h. die Frage, wie es der Betriebsleitung gelingt, Menschen zur Mitarbeit an der ihr anvertrauten Zielerreichung zu bewegen und zu gewinnen, wird Arbeitsmotivation auch zu dem zentralen Problem gelingender Managementleistung. Und das um so mehr, wenn man die Managementaufgabe unter dem Aspekt der *dauerhaften* Betriebsleistung sieht und sich humanistisch-freiheitlichen und sozialen Vorstellungen der Arbeitsverhältnisse verpflichtet fühlt – in betontem Gegensatz zu entmündigenden, unfreien (zentralwirtschaftlichen ebenso wie freimarkt-mechanistischen) Arbeitszwängen.

In diesem Sinne muß auch die schicksalhafte Wende verstanden werden, die den Zustand in den heute fortgeschrittenen post-industriellen Gesellschaften kennzeichnet, nämlich die dank technischem Fortschritt möglich gewordene Roboterisierung der verfremdeten Arbeitsinhalte.

Oder wie es Ulrich (1982, S. 123 f.) ausdrückt: „. . . daß anscheinend immer mehr Menschen immer weniger daran interessiert sind, in traditionellen Arbeitsverhältnissen mehr als das Notwendige zu tun" oder Gottschall-Derschka (zit. bei Pichler, 1985, S. 107): „wer die Menschen nicht für sich gewinnt, kann ein Unternehmen in den achtziger und neunziger Jahren nicht mehr führen." Dies ist also die entscheidende Aufgabe des Managements!

Die Behandlung der ARBEITS-Motivation als Aufgabe des Managements, zu deutsch der Betriebsführung, kann guten Gewissens nicht am Managementbegriff vorbei (vgl. hierzu die Ausführungen im Einführungskapitel). Der menschenbezogene Teil der Managementaufgabe – das was man im engeren Sinne des Wortes „Führung" nennt – enthält die Motivationsfunktion als Hauptaufgabe. Die enge und sinnvoll-logisch so verschränkte Zusammengehörigkeit der Begriffe Arbeit – Wirtschaft – Betrieb – Management – Führung und Motivation wird uns immer klarer. Wir haben bereits gesehen, wie Arbeit ohne den Wirtschaftsbegriff unverständlich bleibt, – ja wenn wir es etwas überspitzt betrachten, zwischen beiden Begriffen Deckungsgleichheit besteht.

In der Skizzierung der Management-Aufgaben auf S. 36 wird die „Verknüpfung" der Führungsaufgabe mit Leistungs(= Arbeits)motivation klar ersichtlich. Deutlich wird aber auch, wie sehr Leistungsmotivation als Managementaufgabe mit den 5 anderen Management-Aufgaben unauflöslich zusammenhängt.

Die Funktionen im personalen Bereich des Managements, also im *Personalwesen im weiteren Sinne* des Wortes, oder besser in der Führungsverantwortung, umfassen zunächst abgeleitet aus der Leistungsmotivation all jene Aufgaben und damit Verantwortungen, die eine gelingende Motivation zur Mitarbeit im Betriebe ermöglichen, verbessern und erleichtern. Letzten Endes ist Leistungsmotivationsmanagement die Fähigkeit eines Managers, für die von ihm festgelegte oder von ihm zu verantwortende Zielerreichung und die aus dieser folgende Arbeitsteilung und Arbeitsgliederung für die bestimmten Unteraufgaben Personen zu gewinnen, denen die Ausübung bzw. die Teilverantwortung in diesen Aufgabenbereichen die Möglichkeit gibt, ihre vorhandenen Fähigkeiten, Talente und Erfahrungen zu nutzen und im Sinne der Selbstverwirklichung weiter auszubauen. D. h., die Leistungsmotivation ist letztlich die Berufsausübung oder die Arbeit im Rahmen der eigenen Möglichkeiten mit einem Minimum an Verfremdung. Um diese Aufgabe zu erfüllen, ist der Manager in seiner eigenen Kontrollspanne, also im Rahmen der ihm unmittelbar unterstellten Mitarbeiter, in einer sehr persönlichen und unmittelbaren Weise ständig beschäftigt, die richtigen Mitarbeiter zu suchen, zu finden, auszulesen und die gewonnenen Mitarbeiter einer Personalentwicklung bzw. Managemententwicklung zuzuführen, indem er entsprechende Aus- und Weiterbildung, Planung, Mitarbeitergespräche und Förderungsgesichtspunkte veranlaßt und erledigt. Er muß laufend und täglich die Führung im engeren Sinne des Wortes, nämlich die ständige Betonung und Hinführung auf die Gemeinsamkeit der Aufgabe und die Wichtigkeit der Teilverantwortung, betreiben, eventuell im Sinne des „Management by Objectives" Zielvereinbarungen treffen, die sicher bedeutend besser sind als Zielvorgaben. Er soll sein Führungsverhalten selbst verstehen und die Führungskonstellation zwischen ihm und seinem Mitarbeiter nach Maßgabe der wechselseitigen Fähigkeiten gestalten. Das bedeutet eine gewisse Befähigung, auch Charaktertypen zu erkennen und eine adäquate Konstellation und Aufgabenstellung zu produzieren. Der Manager muß sich in diesem Sinne bewußt sein, daß er sich – ob er will oder nicht – in einer ständigen Vorbild- oder Lehrfunktion gegenüber dem Mitarbeiter befindet, und daß er, um es zusammenfassend zu sagen, eine unmittelbare Verantwortung für die Entwicklung seiner Mitarbeiter auch im Rahmen ihrer Aus- und Weiterbildung bis zu ihrer Beförderung und eventuell auch Trennung von ihnen aufgrund von echten Entwicklungszielen usw. zu tragen hat. Dazu gehören auch die adäquaten Sanktionen in positivem und negativem Sinne und die Steuerung eines von der Sache her und auch auf die Personen hin orientierten adäquaten Informationssystems.

All dies hat der Manager auch für die ihm nachgelagerten und nicht seiner Kontrollspanne unterliegenden Mitarbeiter zu verantworten, wenngleich in einer delegierten Weise.

Schließlich besitzt das Verhältnis Management : Motivation aber noch eine wichtige, jedoch in der Managementlehre zu wenig beachtete Dimension: Die SELBSTFÜHRUNG oder Selbstmotivation des Managers und natürlich letzten Endes auch des Mitarbeiters: also die Aufgabe der Leistungsmotivation nicht nur unter dem Aspekt der Gewinnung von Mitarbeit anderer, sondern auch als Prozeß und Aufgabe der Selbst-Gewinnung, der eigenen Anstrengung zur Selbstverwirklichung.

## 2.2 Motivation und Arbeitsmotivation

Nachdem wir Motivation – hier als Arbeits = Leistungs-Motivation – im Rahmen der Managementlehre geortet haben, können wir endlich der begrifflichen Klärung dieser zentralen menschlichen Problematik näherkommen. Eine umfangreiche dogmenhistorische und dogmenkritische Behandlung des Motivationsbegriffes können wir unterlassen, weil im vorangestellten Beitrag „Motivationsmanagement" von v. Rosenstiel sowohl begriffliche Klärungen als auch Darstellung der bekanntesten Motivationstheorien vorgenommen wurden. V. Rosenstiel spricht davon, daß der Begriff „Motivation" in der Psychologie in zweierlei Weise verwendet wird: als Erklärungs- und als Beschreibungsbegriff. Erklärungsbegriff ist Motivation dann, wenn in ihr ‚kein beobachtbares psychisches Phänomen' gesehen wird, Erlebnisbegriff dann, wenn in ihr grundsätzlich ein im

Erleben und Verhalten beobachtbares Phänomen gesehen wird. Die bekannt gewordenen Motivationstheorien lassen sich im wesentlichen in zwei große Gruppen einteilen: Inhaltstheorien und Prozeßtheorien.

Für unsere psychoanalytischen Orientierungen sind beide Unterscheidungsmerkmale nicht sonderlich glücklich. Die tiefenpsychologische Motivationstheorie, die ja bekanntlich unbewußte Motive kennt, wird gerne in das Schema der Erklärungsbegriffe eingeordnet: m. E. zu Unrecht, da diese Motivation durchaus – wenngleich nicht leicht – beobachtbare Phänomene kennt. Der Begriff des Unbewußten darf nicht definitionsgemäß mit unbeobachtbar gleichgesetzt werden.

Ebenso trennt die Einteilung von Inhalts- und Prozeßtheorien – zumindest für die psychoanalytische Motivationstheorie – ein Ganzes, das für ein besseres Verständnis des motivationalen Geschehens beide Bereiche unverzichtbar benötigt.

Eine psychoanalytische Motivationstheorie, die ja nicht mit einer tiefenpsychologischen (nur auf das Unbewußte bezogen) gleichgesetzt oder verwechselt werden darf, besitzt mehrere Erklärungsansätze für Motivation, nämlich unbewußte Elemente, etwa in den instinktveranlaßten (weitgehend unbewußten) Primärprozessen, aber auch bewußte (aber nicht nur!), in den der ICH- und Über-ICH-Sphäre zugehörenden Sekundärprozessen; beide (für das motivationale Verständnis äußerst wesentlich!) sind miteinander verbunden durch psychische Umsetzungs- und Verwandlungsprozesse wie etwa Verdrängung, Sublimierung, Abwehr etc.

Zunächst genügt uns der aus dem Wortverständnis (movere = lat. bewegen) abgeleitete Gedankenzusammenhang:

*Motivation = Beweggrund*

und in der weiteren Ableitung, da wir uns ja nur mit der Motivation des Menschen zur Arbeit, also mit dem menschlichen Bereich, befassen:

*Motivation = Beweggründe für menschliches Verhalten*

Um dieses weite Feld doch etwas einzuengen, könnten wir noch die von Graumann (Graumann, 1969, zitiert bei Wunderer/Grunwald, 1980, S. 169) angeführten 5 Aspekte einbeziehen und definieren:

1) Person
2) Was und Wie des Tuns (Art und Intensität der Aktivität)
3) Situation (Art und Anzahl der Bedingungen)
4) mit welchen Mitteln (Gegenstand, auf den sich das Handeln bezieht)
5) Zweck und Ziel (der Aktivität der Person).

Der spezielle Begriff der „Arbeitsmotivation" ergibt sich logisch durch genauere Festlegung des 5. Kriteriums (Zweck und Ziel): Das Ziel der Motivation wird eben Arbeit.

Arbeitsmotivation zu vornehmlich wirtschaftlich-zweckrationalem Handeln mit Erwerbscharakter ist der *Komplex der Beweggründe,* der eine *Person* in einer bestimmten Art und Intensität in einer bestimmten Situation und mit bestimmten

Mitteln eine bestimmte Zeitlang auf ein bestimmtes *wirtschaftliches Ziel hin* zum Zwecke ihrer primär-existentiellen Bedürfnisbefriedigung zu einer erwerbsorientierten, nie nur selbstzweckhaften Handlung (Leistung) *aktiviert*.

Arbeitsmotivation ist also nicht jener Aspekt der Motivation, der – wie Neuberger (1974, S. 49) es versteht – vor allem mit dem Verhalten von Individuen in hierarchischen und arbeitsteiligen Organisationen verbunden ist. Diesen Aspekt haben wir durch das Bestimmungsstück „betrieblich organisierte wechselseitige Dienstbarkeit" und unseren Wirtschaftsbegriff in unseren Begriff der Arbeitsmotivation selbstverständlich aufgenommen. Aber entscheidender ist der Wirtschaftscharakter, die erwerbsorientierte Ausrichtung arbeitsmotivierten Handelns – und damit der mittelhafte nie nur selbstzweckhafte Aspekt der Arbeit, während Arbeitsteilung ein heutzutage selbstverständliches Kriterium jedes – auch des selbstzweckhaften und spielerischen – Leistungseinsatzes von Menschen darstellt. Diesen Aspekt hat Neuberger bei der Aufreihung einiger gesellschaftlicher Einflußgrößen auf die Arbeitsmotivation unter „ferner liefen" auch gesehen: als Lohnabhängigkeit des einzelnen, für den es meist keine andere Möglichkeit der Daseinssicherung gibt als den Verkauf seiner Arbeitskraft (Neuberger, 1974, S. 51).

Damit sind wir an der Stelle angelangt, die es uns gestattet, die psychoanalytische Psychologie nach ihren Erklärungsmöglichkeiten der Arbeitsmotivation zu befragen. Die anderen verschiedenen (psychologischen oder nicht psychologischen) Erklärungsansätze zur Arbeitsmotivation werden wir in diesem Zusammenhang hier nicht weiter aufbereiten und verfolgen, obgleich wir ein solches Vorhaben kritischer Bestandsaufnahme der Motivationskonzepte in einer anderen Veröffentlichung planen. Einige wesentliche Erklärungsansätze, die wir damit meinen (Wunderer/Grunwald, 1980, S. 172 ff.), sind:

**Tabelle A.**

| Theorien bzw. Schulen | Arbeitsmotivations-Erklärungsansatz |
|---|---|
| 1. Wissenschaftliche Betriebsführung (Taylor et al.) | Infolge Interessensidentität von Arbeitgebern und -nehmern: Geldanreiz = höhere Leistung der A-Nehmer = höhere Produktivität der Unternehmung = höherer Gewinn = höherer Lohn etc. ... Über erhöhten Lohn (+ wissenschaftl. Betriebsführung) erhöhte Arbeitszufriedenheit und Produktivität. |
| 2. Human Relation Konzept (Hawthorne Effekt: Roethlisberger et al.) | Weniger der Lohn als vielmehr Beachtung sozialer Aspekte (informale Gruppe, Wertschätzung, Emotionen etc.) beeinflusse Arbeitszufriedenheit und Produktivität. |

**Tabelle A.** (Fortsetzung)

| Theorien bzw. Schulen | Arbeitsmotivations-Erklärungsansatz |
|---|---|
| 3. Human Resource Modell | |
| a) Miles et al., Argyris, McGregor etc. | Arbeitszufriedenheit als by-product (besserer) Ressourcen-Nutzung. Organisationsmitglieder als „Reservoir unentdeckter Ressourcen". Kurz: Arbeitsmotivation ist Folge der Kreativitätsaufdeckung und -nutzung; prinzipiell auch Interessensidentität zwischen Arbeitgeber und -nehmer angenommen. |
| b) Maslow | Arbeitsmotivation sei eine Folge der Befriedigung des Bedürfnisses nach Selbstverwirklichung (Wachstumsmotivation), das erst nach Erfüllung der 4 Defizitbedürfnisse, die selbst nicht motivieren (Bedürfnishierarchie), gelingt. |
| c) McGregor | Dualistische Arbeitsverhaltenstheorie (X-, Y-Typen), wobei nur Y-Verhalten reifer, mündiger Kooperation zu echter Arbeitsmotivation führe. |
| d) ERG-Theorie von Alderfer | Modifikation der Maslow'schen Bedürfnishierarchie auf 3 Stufen: Existenz, sozialer Bezug, Wachstumsbedürfnisbefriedigung und Bedürfnisstärke relevant. Alle 3 Bedürfnisse können simultan wirken. Arbeitsmotivation ähnlich wie bei Maslow Wachstumsbedürfnis. |
| 4. Herzberg et al. Zwei-Faktoren-Theorie der Arbeitsmotivation | Arbeitszufriedenheit und Arbeitsunzufriedenheit voneinander unabhängige Dimensionen, beeinflußt von Hygiene-Faktoren = Unzufriedenmacher und Motivatoren = Zufriedenmacher. Seine 7 Bedingungen der Arbeitsmotivation decken sich im Kern mit Maslows und Alderfers Wachstumsbedürfnisförderung. |
| 5. Kognitives Erwartungswert-Modell von Vroom | Die Stärke einer Handlungstendenz (Arbeitsmotivation = AM) ist bestimmt durch die Valenz (V) eines Handlungsergebnisses sowie durch die Wahrscheinlichkeit (W) des Ergebniseintritts: AM (HT) = V.W. Der positive oder negative Aufforderungscharakter von Ereignissen ist u. a. abhängig von der Valenz der Folgen der Handlungsergebnisse und deren Instrumentalität. |
| 6. Kognitives Erwartungswert-Modell von Lawler | AM wird durch die Erwartung (= Wahrscheinlichkeit, die intendierte Leistung zu erfüllen) bestimmt, daß bestimmte Anstrengungen oder Handlungen zur angestrebten Leistung führen. Bemühung, Ausführungs- und Ergebniserwartungen werden von 10 Determinanten bestimmt. |

**Tabelle A.** (Fortsetzung)

| Theorien bzw. Schulen | Arbeitsmotivations-Erklärungsansatz |
|---|---|
| 7. Integriertes Erwartungswert-Modell von Porter/Lawler | Das umfangreich schematisierte Modell kommt letztlich darauf hinaus, daß AM groß ist, wenn eine Person glaubt, zu einer guten erfolgreichen Leistung imstande zu sein. Zusätzlich spielt der Problemlösungsansatz eine Rolle: das Wissen, in einer konkreten Situation seine Fähigkeiten zum Einsatz bringen zu können und das Wissen, was von einem erwartet wird (siehe auch Campbell/Pritchard, weitere Version der Erwartungswert-Theorie). |
| 8. Leistungsmotivationstheorie nach Atkinson (beruhend auf K. Lewins Aussage, daß Verhalten eine Resultante des Zusammenwirkens von Person und Situation sei) | Leistungs(= AM)motiviertes Verhalten wird als Funktion zweier Situationsvariablen (1. Erwartungen von Erfolg und Mißerfolg, 2. Anreiz = allg. Wertschätzung von Erfolg und Mißerfolg) und zweier überdauernder Motive oder Personenvariablen (1. Erfolg aufsuchen, 2. Mißerfolg zu vermeiden) angesehen. AM wird definiert als „Prädisposition, nach Erfolg zu streben sowie als Fähigkeit, für eine erbrachte Leistung Stolz zu erleben". Wichtigstes Merkmal der Leistungsmotivation sind Emotionen, die bei der Auseinandersetzung mit einem Gütemaßstab entstehen und zumeist der frühkindlichen Sozialisation entstammen. |
| 9. Erweitertes Modell der Leistungsmotivation nach Heckhausen | Situation (S), Handlung (H), Ergebnis (E) und die Folgen (F) bestimmen den Motivierungsprozeß. Motivierung selbst wird als „kognitiver Zwischenprozeß" bei leistungsorientiertem Handeln aufgefaßt, der sich auf die Erwartungswertbeziehung stützt. Als weiterer Zwischenprozeß ist die „Selbstbewertung" besonders für die Selbstbekräftigung wichtig. Diese Selbstbekräftigung ist abhängig vom Gütestandard in der Kausalattribuierung, d. h. der Ursachenzuschreibung, d. h. ob eine Person ihre Leistung mehr internalen Fähigkeiten und Anstrengungen oder externalen (Zufall, Aufgabenschwierigkeit) Ursachen zuschreibt. |
| 10. AM und Attribuierungstheorie Kelly, Weiner et. al. | Die Ursachenzuschreibung (als kognitiver Schlußprozeß) möglicher Ursachen für Erfolg und Mißerfolg bei der Wahrnehmung einer zu lösenden Aufgabe bestimmt (nach Weiner) maßgeblich Art und Intensität des Leistungsverhaltens. Die erlebten Ursachen (für Erfolg/Mißerfolg) sind durch 4 Hauptfaktoren beschreibbar: Begabung – Anstrengung – Aufgabenschwierigkeit und Zufall (Glück/Pech). Sie lassen sich nach internaler und externaler Personenabhängigkeit sowie zeitlicher Stabilität und Variabilität klassifizieren. |

Dieser kurzgefaßte Überblick einiger wichtiger Motivationstheorien – deren inhaltlich vertiefte Darstellung sowie kritische Beurteilung der Leser weiter oben bei v. Rosenstiels „Motivationsmanagement" oder im Werk von Wunderer/ Grunwald studieren sollte – gewinnt für unser Vorhaben eines psychoanalytischen Beitrags zum Verständnis des Motivationsgeschehens im Arbeitsbereich Bedeutung. Dies weil die unterschiedlichen Theorien bzw. Schulen jeweils bestimmte Aspekte der Leistungsmotivation, inhaltlich und/oder prozeßhaft, mehr oder weniger kognitiv und/oder emotionsbezogen usf. hervorheben. Sie besitzen *alle* im Rahmen der psychoanalytischen Psychologie ihren Erklärungswert, der jedoch jeweils für sich nur ungenügend und partiell ist und das „Ganze" des motivationalen Geschehens beim Menschen nicht aufklärt.

Die beiden zunächst bekannt gewordenen „entgeltorientierten" Arbeitsmotivationstheorien (Taylorismus: Lohnanreiz, Hawthorne: Sozial-Entgeltsanreiz) bleiben im Symptombereich, die humanistischen Theorien (Human Resource Konzepte, Bedürfnishierarchien, Zwei-Faktoren-Theorie etc.) zentrieren ihre Aussagen um den sicher besonders wichtigen Einfluß der Wachstums- und Selbstverwirklichungsmotive auf die Arbeitsleistung, beachten aber zu wenig das Prozeßhafte und die Herkunft dieser Motive; die zwar prozeßorientierten und insoweit realistischeren Erwartungswerttheorien (von Vroom, Porter, Lawler bis Heckhausen) betonen wieder nur einseitig die Bewußtseinsleistung, also die kognitive Leistung im motivationalen Geschehen.

## 3 Psychoanalytische Orientierungen zum Verständnis der Arbeitsmotivation

### 3.1 Einige Vorbemerkungen

V. Rosenstiel verweist am Schluß seines weiter oben abgedruckten Beitrages in seiner „Kritik am herkömmlichen Motivationsmanagement" darauf: daß eine Schwäche beinahe aller Konzepte darin besteht, „daß das ihnen zugrundeliegende Menschenbild vereinseitigt erscheint. Der homo oeconomicus ist in der Motivationsforschung noch keineswegs überwunden, hier gilt, daß dieses Menschenbild reichlich kopflastig ist ..."

„Kopflastig" bezieht sich hier offensichtlich auf die Auffassung vom „homo oeconomicus" im Sinne eines „homo rationalis" oder letztlich vernunftgesteuerten Menschen. Emotionale und irrationale Mechanismen der Verhaltenssteuerung waren in der Motivationsforschung „bis vor kurzem überhaupt nicht oder in erster Linie als Störfaktoren zu lokalisieren" . Diese Faktoren gilt es, als wesentliche Bestandteile einer Motivationslehre zu berücksichtigen und in ein umfassendes, weniger einseitiges Konzept des Motivationsmanagements zu integrieren.

Beschränkt auf den Bereich der Arbeitsmotivation und ohne Anspruch, schon bis zu einem umfassenden Konzept der Erklärung und des Managements der Arbeitsmotivation vorzudringen, das rationale und emotionale Faktoren integriert, wollen wir auf den folgenden Seiten versuchen, das psychoanalytische Konzept der Psychologie zum besseren Verständnis der „Verhaltenssteuerung" bzw. der hinter dem bewußten Leisten von Arbeit stehenden „Beweggründe" darzustellen.

Wir gehen also von der Hypothese aus, daß Arbeit eine Kategorie und Leistung der bewußten Sphäre des Menschen darstellt, die Beweggründe für dieses bewußte Handeln aber zum Teil im Unbewußten liegen. Anders ausgedrückt, Arbeit ist eine Leistung des bewußten ICH (und Über-ICH), die wesentlich auch auf dem Einfluß und der Umwandlung psychischer Energien beruht, die ihren Ursprung in unbewußten Teilen des ICH und des ES haben.

Für die Erklärung solcher Zusammenhänge eignet sich aber die psychoanalytische Psychologie mit ihren tiefen- und ICH-psychologischen Komponenten besonders.

## 3.2 Motivation und Grundannahmen der Psychoanalyse

Tiefenpsychologie – und im konkreten Zusammenhang seines Buches vor allem Psychoanalyse – sind für Toman (1978, S. 9) gleichbedeutend mit der Psychologie der Motivation des Menschen. Zum Unterschied von der experimentellen, vorwiegend nicht tiefenpsychologisch ausgerichteten Motivationsforschung, befaßt sich die Tiefenpsychologie „mit der Motivation des Menschen und deren Entwicklung im Verlaufe seines Lebens. Sie untersucht die Vergangenheit (Geschichte) des einzelnen Menschen, seine Gefühle und Motive sowie seine Enttäuschungen und Verzichte. Die Tiefenpsychologie versucht ihre Erkenntnisse zu theoretischen Modellen des Motivationsgeschehens und der Motivationsentwicklung zusammenzufassen" (Toman, 1978, S. 11). Die Psychoanalyse versteht sich als eine Wissenschaft angewandter experimenteller Art, die sich aber nicht mit der Beschreibung des Einzelfalles begnügt, sondern unter laufender Überprüfung der Hypothesen tentative Theorien aufstellt, die u. U. wieder verworfen oder verändert werden müssen. Die empirischen Daten der psychoanalytischen Wissenschaft zeichnen sich vor allem aus durch große Komplexität, relative Unschärfe und häufige Mehrdeutigkeit, d. h. sie haben den Charakter der Echtheit – Lebensechtheit – und sind nicht (wie häufig in der experimentellen Motivationsforschung) Artefakte oder „geschichtslose", aus dem größeren ganzen Zusammenhang des Lebensprozesses eines Individuums herausgerissene Beobachtungen. In diesem Sinne könnte man die Psychoanalyse auch mit Fug und Recht eine ganzheitliche Psychologie nennen, die u. a. die Seins- und Werdensbedingungen einer ganzen Person in einer historischen (vergangenheits-, gegenwarts- und zukunftsgerichteten) Perspektive im Hinblick auf bewußte und unbewußte Motive untersucht.

Das Wort „tief" bedeutet im Begriff der Tiefenpsychologie zunächst grundsätzlich „unbewußt" und bezieht sich vor allem auf dreierlei Aspekte: „auf die Vergangenheit des Individuums, auf Motive und Gefühle des Individuums und auf Erlebnisse, Vorgänge und Ereignisse" (Toman, 1978, S. 10), an die der Betreffende entweder nicht mehr denken möchte oder kann bzw. nicht erinnert werden möchte. Wesentliche und wahre Gefühle und Motive, die echten letzten Antriebe, sind dem Menschen unbewußt, dem Handelnden und Denkenden weitgehend unbekannt. Dies gilt auch für die Motive zur Arbeit und die Leistungsmotivation. Daher erscheint uns die (interdisziplinäre) Anwendung der Psychoanalyse in der Motivationsforschung unabdingbar, auch weil die Psychoanalyse die älteste, am umfassendsten theoretisierte und auch in einer ICH-Psychologie und Bezugsystem-Psychologie ausgewertete Tiefenpsychologie darstellt.

## 3.3 Meta-psychologische Koordination der Psychoanalyse

S. Freud definierte die Meta-Psychologie als jene Betrachtungsweise, „in der jeder seelische Vorgang nach den drei Koordinaten der Dynamik, Topik und Ökonomie gewürdigt wird" (Freud, 1934, S. 85). Metapsychologie ist für Freud die hinter das Bewußtsein führende Psychologie. 1923 hat Freud in seinem Werk „Das Ich und das Es" (Freud, 1923) die Strukturhypothese anstelle der Topik eingeführt. Der „genetische" Gesichtspunkt, der von Freud einmal explizit als metapsychologische Koordinate formuliert worden ist, gehört m. E. implizit zu den metapsychologischen Bestimmungsstücken eines seelischen Vorgangs, weil grundsätzlich fast alle psychoanalytischen Formulierungen genetische Annahmen und Aussagen implizieren (Nagera, 1974, S. 337). Psychoanalyse bedeutet für Freud mehr als die Zerlegung zusammengesetzter psychischer Vorgänge in einfachere, „sie besteht in einer Zurückführung einer psychischen Bildung auf andere, welche ihr zeitlich vorangegangen sind, aus denen sie sich entwickelt hat. Das ärztliche psychoanalytische Verfahren könnte kein Leidenssymptom beseitigen, wenn es nicht seiner Entstehung und Entwicklung nachspürte: so ist die Psychoanalyse von allem Anfang an auf die Verfolgung von Entwicklungsvorgängen gewiesen worden". (Brenner, 1984, S. 43).

Die Strukturhypothese macht den Versuch, psychische Prozesse und Inhalte, die funktional aufeinander bezogen sind (womit m. E. bereits wieder die genetische Koordinate sichtbar wird), zusammenzufassen und die verschiedenen Gruppen auf Basis funktionaler Unterschiede einzuteilen. Damit kam die Psychoanalyse zu der bekannten Einteilung des Seelischen in 3 Funktionsgruppen oder „Strukturen", nämlich das ES (id), das ICH (ego) und das Über-ICH (Super-ego). Ersteres umfaßt die psychische Repräsentanz der Triebe, während das ICH die Umwelt-(Realitäts)-Beziehungen funktionalisiert. Das Über-ICH wiederum stellt den Verhaltenskodex (Moralnormen) für unser Seelenleben dar und unsere idealen Strebungen.

Unter Bedachtnahme des umseitig wiedergegebenen didaktischen Schaubildes können wir nun diese Zusammenhänge der Strukturen und Bewußtheiten unseres Seelenlebens noch klarer erkennen und als Voraussetzung für ein psychoanalytisches Verständnis der Motivation beispielhaft durcharbeiten (siehe Abb. 1).

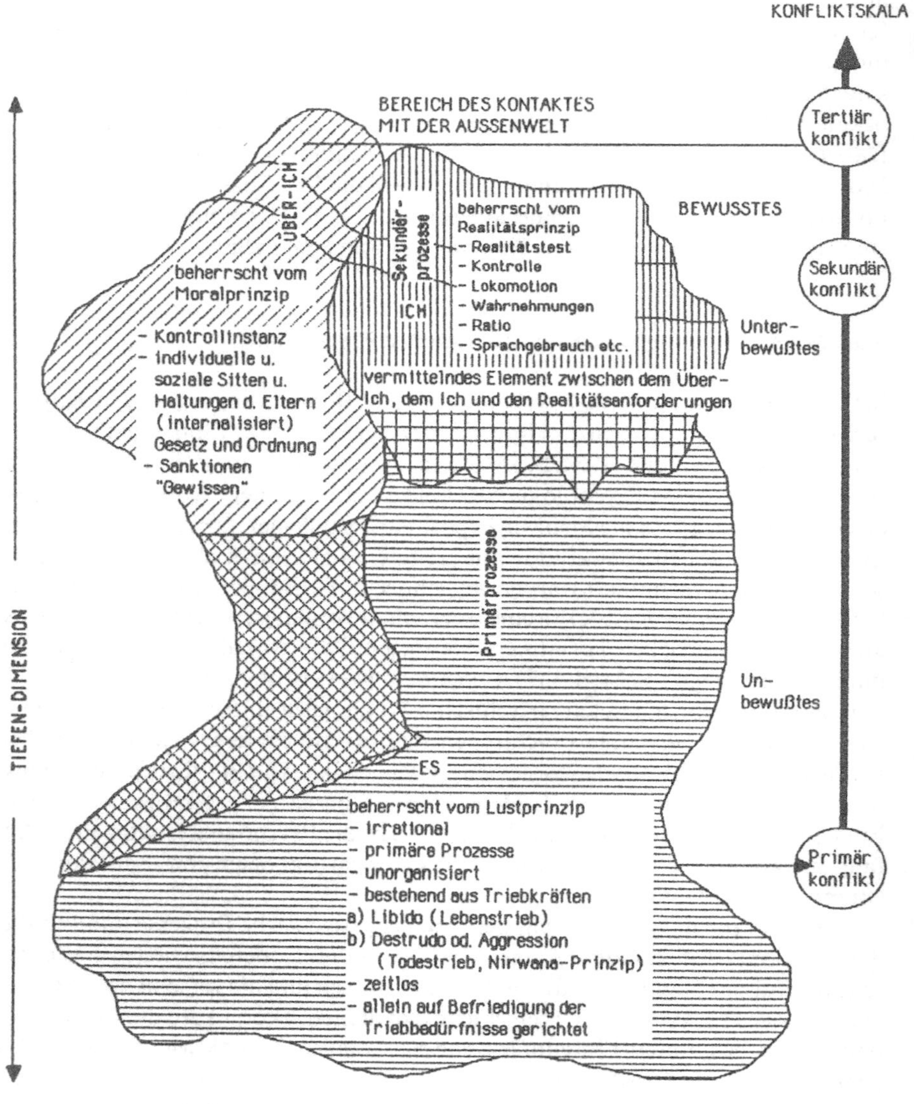


**Abb. 1.** Psychoanalytisches Strukturmodell der menschlichen Psyche (nach Freud) unter Einbeziehung eines Konfliktkonzeptes.

Freud sagte seinerzeit (Laplanche/Pontalis, 1972, S. 582), „daß es eine metapsychologische Darstellung genannt werden soll, wenn es uns gelingt, einen psychischen Vorgang nach seinen dynamischen, topischen (jetzt strukturellen, Anmerkungen des Verfassers) und ökonomischen Beziehungen zu beschreiben." In diesem Zusammenhang bietet sich die Beschreibung eines Verdrängungsvorganges als Beispiel an. Als Verdrängung kann man ein seelisches Geschehen bezeichnen, mit Hilfe dessen eine bestimmte Person versucht, mit einem Trieb verbundene Vorstellungen und Anmutungen (Gedanken, Wünsche, Bilder, Erinnerungen etc.) in das Unbewußte zurückzustoßen bzw. dort festzuhalten. Verdrängung geschieht zumeist dann, wenn die Befriedigung eines Triebes (der durch sich selbst Lust verschaffen kann) im Hinblick auf andere Forderungen (z. B. das Realitäts- und/oder Moralprinzip) Gefahr läuft, Unlust (Angst, Schmerz, Verluste etc.) hervorzurufen.

In Freuds Darstellung der ersten Phase einer Phobie (siehe Freud, 1946, S. 281) läßt sich das Verdrängungsgeschehen gut verstehen. Der „ökonomische" Gesichtspunkt in der Psychoanalyse bedeutet demnach die „Notwendigkeit, eine zweckmäßige Verwendung der psychischen Kraft zu erreichen" (Freud, 1942, S. 572). Also ähnliche Gedanken, wie wir sie schon weiter oben (siehe unseren Arbeits- und unseren Wirtschaftsbegriff) im Zusammenhang mit der Komponente der Zweckmäßigkeit – im Gegensatz zur Selbstzweckkomponente – erwähnt haben.

Das Verdrängungsgeschehen könnte uns auf eine Fährte bringen, die uns ein besseres Verständnis für die Arbeitsmotivation beschert. Wir haben versucht, dies anhand des Abwehrgeschehens zu erklären. Betrachten wir zunächst diesen Abwehr- (oder Verteidigungs-)Mechanismus (siehe Schaubild umseitig) etwas näher:

*Abwehr* ist ein seelisches Geschehen, daher ein Teil des dynamischen Konzepts, das sich gegen strukturelle Ansprüche (aus der Triebebene ebenso wie vom ICH und/oder Über-ICH) wendet, die z. B. in Formen von Gefühlen, Situationen, moralischen Forderungen, Erinnerungen, Phantasien u.a.m. Unlust und/oder Angst auslösen. Der Übergang von der „normalen" zur „neurotischen" Persönlichkeit ist u. a. auch dadurch gekennzeichnet, daß eine bestimmte subjektive Grenze der Bindung von seelischer (ICH)Energie an Gegenbesetzung und Abwehr überschritten wurde.

In seinem Drei-Frontenkampf (gegen Triebansprüche, gegen Forderungen aus dem Über-ICH und gegen Ansprüche aus der Außen-Realität), um Gefahren, Ängste und Unlust zu vermeiden, bedient sich das ICH unterschiedlicher Formen der Abwehr (= Abwehr oder Verteidigungsmechanismen) in Abhängigkeit von der Beschaffenheit und vom Entwicklungsstadium des ICH. Wenn die „Ökonomie" der seelischen Energien nicht mehr realitätsgerecht wirkt und z. B. die Bindung eines bestimmten Energiequantums an ein Symptom (Kompensation) eine Verarmung auf einer anderen realitätswichtigen Ebene zur Folge hat, dann beginnen Abwehren krankhaften Charakter anzunehmen: z. B. der übernormale Narzißmus als libidinöse Besetzung des ICHs verringert die so realitätsnotwendige Objektbesetzungsfähigkeit.

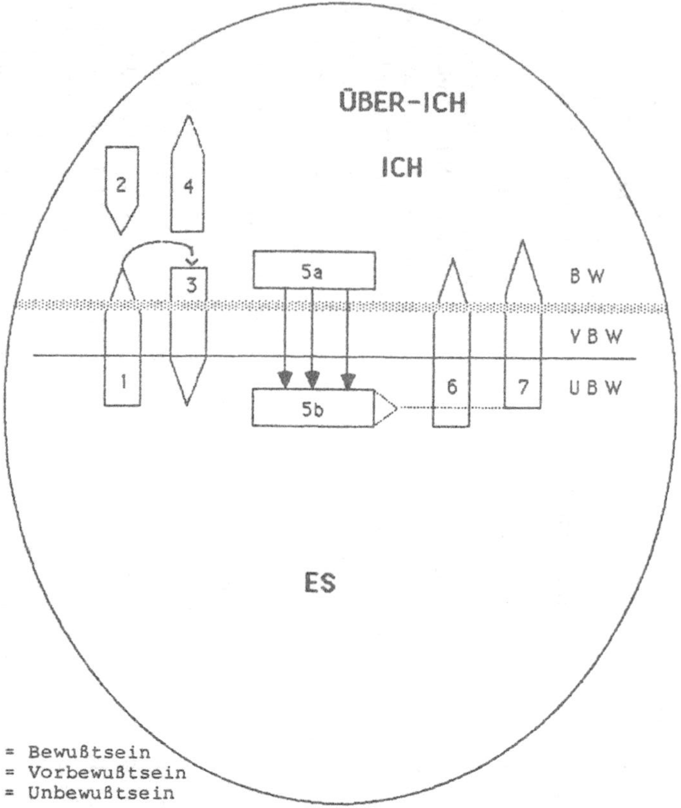


1 Triebregung mit Umsetzungsverlangen in Richtung VBW – BW

2 Gegenkräfte aus der Umwelt und/oder dem ICH und Über-ICH, die 1 zurückweisen

3 Verdrändung ("Fluchtversuch")

4 im Falle Freuds Beispiel der Phobieabfuhr der unbewußten Libidobesetzung der zurückgewiesenen Vorstellung als Angst

<u>oder im Falle der Abwehr</u>

5 5a Gegenbesetzung: ICH-Energie, die 1 den Zugang zum Bewußtsein und zur Mobilität verwehrt

5b Relativ dauerhafte Rücknahme des Triebwunsches (Verdrängung)

6 Abwehrform: zur Realitätsbewältigung zugelassene veränderte Triebenergie

7 Potentielle Gefahr eines Wiederdurchbruchs der ursprünglichen Triebenergie 1
= Zusammenbruch des Verdrängungs- und Gegenbesetzungsmechanismus und Rückverwandlung der Abwehrenergie in ihre <u>ursprüngliche</u> Qualität (Triebansicht) (auch als "acting out"!)

BW = Bewußtsein
VBW = Vorbewußtsein
UBW = Unbewußtsein

**Abb. 2.** Abwehrgeschehen.

Dieser Tatbestand wird energetisch aus der Abb. 2. „didaktisch" ersichtlich, wenn man sich vorstellt, daß in dem an sich beschränkten Energiefeld des ICHs die Gegenbesetzungsenergie auf Kosten der frei verfügbaren seelischen ICH-Energie so weit zunimmt, daß für die Aufgaben der Realitätsbewältigung (und dazu gehört z. B. auch Objektbesetzungsfähigkeit) nicht mehr ausreichend Besetzungsenergie übrig bleibt.

### 3.4 Arbeit, Arbeitsmotivation und Sublimierung

An dieser Stelle der psychoanalytischen Vorarbeit angelangt, können wir nun wieder den roten Faden aufgreifen und die Beziehung zur Arbeitsmotivation herstellen. Sie scheint dadurch gegeben, daß Arbeitsmotivation und die aus ihr folgende Aktivität, die wir Arbeit nennen, sich lückenlos aus den obigen metapsychologischen Erwägungen ableiten lassen. Die Fragestellung ergibt sich schon aus den Hauptelementen unseres *Arbeitsmotivationsbegriffes:*

- Komplex der Beweggründe,
- der auf ein wirtschaftliches Ziel hin (seelische Energie) aktiviert

und aus den vier aus der psychohistorischen Analyse gewonnenen *Hypothesen,* in denen folgende vier Hauptelemente enthalten sind:

- Unlustkomponente in der Arbeit,
- Sekundärer Lustgewinn aus Arbeit,
- „Vernünftigkeit" der Arbeit,
- Psychische Identitäts- und Streß-Bedeutung der Arbeit.

Zu den hervorragendsten realitätsorientierten ICH-Leistungen gehört ohne Zweifel die Arbeit. Wir möchten sie im Rahmen der oben referierten Abwehrgeschehnisse und Theorie der Triebschwäche als besondere *Sublimierungsleistung* und *Triebökonomie* bezeichnen.

Wenngleich von Freud ursprünglich vor allem als Ablenkung des Sexualtriebes auf ein nicht-sexuelles Objekt bezeichnet (Freud, 1941, S. 150 f.), ist Sublimierung sicher ein im Rahmen der meta-psychologischen Beschreibung erklärbares psychisches Geschehen, das die Ablenkung und Umwandlung psychischer Primärenergie generell in Sekundärprozesse bedeuten könnte. Also die Umwandlung nicht nur libidinöser, sondern auch aggressiver ES-Energie in Sekundärenergie. Eben diese Fähigkeit des menschlichen psychischen Apparates, ursprüngliche Triebenergie in nicht primäre Lustziele zu verschieben, nennt Freud die Sublimierung (Freud, 1941, S. 150 ff.).

Ursprünglich verwendete man in der Psychoanalyse das Sublimierungskonzept – und daher wohl auch die Ableitung aus dem Wort „sublim" – für eine Erklärung der intellektuellen und künstlerischen Arbeit, dann weiter für jede Art von Befähigung, die in einer bestimmten Gesellschaft als besonders wichtig und wertvoll angesehen wird. Toman spricht (1978, S. 45) von Sublimierung im Zusammenhang mit Ersatz eines nicht mehr befriedigbaren Motivs durch sozial akzeptablere Motive und meint, Sublimierung könnte als identisch mit Motivdifferenzierung überhaupt aufgefaßt werden. Diese Motivdifferenzierung = Anpassung an zunehmende Anforderungen der Gesellschaft – über das Realitätsprinzip an das ICH vermittelt – läßt sich auch anhand der psychoanalytischen Entwicklungspsychologie (Lehre von den Entwicklungsstadien psycho-sexueller Natur) nachvollziehen.

Diese Betrachtungsweise wird uns noch später beschäftigen und zeigt u. a. auch zweierlei: nämlich den möglichen positiven Entwicklungsgang eines Motivsystems einer bestimmten Person, der – Begabungen und gelingender Sozialisation folgend – zur Ausbildung eines spezifischen „Berufes" führt; eines Berufes, der Arbeit zu einem Beitrag der Verwirklichung des Selbst (der sogenannten Identität) macht. Andererseits aber auch, daß nicht selten schon in frühen Entwicklungsstadien und noch primitiveren Formen der Betätigung die späteren Berufsfähigkeiten und -neigungen erkennbar werden.

Mit Anna Freud (1973) kann man die Sublimierung zwar unter die Abwehrmechanismen zählen, sie ist aber zugleich der Vorgang, der die *Entstehung der Arbeitsleistung* des ICHs erklärt.

Die Beziehung zwischen den versagten (primärprozeßhaften) Motiven und ihren

**„sozial akzeptablen Ersatzbefriedigungen"**
**= Arbeitsleistung**

sind nicht sehr deutlich demonstrierbar, erklären sich aber generell aus der gesellschaftlichen Notwendigkeit, primitivere Formen der Lustbefriedigung unterdrücken (verdrängen) zu müssen, um über einen mühevollen Differenzierungsprozeß diese Energien wieder – jetzt im Dienste „höherer und erlaubter" Formen – der Befriedigung nutzbar zu machen, die allerdings zumeist geringeren subjektiven Befriedigungswert haben. Es sei denn, die Sublimierung zur Arbeit verläuft sozusagen auf der „Identitätsgewinnungsschiene". Damit meinen wir die persönliche Entwicklung der Arbeitsfähigkeit und des subjektiven Arbeitsinhalts auf der Basis von Beweggründen, die quasi dem inneren Zwang zur Realisierung des Selbst entstammen (Goethes „dunkler Drang", der sich des rechten Weges wohl bewußt ist). Freud (1930) spricht in diesem Zusammenhang von Berufstätigkeit, die besondere Befriedigung vermittelt, wenn sie einer freien, auf Neigung beruhenden Wahl entstammt und fortgeführte oder konstitutionell verstärkte Triebregungen durch Sublimierung nutzbar zu machen, gestattet. Aufgrund der besonderen Bedeutung des Gedankenganges wollen wir den größeren Zusammenhang für dieses Zitat wiedergeben:

„Wenn nicht besondere Veranlagung den Lebensinteressen gebieterisch die Richtung vorschreibt, kann die gemeine, jedermann zugängliche Berufsarbeit an die Stelle rücken, die ihr von dem weisen Ratschlag Voltaires angewiesen wird. Es ist nicht möglich, die Bedeutung der Arbeit für die Libidoökonomie im Rahmen einer knappen Übersicht ausreichend zu würdigen. Keine andere Technik der Lebensführung bindet den einzelnen so fest an die Realität, als die Betonung der Arbeit, die ihn wenigstens in ein Stück der Realität, in die menschliche Gemeinschaft sicher einfügt. Die Möglichkeit, ein starkes Ausmaß libidinöser Komponenten, narzißtische, aggressive und selbst erotische, auf die Berufsarbeit und auf die mit ihr verknüpften menschlichen Beziehungen zu verschieben, leiht ihr einen Wert, der hinter ihrer Unerläßlichkeit zur Behauptung und Rechtfertigung der Existenz in der Gesellschaft nicht zurücksteht. Besondere Befriedigung vermittelt die Berufstätigkeit, wenn sie eine frei gewählte ist, also bestehende Neigungen, fortgeführte oder konstitutionell verstärkte Triebregungen durch Sublimierung nutzbar zu machen, gestattet. Und dennoch wird Arbeit als Weg zum Glück von den Menschen wenig geschätzt. Man drängt sich nicht zu ihr wie zu anderen Möglichkeiten der Befriedigung. Die große Mehrzahl der Menschen arbeitet nur notgedrungen, und aus dieser natürlichen Arbeitsscheu der Menschen leiten sich die schwierigsten sozialen Probleme ab.“ (Freud, 1930, S. 211)

Sublimierung ist also jenes (abwehrhafte) psychische Geschehen, das Arbeitsleistung, Arbeitsenergie, durch Umwandlung von libidinöser und/oder aggressiver Primärenergie in realitätsangepaßte, gesellschaftsfähige und notwendige Betätigung ermöglicht. Infolge der damit notwendigerweise verbundenen Verzichts- und Verdrängungsleistung, der Unterdrückung unmittelbarer Lustbefriedigung, haben wir von der primären Unlustkomponente in der Arbeit gesprochen. Ein Teil des sekundären Lustgewinns aus der Arbeit entstammt der von Freud oben genannten *Verschiebungs*möglichkeit libidinöser Komponenten (beispielsweise narzißtischer, aggressiver, erotisch-sexueller etc.) auf die Berufsarbeit und/oder auf die mit ihr verbundenen menschlichen Beziehungen (z. B. auch über Reaktionsbildungen). Ein anderer sekundärer Lustgewinn, quasi als ICH-Lust Komponente, wird von der Arbeit ermöglicht, die zugleich Identitätsgewinn bringt. Diesen Zusammenhang wollen wir im anschließenden Unterkapitel unter entwicklungspsychologischen Gesichtspunkten darstellen.

### 3.4.1 Exkurs: Arbeitsmotivation entwicklungspsychologisch erklärt

Dazu fügen wir zunächst die Tafel der Darstellung der acht Entwicklungsstadien nach E. Erikson (1984) ein, die wir ergänzt und weiter durchgeführt haben, vor allem auch im Hinblick auf Managerverhaltenserklärungen.

Der Verlauf der acht psychosozialen Krisen in Verbindung mit ihrer psychosexuellen Herkunft eignet sich zugleich auch für eine Erklärung der Herkunft und Entstehung der Arbeitsbefähigung.

Eine erste und nur grundsätzlich einführende, noch nicht näher aufgefächerte Erklärung der langsamen und mühevollen Entwicklung der menschlichen Arbeitsleistung könnte – in Anlehnung an die acht Stadien der Persönlichkeitsentwicklung – etwa wie folgt lauten (Hofmann, 1984, S. 82 ff.):

**Tabelle B.** Dargestellt von M. Hofmann unter Verwendung des Schemas der „Lebenszyklen" von E. Erikson

| Psychodynamik der Charakterbildung: *Managerverhaltenspotential* | | | | | | | |
|---|---|---|---|---|---|---|---|
| Phase | Psychosoziale Krisen | Bezugs-personen | Hauptelemente, Bedeutung u. Einfluß | Psychosoziale Modalitäten | Psycho-sexuelle Stadien | ungef. Alter | Einige Konsequenzen für das Managerverhalten |
| I | Urvertrauen gegen Urmißtrauen | Mutter | Kosmische Ordnung (Wärme, Licht, Geräusch, Nahrung etc. und das Gegenteil) | Erhalten und Geben | oral | Säugling 0 - 3 J. | Risikobereitschaft, Delegationsfähigkeit, Vertrauen, Glaubensstärke, Kreativitätspotential, Offenheit etc. oder das Gegenteil |
| II | Autonomie gegen Scham und Zweifel | Eltern | Gesetz und Ordnung, Logik der Sprache, Arithmetik, Sauberkeit, Sanktionsregeln | Zurückhalten, Gehen lassen | anal | Kleinkind 2 - 4 J. | Eigentumssinn, Sparbereitschaft, Systematik und Logik, Gesetz und Ordnung, Ethik, Fähigkeit, kreativ zu sein oder das Gegenteil |
| III | Initiative gegen Schuldgefühl | ganze Familie | Beispiele, Prototypen (zur Identifikation) | Identifizierung, Probieren, Nachahmen | infantil-genital | Spielalter 3 - 5 J. | Draufgängertum, Unternehmungsgeist, Konfliktvermögen, Wißbegier, Zielstrebigkeit, Gewissenhaftigkeit oder das Gegenteil |
| IV | Leistung gegen Minderwertigkeitsgefühl | Nachbarn, Klassenkameraden, Jugendgruppen | Technologische Elemente, Techniken, Instrumente | Zielerreichung, etwas zu einem Ende zu bringen | latent | Schulalter 6 - 13 J. | Selbstwertgefühl, Leistungssinn, Pflichtgefühl, Ausdauer, Stolz, Zähigkeit, Durchhaltevermögen oder das Gegenteil |

**Tabelle B.** (Fortsetzung)

Psychodynamik der Charakterbildung: *Managerverhaltenspotential*

| Phase | Psychosoziale Krisen | Bezugspersonen | Hauptelemente, Bedeutung u. Einfluß | Psychosoziale Modalitäten | Psychosexuelle Stadien | ungef. Alter | Einige Konsequenzen für das Managerverhalten |
|---|---|---|---|---|---|---|---|
| V | Identität gegen Identitätsdiffusion | Freunde, Feinde, Kollegen | Ideelle Werte, Philosophien, Perspektiven, Weltanschauungen | Sein oder nicht Sein, seinen Platz in der Welt finden | genital | Adoleszenz 14 J. - | Identität, Zielklarheit, Entschiedenheit, Ich-Stärke, Selbstvertrauen, Beharrungsvermögen oder das Gegenteil |
| VI | Intimität gegen Isolierung | Geschlechtspartner, Ehegatten, Untergeordnete | Kooperations- und Wettbewerbsmuster | Sich selbst im Austausch im geliebten Wesen verlieren u. wieder finden | genital | frühes Erwachsenenalter | Freundschaftsvermögen, Wettstreitsfähigkeit, Loyalität, Liebes- und Intimitätsfähigkeit, Kooperationsfähigkeit, oder das Gegenteil |
| VII | Zeugende Fähigkeit gegen Stagnation | Familie, Arbeitspartner u. -kollegen | Verantwortung zum Aufbau einer Familie, Haushalt, Aufrechterhaltung von Traditionen | Leben weitergeben und dafür sorgen sowie Verantwortung dafür übernehmen | genital | Erwachsenenalter 26 J. - | Lehrfähigkeit, Aktivität, orientiert zum Wachstum, Aufbau und der Fürsorge oder das Gegenteil |
| VIII | Ich-Integrität gegen Verzweiflung | Jeder, alle | Reflexion, Weisheit | Akzeptierung seines eigenen Lebens, Sein indem man gewesen ist | genital | Reifes Erwachsenenalter 38 J. - | Annahme des Vergangenen, Verantwortungsgefühl gegenüber der Allgemeinheit, Bereitschaft, Führungsverantwortung auf sich zu nehmen oder das Gegenteil |

Die schon genannten acht (8) kritischen Entwicklungsphasen des Menschen haben u. a. auch einen besonderen Bezug zur Arbeit, zum mehr oder weniger Gelingen der Entfaltung dieser Kategorie menschlichen Verhaltens. In diesem Abschnitt wollen wir uns zunächst mit der positiven Seite, dem aufbauenden und fördernden Beitrag, den jede Lebensstufe für die Entwicklung der Arbeitsfähigkeit des Menschen leistet, beschäftigen. Dabei können drei wesentliche Phasen unterschieden werden.

a) *Die Phase der spielerischen Hinführung zur Arbeit*

Noch bevor der Mensch Berufsarbeit im engeren Sinne leisten kann, muß er Lern-Arbeit leisten, die erstere erst ermöglicht. Damit er aber Lern-Arbeit zustande bringt, muß eine „positive Neugier" auf diese Welt und eine realitätsnahe Objektbeziehung entstanden sein.

*Das Vertrauenspotential*
Die Bewältigung der ersten oralen Lebenskrise führt über gelingende, stützende Objektbeziehungen, vor allem zunächst zur Mutter, zu einer grundsätzlich positiven (vertrauensvollen) Einstellung zu dieser Welt, die es (Neugier) zu entdecken gibt. Es entsteht sozusagen Triebkraft, gerichtet auf Anpassung an die und Veränderung der Welt, das „aktive Vermögen" für die spätere Arbeitsanforderung.

*Das Selbständigkeitspotential*
In der zweiten analen Lebensstufe gilt es, diese obgenannte Triebkraft zu ordnen und auszurichten auf das Notwendige und Nützliche. Damit werden schon wesentliche Elemente der Arbeit angesprochen: das Unausweichliche, die Verzichtsleistung (z. B. auf angenehmeres Spiel), aber auch die Anerkennung, die Belohnung, die materiell wie auch immateriell mit der gelingenden Leistung, dem gelingenden Verzicht (als „Ersatzbefriedigung") verbunden ist, und mit dieser Anerkennung der Gewinn von Selbständigkeit, Umweltbeherrschung.

*Das Initiativpotential*
Die Spiele, oft Nachahmung, werden immer ernster, bekommen ersten, leichten Leistungscharakter. Das Anstreben – oft noch nicht Erreichen – von Zielen wird eingeübt und die Annäherung belohnt, macht Freude, stärkt das Selbstbewußtsein zu Hause und im Kindergarten oder bei Wettbewerben der Kinder untereinander. Das Initiativvermögen wird so nachhaltig und ständig gestärkt und aufgebaut.

b) *Die Phase der Erlernung der Arbeit – Passive Leistungsphase*

Jetzt wird es sehr ernst. Die spielerische Hinführung zur Leistung im Vorfeld der Arbeitsgestaltung endet – wenigstens partiell – wenn es um die Schularbeit geht. Jetzt ändert sich der Sanktionscharakter (die Art der Bestrafung und Belohnung) massiv.

*Das Leistungspotential*

Spätestens mit dem „neuen" strengen Lernen in der Schule endet das spielerische Heranführen an die Arbeit: Zielerreichung – nicht nur Anstreben –, Vollendung einer Aufgabe und ihre Beurteilung außerhalb des Familienbereiches; strenge Sanktionen, Aufstiegsziele usw. verlangen klar definierte Leistungen. Das Leistungsvermögen, sehr zu Lasten des Spielverlangens, muß aufgebaut werden, sonst wird Minderwertigkeit zum persönlichen Schicksal.

*Identität*

Diese Phase, beginnend in der Pubertät – heute nicht selten bis in die mittlere Lebenskrise hinein nicht ganz vollendet –, ist für die individuelle Arbeitsgestaltung schicksalhaft. Es geht zentral um den Inhalt der Arbeit im Sinne eines Berufes. Wozu bin ich fähig, was sind meine innersten Berufswünsche, mit welcher Leistung kann und will ich mich in die arbeitsteilige Gesellschaft eingliedern? Die erste Gefahr der Arbeitsverfremdung beginnt also in der Qualität des individuellen Berufswahlprozesses, wie sehr es gelingt, hier innerste Seins-Bedürfnisse durchzusetzen oder äußeren Einflüssen, z. B. der Identifikation und der Verführung materieller Anreize zu erliegen. Letztlich geht es auch um die psychische (und physische) Gesundheit, deren Grundlage eine gesunde echte oder krankmachende schlechte Arbeitsgestaltung ist.

*Intimitätspotential*

Der Grad der Kooperationsfähigkeit hängt direkt auch von der Bewältigung der 6. Lebenskrise, der Entwicklung der Fähigkeit zur menschlichen Nähe anstelle von Isolation, ab. Diese „Kooperationspotenz" ist freilich schon vorausgebildet durch die Art der in früheren Lebensphasen gelungenen oder nicht gelungenen Objektbeziehungen sowie der stärkeren Oralität oder Analität der Persönlichkeit.

*Generativitätspotential*

Ja, jetzt handelt es sich um eine „Persönlichkeit". Die Phase der Erlernung und passiven Ausübung der Arbeit sollte zu Ende gehen. Eine gesunde, starke, reife (genitale) Persönlichkeit sollte sich auch in einer Art der Berufsausübung (Arbeitsgestalt der Aktivität) ausdrücken, die „generativ", d. h. im weiteren Sinne des Wortes = zeugend, erzeugend ist. Die Wende vom lernenden, vorwiegend passiven Menschen zum endlich lehrenden, aktiven muß einmal vollzogen werden, heraus aus der Mitte einer originalen Erfahrung und Leistung in der Arbeitswelt. Der Typus der nicht „verfremdeten" Arbeit im analytischen Sinne ist diese im Beruf generative Persönlichkeit, die Bewahrungs- und kreative Aufbauarbeit zu leisten imstande ist, das beglückende Gefühl eines einmaligen Eigenwertes (= Selbstverwirklichung) genießt – und damit zugleich der Gesellschaft den einmaligen, einzigartigen Beitrag leistet, der für die Entwicklung der Menschheit unabdingbar ist.

*Integritätspotential*

Auch in beruflicher Hinsicht ist es unser Ziel, einzumünden in die beglückende Phase des reifen Menschen, der aus seiner langjährigen Lebens- und Berufserfahrung heraus sich vom engeren Ich- und Familienkreis, von der Umwelt des Arbeitsplatzes und dem Kreis der Seinen heraus, der Gesellschaft zuwendet; der in der Lage ist, auch bewußt Abschied zu nehmen von seinem engeren Arbeitskreis, um sich der Allgemeinheit zur Verfügung zu stellen, in höherem Ausmaß als bisher der Gesellschaft zu dienen, sei es in politischer, karitativer oder auch berufsverbandsmäßiger Weise. Damit erfährt die höchst individuelle Arbeitsgestalt nochmals eine letzte Veränderung und Veredelung. Das Integritätspotential ist zugleich auch das Vermögen, die Ablösung, die Regelung der Nachfolge, das liebevolle Platzmachen für die Jüngeren zu bewältigen, ja sorgfältig vorzubereiten – ohne den Arbeitsinhalt, der für die seelische Gesundheit so wichtig ist, zu verlieren.

Arbeitsmotivation, entwicklungspsychologisch erklärt, stellt sich dar als die gelingende Sublimierung psychischer Primärenergie (= ES), in ICH-hafte realitätsbezogene Leistungsenergie, die in der Verfolgung ihrer Ziele *auch* SELBST-erhaltende und SELBST-entwickelnde (= SELBST-verwirklichende) Wirkungen besitzt. Oder anders ausgedrückt in der Sprache Eriksons: Die Erreichung eines relativ konstanten, von anderen abgegrenzten, integrierten Selbstbildes, das in einer zumindest gewissen Übereinstimmung mit dem Fremdbild steht = das Realitätsgefühl des Selbst. Dieses Konzept wird bei Erikson unter dem Begriff der „Identität" abgehandelt und bekommt unter arbeitsmotivationalen Aspekten m. E. eine ganz zentrale Bedeutung.

Damit kommen wir zur wichtigsten und wesentlichsten Hypothese unseres Beitrags: nämlich letztlich ist *Arbeitsmotivation* in einer psychoanalytischen Erklärung ident mit dem Gelingen der persönlichen *Identität*. Die Meisterung der psychosozialen Krise, die im Adoleszenzstadium so bewußt wird – nämlich der Identitätskrise im Sinne einer klaren Sinngebung und Zielstellung für unser Leben und im Zusammenhang mit der unvermeidlichen (Berufs-)Arbeitsaufgabe – stellt letztlich das psychische Kerngeschehen gelingender Arbeitsmotivation dar. So können wir – auf die kürzeste Formel gebracht – sagen:

**Arbeitsmotivation = gelungene Identität.**

Freilich unterstellen wir dabei einen derzeit realen Zustand der Angewiesenheit der Menschheit auf Arbeitsleistung und nicht die paradiesische Erinnerung oder kommunistische Hoffnung eines arbeitslosen Zustands. Und zwar insofern, als jedesmal selbstverwirklichende, daher beglückende Betätigung und zugleich Befriedigung anderer materieller und immaterieller Bedürfnisse gewährt ist, worunter ausdrücklich auch nicht nur die Gelegenheitsarbeit (Job) zwecks Gelderwerb gemeint ist, sondern vor allem die Qualität einer längerfristig zu leistenden, letztlich einzigartigen Berufsarbeit (professio), deren individuelle Qualität bis auf weiteres als ein unabdingbarer Beitrag für die Selbst- und Arterhaltung der species Mensch anzusehen ist. Es wird aufgefallen sein, daß wir SELBST-ERHALTUNG in einem doppelten Sinn verstehen. Einmal im herkömmlichen Sinn der Aufrechterhaltung der Lebensfunktionen eines Menschen mit starkem (wenngleich nicht ausdrücklich nur) Bezug zur psychologischen Dimension des Lebens. Zum anderen im besonderen Sinn der Erhaltung der Integrität der psycho-physischen Ganzheit eines Individuums. Aber gerade darauf kommt es im Motivationsmanagement an, also beim Bemühen, Menschen zur Mitarbeit zu gewinnen. Der Aspekt der Freiheit und Freiwilligkeit ist von grundsätzlicher Bedeutung in der Arbeitsmotivation. Dies wird in der psychoanalytischen Erkenntnis von Arbeitsmotivation = Berufsidentität ganz klar. Sklavenarbeit, Arbeitslager, letztlich jeglicher Zwang bei der Arbeitsausführung ist mit einer Integrität der psycho-physischen Ganzheit des „Selbst" nicht vereinbar! In diesem Sinne wird auch „Verfremdung" im Kontinuum von Sklavenarbeit bis zur freien Berufsarbeit Bestandteil einer demotivierenden Arbeit mit psychischem Streß-Charakter.

Wie wir versucht haben, oben nachzuweisen, entwickelt sich „Arbeitsmotivation" als intervenierende Variable des Verhaltens im Sinne von Nuttin (1971). Dieser betrachtet Motivation als bestimmende Größe (ähnlich wie andere bestimmende Größen: Wahrnehmung, Lernen, Reize) im Sozialisationsgang. Der erste motivationale Höhepunkt ist das zugleich schicksalhafte Geschehen der beruflichen Identitätsgewinnung. Schließlich in der VII. Entwicklungsphase (Generativität) mündet dieser Prozeß in die für jeden Menschen mögliche, angestrebte und so beglückende Gewißheit der Einheit von Identität und Arbeit. Jenem „Erfolgserlebnis", das so eigentlich die Wende in der Entwicklung des Individuums markiert vom überwiegend passiven, belehrten, abhängigen und sicherungsbedürftigen Menschen zum aktiven, lehrenden, selbständigen, im weitesten Sinne des Wortes bewahrenden, auf- und weiterbauenden „Generator". In diesem Sinne ist der Begriff der reifen „genitalen" Persönlichkeit in der Psychoanalyse zu verstehen. In diesem Sinne bringt uns die psychoanalytisch orientierte Entwicklungspsychologie dem „Mysterium" der Arbeitsmotivation so nahe wie kaum ein anderer Motivationsansatz. Wir haben gesehen, wie das spielerische Hinfinden zur Arbeit eine wesentliche Funktion der ersten vier Lebensstadien darstellt, sich um ein Ringen um und schließlich Finden von Identität dreht. „Wir alle wissen, daß Kinder selten der Sache halber, meist einem Menschen zuliebe arbeiten" (Schraml, 1980, S. 286), und wir möchten hinzufügen, daß es das beglückende Erlebnis eines reifen erwachsenen Menschen sein kann und soll: dieses Gefühl, einem Menschen (oder besser: Menschen) zuliebe zu arbeiten, zugleich sich selbst zuliebe (seiner „Verwirklichung") zu arbeiten, zu erleben. Menschen besser arbeitsfähig, liebesfähig und genußfähig zu machen, sind nach S. Freud die erhabenen Ziele der Psychoanalyse. Arbeit und Liebe – die wesentlichen Inhalte unseres Lebens. Oder im christlichen Sinn – wie wir schon (im Abschnitt 2.1.1 dieses Beitrags) früher darstellen konnten, jetzt aber vielleicht einsichtiger – diese großartige Metamorphose der primären seelischen Triebenergien des Menschen in das, was wir im Christentum die „Nächstenliebe" nennen, die nun „auch" über die Zuwendung der Arbeit schließlich gelingt und sozusagen dem Nächsten, dem anderen, dem Partner, der Gesellschaft aus der Mitte der kreativen Eigenleistung heraus den Beitrag zur Lebenserhaltung leistet, der nur aus der Identität von Selbst- und Nächstenliebe heraus verständlich ist. Wo ES ist, kann ICH werden, wo ICH ist, kannst Du werden, wo Du bist, kann ICH sein – können wir alle sein und werden. Es ist leicht einzusehen, daß ein solches Verständnis von Arbeit als zentrales Phänomen gelingender Sublimierung und Neutralisation (vgl. Hartmann, 1960) auch numinosen und religiösen Charakter enthält. Dieser „Sublimierungs- und Neutralisationsprozeß" im Dienste der Arbeit erklärt jetzt auch nachträglich das, was wir weiter oben mit der III. Hypothese von der Vernünftigkeit der Arbeit gemeint haben.

Die psychoanalytische Entwicklungspsychologie gibt uns ein dynamisches Modell der Sozialisation des Menschen und seiner Energien zur Arbeitsleistung. Im positiven Fall erfolgt mit jeder erfolgreich bewältigten Lebenskrise eine Verfestigung der (Arbeits-)Motivation. Nach Beendigung der sog. Kind- und Jugendperioden der Entwicklung entsteht so etwas wie eine „sekundär-autonome Zone der Motive" (Hartmann, 1960).

Die Verbindung der beiden Primärtriebenergien Libido und Aggressio in jener Mischung, die die Spezifität jeder der beiden ursprünglichen Triebqualitäten aufhebt und eine neue Qualität von ICH-Energie entstehen läßt, die Hartmann „Neutralisation" nannte, ermöglicht Kognition = Vernunftleistung und in dieser auch die Arbeitsleistung. In Verbindung mit der schon beschriebenen Sublimierung und den allenfalls nötigen Abwehrmechanismen gelingt die „vernünftige" Arbeitsleistung des Menschen. Aus ursprünglicher Triebenergie und (im besten Falle) entlang der Begabungsentwicklung formt sich die sekundäre Autonomie der Arbeitsmotivation, von Triebkraft aktiviert, vernunftgesteuert und von größter Bedeutung für die Reifung der Persönlichkeit und simultan der Kultur der Gesellschaft. Autonome Motivationen – und dann die Arbeitsmotivation – sind SELBST-bestimmt und daher nicht mehr (oder besser: nicht mehr nur) von den Grundtrieben abhängig (Schraml, 1980, S. 288). Wir haben schon bei der Besprechung der Verdrängung und der Abwehrmechanismen vom primären und sekundären Lustgewinn gesprochen. Ohne Zweifel gehört die aus der Arbeit, und zwar nur aus der identitätsgerechten Arbeit, gewonnene Lust zur Qualität des sekundären Lustgewinns (secundary gain) und kann diesen Charakter auch nicht leugnen. Also „reine" Lust ist die Arbeit nie. Die Theorie der „funktionellen Autonomie der Motive" von Allport (1949), in der auch Primär- und Sekundär-Motive unterschieden werden, gehört auch hierher. Seine Auffassung von der Entstehung der Motive (mehr oder weniger weit) erst im Erwachsenenalter, können wir allerdings nicht teilen.

Gerade in diesem Zusammenhang möchten wir auf Ergebnisse der Forschung verweisen (vgl. hierzu den Tagungsband „L'Imaginaire et le Leadership – Fantasies and Leadership" „des Symposium international sur les pratiques du leadership en gestion", 5, 6, 7 Mai 1986 in Montreal, Ecole des Hautes Etudes Commerciales de Montreal, und die auf über 600 Seiten darin vorgestellten Fallstudien über Michel Hidalgo, Rudolf Steiner, Familie Krupp, Gandhi, J. E. Hoover, Frank Lindler, Maurice Fortier, Lucien Pfeiffer, McKenzie King, Arno Kasper Haupt etc.), die in Montreal vorgetragen und diskutiert wurden und sie eindeutig interpretieren als eine Unterstützung unserer Hypothese der schon sehr früh in der Entwicklung sichtbar werdenden Motive für spätere überdurchschnittliche Arbeitsleistungen im kreativen Bereich. Frühe Visionen und Phantasien, spielerisch dargetan, verweisen oft schon recht deutlich auf die spätere überdurchschnittliche Leistung und stellen eine Frühform der Identitätsbildung dar. Etwas weiter unten werden wir anläßlich der Vorstellung unserer psychoanalytisch interpretierten drei Basischaraktere (und deren Motivstrukturen) in einem besonderen Falle versuchen aufzuzeigen, wie sich (fast vorhersehbar) diese Parallelität der Motiv- und Identitätsentwicklung abzeichnet.

## 3.5 Psychoanalytische Charakterologie und Arbeitsmotive

Die im Vorkapitel angedeutete psychoanalytische Entwicklungspsychologie gibt Anlaß zu dem Versuch, Charakterbildung im Zusammenhang und in Abhängigkeit von den Entwicklungsstadien zu sehen. In der Psychoanalyse hat Freud schon früh diese Zusammenhänge gesehen und zum Teil beschrieben (Freud, 1908) und verschiedene Charaktertypen entweder in Anlehnung an die großen psychoneurotischen Affektionen (z. B. zwanghafter, phobischer, paranoider Charakter etc.) oder nach verschiedenen libidinösen Entwicklungsstufen (oraler, analer, phallisch-narzißtischer, genitaler Charakter etc.) unterschieden.

In Anlehnung an letztere Unterscheidung und die Erkenntnis, daß die großen psychoneurotischen Affektionen zumeist auch phasenspezifisch (also in bestimmten Entwicklungsstufen) auftreten bzw. ihren Ursprung haben, haben wir versucht (Hofmann, 1982, S. 3), die Beobachtungsergebnisse von menschlichem Verhalten bei Assoziationsübungen innerhalb gruppendynamischer Veranstaltungen drei Grundtypen (idealtypisch) zuzuordnen und diese drei Basischaraktere mit Bezeichnungen aus den ersten beiden Entwicklungsstufen (der oralen und der analen) versehen.

Die Einteilung in die drei Bezeichnungen (siehe Abb. 3):

1. O.N. Typus = oral-narzißtischer Charaker
   (oder charismatische Persönlichkeit)
2. O.C. Typus = oral-consensualer Charakter)
   (oder traditionelle Persönlichkeit)
3. A.O. Typus = anal-ordinaler Charakter
   (oder bürokratische Persönlichkeit)

folgte in Anlehnung an die schon weiter oben vorgestellten Freud'schen Grundtypen und im Versuch, die Grundprägungen des jeweiligen Typs in einer ganz bestimmten ( eben typenprägenden) Entwicklungsstufe anzusiedeln. Die Beobachtung von Verhaltensweisen läßt auf Motivstrukturen schließen, die, auf die drei Grund-Charaktertypen verteilt, auf den folgenden Seiten taxativ kurz beschrieben sind:

### Typ O.N.: Die oral-narzißtische Persönlichkeit

Der oral-narzißtische Typ ist u. a. gekennzeichnet durch folgendes Verhalten und nachstehende Fähigkeiten, die auch auf die zugrundliegenden Motive schließen lassen:

- ein hohes Maß an Selbstliebe und narzißtischer Selbstbezogenheit;
- ziemlich introvertiert; pathologische Selbst-Liebe und übermäßiger Egoismus, ohne Empathie;
- höchste Wertschätzung der Freiheit bzw. persönlichen Freiheit (möglichst unbeschränkt);
- starker angeborener Drang, Situationen zu ändern, sich zu verändern, kreativ zu sein; liebt es nicht, die Umwelt, wie sie ist, zu akzeptieren – zum kreativen Wandel orientiert; mit grandiosen Phantasien;
- starkes Bedürfnis, alle Arten von Beschränkungen, die seiner Selbstverwirklichung im Wege stehen, zu beseitigen (wie z. B. Kontrollen, Verordnungen, Anordnungen);
- hat eine geringe, nach außen gerichtete emotionale Kapazität, seine Fähigkeit, (Personen) zu lieben, ist eher gering, meist nur oberflächliche Beziehungen, hat aber ein starkes Bedürfnis, bewundert zu werden;
- mehr ideen- und begriffsorientiert als organisations- und menschenorientiert;
- selbstgenügsam, starke Persönlichkeit mit großer Ich-Stärke, Identität, starkem Glauben an sich selbst, hoher Selbstachtung und Selbstsicherheit, die in
- einem überdurchschnittlichen hohen Bedürfnis nach Anerkennung der eigenen Bedeutung und Leistung resultiert,
- das relativ wenig von materiellen Kompensationen abhängt;
- schätzt und braucht hohe Gehälter, aber mehr als sichtbares Zeichen für erzielten Erfolg;
- sein Wunsch nach Reflexion, kreativem Denken usw. macht ihn gelegentlich bedürftig, allein zu sein; Alleinsein macht ihm keine Angst und Gruppenzugehörigkeit, Gruppenrituale und Kooperation sind nicht nach seinem Geschmack;
- die stärksten Motive kommen von innen, von dem Drang, kreativ zu sein, die Welt zu verbessern (nicht aus der Umwelt, dem Organisationsziel oder irgendwelchen anderen Zielen);
- geringe Anpassungsfähigkeit, liebt es nicht, befragt zu werden – nicht sehr kritisch und objektiv in Diskussionen –, ist voll vorgefaßter Meinungen, ein schlechter Zuhörer, hält an seinen Standpunkten fest, ungeduldig, rastlos;
- aggressiver Verteidiger seiner Ideen, hohe Konfliktbereitschaft;
- äußerst entscheidungsfreudig, aber relativ realitätsfern (keine klare Sicht durch seine eigenen Visionen), nicht objektiv;
- charismatisch durch seine Selbstsicherheit, klare Zielsetzung und Bindung an gefestigte Wertsysteme; dadurch besonders anziehend für Ich-geschwächte Persönlichkeiten, indem er ihnen klare Zielvorstellungen für ihre dringenden Identitätsbedürfnisse bietet;
- überdurchschnittliche Neidgefühle mit Tendenz der Entwertung (dessen was er beneidet!), zumeist auf immaterielle Güter bezogen;
- Einstellung, als ob er von allen anderen etwas zu erwarten und zu bekommen hätte;
- infolge der stark vorgefaßten Meinung seiner schlechten Kommunikationsfähigkeit und des Neides, eher unfähig zu lernen (im Sinne der Aneignung der Werte anderer);

- eher unfähig zur Trauer;
- im Gewissen eher der Scham- als der Schuldkultur zugehörig;
- geringe internalisierte Moral im Sinne der „Wertsysteme Erwachsener", statt dessen eher infantile Grandiotismen (wie Macht, Bewunderung u. ä. Werte);
- eher antisozial-sadistisch mit paranoiden projektiven Abwehren bei Mißerfolgen.

### Typ O.C.: Die oral-konsensuale Persönlichkeit

Der oral-konsensuale Typ ist u. a. gekennzeichnet durch folgendes Verhalten und nachstehende Fähigkeiten, die auch auf die zugrundeliegenden Motive schließen lassen:

- eher Mangel an Selbstliebe, sehr gebefreudig und lernfähig;
- ein starkes Bedürfnis nach Anerkennung und Akzeptierung durch andere;
- mehr extrovertiert, große Anpassungsfähigkeit, flexibel;
- Bedürfnis nach Wärme, emotionaler Nähe, Liebe und Zugehörigkeit (z. B. zu Gruppen etc.), sogar auf Kosten der persönlichen Freiheit;
- hohe Wertschätzung von Frieden und Sicherheit, nicht geneigt, aggressiv vorzugehen, für etwas zu kämpfen, nicht konfliktfähig, nicht entscheidungsfreudig, sehr delegationsfreudig;
- mehr an Menschen interessiert als an Ideen und Organisationen;
- sein starkes Bedürfnis nach Zugehörigkeit führt konsequenterweise zur Gruppenorientierung, dem Wunsch, informiert und kommunikativ zu sein und erzeugt Angst vor dem Alleinsein, Alleingelassen- und Ausgeschlossensein; trauerfähig;
- Wunsch nach geordneten und gesicherten Verhältnissen, Regelmäßigkeit, Prinzipien, unter Kontrolle stehenden Situationen und dadurch Vermeidung von gefürchteten Unsicherheiten – risikoscheu;
- Wunsch nach Stabilität, erprobten Traditionen und deren Beibehaltung, vermeidet beunruhigende Veränderungen, die Unsicherheit mit sich bringen;

daher:

- nicht sehr kreativ, eher innovationsfeindlich;
- relativ diffuse, ICH-schwache Persönlichkeit, geringe Identität mit großem Identifizierungsbedürfnis, stark abhängig von Meinungen und Beurteilungen anderer, wenig eigenständige Ideen und Wertvorstellungen;
- geringe Selbstachtung;
- realitätsnah, radar-ähnliche Aufnahme der Umwelt;
- hohe Kontaktfreudigkeit – ohne echte emotionale Investition, sozial;
- mehr Bekannte als echte, treue Freunde – daher weniger emotional verlustgefährdet; fähig, verschiedene Machtstrukturen in Organisationen zu überleben;
- Kalkulation und Manipulation als Hauptmachtmittel, versucht auch Belohnungen für andere über seine Person zu leiten, eher Verfahrens- als Inhaltsfragen zugeneigt, geringe Fähigkeit, Standpunkte einzunehmen und sie zu verteidigen;
- im Gewissen eher der Schuld- als der Schamkultur zugehörig
- bei Mißerfolgen tendenziell masochistisch-introjektive Selbstanklagen

**Typ A.O.: Die anal-ordinale Persönlichkeit**

Der anal-ordinale Typ entwickelt sich hinsichtlich seiner Ausprägung und Sozialisation im ersten (oralen) Lebensstadium. Ein grundsätzlich mehr narzißtischer oder mehr konsensualer Charakter – hat aber zusätzlich einen überdurchnittlich analen Einschlag in der Sozialisation erhalten. Seine Persönlichkeit ist u. a. durch folgende Merkmale – die auch auf die zugrundliegenden Motive schließen lassen – zusätzlich zu seinem oralen Typus charakterisiert (oder durch das Gegenteil, wenn anal-disordinal sozialisiert):

- fühlt sich verantwortlich für Gesetz und Ordnung, für die Einhaltung von Regeln;
- stark entwickeltes (eher empfindliches) Gewissen;
- ist sehr geeignet, Regeln, Kontrollmaßnahmen, Normen und Standards sowie Systeme auszuarbeiten und schätzt diese sehr;
- besonders begabt für Zahlen, Mathematik, Kalkulation, abstrakte Logik, Mengen-Denken;
- diese Begabung äußert sich manchmal in zwanghaftem Verhalten;
- besonders befähigt zur Sparsamkeit und zu finanziellen Transaktionen, Sinn für Geld und Wirtschaftlichkeit;
- geneigt, Freiheitsbeschränkungen zu akzeptieren, wenn sie ihm logisch erscheinen, da er daran gewöhnt ist, alle Arten von Beschränkungen, Normen und Gesetze anzuerkennen;
- emotional ziemlich distanziert, manchmal sogar isoliert;
- geneigt, (libidinöse) Energie eher in sachliche Objekte als lebende Subjekte zu investieren;
- überschätzt sich nicht, korrekt, pünktlich, gewissenhaft, manchmal sogar ein Arbeitsbesessener;
- ziemlich introvertiert, distanziert, muß nicht (aber kann) in Gruppen arbeiten, in die er selten emotionell etwas investiert, steuert aber wertvolle Anregungen bei (wie ein Berater);
- oft besser in isolierten Arbeitssituationen (allein);
- seine Führerqualitäten äußern sich in klaren, logisch-realistischen Argumenten, während er im mehr emotionalen Machtkampf unterliegt;
- hohe Moralbegriffe und Sinn für Eigentum (mein/dein) verbinden sich mit emotionaler Gleichgültigkeit und resultieren dadurch manchmal in ziemlich sadistischem (oder beinahe sadistischem) Verhalten.

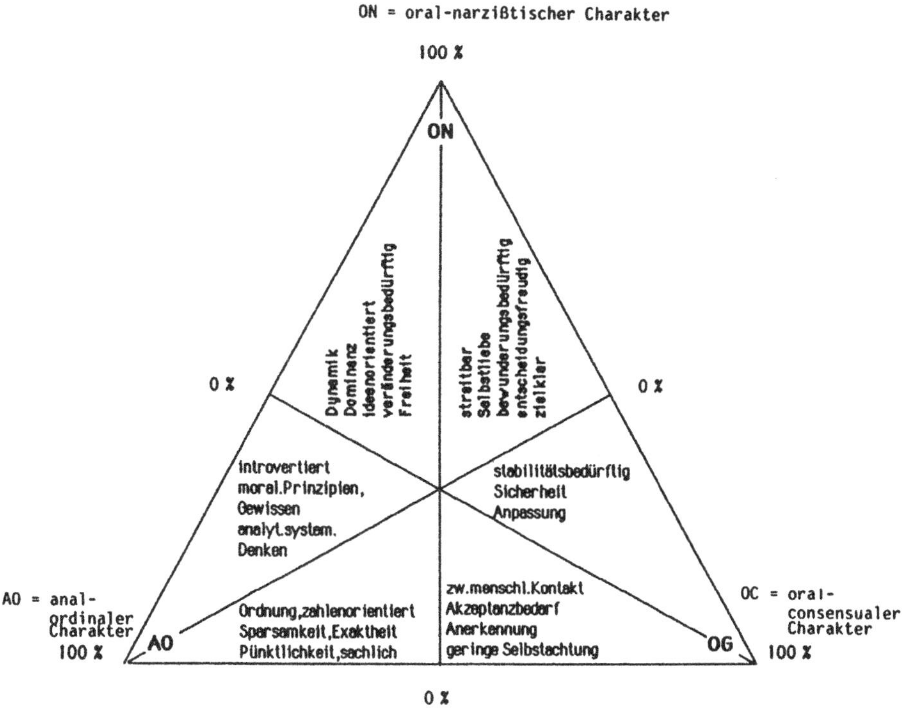


In pathologischer Ausprägung:

ON (oral-narzißtischer Charakter): u.a. megalomanisch, paranoid, narzißtisch, gestört

OC (oral-consensualer Charakter): u.a. manisch-depressiv, phobisch, identitätsgestört, hysterisch

AO (anal-ordinaler Charakter): u.a. zwanghaft, schizoid, beziehungsgestört

**Abb. 3. 3.** Basischaraktere und einige taxativ ausgewählte Handlungsmotive.

In der Realität kommen diese „Idealtypen" wahrscheinlich nie in reiner Form vor. Wir sind alle Mischtypen und selbstverständlich auch nicht nur in den ersten beiden Entwicklungsstadien motivational geprägt. Wir behaupten aber, daß die Prägung (Sozialisation + Erbgut) in den ersten beiden Lebensstadien bereits so stark und grundlegend ist, daß sich wesentliche und auf das ganze weitere Leben auswirkende Charakteristika feststellen lassen.

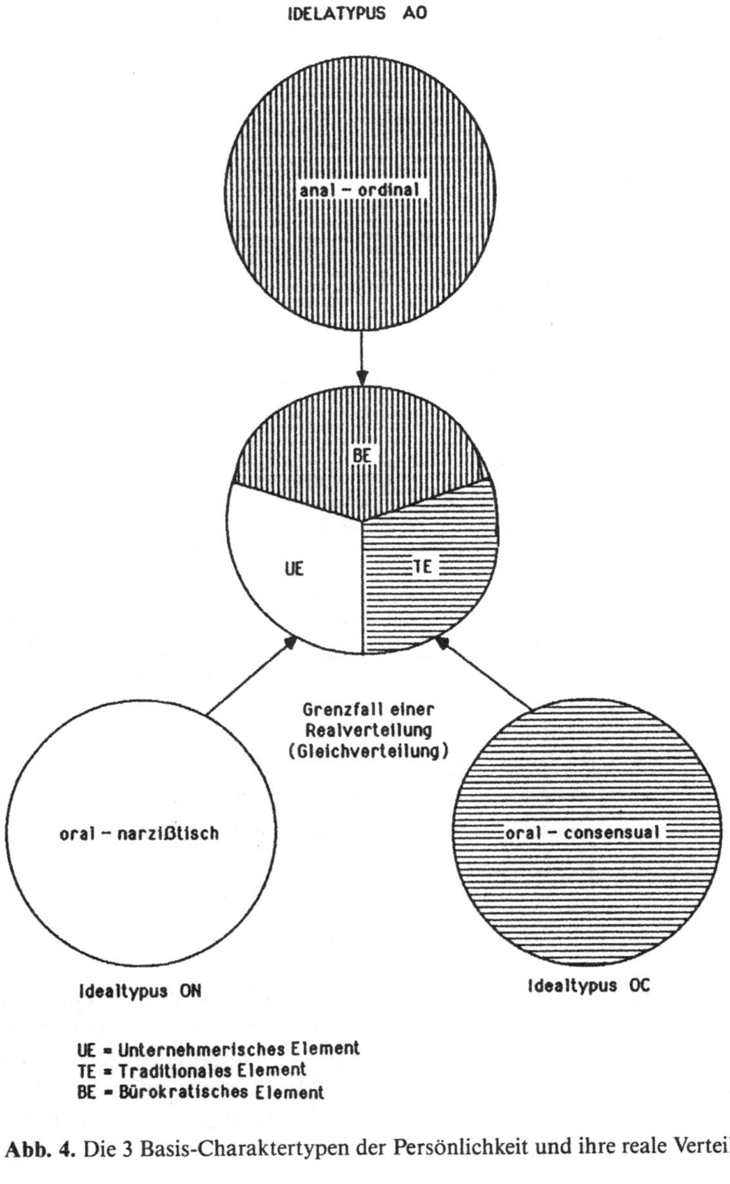


**Abb. 4.** Die 3 Basis-Charaktertypen der Persönlichkeit und ihre reale Verteilung.

Die „Real-Verteilung" folgt sicher einer jeweils eigenartigen Mischung (siehe Abb. 4) und auch im dargestellten Grenzfall ist eine Gleichverteilung gewiß noch unrealistisch. Die beigeordneten Bezeichnungen

- Unternehmerisches Element (= ON)
- Traditionelles Element (= OC)
- Bürokratisches Element (= AO)

lassen sich unschwer als M. Weber'scher Einfluß der Herrschaftstypen erkennen und dienen einer verständlicheren, insbesondere im Managementbereich anwendbaren Nomenklatur. Den Zusammenhang mit der Arbeitsmotivation sehen wir in folgender Weise:

1) Die charakteristischen Verhaltensmotive der einzelnen Typen sind Grundmuster für Berufsbereiche und dadurch Arbeitsmotivationstypen.
2) Insoweit Arbeitsmotivation – soll sie dauerhaft gelingen – der Identitätsentwicklung folgt, zeichnen die Charaktertypen auch Identitätsmuster vor, die in Verbindung mit 1) eine brauchbare Grundlage für Personal-Auslese, Karriereplanung und Personal-Entwicklung darstellen. Arbeitsmotivations-Management als ständige Führungsaufgabe orientiert sich vorteilhaft am Wissen über diese 3 Basischaraktere.
3) Aus der Beobachtung abgeleitet, daß üblicherweise Arbeitsgruppen um so arbeitsfähiger sind, je weniger gleichartige Charaktere beisammen sind, oder besser ausgedrückt, je situationsangepaßter die „Charakterrollenverteilung" ist, ergeben sich interessante Rückschlüsse auf Zusammenhänge zwischen Arbeitsmotivation und Gruppenposition bzw. Rollenverteilung.
4) Im Zusammenhang mit einer Situationsvariablen, der Einbeziehung typischer Situationen, wie beispielsweise Wachstums- und Krisenverläufe von sich ändernden Organisationen (Hofmann/Kehrer, 1975, S. 577), lassen sich Personalstrategien und -taktiken entwickeln, die der Arbeitsmotivation und damit den besonderen Stärken von bestimmten Führertypen folgen, die z. B. für die Meisterung spezifischer Krisen jeweils bestgeeignet sind.

Die Brauchbarkeit dieser psychoanalytisch gewonnenen Motivationstypen für die praktische Managementarbeit ließe sich noch in vielen weiteren Beispielen fortsetzen. Wir möchten zum Abschluß dieses Kapitels aber wenigstens auf ein (sehr mächtiges) Beispiel der Dynamik und Wirksamkeit eines bestimmten Führer- (bzw. Manager-)Typus, nämlich auf den charismatischen Führer, näher eingehen und damit nochmals den praktischen Wert und Sinn psychoanalytischer Orientierungen in der Motivationstheorie nachweisen.

## 3.6 Exkurs: Zur „Arbeits"motivation in der charismatischen Führungskonstellation (Ein Beispiel für die Anwendung psychoanalytischer Motivationstheorie im Management)

Innerhalb der verschiedenen möglichen Führungs- bzw. Machtkonstellationen nimmt die aus der „charismatischen Autorität" abgeleitete Macht (insbes. Führungs- = Managementmacht) eine besondere und nicht selten für kleinere oder größere gesellschaftliche Zusammenhänge schicksalshafte Bedeutung an. Die nachstehend eingefügten Darstellungen „Macht und Autorität" bzw. „Die drei Führungstheorien" zeigen eine Möglichkeit der systematischen Einordnung dieser charismatischen Führung (siehe Abb. 5 und 6).

Charismatische Autorität, der individuellen Motivation (= Arbeitsmotivation) eines „Charismatikers" entstammend, ist eine Führungskonstellation, die (siehe Abb. 6) mittels der drei Koordinaten Individuum (I), Situation (S) und Gruppenaktivität (G) als Gruppeninteraktion „reifer" Menschen etwa wie folgt abgebildet werden kann (idealtypisch!):

$$I_{10}S_{10}G_0$$

Uns interessierten aber hier vor allem die „Arbeitsmotivationen" innerhalb dieser charismatischen Führungskonstellation. Welche „Beweggründe" aktivieren die in diesem Führungsgeschehen involvierten Personen zu (oft) überdurchschnittlichen Arbeitsleistungen?

Nehmen wir zur Vereinfachung die Idealtypisierung der drei Basischaraktere zu Hilfe, so erweist sich zunächst der ON-Charakter (Unternehmerisches Element prävalent) als der Typussektor, innerhalb dessen der charismatische Charakter mit seinen überdurchschnittlich narzißtischen Komponenten, Freiheits- und Veränderungsbedürfnissen, Kreativität und Vision etc. angesiedelt ist (Hofmann M., 1969).[2]

Die hier zur Demonstration des hohen praktischen Erklärungswertes und der Anwendbarkeit psychoanalytischer Motivationstheorie vorgelegte Dynamik der charismatischen Führungskonstellation beruht zum Teil auf der immer wieder nachweisbaren Existenz der „charismatischen Persönlichkeit" im Weber'schen

---

[2] The House of Krupp: The Fantasy of Family Spirit. Diese Fallstudie entstand Ende der 60er Jahre, als der Autor als Mitglied der Fakultät der Harvard University (Harvard Business School) u. a. die Gelegenheit hatte, in einem Forschungsseminar (Social Psychology of Management) von Prof. Dr. Abraham Zaleznik mitzuwirken, in welchem anhand zahlreicher Fallstudien zum Führungsverhalten bedeutender Unternehmer und Führungspersönlichkeiten die ersten Anregungen zu einer Charisma-Hypothese und zur motivationalen Erklärung des charismatischen Geschehens kamen. Siehe auch andere veröffentlichte Fallstudien wie z. B.: S. Kakar: F. W. Taylor; A. Jardim: Henry Ford I u. a. m.). Aus den Fallstudien bekamen wir die Anregung, bestimmte familiäre (Sozialisations-)Konstellationen als förderlich für die sozialisationsverstärkte Entwicklung des charismatischen Charakters anzusehen. Ohne dzt. hier schon endgültige bzw. gesicherte Forschungsergebnisse vorzulegen, erscheint die Hypothese von der typisch starken (fordernden und fördernden) Mutter bei relativ schwachen bis abwesenden Vaterfiguren für den Fall der männlichen Charismatiker häufig.

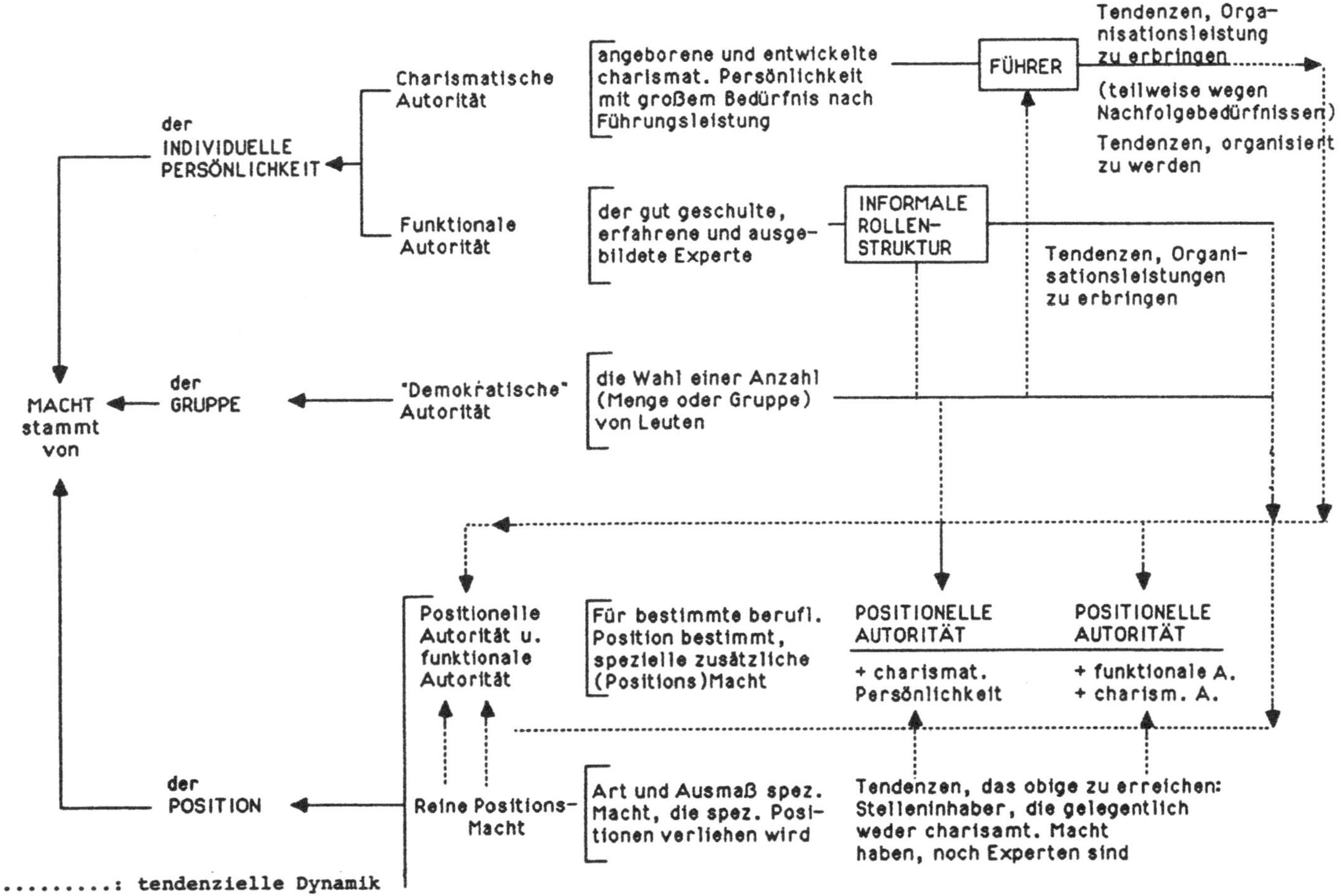


**Abb. 5.** Macht und Autorität.

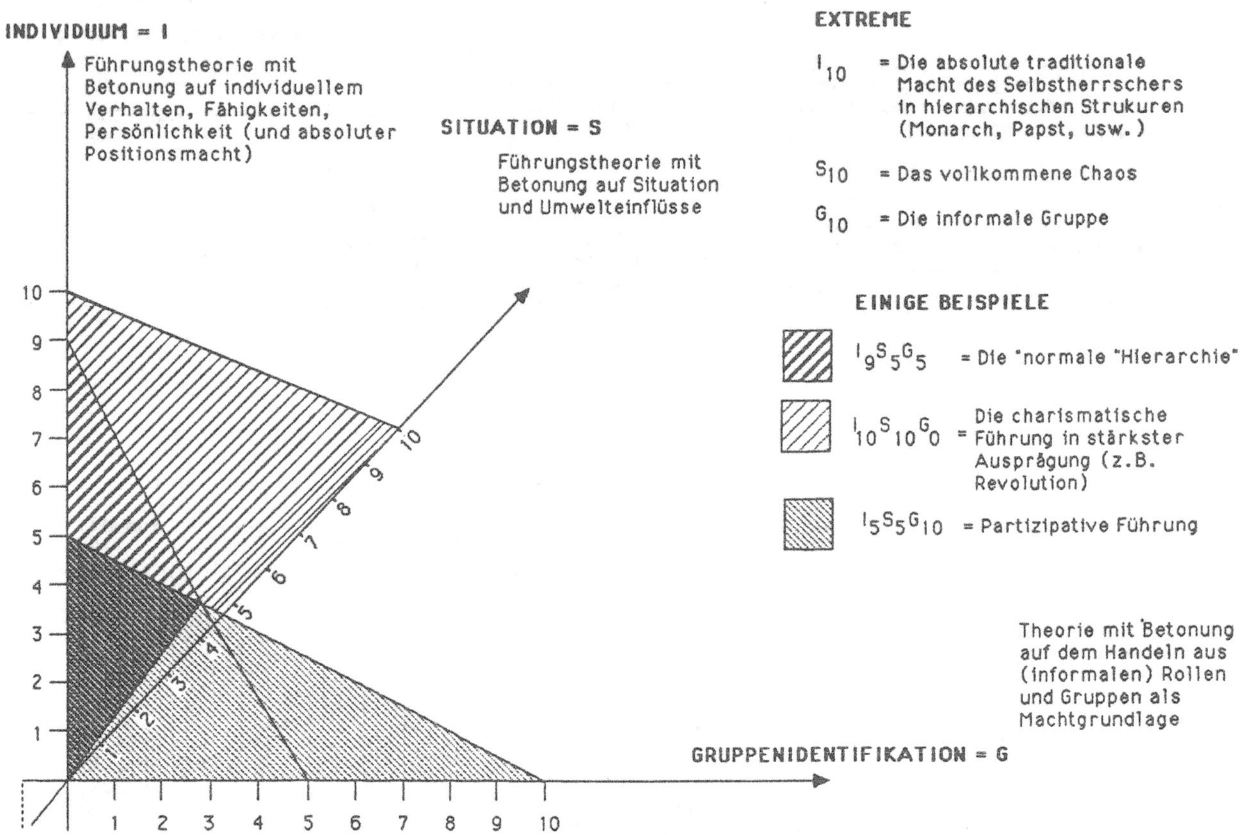


**Abb. 6.** Organisation/Führung
Die drei modernen Führungstheorien auf drei Koordinaten dargestellt.

Sinne. Derartige ICH-starke und ausstrahlende Menschen erzeugen eben über die Abwehrmechanik der Identifikation motivationale (auch arbeitsmotivationale) Kräfte oft ungeheuren Ausmaßes. Die Gefahr dieser Art der Arbeitsmotivation der „Mitarbeiter" (= Mitläufer) liegt eben in ihrem Abwehrcharakter, der die zugrunde liegende noch *selbst* nicht geleistete, noch nicht geglückte „Identitätsfindung" nur unzulänglich projektiv und nicht endgültig erledigt. Nicht endgültig, da potentiell eine Wiederholung dieser unreifen Arbeitsmotive mittels der „Identifikation mit dem Aggressor" praktisch das Verbleiben in einem projektiven, unreifen circulus vitiosus „infantiler" Motive ermöglicht. Diese „charismatische Spirale" werden wir in diesem Exkurs gleich weiter verfolgen (siehe Abb. 8, 9).

Es darf aber nicht verhehlt werden, daß wir auch eine andere Basis projektiver Identifikation als Ursache für Arbeitsmotivation kennen, deren Wirkung in vielem der charismatischen Konstellation gleicht, aber doch ganz anderen Ursprungs ist. Wir meinen die Projektion der eigenen noch unreifen und/oder mediokren (also keinesfalls charismatisch übermäßig ICH-starken) Persönlichkeit auf andere Personen, denen damit Sinn- und Leitbildcharakter zukommt, der wiederum identifikatorische Motivation auslöst. Also eine Art Verherrlichung der eigenen (und massenhaften) Minderwertigkeiten und Sehnsüchte in Leitfiguren wie wir sie aus dem Massensport, der Politik usw. heutzutage gut kennen. Schließlich sind ja auch die großen Politiker dieses Jahrhunderts nicht selten solche Gestalten.

Der typische Verlauf der Entwicklung einer charismatischen Führer-Persönlichkeit zeigt (siehe Abb. 7) etwa folgenden Verlauf durch 13 auffallende unterscheidbare Stadien und innerhalb von 4 großen Phasen, die sehr vereinfacht den megalomanischen Aufschwung und zumeist nach einem kritischen Wende-Ereignis den paranoiden bis (selbst)destruktiven Abgang kennzeichnen.

Die auf den Seiten 295-297 dargestellte Motivationsstruktur erfüllt sich in der auffallenden Lebensbahn des typischen Charismatikers aber nicht nur aus einer inneren Motivationsdynamik heraus, sondern bedarf in der Regel einer „Führungskonstellation", bei der auch die beiden anderen „Idealtypen" ihre wesentliche Rolle spielen. So erweist es sich, daß Arbeitsmotivation, die innerhalb der charismatischen Führung überreichlich vorhanden ist, vor allem ein Produkt einer „Konstellations-Energie" ist. Eine Sublimierung in einer Art Ergänzung oder besser „Synergese" von intra-psychischen und inter-psychischen seelischen Energien zu einer arbeitsmotivational nutzbaren Kraft. Deren – oft erschreckende – Kraft und Wirkung weist allerdings häufig und phasenspezifisch nicht mehr den früher beschriebenen Charakter der Sublimierung und Neutralisation auf, sondern eher die von uns in Abb. 2 aufgezeigte Möglichkeit und Gefahr des Zusammenbruchs der Verdrängungs- und Gegenbesetzungsmechanismen (acting out). Besonders im Fall ursprünglich aggressiv-destruktiver (negatives Selbst) Triebabsichten hat dies oft verheerende Folgen (Krieg, Fremdzerstörung und Selbstzerstörung).

Wie sich diese charismatische Konstellation idealtypisch und didaktisch vereinfacht im Zusammenwirken der drei Basischaraktere auch darstellen läßt, haben wir versucht, in Abb. 8 und 9 zu schematisieren.

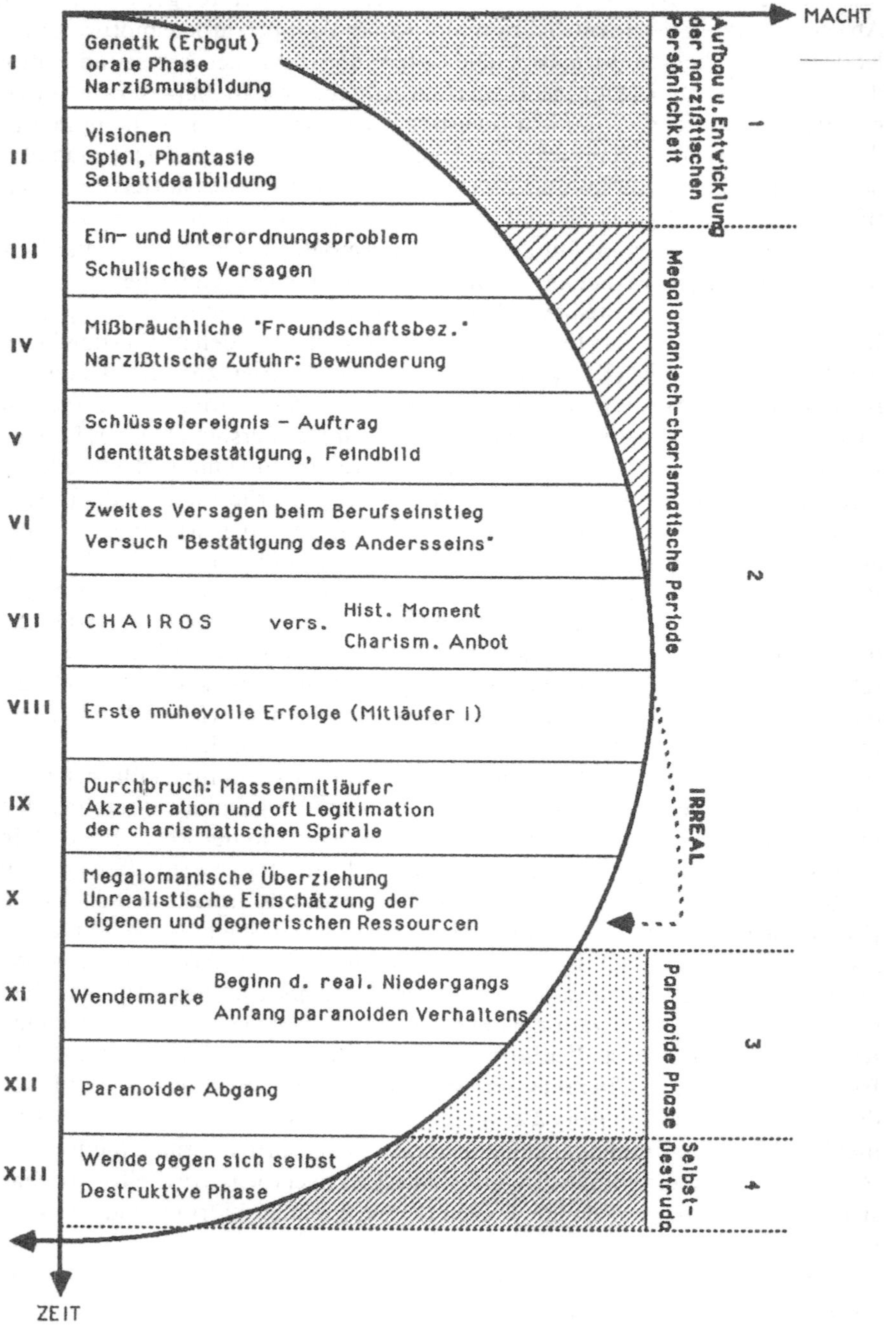


**Abb. 7.** Die O.N.-Charismatische Persönlichkeit im Entwicklungsgang.

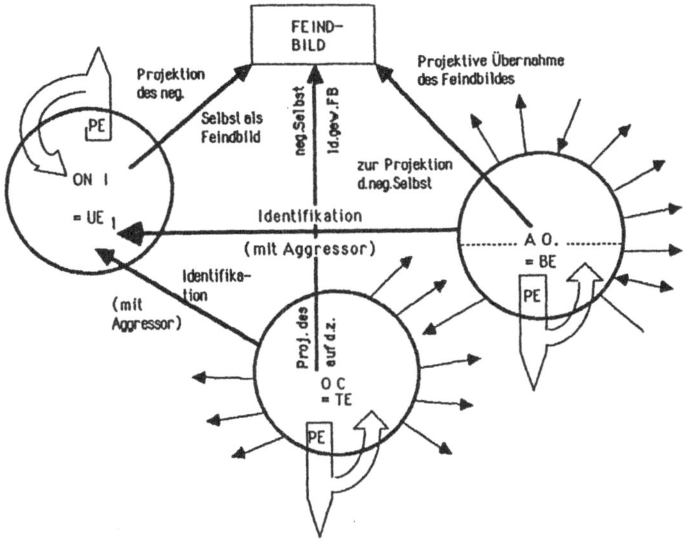


**Abb. 8.** Charismatische Führungskonstellation – Stadium I: Aufbau.

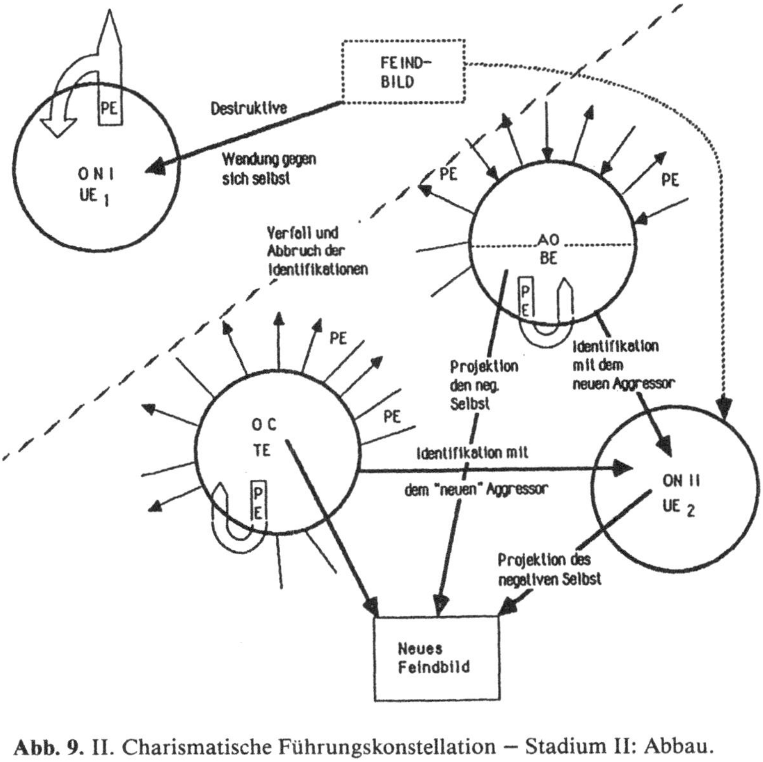


**Abb. 9.** II. Charismatische Führungskonstellation – Stadium II: Abbau.

Diese Darstellung illustriert auch die Verlaufsskizze in Abb. 10 hinsichtlich der „arbeits“motivationalen Kräfte, die durch die charismatische Konstellation freigesetzt werden können.

Nebenbei gelingt dadurch eine Erklärung für das Verhalten der Versuchspersonen im Milgram-Experiment (Milgram 1982), also eine Möglichkeit, das sadistische Verhalten und die Autoritätsabhängigkeit der Versuchspersonen aus der Konstellation und Identifikationsbeziehung zwischen ON : OC + AO Elementen

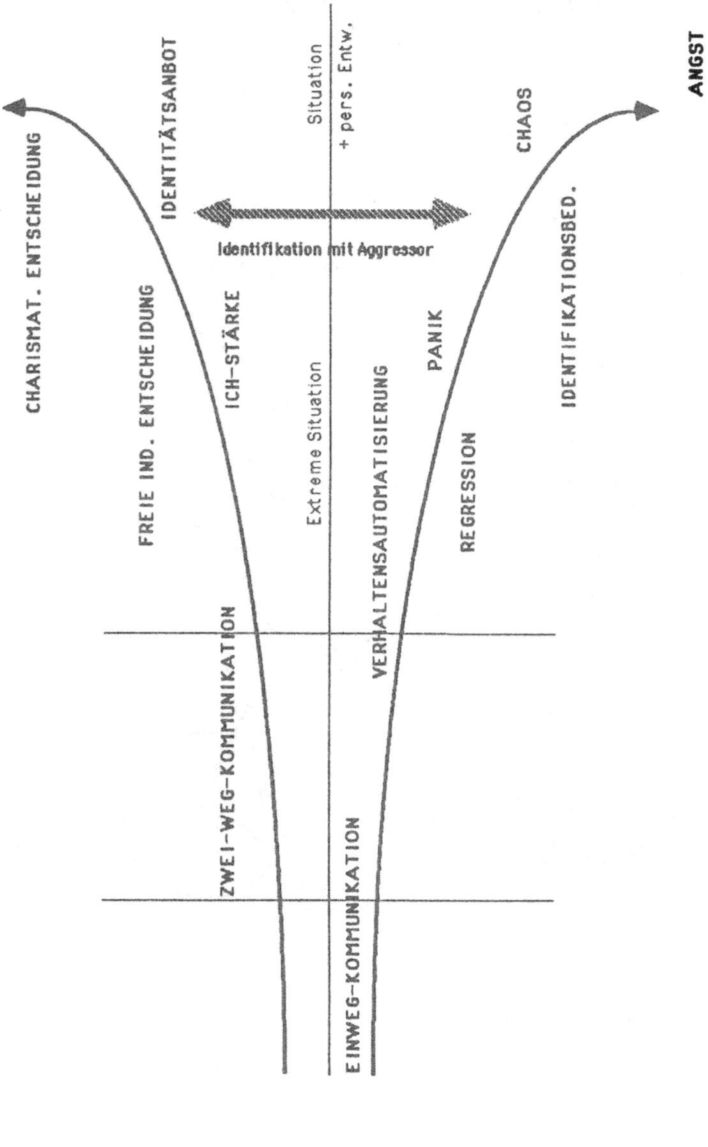


**Abb. 10.** Kommunikation und Verhalten in Abhängigkeit von Entwicklungsprozeß und Situation.

zu erklären. Die PE (Psychische Energie) der ON-Persönlichkeit zeigt die typische stark narzißtische Selbstzuwendung, eine Energiezufuhr, die auch frühe Identität, ICH-Stärke, kreatives Vorstellungsvermögen, starke Phantasien und Visionen inklusive der oft schon sehr frühen und starken Projektion des negativen Selbst zum Feindbild gewährleistet. Einer solchen starken Ausstrahlung begegnen die eher identitätsgeschwächten und daher (länger) identifikationsbedürftigen OC-Charaktere und in abgeschwächter Weise die AO-Typen mit unterschiedlich starken Identifikationsmechanismen. Die Übernahme des Feindbildes vom Charismatiker ermöglicht ebenso eine Entlastung für das jeweilige negative Selbst und erfolgt erleichtert unter Bedingungen eines abgeschwächten Über-ICHs, dessen Normen jetzt vom mächtigen Charisma des ON geprägt werden. Diese ungemein „arbeitsmotivationale Stärke", aber ethisch gefährdete Konstellation, funktioniert solange, als eben die Strahlkraft des Charismas anhält (Aufbauphase) und beginnt beim Überschreiten des Zenits der megalomanischen Periode zu verblassen. Jetzt wehrt sich der Feind erfolgreich, die Unfehlbarkeit und Unschlagbarkeit des charismatischen Führers wird zweifelhaft. Widerstand, Umorientierung – eventuell auch durch Übertragung der ehemaligen Identifikationen auf den „neuen" stärkeren Führer, u. U. auch auf den ehemaligen jetzt siegreichen Feind – greifen Platz, die jetzt paranoide und im acting out noch immer schrecklich mächtige Gestalt des verblassenden Sterns gerät zunehmend in Isolierung, verliert an Macht und Gehorsam und endet nicht selten in einer mehr oder weniger tragischen Wendung gegen sich selbst. Diese gesamten Zusammenhänge konnten wir beispielsweise sehr gut am Leben Adolf Hitlers und anderer großer Charismatiker nachweisen – Hitlers Ende erinnert an das des Rienzi, der für ihn auch das große Vorbild war. Im übrigen wiederholt sich diese mächtige Führungskonstellation nicht nur in weltgeschichtlichen Zusammenhängen, sondern in grundsätzlich gleicher, aber weniger spektakulärer Weise, auch in kleineren charismatischen Konstellationen in allen unseren Organisationen und Institutionen – solange genügend ICH-schwache und noch zu wenig reife (infantile) Mitläufer im Sinne Milgrams Gehorsamshörigkeit existieren. Damit zeigt sich hinsichtlich der abschließend noch aufzugreifenden Frage des „Motivationsmanagements" sofort die Wichtigkeit der erzieherischen Sozialisationsdimension.

Die (oft ungeheure und so wirksame) Arbeitsmotivation, die der charismatischen Konstellation entspringt, gewinnt ihren ethischen Wert – oder Unwert – aus den Werten und Zielen des Charismatikers selbst. Sie zeigt die diffizile Problematik der „Moral von der Geschichte", die die Schwäche des angelernten Über-ICHs gegenüber dieser charismatischen Verführung aufdeckt und verweist auf höchst gefährliche Infantilismen, die die an sich so wirksame Arbeitsmotivation oft an sehr fragliche Ziele bindet. Auch aus der Projektion der eigenen unreifen Mittelmäßigkeit heraus entstehen Leitbilder, deren (oft negative) motivationale Wirkung ähnliche Prozesse auslöst, wie wir sie bei der Analyse der charismatischen Konstellation vorfanden. In diesen Fällen beruht die starke Kraft der Leistungsmotivation *nicht* auf echter personaler Identität und daraus abgeleiteter psychischer Energie, sondern ist die Auswirkung der Sättigung von Identifikationsbedürfnissen in einer infantil-regressiven Richtung.

# 4 Das Management der Arbeitsmotivation

## 4.1 Motivationsmanagement i. e. S.

„Die Gesamtverantwortung für eine bestimmte Zielerreichung", die u. a. nur vom Manager übernommen werden kann, weil er damit rechnet, „motivierte Mitarbeit" zu gewinnen (= Arbeitsteilung), schließt als eine der wichtigsten und primären Aufgaben die der Führung ein. Diese Führungsaufgabe ist der Versuch, Personen so zu beeinflussen, daß sie bereit sind, Teilverantwortungen freiwillig zu übernehmen und diese auch als Teil eines Ganzen, das nur gemeinsam betrieben werden kann, verstehen, akzeptieren und empfinden.

a) Führungsaufgaben des Motivationsmanagements i. e. S. d. W.:

Demgemäß kommt Motivationsmanagement darauf hinaus, daß der Manager folgende Teilaufgaben innerhalb seiner eigenen Kontrollspanne, aufbauend auf einer grundsätzlich empathischen Haltung, *selbst* ausführt bzw. für den Rest des Betriebes oberleitend zu gestalten(aber nicht auszuführen) hat:

1. Personalsuche und adäquate Methoden, um mit einer großen Wahrscheinlichkeit für eine bestimmte Aufgabe „motivierte" Bewerber anzusprechen und zu erreichen.
2. Personalfindung und Personalauslese mit adäquaten Methoden (z. B. heute Assessment Center Ansatz), um unter den zur Verfügung stehenden Bewerbern mit Sicherheit den bestgeeigneten, doch auch best-motivierten und -motivierbaren Kandidaten zu finden.
3. Personaleinstellung in einer Weise, die die bereits bestehende Motivation beim Mitarbeiter nicht gefährdet, sondern im Gegenteil fördert. Dazu gehören auch entsprechende Begleitmaßnahmen (z. B. Betreuungspartner, Mitarbeitergespräche, Betreuungsgruppen etc.), die sicherstellen sollen, daß gerade in der entscheidenden Beginnzeit einer Karriere die so oft gemachten demotivierenden Fehler vermieden werden und die gegenseitigen Erwartungen realistisch bleiben. Wichtig ist aber vor allem Personaleinstellung unter Berücksichtigung der „Führungskonstellation", d. h. der ergänzenden (+) oder abstoßenden (-) Beziehungen zwischen den drei Basischarakteren.
4. Personalentwicklung. Dieses moderne Schlagwort bekommt inhaltliche Wichtigkeit, besonders dann, wenn man darunter die Gesamtheit der Maßnahmen versteht, die der Weiterbildung und Weiterentwicklung einer Persönlichkeit im Sinne der oben (siehe Entwicklungspsychologie, Tab. B) aufgezeigten Bewältigung von Lebenskrisen dienen und man ernsthaft von der Erkenntnis ausgeht, daß die „Berufsentwicklung" im Sinne des Identitätskonzepts unabdingbar zugleich mit der Reifung der Gesamtperson und damit mit psychischer Hygiene, Gesundheit und eben positiver Arbeitsmotivation verbunden ist. In diesem Sinne werden in der Personalentwicklung weitere Unteraufgaben wichtig:

- Lehre, Aus- und Weiterbildung als institutionelle Aufgabe, aber auch als persönliche Verantwortung und Vorbildleistung des Vorgesetzten;
- Karriereplanung in Übereinstimmung mit der Reifung und Entwicklung der Persönlichkeit;
- regelmäßige Mitarbeitergespräche, u. a. auch im Sinne von „Abweichungsanalysen" im Zusammenhang mit unvollkommenen Zielerreichungen (der Karriereplanung) und Beförderungsproblemen.

5. Laufende „Führungsaufgaben": darunter verstehen wir neben 1 – 4 die ständige Führungstätigkeit, das Führungsgeschehen zwischen Vorgesetzten und Mitarbeitern, das im Grunde auch unwillentlich bewußte und unbewußte Verhaltensweisen umfaßt, die alle und stets (z. B. im Sinne von Identifikation und anderen Abwehrmechanismen) wechselseitige Beeinflussungen darstellen. Als bewußte Aktionen verstehen wir darunter u. a.:

- Zielvereinbarungen, die etwa im Sinne der MBO-Technik die „Gemeinsamkeit der Aufgabe" und den Charakter der „Teilverantwortung" betonen.
- Das immer wieder Bewußtmachen der ständigen „Lehrfunktion" des Vorgesetzten zwecks langsamen Abbaus der hierarchischen Distanz.
- Laufende Kontrollen, vor allem im Sinne der MBO-Technik (Zielerreichungsstand, Abweichungsanalyse, Maßnahmenplanung gemeinsam), Förderung der Selbstkontrolle.
- Dasein für den Mitarbeiter in kritischen (beruflichen und privaten) Situationen in einer der jeweiligen Persönlichkeit adäquaten hilfreichen Weise.

b) Instrumente und Arbeitstechniken für das Motivationsmanagement

Die Vielzahl der heute angebotenen Mittel sollte in einem sehr persönlichen Sinne in der Mitarbeiterführung angewendet werden. Was für den einen gut ist, schadet dem anderen (und wirkt demotivierend); selbst innerhalb einer bestimmten „Technik" – etwa bei MBO (Management by Objectives), Management by Exception, Strategic Planning, Entscheidungs-, Kommunikationstechniken, Organisations- und Kontrollmustern u. a. m. – sollte innerhalb der Kontrollspanne keine einheitliche, modellhafte Lösung überwiegen. Schließlich – ohne daß wir diesen Aspekt hier näher dargestellt haben – besitzen wir in der analytisch orientierten Gruppenarbeit (besonders in Form der Balint-Gruppe – siehe M. Hofmann/Sertl, 1987, S. 249 ff.) – eine ganz besonders griffige Technik der Personalführung, die u. a. auch als ein ständiges Assessment- und Eingriffsinstrumentarium für die gelingende Arbeitsmotivation anzusehen ist. Jedes Eingehen auf persönliche Bedürfnisse wirkt hier arbeitsmotivierend.

c) Syndromatische Führungsaufgaben im Rahmen des Motivationsmanagements

In jedem Führungsverhältnis wird man mit der Aufgabe, Managementsyndrome lösen zu müssen, konfrontiert. Die „hohe Kunst" des Motivationsmanagements beginnt wahrscheinlich hier. Denn diese auftretenden Probleme sind Symptome, die oft Führungsdefizite verdecken, die aus unzureichenden Führungsleistungen aus dem a)- und b)-Bereich stammen. Taxativ einige Beispiele:

- Die Führungsaufgabe, irrationales Verhalten (bei einem der Führungspartner) aufzudecken, z. B. Projektionen oder Verschiebungen, ICH-unbewußte Abwehren, die das Führungsverhalten schwer stören können.
- Klarstellen von Machtansprüchen.
- Mitwirken an Konfliktlösungen.
- Berücksichtigung von kulturspezifischem Verhalten (z. B. bei Fremdarbeitern, bei Auslandseinsätzen).
- Bewußtes Umgehen mit geschlechtspezifischen Problemen, z. B. latent sexuell abgeleitete Machtanmaßungen, Ungleichbehandlungen etc.
- Sehr bewußte, persönlichkeitsspezifische Maßnahmen zur Förderung der Kreativität und Kreativitätsentwicklung von Mitarbeitern.
- Klare Vorstellungen und diesbezügliche Maßnahmen im Zusammenhang mit der „Organisationskultur" der Kontrollspanne.
- Streßmanagement. Die hervorragende und besondere Bedeutung dieser Managementaufgabe im Motivationszusammenhang unter psychoanalytischer Perspektive gibt Anlaß, diesen Punkt abschließend besonders hervorzuheben.

## 4.2 Exkurs: Arbeitsmotivation und das psychoanalytische Streß-Konzept

Zum Abschluß unserer Ausführungen möchten wir noch auf den tiefgehenden Zusammenhang zwischen psychischem Streß und Arbeitsmotivation hinweisen (Hofmann, 1985, S. 53). Psychischer Streß ist genauso wie physischer prinzipiell als positive Herausforderung und Aktivierung unserer Kräfte zur Überwindung einer Krise gesund. Aber nur solange, als wir daraus lernen und die Herausforderung im Sinne der Reifung unserer Persönlichkeit nutzen. Andernfalls, wenn die Herausforderungen inadäquat sind, nämlich entweder dauernd *zu hoch* oder *zu niedrig,* oder wenn sich Streßsituationen ohne deren erlösende Meisterung *wiederholen,* Versagenserlebnisse belastend einstellen, dann wird Streß zum Krankmacher. Wir haben versucht, diese Zusammenhänge in Abb. 11 darzustellen.

Die unmittelbare Beziehung zwischen Arbeitsmotivation und psychischem Streß besteht m. E. über die schon weiter oben so hervorgehobene Bedeutung gelingender Identität auch in und durch das Berufs-Arbeitsleben. Die Arbeit ist letztlich dann motivierend, wenn es gelingt, sie als adäquate Herausforderung an unser Identitätspotential im Sinne dessen Ausentwicklung zu nutzen. Arbeitsmotivation als Aufgabe des Managements (wie der Titel dieses Beitrags heißt) besteht also zunächst und prinzipiell in einer identitätsfördernden Führungsleistung.

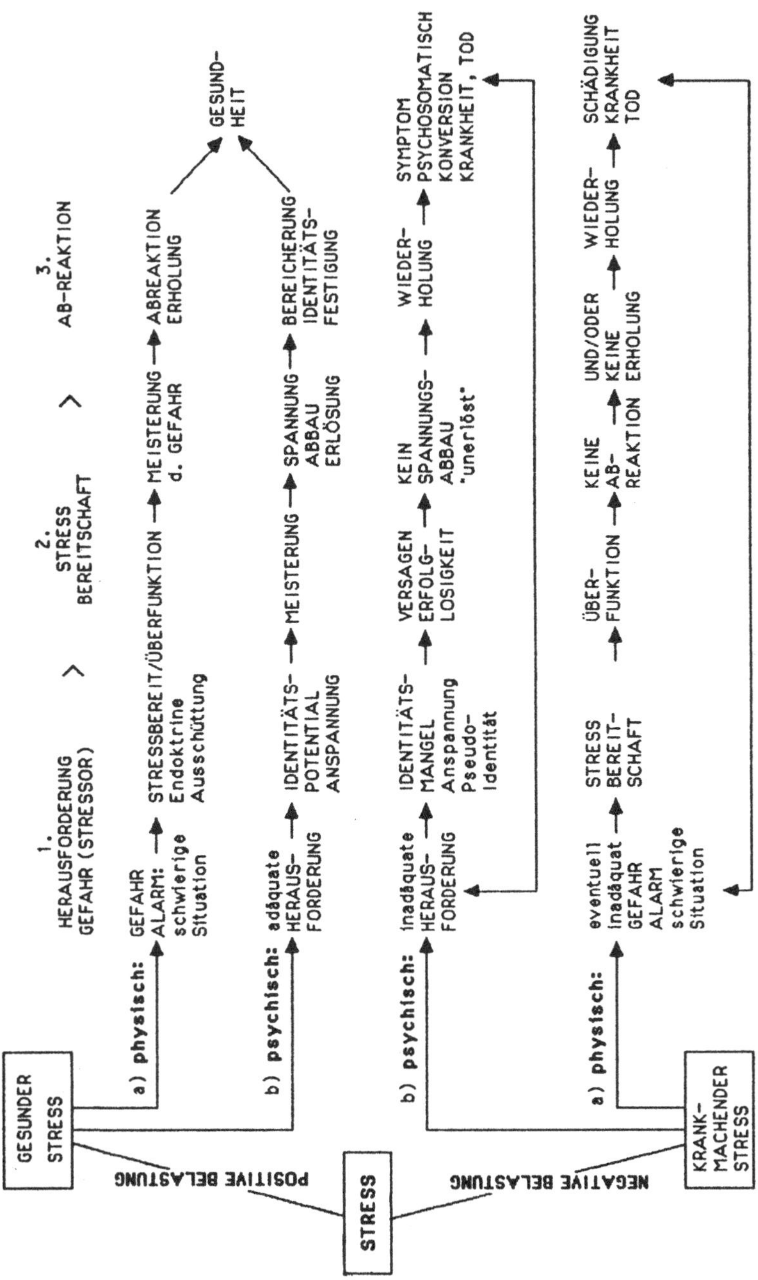
STRESS
POSITIVE BELASTUNG
NEGATIVE BELASTUNG
GESUNDER STRESS
KRANK-MACHENDER STRESS
1. HERAUSFORDERUNG GEFAHR (STRESSOR)
2. STRESS BEREITSCHAFT
3. AB-REAKTION
a) physisch:
GEFAHR ALARM: schwierige Situation
STRESSBEREIT/ÜBERFUNKTION Endokrine Ausschüttung
MEISTERUNG d. GEFAHR
ABREAKTION ERHOLUNG
GESUND-HEIT
b) psychisch:
adäquate HERAUS-FORDERUNG
IDENTITÄTS-POTENTIAL ANSPANNUNG
MEISTERUNG
SPANNUNG ABBAU ERLÖSUNG
BEREICHERUNG IDENTITÄTS-FESTIGUNG
b) psychisch:
inadäquate HERAUS-FORDERUNG
IDENTITÄTS-MANGEL Anspannung Pseudo-Identität
VERSAGEN ERFOLG-LOSIGKEIT
KEIN SPANNUNGS-ABBAU "unerlöst"
WIEDER-HOLUNG
SYMPTOM PSYCHOSOMATISCH KONVERSION KRANKHEIT, TOD
a) physisch:
eventuell inadäquat GEFAHR ALARM schwierige Situation
STRESS BEREIT-SCHAFT
ÜBER-FUNKTION
KEINE AB-REAKTION
UND/ODER KEINE ERHOLUNG
WIEDER-HOLUNG
SCHÄDIGUNG KRANKHEIT TOD

Abb. 11

Alle die im Vorkapitel aufgezählten Führungsaufgaben sollten in der Bemühung verankert sein, aus einer empathisch-verstehenden Grundhaltung heraus möglichst viel vom Identitätspotential eines Mitarbeiters zu ahnen und zu wissen, und Führung dann so zu verstehen, wie es ja auch schon aus dem Wort „Management“ heraus u. a. ableitbar ist, nämlich:

> vorübergehend mitzuhelfen, jemandem (dem Geführten) den Weg zu weisen, ihn „an der Hand zu nehmen“ und ihm zu zeigen, was er selbst zu leisten vermag.

Verursachung — Regress

| | | |
|---|---|---|
| I<br>V | Vertrauen | + Risikobereitschaft, Delegationsfähigkeit, Vertrauen, Glaubensstärke<br>– Sicherheitsbedürfnis, Mißtrauen |
| II<br>A | Autonomie | + Selbständigkeit, kreativ, Eigentumssinn, Sparbereitschaft, großzügig<br>– Unselbständig, Dependenz, Verschwendungssucht, geizig, Unordnung, unsystematisch, zwanghaft, Konformität |
| III<br>I | Initiative | + Aktivität, UE., Draufgängertum, Konfliktvermögen, Rivalitätspotenz, Wissbegier, Zielstrebigkeit<br>– Ängstlichkeit, Passivität, Schuldgefühle, Energielosigkeit |
| IV<br>L | Leistung | + Leistungssinn, Selbstwertgefühl, Plichtgefühl, Fleiß, aufgabenorientiert, Zähigkeit, Stolz, Verantwortung, Durchhaltevermögen, Lernfähigkeit<br>– Unzulänglichkeit, Minderwertigkeitsgefühle, Resignation |
| V<br>M | Motivation | + Zielklarheit, Ich-Stärke, Entschiedenheit, Eindeutigkeit, Selbstvertrauen, Beharrungsvermögen<br>– Überidentifizierung, Ich-Schwäche, Zieldiffusion |
| VI<br>IT | Intimität | + Freundschaftsvermögen, Liebesfähigkeit, Loyalität, Wettstreit (statt Feindschaft), Kooperationsfähigkeit<br>– Distanzierungsbedürfnis, Intimitätsangst, Isolation, Illoyität, unkooperativ |
| VII<br>G | Generativität | + Lehrfähigkeit, Wachstums- und aufbauorientiert, "Elternschaft", Gründung, Sorge für andere übernehmen, Bezieh.aufnahme<br>– Stillstand, Beziehungsverarmung, Lernunwilligkeit |
| VIII<br>IG | Integrität | + Selbstakzeptanz, Annahme der Vergangenheit, Sinn für Verantwortung für Allgemeinheit, Integrität (Moral) Führungsverantwortung<br>– Verzweiflung, Einsamkeit, Lebensüberdrüssigkeit, Menschenverachtung, Bosheit |

Entwicklung — Schwierigkeit der Veränderbarkeit unter Annahme einer "relativ normalen, nicht schwer gestörten (nur neurotischen) Entwicklung" — Progress

| 1 | 2 | 3 | 4 | 5 | 6 | 7 |
|---|---|---|---|---|---|---|
| sehr leicht | leicht | nicht sehr leicht | schwer | sehr schwer | kaum | nicht |

Gelegenheit dafür gibt es in jedem Betrieb. Dauerhafter betrieblicher Erfolg kann gar nicht im Widerspruch zu diesem „Motivationsmanagement" stehen.

Freilich darf „Motivationsmanagement" in diesem Sinne nicht in eine mißverstandene „Psychotherapie" ausarten. In der Tabelle (Abb. 12) haben wir versucht, die steigende Motivationschance in der Lebensentwicklung im Zusammenhang mit der Veränderbarkeit (= letztlich Streßmanagement) von Verhalten aufzuzeigen. Bringt man diese Gedanken mit dem der Psychodynamik und dem Streßpotential – im negativen Sinne – in Verbindung, so zeigt sich, daß Motivationsmanagement, welches immer auch das Veränderungspotential der Geführten betrifft – nämlich auf der positiven Linie der Identitätsförderung – dort in große Schwierigkeiten gerät, wo früher Störungen und/oder neurotische Veränderungen schon vor der 5. Phase die Identitätsfindung negativ beeinflußten und volle Arbeitsfähigkeit daher nicht erreichbar scheint. Hier wird weitgehend Hilfe nötig.

Management der Arbeitsmotivation kann letztlich auf die kurze Formel gebracht werden: **Anti-Streßmanagement, dem Mitarbeiter zeigen, was er selbst zu leisten vermag, Mitwirken an der Identitätsfindung.**

## 5 Schlußbemerkung

„Wir pflegen in der psychoanalytischen Behandlung unserer Neurotiker als praktisches Ziel die Herstellung der Liebes- und Arbeitsfähigkeit zu bezeichnen" (Winterstein, 1932, S. 137). Auch der „normale" Erziehungs- und Entwicklungsgang dorthin ist mühevoll genug. Wir haben versucht, mit Hilfe der psychoanalytischen Konzeptionen der Verdrängung, Abwehr, Sublimierung und Neutralisation einen gewissen Einblick in dieses Geschehen zu geben.

Ausgehend von einer kurzgefaßten und nur als sehr unvollkommener Überblick gedachten historischen Betrachtung des Wandels der Stellung und Bedeutung der Arbeit in der Gesellschaft, die uns auch den starken Bezug zwischen Arbeit und Religion zeigte, haben wir vier psychohistorisch gewonnene Hypothesen abgeleitet, die psychoanalytisch interpretiert

1. Arbeitsleid als primäre Unlustkomponente und Triebverzicht,
2. die Möglichkeit des „sekundären" Lustgewinns aus der Arbeitsleistung, insbesondere auch im Sinne des Identitätsaufbaues,
3. die besondere „Vernünftigkeit" der Arbeit als Produkt der Umwandlung von ES-Energie in ICH-Energie, vor allem unter dem Aspekt der Sublimierung und der Neutralisation mit einem sozial wertvollen Leistungsziel,
4. die Streßwirksamkeit (psychischer Streß) verfremdeter Arbeit bzw. im Gegenteil die Identitätswirksamkeit nicht verfremdeter Arbeit

**Abb. 12.** Motivierungschancen bei gelungener Identität durch personale und/oder positionelle Veränderungen.

postulieren. Mit den Definitionen von Arbeit, Management und Motivation haben wir dann Klarheit darüber geschaffen, welche Bedeutung die „Hauptworte“ in diesem Beitrag besitzen und anschließend versucht, durch Einführung und kurze Erklärung der metapsychologischen Konzepte der Psychoanalyse zugleich Einsichten und Anwendungsperspektiven in das Motivationsgeschehen und für das Motivationsmanagement zu gewinnen.

Wesentliche Vorarbeit zu diesem Thema findet sich in der psychoanalytischen Literatur vor allem bei S. Freud in seinem Buch „Die Zukunft einer Illusion“ (Freud, 1927) sowie in der so wesentlichen Schrift „Das Unbehagen in der Kultur“ (Freud, 1930), wobei er in ersterem besonders die Notwendigkeit des Arbeitszwanges und Triebverzichts für den Aufbau der Kultur betont, in letzterer den Wert der Arbeit für die „Libidoökonomie“ nachweist (Winterstein, 1932, S. 137). Schon W. Stekel hat 1910 in einem Referat (unveröffentlicht) die Berufswahl mit Triebkomponenten und unbewußten Neigungen in Verbindung gebracht und damit unsere These Nr. 2 (sekundärer Lustgewinn) untermauert. Er erwähnt darin sadistische Primärmotive und deren Ersatzbefriedigung durch Ausübung des Berufes eines Chirurgen. In dieser Linie könnten wir noch sehr weit ausholen, insbesondere in Anwendung des Abwehrmechanismus der Reaktionsbildung. Wir möchten hier noch A. Wintersteins wichtigen Beitrag „Zur Psychologie der Arbeit“ abschließend besonders herausstreichen, die uns ein Schlüsselwerk für ein psychoanalytisches Verständnis der Arbeitsmotivation zu sein scheint (Winterstein 1932). Ihm ist für den Arbeitsbegriff wichtig, daß Arbeit eine auf ein sozial wertvolles Ziel gerichtete menschliche Tätigkeit darstellt und durch sie ein die Arbeitszeit überdauernder Erfolg (materiell und immateriell) angestrebt wird. „Betrachten wir die Arbeit als Kulturerscheinung nur von der psychologischen Seite (unter Vernachlässigung ihrer sozialen, wirtschaftlichen, rechtlichen und sonstigen Aspekte), so finden wir im Bewußtsein der Arbeitenden dem Werte nach verschiedene Arbeitsmotive als ein erlebtes Sollen vor und daneben quantitativ wechselnde Lust- und Unlusterlebnisse“ (Winterstein, 1932, S. 138 f.).

Schon Adam Smith und nach ihm ein Großteil der Nationalökonomen vertritt die Ansicht, daß zum Wesen der wirtschaftlichen Arbeit Unlustgefühle gehören. Ein „Lebensopfer“, nach Auffassung des Staatswissenschaftlers W. v. Herrmann (1870), demnach die Arbeitskosten psychologisch gesehen ein bestimmtes Quantum von Unlustgefühlen (Ermüdung, Abspannung, Langeweile, etc.) darstellen.

Diesem „Arbeitsleid“ steht die „Arbeitslust“ und Arbeitsfreude als positive Arbeitsmotivation bereichernd gegenüber, wenngleich ein gewisses Quantum an Unlust – oft auch in der unbewußten, verdrängten und gegenbesetzten Form – auch ein konstitutives Merkmal jedes Arbeitsvorganges bildet. Der (rational) ökonomisch auf die Herstellung eines Gutes zumeist angewandte Maßstab des Tauschwertes der Arbeit (in Geldlohn ausgedrückt), auch als Zeitaufwand umrechenbar (Zeit = Geld), ist – zumindest im Bereich der niedrigen Arbeiten – unzuverlässig und geradezu unrichtig: Zwischen Anwachsen der Arbeitslust und dem Steigen des Arbeitslohnes herrscht oft geradezu ein verkehrt proportionales Verhältnis.

Es sollte aber auch gezeigt werden – und damit kehren wir zur eingangs gestellten Frageformulierung für diesen Beitrag zurück – , daß zum vollen psychologischen Verständnis der Arbeit eine bloße Untersuchung ihrer bewußten, rationalen, vorwiegend wirtschaftlichen Motivation ohne Kenntnisse des unbewußt-triebhaften Unterbaus unzureichend ist.

Es muß uns einfach klar sein, daß Triebenergien, „die in jeder Arbeitstätigkeit, nicht nur dort, wo die Muskulatur als Abfuhrorgan libidinöser und destruktiver Tendenzen in Betracht kommt, direkte Befriedigung oder sonstwie Verwendung auf dem Wege der Sublimierung suchen" (Winterstein, S. 141). „Der sadistische, aktive Charakter der Arbeit an sich, mit der ja auch die Menschen die Zeit ‚totzuschlagen' pflegen, spielt als unbewußte Motivation auch bei solchen Personen eine Rolle, die in die Arbeit flüchten aus Angst, passiv und feminin zu erscheinen. Ein weiterer Faktor der Arbeitsmotivation ist die Förderung der Arbeitslust durch Geselligkeit, die u. a. auch erotische und auch insbesondere homosexuelle Befriedigungsmöglichkeiten gewährt" (Winterstein, S. 141). Dieser Geselligkeitswert der Arbeit spielt ja auch in der Verfremdungsthese Marx' und später bei den Hawthorne-Experimenten eine wesentliche Rolle. Auch dort, wo die Arbeit im Dienste einer Über-ICH-Forderung die unbewußte Bedeutung einer Strafe angenommen hat, kommt es zu einer Triebbefriedigung, indem das Über-ICH seine Aggression gegen das ICH auslebt. Während Jagen, Sammeln, Roden etc. noch als triebbezogener Tätigkeitsdrang spielerischen und noch nicht Arbeitscharakter besaß, gewähren die späteren arbeitsteiligeren „verfremdeten" Tätigkeiten diese direkte ES-Befriedigung nur mehr unzulänglich.

So sehr wir auch davon überzeugt sind, daß wir Menschen aus der Befähigung zur „Kultivierung" unserer Triebbedürfnisse nur durch identitätsfördernde Arbeit letztlich die volle Reife (Genitalität = Generativität) unserer Persönlichkeit erreichen können, so sehr darf uns diese Möglichkeit aber auch nicht darüber hinwegtäuschen, daß Arbeit nie nur Selbstzweck sein kann. Gelingende Arbeitsmotivation als Managementleistung beruht immer auch auf Einbindung beider Komponenten, selbstzweck- und bloß zweckhafte. Wem Arbeit selbst und an sich zum erstrebenswerten Genuß wird, dem passiert dies offenbar hauptsächlich infolge eines übergroßen unbewußten Strafbedürfnisses.

Die Manager von heute und morgen werden gut daran tun zu beherzigen, was Pichler (1985) in Berufung auf Derschka/Gottschall zitiert: „Wer die Menschen nicht für sich gewinnt, kann ein Unternehmen in den achtziger und neunziger Jahren nicht mehr führen." Denn es deutet sich ein Wandel an: Was Winterstein sehr beeindruckend noch anklagend als Ideal des modernen Wirtschaftsmenschen nannte, nämlich die Arbeit des Sisyphus (der ja bekanntlich als Bild des Mannes existiert, der in ewiger Unruhe seinen Verstand abmüht), zur Gewinnung materieller Güter, deren Besitz doch niemals befriedigt, denn im Grunde suchen wir ja nichts als Liebe. Was aber den Hellenen als Höllenstrafe gilt, – diese Arbeit des Sisyphus – ist vorübergehend (?) das Ideal der Gegenwart geworden; der eben angedeutete Wertewandel läßt zunehmend Arbeitsmotivation als Managementaufgabe ohne Einbindung der Liebeskomponente wirkungslos werden.

**Arbeitsmotivation als Aufgabe des Managements** haben wir geortet als kategoriale Funktion des Managers (Management Funktion Nr. 4, siehe weiter oben S. 34 in diesem Band), als Aufgabe der Gewinnung freiwilliger, motivierter Mitarbeit, ohne welche die vom Management gesamtverantwortlich übernommene Zielsetzung nicht erreichbar ist. So klar diese Aufgabenstellung ist, so wenig einfach in der Durchführung wird sie in der Praxis erlebt – und das ist uns nach dieser psychoanalytischen kurzen Analyse des Problems der Arbeitsmotivation vielleicht jetzt eher verständlich.

Handelt es sich doch um den Kern der eigentlichen Führungsaufgabe, ein Gebiet, das in der Betriebswirtschaftslehre, aber auch in der klassischen Managementlehre bislang zu wenig zentral und wichtig angesehen wurde. Der Produktionsfaktor Mensch = Arbeit – innerhalb diesem besonders die geistig-kreative Qualität – besitzt aber im Rahmen aller Produktionsfaktoren (u. a. natürliche und technische Ressourcen, Kapital, Konsum) absoluten Vorrang. Und zwar in einem solchen Ausmaß, daß alle anderen Produktionsfaktoren ohne den Faktor Arbeit bedeutungslos und unbrauchbar erscheinen, praktisch keinen Eigenwert besitzen. Gerade diese Realität hat sich aber bislang in den hauptsächlichen Lehr- und Forschungsbemühungen der beiden obgenannten einschlägigen Wissenschaften zumindest im deutschsprachigen Raum nicht widergespiegelt.

Die Aufgabe des Managers, motivierte Mitarbeiter zu gewinnen, erscheint als die zentrale Führungsaufgabe überhaupt und erfordert vor allem die Erkenntnis der enormen Lehr- und Erziehungsaufgabe des Managers (managing is teaching!) im Sinne einer vorübergehenden Sorge und Verantwortung für die Entwicklung eines anderen Menschen in der Arbeitsbeziehung. Die genaue Kenntnis der Arbeitsinhalte und die Ortung geeigneter menschlicher Qualitäten zu deren Bewältigung ist die Hauptaufgabe des Managers, eine Aufgabe, die durch eine gute Kenntnis der psychoanalytischen Motivationstheorie in ihrem Ernst und Umfang vielleicht erst richtig erfaßbar wird. In dieser Führungsverantwortung liegt aber auch der hauptsächliche Reiz der Managementaufgabe.

Auf einen kurzen Nenner gebracht – und ohne rezepthafte Erläuterung – handelt es sich also bei der Arbeitsmotivation als Managementfunktion um folgende Aufgaben eines Managers:

I. Genaue Kenntnis des Inhaltes und der Natur (Eigenart) der im Rahmen der Arbeitsteilung zu vergebenden Teil-Arbeit;
II. Fähigkeit, selbst und/oder mit psychologischer Fremdhilfe Menschen zu suchen (a), zu finden (b) und einzuweisen (c), deren je eigene Begabungen und erworbene Fähigkeiten am besten geeignet erscheinen, die oben genannte Teilarbeit so zu verrichten, daß dabei höchste Leistungsqualität (im Arbeitsprodukt) und zugleich *echte* Arbeitsmotivation und Arbeitszufriedenheit beim Leistungsträger entsteht;
III. Dafür zu sorgen, daß die Arbeitsumwelt, die Organisationskultur sowohl in ihren sachlichen als auch in ihren menschlichen Dimensionen für den Leistungsträger optimale (oder annähernd günstige) Arbeitsbedingungen darstellt;

IV. Den Tatbestand zu erkennen, zu verstehen und anzuwenden, daß so gelungene Arbeitsmotivation kein allemal feststehender und verbleibender Erfolg ist, sondern auf Dauer nur gelingt, wenn die Dynamik der sich entwickelnden, nach dem „reifen Erwachsensein" strebenden Persönlichkeit des Mitarbeiters ernsthaft in das „Motivations-Management" eingebunden wird (Personalentwicklung i. w. S. d. W.);

V. Dies impliziert u. a. folgende weitere Aufgaben:

a) laufende Beobachtung, Bewertung und Besprechung der Leistungen des Mitarbeiters
b) Aus- und Weiterbildungsangebote in adäquater Weise
c) Planung (gemeinsam mit dem Mitarbeiter) und Vollzug einer Karriere für den Mitarbeiter
d) Arbeitsplatzwechsel, wenn nötig
e) ständige Bemühung um eine leistungsadäquate, als gerecht anzusehende Leistungskompensation im materiellen (z. B. Gehalt, Lohn) und immateriellen (z. B. geistige Anerkennung) Sinne;

VI. Die Aufgabe einer auch über die unmittelbare Arbeitsbeziehung hinausgehende Empathie für den anvertrauten Mitarbeiter, auch im Sinne einer Bereitschaft, in kritischen Lebenssituationen mit allem Feingefühl potentiell hilfsbereit zu sein. In diesem Sinne auch (siehe M. Hofmann, Arbeit und Liebe, 1987) Kooperation als Erscheinungsform der tätigen Liebe betrachtend;

VII. Letztlich, aber nicht am Schluß, für den Führenden selbst laufend die Aufgabe einer „Selbstanalyse" im Sinne einer tiefergehenden Bemühung um Selbsterkenntnis, denn nur eine ausreichende Einsicht in die eigene Persönlichkeit befähigt, dauerhaft und erfolgreich die richtigen Mitarbeiter zu binden und zu motivieren.

Wie wir hoffentlich zeigen konnten, erscheinen die angewandte psychoanalytische Theorie, die psychoanalytischen Konzepte und Erfahrungen hervorragend geeignet, diese oben taxativ aufgezeigten Führungsaufgaben im Motivationsbereich besser zu lösen.

Das psychoanalytische Konzept der Persönlichkeitsstruktur trägt wesentlich bei zu einem besseren Verständnis der Eigenart der jeweiligen Persönlichkeiten. Die psychoanalytisch verstandene Dynamik der psychischen Prozesse – insbesondere auch der Abwehrmechanismen – hilft entscheidend, in der Realität der menschlichen Beziehungen wirkungsvoller zu handeln. Die psychoanalytische Entwicklungstheorie und Charaktertypenlehre schließlich wird zu einem ungemein praxisnahen und direkt anwendbaren Instrumentarium, um eine sowohl typusgerechte als auch phasenspezifische Personalpolitik (u. a. Personalentwicklung) im motivationalen Sinne zu gestalten.

## Literatur

Abraham K (1921) Ergänzung zur Lehre vom Anal-Charakter, Fischer, Frankfurt 1969
Ders (1925) Beiträge der Oralerotik zur Charakterbildung, Frankfurt 1969
Ders (1925) Zur Charakterbildung auf der genitalen Entwicklungsstufe, Frankfurt 1969
Allport G W (1949) Persönlichkeit, dt. Übersetzung, Stuttgart
Brenner Ch (1984) Grundzüge der Psychoanalyse, Frankfurt am Main
Carnegie A (1933) Empire of Business, reprint 1986, New York
Erikson E H (1984) Identität und Lebenszyklus, Frankfurt
Freud A (1973/8) Das Ich und die Abwehrmechanismen, München
Freud S (1934) Eine auto-biopsychische Studie, Ges. Werke (GW), Bd XIV, Wien
Ders Aus den Anfängen der Psychoanalyse, Standard Ed. London, ursprüngl. in Freuds Briefwechsel mit Fliess W. (1887-1902), dort vor allem Brief 41 v 13. 2. 1896, Bd I
Ders (1923) Das Ich und das Es, GW, Bd XIII
Ders (1946) Das Unbewußte, GW, Bd X
Ders (1942) Die Traumdeutung, GW, Bd II/III
Ders (1952) Abwehrneuropsychosen, GW, Bd I
Ders (1941) Die kulturelle Sexualmoral und die moderne Nervosität, GW, Bd VII
Ders (1930) Das Unbehagen in der Kultur, Bd XIV
Ders (1915) Einige Charaktertypen aus der psychoanalytischen Arbeit, Bd X
Ders (1931) Über libidinöse Typen, Bd XIV
Ders (1927) Die Zukunft einer Illusion, Bd IX der Studienausgabe, Frankfurt 1974
Ders (1908) Charakter und Analerotik, Bd VII
Giese F (1932) Philosophie der Arbeit. In: Handbuch der Arbeitswissenschaften, Bd 10, Halle
Goethe W (1796) Wilhelm Meister, Weimar
Graumann C F (1969) Motivation, Bern
Grochla E, Wittmann W (Hrsg) (1974) Handwörterbuch der Betriebswirtschaft, 4. Aufl., Bd I/1, Stuttgart
Gutenberg E (1967/13) Grundlagen der Betriebswirtschaftslehre, Bd I, Berlin, Heidelberg, New York
Hartmann H (1960) Ich-Psychologie und Anpassungsproblem, Beiheft zur Psyche, Stuttgart
Hellpach W (1913) Die Arbeitsteilung im geistigen Leben. In: Archiv f. Sozialwissenschaften
Hermann W (1870) Staatswirtschaftliche Untersuchungen, München
Hofmann M (1987) Einführung in die Allg. Managementlehre, Teil I, Wien
Ders (1984) Die Anforderungen an die Arbeitsgestaltung aus der Sicht der Tiefenpsychologie.
In: Management Forum Bd. 4/Heft 1, Wien
Ders (1987) Arbeit und Liebe, Beitrag in Managementforum: Bd 1, Ethik und Unternehmensführung, Lattmann Ch (Hrsg), Physica Verl. Würzburg
Ders (1987) Psychologische Aspekte der Management-Beratungsprozesse. In: Hofmann M, Sertl W Management Consulting, Kohlhammer, Stuttgart
Ders (1982) Die drei Grundverhaltenstypen im Management. In: Industrie Spezial, Wien
Ders, Kehrer A (1975) Möglichkeiten zur Anpassung der Organisation an das Unternehmenswachstum. In: Handbuch der Organisation, Gernsbach
Ders (1969) The House of Krupp: Fantasy of Family Spirit (Fallstudie), Harvard
Ders (1985) Streßmanagement. In: Management Forum, Bd 5/Heft 1, Wien
Ders (1985) Der mündige Mitarbeiter. In: GDI-Impuls 3/85
Hoyos C (1974) Arbeitspsychologie, Stuttgart
Jardim A (1970) The First Henry Ford: 1. Study in Personality and Business Leadership. Cambridge, M.I.T. PRESS.
Kakar S, Taylor F W (1970) A Study in Personality and Innovation, M.I.T. PRESS., Cambridge, Mass
Kant I (1784) Beantwortung der Frage was ist Aufklärung? In: Bertinische Monatsschrift, neu herausgeg. von H. Leonhard, Braunschweig 1947
Krippendorf J B, Kramer B, Müller H (1986) Freizeit und Tourismus. In: Berner Studien zum Fremdenverkehr, Heft 22, Bern

Ders, Kramer B, Krebs R (1984) Arbeitsgesellschaft im Umbruch, Bern
Laplanche J, Pontalis J B (1972) Vokabular der Psychoanalyse, 2. Bd Frankfurt
Marx K (1970) Ökonomisch-philospohische Manuskripte (1844), Marx/Engels Gesamtausgabe, 1. Aufl., Bd 3 Berlin/Glashütten
Milgram St (1982) Zur Gehorsamsbereitschaft gegenüber Autorität, Hamburg
Nagera H (1974) Psychoanalytische Grundbegriffe, eine Einführung in S. Freuds Terminologie und Theorienbildung, Frankfurt
Neuberger O (1974) Theorien der Arbeitszufriedenheit, Stuttgart
Nuttin I (1971) Motivation. In: Lexikon der Psychologie, Bd 2, Freiburg
Pichler O (1985) Der Wertewandel und seine Konsequenzen für Unternehmen. In: Krise und Krisenbewältigung, Sozial- und wirtschaftswissenschaftliche Beiträge zur Krisenforschung, Holzmüller H, Schwarzer S (Hrsg), Wien
Schraml W J (1980/5) Einführung in die moderne Entwicklungspsychologie für Pädagogen und Sozialpädagogen, Konzepte der Humanwissenschaften, Stuttgart
Sombart W (1913) Der Bourgeois: Zur Geistesgeschichte des modernen Wirtschaftsmenschen, München/Leipzig
Staehle W (1985) Management, München
Stekel W (1910) unveröffentlichtes Referat
Toharski (1979) Aspekte des Arbeitslebens als Faktor des Freizeiterlebens, Frankfurt
Toman W (1978) Tiefenpsychologie, Kohlhammers Standard Psychologie, Basisbücher und Studientexte, Stuttgart
Ulrich E (1982) Gestaltung der Arbeitstätigkeit und Führung von Mitarbeitern. In: Neue Wege der Leistungsgesellschaft, Essen
Winterstein A (1932) Zur Psychologie der Arbeit. In: IMAGO, Zeitschrift für Anwendung der Psychoanalyse auf die Natur- und Geisteswissenschaft, Bd XVIII, Heft 2
Wöhe G (1973/1) Einführung in die Allgemeine Betriebswirtschaftslehre, München
Wunderer R, Grunwald W (1980) Führungslehre, Bd I/II, Berlin-New York

# Organisationsmanagement

## Bewertung und Auswahl einer effizienten Organisationsform für Unternehmungen

Prof. Dr. Norbert Thom,
ordentlicher Professor für Betriebswirtschaftslehre an der Universität Freiburg/Schweiz

### Inhalt

**1 Einführung** . . . . . . 322

**2 Kennzeichnung der gewählten Situation zur Effizienzabschätzung von Organisationsstrukturen** . . . . . . 325

2.1 Untersuchungsanliegen und Untersuchungsobjekt . . . . . . 325

2.2 Einflußgrößen auf die Effizienz von Organisationsstrukturen . . . . . . 326

**3 Typisierung von Organisationsformen für die gesamte Unternehmung** . . . . . 328

**4 Ableitung und Präzisierung von Effizienzkriterien** . . . . . . 332

**5 Die Effizienzabschätzung im Rahmen der Auswahl einer Organisationsform** . 336

5.1 Einflußgrößen auf die Erfüllbarkeit der Effizienzkriterien . . . . . . 336

5.2 Interdependenzen der Effizienzkriterien . . . . . . 337

5.3 Verbaler Vergleich von Organisationsformen anhand der Effizienzkriterien . . . . . . 338

5.4 Ein nutzwertanalytischer Ansatz zur Effizienzabschätzung von Organisationsformen . . . . . . 342

**6 Fazit und Ausblick** . . . . . . 349

**Literatur** . . . . . . 351

## 1 Einführung

*„Organisation"* ist ebenso wie die Planung und Kontrolle ein grundlegendes Instrument der Unternehmungsführung (vgl. Gutenberg E. 1962). Durch die Organisation wird ein System von personenbezogenen Verhaltensregeln (Verhaltenserwartungen) und maschinenbezogenen Funktionsregeln (Leistungsanforderungen) geschaffen, das die Aufgabenerfüllung in sozio-technischen Systemen (z. B. Unternehmungen) in effizienter Weise gewährleisten soll (Grochla E. 1978).

Innerhalb des Führungsinstrumentes „Organisation" werden üblicherweise mehrere Aspekte differenziert. Unterschieden wird zum einen zwischen dem *Prozeß des Organisierens* (der organisatorischen Gestaltung) und dem *Ergebnis des Organisierens* (der Organisationsstruktur). Beim letztgenannten Aspekt hat sich in der deutschsprachigen Organisationslehre zudem die Unterscheidung zwischen

Aufbau- und Ablauforganisation durchgesetzt (Nordsieck F. 1934; Ulrich H. 1949; Kosiol E. 1962). Sie wurde auch zu einem wichtigen Differenzierungsmerkmal für die praktische Organisationsarbeit (Thom N. und Brölingen B. 1982). Während man die raum-zeitliche Strukturierung der Arbeitsvorgänge in einem sozio-technischen System als *Ablauforganisation* bezeichnet, versteht man unter *Aufbauorganisation* die Gliederung des sozio-technischen Systems in aufgabenteilige Untereinheiten (z. B. Stellen, Abteilungen, Bereiche) und deren koordinierte Beziehungen zur Erfüllung der Gesamtaufgabe. Besonders die aufbauorganisatorischen Fragen haben in der Literatur eine umfangreiche und eingehende Behandlung erfahren. Sie ziehen auch nach wie vor das Interesse der Unternehmungsleitung auf sich, selbst wenn diese die Führungsfunktion „Organisation" weitgehend an Spezialisten delegiert hat. Die Organisationsspezialisten widmen sich dementsprechend vor allem den ablauforganisatorischen Problemstellungen sowie den Fragen der EDV-Organisation, Büroautomation und sonstigen Sachmittelorganisationen.

Aus der Sicht des „Organisationsmanagements" ist daher besonders folgende Frage erheblich: *Wie findet die Unternehmungsführung effiziente aufbauorganisatorische Lösungen für die gesamte Unternehmung?* Es bedarf daher im weiteren einer eingehenderen Auseinandersetzung mit den Fragen der (Spitzen-)Aufbauorganisation und der organisatorischen Gestaltung (kurz: Organisationsgestaltung). Der letztgenannte Problemaspekt ist erst in den letzten Jahren Gegenstand der literarischen Behandlung geworden (vgl. Grochla E. 1982; Schanz G. 1982). Daher sind einige Vorbemerkungen zu diesem Prozeß des Organisierens angebracht (vgl. hierzu im einzelnen Grochla E. 1982).

Bei der Organisationsgestaltung (O.G.) gilt es zunächst zu unterscheiden, ob die *Organisationsstruktur* oder der *organisatorische Gestaltungsprozeß* gemeint ist. Letzt genannter ist schon bei Organisationsprojekten mittlerer Größe eine beachtliche Managementaufgabe. Eine zweite grundlegende Unterscheidung betrifft die Frage, ob bei der O.G. für eine *Organisationsstruktur* die global-prinzipielle Ebene (= Gestaltung der *Rahmenstruktur)* oder die detailliert-spezielle Ebene (= Gestaltung der *Detailstruktur)* betrachtet wird.

Bei der Gestaltung des organisatorischen *Gestaltungsprozesses* ist hingegen eine strategische und eine taktische Ebene zu unterscheiden. Die sog. *Gestaltungsstrategie* enthält eine generelle Leitlinie für die Abwicklung von organisatorischen Gestaltungsprojekten bzw. Organisationsaufträgen in der Unternehmung. Die *Gestaltungstaktik* wird innerhalb der von der Gestaltungsstrategie eröffneten und abgegrenzten Handlungsspielräume dispositiv von Projekt zu Projekt festgelegt. Die O.G. stellt sowohl ein *sachlich-logisches* als auch ein *politisches* Problem dar. Jeder Praktiker der O.G. weiß, daß der rationale, sachlich-logische Problemlösungsprozeß überlagert wird von offenen oder verdeckten Konflikten und Machtkämpfen sowie von Beeinflussungsaktivitäten der hieran beteiligten Personen, um bestimmte organisatorische Veränderungen zu forcieren oder zu verhindern (= politische Aktivitäten). Die Praxis zeigt oft Beispiele dafür, daß es schwieriger sein kann, sachlich richtige organisatorische Lösungen bei den Betroffenen „zu verkaufen", als diese Lösungen zu entwickeln.

Die politischen Elemente der O.G. sind nicht nur bei der Entwicklung der Gestaltungstaktik zu berücksichtigen, sondern müssen auch in die Überlegungen zur Gestaltung von Rahmen- und Detailstrukturen einfließen. Es ist stets die Frage nach der „politischen Machbarkeit" zu stellen.

Die nachfolgende Abbildung 1 faßt die genannten *Dimensionen der O.G.* zusammen (Quelle: Grochla E. 1982, S. 13).

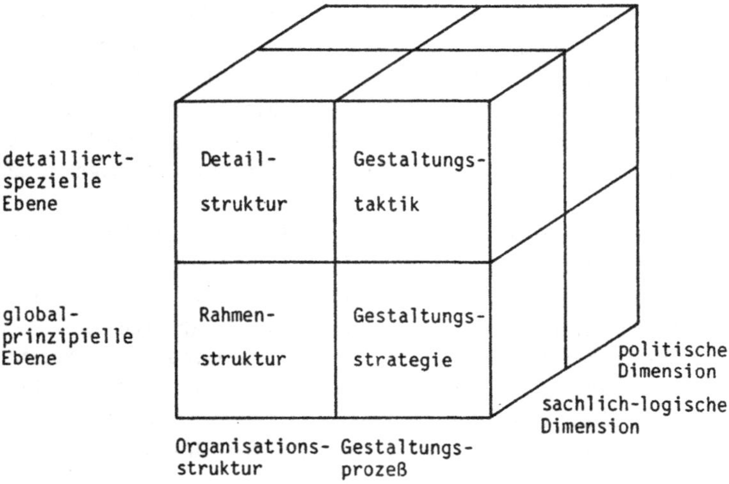


**Abb. 1.** Organisatorische Gestaltung als mehrdimensionales Problem.

Der Prozeß des Organisierens läßt sich in mehrere Phasen unterteilen. In der Literatur werden hierfür verschiedene Phasenmodelle angeboten: So unterscheidet beispielsweise E. Grochla (1982, S. 44) folgende acht *Phasen der O.G.:*

(1) Problemerkennung, (2) Initiierung und Förderung der Gestaltung, (3) Aufnahme und Analyse des Problemfeldes, (4) Problemdiagnose (Ursachenermittlung) und Vorgabe von Gestaltungszielen, (5) Generierung von Gestaltungsalternativen, (6) Bewertung und Auswahl der Gestaltungsalternativen, (7) Einführung und Durchsetzung der gewählten Alternative, (8) Kontrolle und Weiterentwicklung der eingeführten Organisation.

Diese Phasen geben nur eine logische Ordnung des Gestaltungsprozesses wieder. Dabei darf also *nicht* auf eine *strenge zeitliche Abfolge* geschlossen werden. Insbesondere die ersten, primär kognitiven Phasen werden in Gestaltungsprozessen wiederholt durchlaufen. Den einzelnen Phasen kommt je nach der vorliegenden Problemstellung ein unterschiedliches Gewicht zu.

In den weiteren Ausführungen wird – im Sinne des exemplarischen Lernens – nun folgender Ausschnitt aus dem Gesamtfeld organisatorischer Problemstellungen ausgewählt, um die Grundaufgaben eines modernen „Organisationsmanagements" zu verdeutlichen: Die sachlich-logische und die politische Dimension des Gestaltungsprozesses wird dargestellt am Beispiel der Wahl einer Rahmenstruktur für die Unternehmung. Die für die Wahl der Rahmenstruktur zur Verfügung stehenden generellen Lösungsansätze werden in der Literatur und Praxis meist *„Organisationsformen"* genannt. Bei der Wahl der Organisationsform steht die Frage der Abschätzung ihrer *Effizienz* für die Gestaltungsträger im Vordergrund. Innerhalb des vielstufigen Gestaltungsprozesses wird die Phase der *„Bewertung und Auswahl"* vertieft behandelt.

Im zweiten Kapitel gilt es daher, die Situation zur Effizienzabschätzung von Organisationsformen zu kennzeichnen. Es folgt im dritten Kapitel eine Typisierung der wichtigsten Organisationsformen. Im Anschluß daran werden im vierten Kapitel die Effizienzkriterien abgeleitet und präzisiert. Das umfangreichste Kapitel befaßt sich dann mit dem Prozeß der Effizienzabschätzung im Rahmen der Bewertung und Auswahl von Organisationsformen. Abschließend wird das Fazit gezogen und ein Ausblick versucht.

## 2 Kennzeichnung der gewählten Situation zur Effizienzabschätzung von Organisationsstrukturen

### 2.1 Untersuchungsanliegen und Untersuchungsobjekt

Die Bewertung der Effizienz der grundlegenden Organisationsform einer Unternehmung gehört zu den bedeutendsten organisationspolitischen Entscheidungen.

Mit den weiteren Ausführungen soll der Versuch unternommen werden, ein möglichst rationales Verfahren zur Effizienzbewertung der aufbauorganisatorischen Grundform einer Unternehmung zu skizzieren. Effizienz bedeutet in diesem Zusammenhang Leistungswirksamkeit oder Erfolgsniveau im Hinblick auf die Formalzielsetzung einer Unternehmung. Dabei ist zwischen bestimmten Kriterien (Effizienzkriterien) zu unterscheiden, mit denen die Maßstäbe des Erfolgs geschaffen werden, und den Ausprägungen (Effizienzgraden), die sich bei der Bewertung von Organisationsstrukturen unter Zugrundelegung der vorgegebenen Effizienzkriterien ermitteln lassen (Grochla E. 1978, S. 23f.).

Unternehmungen streben im Interesse ihrer Gesamtzielerreichung danach, ihre Organisationsform zu optimieren, wobei die bestmögliche Effizienz nur *annäherungsweise mit heuristischen Verfahren* ermittelt werden kann. Verlauf und Ergebnis der sich in der Praxis vollziehenden Prozesse der Effizienzbeurteilung organisatorischer Gestaltungsalternativen werden nicht selten durch die Intuition und formale Macht der Prozeßbeteiligten unter besonderer Berücksichtigung einzelner Bedingungsgrößen (z. B. der personellen Verhältnisse) maßgeblich beeinflußt. Es kann in einem solchen Zustand ein Beitrag zur rationaleren Durchdringung dieses schlecht strukturierten Entscheidungsfeldes geleistet werden, wenn die nachfolgenden – vorwiegend auf Deduktion und Plausibilität beruhenden – Überlegungen stärkere Berücksichtigung finden. Das vorzustellende Konzept der Effizienzabschätzung ist in dreifacher Weise zu relativieren. (1) Wie bereits erwähnt, kommt es nur auf der Ebene der *Unternehmungsführung* (Geschäftsleitung) zur Anwendung, so daß globale Effizienzkriterien vorherrschen müssen. (2) Die Analyse konzentriert sich ferner auf ausgewählte *Schlüsselaufgaben* zur Sachzielerreichung einer Unternehmung. (3) Die Betrachtungsperspektive ist grundsätzlich *langfristig*, wenn auch nie exakt vorherzusehen ist, wie lange die organisatorischen Regelungen für die Unternehmungsspitze Geltung haben werden.

## 2.2 Einflußgrößen auf die Effizienz von Organisationsstrukturen

Die Bewertung der Effizienz einer Strukturierungskonzeption (Organisationsform) wird immer in einer *spezifischen Situation* vorgenommen, die gekennzeichnet ist durch eine bestimmte Kombination von Merkmalen der betrieblichen Umwelt (des Umsystems), der Unternehmung, der zu erfüllenden Aufgaben sowie der zur Verfügung stehenden bzw. beschaffbaren Aktionsträger. Die erste Aufgabe für die Personen, die die Effizienzbeurteilung durchführen (Führungskräfte und Organisationsspezialisten), besteht daher in der Identifizierung und Relevanzeinstufung der jeweiligen Merkmale der Beurteilungssituation. Anhaltspunkte hierfür, jedoch keineswegs gesicherte Erkenntnisse, bieten die vielfältigen Ergebnisse der organisatorischen Einflußgrößenforschung (Wollnik M. 1980). Ein genereller Konsensus der Organisationsforscher über die in einem solchen Situationsrahmen zu berücksichtigenden Größen zeichnet sich noch nicht ab. Der Organisationspraktiker hat daher nicht nur die Aufgabe, die konkreten Ausprägungen von Situationsmerkmalen festzustellen, die von den meisten Experten als erfolgswirksam eingeschätzt werden, er benötigt auch die Fähigkeit, zusätzliche Einflußgrößen aufzuspüren. Abbildung 2 (siehe unten) enthält für den Fall der Auswahl einer neuen Organisationsform (Grochla E. und Thom N. 1980) eine Übersicht mit den vier Kategorien von Situationsmerkmalen, zu denen die empirische Organisationsforschung bzw. die sachlich-analytische Forschungsrichtung Aussagen über ihre Effizienzrelevanz liefern können.

Die Organisationsforschung bietet den Verantwortlichen für die Effizienzanalyse in den meisten Fällen auch Operationalisierungshilfen für diese Situationsmerkmale. Es gibt jedoch bislang keine Studie, in der alle in Abbildung 2 genannten Merkmale berücksichtigt werden. Aber auch im praktischen Fall sind durchaus nicht alle Merkmale von (gleicher) Bedeutung. Die Ergebnisse der empirischen Organisationsforschung dürfen auch *keineswegs* so verstanden werden, als ob ein *deterministischer Zusammenhang* zwischen den Situationsmerkmalen, den Ausprägungen von Organisationsdimensionen und dem Erfolgsniveau bestünde. Kausalbeziehungen sind in Feldstudien mit der üblicherweise angewandten Forschungsmethodik ohnehin nicht nachweisbar.

Im praktischen Fall der organisatorischen Gestaltung (Neuorganisation, Reorganisation) erfolgt meist eine Reduktion der Komplexität der Gesamtsituation

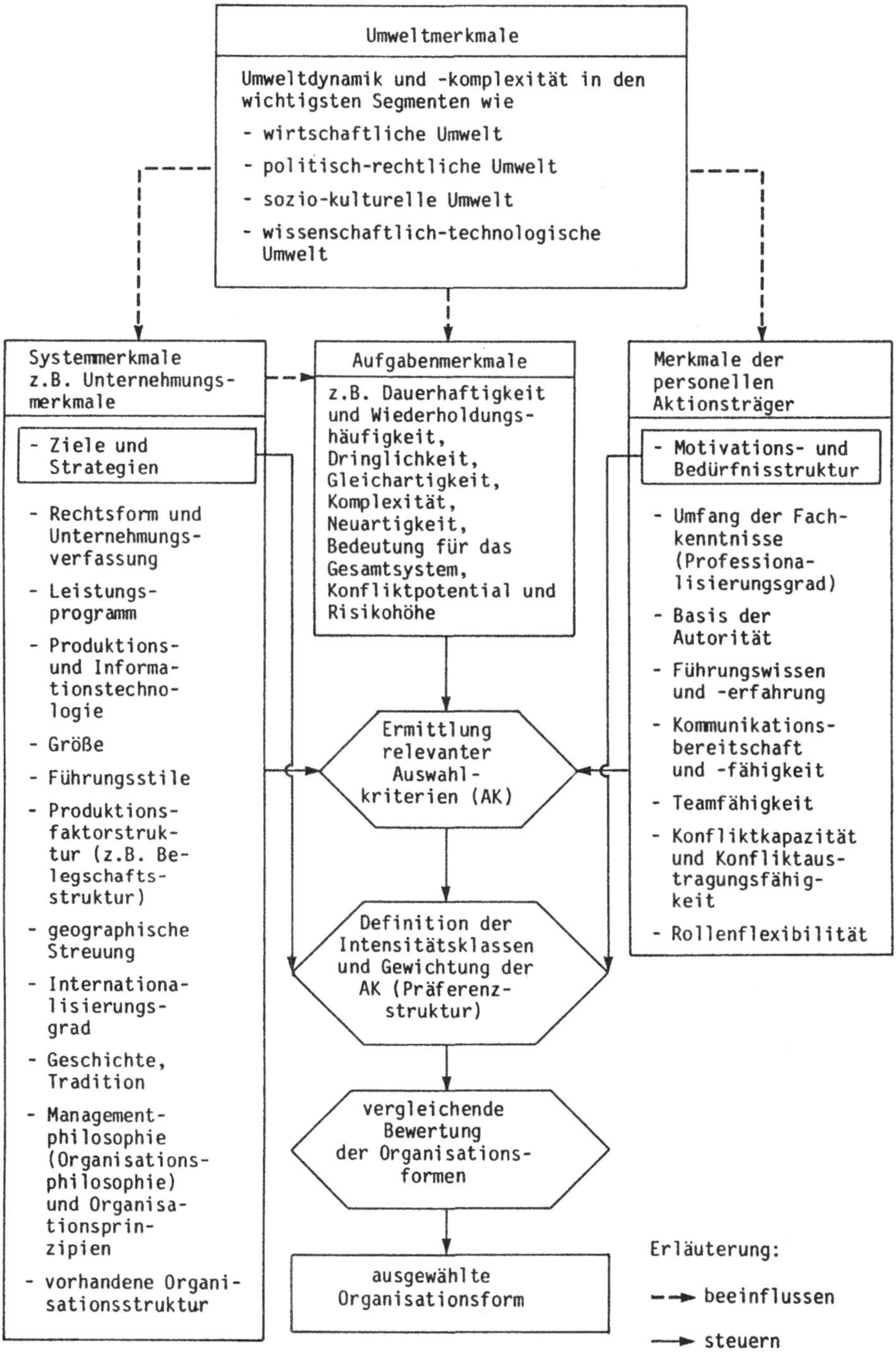
Umweltmerkmale
Umweltdynamik und -komplexität in den wichtigsten Segmenten wie
- wirtschaftliche Umwelt
- politisch-rechtliche Umwelt
- sozio-kulturelle Umwelt
- wissenschaftlich-technologische Umwelt
Systemmerkmale z.B. Unternehmungsmerkmale
- Ziele und Strategien
- Rechtsform und Unternehmungsverfassung
- Leistungsprogramm
- Produktions- und Informationstechnologie
- Größe
- Führungsstile
- Produktionsfaktorstruktur (z.B. Belegschaftsstruktur)
- geographische Streuung
- Internationalisierungsgrad
- Geschichte, Tradition
- Managementphilosophie (Organisationsphilosophie) und Organisationsprinzipien
- vorhandene Organisationsstruktur
Aufgabenmerkmale
z.B. Dauerhaftigkeit und Wiederholdungshäufigkeit, Dringlichkeit, Gleichartigkeit, Komplexität, Neuartigkeit, Bedeutung für das Gesamtsystem, Konfliktpotential und Risikohöhe
Merkmale der personellen Aktionsträger
- Motivations- und Bedürfnisstruktur
- Umfang der Fachkenntnisse (Professionalisierungsgrad)
- Basis der Autorität
- Führungswissen und -erfahrung
- Kommunikationsbereitschaft und -fähigkeit
- Teamfähigkeit
- Konfliktkapazität und Konfliktaustragungsfähigkeit
- Rollenflexibilität
Ermittlung relevanter Auswahlkriterien (AK)
Definition der Intensitätsklassen und Gewichtung der AK (Präferenzstruktur)
vergleichende Bewertung der Organisationsformen
ausgewählte Organisationsform
Erläuterung:
beeinflussen
steuern

**Abb. 2**

auf wenige als besonders wichtig erachtete Einflußgrößen. Das Wahrnehmungsvermögen, das Wissen, das Wertsystem und die Machtbasis der Organisationsgestalter übernimmt eine quasi „vermittelnde", selektierende und interpretierende Funktion zwischen den objektiv vorhandenen Situationsmerkmalen und den tatsächlich im Analyse- und Entscheidungsprozeß berücksichtigten Einflußgrößen (Child J. 1972). Diese Reduktion der Komplexität setzt sich fort bei der Ableitung und Präzisierung von Effizienzkriterien und bei der Definition ihrer Intensitätsklassen (Effizienzgrade). Schließlich ist darauf hinzuweisen, daß die Unternehmung selbst die Möglichkeit hat, ihre Situationsmerkmale gezielt zu ändern (z. B. durch die Veränderung der Betriebsgröße, Einführung neuer Technologien, Einstellung neuer Mitarbeiter, Einstieg in einen neuen Markt etc.).

## 3 Typisierung von Organisationsformen für die gesamte Unternehmung

Organisationsformen lassen sich als spezifische Konstellationen von Ausprägungen der Organisationsdimensionen (Strukturmerkmale) interpretieren. Demnach wäre es eigentlich erforderlich, das Untersuchungsobjekt dieser Effizienzanalyse in eine Vielzahl von Dimensionen (vgl. u. a. Kieser A. und Kubicek H. 1983, S. 79-173) zu gliedern. Gemäß den Gesetzen der Kombinatorik wären rein gedanklich außerordentlich viele Konstellationen von Ausprägungen der Organisationsdimensionen vorstellbar. Um das Anliegen dieses Beitrages in überschaubarer Form darzustellen, ist eine Beschränkung auf einige Grundformen erforderlich. Der Blick auf die Organisationsformen in der Unternehmungspraxis (Menzl A. 1977; Bleicher K. 1981; Grochla E. 1982) hilft bei der notwendigen Selektion. Für die vergleichende Effizienzanalyse genügt es hier, die Hauptunterschiede der Organisationsformen herauszuarbeiten, die in der Organisationsliteratur vielfach ausführlich beschrieben worden sind.

Die grundlegenden Organisationsformen können als Ergebnis unterschiedlicher Kombinationen der nachstehenden Strukturmerkmale gekennzeichnet werden: (1) Verrichtungs- oder Objektgliederung, (2) Einlinien- oder Mehrliniensystem, (3) Grad der Entscheidungszentralisation, (4) Uni- oder multipersonale Instanzen (Individual- oder Teamorientierung).

Da einige teamorientierte Organisationsformen (Grochla E. 1972) nicht den Anspruch auf Praxisrelevanz erheben können und andere sich in jeder der übrigen Organisationsformen — eben durch die „Pluralisierung" von Instanzen bzw. durch parallele Anordnung zu jeder anderen Grundform — verwirklichen lassen, beschränkt sich die weitere Analyse auf die funktionale, divisionale und Matrix-Organisation. Vereinfacht ausgedrückt ist

(1) die *funktionale* Organisationsform eine Kombination aus Verrichtungsgliederung, Einliniensystem und einem hohen Grad der Entscheidungszentralisation;

(2) die *divisionale* Organisationsform eine Verbindung von Objektgliederung, Einliniensystem und weitgehender Entscheidungsdezentralisation und schließlich
(3) die gleichzeitig Verrichtungs- und Objektgliederung mit dem Mehrliniensystem und relativ hoher Entscheidungsdezentralisation eine *Matrix*- Organisation.

Neben dieser kurzen Kennzeichnung anhand der vorstehenden Merkmale sollen die drei Grundformen der Rahmenstruktur einer Unternehmung noch etwas eingehender dargestellt werden (vgl. u. a. Röthig P. 1983).

Die *funktionale Organisationsform* bildet die Subsysteme unterhalb der Unternehmungsleitung gemäß den Haupttätigkeiten („Funktionen"). Bei einem Industriebetrieb sind diese zunächst die materiellen Input-, Output- und Transformationsvorgänge, üblicherweise als Beschaffung, Absatz und Fertigung (Produktion) bezeichnet. Die alle anderen Funktionen überlagernden administrativen Tätigkeiten (z. B. Rechnungswesen, Personalverwaltung) sollen hier vereinfachend „Verwaltung" genannt werden. Als Kernfunktion für die Förderung betrieblicher Produkt- und Verfahrensinnovationen (vgl. Thom N. 1980) tritt im gewählten Beispiel die „Forschung und Entwicklung" hinzu, die in den meisten Industriebetrieben allerdings nur als „Entwicklung" ausgeprägt ist.

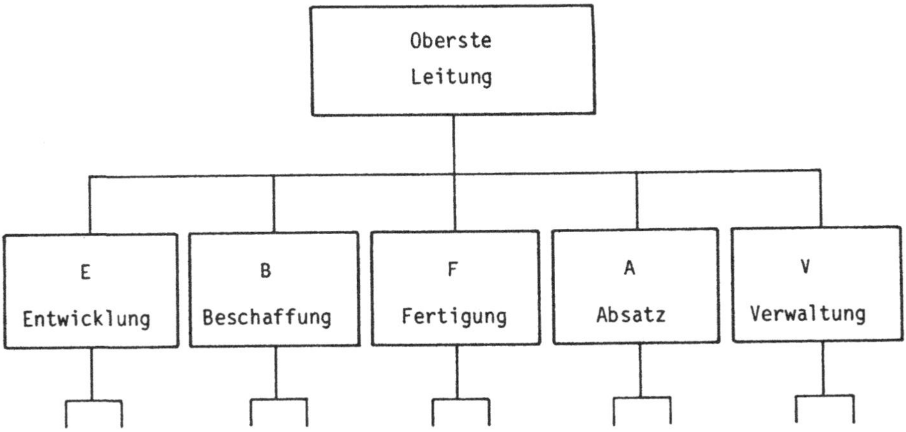


**Abb. 3.** Beispiel für funktionale Organisationsform.

Generell werden als Hauptvorteile dieser Organisationsform immer wieder die starken Spezialisierungsmöglichkeiten für das Personal in den einzelnen Funktionen hervorgehoben. Je heterogener das Angebotsprogramm einer Unternehmung ist, um so weniger läßt sich jedoch dieser Vorteil realisieren und außerdem erhöht sich das Koordinationsproblem für die oberste Leitung in diesem Falle überproportional.

Die *divisionale Organisationsform* setzt bei der Untergliederung der gesamten Unternehmung an den „Objekten" an; diese werden zum primären Gliederungs-

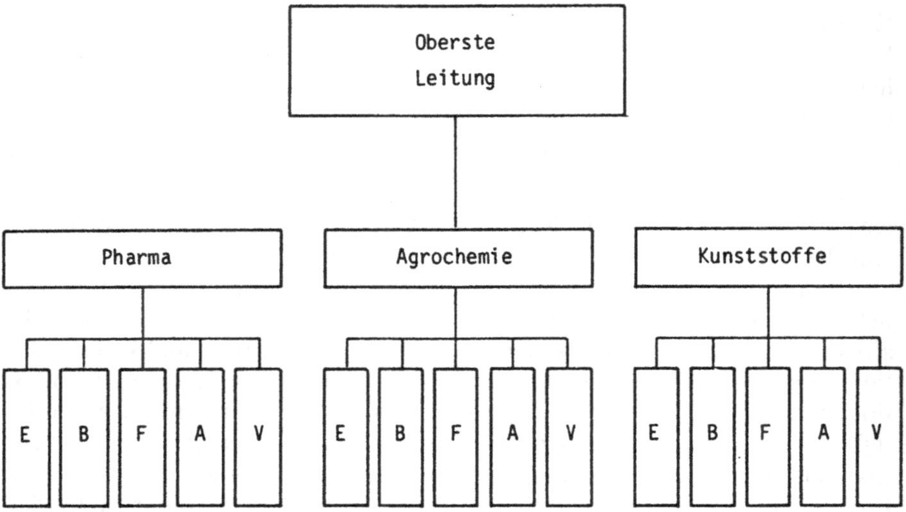


**Abb. 4.** Beispiel für divisionale Organisationsform.

merkmal. Inhaltlich kann es sich bei den „Objekten" beispielsweise um Produktgruppen, Dienstleistungen, Kundengruppen oder regional abgegrenzte Märkte handeln. Die nachstehende Abbildung verdeutlicht die divisionale Organisationsform am Beispiel einer diversifizierten Chemieunternehmung.

Der Einfachheit halber wurden in der Praxis vorzufindende zentrale Unternehmungsbereiche (z. B. für Grundlagenforschung, strategische Unternehmungsplanung, Controlling, Personalpolitik) nicht in das Schaubild aufgenommen. Dadurch kommt das geltende Einliniensystem deutlicher zum Vorschein. Als Hauptvorteil wird meist die Fähigkeit der Leiter der Divisionen (Sparten) genannt, marktnah und schnell entscheiden zu können (Flexibilität). Die oberste Leitung kann sich ihrerseits stärker auf divisionsübergreifende und strategische Fragen konzentrieren.

Für die *Matrix-Organisation,* als einer Kombination der beiden vorgenannten Organisationsformen, sind inhaltlich zahlreiche Ausgestaltungsformen denkbar. Neben die bereits oben genannten „Objekte" tritt als weitere Möglichkeit das „Projekt".

*Projektaufgaben* sind durch folgende Merkmale gekennzeichnet:

- Die Aufgaben sind zeitlich begrenzt (temporär);
- sie weisen einen relativ hohen Komplexitätsgrad auf, d. h. zwischen einer Vielzahl von verschiedenartigen Teilaufgaben liegt eine starke Interdependenz vor.
- zur Aufgabenerfüllung werden personelle, materielle und finanzielle Ressourcen benötigt, die einen betriebsindividuell festzulegenden Schwellenwert für Normalaufgaben überschreiten.
- Die Aufgabenstellung enthält – aus der Sicht der jeweiligen Unternehmung – einen vergleichsweise hohen Neuigkeitsgrad.

- Die vorgenannten Merkmale implizieren ein relativ hohes Risiko für die Erreichung der gesetzten Ziele (Erzielung einer bestimmten Leistung bei Einhaltung bestimmter Kosten- und Zeitvorgaben).
- Projektaufgaben müssen innerhalb einer verhältnismäßig knappen Frist erfüllt werden, die bei einer Abwicklung auf dem „Dienstweg" mit ständigem Kompetenzwechsel an den Funktions- und Divisionsgrenzen nur schwerlich eingehalten werden könnte.

Das mit der Matrix-Organisation verwirklichte Mehrliniensystem gilt grundsätzlich als konfliktträchtig. Erforderlich ist daher eine ausgeprägte Kooperationsfähigkeit der beteiligten Aktionsträger. Als wesentlicher Vorteil dieser Organisationsform wird ihre Flexibilität und Ausgewogenheit angesehen, da objektbezogene und funktionsbezogene (fachliche) Aspekte simultan zu berücksichtigen sind.

Im weiteren werden zwei Beispiele für Matrix-Organisationen in schaubildlicher Form (Produkt- und Projekt-Matrix-Organisation) dargestellt.

Diese wenigen Ausführungen mögen zunächst genügen, um die drei Haupt-Organisationsformen vorzustellen. Zugleich müßte bis zu dieser Stelle hinreichend klar geworden sein, daß anhand der allgemein formulierten Vorteile dieser Strukturen eine Unternehmungsleitung noch keineswegs in der Lage sein dürfte, die folgenschwere und langfristig bindende Entscheidung über die bestmögliche Rahmenstruktur für die Unternehmung in begründeter Weise zu treffen. Hierzu bedarf es zunächst einer weiteren Präzisierung von Beurteilungskriterien.

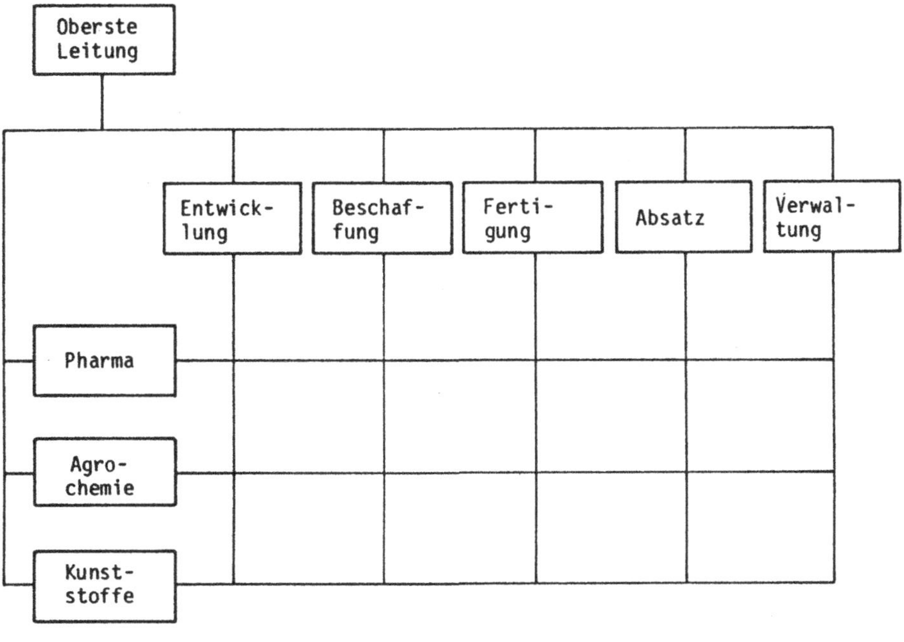


**Abb. 5.** Produkt-Matrix-Organisation.

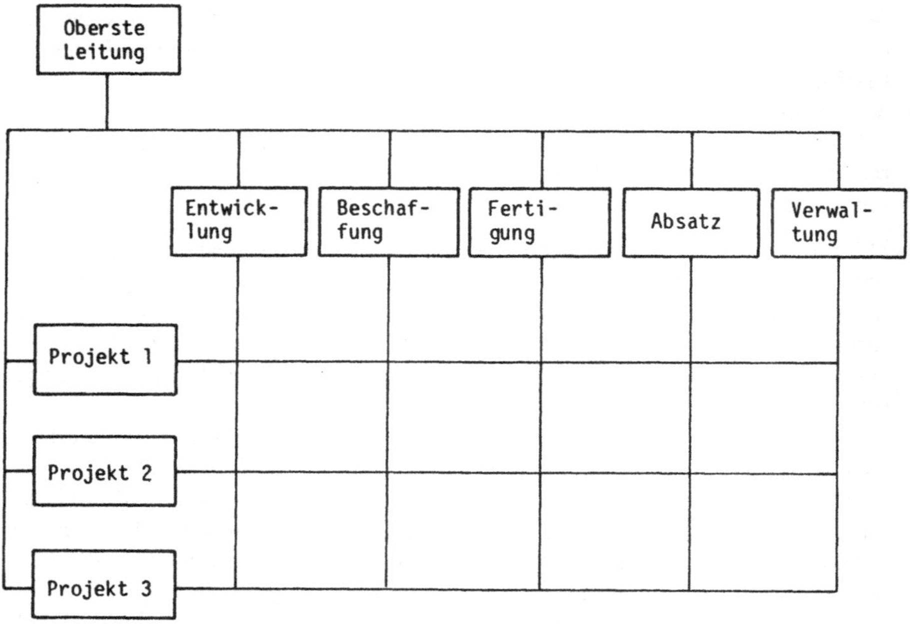


**Abb. 6.** Projekt-Matrix-Organisation.

## 4 Ableitung und Präzisierung von Effizienzkriterien

Die Grundfunktion der Organisation kann als zielgerichtete, dauerhafte Regelung der durch die Aktionsträger (Menschen und Maschinen) bewirkten Aufgabenerfüllungsprozesse gekennzeichnet werden. Das System organisatorischer Regeln (die Organisation) dient also der besseren Erreichung der Ziele eines soziotechnischen Systems (z. B. der Unternehmung). Daher liegt es nahe, die Effizienzkriterien unmittelbar aus dem Zielsystem des sozio-technischen Systems abzuleiten. Es läßt sich jedoch nachweisen, daß die zu einem bestimmten Zeitpunkt gültigen obersten Unternehmungsziele für eine Effizienzbewertung der Unternehmungsorganisation allein nicht genügen und daher spezifische Maßstäbe für die Beurteilung der Leistungswirksamkeit der Organisationsformen ermittelt werden müssen. Die Begründung liegt vorwiegend in folgenden Tatbeständen (vgl. u. a. Cyert R. M. und March J. G. 1963; Hill W. et al. 1974; Müller W. R. 1977):

1. Zielsysteme sind das (Zwischen-)Ergebnis eines politischen Aushandlungsprozesses. Die Machtverteilung in der Gruppe der einflußreichen Mitglieder der Unternehmungsführungs- und Kontrollorgane ändert sich im Zeitablauf und mit ihr die Struktur des Zielsystems. Da die hier betrachteten Organisationsformen in aller Regel für recht lange Zeiträume Gültigkeit haben sollen,

wird sich auch die Bewertung ihrer Leistungswirksamkeit an langfristig gültigen Effizienzkriterien ausrichten müssen.
2. Angesichts der Tatsache, daß bei der Formulierung des obersten Zielsystems die Tendenz zu Quasi-Lösungen (Cyert R. M. und March J. G. 1963) besteht, d. h. zu nicht voll konsistenten und kompatiblen Kompromissen mit Interpretationsspielraum für alle Beteiligten, lassen sich kaum logisch einwandfrei begründbare Effizienzkriterien für Organisationsformen unmittelbar aus dem derart entstandenen Zielsystem ableiten.
3. Zur Erreichung der obersten Unternehmungsziele tragen zahlreiche Instrumente bei. Daher ist es durchaus möglich, daß für die Verwirklichung bestimmter Unternehmungsziele das Instrument Organisation keinen ausschlaggebenden Beitrag leistet (Child J. 1975). Das Zurechnungsproblem ist jedenfalls ungelöst und vielleicht auch unlösbar.

Allein aus diesen drei Gründen erscheint es unumgänglich, Effizienzkriterien zu definieren, die gegenüber zeitpunktbezogenen Unternehmungszielen ein höheres Maß an Geltungsdauer und Verbreitung aufweisen sowie auf das Zielerreichungsinstrument „Organisation" speziell zugeschnitten sind. Die Fachliteratur bietet Ansatzpunkte für die Auswahl solcher Effizienzkriterien (Welge M. K. 1975; Kessler A. 1976; Bahsi G. und Ringle G. 1981; Frese E. 1976; Krüger W. 1983). Sie lassen sich in drei große Kategorien zusammenfassen (Grochla E. 1982): (a) ökonomisch-technische, (b) individual-soziale und (c) flexibilitäts-orientierte Kriterien. Ihre Präzisierung (Operationalisierung) erfolgt meist in einem gegliederten Prozeß, der hier nur ansatzweise vorgestellt werden kann. Organisatorische Effizienz ist folglich ein theoretisches Konstrukt, das erst über einen mehrstufigen Ableitunsprozeß (Dimensionen, Kriterien, Indikatoren; vgl. Fessman K.-D. 1979) zum empirisch feststellbaren Sachverhalt wird. Im weiteren wird der Ableitungsprozeß zunächst nur in zweistufiger Form vorgenommen und die Indikatorenbildung vernachlässigt. Im Rahmen der Definition von Intensitätsklassen (Effizienzgraden) erfolgt später (5.4.) beispielhaft die Nennung von Indikatoren. Der Katalog der berücksichtigten Effizienzkriterien enthält solche, die sich an den Unternehmungszielen, an den Inputgrößen (Ressourcen) und an den internen Prozessen orientieren und dabei den Bezug des sozio-technischen Systems Unternehmung zu seinem Umsystem beachten. Der die Auswahl der Kriterien steuernde Bezugsrahmen wird mit Abbildung 7 visualisiert. Die Ziffern in Klammern (1 bis 5) stehen für die Effizienzkriterien, die im weiteren beschrieben werden. Die in Abbildung 7 angeführten Kriterien (1), (2) und (3) sind den ökonomisch-technischen Erfolgsmaßstäben zuzuordnen, das Kriterium (5) repräsentiert individual-soziale Ziele und das Kriterium (4) – in den Wirkungen auch (3) – ist flexibilitätsorientiert. Diese Effizienzkriterien sollen nun präzisiert werden.

(1) *Zielorientierung der Organisation:* Die organisatorischen Regeln sind darauf ausgerichtet, daß die den Aktionsträgern zugeteilten Aufgabenkomplexe zielbezogen gebildet werden. Jede Stellenaufgabe läßt sich mit den Sach- und Formalzielen der Unternehmung begründen. Den zuständigen Aktionsträ-

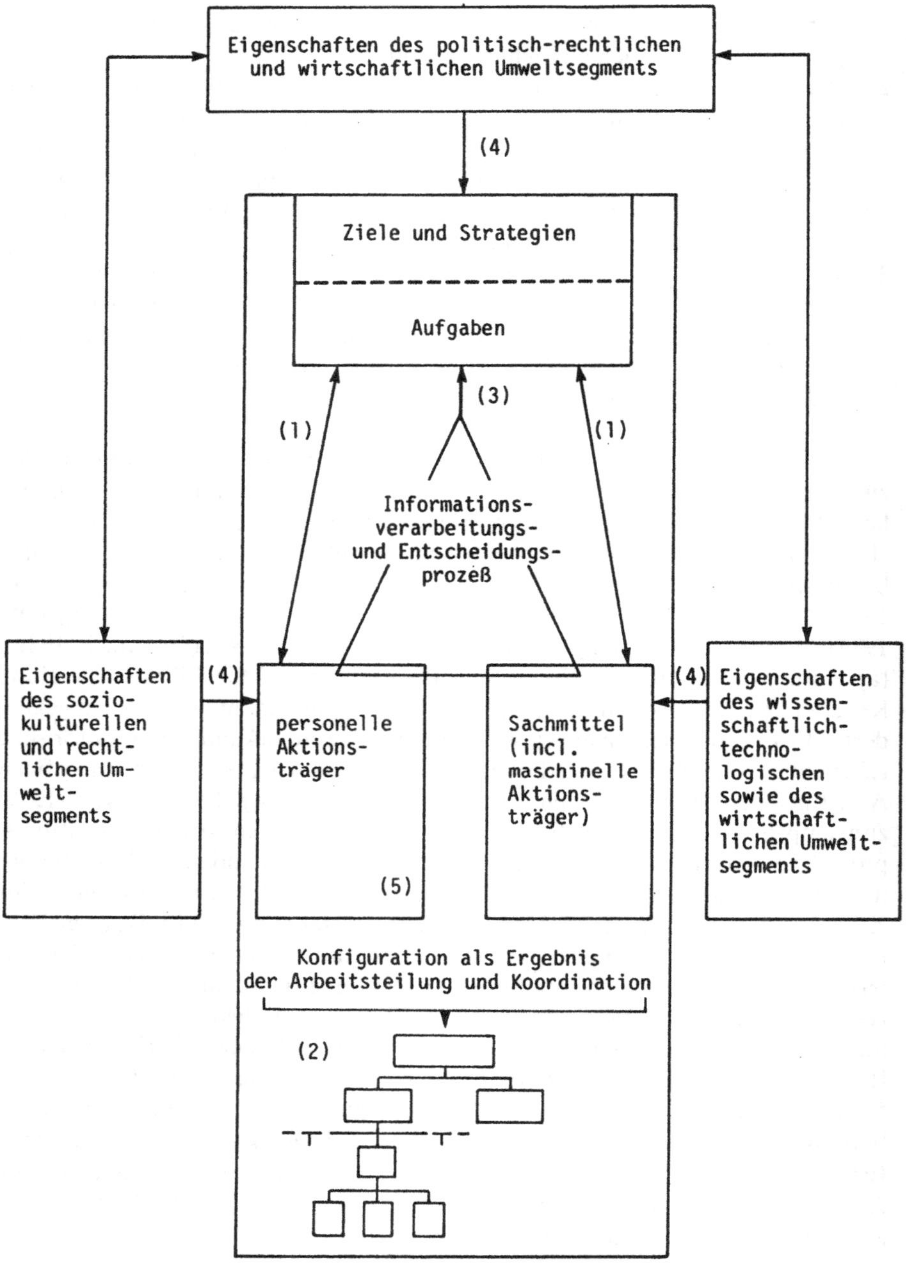


**Abb. 7.** Bezugsrahmen für die Auswahl der Effizienzkriterien zur Effizienzbeurteilung von Organisationsformen (Erläuterung der Ziffer (1) bis (5) im Text.

gern werden die erforderlichen Kompetenzen und die aufgaben- und kompetenzadäquate Verantwortung eindeutig zugeordnet. Durch die bewußte Zielorientierung soll auch der Gefahr entgegengewirkt werden, daß Aktionsträger systemzielfremden Aufgabenerfüllungsstandards (z. B. rein professionellen Standards) Vorrang geben (Sicherung der Problemorientierung, Vermeidung von Zielverschiebungsprozessen). Die wichtigsten Elemente (Unterziele oder dergleichen) dieses Effizienzkriteriums sind also: (a) eindeutiger Zielbezug aller Stellenaufgaben; (b) Klarheit und Übereinstimmung von Aufgaben-, Kompetenz- und Verantwortungsabgrenzungen; (c) sach-/problemnahe und zielbezogene Aufgabenerfüllung.

(2) *Förderung der Führbarkeit und Begrenzung des Koordinationsaufwandes:* Die organisatorischen Regeln sind so festgelegt, daß durch die Gliederungstiefen und -breiten sowie durch die Schnittstellen zwischen einzelnen Unternehmungsteilbereichen mit Kooperationsnotwendigkeit die zielbezogene Führbarkeit (Steuerbarkeit) der Gesamtunternehmung gefördert und der gesamte Koordinationsaufwand so gering wie möglich gehalten werden. Hauptelemente dieses Kriteriums sind folglich: (a) für den Koordinationsaufwand günstige Zahl der vertikalen Ebenen (Hierarchiestufen); (b) die Zahl der einer Instanz unmittelbar unterstellten Aktionseinheiten ermöglicht deren zielbezogene Führung und hält den Koordinationsaufwand gering; (c) Anzahl, Art und Ebene der aufgabenabhängigen Schnittstellen mit anderen Bereichen und die dadurch erforderlichen bereichsübergreifenden Koordinationseinrichtungen halten den Koordinationsaufwand niedrig.

(3) *Schnelligkeit und Qualität der Informationsverarbeitungs- und Entscheidungsprozesse:* Die organisatorischen Regeln schaffen die Voraussetzungen dafür, daß die Informationsverarbeitungs- und Entscheidungsprozesse in der für die Zielerreichung notwendigen Güte (Qualität, Problemlösungsumsicht) und Schnelligkeit (Terminsicherheit) vollzogen werden können. Erforderlich für die Erfüllung dieses Kriteriums sind daher (a) eine für Zeitbedarf und Problemlösungsumsicht gleichermaßen günstige Zahl von beteiligten Aktionseinheiten (Informationsverarbeitungs- und Entscheidungsstellen) und (b) eindeutige Regeln für die Prioritätensetzung und zielbezogene Konfliktlösung.

(4) *Anpassungsfähigkeit der Organisation (Flexibilität):* Eine Unternehmung hat durch ihre Organisationsstruktur die Fähigkeit, auf quantitative und qualitative Änderungen der Anforderungen aus dem unternehmungsrelevanten Umsystem schnell und wirksam (anforderungsgerecht) zu reagieren. Die Reaktion soll in der Weise möglich sein, daß (grundlegende) Organisationsänderungen nicht erforderlich sind und die Aufgabenerfüllung der Unternehmung im notwendigen Mindestumfang stets gewährleistet bleibt. Das Effizienzkriterium erfordert daher (a) die Fähigkeit zur anforderungsgerechten, friktionsarmen Reaktion mit geringstmöglichem Leistungsverlust auf Um-

systemänderungen und (b) einen optimalen Zentralisationsgrad hinsichtlich der Entscheidungen, die im Zusammenhang mit der vorgenannten Reaktion zu treffen sind.

(5) *Förderung der sozialen Effizienz:* Die Organisationsform der Unternehmung, insbesondere ihr bei der Aufgabenerfüllung vom Aktionsträger zu beachtender Ausschnitt, ist für den durchschnittlichen Führungsstelleninhaber durchschaubar, wirkt sich positiv auf die Arbeitszufriedenheit und Leistungsmotivation aus und bietet die Möglichkeit zur Entfaltung der Leistungspotentiale. Das Kriterium der sozialen Effizienz umfaßt daher die Forderungen (a) nach möglichst abschließender Bearbeitung einer Aufgabe innerhalb eines Subsystems, damit sich die Aktionsträger mit dem „Endprodukt" des Leistungserstellungsprozesses besser identifizieren und Bewertungen desselben auch auf sich beziehen können; (b) nach Eindeutigkeit der personellen Zuordnung, so daß der Aktionsträger nicht konfligierende Anweisungen, Richtlinien etc. von verschiedenen Instanzen erhalten kann; (c) nach günstigen stellenbezogenen Entwicklungsmöglichkeiten für unternehmerisch denkende Führungskräfte.

Die vorstehende Zusammenstellung von Effizienzkriterien ist keineswegs erschöpfend. Aus der Vielzahl möglicher Kriterien wurde ausgewählt unter den Aspekten der Berücksichtigung aller drei grundlegenden Effizienzkategorien, der Verwendbarkeit in praktischen Bewertungsvorgängen (Darstellbarkeit, Anschaulichkeit) sowie der Fähigkeit eines Kriteriums, Unterschiede zwischen verschiedenen Alternativen möglichst deutlich demonstrieren zu können (Diskriminierungsfähigkeit). Auch pflegen Führungskräfte in der Realität die Effizienzbeurteilung zu vereinfachen und nur anhand weniger Kriterien durchzuführen (Turban E. und Metersky M. L. 1971; Bühner R. 1977).

## 5 Die Effizienzabschätzung im Rahmen der Auswahl einer Organisationsform

### 5.1 Einflußgrößen auf die Erfüllbarkeit der Effizienzkriterien

Das Ausmaß der Erfüllbarkeit der definierten Effizienzkriterien wird durch die jeweilige Situation einer Unternehmung beeinflußt. Diese Situation ist mit den im Gesamtbezugsrahmen (Abb. 2) genannten Größen zu charakterisieren. Beispielhaft sollen einige dieser Wirkungszusammenhänge verdeutlicht werden:

1. Die Zielorientierung der Organisation wird u. a. beeinflußt durch die Unklarheiten und Antinomien im Zielsystem. Je stärker (explizite und implizite) Widersprüche im Zielsystem von Unternehmungen vorhanden sind, desto weniger ist eine Zielorientierung der Organisation durchführbar.

2. Die Anforderungen des Kriteriums „Führbarkeit und Koordinationsaufwand" sind z. B. in Abhängigkeit von der Gleichförmigkeit und Neuartigkeit der Aufgaben unterschiedlich erfüllbar. Je neuartiger und heterogener die Aufgaben in einem Subsystem sind, desto niedriger dürfte die Kontrollspanne (= Anzahl der unmittelbar unterstellten Personen) im Interesse zielbezogener Führung, aber zu Lasten des Koordinationsaufwandes werden.
3. Die Schnelligkeit der Informationsverarbeitungs- und Entscheidungsprozesse wird beispielsweise von der Leistungsfähigkeit der in der Unternehmung zur Verfügung stehenden Informations- und Kommunikationstechnik beeinflußt.
4. Je höher die Rollenflexibilität der personellen Aktionsträger ist, um so günstiger sind die Voraussetzungen für eine strukturelle Anpassungsfähigkeit.
5. Besteht in einer Unternehmung der Personalentwicklungsgrundsatz, daß (oberste) Führungskräfte nur „aus den eigenen Reihen" kommen sollen, so sind die Anforderungen an die Erfüllung des Kriteriums „soziale Effizienz" besonders hoch.

Wie die vorgenannten Beispiele gezeigt haben, wird die Erfüllbarkeit der Effizienzkriterien von der spezifischen Unternehmungssituation beeinflußt. Die Effizienzbewerter haben diese Einflüsse bei der Definition von Intensitätsklassen (siehe 5.4) der Effizienzkriterien zu berücksichtigen. Die Erkenntnisse der Organisationsforschung und das Wissen aus praktischer Gestaltungserfahrung bieten hierbei Orientierungshilfen.

## 5.2 Interdependenzen der Effizienzkriterien

Die genannten Effizienzkriterien sind Bestandteile des Konstruktes „organisatorische Effizienz". Die verschiedenen Kriterien müssen sich zu einem Gesamtbegriff zusammenfügen lassen. Auch wenn die Kriterien so definiert werden, daß sie unterschiedliche Aspekte des Gesamtbegriffes „organisatorische Effizienz" abbilden, können komplementäre oder (je nach Formulierung) auch konkurrierende Beziehungen zwischen ihnen bestehen. Ohne Anspruch auf Vollständigkeit zu erheben, sollen mit Abbildung 8 einige Interdependenzen aufgezeigt werden.

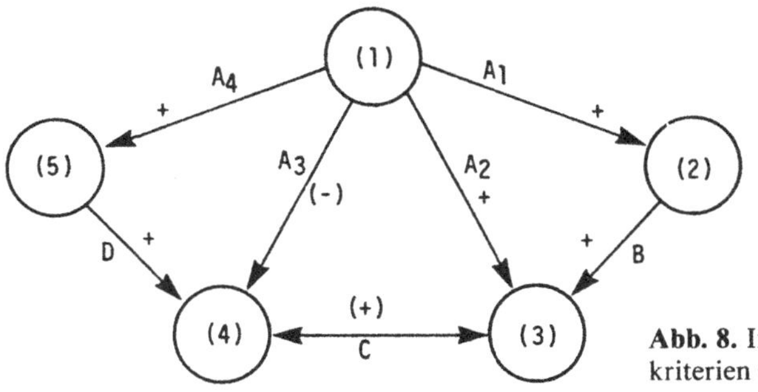


**Abb. 8.** Interdependenzen der Effizienzkriterien (1) bis (5).

Die in Abbildung 8 symbolisierten Wirkungszusammenhänge sollen mit nachstehenden „Je-desto-Aussagen" verdeutlicht werden. Es bleibt eine Aufgabe der Organisationsforschung, die Stärke der Beziehungen genauer zu untersuchen.

1. Je eindeutiger die Zielorientierung einer Organisation ist, desto besser sind die Voraussetzungen für die Führbarkeit und Begrenzung des Koordinationsaufwandes (A1), für zielbezogene Entscheidungsprozesse (qualitativer Aspekt: Zielbedachtsamkeit, Problemlösungsumsicht) (A2), für die Möglichkeit einzelner Führungskräfte, ihren Beitrag zur Zielerreichung zu erkennen (A4). Dagegen impliziert die totale Ausrichtung auf die gegenwärtigen Unternehmungsziele und damit das Fehlen von freien Kapazitäten („organizational slack") Gefahren für die Anpassungsfähigkeit (A3). (Anders verhält es sich, wenn die Flexibilität bereits im Katalog der Unternehmungsziele aufgenommen wurde.)
2. Je geringer der Koordinationsaufwand, desto besser kann der Zeitbedarf für Entscheidungsprozesse begrenzt werden (B).
3. Schnelle und umsichtige Entscheidungsprozesse können sich auch positiv auf die notwendige Anpassungsfähigkeit auswirken (C).
4. Wenn die Stellenanforderungen die Führungskräfte im gesamtunternehmerischen Denken schulen, dann verbessern sich auch die Voraussetzungen für die Anpassungsfähigkeit einer Unternehmung (D).

Interdependenzen von Effizienzkriterien sind zu unterscheiden von Kriterienüberlappungen durch wenig trennscharfe gegenseitige Abgrenzungen. Diese sind zu vermeiden, um Mehrfachbewertungen bestimmter Aspekte des Gesamtbegriffs „organisatorische Effizienz" auszuschließen. Wegen der aufgezeigten Interdependenzen kann allerdings nicht gänzlich verhindert werden, daß indirekt eine Mehrfachbewertung gewisser Teilaspekte erfolgt. Wenn sich die Bewerter über die Interdependenzen Klarheit verschaffen, können sie bei der Gewichtung der Kriterien dieser Gefahr der Mehrfachbewertung in gewissem Umfang entgegenwirken. Sensitivitätsanalysen des Bewertungsergebnisses – etwa durch systematisches Variieren von Kriteriengewichten (siehe 5.4) innerhalb bestimmter Grenzen – sollten ebenfalls im Bewußtsein der angedeuteten Interdependenzen vorgenommen werden.

## 5.3 Verbaler Vergleich von Organisationsformen anhand der Effizienzkriterien

Voraussetzung für jede Effizienzabschätzung sind die bisher durchgeführten Schritte der Kriterienpräzisierung sowie der Untersuchung ihrer Einflußgrößen und Wechselbeziehungen. Es muß nun eine fundierte Beschreibung der zu erwartenden Effizienzgrade (Zielerträge) verschiedener organisatorischer Regelungsalternativen erfolgen. Dies geschieht üblicherweise in ausführlichen „Vor- und Nachteils-Analysen" von Organisationsformen. Es handelt sich dabei um Versuche, die potentiellen „Zielerträge" dieser Organisationsformen abzuschätzen. Kontroversen um unterschiedliche Schätzungen der Auswirkungen (also der Zielerträge) entstehen u. a. deshalb, weil teilweise nicht deckungsgleiche Bedingungslagen unterstellt werden, dies jedoch nicht immer hinreichend explizit gemacht wird. Streng genommen sollte sich eine vergleichende Effizienzbewertung auf die unmittelbar erfaßbaren Konsequenzen einer Organisationsform für ein- und dieselbe Unternehmung bei konstant gehaltener Bedingungslage beschränken. Eine liberalere Auffassung wird es jedoch noch zulassen, wenn sog. strukturinhärente Folgeerscheinungen in die Analyse einbezogen werden und wenn kenntlich gemacht wird, welche Situationsgrößen sich in welcher Richtung und Größe ändern müßten, damit eine bestimmte Alternative vergleichbare Zielerträge wie eine andere erreicht. In der fundierten Ermittlung der Zielertragsmatrix (Zeile: organisatorische Alternativen; Spalte: organisatorische Effizienzkriterien) liegt eine Hauptaufgabe des Organisationsplaners. In nicht wenigen Fällen können die für die Entscheidung über die Einführung einer neuen Organisationsform zuständigen Personen unmittelbar anhand solcher Zielertragsmatrizen die aus ihrer Sicht günstigste Organisationsform auswählen. Ein hypothetischer Vergleich der drei ausgewählten Organisationsformen wird beispielhaft in den Abbildungen 9 bis 13 vorgenommen. Die Vor- und Nachteile müssen in allgemeiner Weise formuliert werden, da nicht eine bestimmte Unternehmungssituation unterstellt wird (Abbildungen entnommen aus Grochla E. und Thom N. 1980, Sp. 1505 ff.)

| Auswahlkriterium (1) | Funktionale Organisation (FO) | Divisionale Organisation (DO) | Matrix-Organisation (MO) |
|---|---|---|---|
| Eindeutiger Zielbezug der Stellenaufgaben | Hohe horizontale Interdependenz erschwert klare Sachzielzuordnung; Formalziele der Funktionsbereichsleiter können in Konkurrenz zu Unternehmungsformalzielen stehen. | Klarer Sachzielbezug für Spartenleiter; ihre Formalziele sind z. T. Summanden der obersten Formalziele. Ein klarer Zielbezug der Zentralbereiche kann bei einer Gestaltung als Dienstleistungs-Cost-Center gefördert werden. | Für Produkt- und Projektmanager ist ein klarer Zielbezug herstellbar; bei Fachabteilungsleitern Probleme wie bei der FO, aber auch Möglichkeiten wie bei der DO. |
| Klarheit und Übereinstimmung der Aufgaben-, Kompetenz- u. Verantwortungsabgrenzung | Wegen der hohen Interdependenz der Subsysteme ist die klare Verantwortungszuordnung schwierig; viele Faktoren des Arbeitsergebnisses können nur teilweise beeinflußt werden. | Insgesamt günstige Bedingungen. Problembereich: Richtlinien- und Beratungskompetenzen der Zentralbereiche. | Rein analytisch zwar möglich, wegen des Kompetenzdualismus de facto jedoch nicht immer gegeben. Durch eindeutige disziplinarische Unterstellung wird Klarheit erheblich gefördert. |
| Sach-/Problemnahe und zielbezogene Aufgabenerfüllung | Gefahr primärer Funktionsorientierung; Problem- und Gesamtzielbezug nicht immer gegeben. | Durch Umweltorientierung in den Sparten i. d. R. begünstigt. In den Zentralbereichen ebenso bei Cost-Center-Ausrichtung. | Sowohl Sach- als auch Problembezug gefördert, im Konfliktfall wird Einigung anhand der Gesamtziele nahegelegt. |

**Abb. 9.** Hypothetischer Organisationsformenvergleich anhand des Auswahlkriteriums: Die Zielorientierung der Organisation.

| Auswahlkriterium (2) | Funktionale Organisation (FO) | Divisionale Organisation (DO) | Matrix-Organisaton (MO) |
|---|---|---|---|
| Aufwandsgünstige Gliederungstiefe | Geringer als bei DO, dadurch relativ weniger vertikale Koordinationsstufen | Höher als bei FO (*Ausnahme:* Spartenleiter sind in Personalunion Vorstandsmitglieder) | Geringer als bei DO, dadurch relativ weniger vertikale Koordinationsstufen |
| Aufwandsgünstige Gliederungsbreite | Höher als bei DO, dadurch höherer horizontaler Koordinationsbedarf | Geringer als bei FO und – in bezug auf die oberste Instanz – bei MO | Für oberste Instanz vergleichsweise höchste Kontrollspanne, hier dadurch evtl. quantitativer oder qualitativer personeller Mehrbedarf |
| Schnittstellen mit Kooperationsnotwendigkeit, horizontale Koordinationseinrichtungen | Viele verarbeitungsablaufbedingte Schnittstellen wegen horizontaler Interdependenz; hoher Kooperationsbedarf, der häufig durch Einrichtung von → *Stabsstellen* und → *Kollegien* gedeckt wird. | Wegen weitgehender Autonomie der Sparten relativ geringster horizontaler Koordinationsbedarf auch unterhalb der Hierarchiespitze. | Ab der zweiten Ebene wird jede Stelle zur Schnittstelle; offener Koordinationsbedarf, der im wesentlichen durch Selbstkoordination der Betroffenen, ohne zusätzliche Stabsstellen und Kollegien gedeckt werden soll. In der Praxis werden z. T. Koordinationsinstanzen sowie schriftliche Koordinationsregelungen unumgänglich (insb. beim Multiprojektmanagement). |

**Abb. 10.** Hypothetischer Organisationsformenvergleich anhand des Auswahlkriteriums: Führbarkeit und Koordinationsaufwand.

| Auswahlkriterium (3) | Funktionale Organisation (FO) | Divisionale Organisation (DO) | Matrix-Organisation (MO) |
|---|---|---|---|
| Für Zeitbedarf und Problemlösungsumsicht gleichermaßen günstige Zahl der in Entscheidungsprozessen einzubeziehende Stellen | Relativ viele Stellen sind in allen Phasen von Entscheidungsprozessen einzubeziehen; die Art der Einbeziehung ist nicht immer vorhersehbar; relativ langer Zeitbedarf, andererseits kann die Problemlösungsumsicht begünstigt werden. | Zahl der einzubeziehenden Stellen ist begrenzbar; Art der Einbeziehung ist konkreter bestimmbar als bei FO. Problembereich: Entscheidungsprozesse, an denen Sparten u. Zentralbereiche beteiligt sind; insg. wahrscheinlich geringerer Zeitbedarf als bei FO ohne Gefahr für Qualität. | Zahl der einzubeziehenden Stellen wird zwar nicht geringer als bei der FO, wahrscheinlich jedoch die Häufigkeit der Interaktionen zwischen den Funktionsbereichen, da der Projekt-/Produktmanager eine entscheidungsprozeßbezogene Koordinatorfunktion hat. Objektbezogene Problemlösungsumsicht wird begünstigt. |
| Eindeutige Regelungen für die Prioritätensetzung und zielbezogene Konfliktlösungen | I. d. R. sind nur über die nächsthöhere gemeinsame Instanz (Unternehmungsleitung) Prioritäts- u. Konfliktentscheidungen erreichbar; dadurch entsteht möglicherweise eine Engpaßsituation (ein Flaschenhalseffekt) bei der Hierarchiespitze. | Innerhalb der quasi-autonomen Sparten können Prioritäten selbst gesetzt werden, die Hierarchiespitze des Gesamtsystems wird nicht zum Engpaß; Abstimmungsproblem zwischen Sparten u. Zentralbereichen sind durch Cost-Center-Orientierung der letzteren reduzierbar. | Hohes Gefahrenpotential in dieser Organisationsform, das vor allem durch Maßnahmen der Formalisierung und Schulung begrenzt werden muß. Falls die „eingebauten Systemstabilisatoren" funktionieren, geringere Belastung der Hierarchiespitze als bei FO. |

**Abb. 11.** Hypothetischer Organisationsformenvergleich anhand des Auswahlkriteriums: Schnelligkeit und Qualität der Entscheidungsprozesse.

**Abb. 12.** Hypothetischer Organisationsformenvergleich anhand des Auswahlkriteriums: Flexibilität/Anpassungsfähigkeit der Organisation.

**Abb. 13.** Hypothetischer Organisationsformenvergleich anhand des Auswahlkriteriums: soziale Effizienz.

| Auswahlkriterium (4) | Funktionale Organisation (FO) | Divisionale Organisation (DO) | Matrix-Organisation (MO) |
|---|---|---|---|
| Fähigkeit, auf quantitative und qualitative Änderungen in der Umwelt schnell und wirksam zu reagieren und strukturelle Anpassungen friktionsarm und mit geringstmöglichem Leistungsverlust zu verwirklichen | Erhöhung des Aufgabenvolumens führt zur Erhöhung der Kontrollspannen oder zur Vergrößerung der Gliederungstiefe; i. d. R. wird die horizontale Koordination erschwert; Auswirkungen von Änderungen können wegen der starken horizontalen Interdependenzen nur schwer „eingedämmt" werden. Mit wachsender Betriebsgröße gerät das Gesamtsystem an die Grenze seiner Führbarkeit. | Die Änderungen wirken sich weitgehend nur auf isolierte Subsysteme aus (Abschottungseffekt); bei Erreichung eines kritischen Geschäftsvolumens können neue objektorientierte Teilsysteme geschaffen werden, die das übrige System kaum „belasten". Da die Sparten nach verwandten Technologien bzw. Märkten gebildet werden, können Änderungen in diesen Bereichen schnell vollzogen werden. | Analyse stellvertretend für die *Projekt-MO:* hochflexible Strukturkonzeption infolge der Verwirklichung eines organisatorischen „Baukastenprinzips": Zum einen kann durch die Aufstellung bzw. Auflösung von Projektgruppen eine unmittelbar strukturelle Anpassung an Änderungen in der Aufgabenstellung für die Gesamtorganisation erfolgen; zum anderen ist es möglich, daß während des Projektlebenszyklus die quantitative und qualitative Zusammensetzung der Projektgruppe dem Aufgabenvolumen angepaßt wird, ohne die Grundstruktur zu verändern. „Eingebauter Konflikt" kann sich anpassungsförderlich auswirken. |
| Optimaler Zentralisationsgrad von Anpassungsentscheidungen | Relativ höher als bei DO und MO, dadurch Gefahr verzögerter Entscheidungen. | Viele unternehmerische Entscheidungen sind auf die Spartenebene delegiert und können dort problemnah und schnell getroffen werden. | Organisationsforminhärente Dezentralisationstendenz, die bei ausformulierten Konflikt- und Prioritätsregelungen auch realisiert werden kann; in diesem Fall problemnahe und schnelle Anpassungsentscheidungen. |

| Auswahlkriterium (5) | Funktionale Organisation (FO) | Divisionale Organisation (DO) | Matrix-Organisation (MO) |
|---|---|---|---|
| Abschließende Bearbeitung einer Aufgabe innerhalb eines Subsystems, Identifizierbarkeit mit dem „Endprodukt" | Der Bearbeitungsprozeß ist stark segmentiert; der einzelne Aufgabenträger kennt nicht immer hinreichend den Endzweck seiner Leistungen. | Innerhalb der Sparten klare Erkennbarkeit des Endzwecks der eigenen Tätigkeit; in den Zentralbereichen dagegen ähnliche Probleme wie in der FO. | Für Angehörige der objektorientierten Komponente klare Identifizierungsmöglichkeiten mit dem Output; für Angehörige der Fachabteilungen bestehen dagegen ähnliche Probleme wie in der FO. |
| Minimierung der Anzahl der Instanzen, durch die Aufgabenträger unmittelbar in Form von Anweisungen, Richtlinien etc. „angesprochen" werden können bzw. Eindeutigkeit der personellen Zuordnung | Wegen des i. d. R. vorhandenen Einliniensystems ist die Einheitlichkeit des Auftragsempfangs gegeben; personelle Zuordnung ist eindeutig und transparent. | Grundsätzlich liegt ein Einliniensystem vor (insbesondere innerhalb der Zentralbereiche); falls die Zentralbereiche jedoch Richtlinienkompetenzen für ihr jeweils vertretenes Fachgebiet haben, entsteht ein Mehrliniensystem; siehe MO. | Wegen des Kompetenzdualismus keine Einheitlichkeit des Auftragsempfangs für die einzelnen Aufgabenträger gegeben; falls nicht sorgfältige und detaillierte Kompetenzabgrenzungen ausgearbeitet wurden, besteht die Gefahr von Loyalitätskonflikten für die „im Schnittpunkt liegenden" Aufgabenträger. |
| Günstige Entwicklungsmöglichkeiten für unternehmerisch denkende Führungskräfte | Das funktionsorientierte Denken der Führungskräfte behindert die Entwicklung von Generalisten (general manager); Bewährung in der 2. Ebene qualifiziert nur bedingt für die 1. Ebene. | Die Position des Spartenleiters ist eine vollwertige unternehmerische Funktion; die Bewährung als Spartenleiter qualifiziert für Top-Managementfunktionen. | Die Übertragung von Projekt- und Produktmanagementaufgaben eignet sich sehr gut zur Erprobung/Überprüfung von Top-Managementqualitäten des jeweiligen Positionsinhabers. |

## 5.4 Ein nutzwertanalytischer Ansatz zur Effizienzabschätzung von Organisationsformen

Eine verbale Analyse der drei Organisationsformen anhand der fünf Effizienzkriterien kann eine Reihe von Vor- und Nachteilen aufzeigen, die bei einzelnen Bewertern zu einer Rangfolge der Vorziehungswürdigkeit führen. Wie diese Rangfolge zustande kommt (Saldierung der Vor- und Nachteile, unterschiedliche Gewichtung einzelner Kriterien), ist für den außenstehenden Betrachter nicht transparent. Die mangelnde intersubjektive Nachvollziehbarkeit kann Grund für erhebliche Konflikte sein, falls der Bewertungsprozeß multipersonal erfolgt. Gerade dies dürfte bei der Effizienzbewertung von Organisationsformen für die gesamte Unternehmung der Regelfall sein. In der Lehre von der organisatorischen Gestaltung sind mehrere Techniken entwickelt worden, um die Effizienz eines bestehenden oder zu schaffenden organisatorischen Regelsystems abschätzen zu können. Sie sind alle geprägt von dem Bemühen, die Transparenz und Reproduzierbarkeit des Bewertungsvorganges für die Beteiligten zu verbessern. Im folgenden wird ein speziell für den vorliegenden Anwendungsfall entwickeltes Bewertungskonzept vorgestellt, das Anleihen bei den Verfahren der Nutzwertanalyse (Zangemeister C. 1971) und Punktbewertung (Schmidt G. 1981) nimmt. Da die methodische Aufarbeitung der Nutzwertanalyse (vgl. u. a. Bechmann A. 1978; Strassert G. 1981) erst in der jüngeren Vergangenheit eingesetzt hat, soll das Verfahren ausdrücklich als Zwischenlösung in der analytischen Durchdringung des komplexen Problems der Effizienzbewertung von Organisationsstrukturen gekennzeichnet werden. Auf die kritische Beurteilung des Verfahrens wird nach seiner Vorstellung zurückzukommen sein. Vorab sei bereits festgehalten, daß das nachfolgende formale Verfahren der Effizienzabschätzung nur bereits vorhandene Informationen übersichtlicher und verständlicher sortieren kann. Entscheidend ist folglich das Ausmaß der *Faktenfundierung* des Bewertungsprozesses.

Die erste Annahme des Bewertungsverfahrens für die organisatorische Effizienz besteht darin, daß eine Orientierung an den Sachzielen erfolgen muß, d. h. an Art, Menge und Zeitpunkt des Leistungsangebotes eines sozio-technischen Systems. Die Sachziele sind der Ausgangspunkt für die Ermittlung der wichtigsten Aufgaben einer Unternehmung. Es empfiehlt sich, die Analyse bei den primären Aufgaben der Unternehmung im Rahmen der Leistungserstellung oder -verwertung zu beginnen. In bezug auf solche „Schlüsselaufgaben" der Unternehmung sind nun verschiedene Ausprägungsstufen (Intensitätsklassen) der einzelnen Effizienzkriterien festzulegen. Die Zahl dieser Klassen muß einerseits überschaubar bleiben und soll das menschliche Differenzierungsvermögen nicht überfordern. Andererseits darf die Anzahl dieser Intensitätsklassen (auch „Güteklassen" genannt) nicht so klein sein, daß Ungleiches gleich gemacht wird (Problem der optimalen Anzahl und Weite der Intervalle). An einem *Beispiel* sei dieser Verfahrensschritt demonstriert:

Im Absatzbereich der Unternehmung, für die eine effiziente Organisationsform gesucht wird, muß z. B. die Schlüsselaufgabe „Anforderungsgerechte Belieferung von Stammkunden auch bei saisonalen Spitzenbelastungen“ erfüllt werden. Für die Auswahlkriterien werden nun fünf Intensitätsklassen definiert. Diese Güteklassenbeschreibungen erfolgen unter Berücksichtigung des Wissens um die Wirkungen der für diese Aufgabe relevanten Einflußfaktoren (Abb. 2). Die Intensitätsklassen bilden eine Rangreihe; die „beste“ Güteklasse erhält die höchste Punktzahl. So kann beispielsweise für das Effizienzkriterium „Anpassungsfähigkeit“ die beste Güteklasse (hier Punktwert 5) wie folgt definiert werden: „Die Organisationsform ermöglicht es, innerhalb der in den Lieferverträgen vereinbarten Zeit auf alle Anforderungen der Stammkunden ohne vorherige Organisationsänderung (z. B. Neuzuordnung von Aufgaben, Kompetenz, Verantwortung, Unterstellung) so zu reagieren, daß die Lieferbereitschaft für die übrigen Kunden aufrechterhalten bleibt.“ Den an der Definition dieser Güteklassen beteiligten Entscheidungsträgern wird empfohlen, jeweils das höchstmögliche Skalenniveau (hier z. B. Zeiteinheiten) zu berücksichtigen. Besonders in den Weiterentwicklungen der Nutzwertanalyse wird allerdings nicht gefordert, ein gleiches Abstandsmaß zwischen den Intensitätsklassen einzuhalten; es genügt eine ordinale Abstufung (vgl. u. a. Bechmann A. 1978).

Ein weiterer Verfahrensschritt besteht in der Prüfung der Entscheidungsträger, ob alle Kriterien für sie (gemäß ihrer Präferenzordnung) eine gleich hohe Bedeutung haben. Falls dies nicht der Fall ist, muß der Versuch einer *Kriteriengewichtung* vorgenommen werden. Sie soll die individuellen Präferenzordnungen möglichst gut abbilden. Jede Gewichtung der Kriterien sagt auch etwas über die Kompensationsmöglichkeiten der Kriterienausprägungen, wobei das reziproke Verhältnis der Gewichte maßgebend ist (Strassert G. 1981, S. 26). Daher ist die Fixierung der Maßeinheiten (z. B. Zeit, Aufwand) in den Intensitätsklassen vor der Gewichtung der Kriterien angebracht. Für die Durchführung der Gewichtung werden in der Fachliteratur verschiedene formale Hilfen angeboten (vgl. u. a. Brockhoff K. 1973; Dreyer W. 1974). Diese Hilfen sollen nicht darüber hinwegtäuschen, daß die Gewichtung selbst nicht theoretisch begründbar ist, sondern *von den Entscheidungsträgern subjektiv* gesetzt wird. Dieses Setzen ist allerdings kein Akt der Willkür, sondern so gut wie möglich zu begründen. Im Sinne eines paarweisen Vergleichs könnte das reale Austauschverhältnis zwischen den Effizienzkriterien (K1 bis K5) beispielsweise wie in Tabelle 1 festgelegt werden (Beispiel in Anlehnung an Strassert G. 1981, S. 33ff.):

*Anmerkungen zur Tabelle 1:* In den Diagonalfeldern beträgt das Gewichtungsverhältnis immer 1:1. Die Felder unterhalb der Diagonalen enthalten (in umgekehrter Schreibweise) dieselben Informationen wie oberhalb der Diagonalen und brauchen deshalb nicht ausgefüllt zu werden. Durch die Festlegungen in der ersten Zeile der Matrix sind die übrigen Eintragungen in der Matrix bereits fixiert (z. B. $K_2{:}K_3 = 5{:}1{,}5 = 3{,}33$; $K_3{:}K_4 = 1{,}5{:}2 = 0{,}75$ etc.). Die Verhältnisse in den Zeilen 2, 3 und 4 sind folglich Implikationen der Verhältnisfestlegungen in der ersten Zeile. Daher werden die Entscheidungsträger zu überprüfen haben, ob sie die implizierten Gewichtsrelationen auch unmittelbar in dieser Weise bestimmt hätten. Sofern dies nicht der Fall sein sollte, wird unter Umständen eine Kette von Konsistenz-

**Tabelle 1.** Verhältnis der Effizienzkriterien ($K_1$ bis $K_5$) untereinander

| Effizienz-kriterien | $K_1$ | $K_2$ | $K_3$ | $K_4$ | $K_5$ |
|---|---|---|---|---|---|
| $K_1$ | | 1 : 5 | 1 : 1,5 | 1 : 2 | 1 : 1,5 |
| $K_2$ | | | 1 : 3,33 | 1 : 2,5 | 1 : 3,33 |
| $K_3$ | | | | 1 : 0,75 | 1 : 1 |
| $K_4$ | | | | | 1 : 1,33 |
| $K_5$ | | | | | |

rechnungen (mehrfacher Überprüfung der Verhältnisse) erforderlich. Wenn die Relationen schließlich akzeptiert werden (z. B. nach ausführlicher Diskussion in der Gruppe der Entscheidungsträger), können aus den Angaben Prozentsätze für Gewichte ermittelt werden. Real sollen sich die Kriterien $K_1$:$K_2$:$K_3$:$K_4$:$K_5$ laut Tabelle 1 verhalten wie 1:5:1,5:2:1,5. Die Gewichte sind nun die reziproken Realverhältnisse $g_1:g_2:g_3:g_4:g_5 = \frac{1}{1}:\frac{1}{5}:\frac{1}{1,5}:\frac{1}{2}:\frac{1}{1,5}$ oder 1:0,2:0,67:0,5:0,67. Setzt man die Summe dieser Zahlen (3,04) gleich 100, ergeben sich (nach Rundungen) die Gewichte $g_1 = 33\%$; $g_2 = 7\%$; $g_3 = 22\%$; $g_4 = 16\%$; $g_5 = 22\%$ bzw. die entsprechenden dezimalen Schreibweisen (0,33 etc.).

Nach den bisherigen Verfahrensschritten (Situationsanalyse, Definition von Effizienzkriterien, Identifizierung der Schlüsselaufgaben, aufgabenbezogene Definitionen von Intensitätsklassen der Effizienzkriterien, Festlegung von Gewichten) können nun die gewichteten Rangziffern für die drei Organisationsformen im Hinblick auf jede Schlüsselaufgabe und jedes Effizienzkriterium ermittelt werden. Sollte beispielsweise die Matrix-Organisation in den Effizienzkriterien 1,3,4 und 5 in die höchste Güteklasse (5 Punkte) eingestuft und beim Effizienzkriterium 2 der Klasse 4 zugeordnet worden sein, so ergäbe sich für diese untersuchte Schlüsselaufgabe der Gesamtpunktwert für die Matrix-Organisation in Höhe von (5x0,33) + (4x0,07) + (5x0,22) + (5x0,16) + (5x0,22) = 4,93.

Es bedarf nun der Festlegung von Regeln für die Zusammenfassung der Teilnutzwerte. Am häufigsten werden in der Praxis additive und multiplikative Verknüpfungen verwendet, obgleich die Voraussetzungen keineswegs immer erfüllt sind. Eine Kombination beider Verfahren kann *sinnvoll* sein. Verschiedene Vorgehensweisen sollen im folgenden exemplarisch gezeigt werden.

- *Verfahren 1:* Die gewichteten Punktwerte (aufgrund der Effizienzabschätzungen) sind in diesem Fall zunächst innerhalb der Schlüsselaufgaben zu addieren. Dann hat eine weitere Addition über eine Schlüsselaufgabe gesondert für jede Organisationsform zu erfolgen.
- *Verfahren 2:* Die Entscheidungsträger legen vor dem Bewertungsgang bestimmte Mindestanforderungen (Mindestpunkte) fest, die eine Organisationsform bei jeder Schlüsselaufgabe erreichen muß. Wird eine einzige Mindestanforderung nicht erfüllt, scheidet die betreffende Organisationsform aus der weiteren Betrachtung aus.
- *Verfahren 3:* Die berücksichtigten Kriterien werden zu Kriteriengruppen zusammengefaßt (z. B. Gruppe 1: ökonomisch-technisch; Gruppe 2: individual-sozial; Gruppe 3: flexibilitätsorientiert). Die Teilnutzwerte werden – entweder ohne oder mit Festlegung von Mindestwerten – innerhalb jeder Kriteriengruppe über alle Schlüsselaufgaben pro Organisationsform addiert. Für jede Organisationsform gibt es dadurch drei Summen aus Teilnutzenwerten; sie stehen für die ökonomisch-technische, individual-soziale und flexibilitätsorientierte Effizienz jeder organisatorischen Alternative. Die Entscheider wollen nun mit dem weiteren Amalgamationsschritt (Vorgehen bei der Zusammenfassung) sicherstellen, daß eine ungünstige ökonomisch-technische Bewertung nicht mehr voll durch vorzügliche Bewertungen hinsichtlich der individual-sozialen oder der flexibilitätsbezogenen Effizienz ausgeglichen werden kann. Daher empfiehlt es sich, eine multiplikative Verknüpfung der Gruppennutzwerte zu einem Gesamtnutzwert für die Organisationsformen vorzuschreiben.

Eine weitere Besonderheit bei der Effizienzbewertung von Organisationsformen besteht darin, daß in aller Regel *mehrere Personen* am Bewertungsprozeß beteiligt sind. Daher muß geregelt werden, wie im Falle der Multipersonalität vorzugehen ist. Stets ist unter diesen Umständen ein ganz besonderer Wert auf die ausführliche Absprache und Instruktion zu legen, damit eine vergleichbare Interpretation der Punktskalen stattfindet. Eine Vorgehensweise kann dann darin bestehen, daß sich die verschiedenen Bewerter nach eingehender Diskussion in der Gruppe jeweils auf einen Kriteriumwert einigen. Eine Alternative hierzu wäre, daß die verschiedenen Bewerter getrennt über die Organisationsformen urteilen. Ihre Einzelergebnisse (nach den vorgenannten Verfahren ermittelt) können dann auf verschiedene Weise zusammengefaßt werden wie z. B. (1) Addition, (2) arithmetisches Mittel aus allen Einzelwerten oder (3) arithmetisches Mittel nach Auslassung des höchsten und niedrigsten Einzelwertes. Schließlich ist es denkbar, daß verschiedene Kriterien(-gruppen) oder Schlüsselaufgaben von unterschiedlichen Bewertern beurteilt werden. Die Zusammenfassung erfolgt dann wiederum gemäß den oben genannten Amalgamationsregeln.

Rechnerisch ist das Gesamtergebnis dieser Effizienzanalyse erst stabil, wenn durch begrenzte Variationen der Intensitätsklassenzuordnungen und Kriteriengewichte die Rangfolge der Alternativen nicht geändert wird. Solche Sensitivitätsanalysen (Zangemeister C. und Bomsdorf E. 1983) sind wegen möglicher Urteilsfehler, unsicherer Erwartungen hinsichtlich der Wirkungen (vor allem bei den noch nicht realisierten Alternativen) und auch möglicher Präferenztoleranzen bei den Bewertern erforderlich.

Das Ergebnis der Bewertung dient nur der Entscheidungsvorbereitung. Die auf diesem Wege als effizienteste Organisationsform identifizierte Alternative (wobei eine Alternative den organisatorischen Ist-Zustand repräsentieren soll) dürfte nur dann ausgewählt und eingeführt werden, wenn auch die Ergebnisse von *Realisierbarkeitsstudien* dafür sprechen. Mit diesen wird geprüft, ob die vorhandenen Ressourcen (personelle, materielle, infrastrukturelle, finanzielle) der Unternehmung für eine Umstellung ausreichen und ob die Änderungskosten (incl. der durch Änderungswiderstand verursachten Leistungsverluste etc.) möglicherweise den Nutzenvorsprung einer Alternative „aufzehren" (selbstverständlich ohne Unterstellung von kardinal meßbaren Abständen zwischen den Gesamtpunktwerten; vgl. Abbildung 14).

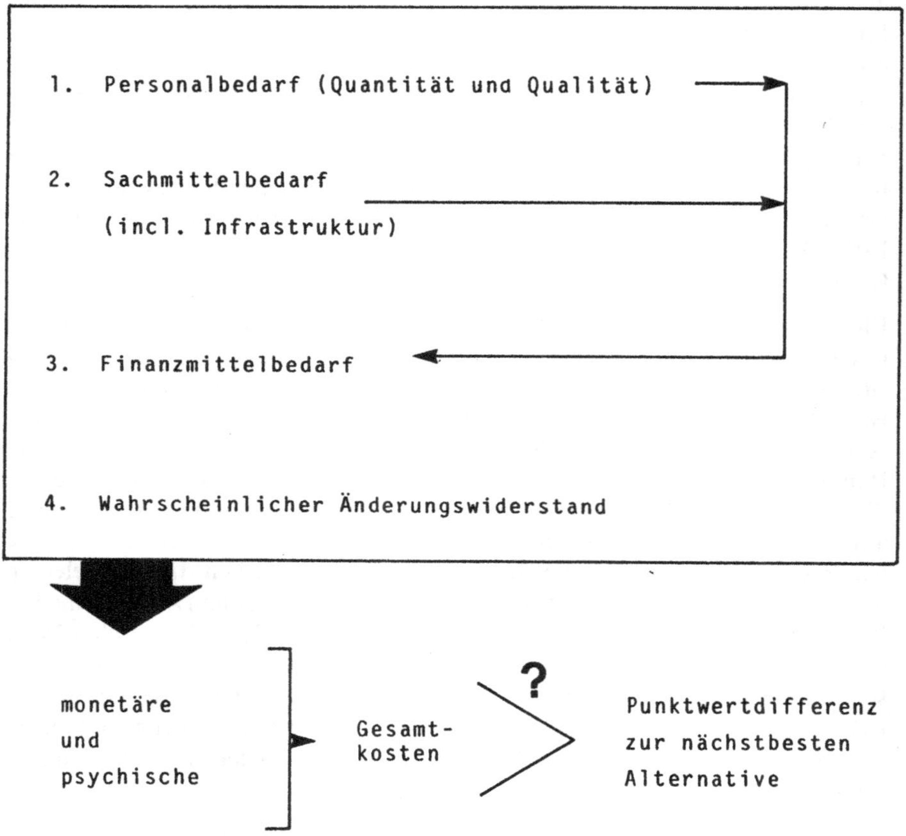


**Abb. 14.** Untersuchung der Realisierbarkeit einer Reorganisation.

Das vorgestellte Verfahren (eine Scoring-Methode im Rahmen der Nutzwertanalyse) erscheint grundsätzlich problemadäquat, weil bei der Effizienzabschätzung von Organisationsformen mehrere Zielsetzungen quantitativer und qualitativer Art zu berücksichtigen sind und der Bewertungsvorgang in aller Regel multipersonal erfolgt. Die *Hauptvorteile* des Verfahrens lassen sich mit nachfolgenden Punkten zusammenfassen:

1. Das Verfahren zwingt dazu, die Effizienzkriterien (und damit die Zielvorstellungen) klar zu definieren.
2. Die analytische Aufteilung des gesamten Bewertungsprozesses erhöht seine Überschaubarkeit und reduziert die Komplexität.
3. Durch die Methode wird ein Druck zur stärkeren Faktenfundierung des Bewertungsvorganges ausgeübt, weil erkennbar wird, welche Auswirkungen die Fehleinstufungen einzelner Aspekte auf das gesamte Bewertungsergebnis haben können.
4. Die Kommunikation zwischen den Bewertern wird auf eine rationalere Basis gestellt. Die Ursachen für Meinungsunterschiede lassen sich besser lokalisieren. Etwaige vom Machtstreben etc. inspirierte Manipulationsversuche im Bewertungsprozeß lassen sich klarer erkennen.
5. Alle Alternativen werden konsequent nach dem gleichen Konzept bewertet. Die sich bei rein verbalen Vor- und Nachteilevergleichen häufig einschleichenden Verzerrungen (z. B. leichte Veränderungen des Bedingungsrahmens, zusätzliche implizite Annahmen) können bei sachgerechter Anwendung vermieden werden. Es wird bei der Nutzwertanalyse erkennbar, wo die subjektiven Elemente (Auswahl der Effizienzkriterien, ihre Gewichtung etc.) in den Bewertungsprozeß einfließen. Diese subjektiven Elemente sind in jedem Bewertungsprozeß unvermeidbar. Positiv ausgedrückt besteht mit ihnen die Chance, die Erfahrungen und Interessen der Bewerter in kontrollierbarer Form zum Ausdruck kommen zu lassen.

Bei all diesen Vorzügen dürfen die *Anwendungsprobleme* und methodisch *strittigen Punkte* nicht unerwähnt bleiben. Grundsätzlich besteht die Gefahr, daß die insgesamt einfache Formalstruktur des Konzeptes dazu führt, seine Leistungsfähigkeit zu überschätzen. Das Verfahren selbst ist jedoch nur dann leistungsfähig, wenn die Kriterienauswahl, die Intensitätsklassenbestimmung und die Gewichtungen sorgfältig begründet worden sind. Ohne solche Begründungen auf der Basis von organisationstheoretischem und praktischem Erfahrungswissen können keine sinnvollen Ergebnisse (Punktwerte) zustande kommen. Erst die vorausgehende Klärung aller grundlegenden Begriffe im Zusammenhang mit dem theoretischen Konstrukt „organisatorische Effizienz" macht die Einführung von Punktwerten sinnvoll und ermöglicht einen Nachvollzug des Gesamtergebnisses. Dabei bleiben noch genügend Probleme der Messung und Weiterverrechnung zu lösen. Beispielsweise kann die bei der Gewichtung implizierte kardinale Differenzierung durch die Entscheidungsträger in aller Regel nur unterstellt werden. Der ermittelte Gesamtpunktwert ist dimensionslos und daher inhaltlich mit den einzelnen Effizienzmaßstäben nicht vergleichbar. Daraus ergeben sich Interpreta-

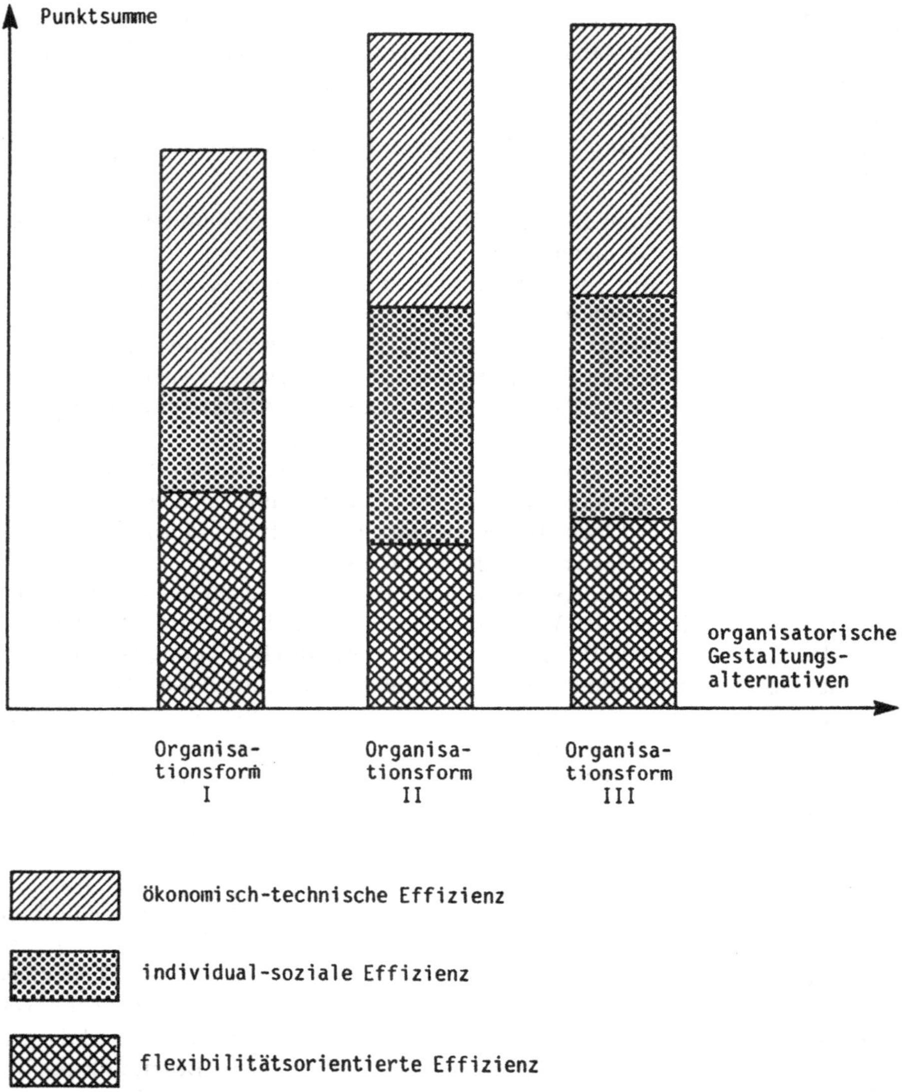


**Abb. 15.** Säulendiagramme zur Veranschaulichung der Punktesumme im Rahmen des Scoringverfahrens (fiktives Beispiel).

tionsprobleme. Zur Veranschaulichung der Nutzwerte kann allerdings Abbildung 15 dienen.

Ferner ist in der Konzeption des Bewertungsansatzes noch unbefriedigend gelöst, wie die Komplementärbeziehungen zwischen den Effizienzkriterien angemessen berücksichtigt werden können. Durch ihr Vorhandensein verbietet sich streng genommen die linear-additive Verknüpfung von Kriterien im Rahmen der

Gewichtung (Eekhoff J. 1981). Die Verwendung von konstanten Gewichten unterstellt auch, daß die Transformation von inhaltlich definierten Intensitätsklassen in Punktwerte einer linearen Funktion folgt. Bei nichtlinearen Transformationsfunktionen (z. B. aufgrund abnehmender Grenznutzen) müßten variable Gewichte in das Bewertungsmodell einfließen, wodurch die Modellkomplexität wesentlich erhöht würde. Aus solchen kurzen Hinweisen auf methodische Probleme mag ersichtlich werden, daß eine Weiterentwicklung des skizzierten Bewertungsansatzes notwendig ist, um die zugrundeliegenden kognitiven Prozesse besser abzubilden. Vor kognitivem Perfektionismus ist allerdings zu warnen, da dies der Anwendung im praktischen Fall abträglich wäre. Praktiker legen großen Wert auf eine einfache Handhabbarkeit von Bewertungsverfahren (Baumann K. 1979).

## 6 Fazit und Ausblick

Die Abschätzung der Effizienz von Organisationsstrukturen ist von hoher unternehmungspolitischer Bedeutung. Mit der Wahl einer effizienten Organisation werden die Voraussetzungen für die anforderungsgerechte Aufgabenerfüllung und die Aktivierung der Leistungsbereitschaft von personellen Aktionsträgern geschaffen. Verschiedene Organisationsforscher haben sich bemüht, ein hinreichend differenziertes Konzept der „organisatorischen Effizienz" zu entwickeln. Wegen der Vielzahl der dabei zu berücksichtigenden Variablen steht ein breiter Konsens über das Konstrukt „organisatorische Effizienz" noch aus (vgl. auch Welge M. K. und Fessmann K.-D. 1980).

Versucht man eine Bestandsaufnahme der entwickelten Bewertungsmodelle (-techniken) vorzunehmen, so dürfte weitgehende Übereinstimmung in folgenden Ablaufschritten vorzufinden sein.

1. Zunächst ist die Situation zu kennzeichnen, in der die Bewertung vorgenommen werden soll (möglichst klare Strukturierung der relevanten Einflußgrößen, Beschreibung der alternativen Organisationsformen).
2. Es sind dann die Maßstäbe zu definieren, mit deren Hilfe die Effizienz von Organisationsformen abgeschätzt werden soll (Effizienzkriterienbegründung).
3. Im nächsten Schritt können zu erwartende „Erträge" der Organisationsformen im Hinblick auf die einzelnen Effizienzkriterien ermittelt und dargestellt werden.

In der Art der Darstellung unterscheiden sich nun die bekannten Bewertungsverfahren. Das traditionsreichste Verfahren besteht in einer ausführlichen Diskussion von Vor- und Nachteilen (gutachtliche Stellungnahme). Gleichsam wie bei der Abwägung von Rechtsgütern werden Auswirkungen verschiedener organisatorischer Regeln auf die Leistungswirksamkeitsgrößen (Effizienzkriterien) erörtert. Den Kritikern einer solchen Vorgehensweise erscheint es zu wenig transparent, an welcher Stelle und in welcher Weise in diesen Verbalanalysen die subjektiven (normativen) Vorstellungen der Bewerter einfließen. Sie schlagen eine weitere Formalisierung des Bewertungsprozesses vor und empfehlen, wenn immer möglich, eine Quantifizierung der Wirkungen organisatorischer Regeln. Diese Quantifizierung setzt an den Kategorien „Kosten" und „Nutzen" an. Strittig ist hier vor allem die Größe „Nutzen", denn letztlich können auch Kosten als „Nutzenentzug" oder „Nutzenverzicht" interpretiert werden. Die Versuche, den interpersonellen Nutzenvergleich im Rahmen von Nutzwertanalysen zu ermöglichen, sind umstritten. Man wird sich gegenwärtig vielleicht darauf einigen können, daß der Beitrag der Nutzwertanalyse zur Abschätzung organisatorischer Effizienz weniger in den ermittelten Punktwerten liegt als in dem Versuch, den am Bewertungsprozeß Beteiligten *mehr Klarheit über ihre eigenen Effizienzvorstellungen* und über die komplexe Bewertungssituation zu verschaffen. Das Urteil von Anwendern in der Praxis fällt meist noch erheblich besser aus (Baumann K. 1979).

Die Organisation einer Unternehmung leistet wesentliche Beiträge zur Erreichung der Unternehmungsziele. Damit wird die Unternehmungsorganisation (neben der Planung und Kontrolle) zu einem wichtigen Führungsinstrument. Die Unternehmungsleitung muß sich ihre Führungsinstrumente selbst schaffen und sie laufend fortentwickeln. Daher bedarf es eines „Organisationsmanagements". Angesichts des begrenzten Raumes konnte in diesem Beitrag nicht die ganze Fülle organisatorischer Gestaltungsprobleme angesprochen werden. Der exemplarisch ausgewählte Inhalt („Auswahl von Organisationsformen") ermöglichte es jedoch, eine Vielzahl von Wissensmodulen anzusprechen, die für ein Verständnis des Führungsinstrumentes „Organisation" nach Ansicht von Theoretikern und Praktikern erforderlich sind (vgl. die Ausbildungsempfehlungen einer Fachkommission der Schmalenbach-Gesellschaft / Deutsche Gesellschaft für Betriebswirtschaft (SG/DGfB) 1983, S. 752, siehe Abbildung 16).

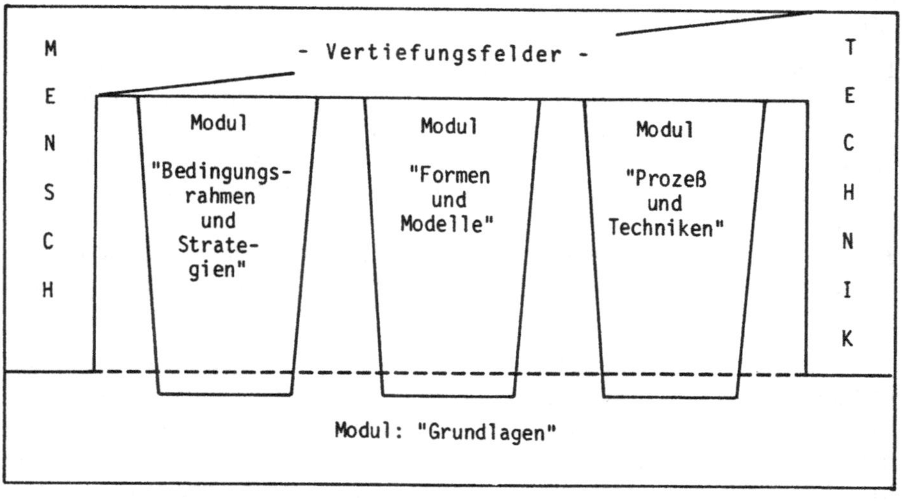


**Abb. 16.** Struktur der Ausbildungsempfehlung der Fachkommission für Ausbildungsfragen im Bereich Organisation der SG/DGfB (1983, S. 752).

1. Im Rahmen des Moduls *„Grundlagen"* konnten u. a. der Begriff der Organisation, die Notwendigkeit organisatorischer Maßnahmen sowie die Ziel- und Effizienzproblematik behandelt werden.
2. Im Zusammenhang mit dem organisationsbezogenen Wissensmodul *„Bedingungsrahmen und Strategien"* wurden im vorliegenden Beitrag externe und interne Einflußfaktoren auf die Unternehmungsorganisation sowie ausgewählte strategische Aspekte erwähnt, wie etwa: Träger der Organisation, Ermittlung der Problemschwerpunkte, Dimensionierung des Organisationsfeldes (hier: ressortübergreifender, unternehmungsweiter Ansatz in Form der Rahmenstruktur).
3. Ferner konnten aus dem Lehrmodul *„Formen und Modelle"* wichtige Bestandteile erörtert werden, vor allem die drei Organisationsformen, das Einlinien- und Mehrliniensystem, Stellenarten (z. B. Instanzen, Stabs- und Zentralstellen), Stellenbeziehungen (z. B. Entscheidungsdelegation) und nicht zuletzt auch einzelne Verhaltensaspekte (z. B. Motivation, Kooperation).
4. Für die praktische Umsetzung des Organisationswissens kommt dem Modul *„Prozeß und Techniken"* eine besondere Bedeutung zu. In dieser Hinsicht ließen sich in den vorstehenden Ausführungen u. a. ein Phasenmodell, Bewertungs- und Entscheidungstechniken (Punktbewertung/Nutzenwertanalyse) sowie Darstellungstechniken (Organigramme) behandeln.

## Literatur

Bahsi G, Ringle G (1981) Die Bestimmung der optimalen Organisationsform mit Hilfe der Scoring-Methode. In: Zeitschrift für Organisation (ZfO), 50: 208 - 214

Baumann K (1979) Die Anwendung nutzwertanalytischer Methoden in der Praxis. Bern

Bechmann A (1979) Nutzwertanalyse, Bewertungstheorie und Planung. Bern und Stuttgart

Bleicher K (1978) Organisation. Wiesbaden

Brockhoff K (1973) Die Realisierung eines Zielsystems – dargestellt an Hand eines Falles. In: ZfO, 42: 319 - 324

Bühner R (1977) Messung des Erfolgs von Organisationen unter Berücksichtigung situativer Einflußfaktoren. In: Management International Review, H3 17: 51- 59

Child J (1975) Managerial and Organizational Factors Associated with Company Performance. Part II: A Contingency Analysis. In: Journal of Management Studies, 12: 12 - 27

Child J (1972) Organizational Structure, Environment and Performance. In: Sociology, 6: 1 - 22

Cyert R M, March J G (1963) A Behavorial Theory of the Firm. Englewood Cliffs, N.J.

Dreyer A (1974) Scoring-Modelle bei Mehrfachzielsetzungen. In: Zeitschrift für Betriebswirtschaft, 44: 255 - 274

Eekhoff J (1981) Verstärkte Wirkungsanalyse als Alternative zur „Perfektionierung" der Nutzwertanalyse. In: Kritik der Nutzwertanalyse. Diskussionspapier Nr. 11, hrsg. vom Institut für Regionalwissenschaft der Universität Karlsruhe, Karlsruhe, S 38 - 58

Fachkommission für Ausbildungsfragen im Bereich Organisation der Schmalenbach-Gesellschaft – Deutsche Gesellschaft für Betriebswirtschaft e V (1983) Anforderungsprofil für die Hochschulausbildung im Bereich der Organisation. In: Zeitschrift für betriebswirtschaftliche Forschung (ZfbF), 35: 749 - 762

Fessmann K-D (1979) Effizienz der Organisation. In: RKW-Handbuch Führungstechnik und Organisation, Erich Potthoff (Hrsg) 2. Lieferung, Kennzahl 1482, Berlin S 1 - 50
Frese E (1976) Aufbauorganisation. Gießen
Grochla E (1972) Unternehmungsorganisation. Reinbek b. Hamburg
Grochla E (1978) Einführung in die Organisationstheorie. Stuttgart
Grochla E (1982) Grundlagen der organisatorischen Gestaltung. Stuttgart
Grochla E, Thom N (1980) Organisationsformen, Auswahl von. In: Handwörterbuch der Organisation (HWO), 2. Aufl, Erwin Grochla (Hrsg) (im folgenden: HWO, 2. Aufl), Stuttgart Sp 1494 - 1517
Gutenberg E (1962) Unternehmensführung. Wiesbaden
Hill W, Fehlbaum R, Ulrich P (1974) Organisationslehre. Bd 1 und 2, Bern und Stuttgart
Kessler A (1976) Die Entscheidung zwischen Funktional- und Divisionalorganisation. Berlin
Kieser A, Kubicek H (1983) Organisation. 2. Aufl, Berlin-New York
Kosiol E (1962) Organisation der Unternehmung. Wiesbaden
Krüger W (1983) Grundlagen der Organisationsplanung. Gießen
Menzl A (1977) Die Gestaltung komplexer Unternehmungsorganisationen. Bern-Stuttgart
Müller W R (1977) Ziele von Organisationen. In: Die Unternehmung, 31: 1 - 19
Nordsieck F (1934) Grundlagen der Organisationslehre. Stuttgart
Röthig P (1983) Grundbegriffe der Organisation. Gießen
Schanz G (1982) Organisationsgestaltung. München
Schmidt G (1981) Organisation. 4. Aufl, Gießen
Strassert G (1981) Bewertungshokuspokus durch Nutzwertanalyse. In: Kritik der Nutzwertanalyse. Diskussionspapier Nr. 11, hrsg. vom Institut für Regionalwissenschaft der Universität Karlsruhe, Karlsruhe S 19 - 37
Thom N (1980) Grundlagen des betrieblichen Innovationsmanagements. 2. Aufl, Königstein/Ts.
Thom N, Brölingen B (1982) Berufsbild des Organisators. Stuttgart
Turban E, Metersky M L (1971) Utility Theory Applied to Multivariable System Effectiveness Evaluation. In: Man.Sc., 17: B818 - B828
Ulrich H (1949) Betriebswirtschaftliche Organisationslehre. Bern
Welge M K, Fessmann K-D (1980) Effizienz, organisatorische. In: HWO, 2. Aufl, Stuttgart Sp 577 - 592
Wollnik M (1980) Einflußgrößen der Organisation. In: HWO, 2. Aufl, Stuttgart Sp 592 - 613
Zangemeister Ch (1971) Nutzwertanalyse in der Systemtechnik. 2. Aufl, München (4. Aufl 1976)
Zangemeister Ch, Bomsdorf E (1983) Empfindlichkeitsuntersuchungen in der Nutzwertanalyse (NWA): Ermittlung kritischer Zielgewichte und Empfindlichkeitsmaße. In: ZfbF, 35: 375 - 397

# Die Prozeßorientierung in der Organisationstheorie

## – Ein Beitrag zum Organisationsmanagement

H. Kasper

**Inhalt**


| | | |
|---|---|---|
| 1 | **Einleitung** | 353 |
| 2 | **„Paläste" und „Zelte" als Organisationsformen** | 354 |
| | 2.1 Prozesse in „Zelten" und „Palästen" | 356 |
| | 2.2 Alternativen (nach Hedberg et al. und March) | 360 |
| 3 | **Weicks Modell des Organisierens** | 363 |
| | 3.1 Die vier Elemente des Organisierens | 364 |
| 4 | **Ambivalenzen in und von Organisationen** | 368 |
| | 4.1 Die Organisation im Spannungsfeld „Sicherheit – Entwicklung" | 368 |
| | 4.2 Ambivalenz und Führungshandeln | 369 |
| 5 | **Selbstorganisationsprozesse** | 372 |
| 6 | **Zusammenfassung** | 379 |
| | **Literatur** | 380 |


## 1 Einleitung

Bislang sind Organisationen überwiegend als relativ statische Gebilde betrachtet worden, die gelegentlich Veränderungen – zumeist von außen durch Berater vorgeschlagen – erfahren. Die Organisationsforschung ist dabei von geradlinigem Denken geprägt, das von einem Ausgangspunkt mehr oder weniger linear auf Folgerungen hinarbeitet. Methodisch haben sich Ansätze[1] herauskristallisiert, die durch systematische komparative Studien Regelmäßigkeiten in den Strukturen von Organisationen aufdecken wollen. Aus dem Vergleich unterschiedlicher Strukturen in spezifischen Kontexten sollten Empfehlungen für die Praxis abgeleitet werden (vgl. Wolff 1982, S. 7). Erkenntnisinteresse war (und ist) das Herausarbeiten effizienter Organisationsstrukturen in den je spezifischen Umwelten von Unternehmungen.

---

[1] Diese Ansätze werden in der Literatur als Situative Ansätze, Kontingenz-, Bedingtheitsansätze (Contingency Approach) bezeichnet. Umfassende Darstellungen mit kritischen Reflexionen dazu findet man bei Kieser/Kubicek (1978, 1983).

Insbesondere durch die Arbeiten Marchs eingeleitet, beginnen sich in den letzten Jahren zahlreiche Organisationstheoretiker[2] in der betriebswirtschaftlichen Organisationsforschung verstärkt mit Prozessen (vorwiegend „Lernen") in und von Organisationen auseinanderzusetzen. Es wird davon ausgegangen, daß leistungsfähige Organisationen in hochkomplexen Umwelten prozessual betrachtet werden müssen. Nicht Strukturen (Formalisierungsgrad, Spezialisierungsgrad, Dezentralisation, etc.) stehen im Zentrum der Betrachtungen, sondern Prozesse, die Organisationen bedingen. Nicht die „Organisation" als „objektive Realität", sondern das „Organisieren " („organizing") als Ausdruck eines Prozesses der Wirklichkeitskonstruktion bildet den Forschungsschwerpunkt.

Es gibt (noch?) keine umfassenden Theorien zu prozessualen Betrachtungsweisen von Organisationen, wohl aber ausgearbeitete Konzepte. Zunächst werden zwei solcher Ansätze vorgestellt, die unabhängig voneinander entwickelt wurden: die auf Hedberg/Nystrom/Starbuck (1976) zurückzuführende Auffassung von Organisationen als „Zelte und Paläste" (Abschnitt 2) sowie Weicks „Modell des Organisierens" (1985) (Abschnitt 3). Beide Konzepte stellen wegweisende Pionierarbeiten dar.

Im Anschluß werden grundlegende Konsequenzen näher behandelt, die sich aus der Prozeßperspektive für Organisationen und organisatorischen Wandel und somit insbesondere für das Organisations-Management ergeben: Ambivalenzen in und von Organisationen (Abschnitt 4). Die forschungsspezifische Berücksichtigung von Prozessen in Organisationen führt dazu, von linearem Denken abzurücken und Ambivalenzen zu akzeptieren.

Die Abkehr von Strukturen und die Hinwendung zu Prozessen brachte überdies die Erkenntnis mit sich, daß Organisationen nicht ausschließlich vom Management plan-, gestalt- und steuerbar seien: einseitig gesetzten Handlungen sind Grenzen auferlegt und Organisationsprozesse können auch „von selbst" passieren, ohne daß sie von einem mehr oder weniger geschickten Regisseur (= Manager) gewollt oder gar inszeniert werden. Prozesse der „Selbstorganisation" (Abschnitt 5) rücken somit zunehmend auch ins Zentrum der Organisationsforschung und führen zu neuen Konsequenzen für die Managementlehre und Unternehmensführung.

## 2 „Paläste" und „Zelte" als Organisationsformen

Anknüpfend an empirische Untersuchungen von Organisationen in stagnierenden Umwelten entwickeln Hedberg/Nystrom/Starbuck (1976, 1977) Präskriptionen, die unter der Bezeichnung „Zelttheorie" Eingang in die Organisationsforschung gefunden haben (Wolff 1982, S. 165). Dabei differenziert Hedberg

[2] Zu diesen Organisationstheoretikern zählen u. a. Hedberg/Nystrom/Starbuck (1976), Hedberg (1981), March (1976, 1981), Mintzberg (1979), Olson (1976), Weick (1979), Pfeffer (1981), Wolff (1982).

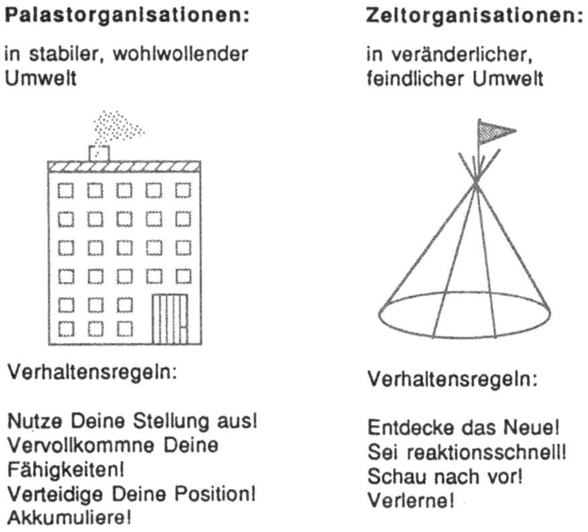


**Abb. 1.** „Palast- und Zeltorganisationen" (aus Hedberg 1984, S. 28).

(1984)[3] in zwei Grundmodelle von Organisationen; er unterscheidet zwischen dem „Palast" und dem „Zelt" (Abbildung 1).

*Palastorganisationen* entwickeln sich in einer eher stabilen und wachsenden Umwelt. Das, was traditionell Planungs- und Managementwissenschaftler zur Gestaltung von Organisationen empfohlen haben, wollen Hedberg et al. auf Palastorganisationen reduziert wissen. Merkmale der Palastorganisationen sind

- weitgehende Spezialisierung
- Integration
- klare Zielvorstellungen
- eindeutige Autoritätsstrukturen (Hedberg 1984, S. 27).

Dabei wird angenommen, daß die genannten Merkmale die Leistungsfähigkeit vor allem jener Organisationen steigern können, die sich in unveränderlichen Umwelten bewegen:

Routinehandeln tritt an die Stelle unprogrammierter Strategieüberlegungen und koordiniert die Informationsaufnahme aus der Umwelt. Die so entwickelten Handlungsroutinen in Organisationen sparen Zeit und Ressourcen, die nun anderweitig verfügbar sind. Die Kommunikation wird auf den Austausch effizienter Codes reduziert und Verantwortlichkeiten werden klar definiert.

Nur in konstanten Umwelten könnten sich nach Hedberg (1984, S. 27) Palastorganisationen mit umständlichen und rigiden Strukturen etablieren. Sie sind nämlich durch strukturelle Trägheit gekennzeichnet, sind wenig „lernfähig" und kön-

[3] Die Unterscheidung in diese beiden Grundmodelle geht wohl auf Hedberg/Nystrom/Starbuck (1976, 1977) zurück, doch der vorliegende Beitrag bezieht sich auf eine Publikation, die Hedberg (1984) allein veröffentlicht hat.

nen sich als schwerfälliger „Palast" daher nicht an sich ständig verändernde Umwelten anpassen.

*Zeltorganisationen* hingegen entwickeln sich in unstabilen, turbulenten Umwelten. Flexibilität und Anpassungsfähigkeit treten in den Vordergrund. Zeltorganisationen legen großen Wert auf

- Kreativität
- Direktheit
- Initiative
- unklare Rollendefinitionen
- intensive interne Kommunikation (Hedberg 1984, S. 29)

Zeltorganisationen besitzen Vorteile, die in der herkömmlichen Organisationstheorie eher als Nachteile angesehen wurden. Solche nun ins Gegenteil verkehrte „Nachteile" sind u. a.:

- Mehrdeutige Autoritätsstrukturen
- unklare Zielvorstellungen
- widersprüchliche Auffassungen von Verantwortung.
- Unentschlossenheit (kann Suchprozesse hervorrufen und die Selbsteinschätzungs- und Lernfähigkeit der Organisation begünstigen)
- unscharfe Aufgabenzuweisungen (können zu durchaus positiven Ergebnissen führen)
- mangelhafte Koordination (kann zur Folge haben, daß die Organisationsaktivitäten in ungeplante aber günstige Entwicklungsrichtungen laufen)
- unklare Rollendefinitionen und amorphe Kommunikationsnetze (Hedberg 1984, S. 29).

Miller/Mintzberg (1974) stellen aufgrund von empirischem Material fest, daß diejenigen Unternehmen, die auf turbulenten Märkten erfolgreich agieren, einigen dieser Merkmale von Zeltorganisationen entsprechen und besonders durch folgende Aspekte zu kennzeichnen sind:

- Sie betreiben intensive interne Kommunikation
- werden mitbestimmt geführt
- setzen koordinierende Projektgruppen ein
- delegieren Machtbefugnisse an diejenigen Abteilungen, die intensive Umweltkontakte haben.

Nachdem nun ausgeführt wurde, was Zelt- bzw. Palastorganisationen sind, sollen nun die dahinterstehenden Prozesse dargestellt werden.

## 2.1 Prozesse in „Zelten" und „Palästen"

Hedbergs Überlegungen gehen davon aus, daß Organisationen große Teile ihres Verhaltens programmieren (standardisieren) und ihre Verhaltensprogramme an eindeutigen Signalen orientieren, die die richtigen Antworten automatisch aus ihrem Repertoire an gelernten Prozessen selektieren und aktivieren (vgl. auch March/Simon 1958). Kurzum: Erfolgreiche Prozesse werden als standardisierte Operationsverfahren internalisiert. Sie werden für das Handeln der Organisation selbstverständlich, während erfolglose Prozesse verworfen oder überarbeitet werden.

Alle Handlungen in Organisationen werden durch das Organisationssystem, durch die Organisationsmitglieder und durch soziale Beziehungsmuster geprägt. Diese Rückbindung an die Interpretation des Verhältnisses Organisation/Individuum in phänomenalistisch-systemtheoretischer Sicht (Kieser/Kubicek 1978, S. 77 ff.) verdeutlicht vorerst, daß die drei genannten Handlungsaspekte sowohl voneinander abgrenzbar sind, als auch je in sich einen Zusammenhang bilden. Dabei werden Organisationssysteme als soziale Systeme begriffen, die einen *Sinneszusammenhang* der Handlungen mehrerer Personen herstellen und Einzelhandlungen von Organisationsmitgliedern steuern (vgl. Türk 1976, S. 41). Handeln können ausschließlich die Organisationsmitglieder und nicht die Organisation. Wenn vom *Handeln von Organisationen* die Rede ist, meint man, daß die Organisation *über ihre Akteure* (Organisationsmitglieder) handelt.

Organisationen bestehen aber auch losgelöst von den jeweils konkreten Mitgliedern; sie sind in der Regel auf abstrakte Personen ausgerichtet. Kurzum: Personen in Organisationen sind austauschbar.

Organisationen profitieren demnach von der Existenz eines bewährten Repertoires an programmierten Verhaltensweisen, denn die Informationsverarbeitungskapazität von Sozialsystemen ist ebenso begrenzt wie die kognitiven Fähigkeiten des Menschen. Programmierung kann Manager in die Lage versetzen, Risiken einzugehen, zu experimentieren und sich neue Nischen in der Umwelt zu schaffen oder auszuwählen (Nystrom/Starbuck 1987, Sp. 1275). Ohne diese Programmrepertoires gäbe es eine ständige Suche nach neuen Lösungen auch bei alltäglichen Problemen, was wiederum eine Verschwendung von Zeit und Aufwand nach sich zöge (Hedberg 1984, S. 17).

Der große Nachteil ist, daß dieses programmierte Verhalten von Organisationen sich im Hinblick auf Selbstkritik als sehr unzureichend erweist. Einmal gemachte Erfahrungen werden aus Zeit- und Kapazitätsgründen nicht mehr überprüft. *Es wird darauf vergessen, weiter zu lernen!* Der Besitz erprobter Verhaltensprogramme verleitet Organisationen dazu, wichtige Veränderungen zu übersehen und sich an etablierte Ideologien und Weltbilder zu klammern (vgl. dazu Galbraith 1973, Starbuck 1975a, Hedberg 1984, S. 17). Allmähliche Umweltveränderungen werden nicht wahrgenommen, weil die Sensibilität dafür verkümmert ist (Hedberg 1974, Miller/Mintzberg 1974).

Organisationen verlieren somit die Fähigkeit wahrzunehmen, was in ihrer Umwelt geschieht. Dies bedeutet, daß Erfolge Organisationen lethargisch machen können, denn sie glauben zu sehr an die Richtigkeit ihrer Programme und vertrauen zu sehr ihrer Fähigkeit, autonom handeln zu können (Starbuck/Hedberg 1977).

So gesehen, unterstützen programmierte (standardisierte) Operationsverfahren die *Trägheit der Organisation* und machen sie noch unbeweglicher. Besonders

Palastorganisationen sind gekennzeichnet durch ihre strukturellen Trägheitsmomente und daher wenig lernfreudig (Wolff 1982, S. 165). Wie noch zu zeigen sein wird (Abschnitt 4), ist die Initiierung gegenläufiger Prozesse notwendig, um damit der Trägheit der Organisationen zu begegnen.

Organisationen fördern darüber hinaus die Anpassung ihrer Mitglieder an bewährte Wertvorstellungen und belohnen sie dann dafür, daß sie formalisierten Rollenbeschreibungen entsprechen. Das Verhalten in Organisationen oder besser das Verhalten überhaupt wird – neben den in der primären und sekundären *Sozialisationsphase* erworbenen Grundmustern – durch vorhandene *Organisationskulturen,* durch *Einbindungsstrategien* der Organisation sowie durch den Beruf selbst geprägt und beeinflußt.

*„Sozialisation"* im und durch den Beruf kann man – vereinfachend und deshalb etwas unscharf – als einen Prozeß der Aneignung der in einer Organisation verbindlichen Werte, Normen, Einstellungen, Deutungs- und Verhaltensmuster durch die in ihr lebenden Personen definieren. Es handelt sich dabei um einen lebenslangen Prozeß, der sich nicht nur zwischen zwei Individuen – z. B. zwischen Lehrling und Lehrherren – abspielt, sondern um ein komplexes Beziehungsmuster zwischen dem Organisationsmitglied und dem sozialen Umfeld „Unternehmung".

Das bereits vor Eintritt in die Organisation in der Familie und Schule (primäre und sekundäre Sozialisationsphase) sowie durch frühere Berufserfahrungen geprägte Individuum übernimmt und verinnerlicht auf seine jeweils spezifische Weise die ihm präsentierte Betriebswelt. Die Verarbeitung dieser betrieblichen Umwelt durch das Individuum geschieht nicht in einem einzigen Akt ein für alle Male, sondern ist über dessen Identität immer wieder zu leisten.

Je länger man in der jeweiligen Organisation sozialisiert wird, desto nachhaltiger ist die Wirkung. Die Organisation vermittelt ihre Sozialisationsinhalte „offen" (z. B. durch Anordnungen, Vorschriften, Organisationsregeln, Ziele) oder „versteckt" (z. B. durch Rituale und Anekdoten). Nicht nur berufsspezifische Fertigkeiten und Kenntnisse werden gelernt, sondern auch Loyalität, Einordnung in Herrschaftsstrukturen, Arbeitstugenden, Umgangsformen der Mitarbeiter untereinander, normative Orientierungsmuster etc. (Kasper 1986a, S. 116), kurzum die jeweilige Organisationskultur vermittelt.

Die *Organisationskultur* (vgl. Kasper 1987a, 1987b) ist die Summe von selbstverständlichen Werten und Normen („es ist norm-al"), Basisüberzeugungen und -annahmen, die das Handeln von Organisationsmitgliedern mehr oder weniger stark prägt. Organisationen haben sich im Laufe der Zeit einen kulturellen Code erarbeitet (Probst/Scheuß 1984, S. 481), der neben Werten und Normen auch konkretes Wissen bzw. spezielle Fertigkeiten enthält, die in einer Organisation angesammelt wurden. Es entsteht eine Art gemeinsam akzeptierte Realitätsinterpretation, die unsichtbar über nicht reflektierte Selbstverständlichkeiten wirkt. Das Kultursystem gibt einen Raster vor, der die Wahrnehmung der Organisationswirklichkeit strukturiert.

Türk (1978) hat in Anlehnung an Etzioni ein Konzept darüber entwickelt, auf welche Art und Weise Organisationsmitglieder in „ihre" Organisation eingebunden werden. Türk unterscheidet vier typisierte Formen von *Einbindungsarten* (= Einbindungsmuster), die auch in kombinierter Form auftreten und die in ihren konkreten Ausprägungen variieren können. „Einbindung" wird als ein relativ überdauerndes Grundverhältnis zwischen der Organisation und ihren Mitgliedern definiert, das die Funktion hat, „die Einflußchancen der Organisation auf die Person in qualitativer und umfangbezogener Hinsicht zu generalisieren und zu sichern" (Türk 1978, S. 94). Die vier Grundmuster der Einbindung sind:

1. instrumentalistische
2. bürokratische
3. professionalistische und
4. organisationspolitische.

Die *instrumentalistische Einbindung* besagt, daß das Grundverhältnis zwischen der Organisation und ihren Mitgliedern ausschließlich durch die Nutzung organisatorischer Belohnungs- und Bestrafungsmöglichkeiten gekennzeichnet ist und daß auf diese Weise „eingebundene" Mitglieder primär an finanzieller Entlohnung, Strafvermeidung oder Machtzuwachs interessiert sind. Die Beziehung zwischen der Organisation und ihren Mitgliedern ist daher eine rein „äußerliche".

Die *bürokratische Einbindung* umschreibt ein Grundverhältnis zwischen der Organisation und ihren Mitgliedern, das durch eine enge Loyalitätsbeziehung der Mitglieder hinsichtlich der organisationalen Regeln gekennzeichnet ist. Von den Mitgliedern aus betrachtet, kann die bürokratische Einbindung auch als eine bestimmte Form der „Entfremdung" bezeichnet werden.

Die *professionalistische Einbindung* basiert primär darauf, daß die Organisation ihren Mitgliedern die Chance gibt, mehr oder weniger stark internalisierte Berufstandards zu verwirklichen. Der professionell Eingebundene ist vorrangig an den Inhalten jenes Tätigkeitskomplexes interessiert, der ihm zugewiesen wird.

Die *organisationspolitische Einbindung* ergibt sich daraus, daß die obersten Ziele und Strategien, die mit Hilfe des Unternehmens verfolgt werden sollen, jenen der Mitglieder entsprechen. Die Folgen und Auswirkungen organisationalen Handelns sind für ein so eingebundenes Mitglied ausschlaggebend.

Sozialisation, Organisationskultur und Einbindungsstrategien fördern tendenziell mehr die Trägheit der Organisation als deren Lernfähigkeit. Die Strukturbedingungen existierender Organisationen verhindern organisationales und individuelles *Lernen* und *Ver-Lernen* (Wolff 1982, S. 166). Organisationen „müssen ihr jeweiliges Wissen ver-lernen, bevor sie neues lernen können. Sie müssen das Vertrauen in ihre alten Führungskräfte verlieren, damit sie auf neue hören können. Sie müssen ihre alten Ziele aufgeben, bevor sie neue annehmen können. Sie müssen ihre Wahrnehmungsfilter verwerfen, bevor sie neue Ereignisse bemerken, die sie übersehen hatten. Sie müssen feststellen, daß ihre alten Methoden nicht mehr greifen, bevor sie neue entwickeln und einsetzen" (Starbuck/Nystrom 1987, Sp. 1279 mit Bezug auf Nystrom et al. 1976, Hedberg 1981) können.

## 2.2 Alternativen (nach Hedberg et al. und March)

Hedberg setzt den Hebel zur Förderung des Wandels bei der *„Trägheit der Einsicht"* an. „Trägheit der Einsicht" bedeutet, daß Organisationen zu spät Umweltveränderungen und die Notwendigkeit eigenen Handelns erkennen. „Trägheit der Einsicht" findet man in den Informations- und Führungssystemen von Organisationen und zwar vor allem bei der Wahrnehmungsfähigkeit von Managern und bei Problemdefinitionen.[4] Die meisten Organisationen könnten jedoch laut Hedberg die Trägheit der Einsicht drastisch reduzieren. Dazu empfiehlt er (1984, S. 32):

- Informationssysteme sollten zum Experimentieren anregen, ständig überprüft werden und einfach zu ändern sein
- Entscheidungsträger müssen sich selbst als „Experimentierer" begreifen und die dabei gefundenen Ergebnisse immer wieder in Frage stellen
- Organisationen sollten über Forschungssysteme verfügen, die dem Aspekt der Selbstbewertung und Selbst-Organisation Rechnung tragen
- Unternehmensplanung sollte experimentelle Segmente enthalten (die dann auch unter Beachtung ihres Experimental-Charakters in konkrete Aktionen umgesetzt werden sollten)
- Festlegung von speziellen Evaluationsperioden (während derer das organisationelle Handeln überprüft und gegebenenfalls geändert werden soll) (March/Simon 1958)
- da formalisierte Informationsysteme dazu tendieren, Organisationen auf bestimmte Strukturen und Verhaltensweisen festzulegen, könnte man bereits im Planungsstadium Wartungstermine programmieren, um auf diese Weise einer Überbeanspruchung des Informationssystems entgegenzuwirken
- Es bestehen unterschiedliche Anschauungen und Auffassungen zwischen den verschiedenen Interessensgruppen in Organisationen. Üblicherweise wird versucht, diese Differenzen mehr oder weniger zwanghaft auszugleichen (vgl. „wir sitzen alle in einem Boot"-Mythos[5] . Es wäre sinnvoller, wenn Organisationen versuchten, die verschiedenen Gruppen dazu zu ermutigen, jeweils eigene Analysen auf der Grundlage der eigenen Wertvorstellungen vorzunehmen.

---

4 In Abgrenzung zur „Trägheit der Einsicht" unterscheidet Hedberg (1984, S. 32) die *„Trägheit des Handelns"* und bezeichnet damit jenen Zeitraum zwischen Handlung und Handlungsergebnis. „Trägheit des Handelns" wird in Produktionssystemen, bei Routineangelegenheiten, Kompetenzzuschreibungen, auf Märkten, beim Abschluß von Verträgen und Anknüpfen von Kontakten sichtbar. Gegen diese Aktionsträgheit können nur wenige Organisationen kurz- oder mittelfristig etwas unternehmen.

5 Dieser Gemeinschaftsmythos der Einheit und Harmonie – ähnlich dem Mythos „wir sind eine große Familie" – ist nach wie vor in der „Praxis" sehr verbreitet. Ihm wird bei der Erarbeitung des „Corporate Identity" eine große Rolle beigemessen. Bei der Betonung des Kollektivs „wir sitzen alle in einem Boot" wird nicht reflektiert, als was man im gemeinsamen Boot „Organisation" sitzt.
Zu Führungs- und Organisationsmythen siehe Westerlund/Esterlund/Sjöstrand (1981), Kasper (1987a, S. 47 ff.), Neuberger (1987, Sp. 1495 ff.).

Die von Hedberg u. a. empfohlenen Strukturprinzipien von Organisationen weichen somit nicht nur deutlich von herkömmlichen Organisationsidealen ab. Sie sind vielmehr deren Gegenteil! Bisher als negativ interpretierte Systemcharakteristika werden positiv gesehen.

Weitere Empfehlungen – die abweichend und kontrovers zu bislang postulierten Prinzipien sind und ebenfalls in der Tradition der modernen Entscheidungstheorie stehen – bietet March (1976, S. 73 f. zit. Wolff 1982, S. 219 f.) an, indem er das *„Lernen von Kindern" propagiert:*

March stellt die „Welt der Erwachsenen" mit ihren klaren Standards der Welt der Kinder gegenüber. „Erwachsene" verlangen, daß „erwachsene" Menschen ihren Zielen entsprechend handeln sollen, daß diese Ziele konsistent sind, daß Ziele und Handeln übereinstimmen.[6]

Im Gegensatz dazu wird von Kindern geradezu gefordert, daß sie Werte und Wünsche verändern, entwickeln und daß insbesondere auch die Beziehungen zwischen diesen modifiziert werden. Ein Modell „kindlicher Inkonsistenz" erhebt zwar nicht Irrationalität zum Prinzip, mindert aber den Glauben an Rationalität.

March (1976, S. 75 f) entwickelt vor diesem Hintergrund einige (Über-)*„Lebensprinzipien" für Organisationen:*

1. Handlungen sollen – wie beim Kinde – als Möglichkeit zur Eröffnung neuer Erfahrungsdimensionen betrachtet werden. Durch Handlungen sollen Ziele erst entdeckt und Rechtfertigungen im nachhinein gefunden werden. Anstatt den intelligenten Charakter von Entscheidung und Handlung zu konstruieren, sollten wir uns „sensible Narretei" erlauben, d. h. Fehlerhaftigkeit, Unvollkommenheit und ambivalente Erfahrungen sollen in Organisationen zugelassen sein. „Organisationsmitglieder und Organisationen benötigen Wege, um Dinge zu tun, für die sie keine guten Gründe haben. Nicht immer, nicht alltäglich, aber manchmal. Sie benötigen die Handlung bevor sie denken."

2. Die bewußte Antizipation inkonsistenter Organisationsrealität erlaubt es, „spielerisch" an Problemlösungen heranzugehen, ohne daß aber die Verpflichtungen an eine minimale Rationalität aufgegeben werden müssen. „Spiel und Vernunft" werden zu komplementären Bestandteilen organisationaler Existenz. Als alternative Stile des Verhaltens repräsentieren Spiel und Vernunft alternative Orientierungen für die gleiche Situation."

Allerdings: Organisationen belohnen nur Rationalität. „Spiel" und Spontaneität – sofern sie nicht direkt einsichtig funktional sind – führen nicht zu Belohnungen. Das Gegenteil ist der Fall!

---

[6] Daß dieses „Verlangen der Erwachsenen" zwar der Norm und den Regeln entspricht, aber in der betrieblichen Praxis kaum realisiert wird, zeigen Titscher/Königswieser (1985, S. 137 ff.) aufbauend auf Neuberger (1984, S. 142), der seinerseits eine amerikanische Untersuchung interpretiert: In Organisationen (und in der Gesellschaft) gilt zwar die Norm, daß man konsistent (standhaft, widerspruchsfrei) zu sein hat. „Die Norm konsistenten Handelns besteht in unserer Kultur, obwohl empirische Ergebnisse belegen, daß erfolgreiche Manager Probleme bemerkenswert inkonsistent, man könnte auch sagen flexibel, angehen" (Titscher/Königswieser 1985, S. 145 f.).

Um Spiel als Bestandteil der Organisation zu integrieren, schlägt March (1976, S. 77) für Manager folgende 5 Strategien vor:

„1. Behandle Ziele wie Hypothesen. Beachte ihre vorübergehende Richtigkeit, sie sind nämlich nichts anderes als Ergebnisse sozialer Rituale.
2. Ermögliche Intuition. Intuition wird mit den üblichen Standards unseres Verhaltensrepertoires nicht beurteilt werden können. Darum eröffnet sie unbekannte Möglichkeiten.
3. Betrachte Heuchelei als Übergang. Heuchelei wird üblicherweise als Differenz zwischen explizierten Werten und tatsächlichem Verhalten betrachtet. Anstatt uns auf die Inkonsistenzen zu konzentrieren, sollten wir derartige Zustände als Übergänge von unvollkommenen zu vollkommeneren tolerieren.
4. Wir können Erinnerungen wie Feinde behandeln. Die Regeln für Konsistenz und Rationalität repräsentieren Techniken der Erinnerung. Es mag manchmal sinnvoll sein, nicht zu wissen, was andere in Organisationen tun, Erfahrungen von gestern zu ignorieren, Ereignisse zu übersehen, und trotzdem wird es möglich sein, vernünftig zu handeln.
5. Erfahrungen stellen Theorien dar, die von unterschiedlichen Standpunkten her unterschiedlich interpretiert werden. Wir sollten versuchen, mit unseren Standpunkten zu spielen, um Erfahrungen in „anderem Licht zu sehen" und damit „neue" Erfahrungen zu machen."

Sowohl die „Zelttheorie" von Hedberg et al. als auch die Konzeption von March („Technology of foolishness") postulieren „sowohl-als-auch"-Organisationen: Sie verlangen ein Abweichen vom ausschließlich gradlinigen Denken vor dem Hintergrund ausgeprägter Organisationsstrukturen (Programmierung, Standardisierung etc.), -prinzipien und den dementsprechenden „optimalen" Prozeßabläufen und fordern Organisationen, die zwar eine Mindeststruktur aufweisen, im Prozeß aber beweglicher sind, mehr Handlungsspielraum anbieten, personales und organisationales Lernen fördern. Insbesondere der Ansatz von Hedberg et al. weist auf die Bedeutung der Umwelt und deren selektives Wahrnehmen (-wollen und -können) durch die Organisation hin. Er zeigt die Gefahren einer diesbezüglichen Unterschätzung eindrucksvoll auf und beweist – auf der Basis empirischer Studien – daß Organisationen nicht autonom handeln können. Überdies betonen sie, daß nicht „clear-cut", sondern ein „sowohl als auch" (s. Abschnitt 4.2) zum (Über-)Leben von Organisationen Voraussetzung sei: Neben den Bestrebungen nach Ordnung und Klarheit, Programmierung und Standardisierung, Konsistenz und Rationalität sollte versucht werden, Prozesse anzuregen, die diesen Werten teilweise zuwiderlaufen, und die Mehrdeutigkeit, Inkonsequenz und Unbeständigkeit zulassen.

## 3 Weicks Modell des Organisierens

Weick versucht in seinem „Modell des Organisierens", Erkenntnisse der Evolutionstheorie auch für Organisationen nutzbar zu machen. Er nimmt sich also Theorien der natürlichen Auslese zum Vorbild, was sich auch in seiner Wortwahl niederschlägt.[7]

*„Organisation"* ist nach Weick (S. 129) lediglich ein Substantiv bzw. ein Mythos, denn „wenn man nach einer Organisation sucht, wird man sie nicht finden". (Weick[8] S. 67)

Organisationen bestehen vielmehr „aus Mitteilungen, Bedeutungen, Bildern, Mythen und Interpretationen ... welche allesamt beträchtlichen Spielraum für Definitionen und Selbstbestätigungen lassen." (W. S. 226) Dies entspricht somit einer Auffassung von „Organisation" als theoretisches Konstrukt für das alltägliche Zusammenleben. Die Organisation „lebt" in den Interaktions- und Kommunikationsprozessen, entsteht aus ihnen und besteht durch sie (vgl. Kubicek/Wollnik/Kieser 1983, S. 95).

*Organisationen* verarbeiten Mehrdeutigkeit, das heißt, sie messen sich und ihren Inputs verschiedene Arten von Sinn zu. Die Art und Weise, wie sie Inputs verarbeiten, ist jedoch oft selbst mehrdeutig und vielen Interpretationen zugänglich (W. S. 23). „Organisieren" ist nach Weick (1985, S. 12) zuallererst ... „Einigung darüber, was Wirklichkeit und was Illusion ist". Damit wird deutlich, daß Weick unter „Organisieren" primär eine Sinngebungs-Aktivität versteht und nicht sachlich-logische bzw. politische Gestaltungsprozesse, wie sie Thom ausführlich (Kapitel 9 in diesem Buch) darstellt. Manager müssen sich beim *Organisieren* also nicht mit statischen Dingen befassen, sondern mit Prozessen – in Weicks Diktion mit „Flüssen, Fließen und Augenblickserscheinungen" – (W. S. 67). Aber selbst das, was „organisiert" wurde, bleibt immer noch mehrdeutig. Und vieles bleibt überhaupt „unorganisiert".

Organisationen bestehen, wie bereits erwähnt, aus Beziehungen. Die kleinsten Analyse-Einheiten im Beziehungsgeflecht „Organisation" sind nach Weick *doppelte Interaktionen.* Damit ist folgende Sequenz gemeint:

Eine Handlung von A ruft die Reaktion von B hervor, auf die dann A seinerseits reagiert. Doppelte Interaktionen können sich zu stabilen Untereinheiten (= Subsystemen) zusammenfügen und Gruppen von doppelten Interaktionen zu *lose gekoppelten Strukturen.* Innerhalb der Untereinheiten kann es feste Bindungen geben, während die Bindungen zwischen den Untereinheiten in den meisten Organisationen relativ locker sind (W. S. 162). Damit wird die Tatsache der sog. *losen Kopplung* umschrieben, ein Phänomen, auf das Ashby (1968) bzw. Buckley

---

7 Allerdings legt Weick (1985, S. 176) Wert auf die Feststellung, daß er von einer „schwächeren Form von Evolutionstheorie" ausgeht. Er versteht unter „Evolution" nämlich schlicht und einfach „Wandel". Eine stärkere Form der Evolutionstheorie faßt dagegen Evolution als Wandel hin zu einer – immer höheren – Ordnung auf.

8 Zitate aus Weick: „Der Prozeß des Organisierens", Frankfurt/Main 1985 werden im folgenden mit W. abgekürzt.

(1967, S. 82 f., zit. Scott 1986, S. 150) hinwiesen. Lose Kopplung bedeutet nach Weick (S. 163): Ist eine der Variablen gestört, so wird diese Störung nicht mechanisch auch an alle anderen Systemteile weitergegeben, sondern bleibt eher abgegrenzt. Weitet sich die Störung dennoch aus, so wird es eine Zeitlang dauern, bis andere Variablen beeinflußt werden. Die Störungsauswirkungen werden dabei gering sein. Damit wird klar, daß Störungen einer Variablen nicht automatisch die Störung aller anderen nach sich ziehen.

Die Verknüpfungen zwischen den interagierenden Variablen werden also – im Gegensatz zu physikalischen oder mechanischen Strukturen – als relativ locker angenommen (Scott 1986, S. 150). Am Beispiel von Abteilungen bedeutet dies: Eine *lose Kopplung* zwischen Abteilungen fördert jeweils die örtliche Anpassung an örtliche Bedingungen, und sie erlaubt darüberhinaus zugleich die simultane Anpassung an widersprüchliche Anforderungen. Hat somit eine Organisation mit einer einzelnen Abteilung Probleme, kann sie diese Einheit vom Rest des Systems viel leichter isolieren oder abkoppeln. „Mehr noch, die Anpassung einer einzelnen Abteilung an eine problematische Umwelt verschafft dem Rest des Unternehmens eine größere Funktionsfähigkeit und mehr Stabilität" (Scott 1986, S. 333).

### 3.1 Die vier Elemente des Organisierens

Weick entwickelt für Organisationen ein „Modell des Organisierens", das dem Muster jener Prozesse entspricht, die mutmaßlich natürliche Auslese bewirken. Dieses Modell kann hier nur in groben Zügen skizziert werden.

Die vier Elemente des Organisierens sind nach Weick: ökologischer Wandel, Gestaltung, Selektion und Retention. Diese vier Elemente sollen vorerst im einzelnen dargestellt werden, um anschließend die Zusammenhänge zwischen ihnen aufzeigen zu können.

*Ökologischer Wandel*

Darunter sind Wandlungen, Unterschiede, Diskontinuitäten bzw. Variationen gemeint, die – mit, aber auch ohne Zutun der Organisationen – auftreten können. Solche Änderungen bieten die Chance für eine Sinngebung, die nicht auf Basis früherer Erfahrungen erfolgen muß. Ökologischer Wandel ist mit Gestaltung sehr eng verbunden. Wenn Unterschiede auftreten, wird der Akteur eher etwas unternehmen, um diese Wandlung zur näheren Betrachtung auszusondern.(W. S. 190)

*Gestalten*

Damit umschreibt Weick primär die Tatsache, daß Organisationen Teile ihrer Umwelt „einklammern", also zunächst einmal aussondern bzw. auswählen. Durch das Gestalten wird Rohmaterial aus der restlichen Umwelt sozusagen herausgelöst, um danach weiterbehandelt zu werden. Mit Weicks Worten: „Gestalten ist Handeln, das Rohmaterialien produziert, die anschließend mit Sinn belegt werden können" (W. S. 194).

Es ist kein Zufall, daß Weick für diesen „Akt des Einklammerns" den Ausdruck „Gestalten" wählt. Weick will damit die aktive Teilnahme der Akteure bei der Gestaltung der Umwelt betonen. Umwelt ist nicht einfach da, sondern „Umwelt beugt sich buchstäblich den Gestaltungsakten der Leute" (W. S 191). Diese Umwelt wird durch „Einklammern" selbst geschaffen: Organisationsmitglieder schaffen eine Umwelt, mit der sie dann konfrontiert sind (W. S. 221). Die Vorstellung des Individuums wird in die Außenwelt projiziert, dort eingepflanzt und dann als Wissen wiederentdeckt (W. S. 229)[9].

Kurzum: Der Gestaltungsprozeß sondert mögliche Umwelten aus, die die Organisation klären und ernstnehmen kann, aber ob sie es tatsächlich tut, entscheidet sich im Selektionsprozeß (W. S. 192).

*Selektion*

Durch Selektion wird versucht, Mehrdeutigkeit zu reduzieren. Durch Selektionsprozesse werden Interpretationsschemata und spezifische Interpretationen dahingehend ausgewählt, ob sie (die Schemata) sich wiederholt als hilfreich, oder als weniger hilfreich für die *Reduktion von Mehrdeutigkeit* erweisen. Hilfreiche tendieren zum Ausgelesenwerden, nicht Hilfreiche zum Eliminiertwerden (W. S. 192).

Selektion ist wie eine „Camera obscura", wobei zwei verschiedene Arten von Inputs in diese „Camera obscura" eingehen können, die entweder vom Gestaltungsprozeß oder aus der Vergangenheit (vom Retentionsprozeß) stammen.

*Retention (Bewahrung)*

bedeutet eine relativ direkte Speicherung von Produkten erfolgreicher Sinngebung, die in der Vergangenheit produziert wurden. Weick nennt die Produkte erfolgreicher Sinngebung „gestaltete Umwelten" und will damit unterstreichen, daß sinnvolle Umwelten ein Ergebnis des Organisierens sind, ein Output, und nicht etwas, was am Anfang des Organisationsprozesses in diesen eingeht. Wenn diese „gestalteten Umwelten" einmal existieren, dienen sie als glaubhafte Leitlinien für zukünftige Handlungen und Interpretationen. „Eine gestaltete Umwelt ist ein historisches Dokument, das im Retentionsprozeß gespeichert wird, gewöhnlich in Form einer Ursachenkarte, welche künftigen Handlungen übergelegt werden kann." (W. S. 326)

Die Zusammenhänge zwischen ökologischem Wandel, Gestaltung, Selektion und Retention können, grob vereinfacht, wie folgt skizziert werden (Abbildung 2):

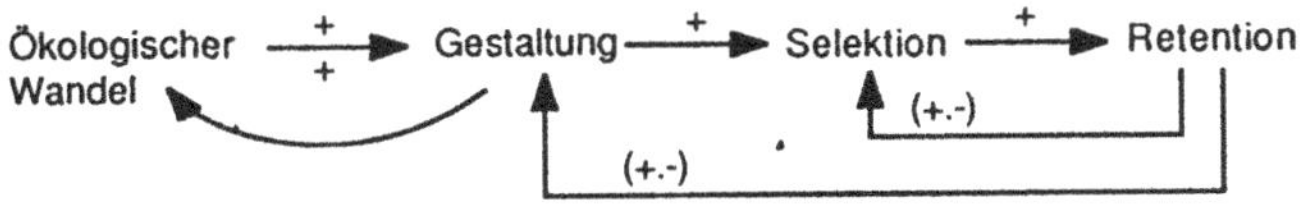


**Abb. 2.** „Das Arrangement von Prozessen des Organisierens" (aus Weick 1985, S. 193).

[9] Bei Selektion und Retention wird immer Mehrdeutigkeit reduziert, beim Gestaltungsprozeß dagegen wird Mehrdeutigkeit produziert. Außerdem ist Gestaltung der einzige Prozeß, in dem sich die Organisation direkt mit einer äußeren Umwelt zu befassen hat, Selektion und Retention arbeiten dagegen mit bereits „redigiertem" Material (W. S. 191).

Der zentrale Sinngebungsprozeß ist der Selektionsprozeß. Hier werden Bedeutungen/Interpretationen ausgewählt, hier findet *Sinngebung* statt. Das Ergebnis des Selektionsprozesses sind *„gestaltete Umwelten"* und eine einigermaßen stabile Interpretation dessen, womit die Person in jüngster Zeit zu tun hatte (W. S. 250). Der Input für den Selektionsprozeß kommt entweder vom Gestaltungs- oder vom Retentionsprozeß.

Der *Gestaltungsprozeß* gewinnt vor allem dann an Bedeutung, wenn ökologischer Wandel eintritt. Dann werden im Gestaltungsprozeß mögliche Umwelten ausgesondert, die im Selektionsprozeß weiterbehandelt werden. Im Selektionsprozeß entscheidet es sich dann, inwieweit die Organisation die ausgesonderten Umwelten ernst nimmt (W. S. 192). Durch Gestaltung wird also (Roh)Material „redigiert", das im Selektionsprozeß weiter behandelt wird. Etwas, was im Gestaltungsprozeß nicht ausgesondert wird, kann auch nicht dem Selektionsprozeß unterworfen werden. Somit wirkt sich Gestaltung also direkt auf die Selektionstätigkeit aus.

Das, was im Selektionsprozeß passiert, beeinflußt direkt auch den *Retentionsprozeß*, in dessen Verlauf ein Reservoir an Überzeugungen gespeichert wird. Nur das, was im Selektionsprozeß als hilfreich ausgelesen wurde, kann im Retentionsprozeß auch gespeichert werden.

Retention kann sowohl die Selektion beeinflussen, als auch die Gestaltung. Das heißt: Produkte erfolgreicher Sinngebung der Vergangenheit können entweder wieder im Selektionsprozeß aufgegriffen werden oder sie beeinflussen Gestaltungsprozesse. In beiden Fällen kann dies sowohl positiv als auch negativ sein, je nachdem, ob man früheren Erfahrungen (also der Retention) vertraut (= positiv) oder mißtraut (= negativ).

In Zusammenhang mit Weicks Modell des Organisierens, das im Detail hier weder dargestellt noch kritisiert werden kann, sollen drei Punkte zusammenfassend nochmals hervorgehoben werden:

1. *Organisationsmitglieder schaffen* sich ihre *Umwelten* selbst
2. *Sinngebung* ist immer *retrospektiv*
3. *Nicht „Wahrheit"*, sondern *„Angemessenheit"* ist entscheidend
4. *Ambivalenz* gegenüber der *eigenen Vergangenheit*

*ad 1.:* Bisher wurde mehr oder weniger davon ausgegangen, daß die Umwelt gegeben ist, daß man sie zumindest annähernd auch („objektiv") erkennen kann. In Umkehrung all dessen, geht Weick davon aus, daß Organisationsmitglieder bzw. Manager „objektive" Züge ihrer Umgebung selbst konstruieren, umgruppieren, ausblenden, kurzum: nicht wahrnehmen wollen und/oder können. Es gibt für eine Organisation auch nicht eine einzige Umwelt, sondern „Umwelten sind vielgestaltig, existieren im Auge des Betrachters und sind für Zerbrechen und Wiederzusammenfügen anfälliger als gewöhnlich erkannt wird" (W. S. 242).

*ad 2.:* Sinngebung ist immer etwas, was im nachhinein erfolgt. Sinngebung, bzw. Selektion wirkt stets „nach rückwärts und im nachhinein" (W. S. 268). Organisationen formulieren Strategien, nachdem sie sie verwirklicht haben und nicht vorher! „Wenn die Leute irgendetwas verwirklicht haben, schauen sie darauf und schließen, daß das, was sie verwirklicht haben, eine Strategie war" (ebenda). Ein Teil der Sinngebung im Selektionsprozeß kann verstanden werden als das „Schreiben von plausiblen Rechenschaftsberichten und Geschichten ..." (W. S. 278). Erst dadurch, daß man ein Ereignis (im nachhinein) interpretiert, belegt man es mit Sinn.

*ad 3.:* Wenn sich eine Organisation nun der Tatsache bewußt ist, daß sie „gestaltete Umwelten" produziert, so ergeben sich daraus wichtige Konsequenzen. Sie wird sich nicht mehr fragen, ob etwas wahr ist oder nicht (W. S. 243), oder ob sie die Dinge so sieht, wie sie wirklich sind. Sie wird sich vielmehr stärker für Probleme der Angemessenheit interessieren, d. h. dafür „was haben wir getan, was haben wir nicht getan?".

Dieses Abrücken von der Suche nach Wahrheit und die Hinwendung zur „Angemessenheit" signalisiert auch für die Wissenschaft eine grundsätzliche Umorientierung hin zu brauchbarem, d. h. für den Menschen nützlichem Wissen. In der Wissenschaftstheorie wird diese neue Orientierung als *„Konstruktivismus"* (vgl. Kasper 1987, S. 59 ff.) bzw. auch als *„radikaler Konstruktivismus"* bezeichnet (vgl. Schmidt 1987)[10].

---

[10] Die wissenschaftstheoretische Denkrichtung des „Konstruktivismus" (Kasper 1987, S. 66 ff.) bzw. des „radikalen Konstruktivismus" (Schmidt 1987) entstand aus dem Geiste der Kybernetik und ist von phänomenologischem Gedankengut inspiriert. Grundlegend für die Entwicklung einer konstruktivistischen Erkenntnistheorie sind Prozesse der Selbstreferenz und der Selbstorganisation. Da ein näheres Eingehen auf diese bei weitem noch nicht ausdiskutierte wissenschaftstheoretische Position hier nicht zielführend erscheint, sollen – selbst auf die Gefahr von Fehlinterpretationen – nur einige wenige Hinweise gegeben werden.
Ging man bisher davon aus, daß wir Menschen über unsere Sinne unsere Umwelt mehr oder weniger fehlerhaft erkennen können, so stellt dies der „radikale Konstruktivismus" in Frage. Wahrnehmung geschieht nicht über unsere Sinne (also nicht über Augen, Ohren), sondern in unserem Gehirn. Der Ort, wo Wahrnehmung passiert, ist das Gehirn. Das Gehirn funktioniert aber auf eine besondere Weise. Es ist kein offenes System, das auf Umweltimpulse reflexartig – nach dem Muster Reiz/Reaktion – reagiert. Vielmehr ist das Gehirn ein sog. selbstreferentielles System, das nur seine eigene „Sprache" versteht und nur mit seinen „eigenen Zuständen umgeht." (Schmidt 1987, S. 14). Das Gehirn ordnet alle Vorgänge der Aufrechterhaltung der eigenen Identität unter. Es kann nicht anders, als in all seinen Operationen immer auf sich selbst bezug zu nehmen. Wahrnehmen heißt also: Das Gehirn verarbeitet von außen kommende Signale, indem es ihnen Bedeutung zuweist. Bei der Bedeutungszuweisung hat das Gehirn wegen seiner operationellen Geschlossenheit keine andere Wahl, als aufgrund von früheren Erfahrungen oder stammesgeschichtlichen Festlegungen zu operieren. *Wahrnehmung* ist demnach immer gleich schon *Bedeutungszuweisung*, also *Konstruktion* und *Interpretation*. (Schmidt ebenda).
Diese besondere Funktionsweise des Gehirns als selbstreferentielles System bedeutet: Menschen können nur in ihren (eigenen) Kognitionsbereichen handeln und die Wirklichkeit als solche gar nicht erkennen. Es gibt außerhalb jedes einzelnen Menschen zwar auch Bereiche (z. B. in Organisationen), wo gemeinsame ... Kognitionen aufgebaut werden können. Dennoch gibt es keine Möglichkeit, Wahrheit an sich festzustellen. Der radikale Konstruktivismus verzichtet daher darauf festzustellen, was wahr oder falsch ist, sondern konzentriert sich darauf, was nützlich, was passend ist (vgl. Schmidt ebenda).

*ad 4.:* Eine wichtige Konsequenz von Weick in bezug auf organisatorischen Wandel lautet: Um entscheidende Änderungen in Organisationen herbeizuführen, nützt es nichts, einzelne Variablen zu ändern. Dies könnte lediglich zu mehr oder weniger geringfügigen Variationen der mit dieser Variable zusammenhängenden Variablen und – über den zirkulären Rückkoppelungsprozeß – zu einer weiteren Änderung der anfangs geänderten Variablen führen. Die Qualität des Zusammenspiels der Variablen würde aber gleichbleiben. Will man hingegen in einer Organisation nachhaltige Änderungen bewirken, so muß man am Zusammenspiel der Variablen-Muster – am Beziehungsgeflecht – ansetzen. Um es mit Weick (S. 116) zu sagen: „Der einzige Ort, an dem sie einen bedeutsamen Wandel herbeiführen können, liegt zwischen den Variablen."

Um Umweltveränderungen zu bewältigen, brauchen Organisationen einerseits ein ausreichendes Maß an Verschiedenheit (= Variation) (vgl. W. S. 269). Um aber Effektivität zu entwickeln, benötigen sie andererseits eine eindeutige Orientierung, die sich aus einer starken Anlehnung an die eigene Vergangenheit ergeben kann. Der „Trick" zur Befriedigung dieser gegensätzlichen Anforderungen liegt laut Weick (W. S. 315) darin, daß Organisationen von der Vergangenheit einen „gespaltenen Gebrauch" machen: Organisationen müssen das, was sie wissen, teilweise in Frage stellen. Sie müssen ihrem Gedächtnis gleichzeitig vertrauen und mißtrauen, ihm somit ambivalent gegenüberstehen.

## 4 Ambivalenzen in und von Organisationen

### 4.1 Die Organisation im Spannungsfeld „Sicherheit – Entwicklung"

Organisiertes menschliches Leben ist von Ambivalenzen durchzogen. Vor allem das Gegensatz-Paar „Sicherheit – Entwicklung" und die darin enthaltenen Spannungen erweisen sich für den Wandel von Systemen von zentraler Bedeutung.

Organisationen und ihren Mitgliedern scheint eine Tendenz in Richtung Sicherheit innezuwohnen, die im Extremfall zur totalen Ordnung, Erstarrung, Versteinerung und zum „sozialen Tod" führen kann (vgl. Nilson 1976, S. 28; Wolff 1982, S. 2).

Wandel (Lernen, Veränderungen etc.) macht aber eine Umkehrung dieser Tendenz in ihr Gegenteil – in Richtung „Entwicklung" – erforderlich, was jedoch im Extremfall in Orientierungslosigkeit, Chaos und schließlich ebenfalls wieder mit „sozialem Tod" enden kann (vgl. auch Kasper 1986a, S. 116 u. Kasper 1986b, S. 51).

Organisationen und ihre Mitglieder befinden sich mithin bei Veränderungen (und Lernen) in einem Spannungsfeld zwischen Sicherheit und Entwicklung, wobei das Althergebrachte, Eingefahrene, Geordnete, Bekannte, alles was Tradition hat, Sicherheit spendet. Die Entwicklung ist hingegen ganz besonders von Unsicherheit, Neuigkeitsgrad und Konfliktgehalt geprägt.

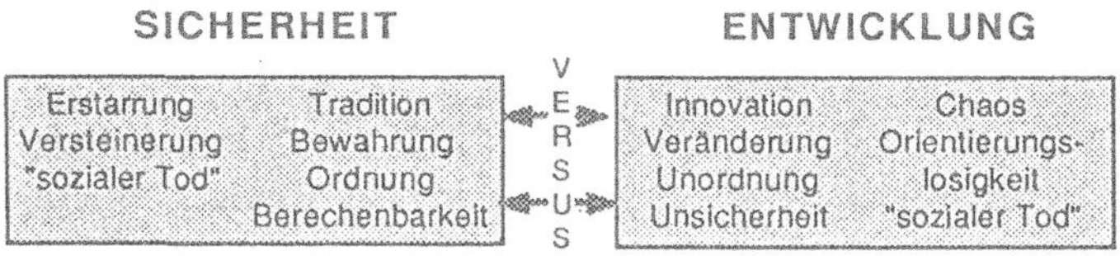


**Abb. 3.** Spannungsfeld zwischen „Sicherheit" und „Entwicklung" (aus Kasper 1986a, S. 117).

Es ist zu betonen, daß dieses Spannungsfeld Sicherheit - Entwicklung vor allem auch im Verhalten der Organisationsmitglieder eine Spiegelung erfährt: Beide – Sicherheit und Entwicklung – entsprechen mehr oder weniger fundamentalen Bedürfnissen des Menschen, die sich jedoch bei ihrer Befriedigung jeweils auszuschließen scheinen: Sicherheit engt die Entwicklungsmöglichkeit ein, Entwicklung (vor allem Lernen) ist wiederum immer mit Unsicherheit verbunden.

Ins Spannungsfeld zwischen Sicherheit und Entwicklung lassen sich auch die von Weick (S. 312) als überlebensnotwendig erachteten zwei widersprüchlichen Prozesse ansiedeln: Offenheit für Wandel (= Entwicklung) und das Streben nach Bewahrung von früherer Weisheit (= Sicherheit). Sowohl für Weick als auch für Hedberg sind *„Ambivalenz der beste Kompromiß"*. Auf Ambivalenzen im Führungshandeln soll daher jetzt näher eingegangen werden.

## 4.2 Ambivalenz und Führungshandeln

Die für Organisationen als Voraussetzung für den Wandel erkannte Notwendigkeit der Ambivalenz entspricht auch der Auffassung, daß „Führen" zunehmend als widersprüchliches, ambivalentes Verhalten begriffen wird. Das Management kann sich nicht auf die Betrachtung von Ambivalenzen zurückziehen, sondern muß in konkreten Situationen handeln und diese Handlungen auch begründen. Es gilt für die Führungskräfte, die Aspekte der Mehrdeutigkeit zu berücksichtigen und die Zwiespältigkeit zu akzeptieren. Diese innere Zwiespältigkeit des Führens erfordert vom Management Kompromisse zwischen Alternativen, da jeweils beide unverzichtbar und die gegensätzlichen Ansprüche nicht prinzipiell auflösbar sind.

Neuberger (1983, S. 22 ff.) hat insgesamt 14 Gegensatzpaare (Dilemmata) zusammengefaßt, mit denen Manager in ihren Handlungen konfrontiert sind. Die von ihm genannten Dilemmata der Führung sind seiner Meinung nicht erschöpfend (Neuberger 1983, S. 26). Darüber hinaus sind sie nicht voneinander unabhängig. Sie können sich überlappen und gegenseitig bedingen.

Die Dilemmata im einzelnen (entnommen aus Neuberger 1983, S. 24 ff.):

*1. Objekt und Subjekt*

Hier geht es darum, ob Vorgesetzte ihre Untergebenen als Mittel, Zweck, Kostenfaktor sehen oder als Mitmenschen und Partner. Davon hängt es ab, ob sie Unterstellte verplanen, berechnen, gängeln, fremdbestimmen oder ob sie ihnen Entscheidungsfreiheit, Eigeninitiative und Selbstbestimmung zuerkennen.

*2. Einzigartigkeit und Gleichartigkeit*

Vorgesetzte haben es mit Menschen zu tun, von denen keiner dem anderen gleicht. Diese Individualität des Einzelnen sollte respektiert, die Würde des „ganzen" Menschen geachtet werden. Andererseits ist nur ein Teil des Menschen gefragt, nämlich seine Arbeitskraft. Alle wollen zwar gleich fair und gerecht behandelt werden, aber dennoch im Hinblick auf ihre individuellen Stärken, Schwächen, Vorlieben, Wünsche . . .

*3. Bewahrung und Veränderung*

Um abgestimmtes Handeln in Organisationen sicherzustellen, müssen handlungsbestimmende Regeln, Werte, Strukturen etc. verankert werden. Solche Tradition schafft zwar Verhaltenssicherheit und Transparenz, gefährdet aber dann den Bestand eines Unternehmens, wenn Menschen und Umwelten sich ändern.

*4. Ordnung und Freiheit*

Dieses Gegensatzpaar setzt Neuberger ausdrücklich mit „Ordnung und Chaos", „Freiheit und Zwang" gleich. Vorgesetzte müssen für Ordnung sorgen, indem sie Unterstellten Beschränkungen auferlegen. Damit riskieren sie aber den Verlust von Leistungspotentialen und Einsatzfreude bei den Unterstellten. Sind Programme (Regeln) zu eng gefaßt, können Kreativität, Impulsivität, Handlungsbereitschaft und Identifikation stranguliert und Linientreue, Abhängigkeit und Unmündigkeit gefördert werden.

*5. Herausforderung und Fürsorge*

Vorgesetzte müssen für Zufriedenheit, Wohlbefinden und Bedürfnisbefriedigung ihrer Mitarbeiter sorgen. Wenn Zufriedenheit aber in Sichabfinden und Desinteresse ausartet, ist es ebenso Aufgabe, sie herauszufordern und zu belasten. Einerseits wirken Vorgesetzte also als Helfer, Berater, Trainer, auf der anderen Seite haben sie Möglichkeiten, Karriere (Beförderungen), Gehalt und Arbeitszuweisung zu beeinflussen.

*6. Zurückhaltung und Offenheit*

Vorgesetzte können eigene Unwissenheit, Ratlosigkeit, Wünsche und Ängste zugeben, also die Maske des Starken, Allwissenden und Unfehlbaren fallenlassen, um ein partnerschaftliches, ungekünsteltes Verhältnis zu ihren Unterstellten herzustellen. Sie laufen damit aber Gefahr, sich auszuliefern, erpreßbar und abgewertet zu werden.

*7. Sachlichkeit und Emotionalität*

Manche Vorgesetzte wollen wie ihre normierte Umwelt selbst als versachlicht gelten: cool, beherrscht, distanziert, neutral. Sie leben in der Fiktion des „organization man", der seine Person hinter der Organisation zum Verschwinden gebracht hat. Andere Vorgesetzte drücken Wärme, Nähe, Herzlichkeit und Aggressivität direkt aus, pflegen Kontakte auf einer persönlichen Ebene, haben und tolerieren Stimmungen.

*8. Spezialisierung und Generalisierung*

Vorgesetzte sollen Leistungen ihrer Unterstellten kompetent bewerten können. Das setzt Sachverstand und Detailwissen voraus. Vertieft sich ein Vorgesetzter aber zu sehr in die Einzelheiten, verliert er sowohl Überblick als auch Integrationsfähigkeit.

*9. Einzelverantwortung und Gesamtverantwortung*

Insbesondere bei der Verwirklichung von Delegation wird involviert, der Unterstellte sei für die übertragene Aufgabe voll verantwortlich, während der Vorgesetzte nur Führungsverantwortung habe. Diese säuberliche Trennung läßt sich in der Praxis nicht vollziehen: Vorgesetzte werden über kurz oder lang für Versagen ihrer Unterstellten zur Rechenschaft gezogen.

*10. Kontrolle und Vertrauen*

Dieses Dilemma hängt eng mit den zwei vorhergehenden zusammen. Gemeint ist, daß ein Vorgesetzter im „Vertrauen" auf Fähigkeit, Einsatz und Loyalität seiner Unterstellten nur die vorgelegten Ergebnisse prüft. Das setzt aber selbständige, kompetente und verläßliche Unterstellte voraus, was für viele Vorgesetzte eine Utopie ist, so daß sie häufig und eingehend auch im Prozeß der Leistungserstellung kontrollieren müssen.

*11. Individuelle und kollektive Entscheidung*

Diese Gegenüberstellung wird oft zum alleinigen, meist aber zum wichtigsten Unterscheidungsmerkmal von „kooperativer" und „autoritärer" Führung herangezogen. Auch hier wieder sieht Neuberger ein Sowohl/Als-Auch und kein Entweder/Oder: beide Extremsituationen sind unrealistisch, insbesondere in Großorganisationen. Dieser Polarisierung liegen zwei verschiedene Lenkungsprinzipien zugrunde: die Allein-Entscheidung ist dem Modell des „Great Man" verpflichtet, während die Kollektiv-Entscheidung basisdemokratische Überzeugungen verabsolutiert.

*12. Extrinsische und intrinsische Motivation*

„Extrinsische" Motivation bezeichnet jene Handlungsantriebe, die durch äußere Reize und Belohnungen (Geld, Lob, Aufstieg) aktiviert werden, „intrinsische" Motivation erfolgt davon losgelöst: die Person handelt, weil sie die „Sache selbst" fasziniert oder weil sie im Laufe ihrer Erziehung gelernt hat, etwas auch ohne unmittelbare Belohnung zu tun. Die extrinsische Motivation, die belohnungsorientiert ist, wäre zwar systemkonform, ist aber schwierig zu handhaben: man müßte ja Handlungen zunächst registrieren, Belohnungen zur Verfügung haben und diese dann aufwands- und ergebnisentsprechend verteilen. Deshalb besteht – nicht zuletzt bei den Vorgesetzten – großes Interesse, sich auf Werte, Grundhaltungen und Normen beziehen zu können, die intrinsische Motivation nach sich ziehen.

*13. Konkurrenz und Kooperation*

In einer wettbewerbsorientierten Wirtschaft spielen „männliche" Werte wie Aggressivität, Dynamik und Durchsetzung zweifellos eine große Rolle. Für das Überleben und die Leistungsfähigkeit eines Systems sind aber die oft als „weiblich" charakterisierten Werte wie Freundlichkeit, Genügsamkeit, Geduld, Genuß, Besinnlichkeit, Mitleid genauso unentbehrlich. Die Symbiose aus diesen antagonistischen Prinzipien hat Packard (1966 zit. Neuberger 1983, S. 26) auf die Formel vom Manager als „kooperativen Tiger" gebracht.

*14. Eigennutz und Gemeinnutz*

Ein Vorgesetzter wäre hier vor die Wahl zwischen egoistischer Vorteilssicherung und selbstlosem Beitrag für das Ganze gestellt. Aber auch wenn er – systembedingt – im Interesse der eigenen Karriere um Vorteile für sich selbst bemüht sein muß, darf er aus taktischen und grundsätzlichen Überlegungen heraus dies nicht zu weit treiben, weil er sonst im Extremfall die Existenz der Ganzheit, die ihm seine Vorteile garantiert, gefährdet.

Neuberger (1983, S. 26) stellt klar, daß einfache Rezepte zum Führungsverhalten zumeist in *„Wenn-Dann"-Mustern* (analog zum geradlinigen Denken in der Organisationslehre) abgehandelt werden, ein Vorgesetzter jedoch nicht die Wahl zwischen A *oder* B (z. B. „Bewahrung" *oder* „Veränderung") hat, sondern beides A *und* B (z. B. „Bewahrung" und „Veränderung") notwendig ist. Statt nach dem Muster des *„clear cut"* (klar das eine *oder* das andere) in Form des *„Entweder/Oder"* vorzugehen, gilt es, Widersprüche in *„sowohl als auch"* (das eine und das andere) aufzulösen (Kasper 1986a, S. 117).

Als Überwindung dieser Zwiespältigkeit wird empfohlen, vom geradlinigen (= „logischen") Denken zum dialektischen Denken überzugehen: Unterschiede, Gegensätze und Ambivalenzen werden als wechselseitige Wirkungszusammenhänge begriffen und dadurch aufgehoben. Diese Aufhebung wird in ständiger Bewegung geleistet. Alles was sich bewegt, lebt, alles was im ruhenden Gleichgewicht ist, erstarrt, ist tot. Diese Erkenntnis hat für die prozeßorientierte Organisationstheorie großen Stellenwert.

## 5 Selbstorganisationsprozesse

Insbesondere bei den Empfehlungen von Hedberg klingt immer wieder etwas an, was die Grenzen der „Machbarkeit" deutlich signalisiert: „Selbstorganisation".

Selbstorganisation ist keine originäre Erfindung der Organisationsforschung, ja nicht einmal der Sozialwissenschaften. Ausgehend von der Kybernetik haben in den letzten Jahren Biologen, Neurophysiologen, Philosophen, Psychologen, Soziologen und Wirtschaftswissenschaftler Überlegungen hinsichtlich „Selbstorganisation" in ihre Forschungsdisziplin integriert. (Kasper 1987a, S 132 ff.;

Schmidt 1987). Zunehmend aber finden Selbstorganisationsprozesse auch in der Organisationsforschung Beachtung.

Selbstorganisation umfaßt – grob vereinfacht – jene Prozesse, die aus einem System – zum Beispiel aus einer Organisation heraus – von selbst entstehen. Die Diskussionen über das Phänomen „Selbstorganisation" sind derzeit in vollem Gange. Eine exakte Beschreibung der vielen zum Teil auch kontroversen Auffassungen erscheint gegenwärtig schwer möglich, würde aber vor allem die Zielsetzung dieses Beitrages bei weitem sprengen. Deshalb beschränkt sich im vorliegenden Zusammenhang die Thematisierung von Selbstorganisationsprozessen auf die Arbeiten von Gomez, Probst und Scheuss. Sie versuchen (Bühl 1987, S. 247), Erkenntnisse über Selbstorganisationsprozesse für die Organisationstheorie nutzbar und Aufbaugesetzlichkeiten sowie Eigenkräfte und somit die komplexe Eigendynamik von Organisationssystemen deutlich zu machen.

Probst und Scheuss (1984, S. 480 ff.) unterscheiden – in Anlehnung und in Weiterführung der Gedanken von H. Ulrich (1968) – zwei Prozesse der Ordnungsbildung in sozialen Systemen: *Organisieren* und *Selbstorganisation.* Ordnung in sozialen Systemen kann daher niemals das Ergebnis irgendwelcher isolierter und von Einzelpersonen gesetzter Maßnahmen sein, sondern immer „ein Produkt eines vernetzten Systems als Ganzes" (Probst 1986, S. 395).

*Ordnung* in einer Organisation ist daher sowohl das *Ergebnis von Gestaltungsmaßnahmen* (= Organisation) als auch *Ergebnis „autonomer"* interaktiver, auf sich selbst bezogener und reich vernetzter Operationen oder Handlungen (= Selbstorganisation). Organisieren ist demnach nur *ein* wesentlicher Faktor der Ordnungsbildung in sozialen Systemen, keineswegs aber der einzige. Organisieren stößt auf die Selbstorganisation als Grenze und kann in diesem Zusammenhang nicht mehr wie bei Thom (in diesem Buch, Kapitel 9) in Anlehnung an Gutenberg (1962), Grochla (1978) als „grundlegendes Instrument der Unternehmensführung" in dem Sinne angesehen werden, daß ein Ziel ausschließlich mit Hilfe von „Organisationsmaßnahmen" für erreichbar gehalten werden kann.

Das *Ergebnis des Organisierens* (= das Ergebnis bewußt geplanter Eingriffe) kann man in Anlehnung an v. Hayek (1980) als *„gemachte" Ordnung* bezeichnen, das *Ergebnis von Selbstorganisation* hingegen als *„spontane " Ordnung.* Die Ordnungsbildung in einem sozialen System setzt sich dieser Diktion nach aus gemachter und aus spontaner Ordnung zusammen. Beide Ordnungsbildungsprozesse werden nun näher erläutert, wobei das Schwergewicht bei der Selbstorganisation liegt.

*Organisieren* ist zu verstehen als „bewußtes oder unbewußtes gestaltendes Eingreifen oder Intervenieren in die Ordnungsprozesse eines Systems" (Probst 1986, S. 396) und umfaßt

1. substantiell-materielle
2. symbolisch-sinngebende Gestaltungsmaßnahmen (Probst/Scheuss 1984, S. 482).

*Ad 1. Substantielles Gestalten* enthält alle Strukturierungsmaßnahmen auf einer materiellen Ebene, wie sie bisher im Zentrum der traditionellen Organisationslehre standen. Es geht um konkrete inhaltliche Maßnahmen, organisatorische Hilfsmittel und Verfahren, die angestrebte Ergebnisse sicherstellen und Fehlleistungen verhindern sollen.

Unter substantielles Gestalten lassen sich auch die u. a. eingehend von Thom (in diesem Buch Kapitel 9) dargestellten Maßnahmen sachlich-logischer bzw. auch politischer Art subsumieren. Es erübrigt sich daher an dieser Stelle eine ausführlichere Wiedergabe.

*Ad 2. Symbolisches Gestalten* hingegen bezieht sich auf die *Vermittlung oder Erfassung von Sinn.* Es geht darum, Ereignisse, Arbeitsprozesse, Strukturen, aber auch die *Resultate substantiellen Gestaltens mit Sinn zu belegen* bzw. so zu interpretieren, daß Handlungen und Ziele legitimiert, besser aktzeptiert und verstanden werden. Durch symbolisches Gestalten soll *Ungewißheit* und *Komplexität in sozialen Systemen reduziert* und das Geschehen für die Mitarbeiter sinnvoll gemacht oder sinnvoll erlebbar gemacht werden (Probst/Scheuss 1984, S. 482; vgl. auch diesbezüglich das Theoriengebäude von Weick oben). „Die Aufgabe des Managements besteht dann darin, für akzeptierte, gemeinsame Interpretationen und Erklärungen einer widersprüchlichen Wirklichkeit zu sorgen, die als Basis für das produktive Handeln dienen können. Management wird deshalb zur Manipulation sprachlich und symbolhaft vermittelter Strukturen, zu Manipulation von Mythen, Symbolen und Etiketten, von Denk-, Sprach- und Interpretationsmustern" (Dyllick 1981, S. 187). Kurzum: „Symbolisches Gestalten wirkt auf die *„Systemkultur"* (Probst/Scheuss 1984, S. 482). Damit ist *„Systemkultur"* für Probst/Scheuss ein analoger Begriff zur *„Organisationskultur"* (auch: *Unternehmenskultur,* siehe oben).

Der Mensch entwickelt und gebraucht *Symbole,* um die von ihm wahrgenommenen Faktoren in abstrakter Form zu speichern und bei Bedarf als handlungsbestimmende Größe weiterzugeben. Diese nur dem Menschen gegebene Fähigkeit ermöglicht es ihm, Dinge und Ereignisse mit Sinn zu belegen und zu Reaktionen unabhängig von einem – sie auslösenden – Stimulus werden zu lassen. Durch Symbolisierung verknüpft der Mensch einen Sinnbereich mit einem Sachbereich (vgl. Thurn 1976, S. 110).

Global betrachtet, kann man Symbole als Zeichen mit Bedeutungsinhalten begreifen, die komplexe Kommunikationsinhalte vermitteln. Die Symbolvermittlung erfolgt durch die Sprache (über Mythen, Anekdoten, Slogans), durch Interaktion (Riten, Zeremonien) und durch Objektivierungen (Statussymbole, Architektur).

Es ist davon auszugehen, daß Symbole multivokal (= mehrsinnig) sind (Lipp 1979, S. 454 ff.) und daher – um für die soziale Praxis handhabbar zu sein – in der Handlungswelt mit geläufigen, relativ spezifischen *Be-Deutungen* versehen werden müssen. Symbole müssen also immer „zurecht" definiert werden. Dies geschieht nicht nur aktiv (durch Definitionsprozesse vom Management), sondern auch passiv als „Deutungsdruck" der Betroffenen (vgl. Kasper 1987a, S. 45 f.).

Ziel des *„Sinn-Managements"* ist es, ein möglichst hohes Maß an Übereinstimmung der Basisüberzeugungen der Mitarbeiter mit den tragenden Werten der Unternehmenspolitik zu erreichen.

Die Absicht des „Sinn-Managements" aber, alle Mitglieder einer Organisation auf ein Ziel „einzuschwören" und den Sinn des Unternehmens mit dem Sinn des persönlichen Lebens der einzelnen Mitarbeiter zu koppeln, bleibt Utopie, weil ja die jeweilige spezifische Verarbeitungs-, Deutungs- und Interpretationsleistung der Individuen bzw. deren Identität das „Aufgeben" des persönlichen Sinns im kollektiven Sinn des Unternehmens verhindern kann (Kasper 1987a, S. 161).

Als Mittel zur Herstellung der angestrebten „Sinngemeinschaft" (= Symbolisches Gestalten) gelten zum einen eher indirekte, symbolische Formen der Beeinflussung (Betonung der Firmentradition, Pflege der Mythen, Zeremonien, Rituale, Hervorhebung der Vorbildwirkung von durch das Management praktizierten Verhaltensweisen wie das „Management durch Herumwandern"). Zum anderen werden eher direkte, auf soziale Verständigung ausgerichtete Formen empfohlen (Politik der offenen Information, Partizipation an Entscheidungen, Politik der offenen Türen) (vgl. Holleis/Laske 1986, S. 2).
In diesem „symbolischen Management" liegt nach Auffassung von J. Pfeffer (1981) die entscheidende Bedeutung der Führung von Organisationen.

*Selbstorganisation* ist an sich ein recht vielschichtiger und keineswegs mit nur einem einzigen Bedeutungsinhalt versehener Begriff. Probst (1986, S. 396) versteht darunter das, was „aus den Interaktionen aller Teile im System als Ganzes entsteht". Selbstorganisation zeigt sich in den unterschiedlichsten physikalischen, biologischen und sozialen Systemen in jeweils anderen Formen und Mechanismen. Dennoch lassen sich für – wie Probst (ebenda) es nennt – *„selbstorganisierende" Systeme* vier allgemeine Kennzeichen ausmachen. Selbstorganisierende Systeme – Organisationen sind solche – sind nach Probst (1986, S. 396 ff., 1987, S. 76 ff.) immer

1. komplex
2. selbstreferentiell
3. redundant und
4. autonom.

*ad 1. komplex*

Selbstorganisation entsteht aus der Interaktion aller Teile im System als Ganzes. Das Verhalten sozialer Systeme kann also nicht mit dem Verhalten einer trivialen Maschine gleichgesetzt werden, deren Reaktionen auf dieselben Stimuli immer gleich und daher vorhersagbar und analytisch determinierbar sind. Vielmehr muß man *soziale Systeme* als *nicht-triviale Maschinen* ansehen, die eben nicht immer in gleicher Weise auf dieselben Stimuli reagieren. Beim Verhalten solcher nicht-trivialer Maschinen muß immer auch der innere Zusammenhang, der innere Zustand eines Systems berücksichtigt werden. Das Verhalten einer nicht-trivialen Maschine ist daher analytisch keineswegs vorhersehbar (vgl. Probst 1986, S. 396).

Kurzum: „Wir dürfen das Verhalten sozialer Systeme nicht auf einige Organisationsbestimmungen reduzieren. Wir können auch nicht die Systeme öffnen und analysieren" (Probst 1986, S. 396).

*ad 2. selbstreferentiell*

Selbstorganisierende Systeme sind in einem gewissen Sinne in sich geschlossen. Sie sind hinsichtlich des Prozesses der Aufrechterhaltung ihrer Organisation geschlossen. Um Selbstreferenz nochmals zu verdeutlichen, soll – bei aller notwendigen Abgrenzung zu biologischen Systemen – doch auf ein Beispiel aus der Biologie zurückgegriffen werden (vgl. Zeleny 1981, S. 4f.; Wimmer/Oswald 1987, S. 54):

„Eine Zelle behält trotz permanenter Erneuerung ihrer Elemente (Makromoleküle) ihre Unterscheidbarkeit gegenüber ihrer Umwelt, ihre Kohäsion und ihre relative Autonomie bei. Die Zelle produziert also letztlich immer wieder von neuem sich selbst."

Ein solcher Prozeß der Aufrechterhaltung der eigenen Einheit und Ganzheit, während die Elemente selbst immer wieder erzeugt und vernichtet werden, ist gemeint, wenn von Selbstreferenz von sozialen Systemen gesprochen wird (vgl. auch das Beispiel vom Gehirn in der Fußnote 9). Wenn ein System als selbstreferentielles System funktioniert, so heißt dies: das System nimmt alles, was es wahrnimmt, entsprechend dem eigenen Zustand wahr (in Anlehnung an Hejl 1987, S. 318)[11].

Selbstreferentielle Systeme sind demnach als operativ geschlossene Systeme zu betrachten, die sich in einem Prozeß „basaler Zirkularität" (= Selbsterneuerung) selbst produzieren (Maturana 1982, S. 158 f.). Die Geschlossenheit des Systems bezieht sich nur auf diesen Prozeß der Selbsterneuerung und schließt Umweltoffenheit in anderen Bereichen nicht aus. Hinzuzufügen ist noch, daß jedes System seine Selbsterneuerung auf spezifische Weise praktiziert.

*ad 3. redundant*

In einem selbstorganisierenden System ist jeder Beteiligte ein „Gestalter", zumindest ein potentieller. Die Gestaltungspotentiale sind über das System verteilt: Quelle des Wissens ist nicht einer (z. B. der „Big Boss"), sondern Redundanz ist so zu verstehen: mehrere Teile können dasselbe tun und damit ist mehr vorhanden als notwendig. Dieses über das ganze System verteilte Gestaltungspotential ist nicht lokalisierbar und nicht eindeutig identifizierbar (Probst 1986, S. 397).

*ad 4. autonom*

drückt aus, daß ein System „letztlich *nicht* von außen gestaltet und gelenkt werden kann, sondern aus sich selbst heraus" (Probst 1986, S. 397). Autonomie ist dann gegeben, „wenn die Beziehungen und Interaktionen, die das System als Einheit definierten, nur das System selbst involvieren und keine anderen Systeme" (Probst 1986, S. 397).

Damit ist aber nicht gesagt, daß das System von seiner Umwelt völlig autonom, im Sinne von unabhängig wäre. Das kann kein System sein, das Teil eines umfas-

---

11 Die Charakterisierung sozialer Systeme als selbstreferentielle Systeme blieb nicht unumstritten. Zum Beispiel bestreitet dies Hejl (1987, S. 322 ff), der nachzuweisen versucht, daß soziale Systeme weder selbstorganisierend, noch selbsterhaltend noch selbstreferentiell sind.

senderen, ökologischen Systems ist. Die Autonomie bezieht sich nur auf gewisse Kriterien der Selbstgestaltung, -steuerung und -regulierung. Nicht Reaktionen auf Umweltveränderungen stehen im Zentrum der Betrachtung selbstorganisierender Systeme, sondern „die vernetzten Prozesse oder Interaktionen, die bestimmen, warum das System tut, was es tut" (Probst 1986, S. 397).

Vom Hintergrund so aufgefaßter „selbstorganisierender Systeme" erweisen sich viele herkömmliche Verhaltensregeln für Manager als falsch bzw. geradezu als „Denkfehler". Gomez/Probst (1987, S. 16) haben 7 solche „Denkfehler" zusammengefaßt und alternativ dazu Vorschläge „ganzheitlichen Problemlösens" formuliert:

| Denkfehler im Umgang mit komplexen Problemsituationen | Die Schritte ganzheitlichen Problemlösens |
|---|---|
| *1. Denkfehler* | *Abgrenzung des Problems* |
| Probleme sind objektiv gegeben und müssen nur noch klar formuliert werden. | Die Situation ist aus verschiedenen Blickwinkeln zu definieren und Integration zu einer ganzheitlichen Abgrenzung anzustreben. |
| *2. Denkfehler* | *Ermittlung der Vernetzung* |
| Jedes Problem ist die direkte Konsequenz einer Ursache. | Zwischen den Elementen einer Problemsituation sind die Beziehungen zu erfassen und in ihrer Wirkung zu analysieren. |
| *3. Denkfehler* | *Erfassung der Dynamik* |
| Um eine Situation zu verstehen, genügt eine „Photographie" des Ist-Zustandes. | Die zeitlichen Aspekte der einzelnen Beziehungen und einer Situation als Ganzes sind zu ermitteln. Gleichzeitig ist die Bedeutung der Beziehungen zu erfassen. |
| *4. Denkfehler* | *Interpretation der Verhaltensmöglichkeiten* |
| Verhalten ist prognostizierbar, notwendig ist nur ausreichende Information. | Künftige Entwicklungspfade sind zu erarbeiten und in ihren Möglichkeiten zu simulieren. |

| Denkfehler im Umgang mit komplexen Problemsituationen | Die Schritte ganzheitlichen Problemlösens |
|---|---|
| *5. Denkfehler*<br>Problemsituationen lassen sich „beherrschen", es ist lediglich eine Frage des Aufwandes. | *Bestimmung der Lenkungsmöglichkeiten*<br>Die lenkbaren, nicht lenkbaren und zu überwachenden Aspekte einer Situation sind in einem Lenkungsmodell abzubilden. |
| *6. Denkfehler*<br>Ein „Macher" kann jede Problemlösung in der Praxis durchsetzen. | *Gestaltung der Lenkungseingriffe*<br>Entsprechend systemischer Regeln sind die Lenkungseingriffe so zu bestimmen, daß situationsgerecht und mit optimalem Wirkungsgrad eingegriffen werden kann. |
| *7. Denkfehler*<br>Mit der Einführung einer Lösung kann das Problem endgültig ad acta gelegt werden. | *Weiterentwicklung der Problemlösung*<br>Veränderungen in einer Situation sind in Form lernfähiger Lösungen vorwegzunehmen. |

Prozesse der Selbstorganisation sollen somit vom Management zunehmend beachtet werden. Allerdings wird von einer Überbewertung bzw. Ideologisierung des Konzeptes der Selbstorganisation in der Organisationsforschung bereits gewarnt (Bühl 1987, S. 228, Hejl 1987, S. 303 ff): Konzepte der Selbstorganisation sind ja der Biologie entnommen. Es stellt sich daher die Frage, inwieweit sie auf soziale Systeme – eben auch auf Organisationen – übertragen werden können. Es gilt zu bedenken, daß Selbstorganisation in sozialen Systemen nicht bedeutet, daß soziale Systeme „von selbst laufen", wie dies etwa für lebende Systeme (Organismen) angenommen werden kann. „Soziale Systeme laufen nun einmal nicht von selbst, sie bedürfen vielmehr anhaltender Organisationsanstrengungen und erheblicher Energiezufuhr in physischer wie in geistiger Hinsicht" (Bühl 1987, S. 248). Die Selbststeuerung in sozialen Systemen erreicht ihre Grenze, wo diese Energiezufuhr (zum Teil mit globalen Versorgungs- und Transportsystemen) nicht mehr ausreicht. Überdies wird der Bereich der Selbststeuerung auch durch die Struktur und die Rigidität der Organisation selbst begrenzt, nämlich dann, wenn Organisationen zu stark programmiert sind, um noch Veränderungen in der Umwelt wahrnehmen und eine neue Strategie einschlagen zu können (vgl. Bühl 1987, S. 249, vgl. Hedberg/Nystrom/Starbuck 1976 und oben 2. Abschnitt). Prozesse der Selbststeuerung verlaufen in sozialen Systemen demnach „immer in einem begrenzten Korridor, dessen obere Grenze durch ... die Begrenzung der Umwelt (wie Ressourcenmangel, Überlastung oder strukturelle Störung der Umwelt) und dessen untere Grenze durch den Grad der internen strukturellen Flexibilität des Systems selbst bestimmt wird“ (Bühl 1987, S. 248).

## 6 Zusammenfassung

Es gibt bislang noch keine umfassende Theorie vom „Prozeß des Organisierens“. Wenngleich schon umfangreiches empirisches Material zu dieser Themenstellung vorhanden ist, fehlt es noch an der Integrationsleistung und der hinreichenden Theorienbildung, sodaß der Stand der Forschung gegenwärtig eher als bruchstückhaft bezeichnet werden kann.

Bei den präsentierten Ansätzen lassen sich vor allem zwei Gemeinsamkeiten feststellen und zwar

- Betonung einer „Mindestorganisation“: War die Organisationsforschung bisher geprägt von der Zielsetzung, möglichst genau und umfassend zu organisieren, so schlägt das Pendel bei den Prozeßtheoretikern in die andere Richtung aus. Es soll so wenig wie nur möglich organisiert und so viel wie nur möglich Spielraum gelassen werden. Kurzum wird empfohlen: „gerade nur so viel zu organisieren (reglementieren, standardisieren, programmieren, formalisieren etc.), wie gerade nur notwendig“ (Reber 1985). Ziel der prozeßorientierten Organisationsforschung ist es daher auch nicht, möglichst konkrete Organisationsgrundsätze zur Verfügung zu stellen. Im Gegenteil: Erfolgsmaßstäbe für organisatorisches Handeln werden nicht eindeutig angesehen und (vor allem rigide) Leitlinien organisatorischer Strukturierungen als hinderlich abgelehnt (vgl. Wächter 1985, S. 609). Den Hintergrund dieser Perspektive bildet die Annahme, daß Organisationen sich ständig verändern, und zwar leicht und reaktiv; Veränderungen innerhalb von Organisationen können nicht einfach angeordnet und kontrolliert werden. Organisationen tun in der Regel nicht, was von ihnen erwartet wird (March (1981).
- Die Betrachtung der Umwelt: Bei der Thematisierung von Wahrnehmensphänomenen der Umwelt durch die Organisation wird die phänomenologische Betrachtungsweise sichtbar.

Die Grenzen zwischen Organisation und Umwelt („innen/außen“) werden als fließend angenommen. Organisationen und ihre Mitglieder nehmen ihre Umwelt in je spezifischer Weise wahr. Sie konstruieren aktiv ihre Umwelt (Umwelt wird gemacht, geformt und nicht einfach hingenommen). Umwelten sind daher begrenzt gestalt- und beeinflußbar, wobei Ansatzpunkte für Veränderungen Wahrnehmungen der Organisation und ihrer Mitglieder sind.

## Literatur

Ashby W R (1968) Principles of Self-Organizing Systems. In: Modern Systems Research for the Behavioral Scientists. W Buckley (Hrsg) Chicago 108 - 118
Buckley W (1967) Sociology and Modern Systems Theory. Englewood Cliffs, N J
Bühl W L (1987) Grenzen der Autopoiesis. In: Kölner Zeitschrift für Soziologie und Sozialpsychologie, 39: 225 - 254
Burns T, Stalker G M (1961) The Management of Innovation. London
Dyllick Th (1981) Organisationstheorie. In: Management-Zeitschrift IO, Hefte 9, 10, 11
Galbraith J R (1973) Organizational Design. Reading, Mass.
Gomez P, Probst G J B (1987) Vernetztes Denken im Management. Eine Methodik des ganzheitlichen Problemlösens. In: „Die Orientierung", Nr 89
Grochla E (1972) Unternehmensorganisation. Hamburg
Gutenberg E (1962) Unternehmensführung. Wiesbaden
Hayek F A von (1980) Recht, Gesetzgebung und Freiheit. Band 1. Regeln und Ordnung. Eine neue Darstellung der liberalen Prinzipien der Gerechtigkeit und der politischen Ökonomie. München
Hedberg B (1974) Reframing as a Way to Cope with Organizational Stagnation: A Case Study. Working paper, Preprint I: 74 - 71, International Institute of Management. Berlin
Hedberg B (1981) Organizations Learn and Unlearn. In: Nystrom P, Starbuck W (Hrsg) Handbook of Organizational Design, Vol I, Oxford University Press
Hedberg B (1984) Organizations as Tents – Über die Schwierigkeiten, Organisationsstrukturen flexibel zu gestalten. In: Zukunftsorientierte Unternehmenspolitik. Konzeptionen, Erfahrungen und Reflexionen zur Personal- und Organisationsentwicklung, hrsg. von H Hinterhuber; St Laske. Freiburg im Breisgau, 13 - 47
Hedberg B, Nystrom P, Starbuck W (1976) Camping on Seesaws: Prescriptions for a Self-Designing Organization. In: Administrative Science Quarterly 21: 41 - 65
Hedberg B, Nystrom P, Starbuck W (1977) Designing Organizations to Match Tomorrow, North-Holland/TIMS Studies in the Management Sciences, 5: 171 - 181
Hejl P M (1987) Konstruktion der sozialen Konstruktion: Grundlinien einer konstruktivistischen Sozialtheorie. In: Der Diskurs des Radikalen Konstruktivismus, S Schmidt (Hrsg) Frankfurt/Main
Holleis W, Laske St (1986) Dualer Denkansatz. In: Die Presse, Eco Journal, Wien, 2
Kasper H (1986a) Widersprüche und Konflikte beim Innovationsmanagement. In: Zeitschrift Führung und Organisation, 52/2: 115 - 123
Kasper H (1986) Organizational-cultural Aspects of the Promotion of a Favourable Climate for Innovation. In: The Art and Science of Innovation Management, H Hübner (Hrsg). Amsterdam - Oxford - New York - Tokyo, 47 - 58
Kasper H (1987a) Organisationskultur. Über den Stand der Forschung. Wien
Kasper H (1987b) Organisationskultur: Grundzüge der Kulturperspektive von Organisationen. In: „das wirtschaftsstudium" (wisu), Köln und Düsseldorf, 16: 441 - 447
Kieser A, Kubicek H (1978) Organisationstheorien. Band II. Kritische Analysen neuerer sozialwissenschaftlicher Ansätze. Stuttgart-Berlin-Köln-Mainz
Kieser A, Kubicek H (1983) Organisation. 2. Aufl. Berlin - New York
Kubicek H, Wollnik M, Kieser A (1983) Wege zur praxisorientierten Erfassung der formalen Organisationsstruktur. In: Der praktische Nutzen empirischer Forschung, E Witte (Hrsg). Tübingen, 79 - 114
Lipp W (1979) Kulturtypen, kulturelle Symbole, Handlungswelt. Zur Plurivalenz von Kultur. In: Kölner Zeitschrift für Soziologie und Sozialpsychologie, 31/3: 450 - 484
March J G, Simon H A (1958) Organizations. New York-Sydney-London
March J G (1976) The Technology of Foolishness. In: March J G, Olsen J P (Hrsg) Ambiguity and Choice in Organizations. Oslo-Bergen, 69 - 81
March J G (1981) Footnotes to Organizational Change. In: Administrative Science Quarterly, 26: 563 - 577

Maturana H R (1982) Erkennen: Die Organisation und Verkörperung der Wirklichkeit. Braunschweig-Wiesbaden
Miller D, Mintzberg H (1974) Strategy Formulation in Context: Some Tentative Models. Working Paper, McGill University
Mintzberg H (1979) The Structuring of Organizations. Englewood Cliffs, N. J.
Neuberger O (1983) Führen als widersprüchliches Handeln. In: Psychologie und Praxis. Zeitschrift für Arbeits- und Organisationspsychologie (N. F. 1), 22 - 32
Neuberger O (1984) Führung. Ideologie – Struktur – Verhalten. Stuttgart
Neuberger O (1987) Moden und Mythen der Führung. In: Handwörterbuch der Führung. Enzyklopädie der Betriebswirtschaftslehre. Band X, A Kieser, G Reber, R Wunderer (Hrsg). Stuttgart Sp 1495 - 1510
Nilson G (1976) Oordning- ordning. Studier i kärlekens villkor. Göteborg
Nystrom P, Hedberg B, Starbuck W (1976) Interacting Processes as Organization Designs. In: The Management of Organization Design, Vol. 1. R H Kilmann, L R Pondy, D P Selvin (Hrsg). New York, 209 - 230
Nystrom P, Starbuck W (1987) Führung in Krisensituationen. In: Handwörterbuch der Führung. Enzyklopädie der Betriebswirtschaftslehre. Band X, A Kieser, G Reber, R Wunderer (Hrsg). Stuttgart, Sp 1274 - 1284
Packard V (1966) Die Pyramidenkletterer. München
Pfeffer J (1981) Management as Symbolic Action: The Creation and Maintenance of Organizational Paradigms. In: Research in Organizational Behavior, 3: 1 - 52
Probst G J B (1986) Der Organisator im selbstorganisierenden System. Aufgaben, Stellung und Fähigkeiten. In: Zeitschrift Führung und Organisation (zfo), 5: 385 - 399
Probst G J B (1987) Selbstorganisation. Ordnungsprozesse in sozialen Systemen aus ganzheitlicher Sicht. Berlin und Hamburg
Probst G J B, Scheuss R (1984) Die Ordnung von sozialen Systemen: Resultat von Organisieren und Selbstorganisation. In: Zeitschrift Führung und Organisation (zfo), 8: 480 - 488
Reber G (1985) „Management und Organisation". (Unveröffentlichte) Mitschrift im Rahmen des „Post Graduate Management Universitätslehrganges der Wirtschaftsuniversität Wien 1984/85". Wien
Roth G (1986) Selbstorganisation – Selbsterhaltung – Selbstreferentialität: Prinzipien der Organisation der Lebewesen und ihre Folgen für die Beziehungen zwischen Organismus und Umwelt. In: Selbstorganisation. Die Entstehung von Ordnung in Natur und Gesellschaft, A Dress u. a (Hrsg). München
Schmidt J S (Hrsg) (1987) Der Diskurs des Radikalen Konstruktivismus. Frankfurt/Main
Scott R W (1986) Grundlagen der Organisationstheorie, Frankfurt/New York (Orig. Organizations. Rational, Natural, and Open Systems 1981)
Starbuck W H (1975a) Information Systems for Organizations of the Future. In: Information Systems and Organizational Structure, Erwin Grochla, Norbert Szyperski (Hrsg). New York: 217 - 230
Starbuck W H (1975b) Organizations and their Environments. In: Handbook of Industrial and Organizational Psychology, M D Dunette (Hrsg). Chicago
Starbuck W H, Hedberg B (1977) Saving and Organization from a Stagnating Environment. In: Strategy + Structure = Performance, H B Thorelli (Hrsg). Bloomington, Indiana, 249 - 258
Thom N Organisationsmanagement (in diesem Band),
Thurn H P (1976) Soziologie der Kultur. Stuttgart
Titscher ST, Königswieser Roswita (1985) Entscheidungen in Unternehmen. Wien
Türk K (1976) Pathologie der Organisation. Stuttgart
Türk K (1977) Einbindungsmuster und ihre Wirkungen auf das Verhalten in Organisationen. In: Personal- und Sozialorientierung der Betriebswirtschaftslehre, G Reber (Hrsg), 1, Stuttgart: 83 - 111
Ulrich H (1968) Die Unternehmung als produktives soziales System. Bern Stuttgart

Wächter H (1985) Zur Kritik an Peters und Waterman. In: Die Betriebswirtschaft (DBW), 45/5: 608 - 609
Weick K E (1985) Der Prozeß des Organisierens. Frankfurt/Main (Orig: The Social psychology of organizing, 1979)
Westerlund G, Sjöstrand S-E (1981) Organisationsmythen. Stuttgart
Wimmer R, Oswald Margit (1987) Organisationsberatung im Schulversuch. Möglichkeiten und Grenzen systemischer Beratung in der Institution Schule. Wien
Wolff R (1982) Der Prozeß des Organisierens. Zu einer Theorie des organisationalen Lernens. Spardorf
Zeleny M (Hrsg) (1981) Autopoiesis. A theory of living organization. New York-Oxford

# Kontrollmanagement[1]

J. Baetge

**Inhalt**


**1 Grundlagen** . . . . . . . . . . . . . . . . . . . . . . . . . . . 384

1.1 Überwachung in den betrieblichen Prozessen . . . . . . . . . . . . . . . 384
1.2 Überwachung, Kontrolle und Prüfung . . . . . . . . . . . . . . 388
1.3 Das Überwachungssytem einer Unternehmung . . . . . . . . . . . . 389
1.4 Wirkungen der Überwachung . . . . . . . . . . . . . . . . . . 391
1.4.1 Abhängigkeit von der Verwendungsart der Überwachungsinformationen . . . . . . . . . . . 391
1.4.2 Korrekturwirkung . . . . . . . . . . . . . . . . . . 392
1.4.3 Verhaltensbeeinflussende Wirkungen . . . . . . . . . . . 392

**2 Objektüberwachung** . . . . . . . . . . . . . . . . . . . . . . 393

2.1 Organisationsmöglichkeiten der Objektüberwachung . . . . . . . . . 393
2.1.1 Überblick . . . . . . . . . . . . . . . . . . . . . . 393
2.1.2 Maßnahmen zur Strukturierung der Arbeitsabläufe . . . . . . . 395
2.1.3 Zuweisung der Tätigkeiten an Mitarbeiter . . . . . . . . . . 396
2.1.3.1 Aufgabentrennung bzw. -zuordnung . . . . . . . . . 396
2.1.3.2 Funktionszuordnung . . . . . . . . . . . . . . . 398
2.1.3.2.1 Selbstüberwachung bzw. Funktionsbündelung . . . . . . . 398
2.1.3.2.2 Fremdüberwachung bzw. Funktionstrennung . . . . . . . . 399
2.1.3.3 Bündelung von Kompetenzen und Verantwortlichkeiten . 400
2.1.4 Flankierende organisatorische Maßnahmen . . . . . . . . . . 400

2.2 Quantitative Analyse zur Gestaltung von Objektüberwachungen . . . . . 401
2.2.1 Aufgaben der quantitativen Analyse . . . . . . . . . . . . 401
2.2.2 Zuverlässigkeitsanalyse . . . . . . . . . . . . . . . . 402
2.2.3 Wirtschaftlichkeitsanalyse . . . . . . . . . . . . . . . 407

**3 Dispositionsüberwachung im Rahmen des Controlling** . . . . . . . . . 409

3.1 Begriff und Aufgaben des Controlling . . . . . . . . . . . . . . 409
3.2 Steuerung und Regelung betrieblicher Prozesse . . . . . . . . . . . 409
3.3 Analyse betrieblicher Prozesse als Voraussetzung zur Steuerung und Regelung . . . . . . . . . . . . . . . . . . . . . . . . . 410
3.3.1 Ermittlung der Struktur und des Zeitverhaltens . . . . . . . . . 410
3.3.2 Arten des Zeitverhaltens . . . . . . . . . . . . . . . . 411


[1] Herrn Dr. Michael Sanders danke ich für wertvolle Hilfe.

3.4 Einsatz von Steuerung und Regelung, dargestellt am Beispiel zur Abstimmung von Produktion und Lagerhaltung . . . . . . . . . . . . . . 416
3.4.1 Vorbemerkung . . . . . . . . . . . . . . . . . . . . . . . . . . 416
3.4.2 Grundmodell . . . . . . . . . . . . . . . . . . . . . . . . . . 416
3.4.2.1 Prämissen . . . . . . . . . . . . . . . . . . . . . . . . 416
3.4.2.2 Vom Planungs- zum Planungs-Überwachungsmodell . . 417
3.4.2.3 Darstellung eines Überwachungsmodells . . . . . . . . . 419
3.4.2.4 Konkretisierung der Operatoren . . . . . . . . . . . . . 420
3.4.2.5 Die Simulation als Lösungshilfe . . . . . . . . . . . . . 422
3.4.2.6 Simulationsergebnisse . . . . . . . . . . . . . . . . . . 423
3.4.3 Erweiterungen des Grundmodells . . . . . . . . . . . . . . . . 426
3.4.3.1 Berücksichtigung von Produktionszeiten . . . . . . . . . 426
3.4.3.2 Berücksichtigung nichtlinearer Produktionskostenverläufe . . . . . . . . . . . . . . . . . . . . 428
3.4.4 Bedeutung der Planungs-Überwachungsmodelle . . . . . . . . . . 429
**Literatur** . . . . . . . . . . . . . . . . . . . . . . . . . . . . . . . . 431

# 1 Grundlagen

## 1.1 Überwachung in den betrieblichen Prozessen

In einem betrieblichen Prozeß ist die Überwachung – zumindest gedanklich – nach der Planung und der Realisation die dritte Phase des betrieblichen Geschehens. Unter Berücksichtigung der Zielvorgaben werden mit Hilfe der Planung Sollwerte ermittelt und diese für die Realisation vorgegeben. Bei der Überwachung werden die realisierten Istwerte mit den Sollwerten oder anderen Vergleichswerten verglichen. Unabhängig davon, ob sich der Vergleich auf gegenständliche Dinge oder auf Informationen bezieht, bezeichnen wir als Überwachung einen Vergleich von Objekten mit dem Ziel, Abweichungen bzw. Übereinstimmung zwischen den Objekten zu ermitteln und daraus Konsequenzen zu ziehen.

Fehlt in einem betrieblichen Prozeß die Planung, dann werden die Sollwerte durch improvisatorische Entscheidungen festgelegt und der Realisation vorgegeben (vgl. Koch, H. 1982, S. 5). Dies ist erforderlich, wenn der betriebliche Prozeß schnell abgewickelt werden muß und keine Zeit für die Planung verbleibt. Improvisationen sind sinnvoll, wenn der Prozeß relativ leicht zu überblicken ist und der erwartete Ertrag der Planung geringer als der dafür zu erbringende Aufwand ist. Obwohl die Festlegung der Intensität der Planung ein schwierig zu lösendes Problem ist, gilt die Planung betrieblicher Abläufe als ein i. d. R. unverzichtbarer Teil betriebswirtschaftlich richtigen Vorgehens.

Fehlt die Überwachung in einem betrieblichen Prozeß, dann gehen der Planung und/oder der Realisation für die nachfolgenden Realisationsschritte Informationen, z. B. über die Qualität der erzielten Arbeitsergebnisse, verloren. Da auch die Überwachung in bestimmten Fällen mehr Aufwand verursachen kann als sie an Ertrag erwarten läßt, kann auch ein Verzicht auf Überwachung eine ökonomisch sinnvolle Entscheidung sein. Die Festlegung der Intensität der Überwa-

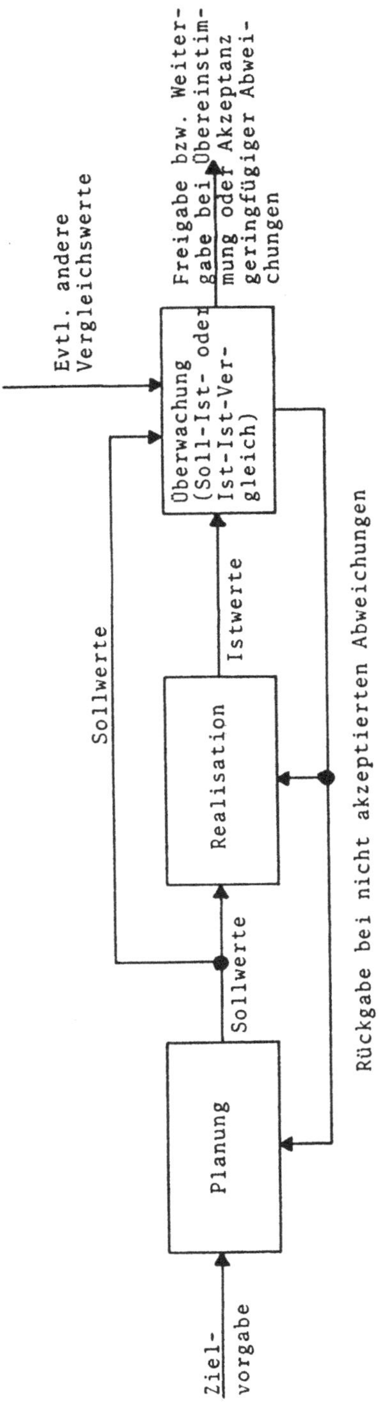


**Abb. 1.** Die drei Phasen betrieblicher Prozesse (vgl. Baetge, J. 1984, S. 162).

chung ist ein ökonomisch zu lösendes Problem, bei dem sowohl der Überwachungsaufwand als auch die Überwachungswirkungen (vgl. Abschn. 1.4), die den Ertrag bestimmen, zu berücksichtigen sind. Ein völliger Verzicht auf Überwachung in betrieblichen Prozessen erweist sich indes als unökonomisch.

Das Ergebnis einer Überwachung ist eine Diagnose des betrieblichen Geschehens und damit die Grundlage für neue Pläne und deren Realisation. Planung, Realisation und Überwachung sollten eine Einheit bilden: denn einerseits liefern Planung und Realisation die Werte, die bei der Überwachung miteinander verglichen werden und andererseits stützt sich sowohl die Planung als auch die Realisation auf Überwachungsinformationen.

Konzentrieren wir uns auf die Überwachung, dann besteht eine wichtige Aufgabe des Managements darin, das richtige Maß an Überwachung zur Unterstützung der Planung und der Realisation in die betrieblichen Prozesse zu integrieren. Dabei ist die Überwachung dem wirtschaftlichen Vollzug der Planung und Realisation nicht unter-, sondern gleichgeordnet. Überwachung darf nicht Selbstzweck sein, sondern ist am ökonomischen Prinzip auszurichten, d. h. sie soll eingesetzt werden, wenn der erwartete bewertete Nutzen der Überwachung größer ist als der Aufwand, der durch die Überwachungsmaßnahmen verursacht wird (vgl. Loitlsberger, E. 1966, S. 84).

Bei der in einem Unternehmen eingesetzten menschlichen Arbeitsleistung kann zwischen dispositiver und objektbezogener Arbeit unterschieden werden. Der Planung ist vorwiegend dispositive und der Realisation vorwiegend objektbezogene Arbeit zuzuordnen (vgl. Gutenberg, E. 1979, S. 3). Dient eine Überwachung vorwiegend dazu, die Realisation zu unterstützen bzw. zu verbessern, so sprechen wir von einer *Objektüberwachung*. Unterstützt bzw. verbessert eine Überwachung vorwiegend die Planung, so sprechen wir von einer *Dispositionsüberwachung*.

Durch eine Objektüberwachung soll die Qualität einzelner Arbeitsergebnisse festgestellt und gegebenenfalls verbessert werden. Sie bezieht sich bspw. auf ein fertiggestelltes Erzeugnis im Produktionsbereich oder auf eine Buchung im Rechnungswesen. Durch eine Objektüberwachung werden vorwiegend die Arbeitsergebnisse von Routinetätigkeiten überwacht. Sie ist häufig selbst eine Routinetätigkeit, bei der vorwiegend objektbezogene Arbeit geleistet wird.

Die Dispositionsüberwachung bezieht sich demgegenüber auf komplexere wirtschaftliche Ergebnisse wie den Gewinn oder die Kostenstruktur einzelner Unternehmensbereiche.

Während bei der Objektüberwachung die Überwachungsinformationen i. d. R. in (gleichen) kurzen Zeitabständen an die Adressaten, die die objektbezogene Arbeit ausführen, zurückgemeldet werden, werden die Überwachungsinformationen bei der Dispositionsüberwachung i. d. R. in größeren Zeitabständen an die Adressaten, die die dispositive Arbeit ausführen, zurückgemeldet.

Abb. 2 verdeutlicht, zu welchen Schritten des betrieblichen Prozesses die Überwachungsinformationen zurückgemeldet werden können. Die Ergebnisse der Dispositionsüberwachung können einen oder mehrere Schritte des vielschichtigen Planungs- und Entscheidungsprozesses beeinflussen. Aufgrund der engen

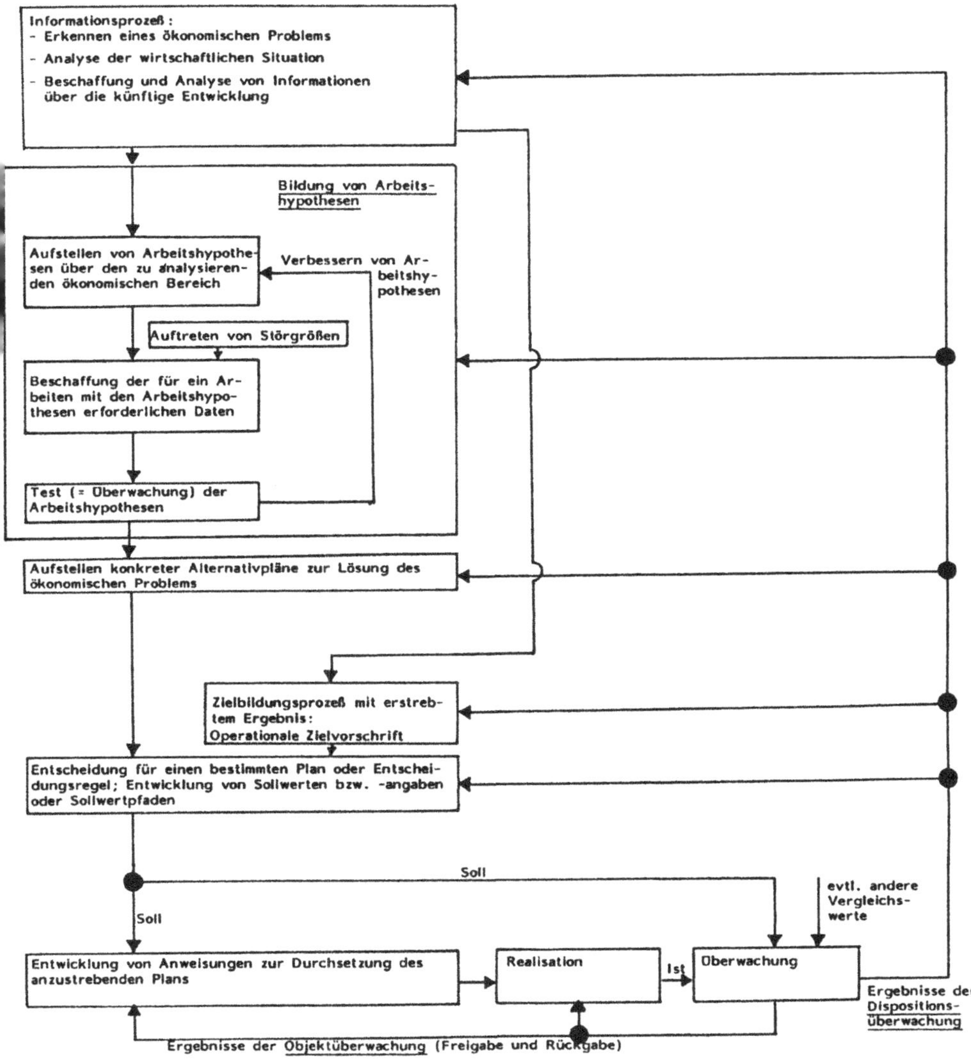


**Abb. 2.** Das Zusammenwirken von Dispositionsüberwachung und Objektüberwachung (vgl. Baetge, J. 1984, S. 166).

Verbindung zur Planung wird die Dispositionsüberwachung häufig als Bestandteil bzw. Fortführung der Planung und als Instrument der Unternehmensführung angesehen (vgl. Kromschröder, B. 1972, S. 13), das vor allem Informationsaufgaben zu erfüllen hat und deshalb dem Controlling zugerechnet werden kann.

Objekt- und Dispositionsüberwachung sind nicht (völlig) überschneidungsfrei, denn einerseits kann eine Objektüberwachung auch systematische Abweichungsursachen aus dem oder für den dispositiven Bereich feststellen und andererseits können auch durch eine Dispositionsüberwachung Abweichungsursachen festgestellt werden, die bei der objektbezogenen Arbeit liegen und gegebenenfalls dorthin gemeldet werden.

## 1.2 Überwachung, Kontrolle und Prüfung

Wir verwenden den Begriff „Überwachung" als Oberbegriff zu „Kontrolle" und „Prüfung" und bezeichnen eine Überwachung als Kontrolle, wenn die Überwachung fest in einen betrieblichen Arbeitsablauf eingebaut ist und/oder wenn der Überwachende nicht nur die Verantwortung für sein Überwachungsergebnis, sondern auch für die überwachten Arbeitsergebnisse trägt. Durch den zweiten Teil der Definition wird bspw. die unregelmäßige und fallweise Überwachung der Arbeitsergebnisse durch einen Vorgesetzten als Kontrolle bezeichnet, denn der Vorgesetzte ist auch für die Arbeitsergebnisse seiner Mitarbeiter verantwortlich.

Demgegenüber liegt eine Prüfung vor, wenn die Überwachung nicht in einen betrieblichen Arbeitsablauf eingebaut ist und der Überwacher keine Verantwortung für die Arbeitsergebnisse trägt, die er überwacht. Als Synonym zum Begriff „Prüfung" verwenden wir den Begriff „Revision". Insbesondere die Arbeit der Innenrevision und des Abschlußprüfers sind typische Beispiele für die Prüfung in einem Unternehmen.

Wegen der vielen Gemeinsamkeiten von Kontrollen und Prüfungen werden beide Überwachungsarten im folgenden, wenn möglich, gemeinsam unter dem Begriff Überwachung behandelt. Der Schwerpunkt liegt dabei allerdings auf den in die betrieblichen Prozesse eingebauten Überwachungen, d. h. auf Kontrollen, denn deren Gestaltung betrifft unmittelbar die Organisation der betrieblichen Arbeitsabläufe.

Das Kernstück jeder Überwachung ist der Vergleich von Objekten. Dabei können nicht nur Soll-Ist-Vergleiche, sondern auch Ist-Ist-Vergleiche eingesetzt werden. In der Literatur werden häufig nur Soll-Ist-Vergleiche als einzige Vergleichsart der Überwachung betrachtet (vgl. z. B. Ronneberger, R. 1964, S. 19; Loitlsberger, E. 1966, S. 68 f.; Frese, E. 1968, S. 53; Treuz, W. 1974, S. 41; Müller, W. 1980, Sp. 1082; Wittmann, A. 1981, S. 54; Leffson, U. 1985, S. 15). Hierbei wird das Sollobjekt als Vergleichsobjekt zur Norm erhoben und Abweichungen zwischen den Objekten werden stets dem Istobjekt als Fehler zugerechnet, auch wenn dies nicht immer berechtigt ist. Zur Überwachung gehören neben den Soll-Ist-Vergleichen aber auch Ist-Ist-Vergleiche, auch wenn sie von Schmalenbach zu Recht mit dem Satz charakterisiert werden, daß hier (u. U.) „Schlendrian mit Schlendrian" verglichen werde (vgl. Schmalenbach, E. 1934, S. 263). Im Gegensatz zu einem Soll-Ist-Vergleich kann bei Ist-Ist-Vergleichen kein fehlerhaftes Objekt unmittelbar gefunden werden, sondern es läßt sich nur feststellen, ob sämtliche miteinander verglichenen Objekte übereinstimmen oder ob sie voneinander abweichen (vgl. Baetge, J. 1983 a, Sp. 1559; Schuppert, A. 1985, S. 31). Eine Übereinstimmung zwischen den Istobjekten wird als Indiz für deren Fehlerfreiheit gewertet, auch wenn diese Folgerung nicht in jedem Fall richtig sein muß. Um den bei Ist-Ist-Vergleichen möglichen Beurteilungsfehler möglichst klein zu halten, sollten Ist-Ist-Vergleiche zu Kontrollzwecken nur vorgenommen werden, wenn in einer Vor- oder *Systemprüfung* festgestellt werden konnte, daß die Zuverlässigkeit der Istobjekte wahrscheinlich sehr hoch ist. Wird eine Abweichung bei einem Ist-Ist-Vergleich festgestellt, so kann sie zunächst keinem der Objekte als Fehler zugerechnet werden, sondern es müssen sich weitere Maßnahmen anschließen, um das fehlerhafte Istobjekt zu identifizieren, z. B. ein Soll-Ist-Vergleich.

### 1.3 Das Überwachungssystem einer Unternehmung

Die Bestandteile des Internen Überwachungssystems eines Unternehmens sind neben Sicherungsmaßnahmen, wie Zugangsbeschränkungen, das Interne Kontrollsystem und die Interne Revision.

Das Interne Kontrollsystem besteht aus den Überwachungen, die fest in die betrieblichen Arbeitsabläufe eingebaut sind bzw. die von Vorgesetzten ausgeführt werden, die auch Verantwortung für die zu überwachenden Arbeitsergebnisse tragen. Ein System (zum Systembegriff vgl. Fechtner, H.-J. 1972, S. 228; Baetge, J. 1974 a, S. 11) bilden die Kontrollen aber erst dann, wenn sie in einer geordneten Beziehung zueinander stehen. D. h. Art und Intensität der einzelnen Kontrollen müssen aufeinander abgestimmt sein, um möglichst wirksam und wirtschaftlich zu überwachen.

Ein Internes Kontrollsystem ist im strengen Sinn des Wortes ein rein gedankliches Gebilde, denn Kontrollen treten niemals isoliert auf, sondern müssen immer im Zusammenhang mit den zuvor ausgeführten planenden oder realisierenden Tätigkeiten betrachtet werden. Interne Kontrollsysteme befinden sich sowohl in den originären Bereichen des Unternehmens, wie in der Produktion und im Absatz, als auch im Rechnungswesen. Im Rechnungswesen kommt dem Internen Kontrollsystem besondere Bedeutung zu, denn dort gehört ein der Art und Größe des Unternehmens entsprechendes Internes Kontrollsystem zu den Grundsätzen ordnungsmäßiger Buchführung (vgl. Leffson, U. 1982, S.152-154; Baetge, J. 1986). Das Interne Kontrollsystem im Rechnungswesen ist nicht nur Gegenstand unternehmerischer Entscheidungen, sondern auch Gegenstand der externen Jahresabschlußprüfung (vgl. IdW 1977, S. 212).

Aus Sicht der einzelnen Unternehmensbereiche stellen die jeweiligen Internen Kontrollsubsysteme Maßnahmen der Selbstüberwachung dar. Darüber hinaus übernimmt die Interne Revision die Aufgabe der Fremdüberwachung der einzelnen Unternehmensbereiche (zur Selbst- und Fremdüberwachung vgl. Abschn. 2.1.3.2). Die Interne Revision und das Interne Kontrollsystem sollten indes nicht unabhängig voneinander existieren, sondern ebenfalls ein aufeinander abgestimmtes Gesamtsystem, das Interne Überwachungssystem, bilden. In diesem Zusammenhang ist es eine wichtige Aufgabe der Internen Revision, das Interne

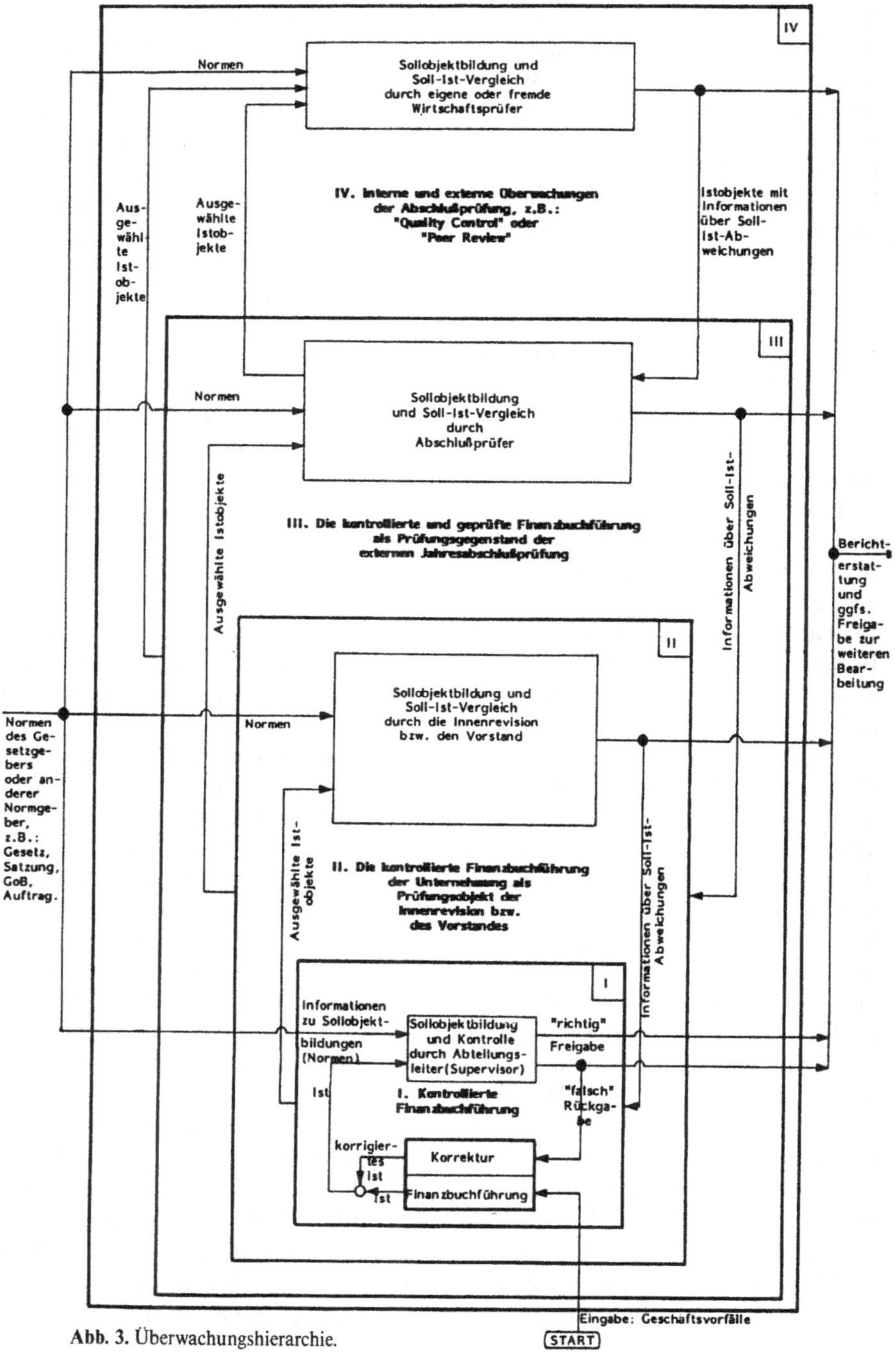


**Abb. 3.** Überwachungshierarchie.

Kontrollsystem des Unternehmens zu prüfen. Art und Intensität anderer Prüfungshandlungen der Internen Revision sollten von der Wirksamkeit des vorhandenen Internen Kontrollsystems abhängig gemacht werden.

Das Interne Überwachungssystem bildet zusammen mit den externen Überwachungen eines Unternehmens, z. B. durch den Abschlußprüfer, eine regelrechte Überwachungshierarchie. In Abb. 3 wird am Beispiel der Finanzbuchführung eine solche Überwachungshierarchie dargestellt. Die Arbeitsergebnisse in der Finanzbuchführung, in die bereits Kontrollen integriert sind, werden durch den Abteilungsleiter kontrolliert. Die kontrollierte Finanzbuchführung ist Prüfungsgegenstand der Internen Revision, und die kontrollierte und intern geprüfte Finanzbuchführung wiederum ist Gegenstand der externen Jahresabschlußprüfung, die selbst Gegenstand weiterer Prüfungshandlungen sein kann, z. B. des Peer Review oder der Quality Control.

Die dargestellte Überwachungshierarchie ist im Laufe der Geschichte der Unternehmen gewachsen; so wurden neue Überwachungsebenen geschaffen, als folgenschwere Fehler auf unteren Ebenen aufgetreten waren, z. B. wurde in Deutschland 1933 die aktienrechtliche externe Jahresabschlußprüfung als Pflichtprüfung eingerichtet; durch das neue HGB sind ab 1987 auch alle nach § 267 HGB mittelgroßen und großen GmbH gemäß § 316 HGB prüfungspflichtig. Einem ständigen Anwachsen der Überwachungshierarchie kann durch eine Überwachung von hierarchisch höheren Ebenen durch hierarchisch niedrigere Ebenen, also durch die sog. Gegenüberwachung, begegnet werden, die allerdings nur in Unternehmen ohne hierarchisch-autoritäre Strukturen möglich ist (vgl. Baetge, J. / Mochty, L. 1982, S. 225 f. „Prinzip der Gegenkontrolle").

## 1.4 Wirkungen der Überwachung

### 1.4.1 Abhängigkeit von der Verwendungsart der Überwachungsinformationen

Eine Überwachung als Vergleich zwischen Objekten hat zunächst die Aufgabe, Abweichungen bzw. Übereinstimmungen zwischen den Objekten zu ermitteln. Dabei kann sich der Vergleich niemals auf ganze Objekte, sondern immer nur auf einzelne Merkmale der Objekte beziehen (vgl. von Wysocki, K. 1977, S. 8; Schuppert, A. 1985, S. 16). Durch den Vergleich der Merkmale sollen Informationen über die Fehlerhaftigkeit bzw. Fehlerfreiheit der zu beurteilenden Objekte im Hinblick auf die ausgewählten Merkmale gewonnen werden. Diese Informationen selbst können fehlerhaft sein, wenn das Soll- oder Ist-Vergleichsobjekt fehlerhaft ist oder die Vergleichshandlung fehlerhaft ausgeführt wird. Damit Überwachungsinformationen einen positiven Beitrag zum Unternehmensergebnis bringen können, müssen sie indes möglichst fehlerfrei sein (vgl. Abschnitt 1.2).

Welche Wirkungen die gewonnenen Überwachungsinformationen hervorrufen, hängt von der Art der Informationsverwendung ab. Die Informationen können benutzt werden, den Zustand der beurteilten Istobjekte zu verändern (Korrekturwirkung) und/oder das Verhalten der beteiligten Personen zu beeinflussen (Lern-, Präventiv- und Sicherheitswirkung).

### 1.4.2 Korrekturwirkung

Als Korrekturwirkung einer Überwachung wird die Elimination der in den Arbeitsergebnissen festgestellten Fehler bezeichnet. Um die Korrekturwirkung einer Überwachung erreichen zu können, muß eine Rückgabemöglichkeit der Istobjekte in dem Sinne bestehen, daß die als falsch erkannten Merkmale neuerstellt oder korrigiert werden können. In diesem Sinne entspricht jede Überwachung dem Prinzip der Rückkopplung (vgl. Abb. 1 und Baetge, J./Mochty, L. 1980, S. 22-24).

Eine zentrale Bedeutung kommt der Korrekturwirkung bei Objektüberwachungen zu. Sie unterstützen primär die Realisationsphase der betrieblichen Prozesse, so daß fehlerhafte Istobjekte erkannt und korrigiert werden können, bevor sie ihrem Verwendungszweck zugeführt werden. Eine Elimination der Fehler und damit eine unmittelbare Korrekturwirkung der Dispositionsüberwachung ist i. d. R. nicht möglich, weil sich einmal in die Tat umgesetzte Dispositionen i. d. R. nicht umwerfen lassen. Vielmehr besteht die Hauptaufgabe der Dispositionsüberwachung darin, Abweichungen durch auf die Zukunft gerichtete Maßnahmen, vor allem bei künftig anstehenden Entscheidungen, zu vermeiden.

Um in der Realisationsphase entstandene Fehler möglichst frühzeitig entdecken und beseitigen zu können, sollten Überwachungen nicht nur am Ende der betrieblichen Arbeitsabläufe vorgenommen werden, sondern in die Arbeitsabläufe integriert werden. Denn durch eine Weiterbearbeitung fehlerhafter Elemente können Arbeitskapazitäten blockiert und/oder Korrekturmaßnahmen aufwendiger werden, wenn sich ursprüngliche Fehler durch Verzweigungen im Arbeitsablauf in zahlreiche Folgefehler fortpflanzen.

### 1.4.3 Verhaltensbeeinflussende Wirkungen

Durch verhaltensbeeinflussende Wirkungen wird die künftige Aufgabenausführung beeinflußt und damit auch die Entstehung von Fehlern in künftig ablaufenden Arbeiten.

Erstens kann durch die Überwachungsinformationen eine *Lernwirkung* hervorgerufen werden. Aus festgestellten Abweichungen resultiert i. d. R. eine *positive Verhaltensänderung* in der Zukunft (vgl. Stromberg, R. 1969, S. 56 f.; Thieme, H.-R. 1982, S. 67), indem Fehlerursachen analysiert und beseitigt werden, soweit systematische und damit bestimmbare Fehlerursachen vorliegen und ermittelt werden können.

Zweitens kann durch die Überwachungsinformationen eine *Präventivwirkung* hervorgerufen werden. Wie bei der Lernwirkung werden Fehler vor ihrer Entstehung vermieden. Die Präventivwirkung reduziert indes nicht ungewollte systematische Fehler, sondern sie führt dazu, daß bewußte Fehler, wie Unterschlagungen, unterlassen und unbewußte Fehler durch sorgfältigeres Arbeiten vermieden werden, weil den Mitarbeitern bewußt ist, daß sie überwacht werden. Fehlt es an Überwachung, dann kann sich eine *negative Verhaltensänderung* dadurch ergeben, daß die Ausführenden erkennen, daß fehlerhaftes Arbeiten keine Folgen zeitigt und man Arbeitsergebnisse entweder zum eigenen Nutzen verfälschen kann oder sich weniger bemühen muß und damit Fehler in Kauf nehmen kann.

Drittens kann durch die Überwachungsinformationen eine *Sicherheitswirkung* sowohl beim Überwachten als auch beim Überwachenden bzw. beim Veranlasser der Überwachung erzielt werden. Durch die Überwachungsinformationen erfährt der Überwachte von seiner eigenen Leistung. Bei geringer Zahl von Fehlermeldungen wird ihm gute Aufgabenerfüllung und Zufriedenheit des Vorgesetzten signalisiert. Das gibt dem Überwachten Selbstsicherheit. Bei einer großen Zahl von Fehlermeldungen tragen Korrektur- und Lernwirkung im Normalfall zu einer Reduktion der Fehlermeldungen bei, so daß anschließend die Sicherheitswirkung einsetzen kann. Für den Überwachenden bzw. den Veranlasser der Überwachung besteht die Sicherheitswirkung in dem erlangten Wissen über die Bearbeitungsqualität. Er weiß entweder, daß der überwachte Prozeß wie gewünscht abläuft oder welche Abweichungen vorliegen und daß die Fehlermeldungen durch Korrektur- und Lernwirkungen reduziert werden müssen.

Neben den dargestellten positiven verhaltensbeeinflussenden Wirkungen der Überwachung, die durch eine entsprechende Gestaltung der Überwachung und Verwendung der Überwachungsinformationen erreicht werden sollen, sind die zu vermeidenden *dysfunktionalen Wirkungen* der Überwachung zu beachten. Die Dysfunktionalität resultiert aus der Demotivation der Überwachten. In diesem Fall werden Überwachungen nicht als Anreiz zu fehlerfreiem Arbeiten, sondern als Bedrohung und als Ausdruck des Mißtrauens verstanden. Die Fehlerhäufigkeit kann ansteigen, wenn die Überwachung zu intensiv (vgl. Treuz, W. 1974, S. 111) oder ungeeignet ausgestaltet ist. Die dysfunktionale Wirkung läßt sich durch sachliche Verwendung und Übermittlung der Überwachungsinformationen und durch Festlegung von erreichbaren Sollwerten vermeiden. Darüber hinaus sollte der Überwachte an den Überwachungsentscheidungen partizipieren und die Gelegenheit haben, (zumindest zeitweise) verursachte Fehler selbst zu korrigieren.

## 2 Objektüberwachung

### 2.1 Organisationsmöglichkeiten der Objektüberwachung

#### 2.1.1 Überblick

Maßnahmen zur Gestaltung der Objektüberwachung beeinflussen die Aufbau- und Ablauforganisation der Unternehmung. Grundlage für die Gestaltung der Objektüberwachung ist die Festlegung und Zuweisung von Aufgaben, Funktionen, Kompetenzen und Verantwortlichkeiten. Sie sind die wesentlichen Gestaltungselemente der Aufbau- und Ablauforganisation.

*Aufgaben* sind die auf das Unternehmensziel gerichteten Teiltätigkeiten in einer Unternehmung, wie das Beschaffen, Produzieren, Verkaufen, Finanzieren, Kontieren oder Buchen. Die *Funktionen* dienen der Erfüllung der Aufgaben und damit mittelbar den Unternehmenszielen. Als Funktionen definieren wir die dispositiven, die ausführenden bzw. bearbeitenden, die überwachenden bzw. vergleichenden und die korrigierenden Teiltätigkeiten zur Erfüllung einer Aufgabe. Im Rahmen der Objektüberwachung spielt die dispositive Funktion als Gegenstand der Gestaltungsmaßnahmen i. d. R. eine zu vernachlässigende Rolle. *Kompetenz* ist das Recht, eine Aufgabe oder Funktion wahrnehmen zu dürfen, und *Verantwortung* ist die Pflicht, die Aufgabe oder Funktion zielsetzungsgerecht zu erfüllen und die Konsequenzen dafür zu tragen. Damit umfaßt die Verantwortung auch die Haftbarkeit für Fehler (vgl. Hill, W./Fehlbaum, R./Ulrich, P. 1976, S. 124).

Abb. 4 gibt einen Überblick über die Maßnahmen zur unmittelbaren Gestaltung der Überwachungsorganisation. Daneben sind flankierende organisatorische Maßnahmen zu ergreifen, um die gewünschten, im Abschn. 1.4 beschriebenen positiven Überwachungswirkungen erreichen zu können.

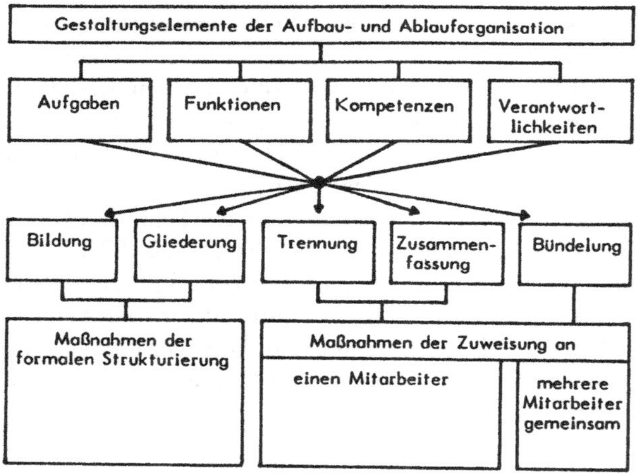


**Abb. 4.** Festlegung und Zuweisung von Aufgaben, Funktionen, Kompetenzen und Verantwortlichkeiten.

Durch die Bildung und Gliederung von Aufgaben, Funktionen, Kompetenzen und Verantwortlichkeiten werden Überwachungsvorgänge formal strukturiert. Darüber hinaus ist die personelle Zuordnung der Aufgaben, Funktionen, Kompetenzen und Verantwortlichkeiten zu einzelnen oder mehreren Mitarbeitern gemeinsam für die Wirksamkeit der Überwachungen von besonderer Bedeutung. Im folgenden werden einige Maßnahmen erläutert, die für die organisatorische Gestaltung der Überwachung von besonderer Bedeutung sind.

### 2.1.2 Maßnahmen zur Strukturierung der Arbeitsabläufe

Um Arbeitsabläufe zu strukturieren, ist es erforderlich, die Aufgaben zu gliedern, denn erst dadurch entsteht eine sachlich logische und systematische Aufeinanderfolge von Teilaufgaben. So läßt sich die Aufgabe der Finanzbuchführung in die Teilaufgaben – Belege kontieren – Buchen – Konten abschließen – Hauptabschlußübersicht erstellen – und – Jahresabschluß erstellen – gliedern.

Um ein ausgeprägtes Überwachungsbewußtsein bei den Mitarbeitern hervorzurufen und die gewünschten Wirkungen der Überwachung in vollem Umfang erreichen zu können, ist es darüber hinaus erforderlich, für jede Teiltätigkeit explizit die einzelnen Funktionen zu bilden. Im Rahmen der Objektüberwachung sind dies die Funktionen „ Bearbeitung“, „Überwachung“ und „Korrektur“. Bspw. wird die Teilaufgabe „Belege kontieren“ in die einzelnen Funktionen „Ausführung der Belegkontierung“, „Überwachung der Belegkontierung“ und „Korrektur der Belegkontierung“ gegliedert. So entsteht ein vollständiger Arbeitsablauf mit einzelnen Tätigkeiten, bei denen jeweils die Teilaufgaben und die Funktionen zur Erfüllung der Teilaufgaben genau beschrieben sind.

Für die Funktion „Überwachung“ ist festzulegen, ob ein Soll-Ist-Vergleich oder ein Ist-Ist-Vergleich durchzuführen ist und wie das Vergleichsobjekt zu erstellen ist. Ist-Vergleichsobjekte lassen sich einerseits heranziehen, wenn identische oder komplementäre Istobjekte im Rahmen des normalen Arbeitsablaufes erstellt werden, d. h. die Tätigkeit der Bearbeitung mehrfach an gleichartigen Istobjekten ausgeführt wird. So können im Produktionsbereich gleichartige Produkte einer Serie miteinander verglichen werden. Ein Beispiel für komplementäre Istobjekte ist der Vergleich, ob eine Schraube zur zugehörigen Mutter oder ein Schlüssel zum zugehörigen Schloß paßt oder ob die Summe der Sollbuchungen der Summe der Habenbuchungen entspricht (vgl. dazu Abschnitt 1.2).

Werden Ist-Vergleichsobjekte nicht im Rahmen des normalen Arbeitsablaufes erstellt, so können Ist-Ist-Vergleiche nur durchgeführt werden, wenn ein identisches oder komplementäres Istobjekt zum Zwecke des Vergleichs erstellt wird. Insofern ist eine Aufgabenverdopplung oder -vervielfachung erforderlich (vgl. Baetge, J. 1984, S. 180-182): eine bearbeitende Tätigkeit wird doppelt oder mehrfach ausgeführt, um ein oder mehrere Vergleichsobjekte für das zu überwachende Istobjekt zu erhalten. Bspw. kann die Zahl gleichartiger Schrauben einerseits gezählt und andererseits die Menge gewogen und durch das Stückgewicht dividiert werden, um die Ermittlung der Stückzahl durch einen Ist-Ist-Vergleich überwachen zu können. Auch die „doppelte Buchführung“ (Luca Pacioli, 1494) wurde als Aufgabenverdopplung erfunden, um eine Überwachung durch Ist-Ist-Vergleiche, nämlich durch Vergleiche von Soll und Haben, zu ermöglichen und die Zuverlässigkeit der Buchführung zu erhöhen.

### 2.1.3 Zuweisung der Tätigkeiten an Mitarbeiter

#### *2.1.3.1 Aufgabentrennung bzw. -zuordnung*

Eine Aufgabentrennung liegt vor, wenn Aufgaben verschiedenen Mitarbeitern zugewiesen werden. Wir unterscheiden zwischen einer vertikalen und einer horizontalen Aufgabentrennung. Bei einer *vertikalen Aufgabentrennung* werden die zuvor systematisch gegliederten Teilaufgaben den Mitarbeitern so zugewiesen, daß jeder Mitarbeiter eine Teilaufgabe oder eine Teilaufgabenfolge übernimmt. Die vertikale Aufgabentrennung läßt sich auch als Arbeitsteilung charakterisieren (vgl. Smith, A. (1776), 1974, S. 9-15; Etzioni, A. 1978, S. 41-45), da jeder Mitarbeiter eine andere Teilaufgabe zu erfüllen hat. Dadurch entsteht bei vertikaler Aufgabentrennung ein Spezialisierungseffekt. In der Finanzbuchführung führt bspw. ein Mitarbeiter die Kontierungen aus, ein anderer Mitarbeiter die Buchungen usw.

Bei der *horizontalen Aufgabentrennung* erhalten zwei oder mehrere Mitarbeiter gleiche Teilaufgaben bzw. Teilaufgabenfolgen. Diese Organisationsform findet sich bspw. im Rechnungswesen, wenn ein Mitarbeiter die Debitorenkontierungen und -buchungen ausführt und ein anderer Mitarbeiter die entsprechenden Kontierungen und Buchungen der Forderungen auf den Sachkonten. Ein anderes praktisches Beispiel für eine horizontale Aufgabentrennung liegt vor, wenn die Abwicklung einer Warenlieferung getrennt wird in (1) die Kontrolle der (Waren-) Eingangsrechnung nach Art, Menge und Wert der berechneten Ware in Übereinstimmung mit der Bestellung bzw. Auftragsbestätigung und (2) die Eingangskontrolle der gelieferten Ware nach Art, Menge und Qualität in Übereinstimmung mit der Eingangsrechnungskopie bzw. dem Lieferschein. Voraussetzung für Aufgabentrennungen ist ein genügend großer Arbeitsumfang und eine genügend große Zahl an Mitarbeitern.

Da jedem Mitarbeiter nur ein beschränkter Arbeitsumfang zugewiesen werden kann, wird das Prinzip der Aufgabentrennung regelmäßig angewendet. Durch das Prinzip der vertikalen Aufgabentrennung sind indes nicht nur Rationalisierungseffekte bei der Ausführung zu beobachten, sondern es können auch Frustrationseffekte wegen geringer Abwechslung entstehen. Allerdings sind in der Praxis durch vertikale Aufgabentrennungen nicht selten auch präventive und korrektive Überwachungswirkungen festzustellen, ohne daß die Überwachungsfunktion bereits explizit gebildet wurde, denn jeder „Nachfolger" eines Ablaufschrittes kontrolliert die Ergebnisse seines „Vorgängers" auf Plausibilität. Es findet also eine implizite Vergleichshandlung des „Nachfolgers" statt, da er bei seiner Bearbeitung generelle Regeln zu beachten hat. Diese generellen Regeln stellen die Menge der Sollobjekte für das weiterzubearbeitende Istobjekt dar. Weichen Merkmalsausprägungen des Istobjektes von den Ausprägungen ab, die aufgrund der generellen Regeln zulässig sind, so bedeutet dies eine Soll-Ist-Abweichung, die zu einer Rückmeldung an den „Vorgänger" führen wird.

So muß der Buchende in der Finanzbuchführung bspw. die generelle Regel beachten: „Buche ausschließlich auf im Kontenplan angegebenen Konten!" Der Buchende wird fehlerhafte Kontierungen erkennen, wenn er einen kontierten Beleg erhält, auf dem ein Konto angegeben ist, das nicht im Kontenplan enthalten ist. Sachlich falsche, aber im Kontenplan vorhandene Kontonummern werden allerdings durch vertikale Aufgabentrennung allein nicht entdeckt.

Neben der Korrekturwirkung in bezug auf bestimmte Fehlerarten besitzt die vertikale Aufgabentrennung eine nicht unerhebliche Präventivwirkung. Häufig wird der „Nachfolger" aufgrund seiner Sachkenntnis die Ergebnisse seines „Vorgängers" implizit auch über die vorgegebenen generellen Regeln hinaus auf Plausibilität überwachen. Dadurch werden einerseits bewußte Fehler unwahrscheinlicher, die eine Mitwirkung oder ein Mitwissen des oder der „Nachfolger" erfordern und andererseits kann dadurch auch die Zahl der unbewußten Fehler reduziert werden. Der „Vorgänger" wird bemüht sein, ein von unbeabsichtigten Fehlern freies Ergebnis an seinen „Nachfolger" weiterzugeben.

In der Finanzbuchführung ist die Präventivwirkung besonders hoch, wenn folgende Aufgaben vertikal voneinander getrennt sind (vgl. Baetge, J. 1984, S. 176):

- Abwicklung von Einkaufs- und Verkaufs-Geschäftsvorfällen,
- Verwaltung von Geld und geldähnlichen Beständen,
- Verwaltung sonstiger Vermögensgegenstände und
- Buchführung.

Bei EDV-gestützter Buchführung erhöhen folgende Aufgabentrennungen die Präventivwirkung:

- Erstellung von Eingabe-Belegen,
- Dateneingaben, -umwandlung,
- Programmerstellung,
- Erstellung von Test- und Prüfprogrammen,
- Maschinenbedienung,
- Verwahrung von Datenträgern und Programmen und
- Erstellung von Auswertungen.

Die horizontale Aufgabentrennung besitzt im Gegensatz zur vertikalen Aufgabentrennung kaum eine implizite Korrekturwirkung. Durch eine horizontale Aufgabentrennung läßt sich indes, wie durch eine Aufgabenverdopplung bzw. -vervielfachung, die Voraussetzung für einen explizit durchzuführenden Ist-Ist-Vergleich schaffen. So ist eine Abstimmung der Summen der Debitorensalden mit dem Saldo des Sachkontos Forderungen möglich oder die Daten der Wareneingangsrechnung lassen sich mit denen des Lieferscheins abgleichen.

Der Unterschied zwischen der horizontalen Aufgabentrennung und der Aufgabenverdopplung besteht darin, daß die zweite Aufgabe bei der Aufgabenverdopplung allein deshalb ausgeführt wird, um ein Vergleichsobjekt zu erstellen. Ex post ist eine Unterscheidung zwischen horizontaler Aufgabentrennung und Aufgabenverdopplung allerdings nicht immer möglich, z. B. ist heute die doppelte Buchführung für Kaufleute gesetzlich vorgeschrieben, sofern Art und Umfang des Geschäftsbetriebes dies erfordern.

### 2.1.3.2 Funktionszuordnung

#### 2.1.3.2.1 Selbstüberwachung bzw. Funktionsbündelung

Werden die Funktionen Bearbeitung, Überwachung und Korrektur zur Erfüllung einer Aufgabe explizit gebildet und einer Person zur Ausführung übertragen, so sprechen wir von Selbstüberwachung. Wird die Überwachungsfunktion von einer anderen Person ausgeführt als die Bearbeitungsfunktion, so sprechen wir von Fremdüberwachung.

Die Selbstüberwachung hat gegenüber der Fremdüberwachung Vor- und Nachteile. Beide Formen der Überwachung sollten jedoch nicht als sich ausschließende Alternativen, sondern als Komplemente betrachtet werden. Einerseits sollten die Mitarbeiter dazu angehalten werden, sich selbst zu überwachen und andererseits sollten die positiven Wirkungen der Fremdüberwachung realisiert werden. Dabei sollte die Intensität der Fremdüberwachung von der Wirksamkeit der Selbstüberwachung abhängig gemacht werden, so wie dies auch bei der externen Jahresabschlußprüfung geschieht, wenn der Abschlußprüfer die Intensität der Jahresabschlußzahlenprüfung vom Ergebnis seiner Systemprüfung, d. h. von der festgestellten Wirksamkeit des im Unternehmen vorhandenen Internen Kontrollsystems, d. h. von den Selbstkontrollen des Unternehmens abhängig macht.

Die Selbstüberwachung hat gegenüber der Fremdüberwachung folgende Vorteile (vgl. Baetge, J. 1983 b, S. 48 f.):

1. Durch eine vorgelagerte Selbstüberwachung lassen sich Frustrationen der Mitarbeiter bei Fremdüberwachungen vermeiden bzw. verringern. Nach einer Selbstüberwachung verliert eine zusätzliche Fremdüberwachung für die Mitarbeiter nämlich weitgehend ihre dysfunktionalen Wirkungen, denn i. d. R. reduziert die Selbstüberwachung die Zahl der vorhandenen Fehler, so daß die anschließende Fremdüberwachung weniger zur Fehlerentdeckung und zur Korrekturwirkung als vielmehr zur Bestätigung der recht zuverlässigen, d. h. weitgehend fehlerfreien Arbeitsergebnisse und damit zur Sicherheitswirkung beiträgt.
2. Durch eine Selbstüberwachung entstehen nur kurze oder gar keine Wartezeiten bis zur Überwachung und zur Korrektur, weil der Mitarbeiter diese sofort im Anschluß an die Bearbeitung vornehmen kann. Da eine erneute Einarbeitungsphase des Bearbeiters für die Überwachung und die Korrektur nicht notwendig ist, werden zusätzliche Kosten vermieden.
3. Bei der Selbstüberwachung kommt i. d. R. dem Überwachenden seine durch die Bearbeitung erlangte hohe Sachkenntnis zugute, d. h. seine Überwachungs- und Korrekturzuverlässigkeiten werden hoch sein.
4. Bei der Selbstüberwachung entstehen keine Transportkosten, weil das Überwachungsgut und der Überwacher nicht erst zusammengeführt werden müssen.
5. Durch die Institutionalisierung der Selbstüberwachung wird der Verantwortungs- und Kompetenzbereich des betreffenden Mitarbeiters erweitert. Durch

das so in ihn dokumentierte Vertrauen kann der Mitarbeiter motiviert werden, seine Aufgaben besonders sorgfältig zu erledigen. Auch so werden dysfunktionale Wirkungen der Fremdüberwachungen abgebaut.

Den geschilderten Vorteilen stehen folgende Nachteile der Selbstüberwachung im Vergleich zur Fremdüberwachung gegenüber (vgl. Baetge, J. 1983 b, S. 49 f.):

1. Flüchtigkeitsfehler werden durch eine Selbstüberwachung u. U. deshalb nicht entdeckt, weil sie vom betreffenden Mitarbeiter sowohl bei der Erstellung des Istobjekts als auch bei der Bildung des Vergleichsobjekts für die Überwachung begangen werden. In diesen Fällen, in denen der gleiche Fehler zweimal begangen wird, kann eine Selbstüberwachung nicht zu einer Verbesserung der Arbeitsergebnisse führen.
2. Selbstüberwachung ist nicht geeignet, bewußt begangene Fehler aufzudecken, weil der Selbstüberwacher nicht die Absicht hat, dies zu tun. Er wird im Gegenteil jede Möglichkeit nutzen, die von ihm bewußt begangenen Fehler zu verschleiern, d. h. eine Entdeckung zu verhindern.
3. Fehler, die aus mangelnden Fähigkeiten und Fertigkeiten eines Mitarbeiters resultieren, können durch eine Selbstüberwachung ebenfalls nicht entdeckt und beseitigt werden, weil dem betreffenden Mitarbeiter bei der Überwachung und Korrektur diese Fähigkeiten ebenso fehlen wie bei der Bearbeitung des Istobjekts.
4. Der unter Punkt (1) aufgeführte Vorteil der Selbstüberwachung, daß Frustrationen von Mitarbeitern vermieden werden, läßt sich nur dann realisieren, wenn die Selbstüberwachung und deren Ergebnisse nicht für Dritte dokumentiert werden müssen. Wenn die Selbstüberwachung aber nicht dokumentiert wird, bleibt deren Ausführung faktisch in das Ermessen des Einzelnen gestellt, ohne daß festgestellt werden kann, ob selbstüberwacht worden ist.

#### *2.1.3.2.2 Fremdüberwachung bzw. Funktionstrennung*

Bei der Fremdüberwachung wird die Vergleichshandlung einer anderen Person zugewiesen als die ursprüngliche Bearbeitung. Grundsätzlich können bei der Fremdüberwachung drei Gestaltungsmöglichkeiten für die Zuweisung der Korrekturfunktion an die Mitarbeiter unterschieden werden: die erforderlichen Korrekturen können vom ursprünglichen Bearbeiter, vom Überwachenden oder von einem Dritten ausgeführt werden. Die Korrektur durch den ursprünglichen Bearbeiter ist u. E. am vorteilhaftesten, denn systematische Fehlerursachen können durch den Bearbeiter unmittelbar abgestellt werden, da er die Informationen über die erkannten Fehler ex definitione erhält und er den Bearbeitungsprozeß i. d. R. am besten kennt. So kann neben der Korrekturwirkung eine Lernwirkung aufgrund der Überwachungsinformationen erzielt werden. Außerdem kann eine Art Gegenüberwachung der Tätigkeit des Überwachenden durch den Bearbeiter in seiner Funktion als Korrektor stattfinden, sofern ein entsprechendes Betriebsklima vorhanden ist, in dem es dem ursprünglichen Bearbeiter ratsam erscheint, Fehler des Überwachers zu monieren und in diesen Fällen auf eine „Korrektur" zu verzichten.

Ein Nachteil der Korrektur durch den ursprünglichen Bearbeiter besteht dann, wenn er bestimmte schwierige Fälle nicht richtig ausführen kann und deshalb eine Korrektur durch ihn wahrscheinlich ebenfalls mißlingt. Dieser Nachteil läßt sich bei einer Korrektur durch einen Dritten vermeiden, allerdings lassen sich dann die zuvor genannten Vorteile nicht realisieren.

Eine Korrektur durch den Überwacher erweist sich im Vergleich zur Korrektur durch den ursprünglichen Bearbeiter als vorteilhaft, wenn der Überwacher zuverlässiger arbeitet als der Bearbeiter. Der Bearbeiter kann dadurch allerdings erheblich demotiviert werden, denn er besitzt keinen festumgrenzten Arbeitsbereich: der Überwachende, der gleichzeitig Korrektor ist, kann die Arbeitsergebnisse des Bearbeiters (beliebig) ändern, ohne daß der Bearbeiter hierbei ein Mitspracherecht hat. Evtl. erfährt der Bearbeiter nicht einmal von der Korrektur. Durch eine solche im nachhinein kaum noch erkennbare Verantwortlichkeit für verbliebene Fehler im Bearbeitungsgut kann diese Gestaltungsart der Fremdüberwachung dazu führen, daß die Verantwortung für die Arbeitsergebnisse an den Überwachenden (zurück)delegiert wird. Darüber hinaus kann keine Lernwirkung der Überwachung entstehen, wenn der Bearbeiter über die vorgenommenen Korrekturen nicht informiert wird.

#### *2.1.3.3 Bündelung von Kompetenzen und Verantwortlichkeiten*

Die Bündelung von Kompetenzen und Verantwortlichkeiten stellt das notwendige Komplement zur Aufgaben- und Funktionstrennung bzw. -zuordnung dar. Danach erhalten mehrere Mitarbeiter nur gemeinsam die Kompetenz, eine bestimmte Aufgabe oder eine Funktion innerhalb einer Aufgabe wahrzunehmen, und sollten dementsprechend für die zielsetzungsgerechte Erfüllung dieser Aufgabe oder Funktion auch gemeinsam verantwortlich sein. Durch die Kompetenzbündelung werden partielle Arbeitsergebnisse verschiedener Mitarbeiter wieder zusammengefaßt und miteinander abgestimmt. Bspw. können der Wareneingangskontrolleur und der Kontrolleur der Eingangsrechnungen nur gemeinsam einen Zahlungsbetrag für einen „abgestimmten" Wareneingang zur Zahlung freigeben. Die Abstimmung besteht darin, daß das Istobjekt „Menge und Art der gelieferten Ware" mit dem Istobjekt „Menge und Art der bestellten und vom Lieferanten berechneten Ware" verglichen wird. Erst bei Übereinstimmung der beiden Istobjekte darf eine Anweisung zur Bezahlung der Ware freigegeben werden.

### 2.1.4 Flankierende organisatorische Maßnahmen

Neben den genannten Maßnahmen der formalen Strukturierung der Arbeitsabläufe und der Zuweisung von Tätigkeiten an Mitarbeiter sollten flankierende organisatorische Maßnahmen ergriffen werden, um die gewünschten Überwachungswirkungen zu erreichen. Zu den flankierenden organisatorischen Maßnahmen gehören bspw. im Bereich des Rechnungswesens die Erstellung von Bilanzierungshandbüchern und Kontenplänen, eine Belegorganisation mit Formular- und Belegnummernsystem (vgl. Brockmeyer, K./Knüppe, W. 1985, S. 490 f.), Arbeitsplatzbeschreibungen, Arbeitsablaufdiagramme, Organigramme, Regelungen bzgl. der Aufgaben-, Funktions-, Kompetenz- und Verantwortlichkeitsverteilungen, Stellvertreterregelungen, Zugangsbeschränkungen zu bestimmten Bereichen, wie zum Rechenzentrum, sowie Zugriffs- und Entnahmesicherungen.

Durch solche flankierenden organisatorischen Maßnahmen soll die Wahrscheinlichkeit für die Entstehung richtiger Istobjekte erhöht werden, indem die Entstehung der Istobjekte generellen Regeln unterworfen wird. Darüber hinaus können motivationale Maßnahmen ergriffen werden, wie die Gewährung von Anreizen für hohe Arbeitsqualität.

## 2.2 Quantitative Analyse zur Gestaltung von Objektüberwachungen

### 2.2.1 Aufgaben der quantitativen Analyse

Mit Hilfe der im folgenden skizzierten quantitativen Analyse von Objektüberwachungen lassen sich die Entscheidungen über die Gestaltung von Objektüberwachungen besser fundieren. (Zu den grundlegenden Arbeiten auf diesem Gebiet vgl. Yu, S. 1972; Yu, S./Neter, J. 1973; Cushing, B. E. 1974; Baetge, J./Mochty, L. 1980; Baetge, J. 1983 a; Schuppert, A. 1985; Baetge, J./Sanders, M./Schuppert, A. 1985; Hömberg, R. 1985; Sanders, M. 1987.) Mit dem Modellansatz wird die Korrekturwirkung der Objektüberwachungen explizit abgebildet. Verhaltensbeeinflussende Wirkungen lassen sich mit diesem Ansatz nicht explizit, sondern nur implizit über die angenommenen Bearbeitungs-, Kontroll- und Korrekturzuverlässigkeiten berücksichtigen. Da die verhaltensbeeinflussenden Wirkungen der Überwachung indes nicht vernachlässigt werden dürfen, können die Ergebnisse der quantitativen Modellanalyse zwar nicht die alleinige Entscheidungsgrundlage zur Gestaltung von Objektüberwachungen sein, sie sind indes ein wichtiges Hilfsmittel zur Entscheidungsfindung, vor allem bei der Gestaltung Interner Kontrollsysteme, denn dort steht die Korrekturwirkung der Überwachung häufig im Vordergrund, während bei den Überwachungen, die nicht fest in die Arbeitsabläufe eingebaut sind, oftmals in erster Linie verhaltensbeeinflussende Wirkungen erzielt werden sollen.

Mit Hilfe des im folgenden dargestellten Modells kann ermittelt werden, wie sich einzelne Gestaltungsalternativen von Objektüberwachungen auf die Qualität der Istobjekte am Ende eines betrachteten Arbeitsablaufes auswirken und darüber hinaus, wie hoch die Leistung und die Kosten der einzelnen Überwachungsalternativen sind. Die Tätigkeiten des abzubildenden Arbeitsablaufes stellen die Elemente des Modells dar. Denn durch die Qualität bei der Ausführung der Tätigkeiten wird die Qualität der Istobjekte beeinflußt. Sowohl die Qualität der Istobjekte an einer bestimmten Stelle des Arbeitsablaufes als auch die Qualität, mit der die einzelnen Tätigkeiten ausgeführt werden, werden durch Zuverlässigkeiten, d. h. Wahrscheinlichkeiten i. S. relativer Häufigkeiten, abgebildet. Sie geben an, wie groß der Anteil der richtigen Istobjekte an allen Istobjekten ist bzw. wie groß der Anteil der richtig ausgeführten Tätigkeiten an allen ausgeführten Tätigkeiten ist. Im zweiten Fall sprechen wir auch von den Einsatzzuverlässigkeiten bei der Ausführung von Tätigkeiten. Die Zuverlässigkeit der Istobjekte am Ende des betrachteten Arbeitsablaufes bezeichnen wir als Ergebniszuverlässigkeit. Aus der Zuverlässigkeit der Istobjekte zu Beginn des Arbeitsablaufes (Anfangszuverlässigkeit) und den Einsatzzuverlässigkeiten wird die Ergebniszuverlässigkeit berechnet und deren Zustandekommen erklärt.

### 2.2.2 Zuverlässigkeitsanalyse

Die Vorgehensweise zur Berechnung der Ergebniszuverlässigkeit wird im folgenden für einen Baustein eines Internen Kontrollsystems, der aus einer Bearbeitung, einer Kontrolle und einer Korrektur besteht, anhand des Wahrscheinlichkeitsbaumes in Abb. 5. gezeigt. Bei dem hier analysierten Baustein handelt es sich um ein Standardelement eines Internen Kontrollsystems, das wir als Internes Kontrollsystem Element (IKSE) bezeichnen. Die Bearbeitungszuverlässigkeit $W(R)$ gibt an, wieviel Prozent der Istobjekte richtig bearbeitet werden. Die Qualität bei der Ausführung der Kontrolle und der Korrektur wird durch jeweils zwei bedingte Kontroll- und Korrekturzuverlässigkeiten ausgedrückt: Für die Kontrolle wird mit $W(\tilde{R}/R)$ angegeben, wieviel Prozent der richtigen Istobjekte, die zur Kontrolle gelangen, als richtig bezeichnet werden, und mit $W(\tilde{F}/F)$, wieviel Prozent der falschen Istobjekte, die zur Kontrolle gelangen, als falsch bezeichnet werden. Die als falsch bezeichneten Istobjekte gelangen zur Korrektur, für die die Einsatzzuverlässigkeit $W(R/\tilde{F} \cap R)$ angibt, wieviel Prozent der irrtümlich als falsch bezeichneten Istobjekte richtig belassen werden, und die Einsatzzuverlässigkeit $W(R/\tilde{F} \cap F)$, wieviel Prozent der zu recht als falsch bezeichneten Istobjekte richtig korrigiert werden.

Nehmen wir aus Vereinfachungsgründen an, die Anfangszuverlässigkeit sei 100 %, dann läßt sich die Ergebniszuverlässigkeit berechnen, indem die Einsatzzuverlässigkeiten auf den einzelnen Ästen des Wahrscheinlichkeitsbaumes in Abb. 5 multiplikativ verknüpft werden und die Produkte derjenigen Äste addiert werden, die zu richtigen Istobjekten nach der Ausführung der betrachteten Tätigkeiten führen.

Der vorgestellte Modellansatz ermöglicht es, auch die Ergebniszuverlässigkeiten von anderen Bausteinen eines Internen Kontrollsystems, z. B. von Reihenkopplungen und Parallelkopplungen (vgl. Baetge, J. 1983 b, S. 37-45), zu berechnen. Ebenso kann die Ergebniszuverlässigkeit von alternativen, aus verschiedenen Bausteinen zusammengesetzten Internen Kontrollsystemen berechnet werden. Verschiedene Organisationsmöglichkeiten von Objektüberwachungen können so miteinander verglichen werden, um die mutmaßlich zuverlässigste Alternative herauszufinden. Weiterhin können mit Hilfe des Modells Mindestanforderungen an einzelne Mitarbeiter für die Zuverlässigkeit bei der Ausführung der Tätigkeiten formuliert werden, wenn eine bestimmte vorgegebene Ergebniszuverlässigkeit erreicht werden soll.

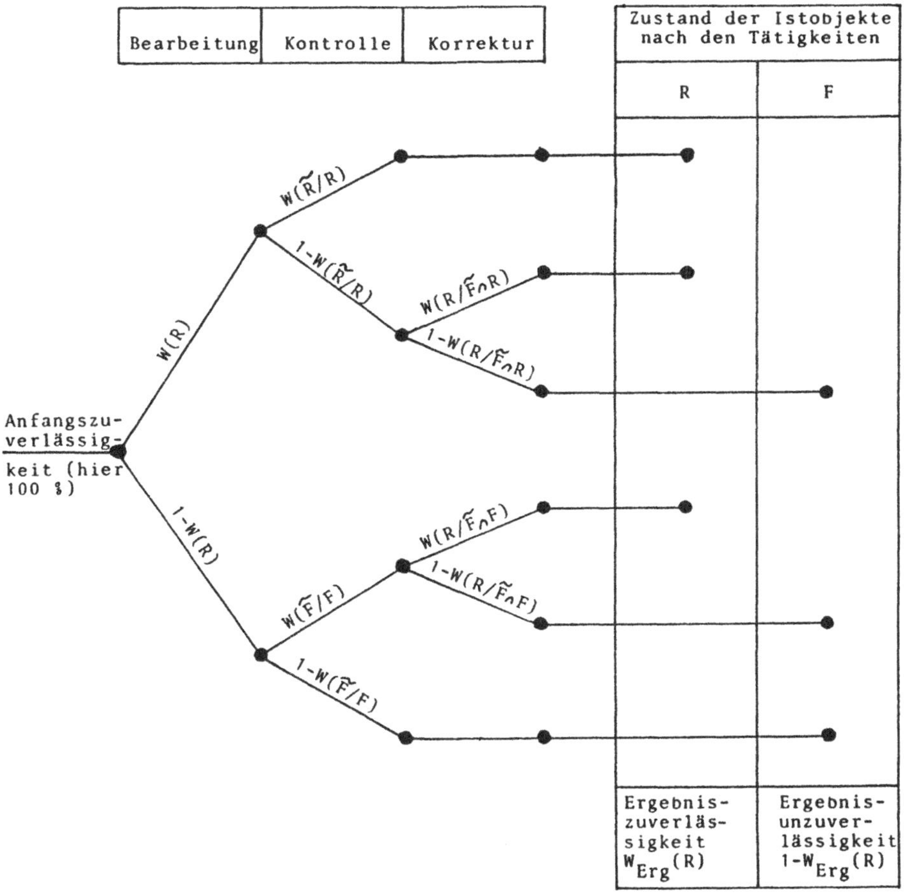


$$W_{Erg}(R) = W(R) \cdot W(\tilde{R}/R) + W(R) \cdot (1-W(\tilde{R}/R)) \cdot W(R/\tilde{F} \cap R) + (1-W(R)) \cdot W(\tilde{F}/F) \cdot W(R/\tilde{F} \cap F)$$

$$1-W_{Erg}(R) = W(R) \cdot (1-W(\tilde{R}/R)) \cdot (1-W(R/\tilde{F} \cap R)) + (1-W(R)) \cdot W(\tilde{F}/F) \cdot (1-W(R/\tilde{F} \cap F)) + (1-W(R)) \cdot (1-W(\tilde{F}/F))$$

**Abb. 5.** Wahrscheinlichkeitsbaum zur Berechnung der Ergebniszuverlässigkeit eines IKSE (vgl. Baetge, J. 1984, S. 193).

Im folgenden werden Möglichkeiten der Modellanwendung anhand von einigen Organisationsalternativen eines Internen Kontrollsystems gezeigt. Ausgangsalternative ist ein Arbeitsablauf, in dem zehn Bearbeitungstätigkeiten von zehn verschiedenen Mitarbeitern hintereinander ausgeführt werden, d. h. in Reihe gekoppelt sind. Dieser Arbeitsablauf wird im Hinblick auf die Wirkung von Selbst- und Fremdkontrollen sowie von Endkontrollen auf die Ergebniszuverlässigkeit analysiert (vgl. Baetge, J. 1983 b, S. 53-57).

Die Bearbeitungszuverlässigkeiten der Mitarbeiter mögen zwischen 75 % und 97,5 % entsprechend der Tabelle 1 , Sp. II betragen. Ohne jede Kontrolle würde der Gesamtablauf wegen der multiplikativen Verknüpfung der Einsatzzuverlässigkeiten eine Ergebniszuverlässigkeit von lediglich 22 % besitzen (Tabelle 1, Sp. III, Zeile 10). Eine derartig niedrige Ergebniszuverlässigkeit ist allerdings i. d. R. für jeden Arbeitsablauf völlig inakzeptabel.

Nähme jeder der zehn Mitarbeiter eine einmalige Selbstkontrolle vor, bei der die Einsatzzuverlässigkeiten für die Kontrolle und die Korrektur seiner jeweiligen Bearbeitungszuverlässigkeit gemäß Spalte II der Tabelle 1 entspricht, so führte diese Selbstkontrolle zu den in Spalte IV aufgeführten erheblich verbesserten Einzelzuverlässigkeiten (zur Berechnung dieser und der in den folgenden Tabellen angegebenen Einzel- und Ergebniszuverlässigkeiten vgl. das Vorgehen in Abb. 5). Die Ergebniszuverlässigkeit des Arbeitsablaufes steigt gemäß Tabelle 1, Spalten III und V, Zeile 10, durch eine in den einzelnen Schritten vorgenommene Selbstkontrolle von 22 % auf 51,5 %. Diese erhebliche Verbesserung ohne jede Fremdkontrolle ist in praxi allerdings immer noch völlig unzureichend.

**Tabelle 1.** Zuverlässigkeit eines Arbeitsablaufes aus zehn in Reihe gekoppelten Arbeitsschritten ohne und mit Selbstkontrolle bei aufsteigenden Bearbeitungszuverlässigkeiten

| I<br>Mitarbeiter- und Ablaufschritt-Nr. | II<br>W(R)<br>in % | III<br>Zuverlässigkeit des Ablaufs bis zum jeweiligen Ablaufschritt ohne Kontrolle<br>in % | IV<br>Erreichte Einzelzuverlässigkeit bei einmaliger Selbstkontrolle und -korrektur<br>in % | V<br>Zuverlässigkeit des selbstkontrollierten Ablaufs bis zum jeweiligen Ablaufschritt<br>in % |
|---|---|---|---|---|
| 1 | 75 | 75 | 84 | 84 |
| 2 | 77,5 | 58 | 87 | 73 |
| 3 | 80 | 47 | 90 | 66 |
| 4 | 82,5 | 38 | 92 | 64 |
| 5 | 85 | 33 | 94 | 57 |
| 6 | 87,5 | 29 | 96 | 54 |
| 7 | 90 | 26 | 97 | 53 |
| 8 | 92,5 | 24 | 98 | 52 |
| 9 | 95 | 23 | 99,3 | 51,6 |
| 10 | 97,5 | 22 | 99,8 | 51,5 |

Um eine weitere Verbesserung der Ergebniszuverlässigkeit zu erreichen, werden anstelle der zehn Mitarbeiter mit den unterschiedlichen Bearbeitungszuverlässigkeiten zwischen 75 % und 97,5 % zehn Mitarbeiter mit einer durchschnittlichen Bearbeitungszuverlässigkeit von 86,25 % eingesetzt, d. h. es wird angenommen, man verzichtet sowohl auf die etwas unzuverlässigeren als auch auf die sehr zuverlässigen Mitarbeiter. Die Zuverlässigkeit von 86,25 % entspricht dem arithmetischen Mittel der Einsatzzuverlässigkeiten aus Tabelle 1, Spalte II. Unter der Annahme dieser gleichen Bearbeitungszuverlässigkeit über alle Mitarbeiter führt der Arbeitsablauf ohne jede Kontrolle zu einer Ergebniszuverlässigkeit von 22,78 % (Tabelle 2, Spalte III, Zeile 10). Dieses Ergebnis stellt nur eine geringfügige Verbesserung des Falles aus Tabelle 1 dar, in dem eine Ergebniszuverlässigkeit von 22 % erreicht wurde.

**Tabelle 2.** Zuverlässigkeit eines Arbeitsablaufes aus zehn in Reihe gekoppelten Arbeitsschritten ohne und mit Selbstkontrolle bei gleichen Bearbeitungszuverlässigkeiten

| I<br>Mitarbeiter- und Ablauf-schritt-Nr. | II<br>W(R)<br>in % | III<br>Zuverlässigkeit des Ablaufs bis zum jeweiligen Ablaufschritt ohne Kontrolle<br>in % | IV<br>Erreichte Einzelzuverlässigkeit bei einmaliger Selbstkontrolle und -korrektur<br>in % | V<br>Zuverlässigkeit des selbstkontrollierten Ablaufs bis zum jeweiligen Ablaufschritt<br>in % |
|---|---|---|---|---|
| 1 | 86,25 | 86,25 | 94,84 | 94 |
| 2 | 86,25 | 74,39 | 94,84 | 90 |
| 3 | 86,25 | 64,16 | 94,84 | 85 |
| 4 | 86,25 | 55,34 | 94,84 | 81 |
| 5 | 86,25 | 47,73 | 94,84 | 77 |
| 6 | 86,25 | 41,17 | 94,84 | 73 |
| 7 | 86,25 | 35,51 | 94,84 | 69 |
| 8 | 86,25 | 30,62 | 94,84 | 65 |
| 9 | 86,25 | 26,41 | 94,84 | 62 |
| 10 | 86,25 | 22,78 | 94,84 | 59 |

Eine einmalige Selbstkontrolle steigert die Zuverlässigkeit jedes einzelnen Mitarbeiters von 86,25 % auf 94,84 % (Tabelle 2, Spalte IV) und die Ergebniszuverlässigkeit von 22,78 % auf 59 % (Tabelle 2, Spalte III u. V, Zeile 10). Gegenüber dem Fall unterschiedlicher Bearbeitungszuverlässigkeiten (Tab. 1) verbessert sich die Ergebniszuverlässigkeit um 7,5 %-Punkte. Dieses Ergebnis zeigt, daß allein der Einsatz gleich zuverlässiger Mitarbeiter eine Verbesserung des Ergebnisses ermöglicht, obwohl die Mitarbeiter im Durchschnitt die gleiche Einsatzzuverlässigkeit besitzen wie im Fall der Tabelle 1.

Ausgehend von gleichen Bearbeitungszuverlässigkeiten wie in Tabelle 2 wird nun neben der Selbstkontrolle eine Fremdkontrolle jedes einzelnen Arbeitsschrittes untersucht (Tabelle 3, Spalte II u. III). In Spalte IV wird der Gesamtablauf zusätzlich einer Endkontrolle durch einen Supervisor unterworfen.

**Tabelle 3.** Zuverlässigkeit eines Arbeitsablaufes aus zehn in Reihe gekoppelten Arbeitsschritten mit Selbst-, Fremd- und Endkontrolle

| I<br>Mitarbeiter- und Ablaufschritt-Nr. | II<br>Erreichte Einzelzuverlässigkeit nach einmaliger Selbst- und einmaliger Fremdkontrolle<br>in % | III<br>Zuverlässigkeit des Ablaufs bis zum jeweiligen Ablaufschritt mit Selbst- und Fremd-, aber ohne Endkontrolle<br>in % | IV<br>Zusätzliche Endkontrolle durch Supervisor (94,84 %) und Endkorrektur durch jeweiligen Mitarbeiter (94,84 %)<br>in % |
|---|---|---|---|
| 1 | 99,23 | 99 | 99,7 |
| 2 | 99,23 | 98 | 99,6 |
| 3 | 99,23 | 98 | 99,5 |
| 4 | 99,23 | 97 | 99,4 |
| 5 | 99,23 | 96 | 99,4 |
| 6 | 99,23 | 95 | 99,3 |
| 7 | 99,23 | 95 | 99,2 |
| 8 | 99,23 | 94 | 99,1 |
| 9 | 99,23 | 93,3 | 99,07 |
| 10 | 99,23 | 92,5 | 99 |

Durch die Selbstkontrolle und anschließende Fremdkontrolle [dabei gelten folgende Einsatzzuverlässigkeiten: $W(\tilde{R}/R) = W(\tilde{F}/F) = W(R/\tilde{F} \cap R) = W(R/\tilde{F} \cap F) = 86{,}25$ für die Selbstkontrolle (vgl. Tabelle 2, Spalte II) und $W(\tilde{R}/R) = W(\tilde{F}/F) = W(R/\tilde{F} \cap R) = W(R/\tilde{F} \cap F) = 94{,}84$ % für die Fremdkontrolle (vgl. Tabelle 2, Spalte IV)] wird jeder der zehn Arbeitsablaufschritte mit einer Zuverlässigkeit von 99,23 % ausgeführt (vgl. Tabelle 3, Spalte II). Das ergibt eine Ergebniszuverlässigkeit von 92,5 % (Tabelle 3, Spalte III, Zeile 10).

Diese verhältnismäßig hohe Ergebniszuverlässigkeit kann noch weiter gesteigert werden, wenn der gesamte Ablauf einer Kontrolle durch einen Supervisor unterzogen wird, der mit einer Zuverlässigkeit von 94,84 % Richtiges als richtig und Falsches als falsch erkennt (vgl. die Zuverlässigkeit in Tabelle 2, Spalte IV) und das als falsch bezeichnete von dem ursprünglichen Bearbeiter korrigieren läßt, der diese Korrektur mit einer Zuverlässigkeit von ebenfalls 94,84 % ($W(R/\tilde{F} \cap R)$ und $W(R/\tilde{F} \cap F)$) ausführt. Durch diese Endkontrolle und -korrektur kann die Ergebniszuverlässigkeit auf 99 % gesteigert werden (Tabelle 3, Spalte IV, Zeile 10).

Tabelle 4 gibt einen Überblick über die erreichten Ergebniszuverlässigkeiten der oben vorgestellten Organisationsalternativen. Allein durch organisatorische Maßnahmen kann die Ergebniszuverlässigkeit beim Einsatz gleich zuverlässiger Mitarbeiter von 22,78 % auf 99 % gesteigert werden. Dieser Kontrollbeitrag von 77,22 %-Punkten kann erzielt werden, ohne daß die Einsatzzuverlässigkeiten der Mitarbeiter verändert werden. Es ist allerdings erforderlich, daß den Mitar-

**Tabelle 4.** Ergebniszuverlässigkeit eines zehnstufigen Arbeitsablaufes bei alternativen Organisationsformen

| Organisationsalternativen / Ergebniszuverlässigkeiten des Gesamtablaufs | Ablauf ohne Kontrolle in % | Ablauf mit Selbstkontrolle in % | Ablauf mit einmaliger Selbst- und einmaliger Fremdkontrolle in % | Ablauf mit Selbst- und Fremdkontrolle und Endkontrolle durch Supervisor in % |
|---|---|---|---|---|
| bei unterschiedlich zuverlässigen Mitarbeitern (75 % bis 97,5 %) | 22 | 51,5 | – | – |
| bei gleich zuverlässigen Mitarbeitern (86,25 %) | 22,78 | 59 | 92,5 | 99 |

beitern die notwendige Zeit zur Ausführung der Selbst- und Fremdkontrolle, der Kontrolle durch den Supervisor und der jeweils erforderlichen Korrekturen eingeräumt wird. Der berechnete Kontrollbeitrag entsteht allein aufgrund der Korrekturwirkung der Kontrollen. Darüber hinaus kann die Ergebniszuverlässigkeit durch die positiven verhaltensbeeinflussenden Wirkungen der Kontrollen weiter erhöht werden. Wir haben diese Wirkungen im Fallbeispiel nicht zu berücksichtigen versucht. Zur Berücksichtigung der positiven verhaltensbeeinflussenden Wirkungen hätten die Einsatzzuverlässigkeiten angehoben werden müssen. Da für diese Wirkungen bisher jedoch keine zuverlässigen Hypothesen bzw. empirischen Analysen vorliegen, haben wir hier mit konstanten Einsatzzuverlässigkeiten gearbeitet, ohne die Verhaltensbeeinflussung durch die Kontrollen zu berücksichtigen.

### 2.2.3 Wirtschaftlichkeitsanalyse

Um die Wirtschaftlichkeit einer Objektüberwachung beurteilen zu können, müssen deren Kosten und Leistungen quantifiziert werden. Die Kosten entstehen durch die zusätzlichen überwachenden und ggf. korrigierenden Tätigkeiten. Die Leistung besteht in der Erhöhung der Ergebniszuverlässigkeit und damit in der Reduktion der verbliebenen Fehler und deren Folgekosten. Verbliebene Fehler am Ende eines Arbeitsablaufes verursachen entweder unmittelbar Kosten oder schmälern die Erlöse. Eine mit zu geringem Betrag ausgestellte Ausgangsrechnung führt bspw. zu Kosten, wenn der Rechnungsempfänger den Fehler erkennt und der Unternehmung mitteilt und die Unternehmung eine neue Rechnung ausstellen und die alte stornieren muß. Sie führt zu verringerten Erlösen, wenn der

Rechnungsempfänger nur den zu geringen Rechnungsbetrag bezahlt. Betrachtet man die verringerten Erlöse als Opportunitätskosten, so lassen sich beide Arten als Folgekosten eines verbliebenen Fehlers bezeichnen.

Durch das Zuverlässigkeitsmodell kann berechnet werden, wie viele Fehler in einem bestimmten Zeitraum am Ende eines Arbeitsablaufes verbleiben und wie häufig einzelne Tätigkeiten ausgeführt werden. Das Zuverlässigkeitsmodell wird zum Wirtschaftlichkeitsmodell erweitert, indem dieses Mengengerüst mit den zugehörigen Preisen für die Ausführung der einzelnen Tätigkeiten und den Folgekosten der verbliebenen Fehler multipliziert wird. Auf diese Weise lassen sich für einzelne Gestaltungsalternativen der Objektüberwachung die Gesamtkosten berechnen, und es kann diejenige Alternative ausgewählt werden, die zu den geringsten Gesamtkosten führt (vgl. Baetge, J./Sanders, M./Schuppert, A. 1985, S. 475-478).

Unter der Annahme, daß die Intensität der Überwachung stetig variierbar ist, treten tendenziell die in Abb. 6 dargestellten Kostenverläufe auf. Die Abb. verdeutlicht, daß von einer bestimmten Überwachungsintensität ($x_{opt}$) an die Reduktion der Folgekosten verbliebener Fehler geringer ist als der Anstieg der Kosten für die Überwachung und die Korrektur. Eine Steigerung der Überwachungsintensität über diesen Punkt hinaus ist mit der Zielsetzung der Gewinnmaximierung bzw. Kostenminimierung nicht vereinbar.

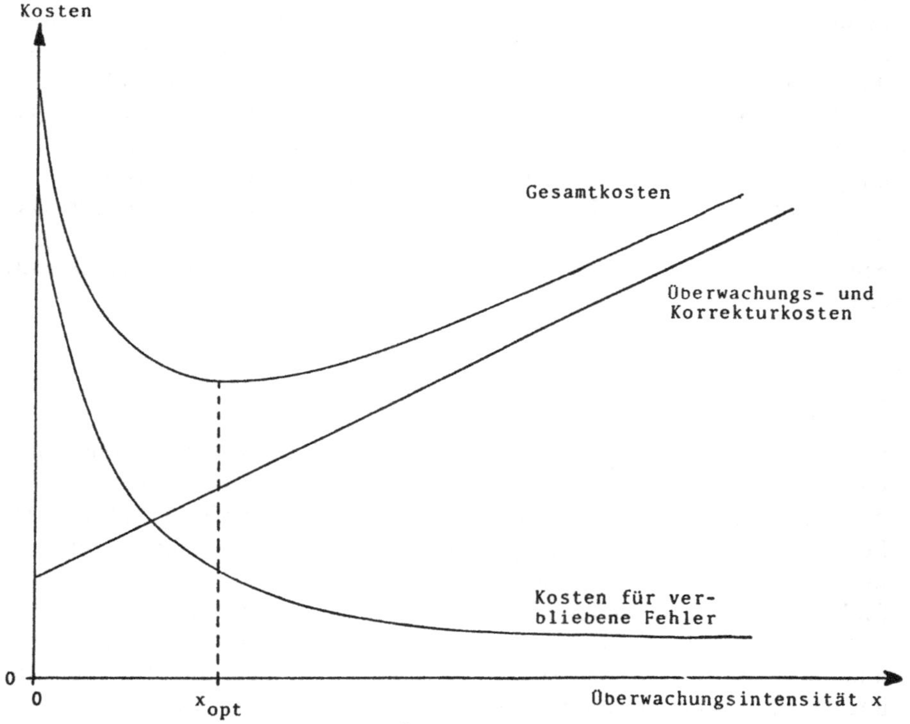


**Abb. 6.** Kostenverläufe abhängig von der Überwachungsintensität (vgl. Baetge, J. 1984, S. 171).

# 3 Dispositionsüberwachung im Rahmen des Controlling

## 3.1 Begriff und Aufgaben des Controlling

Controlling ist eine Teilaufgabe des dispositiven Faktors, durch die vor allem Koordinations- und Informationspflichten erfüllt werden. Controlling bezieht sich sowohl auf die Informationsbeschaffung als auch auf die Informationsauswertung (Horvath, P. 1981, Sp. 366). Eine wesentliche Quelle der Informationsbeschaffung ist die Überwachung, die im Rahmen des Controlling aufgrund ihrer engen Verbindung zur Planung als Dispositionsüberwachung bezeichnet wird (vgl. Abschn. 1.1).

Sprachlich leitet sich Controlling aus dem Verb „to control" ab, das nicht allein mit „kontrollieren" zu übersetzen ist, sondern vielmehr „lenken" und „regulieren" bedeutet. Controlling umfaßt somit sowohl das Prinzip der Steuerung als auch das Prinzip der Regelung.

Controlling ist eine Tätigkeit, die die gewünschten Zustände, die Sollwerte, dadurch herbeizuführen versucht, daß sie laufend Abweichungen der Istwerte von den Sollwerten bzw. von anderen Vergleichswerten feststellt und zeigt, wie sich Abweichungen durch Einflüsse auf die Istwerte kompensieren lassen oder wie Abweichungsursachen direkt entgegengewirkt werden kann. Hierbei sind auch Prognoseaufgaben bezüglich exogener Variablen zu lösen. Außerdem sind Sollwerte oder Sollwertpfade zu ermitteln, die der Zielsetzung des Unternehmens entsprechen.

## 3.2 Steuerung und Regelung betrieblicher Prozesse

Bei der Steuerung betrieblicher Prozesse soll den Störungen, d. h. den Einflüssen, die zu Abweichungen des Istwertes vom Sollwert führen, unmittelbar bei ihrem Auftreten entgegengewirkt werden (Baetge, J. 1974 a, S. 24). Die Störung selbst löst also die Gegenmaßnahme aus. Dazu ist erforderlich, mögliche störende Einflüsse auf die Unternehmensprozesse zu identifizieren und ständig zu beobachten, um sie entweder nicht auf die betrieblichen Prozesse wirken zu lassen, d. h. sie zu eliminieren, oder rechtzeitig entsprechende Gegenmaßnahmen einzuleiten, die die Störungen kompensieren. Das Ergebnis der betrieblichen Prozesse wird bei der reinen Steuerung weder beobachtet noch mit dem Sollwert verglichen. Es findet keine Überwachung des Prozeßergebnisses statt, sondern nur eine Beobachtung und eine Reaktion auf veränderliche exogene Größen. Für die Steuerung wird die Methode der Prognose benutzt, um künftige Verläufe von exogenen Variablen (Störgrößen) vorherzusagen.

Allein mit einer Steuerung kann der Sollwert nur erreicht werden, wenn

- deterministische Ursache-Wirkungszusammenhänge bestehen und vollkommene Information über den betrieblichen Prozeß vorhanden ist,
- alle Störgrößen, die auf das System wirken können, bekannt sind und beobachtet werden können und

- die eingeleiteten Gegenmaßnahmen (Stellgrößen) entweder mindestens so schnell wirken wie die festgestellten Störungen auf den betrieblichen Prozeß oder auf einer sicheren Prognose (Vorhersage) der exogenen Variablen beruhen.

Da diese Voraussetzungen in der Realität häufig nicht erfüllt sind, ist eine reine Steuerung betrieblicher Prozesse nicht denkbar. Als Alternative zur Steuerung bietet sich zunächst die Regelung an.

Bei der Regelung betrieblicher Prozesse werden die Prozeßergebnisse gemessen und mit einem Sollwert bzw. einem anderen Vergleichswert verglichen, d. h. überwacht. Bei Abweichungen des Istwertes vom Sollwert wird eine entsprechende Anweisung (Stellgröße) zur Kompensation der Abweichung ausgelöst (vgl. Baetge, J. 1974 a, S. 27). Die Aufgabe der Regelung besteht darin, die betrieblichen Ergebnisse trotz aller Störungen, die nicht oder nicht richtig prognostiziert werden, an einen vorgegebenen Sollwert heranzuführen. Die Regelung greift dabei auf das Prinzip der Diagnose zurück.

Der Nachteil der Regelung gegenüber der Steuerung besteht darin, daß Störungen später und erst an ihren Auswirkungen (Regelgrößen) bemerkt werden und deshalb auch erst später auf Störungen reagiert werden kann. Der Vorteil besteht darin, daß keine Prognose aller denkbaren Störgrößen mit all den Unsicherheiten notwendig ist.

Um die Vorteile sowohl aus der Steuerung als auch aus der Regelung nutzen zu können, bietet sich eine Kombination beider Prinzipien an. D. h. die wichtigsten Störgrößenverläufe werden prognostiziert und eliminiert bzw. kompensiert, bevor sie auf die betrieblichen Prozesse wirken. Die übrigen nicht prognostizierten sowie die falsch prognostizierten Störgrößen, die auf die betrieblichen Prozesse einwirken, werden anhand der Ergebnisse diagnostiziert, um daran anschließend kompensatorische Maßnahmen einleiten zu können.

## 3.3 Analyse betrieblicher Prozesse als Voraussetzung zur Steuerung und Regelung

### 3.3.1 Ermittlung der Struktur und des Zeitverhaltens

Sowohl für die Steuerung als auch für die Regelung betrieblicher Prozesse ist es erforderlich, die Struktur des betrieblichen Prozesses und das Verhalten seiner Elemente im Zeitablauf zu kennen. Nur dann können aufgrund der Prognose- oder Diagnoseinformationen wirksame Maßnahmen ergriffen werden, um den zeitlichen Verlauf der Ergebnisvariablen in der gewünschten Weise zu beeinflussen.

Zur Ermittlung des konkreten Zeitverhaltens kann eine dynamische Black-Box-Analyse angewendet werden. Für die im Abschnitt 2 dargestellten Modelle wäre zur Ermittlung der Einsatzzuverlässigkeiten nur die *statische* Black-Box-Analyse erforderlich gewesen. D. h. bei der statischen Black-Box-Analyse wird in einem bestimmten Zeitraum der Zustand der Istobjekte vor und nach der Tätigkeit ermittelt, um daraus auf die durchschnittliche Einsatzzuverlässigkeit zu schließen (zur Black-Box-Analyse vgl. Ashby, W. R. 1968, S. 86-117; Baetge, J. 1974 a, S. 63-68).

Bei der *dynamischen* Black-Box-Analyse wird zur Ermittlung des Zeitverhaltens der Input eines Systemelementes von Null oder einem bestimmten anderen Niveau um eine Einheit erhöht oder gesenkt und bei diesem Wert konstant gehalten. Man bezeichnet diese Inputfunktion als Einheitssprung-Funktion. Das Zeitverhalten des Systemelementes läßt sich aus der Änderung des Outputs im Zeitablauf ablesen. Man spricht von der Sprungantwort des Systemelementes. In der betrieblichen Praxis haben wir es mit zeitdiskreten Abfolgen, beispielsweise von Produktions-, Lager- und Absatzmengen je Zeiteinheit, zu tun. Insofern müßte das Zeitverhalten wirtschaftlicher Systeme durch zeitdiskrete Abfolgen der Variablen charakterisiert werden. Da sich der Abstraktionsfehler aber klein halten läßt, stellen wir nachfolgend die eigentlich zeitdiskreten betrieblichen Prozesse zeitkontinuierlich dar.

### 3.3.2 Arten des Zeitverhaltens

Die Elemente eines betrieblichen Prozesses können folgende Arten von Zeitverhalten zeigen, die einzeln oder kombiniert auftreten können (zur Darstellung der verschiedenen Arten des Zeitverhaltens vgl. Baetge, J. 1985, S. 55-62):

a) Verzögerung,
b) Totzeit,
c) Proportionalverhalten,
d) Integralverhalten und
e) Differentialverhalten.

*a) Verzögerung*

Als Beispiel für einen betrieblichen Prozeß, dessen Verhalten als Verzögerung erster Ordnung bezeichnet wird, sei eine Situation betrachtet, in der einem Mitarbeiter folgender Produktionsauftrag gegeben wird: Er soll aus einer bestimmten Rohstoffmenge (100 %) Fertigerzeugnisse herstellen und dabei den Rohstoff bestmöglich ausnutzen. Den maximalen Stoffgrad, definiert als Quotient aus den Rohstoffeinheiten in den Fertigerzeugnissen zu den insgesamt eingesetzten Rohstoffeinheiten, erreicht der Mitarbeiter nicht sofort, sondern er nähert sich ihm nach einiger Zeit. Beispielsweise ergibt die Black-Box-Analyse, daß der Mitarbeiter nach zwei Wochen 54 %, nach vier Wochen 80 %, nach sechs Wochen 91 % und nach acht Wochen 95 % des eingesetzten Rohstoffes ausnutzt (vgl. Baetge, J. 1974 b, S. 534). Die Fertigung sei taktgesteuert, so daß sich die Fertigungszeit je Stück nicht reduzieren läßt. Die entsprechende Lernkurve findet sich in Abb. 7.

Bei einer Verzögerung erster Ordnung, hier beschrieben durch die Lernkurve in Abb. 7, charakterisiert der Anstieg der Sprungantwort im Nullpunkt (bei der Nullserie) den gesamten weiteren Verlauf der Kurve. Der Anstieg im Nullpunkt läßt sich durch die sogenannte Zeitkonstante T kennzeichnen (Oppelt, W. 1964,

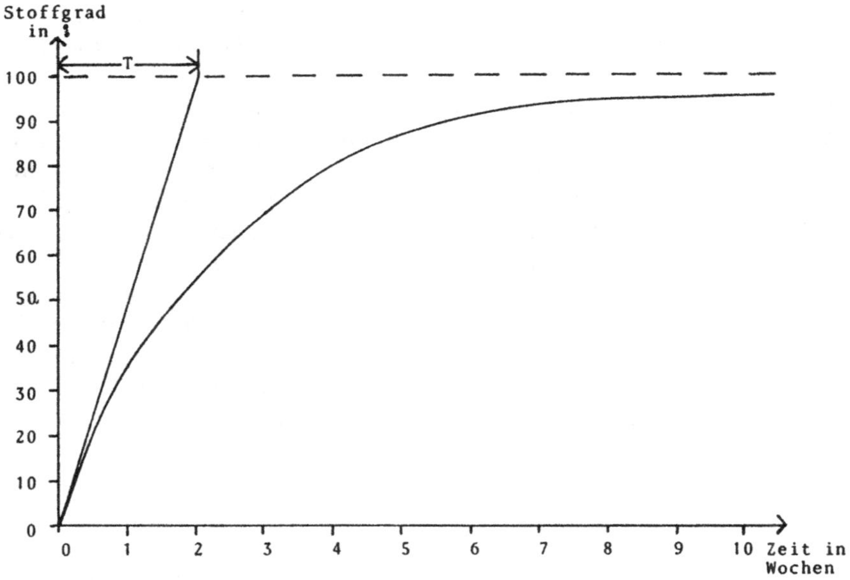


**Abb. 7.** Erreichter Stoffgrad im Zeitablauf ohne Arbeitsvorbereitung.

S. 64). Legen wir nämlich eine Tangente durch den Ursprung an die Sprungantwort, so lesen wir als Zeitkonstante T jene Zeit ab, die sich ergäbe, wenn nach einer sprungförmigen Änderung der Input-Variablen die Output-Variable gemäß dem Tangentenverlauf ihren Maximalwert erreichte (= Abszissenwert für den Schnittpunkt der Tangente mit dem Maximalwert). In Abb. 7 erreicht die im Nullpunkt angelegte Tangente die Linie für den maximalen Stoffgrad bei einem Abszissenwert von zwei Wochen, d. h. die Zeitkonstante der Lernkurve beträgt T = 2 Wochen. Bei gleichbleibendem Input läßt sich der weitere Verlauf des Outputs, hier des Stoffgrades, mit Kenntnis dieser Zeitkonstanten gut prognostizieren.

Würde der Produktionsprozeß beispielsweise durch „Arbeitsvorbereiter" geplant und der Mitarbeiter von diesen eingewiesen, wie er rohstoffsparend arbeiten kann, dann hätte die „Lernkurve" von Anfang an einen steileren Anstieg, wie die folgende Abb. 8 veranschaulicht.

Die neue „Lernkurve" zeigt, daß der Mitarbeiter nach zwei Wochen bereits 80 % und nach vier Wochen bereits 95 % des Rohstoffes ausnutzt. Bei Abb. 8 sinkt die Zeitkonstante im Vergleich zu Abb. 7 auf eine Woche. Treten zwei Verzögerungsglieder erster Ordnung mit gleichen Zeitkonstanten zeitlich und produktionstechnisch hintereinander auf, dann erhalten wir als Zeitverhalten dieses Gesamtprozesses ein Verzögerungsglied zweiter Ordnung. Beispielsweise wird nach der Bearbeitung des Rohstoffes gemäß dem in Abb. 7 dargestellten Lernverlauf das entstandene Zwischenprodukt durch einen zweiten Mitarbeiter mit dem gleichen Lernverhalten (entsprechend Abb. 7) weiterbearbeitet. Das Zeitverhalten ergibt sich in diesem Fall gemäß Abb. 9.

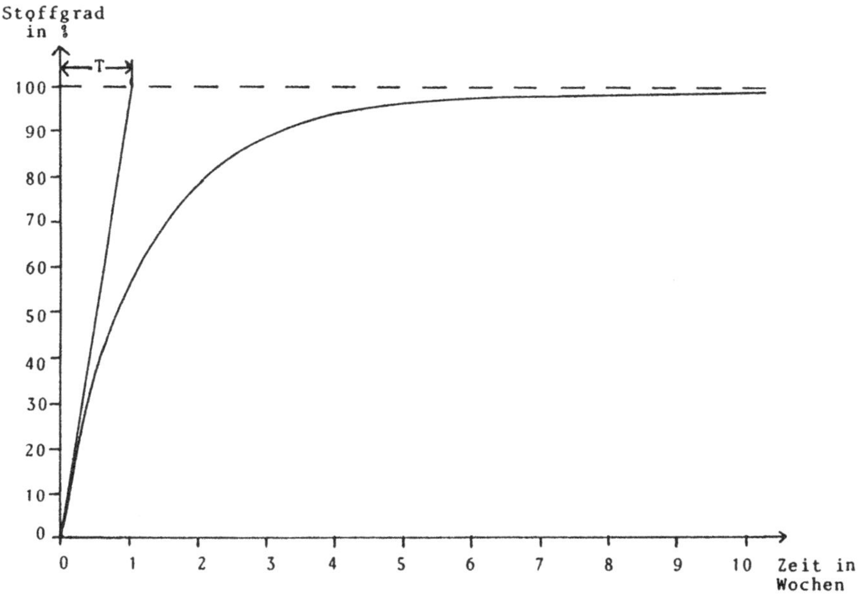


**Abb. 8.** Erreichter Stoffgrad im Zeitablauf mit Arbeitsvorbereitung.

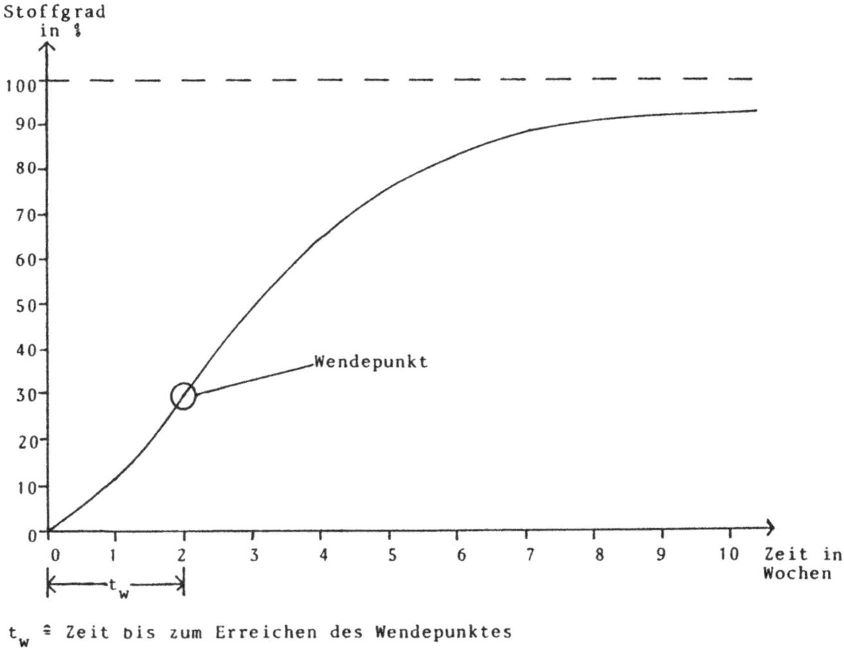


**Abb. 9.** Erreichter Stoffgrad nach zwei Produktionsstufen ohne Arbeitsvorbereitung.

Für diesen Fall läßt sich mit den Zeitkonstanten der Verzögerung erster Ordnung T die Zeit $t_w$, d. h. die Zeit vom Beginn des Anstiegs bis zum Erreichen des Wendepunktes, ermitteln nach der Formel: $t_w = (n\text{-}1)T$. Dabei stellt n die Ordnungszahl, d. h. die Zahl der in Reihe geschalteten Verzögerungsglieder erster Ordnung, dar. In unserem Fall ist T=2 Wochen und n=2, also gilt $t_w = 2$.

Eine in der ökonomischen Realität häufig zu beobachtende Verzögerung zweiter Ordnung ist der Beginn des Lebenszyklus-Verlaufes eines Produktes. In Abb. 10 zeigen wir für die Verzögerung höherer Ordnung – hier an dem bereits diskutierten Beispiel der Verzögerung 2. Ordnung – zwei weitere charakteristische Zeitwerte zur Kennzeichnung des Zeitverhaltens eines Systemelementes.

Die Strecke $\overline{OA}$ von $t_0 = 0$ Wochen bis zum Schnittpunkt A der Zeitachse mit der Wendetangente wird als Verzugszeit $T_u$ bezeichnet. Die Strecke $\overline{AB}$ zwischen dem Schnittpunkt A der Wendetangente mit der Zeitachse und dem Lot B des Schnittpunktes C der Wendetangente mit dem Maximalwert auf die Zeitachse wird als Ausgleichszeit Tg bezeichnet. Durch diese Zeiten lassen sich ökonomische Prozesse sehr gut charakterisieren (vgl. Baetge, 1974 a, S. 102).

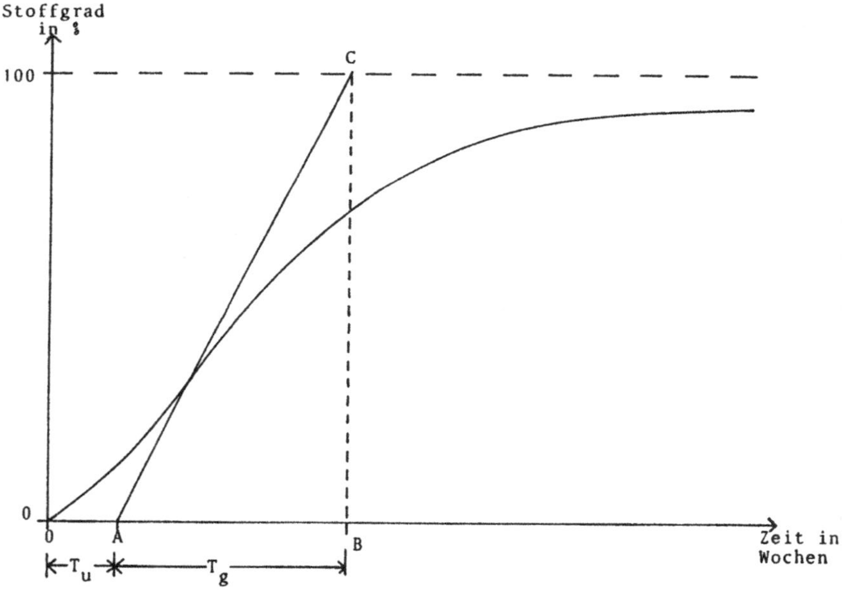


$T_u$ ≙ Verzugszeit $\overline{OA}$

$T_g$ ≙ Ausgleichszeit $\overline{AB}$

**Abb. 10.** Verzugs- und Ausgleichszeit bei Verzögerung höherer Ordnung.

*b) Totzeit*

Ein Realisationsprozeß verbraucht in der Sprache der Regelungstheorie sogenannte Totzeit, wenn er auf einen Input-Sprung eine bestimmte Zeit nicht reagiert. Es entsteht also ein inaktiver („toter“) Zeitraum. Typische ökonomische Beispiele dafür sind Wartezeiten, Lagerzeiten und Kündigungsfristen. Das Zeitverhalten ökonomischer Systemelemente zeigt häufig eine Kombination aus reiner Totzeit und Verzögerung. Ein Beispiel hierfür wäre die Produktionsgeschwindigkeit nach Erteilung eines Auftrages. Zunächst vergeht eine Wartezeit, und dann wird die Produktion mit zunächst zunehmender und dann abnehmender Geschwindigkeitszunahme ausgeführt, bis der Auftrag fertiggestellt ist.

*c) Proportionalverhalten*

Proportionalverhalten liegt vor, wenn das Zeitverhalten der Output-Variablen proportional zum Zeitverhalten der Input-Variablen ist. Das Proportionalverhalten kennzeichnet das in statischen Modellen unterstellte „zeitliche“ Verhalten von Systemelementen. Tatsächlich kommt es in der wirtschaftlichen Realität selten in reiner Form vor. Es ist zumeist nur in Verbindung mit anderen Verhaltenskomponenten zu finden. Ökonomische Beispiele für Proportionalverhalten sind die zeitlose, ruckartige Nachfragesenkung (-erhöhung) aufgrund einer Preiserhöhung (-senkung) oder der sofortige Arbeitszeit- bzw. Lohnkostenanstieg bei Einstellung eines neuen Mitarbeiters.

*d) Integralverhalten*

Steigt die Output-Variable nach dem Input-Sprung mit gleichbleibender Steigung an, so wird dieses Zeitverhalten als Integralverhalten bezeichnet. Dieses Verhalten ist für zahlreiche ökonomische Prozesse typisch. Beispielsweise charakterisiert es den Lagerbestand im Zeitverlauf. Zur Typisierung des dynamischen Verhaltens dieses „integrierenden“ Prozesses wird der Input vereinfachend als zeitkonstant unterstellt. In praxi sind die Eingangsgrößen zumeist zeitvariabel und zeitweise negativ (Lagerabgang). Das zeitdiskrete Analogon zum Integralverhalten ist ein additives bzw. saldierendes Verhalten. Man spricht von Summierverhalten. Es gilt für alle Bestandsermittlungen, deren Endbestand sich nach der Regel ermittelt:

|   | |
|---|---|
|   | Anfangsbestand |
| + | Zugänge |
| − | Abgänge |
| = | Endbestand |

*e) Differentialverhalten*

Erfolgt auf einen Input-Sprung eine (theoretisch unendlich große) sprungförmige Änderung der Output-Variablen, die dann allmählich wieder abklingt und sich dem Wert Null nähert, so zeigt das Systemelement Differentialverhalten. Dieses Verhalten ist in reiner Form (wegen der unendlich großen sprungförmigen Änderung) in der Realität nicht zu finden. Allerdings zeigt sich kurze Zeit nach dem Inputsprung ein Zeitverhaltensmuster, bei dem der Wert der Output-Variablen zunächst stark und dann allmählich abklingt. Ein ökonomisches Beispiel dafür ist der Prozeß des Abklingens der Nachfrage im Ausverkauf trotz einer kurz zuvor begonnenen und dann in dieser Intensität beibehaltenen Ausverkaufswerbung.

Ökonomische Prozesse, seien sie reguliert oder nicht, weisen Elemente oder Kombinationen dieser geschilderten Arten des Zeitverhaltens auf. Die Analyse des Zeitverhaltens der Systemelemente, z. B. der Nachfrage, liefert die Grundlage für die Regulierung eines jeden Systems, z. B. der Produktion. Ein typisches Beispiel dafür zeigt der Produktionsratenverlauf in Abb. 13 abhängig vom (in diesem Beispiel) autonomen Nachfrageverlauf.

## 3.4 Einsatz von Steuerung und Regelung, dargestellt am Beispiel zur Abstimmung von Produktion und Lagerhaltung

### 3.4.1 Vorbemerkung

Anhand eines einfachen Beispiels wird im folgenden die Vorgehensweise bei der Analyse betrieblicher Prozesse und die Wirkungsweise der Steuerung und Regelung gezeigt. Dazu wird ein Modell zur Abstimmung von Produktion und Lagerhaltung auf einen sich autonom ändernden Absatz vorgestellt. Das zu lösende Problem ist die zeitliche Verteilung der Produktionsmengen. Es gilt die Frage zu beantworten, wieviel Mengeneinheiten in einer bestimmten Zeiteinheit, z. B. pro Tag oder pro Woche, hergestellt werden sollen.

Zunächst wird das Grundmodell von Simon (vgl. Simon, H. A. 1952) mit sehr restriktiven Prämissen dargestellt, die nach und nach abgebaut werden können, um das Modell realitätsnäher und damit auch komplexer zu gestalten.

### 3.4.2 Grundmodell

#### *3.4.2.1 Prämissen*

Bei dem im folgenden darzustellenden Grundmodell liegen folgende Prämissen zugrunde:

1. Das Unternehmen strebt das Ziel der langfristigen Gewinnmaximierung an.
2. Es handelt sich um eine einstufige Einprodukt-Unternehmung.
3. Betrachtet werden die Bereiche Produktion, Fertigerzeugnislagerung und Absatz. Dabei wird davon ausgegangen, daß keine Kapazitätsrestriktionen in der Produktion und bei der Lagerhaltung bestehen und die Fertigerzeugnisse unbeschränkt lagerfähig sind. Das absatzpolitische Instrumentarium ist bereits festgelegt und die nachgefragte Menge an Fertigerzeugnissen ist von der Unternehmung nicht mehr zu beeinflussen. Kann zu einem bestimmten Zeitpunkt auftretende Nachfrage wegen mangelnder Lieferfähigkeit nicht befriedigt werden, so entstehen Verzugsmengenkosten, z. B. durch Preisnachlässe, die den wartenden Kunden gewährt werden. Die Nachfrage geht indes nicht verloren, sondern wird später befriedigt.

4. Die zeitliche Verteilung der Nachfragemenge ist unbekannt. D. h., die Höhe der Nachfrage in künftigen Zeiträumen ist unbekannt und veränderlich, nur die Summe der Nachfrage im betrachteten Zeitraum von z. B. einem Jahr läßt sich abschätzen. Einflußfaktoren der schwankenden Nachfrage können z. B. die Saison, die Konjunktur oder Maßnahmen der Konkurrenz sein.
5. Die zeitliche Verteilung der Produktion kann sich der Nachfrage durch folgende Möglichkeiten anpassen:
   - emanzipierte Fertigung, d. h. gleichbleibende Produktionsmenge pro Zeitabschnitt im Zeitablauf
   - vollsynchrone Fertigung, d. h. Produktionsmenge pro Zeitabschnitt im Zeitablauf ist veränderlich und immer gleich der Nachfragemenge oder
   - Mischformen, d. h. veränderliche Produktionsmengen pro Zeitabschnitt, die der Nachfragemenge nicht immer entsprechen.
6. Die in der Realität diskreten Prozesse werden als kontinuierliche Prozesse abgebildet. Dadurch ergibt sich eine vereinfachte Berechnung bei geringem Abstraktionsfehler.
7. Produktion, Lagerung, Absatz, Informationsbeschaffung und Entscheidung sind zeitlos, d. h. sie finden unendlich schnell statt.
8. Bei Überwachung des betrachteten Produktions- und Lagerhaltungsprozesses soll die Zahl der Überwachungen im betrachteten Zeitraum festliegen (gegebene Überwachungsfrequenz). Damit sind die pro Überwachung anfallenden Kosten nicht entscheidungsrelevant.
9. Es wird ein linearer Produktionskostenverlauf unterstellt, d. h. die variablen Produktionsstückkosten sind konstant. Ein solcher Kostenverlauf kann insbesondere bei zeitlicher Anpassung auftreten.
10. Die variablen Lagerstückkosten sind veränderlich.

### *3.4.2.2 Vom Planungs- zum Planungs-Überwachungsmodell*

Da der Absatzpreis und die Absatzmenge und damit der Umsatz in der betrachteten Gesamtperiode festliegen (vgl. Prämisse 3, Satz 3), kann das Ziel der Gewinnmaximierung auf das Ziel der Kostenminimierung reduziert werden. Die zur Disposition stehenden Erlösschmälerungen für wartende Kunden werden dabei als Opportunitätskosten berücksichtigt.

Für die Entscheidung über die zeitliche Verteilung der Produktion sind drei relevante Kostenbestandteile zu unterscheiden:

- Produktionskosten,
- Lagerkosten und
- Verzugsmengenkosten.

Entsprechend der Prämisse (9) sind die variablen Produktionsstückkosten konstant, d. h. die Kosten pro produzierte Mengeneinheit sind unabhängig von den produzierten Mengeneinheiten pro Zeiteinheit. Eine Entscheidung über die zeitliche Verteilung der Produktion ist eine Entscheidung über die zu produzierenden Mengen pro Zeiteinheit und beeinflußt die Höhe der Produktionskosten damit nicht. Die Kostenminimierung kann in diesem Fall auf eine Minimierung der Lager- und Verzugsmengenkosten beschränkt werden.

Ohne die in Prämisse (5) gezeigten Alternativen einzeln explizit beurteilen zu müssen, bietet sich als optimale Lösung die vollständige Synchronisation an. In jedem Zeitabschnitt wird genau die Produktionsmenge fertiggestellt, die auch nachgefragt wird. Es entstehen keine Lagerbestände und keine Verzugsmengen. Das absolute Minimum der noch beeinflußbaren Kosten in Höhe von Null ist erreicht.

Bei dem Versuch, diese Lösung zu realisieren, werden indes Schwierigkeiten auftreten. Die Anweisung: „Anpassung des Produktionsverlaufs an den Nachfrageverlauf" ist nicht exakt durchführbar. Dafür kann es grundsätzlich folgende Gründe geben:

1. Die Abbildung der Realität im Modell ist mit Ungenauigkeiten verbunden und die Handlungsanweisung ist deshalb nicht optimal. Im Modell wird bspw. nicht der Zeitbedarf für die Informations- und Warenflüsse sowie für die Produktion oder für den im Produktionsbereich auftretenden Ausschuß berücksichtigt.
2. Die für die Durchführung der Handlungsanweisung notwendigen Prognosen der Nachfragemengen pro Zeiteinheit können die künftige Entwicklung nicht exakt vorhersagen.

Für den Fall, daß das Problem ausschließlich unter der Prämisse zeitloser Produktion gelöst werden soll, ist der Ansatz eines Planungs- und Überwachungsmodells nicht erforderlich. Eine auftretende Nachfrage würde zur Kenntnis genommen, im gleichen Zeitpunkt die Produktionsanweisung gegeben, die Produkte hergestellt und ausgeliefert. Dies entspricht dem Prinzip der Steuerung und läßt sie durch das Blockschaltbild in Abb. 11 darstellen.

Die Anwendung des Steuerungs-Prinzips wäre die elegantere Lösung für diesen speziellen Fall, denn sie würde einen Soll-Lagerbestand von Null unter den gegebenen Prämissen garantieren. Diese Lösung bedarf aber weiterer Annäherungen des Modells an die Realität. Um z. B. Produktionszeiten und nicht-lineare Kostenverläufe berücksichtigen zu können, wie dies im Abschnitt 3.4.3 geschieht, kann auf das Prinzip der Regelung nicht verzichtet werden.

Mit einem Steuerungsmodell kommt man wegen der vielen Störungen, die sich kaum vollständig erfassen lassen, nicht aus. Daher sollte das Ergebnis der Steuerung (Planung) anhand einer globalen Ergebnisgröße überwacht werden, in der sich die Wirkungen aller Einzelstörungen niederschlagen. Erst durch die Überwachung des betrachteten Prozesses, hier z. B. anhand des Lagerbestandes, werden die Auswirkungen der Abbildungsungenauigkeiten und Prognosefehler erkennbar. Die Überwachungsergebnisse lassen sich dann heranziehen, um die Planungsüberlegungen zu korrigieren. Zunächst wird ein Überwachungsmodell noch unter der Prämisse der zeitlosen Produktion konzipiert. Anschließend werden einige Modellerweiterungen vorgenommen und ein Planungs- und Überwachungsmodell, d. h. die Kombination aus Steuerung und Regelung, vorgestellt.

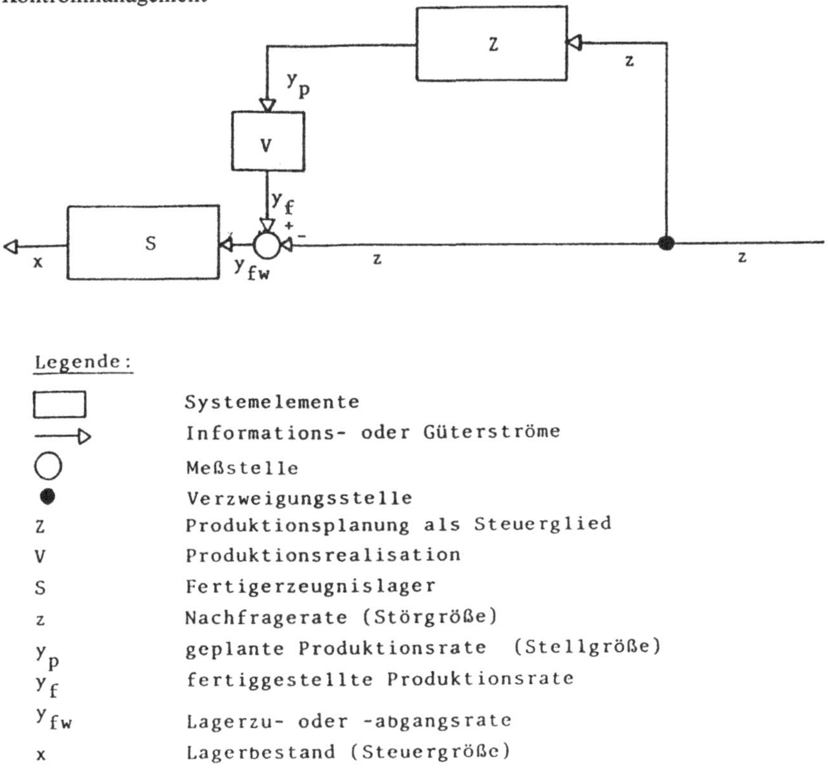


**Abb. 11.** Prinzip der Steuerung.

### *3.4.2.3 Darstellung eines Überwachungsmodells*

Die Struktur eines Überwachungsmodells wird in Abb. 12 durch ein Blockschaltbild veranschaulicht.

Die Nachfragerate z trifft zunächst auf die fertiggestellte Produktionsrate $y_f$. Ist die Differenz positiv, d. h. die Produktionsrate größer als die Nachfragerate, so ergibt sich ein Lagerzugang; ist die Differenz negativ, so ergibt sich ein Lagerabgang. Outputgröße des Fertigerzeugnislagers S ist die Information über den Lagerbestand x, der mit dem (erwünschten) Soll-Lagerbestand $x_k$, bei Vollsynchronisation in Höhe von Null, verglichen, d. h. überwacht wird. Die ermittelte Abweichung $x_w$ wird an die Produktionsplanung, den Regler R, gemeldet, der daraufhin an die Produktionsrealisation V eine Anweisung zur Produktion der geplanten Produktionsrate $y_p$ gibt.

Die graphische Darstellung wird in Gleichungen umgewandelt, wobei zunächst zur Vereinfachung sog. lineare Operatoren (vgl. Allen, R. G. D. 1971, S. 876) benutzt werden. Bei der allgemeinen Operatorenrechnung wird jedes Systemelement als Black-Box angesehen und eine Beziehung in der Form:

Output = Operator * Input

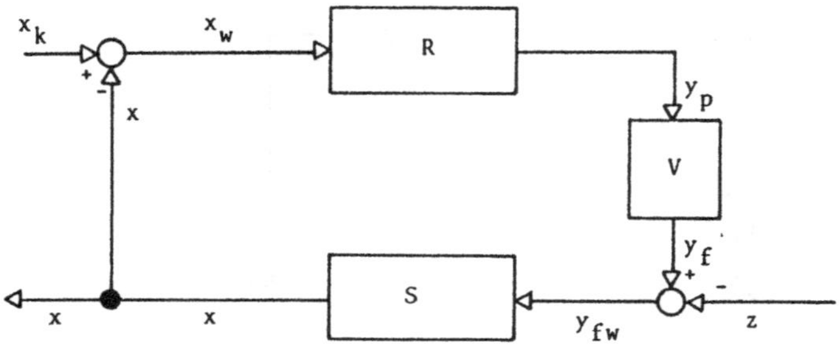


Legende:

| | |
|---|---|
| R | Produktionsplanung als Regler |
| $x_k$ | erwünschter Lagerbestand (Sollwert) |
| $x_w$ | Abweichung vom gewünschten Lagerbestand (Regelabweichung) |

Zu den anderen Symbolen vgl. Legende zu Abb. 11.

**Abb. 12.** Prinzip der Regelung.

aufgestellt. In einem zweiten Schritt sind die linearen Operatoren als spezifische Rechenvorschriften zu konkretisieren, um das konkrete Verhalten der einzelnen Systemelemente abzubilden.

$$x = S * y_{fw} \tag{1}$$
$$= S * (y_f - z)$$
$$y_f = V * y_p \tag{2}$$
$$y_p = R * x_w \tag{3}$$
$$= R * (x_k - x)$$

### *3.4.2.4 Konkretisierung der Operatoren*

Grundsätzlich sind zwei Gruppen von Operatoren zu unterscheiden:

a) für inhaltlich vorgegebene Systemelemente (hier: S, V) und
b) für inhaltlich vom Entscheider festzulegende Systemelemente (hier: R).

*1. Der Lagerhaltungsoperator (S):*

Um den Lagerbestand x zu einem Zeitpunkt t, x(t) genannt, zu ermitteln, müssen ausgehend vom Zeitpunkt 0 bis zum Zeitpunkt t alle Lagerzugänge addiert und alle Lagerabgänge subtrahiert werden. Aufgrund der stetigen Betrachtung wird hier aus der Summation eine Integration (vgl. Integralverhalten in Abschnitt 3.3.2).

$$x(t) = \int_0^t (y_f(n) - z(n))\, dn \tag{1a}$$

*2. Der Produktionsoperator (V)*

Gemäß der hier noch geltenden Prämisse 7 findet kein Zeitverbrauch bei der Produktion statt und es tritt kein Ausschuß auf. D. h. die im Zeitpunkt t geplante Produktionsrate wird in gleicher Höhe im Zeitpunkt t fertiggestellt.

$$y_f(t) = y_p(t) = y(t) \tag{2a}$$

*3. Der Entscheidungsoperator (Regler R)*

Der Regler soll die Produktionsrate aufgrund der ermittelten Abweichung von Soll- und Ist-Lagerbestand festlegen. Der Entscheidungsoperator ist so zu wählen, daß der Sollwert ($x_k = 0$) bei Auftreten einer Störung in Form der unbekannten Nachfrage z möglichst schnell und genau angenähert wird.

Es gibt drei Grundformen für das Verhalten eines Reglers. Bei der Berechnung der vorzugebenden Produktionsrate im Zeitpunkt t werden folgende Regelabweichungen herangezogen:

1. Nur die aktuell im Zeitpunkt t ermittelte Regelabweichung: Proportionalverhalten (P)

$$y(t) = a * (x_k(t) - x(t)) \tag{3a}$$

2. Alle bis zum Zeitpunkt t ermittelten Regelabweichungen: Integralverhalten (I)

$$y(t) = b * \int_0^t (x_k(n) - x(n))\, dn \tag{3b}$$

3. Die marginale Veränderung der Regelabweichungen im Zeitpunkt t: Differentialverhalten (D)

$$y(t) = c \frac{d\,(x_k(t) - x\,(t))}{dt} \tag{3c}$$

Die drei grundsätzlichen Verhaltensweisen eines Reglers lassen sich an folgendem einfachen Beispiel mit diskreten Daten darstellen: Ein Zeitungsverkäufer kauft täglich Zeitungen beim Verlag auf eigene Rechnung, um diese weiterzuverkaufen. In den letzten drei Tagen hat er jeweils 100 Zeitungen eingekauft. Wie in Tabelle 5 dargestellt, betrug die Nachfrage 98, 100 und 102 Zeitungen.

**Tabelle 5.** Datenbasis für eine Regelung

| Tag | 1 | 2 | 3 |
|---|---|---|---|
| Einkauf | 100 | 100 | 100 |
| Nachfrage | 98 | 100 | 102 |
| Abweichung | + 2 | 0 | − 2 |

Der Zeitungsverkäufer kann nun folgende Schlußfolgerungen für den 4. Tag ziehen:

1. Da er am 3. Tag zwei Zeitungen zu wenig eingekauft hat, kauft er am 4. Tag 102 Zeitungen ein. Dies entspricht einem Proportionalverhalten (P).
2. Da im Durchschnitt der drei Tage die Nachfrage genau 100 betrug, kauft er am 4. Tag erneut 100 Zeitungen ein. Dies entspricht dem Integralverhalten (I).
3. Da die Nachfrage täglich um Zeitungen zunahm, kauft er am 4. Tag 104 Zeitungen ein. Dies entspricht dem Differentialverhalten (D).

Diese Verhaltensweisen können einzeln oder kombiniert auftreten, wobei nicht nur die Kombination der Verhaltensweisen, sondern auch die Höhe der Koeffizienten für P, I und D, nämlich a, b und c festzulegen ist.

Soll z. B. ein PI-Regler eingesetzt werden, wie von Simon vorgeschlagen wird (vgl. Simon, H. A. 1952, S. 257), so ergibt sich für das Grundmodell folgendes Gleichungssystem:

$$x(t) = \int_0^t (y(n) - z(n))\, dn \tag{4}$$

$$y(t) = a * (x_k(t) - x(t)) + b * \int_0^t (x_k(n) - x(n))\, dn \tag{5}$$

Da die analytische Berechnung eines optinmalen Reglers sehr aufwendig oder gar unmöglich ist, wird die Simulation als Hilfsmittel herangezogen.

### *3.4.2.5 Die Simulation als Lösungshilfe*

Durch eine Simulation wird eine Zustandsgeschichte eines realen Systems mit Hilfe eines formalen Systems erstellt (vgl. Witte, T. 1973, S. 18). Die Zustände der interessierenden Merkmale im Zeitablauf (Produktionsrate, Nachfragerate und die daraus resultierende Lagermenge) werden mit Hilfe des oben aufgestellten Gleichungssystems ermittelt.

Für eine Simulation wird ein bestimmter Nachfrageverlauf unterstellt und dann berechnet, wie ein konkreter Regler gem. Formel (5) damit zurechtkommt. Die Ergebnisse des Reglers können auch bei anderen Nachfrageverläufen ermittelt und der Regler damit getestet werden. Außerdem lassen sich auch die Ergebnisse anderer Regler bei den diversen Nachfrageverläufen ermitteln. Aufgrund eines Ergebnisvergleiches zwischen den verschiedenen Reglern kann eine Entscheidung getroffen werden. Da nicht jeder denkbare Regler für jeden möglichen Nachfrageverlauf getestet werden kann, läßt sich der optimale Regler i. d. R. nicht finden. Doch ist es möglich, Regler zu ermitteln, die im Durchschnitt zu guten Ergebnissen führen.

Um die Simulationen einerseits möglichst schnell und genau und andererseits in möglichst großer Zahl ablaufen zu lassen, bietet sich die Simulation mit Hilfe eines Computers an. Dabei können Programmiersprachen benutzt werden, wie CSMP (Continuous System Modeling Programme, CSMP/360, Anwendungsbeschreibung, IBM Form Nr. 80744, vgl. auch Bolle, M. 1971; Forner, H. 1968), die speziell zur Simulation dynamischer Systeme entwickelt wurden.

#### *3.4.2.6 Simulationsergebnisse*

Im folgenden werden beispielhaft die Ergebnisse einer Simulation für das durch die Gleichungen (4) und (5) beschriebene Modell vorgestellt. Für einen Untersuchungszeitraum von 50 Zeiteinheiten wird getestet, wie ein PI-Regler mit den Koeffizienten a = 0,5 und b = 0,5 mit einem bestimmten Nachfrageverlauf zurechtkommt. Als Störgrößenverlauf wird ein trapezförmiger Verlauf der Nachfragerate im Untersuchungszeitraum angenommen, wie er in Abb. 13 als durchgezogene Streckenfolge dargestellt ist. In den ersten zehn Zeiteinheiten steigt die Nachfragerate von null auf zehn Mengeneinheiten pro Zeiteinheit und bleibt dann bis zur zwanzigsten Zeiteinheit konstant. Bis zur vierzigsten Zeiteinheit sinkt sie kontinuierlich bis auf Null. In den letzten zehn betrachteten Zeiteinheiten tritt keine Nachfrage mehr auf.

Neben dem Nachfrageverlauf ist in Abb. 13 der Produktionsratenverlauf als schwingende Linie eingetragen, der sich aufgrund der Anweisungen durch den zu testenden PI-Regler ergibt. Die Abbildung verdeutlicht, daß der Produktionsratenverlauf dem Nachfrageratenverlauf recht gut folgt (zu Simulationsergebnissen mit anderen Reglern und anderen Nachfrageverläufen vgl. Baetge, J. 1974 a, S. 121-125).

Es gilt nun die Frage zu beantworten, nach welchen Kriterien verschiedene Regler miteinander verglichen werden sollen. Die im betrachteten Zeitraum entstandenen Lager- und Verzugsmengen werden durch die sogenannte Regelfläche, d. h. die Fläche zwischen Sollwert- und Istwertfunktion, im Zeitablauf angegeben. Die Regelfläche ist jedoch nicht unmittelbar am Verlauf der Nachfrage- und Produktionsrate in Abb. 13 abzulesen. Wird bspw. in den ersten Zeiteinheiten zuwenig produziert, so entstehen Verzugsmengen. Stimmt danach Produktions- und Nachfragerate überein, so entsteht der Eindruck eines guten Ergebnisses des Reglers. Tatsächlich werden indes die zu Beginn entstandenen Verzugsmengen über die gesamte Periode beibehalten. Der Soll-Lagerbestand von Null wird nie erreicht.

Die Regelfläche ist in Abb. 14 ersichtlich, in der die Abweichungen vom Soll-Lagerbestand, die hier bei einem Soll-Lagerbestand von Null gleich dem Lagerbestand sind, im Zeitablauf abgetragen sind. Die Auswahl des Reglers mit minimaler Regelfläche ist indes nur dann mit dem Ziel der Gewinnmaximierung vereinbar, wenn der Verzugsmengenkostensatz dem Lagerkostensatz entspricht. Andernfalls muß eine bewertete Regelfläche als Kriterium herangezogen werden. Die Fläche oberhalb der Abzisse in Abb. 14 wird mit dem geltenden Lagerkostensatz bewertet und die Fläche unterhalb der Abzisse mit dem geltenden Verzugsmengenkostensatz, jeweils in der Dimension Geldeinheit pro Mengeneinheit und Zeiteinheit.

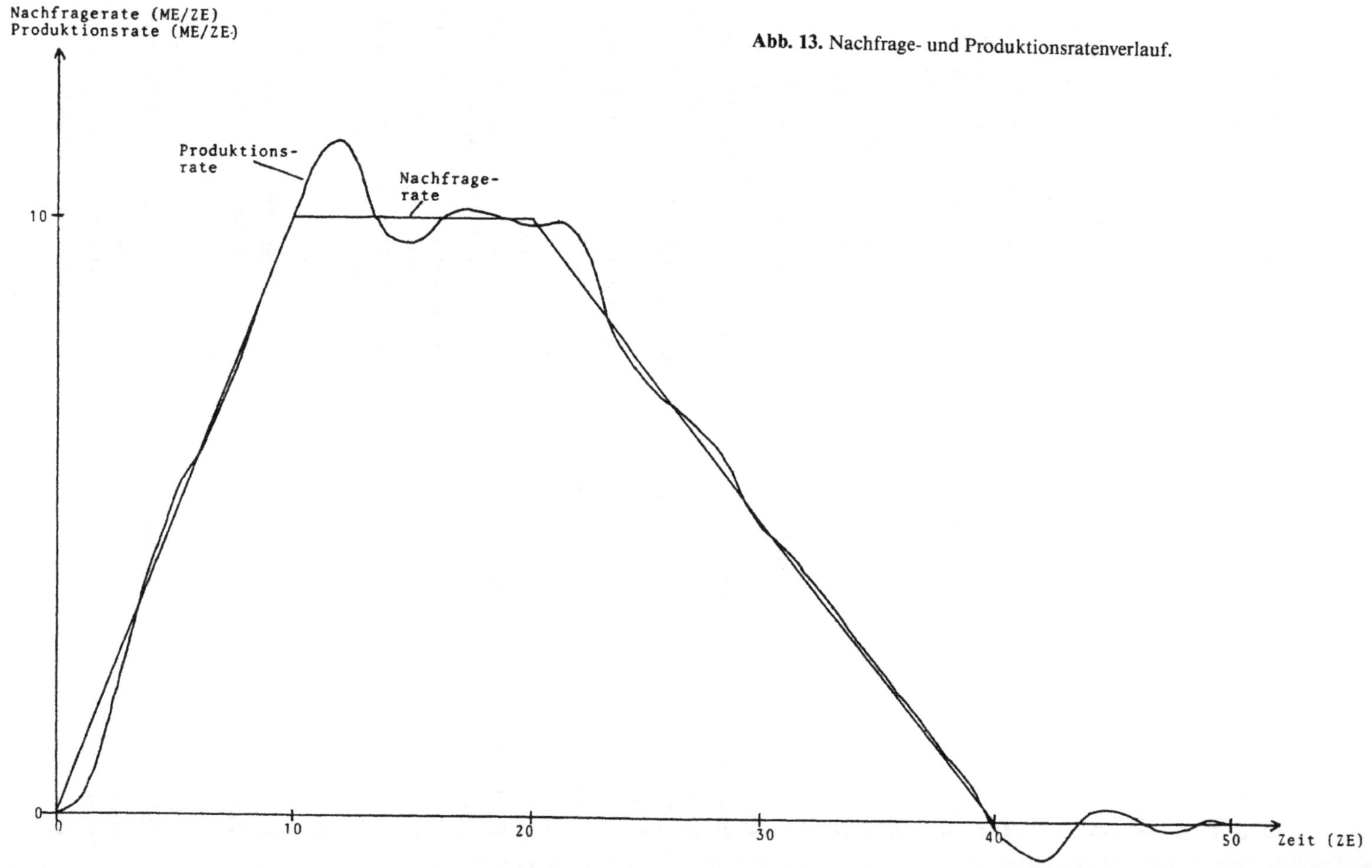


**Abb. 13.** Nachfrage- und Produktionsratenverlauf.

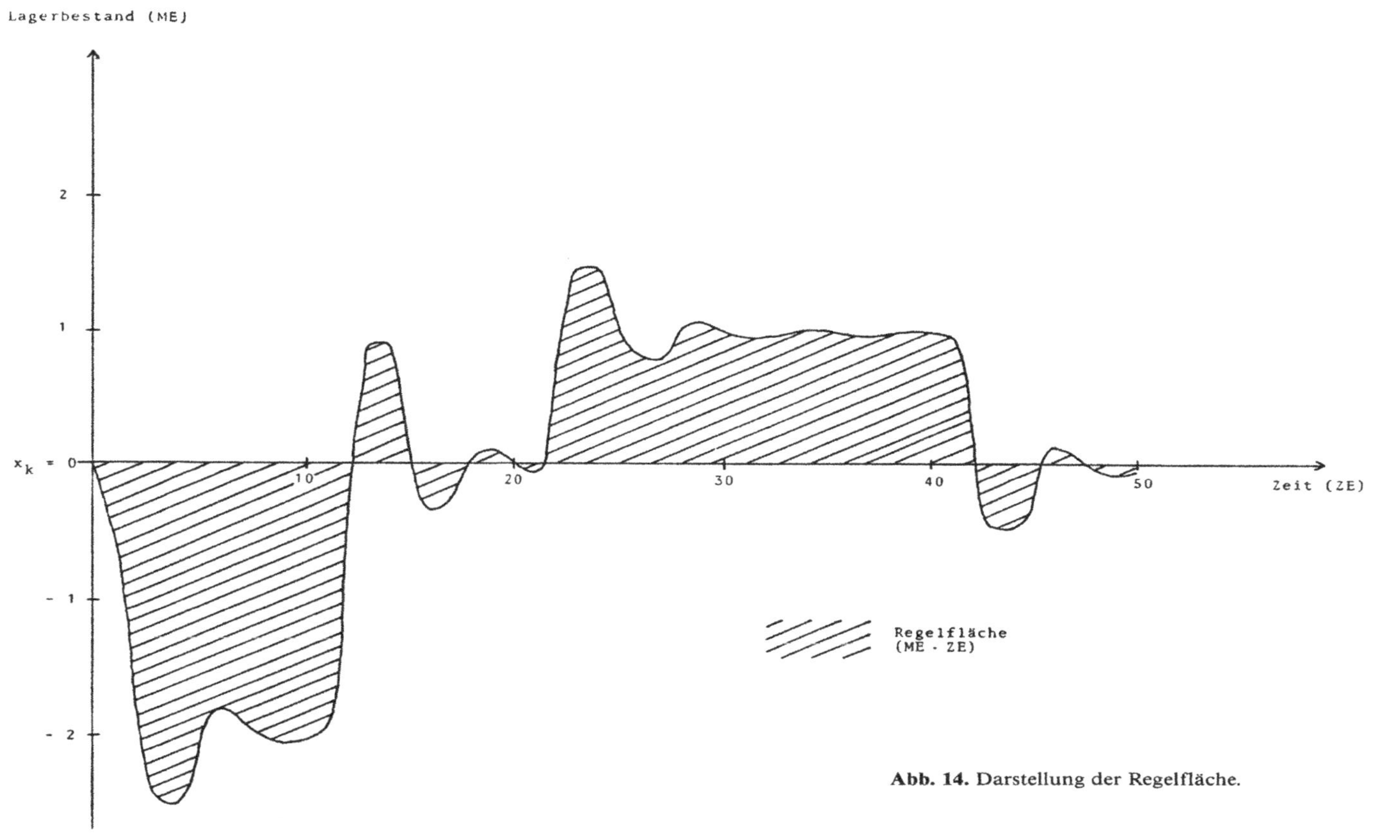


**Abb. 14.** Darstellung der Regelfläche.

Da der Soll-Lagerbestand von Null niemals exakt über den gesamten Zeitraum von einem Regler eingehalten werden kann, ist es u. U. sinnvoll, aufgrund der Überwachungsergebnisse eine Rückkopplung zu den vorhergehenden Planungsüberlegungen (Sollwertgeber) vorzunehmen und einen positiven Soll-Lagerbestand festzulegen, um damit Verzugsmengenkosten zu senken. Bspw. wird ein Soll-Lagerbestand von einer Mengeneinheit gefordert und dafür ein guter Regler anhand der bewerteten Regelflächen gesucht. Der beste unter den simulierten Reglern bei einem Sollwert von einer Mengeneinheit ist mit dem besten Regler bei einem Sollwert von null Mengeneinheiten anhand der Regelergebnisse (bewerteten Regelflächen) zu vergleichen. Die simulierte Kombination aus Sollwert und Regler, die die besten Regelergebnisse bringt, sollte gewählt werden.

Evtl. ergibt sich der Soll-Lagerbestand auch aufgrund von Überlegungen, denen nicht unmittelbar das Kostenkriterium zugrundeliegt. Eine Unternehmung möchte z. B. aus Imagegründen ständig lieferbereit sein. Der Soll-Lagerbestand müßte dann so gewählt werden, daß mit großer Wahrscheinlichkeit von z. B. 99 % keine Verzugs- oder Fehlmengen auftreten.

### 3.4.3 Erweiterungen des Grundmodells

#### *3.4.3.1 Berücksichtigung von Produktionszeiten*

Zunächst wird die Prämisse der zeitlosen Produktion aufgehoben, um das Modell realitätsnäher zu gestalten. Da ein Regler erst dann eine Anweisung zur Produktion geben kann, wenn die Nachfrage bereits aufgetreten ist, führt die alleinige Anwendung des Regelungsprinzips bei Berücksichtigung von Produktionszeiten immer zu Verzugsmengen, es sei denn, die Kunden bestellen mit einem zeitlichen Vorlauf und Lieferzeiten werden akzeptiert.

Will man bei auftretender Nachfrage immer sofort liefern können, ist eine Prognose der künftigen Nachfragemengen erforderlich, damit die Produktion rechtzeitig begonnen wird. Da indes auch die beste Prognosemethode die unsichere Nachfrage niemals exakt vorhersagen kann, macht das Prinzip der Steuerung die Regelung des Prozesses nicht überflüssig. Vielmehr ergänzen sich die beiden Prinzipien in der Art, daß der Regler die Prognosefehler des Steuergliedes auszugleichen hat. Das erweiterte Modell läßt sich durch das Blockschaltbild in Abb. 15 darstellen.

Daraus ergibt sich folgendes Gleichungssystem in Operatorenschreibweise:

$$y_{pZ} = Z * z \tag{6}$$

$$\begin{aligned} y_{pR} &= R * x_w \\ &= R * (x_k - x) \end{aligned} \tag{7}$$

$$\begin{aligned} y_f &= V * y_p \\ &= V * (y_{pZ} + y_{pR}) \end{aligned} \tag{8}$$

$$\begin{aligned} x &= S * y_{fw} \\ &= S * (y_f - z) \end{aligned} \tag{9}$$

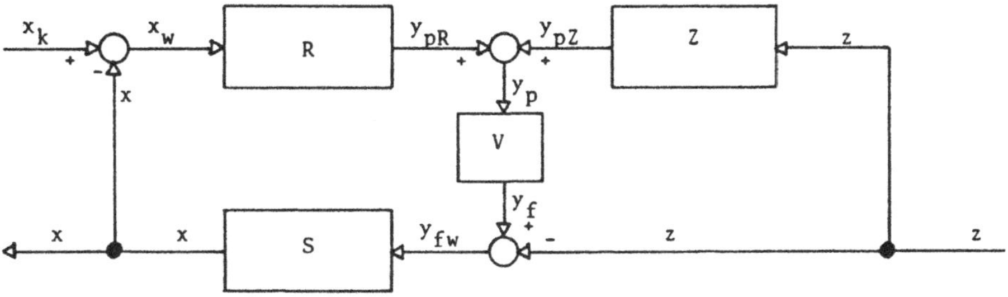


Legende:

$y_{pR}$ vom Regler geplante Produktionsrate

$y_{pZ}$ vom Steuerglied geplante Produktionsrate

Zu den anderen Symbolen vgl. Legende zu Abb. 11 und 12.

**Abb. 15.** Kombination aus Steuerung und Regelung zur Abstimmung von Produktion und Lagerhaltung auf den Absatz.

*Konkretisierung der Operatoren:*

Zum einen ist der Prognoseoperator (Z) zu konkretisieren: Hier soll von der groben Schätzregel ausgegangen werden, daß die Nachfrage in der nächsten Zeiteinheit gleich der Nachfrage in der letzten abgelaufenen Zeiteinheit ist. Die mit diesem Modell erzeugten – hier aber nicht abgedruckten – Simulationsergebnisse haben gezeigt, daß trotz dieses unzulänglichen Prognoseverfahrens mit einem PID-Regler befriedigende Ergebnisse erzielt werden, wie dies bei einem solchen heuristischen Verfahren (auch nur) möglich ist. Es gilt für die Prognose:

$$y_{pZ}(t) = z(t). \tag{6a}$$

Von den anderen Operatoren verändert sich im Vergleich zu Abschnitt 3.4.2.4 durch die Berücksichtigung der Produktionszeit nur der Produktionsoperator (V). Die im Zeitpunkt t fertiggestellte Produktion ist in dieser Modell-Variante abhängig von der Produktionsanweisung in einem Zeitpunkt vor t. Hier sind zwei Fälle zu unterscheiden:

a) eine deterministische Produktionszeit ($\tau$)

$$y_f(t) = y_p(t - \tau) \tag{3a}$$

oder

b) eine stochastische Produktionszeit mit der Dichtefunktion $p(\tau)$

$$y_f(t) = \int_0^t (p(\tau) y_p(t - \tau))\, d\tau \tag{3b}$$

Wird eine stochastische Produktionszeit unterstellt und soll z. B. ein PID-Regler untersucht werden, so läßt sich folgendes Gleichungssystem zusammenfassen:

$$x(t) = \int_0^t (y_f(n) - z(n))\, dn \tag{10}$$

$$y_p(t) = a * (x_k(t) - x(t)) + b * \int_0^t (x_k(n) - x(n))\, dn + c \frac{d(x_k(t) - x(t))}{dt} \tag{11}$$

$$y_f(t) = \int_0^t p(\tau)\, y_p(t - \tau) d \tag{12}$$

Mit Hilfe des aufgeführten Gleichungssystems können Simulationen durchgeführt werden, um eine Zustandsgeschichte der Merkmale „Verzugsmengen" und „Lagermengen" zu erhalten. Mit den entsprechenden Kostensätzen können dann die in einer Periode anfallenden Kosten für einen Regler bei Auftreten eines bestimmten Nachfrageverlaufes ermittelt werden (zu einzelnen Simulationsergebnissen vgl. Baetge, J. 1974 a, S. 151-161).

### *3.4.3.2 Berücksichtigung nichtlinearer Produktionskostenverläufe*

Bei nichtlinearen Produktionskostenverläufen ist die Höhe der Produktionskosten in der betrachteten Periode abhängig von der zeitlichen Verteilung der Produktion. Bei vollständiger Synchronisation treten hohe Produktionskosten und

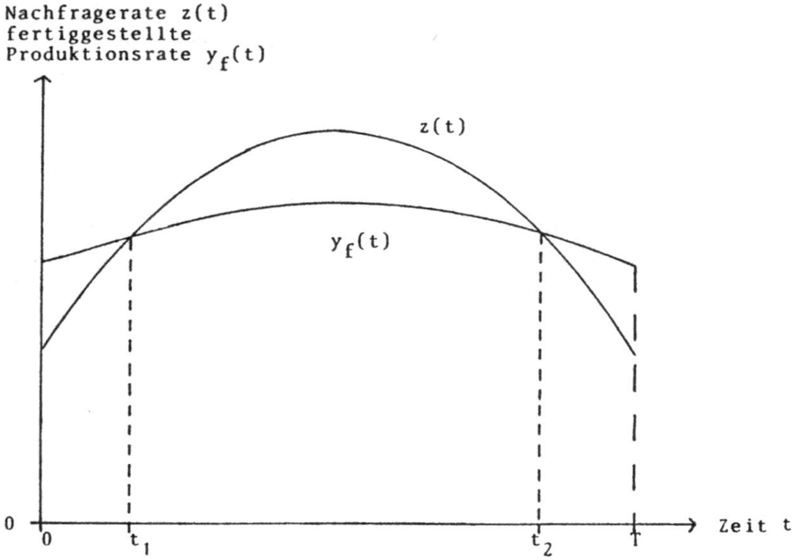


**Abb. 16.** Möglicher optimaler Produktionsratenverlauf bei bekanntem Nachfrageratenverlauf.

keine Lagerkosten auf, bei vollständiger Emanzipation treten hohe Lagerkosten, aber vergleichsweise geringe Produktionskosten auf – die optimale Politik wird i. d. R. eine Mischform sein. Es ist nicht mehr möglich, aufgrund planerischer Vorüberlegungen einen konstanten Soll-Lagerbestand als gewinnoptimal vorzugeben. Der gewinnmaximale Soll-Lagerbestand ist eine im Zeitablauf veränderliche Größe, was anhand der Abb. 16 verdeutlicht werden soll.

Bei gegebenem Nachfrageratenverlauf z(t) sei $y_f(t)$ derjenige Produktionsratenverlauf, der die Summe aus Produktions-, Lager- und Verzugsmengenkosten minimiert. Der optimale Lagerbestand steigt vom Zeitpunkt O bis $t_1$ an, sinkt danach und wird u. U. negativ (Verzugsmengen).Von $t_2$ bis zum Ende des Planungszeitraumes T steigt er wieder an.

Der optimale, im Zeitablauf veränderliche Lagerbestand ist nur ermittelbar, wenn von einem bekannten Nachfrageverlauf ausgegangen wird. Da hier weiter vom realistischen Fall unsicherer Nachfrage ausgegangen werden soll, wird folgender Weg eingeschlagen: Dem Regler wird wie bisher ein konstanter Sollwert vorgegeben. Dieser ist kein erwünschter Zustand für das Lager, sondern ausschließlich ein Orientierungswert für den Regler: Ähnlich wie bei der Bewertung der Regelfläche in Abb. 14 wird ein Regler bei gegebenem Orientierungswert nun nicht mehr danach beurteilt, wie gut er den vorgegebenen Sollwert (Orientierungswert) eingehalten hat, sondern wieviel zusätzliche Produktions-, Lager- und Verzugsmengenkosten bei seinem Einsatz entstehen.

Um das in Abb. 15 dargestellte Modell wird ein „äußeres Modell" konstruiert, mit dem die relevanten – durch Regelung und Steuerung beeinflußbaren – Gesamtkosten der Periode ermittelt werden. In Abb. 17 ist die Struktur des Modells dargestellt.

Dieser Ansatz erlaubt bei einer Umsetzung in ein Simulationsmodell, eine „befriedigende" Kombination von Sollwert, Prognosemethode und Regler herauszufinden. Für einen Einsatz in der Praxis des Controlling können verschiedene Methoden der Informationsgewinnung und -verwendung sowohl bei der Diagnose als auch bei der Prognose mit Hilfe des Modells getestet und die beste gefundene Kombination realisiert werden.

### 3.4.4 Bedeutung der Planungs-Überwachungsmodelle

In den vorhergehenden Abschnitten wurden Planungs-Überwachungsmodelle zur quantitativen Analyse betrieblicher Prozesse anhand von einfachen Beispielen dargestellt. Um die Modelle realitätsnäher zu gestalten, können die einschränkenden Prämissen weiter aufgehoben werden. In der Praxis sind nicht selten Veränderungen der Sollwerte im Zeitablauf, d. h. sog. Sollwertpfade, vorzufinden, die ebenfalls in die Modellanalyse eingehen können (vgl. z. B. Baetge, J./Fischer, T. 1982). Darüber hinaus läßt sich bspw. die Preispolitik im Absatzbereich einbeziehen und Lernverhalten bei der Festlegung des Absatzpreises berücksichtigen (Baetge, J./Bolenz, G. 1976).

Die dargestellten Planungs-Überwachungsmodelle sollten die Bedeutung der Dispositionsüberwachung im Rahmen des Controlling deutlich machen und zeigen, daß eine Überwachung der betrieblichen Prozesse als Ergänzung der Planung unverzichtbar ist. Auch wenn nicht alle Probleme der betrieblichen Praxis der dargestellten quantitativen Analyse zugänglich sind, können durch die Prinzipien der Steuerung und Regelung Strukturen und Vorgehensweisen erkannt werden, um die betrieblichen Prozesse besser zu lenken und zu regulieren.

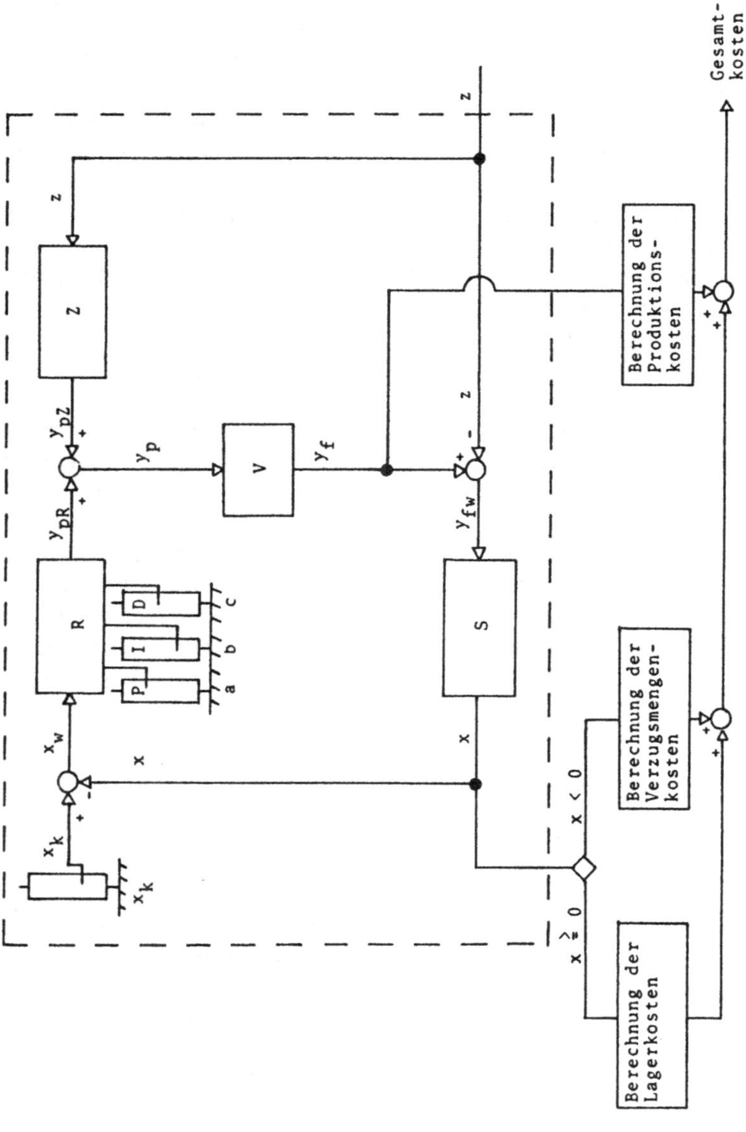


Zu den Symbolen vgl. Legenden der Abb. 11, 12 und 15.

**Abb. 17.** Modell zur Berechnung der Gesamtkosten bei der Kombination aus Steuerung und Regelung.

**Literatur**

Allen R G D (1971) Mathematische Wirtschaftstheorie, aus dem Englischen übersetzt von Gerhard Kade, Berlin
Ashby W (1968) An Introduction to Cybernetics, Methuen – London
Baetge J (1974a) Betriebswirtschaftliche Systemtheorie, Regelungstheoretische Planungs-Überwachungsmodelle für Produktion, Lagerung und Absatz, Opladen
Baetge J (1974b) Sind „Lernkurven" adäquate Hypothesen für eine möglichst realistische Kostentheorie? In: ZfbF S 521 - 543
Baetge J (1983a) Überwachungstheorie, Kybernetische. In: HWRev, Coenenberg A, von Wysocki K (Hrsg), Stuttgart Sp 1556 - 1569
Baetge J (1983b) Kybernetische Kontrollsysteme. In: Kybernetik und Management, Ein Round Table-Gespräch, Baetge J (Hrsg), Berlin S 29 - 59
Baetge J (1984) Überwachung. In: Vahlens Kompendium der Betriebswirtschaftslehre, München S 159 - 200
Baetge J (1985) Berücksichtigung des realen Zeitbedarfs ökonomischer Systeme in wirtschaftskybernetischen Modellen. In: Beiträge zur Systemforschung, Festschrift zum 65. Geburtstag von Adolf Adam, Wien und New York
Baetge J (1986) Grundsätze ordnungsmäßiger Buchführung. In: Handbuch der Rechnungslegung, Küting K, Weber C-P (Hrsg), Stuttgart
Baetge J, Bolenz G (1976) Ein einfaches Rückkopplungsmodell für eine monopolistische Preis-, Produktions- und Lagerpolitik. In: WISU S 256 - 260, S 305 - 308, S 407 - 410, S 453 - 456
Baetge J, Fischer T (1982) Zur simultanen Abstimmung der kurzfristigen Produktions-, Lager- und Preispolitik bei saisonal schwankendem Absatz mit Hilfe der Kontrolltheorie. In: Quartalshefte der Girozentrale und Bank der österreichischen Sparkassen AG, S 79 - 93
Baetge J, Mochty L (1980) Die Zuverlässigkeit und Wirtschaftlichkeit „Interner Kontrollsysteme". In: Anwendungen der Systemtheorie und Kybernetik in Wirtschaft und Verwaltung, Hauptmann H, Schenk K-E (Hrsg), Berlin S 1 - 63
Baetge J, Mochty L (1982) Entzieht sich die Kontrolle der Kontrolle? In: Information in der Wirtschaft, Verhandlungen auf der Arbeitstagung des Vereins für Socialpolitik, Gesellschaft für Wirtschafts- und Socialwissenschaften in Graz 1981, Streißler E (Hrsg) Schriften des Vereins für Socialpolitik, 126: 225 - 227, Berlin
Baetge J, Sanders M, Schuppert A (1985) Zur theoretischen und empirischen Analyse von Überwachungsvorgängen betrieblicher Routinetätigkeiten. In: Information und Wirtschaftlichkeit, Ballwieser W, Berger K-H (Hrsg), Wiesbaden S 451 - 480
Bolle M (1971) Simulation eines ökonomischen Makrosystems mit dem Digitalcomputer. In: IBM-Nachrichten, 205: 600 - 603
Brockmeyer K, Knüppe W (1985) Zur Abwehr von Belegmanipulationen im EDV-gestützten Rechnungswesen. In: WPg S 489 - 494
Cushing B (1974) A Mathematical Approach to the Analysis and Design of Internal Control Systems. In: The Accounting Review S 24 - 42
Etzioni A (1978) Soziologie der Organisationen. In: Grundfragen der Soziologie, Claessens D (Hrsg) Bd 12, 5. Aufl, München
Flechtner H (1972) Grundbegriffe der Kybernetik, Eine Einführung. Lizenzausgabe der 5. Aufl, Stuttgart
Frese E (1968) Kontrolle und Unternehmensführung, Entscheidungs- und organisationstheoretische Grundfragen, Wiesbaden
Forner H (1968) CSPM – Blockorientierte Sprachen zur digitalen Simulation dynamischer Systeme. In: IBM-Nachrichten, 187: 51 - 57
Gutenberg E (1979) Grundlagen der Betriebswirtschaftslehre, Bd 1: Die Produktion, 23. Aufl, Berlin, Heidelberg und New York
Hill W, Fehlbaum R, Ulrich P (1976) Organisationslehre 1, Ziele, Instrumente und Bedingungen der Organisation sozialer Systeme, 2. Aufl, Bern und Stuttgart

Hömberg R (1985) Ein Vorschlag zur Analyse von Internen Kontrollsystemen für die Wirtschaftsprüfung. In: Information und Wirtschaftlichkeit, Ballwieser W, Berger K-H (Hrsg), Wiesbaden S 481 - 500
Horvath P (1981) Controlling. In: Handwörterbuch des Rechnungswesens, 2. Aufl, Stuttgart
Institut der Wirtschaftsprüfer in Deutschland e V (IdW) (1977) Fachgutachten 1/1977 des Instituts der Wirtschaftsprüfer in Deutschland e V: Grundsätze ordnungsmäßiger Durchführung von Abschlußprüfungen. In: WPg S 210 - 214
Koch H (1982) Integrierte Unternehmensplanung, Wiesbaden
Kromschröder B (1972) Ansätze zur Optimierung des Kontrollsystems der Unternehmung, Berlin
Leffson U (1982) Die Grundsätze ordnungsmäßiger Buchführung, 6. Aufl, Düsseldorf
Leffson U (1985) Wirtschaftsprüfung, 3. Aufl, Wiesbaden
Loitlsberger E (1966) Treuhand- und Revisionswesen, 2. Aufl, Stuttgart
Müller W (1980) Kontrolle, Organisation der. In: HWO, Grochla E (Hrsg), 2: 1082 - 1091, Stuttgart
Oppelt W Kleines Handbuch technischer Regelvorgänge, 5. Aufl, Weinheim/Bergstraße 1972
Pacioli L Summa de Arithmetica, Geometrica, Proportioni et Proportionalita, Venedig 1494, deutsch: Abhandlung über die Buchhaltung 1494. Nach dem italienischen Original von 1494 ins Deutsche übersetzt und mit einer Einleitung über die italienische Buchhaltung im 14. und 15. Jahrhundert und Paciolis Leben und Werk versehen von Balduin Penndorf, Bd 11 der Quellen und Studien zur Geschichte der Betriebswirtschaftlehre, hrsg. v. Seyffert, Rudolf, Stuttgart 1933, Neudruck 1968
Ronneberger R (1964) System und Grundsätze der innerbetrieblichen Überwachung, hrsg. v. Ausschuß für wirtschaftliche Verwaltung (AWV), Arbeitskreis „Das innerbetriebliche Überwachungssystem als Grundsatz der Betriebsorganisation", Berlin
Sanders M (1987) Quantitative Analyse Interner Kontrollsysteme – Modellbildung und empirische Anwendung, Forschungsergebnisse aus dem Revisionswesen und der betriebswirtschaftlichen Steuerlehre, hrsg. von Loitlsberger E, Rückle D, Baetge J, Bd 8, Berlin 1987
Schmalenbach E (1934) Selbstkostenrechnung und Preispolitik, 6. Aufl, Leipzig
Schuppert A (1985) Die Überwachung betrieblicher Routinetätigkeiten, Ein Erklärungs- und Entscheidungsmodell. In: Bd 5 Schriftenreihe Betriebswirtschaftliche Studien Rechnungs- und Finanzwesen, Organisation und Institution, Ballwieser W, Ordelheide D (Hrsg) Bd 5 Frankfurt a M, Bern und New York
Simon H A (1952) On the Application of Servomechanism Theory in the Study of Production Control. In: Econometrica, S 247 - 268
Smith A (1776, 1974) An Inquiry into the Nature and Causes of the Wealth of Nations, London, aus dem Englischen übersetzt von Horst Claus Recktenwald: Der Wohlstand der Nationen, München
Stromberg R (1969) Organisation der Kontrolle aus entscheidungstheoretischer Sicht, Diss, Hamburg
Thieme H-R (1982) Verhaltensbeeinflussung durch Kontrolle, Wirkungen von Kontrollmaßnahmen und Folgerungen für die Kontrollpraxis, Berlin
Treuz W (1974) Betriebliche Kontroll-Systeme, Struktur und Verhalten in der Betriebspraxis sowie ihre Bedeutung für die Unternehmensführung, Berlin
Witte T (1973) Simulationstheorie und ihre Anwendung auf betriebliche Systeme, Wiesbaden
Wittmann A (1981) Systemprüfung und ergebnisorientierte Prüfung, Die Systemprüfung als Grundlage der ergebnisorientierten Prüfung im Rahmen der aktienrechtlichen Jahresabschlußprüfung, Berlin
von Wysocki K (1977) Grundlagen des betriebswirtschaftlichen Prüfungswesens, 2. Aufl, München
Yu S (1972) A Markovian Model for the Review of the Internal Control System, Diss, University of Minnesota
Yu S, Neter L (1973) A Stochastic Model of the Internal Control System. In: Journal of Accounting Research S 273 - 295

# Sachverzeichnis

Ablauf der Strategieplanung 190 ff
Ablauforganisation 323
Absatz 389
Absentismus 50 f
Absicht 63, 69, 79, 81 ff, 86
Abwehr 283, 315
Administration 12, 16
Aktionsprogrammplanung 210, 211
Allgemeine Systemtheorie 9
Ambivalenzen 368, 369, 372
Analyse der Verhaltensergebnisse 249, 252, 260
Anforderungskompatibilität 145 f
Anpassungsfähigkeit 335, 340
Anreiz 141 f, 156, 221, 222, 227
Anreizkompatibilität 145 f, 148, 155 f
Ansätze zum Handeln 248 ff
Anspruchsniveau 105
Anwenderproblem 188
Appetenz 223, 235
Appetenzverhalten 237
Arbeit 267 ff
Arbeitsbeschreibungen (ABB) 253
Arbeitsethos 268
Arbeitsbegriff 271 ff
Arbeitsleidbefund 268
Arbeitsmotivation 274 ff
Arbeitsmotivationsproblem 272
Arbeitsmotivationstheorie – entgeltorientiert 279
Arbeitsmotive – extrinsisch 227 ff
Arbeitsmotive – intrinsisch 227 ff
Arbeitspsychologie 43 f
Arbeitstechnik 34
Arbeitstechniken und Instrumente 36
Arbeitsteilung 25, 30, 318
Arbeitszerlegung 41, 56
Arbeitszufriedenheit 39, 47, 48
Argument(ation) 67, 72 f, 78
Art-Detektor 234
Attribuierungstheorie 278
Aufbau des Planungssystems 173
Aufbauorganisation 323
Aufbauorganisation der Unternehmungsplanung 206
Aufbaustrategien 190
Aufgaben 393, 394
Aufgaben der Planung 168
Aufgabentrennung 396 f, 400
Aufgabentrennung – horizontal 396, 397
Aufgabentrennung – vertikal 396, 397
Aufgabenverdoppelung 395, 397
Aufgabenzuordnung 396
Ausbildung 139
Ausbildungsempfehlung 350
Auslesetest 43
Ausschöpfungsstrategien 190
Autonomie 376, 377

Basisinnovationen 182
Basistechnologien 188
Basisvariablen organisatorischer Gestaltung 134
Bearbeitungszuverlässigkeit 401, 402, 404, 405
Bedeutung strategischer Planung 179
Bedingungen des Verhaltens 215 ff
Bedürfnis nach Erregung 233, 234
Bedürfnis nach Sicherheit 233, 234
Bedürfnisse – Entfaltungs- 230 f, 256
Bedürfnisse – Grund- 230, 231, 256
Bedürfnisse – physiologische 229
Bedürfnisse – soziale 230 f
Bedürfnisse Dritter 28
Befriedigungs-Progressions-Hypothese 229, 230
Belohnungen 141 f
Bernoulli-Prinzip 105 ff, 237, 238
Bestehende Erfolgspotentiale 187, 188, 196
Betrieb 23, 27 f
Betriebsführung-wissenschaftlich 41 ff, 43
Betriebsklima-Erhebungsbogen 254

Betriebswirtschaft 29
Betriebswirtschaftliche Funktionen 34
Bewahrung 370, 372
Beziehungsgeflecht 368
Bisoziation 30
Black-Box-Analyse 410, 411, 419
Black-Box-Analyse – dynamische 410, 411
Black-Box-Analyse – statische 410
Bürokratie 44 ff, 54, 56
Bürokratisches Element 300, 301

Charakter – oral-consensualer (O.C. Typus) 295, 299, 300, 302, 306, 307, 308, 309
Charakter – oral-narzißtischer (O.N. Typus) 295, 299, 300, 307, 308, 309
Charakter – anal-ordinaler (A.O. Typus) 295, 299, 300, 307, 308, 309
Charismatische Autorität 302
Charismatische Spirale 305
Code, Codierung 62 f, 66, 68, 88
Content Variable 228
Controlling 387, 409, 429
Critical-Incident-Technik (CIT) 228

Defizitmotive 226 f, 229
Denkfehler 377, 378
Detailstruktur 323
Detektor der Familiarität 234
Determinanten der Entscheidung 109 ff
Deutungs- und Verhaltensmuster 358
Dezentrale Planungsorganisation 207
Diagnose der motivierenden Situation 252 ff
Differentialverhalten 392, 411, 415, 421, 422
Dilemmata der Führung 255, 369
Diskurs 76 ff
Dispositiver Faktor 23
Dissatisfaktoren 228
Division 330
divisionale Organisationsform 328, 329, 330
Doppelte Buchführung 184, 395

Effizienz – soziale 336, 340
Effizienzabschätzung 325, 336, 342
Effizienzbeurteilung 334
Effizienzkriterien 142 ff, 332, 334, 337, 338, 344
Eignungstest 43
Einbindung – bürokratische 359
Einbindung – instrumentalistische 359
Einbindung – organisationspolitische 359
Einbindung – professionalistische 359
Einbindungsstrategien (-muster) 358, 359
Einflußgrößen 326
Einsatzzuverlässigkeit 402, 404, 406, 407, 411
Einstellungen 358
Element der Verwaltung 20
Endhandlung 223, 224, 225
Entfaltungsbedürfnisse 230, 231, 256
Entscheidung 96 ff
Entscheidung – Determinanten 109 ff
Entscheidung – Grundtypen von -en 114 ff
Entscheidung – Steuerung von -en 114 ff
Entscheidung – Zielkomponenten der 121 ff
Entscheidungskriterien 104 ff
Entscheidungskriterien – bei einer Zielgröße 104
Entscheidungskriterien – bei mehreren Zielgrößen 104 f
Entscheidungskriterien – bei Risiko 105 ff
Entscheidungsmanagement, Grundprobleme 98 f
Entscheidungsmodell 110, 121
Entscheidungsmodell – Beeinflussung des -s 122, 127 f, 132 f
Entscheidungsoperator 421
Entscheidungsprozesse 335
Entscheidungsprozesse – Schnelligkeit und Qualität 340
Entscheidungsprozeß 100 ff
Entscheidungstheorie 102 f
Entscheidungstheorie – Bedeutung der 108 f
Entscheidungstheorie – Grundmodell 102 f
Entspannung 224
Entwicklung 368, 369
Entwicklung der Planung 170
Equity-Theorie 242
Erfahrungskurve 185, 192 ff
Erfolg 186
Erfolgssteuerung 186
Ergebnismatrix 103
Ergebnisse 110, 121
Ergebnisse – Beeinflussung der -werte 125 f, 131 f, 133

Ergebniszuverlässigkeit 402, 403, 404, 405, 406, 407
Ergonomie 43
Ertrags- und Effizienzpotential 204
Erwartungswerte-Kriterium 107
Erweiterte Ansätze 241 ff
Es 280, 281, 284
Es-Energie 285, 315
Ethik protestantisch-puritanisch 267
expectancy (E) 238
extrinsische Arbeitsmotive 227 ff

Fähigkeiten 113
Fähigkeiten – kognitive 113
Fähigkeiten – manuelle 113
Fähigkeiten – soziale 113
Fähigkeiten – Verbesserung von 139 f
Faktor Arbeit 19
Feed-back (Rückmeldung) 83 ff
Fertigung – emanzipierte 417
Fertigung – Mischformen 417
Fertigung – vollsynchrone 417
Finanzierungspotential 196
Flexibilität 335, 340
Fremdüberwachung 398 ff
Frustrationshypothese 230
Frustrations-Progressions-Hypothese 230
Frustrations-Regressions-Hypothese 230
Führbarkeit 335, 340
Führung 20, 25 ff
Führungsbeziehung 26
Führungskonzeptionen 157 ff
Führungsleistung 25
Führungsmodelle 39 f
Führungsphasen 169
Funktion – administrative 16
funktionale Organisationsform 328, 329
Funktionen 393, 394, 400
Funktionsbereichsbezogene Planung 177
Funktionsbündelung 398
Funktionstrennung 399, 400
Funktionszuordnung 398

Gegenwärtige Erfolgspotentiale 190
Geltungsanspruch 76 ff
gemischte Ansätze 245 ff
Generativitätspotential 291
Gesamtverantwortung 24
Gespräch 60, 63, 68, 74, 76 f, 80 ff, 91, 249, 250 f, 260
Gestalten 364, 366
Gestalten – substantielles 374
Gestalten – symbolisches 374, 375
gestaltete Umwelt 365, 366, 367
Gestaltung – organisatorische 322
Gestaltungsstrategie 323
Gestaltungstaktik 323
Gleichheitstheorie 242
Grundbedürfnisse 230, 231, 256
Grundeinstellung zur Zukunft 113
Grundsätze der Planungsorganisation 205 f
Grundsystematik der strategischen Planung 188 f
Gruppierung von Menschen 27
Güteklasse 343

Handeln der Organisation 357
Handeln, Handlung 62 f, 67, 69, 71, 76 ff, 80 f, 83, 86, 88, 90 f
Handlungsalternative 101, 110, 121
Handlungsalternative – Beeinflussung 122 ff, 128 f, 133
Hedonismus 235
Herrschaft 44 f, 52
Hierarchie 41, 55
Hierarchische Motivationsmodelle 229 ff, 231
homöostatisch organismischer Kreislauf 226
Homo oeconomicus 245, 260, 266, 279
homo rationalis 266, 279
Humanisierung 48, 50 ff, 56
Human Ralations 39, 46 ff, 56
Human Relation Konzept 276
Human Resource Modell 277
Hygiene Faktoren 228

Ich 280, 281, 283, 284
Ich-Energie 285, 315
Ich-Integrität 289
Ich-Motive 229
Ich-Triebe 232
Identität 289, 291, 292, 293
Identitätsdiffusion 289
Identitäts- und Streßwirksamkeit der Arbeit 271
Implementierung von Strategien 178
Individualentscheidung, Strukturierung 100 ff
individuelles Können 216, 217
Industrialisierung 40 f, 56
Information 64, 67 f, 71, 73, 78, 83 f, 89 ff
Informationsbedarf 91
Informationsgehalt 65 ff, 84,
Informationskompatibilität 147, 150 ff

Informationstheorie 61 f, 65, 67, 84, 86, 88
Informationsstruktur 110, 121
Informationsstruktur – Beeinflussung der 124, 129 f, 133
Informationssysteme 360
Informationsverarbeitung 66, 90
Informationsverarbeitungsprozesse 335
informelle Gruppe 47
Inhaltstheorien (der Motivation) 224 ff, 229, 231, 235, 236
Initiativpotential 290
Innovationen 182, 208
Instanz 114
Institutionalisierung 46, 54
Instrumentalität (I) 239, 240, 242
Instrumente der strategischen Planung 192 ff
Integralverhalten 411, 415, 421, 422
Integrierte Unternehmensentwicklung 185
Integriertes Erwartungswert-Modell 278
Integriertes Planungssystem 174
Integriertes Steuerungssystem 184
Integritätspotential 291
Intelligenz des Planungssystems 208
Intensitätsklassen 343
Interaktion 69, 74 f, 83 ff, 374
Interaktion – doppelte 363
Interaktion von Person und Situation 221
Interesse 54 f
Interne Revision 389, 391
Internes Kontrollsystem 389, 391, 398, 402, 403
Internes Überwachungssystem 389, 391
Intimitätspotential 291
intrinsische Arbeitsmotive 227 ff
Ist-Ist-Vergleich 385, 388, 389, 395, 397
Ist-Portfolios 190

job characteristics model 51
job enlargement 50 f
job enrichment 50 f
job rotation 50 f

Kalkülkompatibilität 147, 154 f
Karriereplanung 311
Koalition, dominante 55
Körpersprache (nonverbaler Ausdruck) 68, 72, 74 f, 81, 83 f, 86 f
kognitive Algebra 237, 241
kognitive Dissonanz 242
Kognitive Gleichgewichtsansätze 242 ff
kognitive Wende 237
Kognitives Erwartungswert-Modell 277
Kommunikation 59 ff
Kommunikationsbedarf 91
Kommunikationsentscheidung 119 ff,
Kommunikationsentscheidung – Steuerung von -en 132 f
Kommunikationsmanagement 99
Kommunikationsnetz 69 ff
Kommunikationspartner 63, 75 ff, 80 ff 86, 88
Kommunikationsprozeß 62 ff, 66, 69 71, 77 ff, 91
Kommunikationssystem 62, 89 f
Kommunikationstheorie 61 f, 76, 78, 84, 88, 90 f
Kommunikationsversuch 62 f, 80 ff, 85
Kommunikationswissenschaft 61, 64, 71
Kommunikations -technik, -technologie 89 ff
Kompetenz 393, 394, 400
Kompetenzbündelung 400
Komplexität 374
Komplexitätsreduktion 142 ff
Konsensus 77 f
Konstruktivismus 367
Konstruktivismus – radikaler 367
konsumatorischer Akt 223, 247
Kontext Variable 228
Kontrolle 142, 388, 389, 391, 396, 402, 403, 404, 405, 406, 407
Kontrollmanagement 99
Kontrollspanne 273
Kontrollzuverlässigkeit 398, 401
Koordinationsaufwand 335, 340
Korrektur 398, 399, 400, 402, 403, 404, 408
Korrekturwirkung 392, 393, 397, 399, 401
Korrekturzuverlässigkeit 398, 401
Kostensenkungspotentiale 193
Kostenuntergrenzen 192
Kriteriengewichtung 343
Kritik der Prozeßtheorien 244 f
kulturelle Codes 358
Kundenproblem 185, 188, 189, 194
Kurzfristige Pläne 176
kybernetisches Modell sozialer Motivation 233 ff, 245

Lagerhaltung 416
Lagerhaltungsoperator 420
Lagerkosten 417, 418, 429, 430
Lagermenge 422, 423, 428
Langfristige Pläne 176
Langfristige Planung 170, 171
Lebenszyklus 194, 195, 198

Leistungsmotivation 245 ff, 273
Leistungsmotivationstheorie 278
Leistungspotential 291
Lernen 354, 359, 368, 369
Lernen – organisationales 362
Lernen – personales 362
Lernen von Kindern 361
Lernfähigkeit 359
Lernwirkung 392, 393
Libido 225, 232
Liquidität 184, 185, 186, 187
Liquiditätssteuerung 186
lose Kopplung 363, 364
Lustgewinne 269
Lustgewinne –sekundäre aus der Arbeit 269

Macht 55
Machtausstattung 24, 25
Management 90 ff
Management (Begriff) 10 ff, 24 f
Management-Arbeitstechniken 33, 34
Management-Funktion 33, 34
Management – funktionelle und institutionelle Inhalte 20
Management by Information 161 f
Management by Objectives 157 ff, 205, 213, 274, 311
Management Informationssystem 56
Management Syndrom 33, 34, 36, 311
Managementaktivitäten 14
Managementbegriff – Auseinandersetzung 21
Managementforschung 33
Managementfunktion – logische und genetische Priorität 32
Managementfunktionen – Verflechtung 9
Managementfunktionen – Vorränge 9
Managementfunktionen – wechselseitige Abhängigkeit 9
Managementlehre – funktionale 18
Managementlehre – klinische Wissenschaft 18
Managementtätigkeiten 14
Managementtätigkeiten – zeit-umfangmäßig 13
Managerverhaltenspotential 288 f, 289
Marktanteil 182, 187, 188, 189, 196, 212
Marktanteilsverschiebungen 192, 193
Marktattraktivität 195, 196
Marktbezogene Planung 177
Marktrisiken 191
Maschinen (informationsverarbeitende) 60, 70, 81, 88 ff
Massenfertigung 41
Matrix-Organisation 329, 330
MBO-Technik 311
Mehrdeutigkeit 362, 365, 369
Menschenbild 45, 266
Metaentscheidung 114, 116, 120, 136
Metakommunikation 74 ff, 88
Metaplanung 174, 205
Milgram-Experiment 308
Mindestorganisation 379
Mitarbeitergespräch 311
Mittelfristige Pläne 176
Mittelplanung 210, 211
Modell des Organisierens 363, 364, 366
Modell der strategischen Unternehmensplanung 183 ff
Monotonie 43, 50
Motiv – Defizit- 226 f, 229
Motiv – Ich- 229
Motiv – Leistungs- 246, 247
Motiv – Sicherheits- 229
Motiv – Wachstums- 226 f, 229
Motivation 48 ff, 54, 56, 112, 218 ff, 266, 293
Motivation – Erkärungsbegriff 219
Motivation – Erlebnisbegriff 219
Motivation – extrinsische 371
Motivation – intrinsische 371
Motivationsansätze – athematisch 225, 236
Motivationsansätze – monothematisch 225, 235
Motivationsansätze – polythematisch 225, 235
Motivationsmanagement 99, 248, 249, 254, 255, 256, 257, 259, 260
Motivationspotential 247, 248
Motivationsstruktur 140 f
Motivatoren 228
Motive – Soziale- 229
Motivlisten 226, 231
Motivziel 221, 225, 233, 236
Multipersonalität 345
Mythen 374, 375

Nachfrageratenverlauf 423, 424, 249
Nachfrageverlauf 418, 422, 423, 429
Nachrichten 65 ff
Nachrichten -technik 64 f, 88
Navigationssystem 184
normative Orientierungsmuster 358
Normen 358, 371
Nutzenfunktion 107
Nutzwertanalyse 350

Objekt-Triebe 232
Objektalternative 115
Objektalternative – Beeinflussung der -n 122 ff
Objektentscheidung 115 f
Objektentscheidung – Steuerung von -en 122 ff
Objektüberwachung 386, 387, 388, 393, 401, 408
Objektvariable 115
Ökonomität 29
Operationanalisierung 210
Operationalität 209
Operative Daten 179, 180
Operative Planung 168, 171, 173, 174, 178, 180, 204, 208 ff
Operative Zielplanung 211
Operator 419, 420, 427
Operator – Entscheidungsoperator 421
Operator – Lagerhaltungsoperator 420
Operator – Produktionsoperator 421
Operator – Prognoseoperator 427
Opportunitätskosten 408, 417
Optimierungsvorschrift 103
Ordnung 370
Ordnung – gemachte 373
Ordnung – spontane 373
Organisation 322, 350, 363, 373
Organisationsalternative 117
Organisationsalternative – Beeinflussung der -n 128 f
Organisationsentscheidung 116 ff
Organisationsentscheidung – Steuerung von -en 127 ff
Organisationsentwicklung 52, 54
Organisationsformen 325, 328, 338, 342
Organisationsgestaltung 323
Organisationskultur 52 ff, 56
Organisationskulturen 358, 359, 374
Organisationsmanagement 99, 322 ff
Organisationsstruktur 322
Organisationsvariable 117
organisieren 363, 373
Orientierungsgrößen der strategischen Planung 181

Palastorganisationen 355, 358
Paradigma motivierten Handelns 221 f
Passive Leistungsphase 290
Periodenpläne 176
persönliches Wollen 216, 217 f
Persönlichkeit anal-ordinale 298 ff
Persönlichkeit oral-konsensuale 297 ff
Persönlichkeit oral-narzißtische 295 ff
Persönlichkeitsstruktur 112
Personalauslese 310
Personaleinstellung 310
Personalentwicklung 310
Personalfindung 310
Personalsuche 310
Personalwesen 36
Phasen der organisatorischen Gestaltung 324
Phobie 283
physiologische Bedürfnisse 229
PIMS 190, 198 ff
Plankontrolle 210, 211
Planung 167, 168, 169, 183, 384, 385, 386, 409, 418, 430
Planungsablauf 174
Planungsaufgaben 174
Planungsfunktionen 174
Planungsinhalte 176
Planungsmanagement 99
Planungsmethodik 172, 174, 177, 206
Planungsorganisation 172, 173, 174, 178, 204 ff
Planungsprinzipien – Einhüllen 178
Planungsprinzipien – Iteration 178
Planungsprinzipien – Strukturieren 177
Planungsprozeß 172, 173, 174, 175, 176, 205, 207
Planungssystem und -prozeß 172
Planungsverantwortung 205
Portfolio-Analyse 193 ff
Potential-Analyse 190, 191
Präferenzfunktion 103
Präventivwirkung 392, 397
Primärenergie 285, 287
Problemlösen, ganzheitliches 377, 378
Produkt-/Marktlebenszyklus 194
Produkt-Markt-Matrix 171, 177
Produkt-Markt-Strategien 174, 190, 196
Produkt-Matrix-Organisation 331
Produktbezogene Planung 177
Produktion 389, 416, 417, 418, 426, 428
Produktionskosten 417, 418, 429, 430
Produktionsoperator 421, 427
Produktionsratenverlauf 416, 423, 424, 428, 429
Produktionswirtschaft (Technische Funktion) 34
Produktivität 29
Prognosefunktion 110, 121
Prognosefunktion – Beeinflussung der 124, 130, 133
Prognosen 179, 180, 193
Prognoseoperator 427

Programme 177
Programmierte Verhaltensweisen 357
Projekt- und Aktionspläne 176
Projekt-Matrix-Organisation 332
Projektaufgaben 330
Proportionalverhalten 411, 415, 421, 422
Prozesse 354, 363
Prozeß – kybernetisch rückgekoppelter 35
Prozeß des Organisierens 324
Prozeßtheorie (der Motivation) 224, 225, 237 ff, 241, 244, 245, 258
Prüfung 388
psychischer Streß 270
Psychoanalytische Orientierungen 279
psychodynamische Ansätze 231 ff
Psychosexuelle Stadien 288, 289
Psychosoziale Krisen 288, 289
Psychosoziale Modalitäten 288, 289
Psychotechnik 43 f, 46

Rahmenstruktur 323
Rationalität 268
Rationalität der Arbeit 270
Realisation 384, 385, 386, 387
Realisierbarkeitsstudien 346
Redundanz 67
Regelkreis 22
Regeln 69, 76
Regelung 409, 410, 416, 418, 420, 426, 429, 430
Rentabilität 29
Retention 365, 366
Revision 388
Risikoanalyse 190
Rollende Planung 207
Rückkoppelung – als unendliche Schleife 35
Rückkopplung 392, 426

Sachzwang 43, 45
Sanktionen 141
Satisfaktoren 228
Schlüsselaufgaben der Unternehmung 342
Schrift 86 ff
scientific management 41 ff, 43, 44, 46, 47
Scoring-Methode 347
Scoringverfahren 348
Selbstführung 274
Selbständigkeitspotential 290
Selbsterneuerung 376
Selbstorganisation 354, 367, 372 f, 375, 378
Selbstreferenz 376
Selbststeuerung 45, 50 ff, 54, 56, 377, 378
Selbstüberwachung 389, 398, 399
Selbstverwirklichung 229, 230, 247, 257
Selektion 365, 366
Sicherheit 368, 369
Sicherheitsmotive 229, 257
Sicherheitswirkung 392, 393, 398
Sicht – funktionale 11
Signal 63 ff, 84, 86, 88
Simulation 422, 428
Simulationsergebnis 423, 427
Sinn 60, 84 ff, 88 f, 374
Sinn-Management 374
Sinneszusammenhang 357
Sinngebung 366, 367
Situation, Gesprächssituation 63, 67 ff, 74, 76 ff
Situationsmerkmale 326
Situative Ansätze 353
situative Ermöglichung 216
Soll-Ist-Vergleich 385, 388, 389, 390, 395
Soziale Aspekte 63, 67 ff, 74, 76, 82
soziale Bedürfnisse 230, 231
Soziale Motive 229
Soziale Systeme 357
soziales Dürfen 216
Sozialisation 358, 359
Sozialtechnologie 47 f
Sozio-technische Einheit 27
Spannung 224
Sparten 330
Spiele 362
Sprache 60, 63, 66 ff, 71 ff, 75 f, 82, 85 ff
Standardisierte Operationsverfahren 357
Steuerung 409, 410, 416, 418, 426, 429, 430
Steuerungsmaßnahmen – ergänzende 137 f
Strategienentwicklung 175
Strategische Fehler 179
Strategische Gesetzmäßigkeiten 182
Strategische Planung 168, 170, 171, 172, 173, 174, 178, 179 ff, 190, 194, 196, 197, 206, 207, 209, 210
Strategisches Management 170, 171, 172
Strategisches Steuerungssystem 183
Streß 313
Streß – gesunder 313
Streß – krankmachender 313
Streßmanagement 312, 315
Streßwirksamkeit der Arbeit 271
Struktur des Planungsprozesses 175
Strukturhypothese 281
Subjektive Wahrscheinlichkeit 238, 240, 241

Sublimierung 285 ff, 294, 305, 315
Sublimierungskonzepte 266
Sublimierungsleistung 285
Substitutionen 182
Substitutionskonkurrenz 181, 187, 189
Substitutionsprozesse 191, 197
Substitutionszeitkurve 185, 197
Survey-Feedback-Technik 254
Symbole 374
Syndrome – betriebswirtschaftliche 34
Syndrome – managementspezifische 8
Syndrome – personenzentriert 36
Syndrome – produktionstechnische 34
Syndrome – sachmanagement zentrierte 36
Systemansatz 15
Systemkultur 374
Systemprüfung 389

teilautonome Arbeitsgruppe 50 f
Teilverantwortung 25, 26
thematischer Apperzeptionstest (TAT) 226
Todestrieb 232, 233
Totzeit 411, 415
Traditionales Element 300, 301
Trägheit der Einsicht 360
Trägheit der Organisation 357, 359
Trägheit des Handelns 360
Trieb 215, 218, 233
Triebökonomie 285
Triebtheorie 266
Triebumwandlung 270

Über-Ich 281, 283, 284, 309, 317
Über-Ich (Super-ego) 281
Über-Lebensprinzipien für Organisationen 361
Überwachungshierarchie 391
Überwachungsintensität 408
Überwachungsmodell 418, 419, 429
Überwachungsorganisation 394
Überwachungswirkung 386, 394, 396, 400
Überwachungswirkung – dysfunktionale 393
Umwelt 365 f
Umwelt, Merkmale 111 f
Umwelt- und Unternehmensanalyse 174, 190, 191
Ungewißheit 374
Unlust 224, 235
Unlustkomponente – primäre der Arbeit 268
Unternehmerisches Element 300, 301
Unternehmungsziele 333

Utilitarismus 38, 47, 55

Valenz (V) 238, 239, 240, 241, 242
Variabilität 144
Ver-Lernen 359
Veränderungen 368, 370, 372, 378, 379
Verantwortlichkeit 393, 400
Verantwortung 24
Verantwortung – individuell 24
Verdrängung 283, 294, 315
Verdrängungskonzepte 266
Vereinfachung, Möglichkeiten der 142 ff
Verfremdung 273, 290, 293
Verfügungsmöglichkeiten über Ressourcen 134 f
Vergleich – Ist-Ist 385, 388, 389, 395, 397
Vergleich – Soll-Ist 385, 388, 389, 390, 395
Verhaltensbeobachtung 249, 251, 260
Verhaltensnormen 135 ff
Verhaltensnormen – explizite 136
Verhaltensnormen – implizite 136
Verhaltensnormen – Inhalt 135 ff
Verhaltensnormen – Zuordnung der Organisationsmitglieder 137
Vernunftleistung 269
Vertrauenspotential 290
Verwaltungsprinzipien 19
Verzögerung 411, 414, 415
Verzugsmenge 423, 426, 428
Verzugsmengenkosten 416, 417, 418, 426, 429, 430
Vorindustrialisierung 40 f, 55
Vorsteuerung des Erfolges 196

Wachstumsmotive 226 f, 229
Wandel 368, 369
Wandel – ökologischer 364, 365, 366
Wandel – organisatorischer 368
Wert x Instrumentalitäts-Ansätze 239
Wert x Wahrscheinlichkeits-Ansätze 238 f
Wert x Instrumentalitäts x Wahrscheinlichkeits-Ansätze 240 f
Werte 358, 371
Wertvorstellungen 174
Wesen und Zweck 167
Wettbewerbsposition 195, 196
Wille 215, 218
Wirtschaft 28 f
Wirtschaftlichkeitsanalyse 407
Wissen 112
Wissenschaft – klinische 32
Wissenschaftliche Betriebsführung 276

Zeichen 63, 66 f, 75, 84, 88 f
Zeltorganisationen 355, 356
Zelttheorie 362
Zentrale Planungsorganisation 207
Zielerreichung 24, 26
Zielfunktion 110, 121
Zielfunktion – Beeinflussung 124 f, 130 f, 133
Zielgewichtung 105
Zielorientierung 333, 339
Zielportfolio 190
Zielsystem 101, 332
Zukünftige Erfolgspotentiale 190, 196, 207
Zuverlässigkeit 401, 402, 404, 405, 406
Zuverlässigkeit – Bearbeitungs- 401, 402, 404, 405
Zuverlässigkeit – Einsatz- 402, 404, 406, 411
Zuverlässigkeit – Ergebnis- 402, 403, 404, 405, 407
Zuverlässigkeit – Kontroll- 398, 401
Zuverlässigkeit – Korrektur- 398, 401
Zuverlässigkeitsanalyse 402
Zwei-Faktoren-Theorie der Arbeitsmotivation 277

# Mitarbeiterverzeichnis

Prof. Dr. *Jörg Baetge*, Westfälische Wilhelms-Universität, Institut für Revisionswesen, Universitätsstraße 14 – 16, D-4400 Münster

*Stefan Helsing*, lic. oec. HSG, Management Zentrum St. Gallen, Rosenbergstraße 38, CH-9001 St. Gallen

Prof. Dr. *Michael Hofmann*, Interdisziplinäre Abteilung für Wirtschafts- und Verwaltungsführung, Wirtschaftsuniversität Wien, Augasse 2 – 6, A-1090 Wien

Univ.-Doz. Dr. *Franz R. Hrubi*, Institut für Allg. Pädagogik, Wirtschaftsuniversität Wien, Augasse 2 – 6, A-1090 Wien

Dr. *Helmut Kasper*, Institut für Wirtschafts- und Verwaltungsführung, Wirtschaftsuniversität Wien, Augasse 2 – 6, A-1090 Wien

Prof. Dr. *Helmut Laux*, Lehrstuhl für Organisationstheorie, Johann Wolfgang Goethe-Universität, Mertonstraße 17, D-6000 Frankfurt a. M.

Dr. *Felix Liermann*, Lehrstuhl für Organisationstheorie, Johann Wolfgang Goethe-Universität, Mertonstraße 17, D-6000 Frankfurt a. M.

Prof. Dr. oec. *Fredmund Malik*, Universitätsprofessor an der Hochschule St. Gallen, Management Zentrum St. Gallen, Rosenbergstraße 38, CH-9001 St. Gallen

Prof. Dr. *Lutz von Rosenstiel*, Institut für Psychologie der Universität München, Leopoldstraße 13, D-8000 München 40

Dr. *Karl Sandner*, Interdisziplinäre Abteilung für Wirtschafts- und Verwaltungsführung, Wirtschaftsuniversität Wien, Augasse 2 – 6, A-1090 Wien

Prof. Dr. *Norbert Thom*, Séminaire de direction et d'organisation d'entreprise, Université de Fribourg/Suisse, Miséricorde, CH-1700 Fribourg

Made in the USA
Las Vegas, NV
10 November 2024

11357410R00249